시와 품격

황선열 지음

머리말

　동양 문예미학을 공부하면서 시에도 품격이 있다는 것을 알았다. 현대시는 격조와 품격보다는 기교주의에 빠지고 있는 것이 아닌가 생각할 즈음에 시의 품격을 만났다. 현대사회가 시청각을 자극하는 일이 더 많아지고, 이에 따라 시도 좀 더 화려한 기교로 독자들을 자극하는 경향으로 나아갔다. 언어는 더 어려워지고 이미지도 점점 더 화려해지고 있다. 이는 시의 품격을 벗어나 각자의 개성을 지나치게 드러내는 시적 경향이라고 할 수 있다. 시는 규격화된 형식이 아니라, 자유로운 형식이고 주관적 정서를 다양하게 표현하는 것임에는 틀림이 없다. 그러나 그 자유로운 형식이 시가 아닌 시임에도 시라고 인정해야 하는 상황을 만들어내고 있다. 아무리 읽어도 이해가 가지 않는 시를 두고 시라고 말하는 시대가 되었다. 그 시를 이해하지 못하면 마치 시대에 뒤떨어진 사람인양 몰고 가기도 한다.
　시의 품격이 사라진 시대에 다시 시의 품격을 말하고 있는 것이 시대에 뒤떨어진 생각인지도 모르겠다. 그러나 이해가 되지 않는 시를 쓰는 시인들이 정말 시의 품격을 알고 시를 쓰고 있으며, 언어 기교만 있으면 좋은 시라고 생각하는 시인이 자신의 수양이 스며들어 있어야 비로소 좋은 시가 된다는 사실을 알고 있는지 모르겠다. 시의 근본을 모르고 시를 쓰고 언어 기교만 있으면 좋은 시라고 생각하는 시인들이 많아지다 보니 시가 너무 쉽거나 너무 어려운 경계 속에서 좌초되어 있는 것은 아닌지 모르겠다. 시의 품격이 무엇인지를 알고 시를 쓴다면 근본으로부터 기교가 나오고, 그 기교는 숙련된 기능공이 눈을 감고도 정확하게 물건을 가공하는 것과 같은 놀라운 시가 될 것이다. 시의 정격(正格)을 알고 변격(變格)을 알아야 그 시의 변격이 더 좋은 시의 변격으로 나아갈 수 있다. 시의 변격만 알고 시의 정격을 모른다면, 그 시의 변격은 단순한 기교주의 시에 빠진 시가 되고 말 것이다.

　모든 사물은 근본이 있고, 그 근본을 통해서 가지가 나아가고 있다. 시의 근본을 알고 그 근본을 통해서 다양한 언어의 기교를 보여줄 때, 그 시는 더 좋은 시가 될 수 있다. 시의 품격은 시의 근본이 무엇인지를 탐색하는 길에서 배워야 할 문예미학이다. 동양의 숱한 문예미학자들이 시의 미학을 말했으며, 그 중에서도 사공도는 시의 미학을 시로써 표현한 탁월한 문예미학자다. 그의 문예미학은 비록 과거의 것이지만, 그 문예미학은 현대시에서도 그대로 적용할 수 있다. 시는 문예미학이며, 그 문예미학을 바라보는 시선은 시대의 변화에 따라 달라졌지만, 시가 언어로 표현되는 미학이라는 근본은 변하지 않았다. 이 책은 과거의 문예미학이 현대시에 어떻게 나타나고 있는지를 살펴본 글들을 모은 것이다.

　지난 6년간 시전문계간지 ≪신생≫에 이 글을 연재하면서 독자들의 호응과 질책이 동시에 있었다. 연재가 끝나고 난 뒤 이 글들을 다시 읽고, 이 책을 텍스트로 강의를 하면서 원고를 수없이 고치기를 반복했다. 변격의 시대에 과거의 시론을 말하는 것이 무슨 의미가 있을까라는 회의가 들 때는 원고를 통째로 버릴까라고 생각했던 적도 있었다. 그 원고를 갈무리하고 또 고치면서 우여곡절 끝에 책으로 묶어내게 되었다. 사공도의 시의 품격을 문예미학으로 만나게 해준 안대회 선생의 책이 이 책을 쓰게 된 동기가 되었다. 경남문화예술진흥원의 도움도 있었고, 신생출판사의 격려와 지원도 있었다. 책을 내고 나면 늘 후회를 하지만 문인으로 이 고질적인 병을 고치지 못하면서 또 한 권의 책을 세상에 내보낸다. 아쉬운 부분이 남아 있지만, 이는 시를 보는 눈이 더 깊어질 때까지 기다려야 할 일이다. 공부는 끝이 없고, 세월은 물과 같이 빨리 흘러간다. 공부가 더 깊어져서 독자들을 만날 수 있기를 이 책의 말미를 빌어서 다짐해둔다.

가을이 시작되는 무렵, 인문학 연구소 문심원에서
저자 황선열 모심

차례

머리말　　　　　　　　　　　　　　　　　　　　003

0. 시의 미적 양상과 품격　　　　　　　　　　　009
1. 씩씩하고 거침없는 경지 - 웅혼(雄渾)　　　　019
2. 양기(養氣)를 통한 회통의 미학 - 충담(沖淡)　039
3. 스밈과 드러냄의 미학 - 섬농(纖穠)　　　　　065
4. 순진무구한 부동(不動)의 미학 - 침착(沈著)　093
5. 높고 현묘한 덕 - 고고(高古)　　　　　　　　121
6. 깊은 사유의 미학 - 전아(典雅)　　　　　　　153
7. 회통의 글쓰기 - 세련(洗鍊)　　　　　　　　181
8. 굳세고 부드러운 힘 - 경건(勁健)　　　　　　209
9. 화려한 아름다움의 궁극 - 기려(綺麗)　　　　239
10. 천균(天鈞)의 조화로움 - 자연(自然)　　　　265
11. 텅 빈 중심의 아름다움 - 함축(含蓄)　　　　287
12. 거침없는 질주, 그 혼돈의 중심 - 호방(豪放)　315

13. 오묘한 창작에 이르는 길—정신(精神)	339
14. 빈틈없는 촘촘함—진밀(縝密)	365
15. 솔직한 천연스러움—소야(疏野)	389
16. 맑고 신비로운 기운—청기(淸奇)	409
17. 자유분방한 곡선의 미학—위곡(委曲)	433
18. 형상(形象)을 통한 회통(會通)—실경(實境)	461
19. 극한의 슬픔이 닿는 곳—비개(悲慨)	489
20. 바깥을 통해서 안을 엿보다—형용(形容)	517
21. 현실을 벗어난 영혼이 닿는 곳—초예(超詣)	541
22. 종횡무진(縱橫無盡)하는 상상의 세계—표일(飄逸)	565
23. 구속을 벗어난 대자유의 세계—광달(曠達)	593
24. 생동(生動)하는 우주의 원리—유동(流動)	619

0. 시의 미적 양상과 품격

1. 시의 미적 양상

 시의 품격(品格)은 시를 미적 차원으로 이해하려는 관점에서 출발한다. '품(品)'은 시에서 표현하고 있는 미적 의미를 객관화해서 바라보는 것을 말하고, '격(格)'은 각각의 미적 특질을 규격화해서 이해하려는 것을 말한다. 따라서 시의 품격은 시를 미적 규범으로 이해하고, 그 미적 특질 속에서 시를 이해하려는 관점을 의미한다. 서구의 시학은 시의 방법론과 형식의 측면을 강조했다면, 동양의 시학은 시의 형식에 담긴 시의 미적 측면을 중요하게 생각했다. 동양의 시학에서 시의 품격은 시품, 혹은 시화(詩話)라는 말로도 쓰이고 있다.
 중국의 역대 문인들은 '시의 미적 양상이 무엇일까?'라는 문제를 해명하려고 노력해왔는데, 그것이 시의 품격을 규정하는 단계까지 나아간 것이라고 할 수 있다. 양나라의 문인 종영(鐘嶸)의 『시품(詩品)』은 시의 품격을 다룬 최초의 시 평론 저작물이라 할 수 있다. 그는 이 책에서 "기(氣)는 사물을 움직이고 사물은 사람을 감동시킨다. 그러므로 사람의 성정(性情)을 요동시켜 춤과 노래에 나타나게 한다"[1]고 전제하면서 이렇게 발현된 시는 상품, 중품, 하품의 품격이 있다고 규정하고 있다.

---

[1] 氣之動物, 物之感人, 故搖蕩性情.(하문환 엮음, 김규선 옮김, 『역대시화1』, 소명출판사, 2013, 28쪽).

그에 따르면, 시는 인간의 마음이 사물에 감응하여 그 성정(性情)을 움직이게 하고, 그것이 문자로 발현된 것이라고 할 수 있다. 이 때문에 시는 본성과 감정의 움직임으로부터 표현 욕구를 자극하게 되고, 그것은 시인이 살아가고 있는 현실적 상황과 맞물리면서 시를 창작하는 동력으로 나타나는 것이다. 종영은 시인이 체험하는 내외적 상황을 염두에 두고, 한나라에서 양나라에 이르는 시기에 쓴 시인들의 시를 상품, 중품, 하품으로 분류하고 있다. 종영에 따르면, 상품(上品)의 시는 자연의 상태에서 진실한 감정을 표출하는 것이고[직심, 直尋], 청탁(淸濁)이 소통되고, 자미(滋味)가 있는 작품이라는 것이다. 종영의 시품은 개인의 주관에 따라서 좋은 시 나쁜 시를 나누었다는 점에서 시를 미적 차원에서 살펴보지 못하고, 개인의 취향에 따라 판단해서 분류하고 말았다는 비판을 받기도 한다. 하지만 종영의 『시품』은 시를 창작하는 근본 원리가 무엇인지를 통해서 시의 품격을 규정했다는 점에서 중요한 의의가 있다고 말할 수 있다.

당나라의 석교연(釋皎然)은 『시식(詩式)』에서 시의 의미를 다양한 관점으로 살펴보고 있다. 시를 쓰는 승려로 알려진 그는 이 책에서 시의 품격을 열아홉 가지 문체로 제시하고 있다.[2] 그는 시의 품격을 자연의

---

[2] 교연이 제시한 열 아홉 가지 문체는 고(高), 일(逸), 정(貞), 충(忠), 절(節), 지(志), 기(氣), 정(情), 사(思), 덕(德), 계(誡), 한(閑), 달(達), 비(悲), 원(怨), 의(意), 역(力), 정(靜), 원(遠)이다. 고는 기풍과 운치가 활짝 펼치는 것, 일은 체(體)와 격(格)이 거침없는 것, 정은 구사된 시어가 바르고 곧은 것, 충은 위기 앞에서 변하지 않는 것, 절은 절개를 지켜 변하지 않는 것, 지는 뜻을 세워 변치 않는 것, 기는 기풍과 정취가 넘치는 것, 정은 정취가 끝없이 이어지는 것, 사는 기에 함축이 많은 것, 덕은 시어가 온화하며 바른 것, 계는 단속하고 방어하는 것, 한은 정(情)과 성(性)이 소탈하고 꾸밈이 없는 것, 달은 마음이 드넓게 펼쳐진 것, 비는 상심이 심한 것, 원은 시어의 내용이 매우 서글픈 것, 의는 말을 새로 만든 것, 역은 체재가 굳건한 것, 정은 소나무에 바람이 일지 않고 숲에 원숭이가 울지 않는 것과는 다른 것으로 의미상의 정을 말하는 것, 원은 멀리 강물을 바라보고 아득히 산을 바라보는 것과는 다른 것으로 의미상의 원을 말하는 것이라고 한다.

풍경에서 취하는 것이라고 생각하고, 자연의 풍경에서 가져왔지만, 그것은 문자의 바깥에서 그 중요한 의미를 발견하는 것이 중요하다고 말한다. 그가 말하는 품격 있는 시는 사물의 표층적 의미를 초월해서 언어 바깥에서 의미를 발견하는 것이라고 할 수 있다. 그는 시의 품격은 시대와 상황의 변화에 따라 끝없이 변용하여 새로운 의미를 생성한다고 말한다. 시의 품격은 끝없이 발전을 하는데, 옛 것을 모방함으로부터 시작하지만, 그것은 정체되지 않으면서 변하는 것이라고 한다. 시의 품격은 말 그대로 옛것을 통해서 새것을 창조해내는 생성하는 미학이라고 보고 있다.

  일찍이 동양 문예미학의 한 규범을 제시하고 있는 유협은 『문심조룡』에서 문학예술에 있어서 가장 중요한 것은 문장의 골격에 흐르는 본성이라고 말하면서, 그 문체를 드러내는 방법은 여덟 가지가 있다고 말한다.[3] 그가 말하는 문체는 시의 품격이라고 할 수 있다. 그는 이들 품격이 하나의 시에 고정되어 나타나는 것이 아니라, 서로 상반되기도 하고 조화를 이루기도 하면서 변하고 발전한다고 말한다. 특히, 그는 우아함과 낯설음, 오묘함과 드러냄, 번잡함과 생략함, 웅장함과 가벼움은 서로 상반된 품격을 가지고 있으며,[4] 이들은 대립과 조화를 통해서 시의 미적 차원을 끌어올린다고 말한다.

(하문환 엮음, 앞의 책, 122쪽).

[3] 그 작품들이 귀결하는 곳을 총괄해 본다면, 그 방법은 여덟 가지 체제로 나눌 수 있을 것이다. 첫째, 고전적인 전아함, 둘째 깊고 심오함, 셋째 정밀하고 생략함, 넷째 밝고 사리에 부합함, 다섯째 복잡하고 번다함, 여섯째 웅장하고 화려함, 일곱째 새롭고 기발함, 여덟째 가벼움으로 쏠림이 있다.(若總其歸塗, 則數窮八體:一曰典雅, 二曰遠奧, 三曰精約, 四曰顯附, 五曰繁縟, 六曰壯麗, 七曰新奇, 八曰輕靡 -유협 저, 황선열 옮김, 『문심조룡』, 신생, 2018, 328쪽).

[4] 故雅與奇反, 奧與顯殊, 繁與約舛, 壯與輕乖, 文辭根葉, 苑囿其中矣.(유협, 앞의 책, 328-329쪽).

엄우(嚴羽)는 『창랑시화』에서 시의 품격과 창작방법론을 조밀하게 설명하고 있는데, 이 책에서 그는 아홉 가지 시의 품격을 제시하고 있다.5) 그는 시의 품격과 함께 시를 쓰기 위해서 일정한 기법과 특성이 있다고 말하고 있다. 그에 따르면, 시가 도달하는 궁극의 지점은 입신(入神)의 경지에 있다는 것이다. 여기서 입신의 경지라는 말은 신명(神明)의 경지에 이르는 것을 말한다. 신명의 경지에서 쓴 시는 지극함에 이르게 되고, 더 이상 보태거나 뺄 것이 없는 오묘한 상태가 되는 것이다. 이 때문에 시의 품격은 시인의 개성에 따라 각자 다르게 발현되는 것이고, 시의 방법도 시작과 맺음, 시구의 선택, 사물을 보는 눈에 따라 미적 차원이 다르다는 것이다. 엄우는 시의 품격보다는 품격과 기법들이 서로 엉기어서 입신으로 나아가는 것이 시의 지극한 경지라고 말하고 있다.

2. 시와 품격

동양 문예미학에서 말하는 시의 품격은 말 그대로 시의 자리[詩格]를 말하는데, 그것은 하나하나의 시들이 갖는 고귀한 기품을 미적 형식으로 규정한 것을 말한다. 문학은 작가의 정신을 드러내는 것이기 때문에

---

5) 시의 품격에는 아홉 가지가 있는데, 높고, 예스럽고, 깊고, 멀고, 길고, 웅혼, 표일, 비장, 처완한 것이 그것이다. 시의 솜씨를 발휘하는 방법은 세 가지인데 기결, 구법, 자안이 있다. 시의 전체적 특성은 두 가지인데, 우유부박과 침착통쾌가 그것이다. 시의 극치는 한 마디로 말해서 입신(入神)이다. 그리고 시가 입신의 경지에 이르면 다하여 더할 것이 없게 된다.(詩之品有九, 曰高, 曰古, 曰深, 曰遠, 曰長, 曰雄渾, 曰飄逸, 曰悲壯, 曰凄婉. 其用工有三, 曰起結, 曰句法, 曰字眼. 其大概有二, 曰優遊不迫, 曰沈着痛快, 詩之極致有一, 曰入神. 詩而入神 至矣, 盡矣.-엄우 저, 배규범 역, 『창랑시화』, 다운샘, 1997, 66-67쪽).

그 작가의 정신과 필연적 관계를 가지고 있다. 그 정신과 결부되어서 그 기법이 문장으로 체현되어 나타나는 것이 품격이다. 시의 품격은 작가의 수양 정도에 따라 다르게 나타나고, 시대의 상황에 따라 다르게 나타난다. 이 때문에 특정 시대의 품격만으로 시를 규정해서 그 틀에 맞으면 좋은 시이고, 그 틀에 맞지 않으면 좋지 않은 시라고 규정할 수 있는 것이 아니다. 시의 품격은 시대와 환경에 따라 다르게 나타나기 때문에 그것을 품격으로 규격화 할 수 없는 일이다. 그럼에도 불구하고 시의 품격을 논의할 수밖에 없는 것은 좋은 시는 시대와 환경을 초월하여 존재하기 때문이다. 좋은 시라고 규정할 수 있는 시들을 모아서 그것을 나누어 보면 하나의 미학적 의미를 발견할 수 있다. 시의 품격은 이러한 객관적 미학을 바탕으로 규정한 것을 말한다. 유협은 여덟 가지 문체를 제시하면서 이들은 서로 뿌리와 잎이 되어서 문학의 정원을 이룬다고 말한다. 시의 품격은 변할 수 있고, 변할 수밖에 없다고 말하고 있다. 시가 변하고 발전하면서 정형의 형식에서 비정형의 형식으로 변하게 되었고, 현대시는 이미 지난 시대의 시의 품격과는 맞지 않을 수도 있을 것이다. 그러나 좋은 문예작품은 고금의 시대적 한계를 뛰어넘어서 존재하고 그것은 변하지 않은 시의 품격이기도 할 것이다.

  시의 품격이 시의 미적 차원을 규격화하고 정형화해서 그 틀에 맞추어서 창작하라는 것을 의미하는 것은 아니다. 좋은 시들은 특정한 품격이 흐르고 있는데, 그 품격을 미학적으로 접근해 볼 때, 몇 가지 특징을 보인다는 것이다. 시의 품격은 시인의 정신이 흐르는 기운을 설명하는 미적 접근이지, 시의 형식과 기율(紀律)을 말하는 것은 아니다. 중국의 한시는 정형의 틀 속에 있었지만, 시인의 정신은 그 틀을 벗어나 미적으로 다양한 품격을 보였던 것이다. 시대는 변하고, 시의 형식도 변했지만, 인간의 근본정신은 변하지 않는다. 어떤 것이 고귀한 삶이며, 어떤 것이 사물과 인간을 살리는 길인지는 변하지 않는다. 유한한 인간 존재는 끝없이 고귀한 가치를 추구해왔고, 그것은 고금을 통해서 변하지 않는 고갱이로 남아있다. 시의 품격은 그 변하지 않은 시인의 정신을 말하는 것이다. 이 때문에 시의 품격은 시대의 변화를 통해서 끝없이 생성되기 때문에 그 미적 차원은 현대시에서도 그 의미를 적용할 수 있는 것이다.

당나라 말기의 시인인 사공도(司空圖)는 『이십사시품』에서 시의 품격을 스물 네 편의 시 작품으로 표현했다. 그가 제시한 시의 품격은 시의 의미이기도 하지만 시의 품격 자체를 시로써 표현했기 때문에 시 안에는 시인의 정신을 의미하는 품격이 함축되어 있다. 따라서 그의 시를 하나하나 분석해보면, 어떤 품격이 어떻게 시로 드러날 수 있는지를 살펴볼 수 있다. 그의 시품은 시의 미적 접근뿐만 아니라, 시인으로서 어떤 인격과 품성을 가져야 하는지, 또한 품격을 드러내는 방법이 무엇인지를 함축적으로 보여주고 있다. 안대회는 사공도의 『이십사시품』을 한시와 그림을 통해서 설명하면서 시의 품격이 어떤 것인지를 시각적으로 보여주고 있다.[6] 그러나 정작 『이십사시품』의 시를 통해서 시의 품격이 무엇인지를 보여주지는 못하고 있다. 『이십사시품』은 시의 품격을 시로 설명하고 있기 때문에 시의 행간을 하나하나 음미해보면 그 함축의 의미를 새롭게 밝힐 수 있을 것이다.

사공도는 모두 스물 네 편의 시로써 시의 품격을 설명하고 있는데, 그 중에 마지막 스물 네 번째는 유동(流動)의 품격을 제시하고 있다.

---

[6] 안대회, 『궁극의 시학』(문학동네, 2013). 이 글은 이 책에서 말하는 시적 의미를 확대 심화하고, 현대시의 품격과 조응해보기 위해서 쓴 것이다. 이 책의 선구적 입지에 빚진 바가 많다.

그런데 유동은 시의 품격을 설명하기보다는 우주의 근본 원리를 중심으로 순환 관계를 가지고 있다는 것을 말하고 있다. 시의 품격은 처음이 마지막이고, 마지막이 다시 처음이라는 순환의 고리로 설명하고 있다. 시의 품격은 하나하나가 따로 각각의 품격으로 이루어져 있지만, 그것은 서로 어울려서 돌아가는 수차와 같이 서로 뒤섞여 있다고 말한다. 시의 품격은 하나로 고정된 것이 아니라, 우주의 기운과 같이 흐르면서 서로 순환 관계를 가지고 있다고 할 수 있다. 이 글은 스물 네 개의 시의 품격에 나타난 시적 의미를 통해서 미적 양상과 그 품격의 의미를 곱씹어보기 위한 의도로 쓴 것이다.

1. 씩씩하고 거침없는 경지

―웅혼(雄渾)

(1) 개요

사공도가 제시한 스물 네 개의 품격 중에서 첫 번째 품격은 웅혼이다. 웅혼은 말 그대로 남성적이고 씩씩한 기운이 뒤섞여 있는 형국을 말한다. 한자 사전에서 '웅(雄)'은 뜻을 나타내는 '새 추(隹)'와 음을 나타내는 글자 '厷(굉)'이 합하여 이루어진 글자다. 힘센 수컷 새를 의미한다. '씩씩하다', '용감하다', '뛰어나다'의 뜻으로 쓰인다. '혼(渾)'은 혼(混)과 같은 글자다. 뜻을 나타내는 '물(氵)'과 음을 나타내는 '군(軍)'이 합하여 이루어진 글자다. 그 뜻은 '혼탁하다', '뒤섞이다'와 같은 뜻으로 쓰인다. 두 개의 뜻을 합쳐보면, 웅혼은 힘차게 뒤섞여 있는 상황을 말한다고 할 수 있다. 시의 전문을 살펴보기로 하자.

大用外腓 眞體內充 返虛入渾 積健爲雄.
대용외비 진체내충 반허입혼 적건위웅.

具備萬物 橫絶太空 荒荒油雲 寥寥長風.
구비만물 횡절태공 황황유운 요요장풍.

超以象外 得其環中 持之匪强 來之無窮.
초이상외 득기환중 지지비강 내지무궁.

위대한 쓰임은 밖에서 펼쳐지지만

진실한 역량은 내부에 충만해 있다
허무로 되돌아서 혼연함으로 들어가고
굳건한 힘을 쌓아 웅장함을 이룬다

무한한 만물을 가슴에 채우고서
드넓은 창공을 가로질러 가노니
뭉게뭉게 먹구름은 피어나고
휘익휘익 긴 바람은 몰려온다

드러난 형상 밖으로 훌쩍 벗어나
존재의 중심을 손에 쥔다
무리하게 붙잡지 않으면
다함없이 가져올 수 있으리라

  이 시의 마지막 부분에 "초이상외 득기환중(超以象外 得其環中)"이라는 말이 나오는데, 이 부분은 웅혼의 품격을 설명하는 중심 구절이다. 이 구절은 『장자』의 '제물론(齊物論)'에 나오는 말이다. 사물의 이것과 저것을 나누고 시비의 곡절을 판단하는 것은 하나의 관점에서 보는 것이다. 그렇기 때문에 커다란 긍정의 세계에서 사물을 보면 대립을 초월한 경지에서 바라볼 수 있다. 사물의 바깥에서 사물을 보면 그 둥근 중심을 볼 수 있는 것이다. 허공에 있는 한 원의 중심은 보이지 않지만 사실은 그 중심은 존재하고 있다. 웅혼한 기운은 말 그대로 시비와 곡절의 판단을 할 겨를도 없이 초월의 세계로 거침없이 나아가는 것을 말한다. 미처 판단할 겨를도 없이 무한하게 질주하는 것이 웅혼의 품격이라는 것이다. '득기환중'이란 거침없이 질주하면서 그 둥근 중심을 얻는다는 것이다. 이러한 경지를 일러서 장자는 "저것과 이것의 그 대립을 없애버린 경지, 이를 도추(道樞, 도의 지도리)라고 한다. 지도리이기 때문에 원의 중심에 있으면서 무한한 변전(變轉)에 대처할 수 있다. '옳다'도 하나의 무한한 변전이며, '옳지 않다'도 하나의 무한한 변전이다. 그러므로 시비를 내세우는 짓은 명지의 처지에 서느니만 못하다"7)고 말한다. 시비와 곡절을 따질 겨를도 없을 정도로 거침없이 나아가는 경지, 원의 중심에 서 있을 때는 변전의 상황과는 무관하게 놓여 있다. 여기서 말하는 지도리는 텅 빈 중심이라고 말할 수 있다. 웅혼의 기운은 하나의 중심을 유지하면서 요동치는 기운을 말한다.

 웅혼은 중국 시학의 두 가지 시풍인 양강(陽剛)과 음유(陰柔) 중에서 양강의 최고 경지라고 말한다.8) 이 때문에 웅혼은 남성적이고, 힘찬 품격을 의미한다. 웅혼이 힘찬 양의 기운을 나타나고 있긴 하지만, 그 내면에는 미세한 음의 기운이 흐르고 있다. 겨울의 기운 속에 봄의 기운이 스며있는 것과 같다. 웅혼의 품격은 겉으로는 힘찬 기운이 일어나고 있지만, 그 내면에는 잔잔하고 깊은 울림이 있는 경지이다. 웅혼은 양의 기운이 힘차게 일어나는 역동적 기운을 말한다. 힘찬 기운이 일어나고 있으면서도 안은 고요하고, 바깥은 넘실대는 기운이다. 물결치는 파도의 깊은 속에는 고요함이 있으며, 태풍의 중심에는 고요한 정적이 흐르는 것과 같다.

(2) 안과 바깥의 의미

 대용외비 진체내충(大用外腓 眞體內充) '크게 쓰인다'는 것은 바깥을 덮지만, 참된 실체는 내적으로 충만해 있다.

---

7) 彼是莫得其偶. 謂之道樞. 樞始得其環中. 以應無窮. 是亦一無窮. 非亦一無窮也. 故曰. 莫若以明.(안동림 역주, 『장자』, 현암사, 1993, 59쪽).
8) 안대회, 앞의 책, 43쪽.

이 부분에서 주의 깊게 읽어야 하는 구절은 바깥과 안이 짝을 이루고 있는 '대용(大用)'과 '진체(眞體)', 그리고 '비(腓)'와 '충(充)'이다. 큰 것이 펼쳐지기 위해서는 참된 실체는 내적인 충만함으로 가득 차야 한다고 해석할 수 있다. 안이 튼실하지 못하면서, 바깥으로 펼쳐지는 것은 이미 그 기운이 다했다는 것이고, 그 기상이 마음껏 펼쳐질 수 없다는 것을 말한다. 시의 첫 구절에서 말하고 있는 웅혼의 품격은 안을 충실하게 하고 바깥으로 펼쳐 나가는 것이라고 전제하고 있다.

　웅혼한 기운을 가진 작가는 안으로 충만하고, 바깥으로 크게 펼쳐지는 기운이 있다는 것이다. 안으로 충만하기 위해서는 작가의 심성을 굳세게 단련하고, 넓으면서도 깊게 배우고 익히면서 사물을 보는 눈을 확장하고 심화시켜야 한다. 단단하게 여문 씨앗들은 그 안에 충만한 영양분을 갖고 있으며, 그 영양분은 씨눈을 보호한다. 단단한 씨앗들은 땅에 떨어져서 흙에 묻혀서도 추운 겨울을 지낼 수 있도록 씨눈을 지켜낸다. 씨앗이 영글어가는 것처럼, 안으로 충만해 있어야 웅혼의 기운을 펼칠 수 있다는 것이다. 웅혼은 바깥으로 펼치기보다는 먼저 안으로 갈무리하면서 단단한 씨앗을 만들어야 한다는 것이다. 안으로 갈무리하고 함축하면 언젠가는 위대한 쓰임을 만나 바깥으로 펼쳐 나갈 수 있는 것이다. 웅혼은 안으로는 단단하게 여물면서 바깥으로는 크고 넓은 쓰임으로 나아가는 것이다.

　　까마득한 날에
　　하늘이 처음 열리고
　　어데 닭 우는 소리 들렸으랴

　　모든 산맥들이

바다를 연모해 휘달릴 때도
차마 이곳을 범하던 못하였으리라

끊임없는 광음을
부지런한 계절이 피어선 지고
큰 강물이 비로소 길을 열었다

지금 눈 나리고
매화향기 홀로 아득하니
내 여기 가난한 노래의 씨를 뿌려라

다시 천고의 뒤에
백마 타고 오는 초인이 있어
이 광야에서 목놓아 부르게 하리라

―이육사, 「광야」 전문9)

  이 시의 화자는 하늘이 처음 열리는 광활한 바깥의 세계와 매화 향기 홀로 아득한 현실의 세계 속에서 스스로는 가난한 노래의 씨를 뿌릴 준비를 하고 있다. 천고의 뒤에 백마 타고 오는 초인을 기다리는 것은 안으로 충만할 때 나타날 수 있는 일이다. 바깥의 세계는 눈이 내리고 힘든 처지에 있지만, 내면의 세계는 역동적인 씨앗을 간직하고 있다. 힘차게 닭이 우는 소리와 산맥들이 바다를 향해 달리고 있는 힘찬 기운이 과거로부터 현재에까지 이르는 바깥의 풍경이라면, 가난한 노래의 씨앗을 준비하고 있는 현재의 상황은 안의 형국이라 할 수 있다. 역동적 기운과 고요한 기운이 함께 존재하면서 요동치고 있는 상황을 형상화하고 있다. 광활한 산맥과 들판의 힘찬 기운은 흰 돛단배를 타고 오는 고요한 지사의 움직임과 함께 하고 있다. 겉으로 힘찬 기운과 안으로 조용한

---

9) 정한모, 김용직 공편, 『한국현대시요람』, 박영사, 1974, 545쪽.

기운이 조화를 이룬 웅혼의 품격을 보여주고 있다.

　웅혼은 바깥의 기운이 넘실대고 있으면서 안의 기운은 너무도 평정한 상황을 말하는 품격이다. 웅혼의 품격을 말하는 첫 구절에 바깥보다 안의 충실함을 강조하는 것은 작가가 작품을 표현하는 미학적 방법을 설명하는 것이기도 하다. 작가가 현란하고 화려한 표현에 빠지기보다는 내적 주제 의식을 분명하게 드러내야 한다는 말로 바꿀 수 있다. 웅혼의 첫 구절에서 말하는 내적 충만함은 동양 문예미학의 특징을 잘 보여주고 있다. 서구의 문예이론이 수사법과 문장의 표현 방식에 초점을 두었다면, 동양 문예미학은 작가의 내적 진실과 충만함을 먼저 전제로 하고 있다는 말로 설명할 수 있다. 여기서 내적 주제 의식이란 사물을 보는 관찰법이라고 말할 수 있다. 웅혼의 품격대로 생각한다면, 사물에 대한 넓고 깊은 인식과 상상력을 통해서 내적 충만을 이룰 수 있다는 말로 설명할 수 있을 것이다. 내적 충만함이란 작품의 진실성을 얼마나 충만하게 함축하고 있느냐라는 것이다.

　웅혼의 첫 구절에서 말하는 안과 바깥의 대립은 크게 쓰이는 것과 충만함이다. 펼치는 것과 갈무리하는 것의 차이이다. 우리 앞에 펼쳐진 현실은 부박하고, 천박할 수 있지만, 그 현실의 내면을 깊이 살펴보면 깊고 오묘한 세계가 있는 것이다. 지식의 눈으로 세상을 보는 것과 지혜의 눈으로 세상을 보는 것의 차이일 수 있다. 바깥으로 크게 쓰이는 것은 항상 안은 단단한 씨앗으로 갈무리되어 있다. 웅혼의 품격으로 들어가기 위해서는 우선 겉으로는 힘차 보이지만, 안은 평정한 상태에 놓여 있어야 한다는 것이다.

　　반허입혼 적건위웅(返虛入渾 積健爲雄) 허무로 되돌아가서 혼연함으로 들어가고 굳센 힘이 쌓여서 씩씩함을 이룬다.

　이 구절에서는 웅혼이라는 품격을 그대로 시어로 사용하고 있다. 앞부분에 '혼(渾)'이 나오고 뒷부분에 '웅(雄)'이 나온다. 사공도가 생각하기에 웅혼의 품격은 먼저 혼의 상태가 되고 난 뒤에 웅을 이룰 수 있다고 본 것이다. 바깥은 '반허입혼(返虛入渾)'의 상황이고, 안은 '적건위웅(積健爲雄)'의 상황이다. 혼으로 들어가기 위해서는 반드시 허(虛)로 들어가야 한다는 것이고, 웅을 이루어지기 위해서는 반드시 굳센 힘이 있어야 한다는 것이다. 혼과 허가 짝을 이루고, 웅과 건이 짝을 이룬다. 앞부분의 바깥을 덮는다는 말과 안으로 충만하다는 말이 이 부분과 짝을 이루고 있다.

　혼돈의 상황은 허정(虛靜)의 상태로부터 시작하고, 웅장(雄壯)한 상황을 이루기 위해서는 굳센 상태에 있어야 한다는 것이다. 웅과 짝을 이루고 있는 건(健)은 건(建)이 원래의 글자인데, 이 글자에 뜻을 나타내는 사람[人]이 합쳐져서 이루어진 말이다. 이 말은 사람이 씩씩하고 힘차다는 것을 뜻한다. 이 구절에서 사공도는 혼은 상황을 말하는 것으로 사용하고 있으며, 웅은 작품의 기운을 말하는 것으로 보고 있다. 혼이 허정이라는 말과 어울리고, 웅이 강건(强健)이라는 말과 짝으로 이루는 것은 이 때문이다.

　웅혼으로 들어가기 위해서는 반드시 모든 것이 텅 빈 허정의 상황이 필요하고, '넘치는 기운'이 있기 위해서는 반드시 그 아래에 텅 비어있는 고요가 있어야 한다는 말이다. 여기서 텅 비어 있다는 것은 넘치는 기운을 얻기 위한 조건이 되는 것이다. 허정의 상태로 돌아가서 혼돈의 상황으로 들어가고, 굳건한 기운이 쌓이면, 씩씩함을 얻을 수 있다는 것이다. 따라서 허정과 강건은 웅혼을 이루는 근본 바탕이 된다고 할 수 있다.

허(虛)로 돌아갈 때, 혼(渾)을 이룰 수 있고, 건(健)을 쌓을 때, 웅(雄)을 이룰 수 있다. 텅 비어 있다는 것은 새로운 혼돈의 상황을 만들 수 있고, 내적인 강건함이 이루어지면, 외적인 웅장함이 나타나는 법이다. 이런 관계로 볼 때, 외적 웅장함은 내적 충만함을 통해서 이루는 것이고, 텅 비어 있다는 것은 혼돈을 통한 새로운 질서를 만들어나가는 힘이 되는 것이다. 텅 비어 있음은 내적 건강함으로 가는 길이다. 허와 건을 바탕으로 해서 내외적으로 나타나는 것이 웅혼의 품격이라고 할 수 있다. 웅혼은 내적으로는 텅 비어 있는 상태로 놓아두되 겉으로는 건강한 기운이 넘실거리고 있어야 한다. 내적 고요함 속에서 혼돈의 무질서를 만들어내고, 내적 충만함을 통해서 외적 씩씩함을 얻는다. 이렇게 얻은 웅혼의 기운은 내외적으로 경박하게 보이지 않을 뿐 아니라, 중후한 건강함으로 얻을 수 있다.

이 구절에서 말하고 있는 웅혼의 의미는 내적 충만함과 허정의 상황을 통해서 외적으로 얻는다는 것이다. 웅혼한 기운을 갖기 위해서는 내적인 충만함과 텅 빔의 상황이 전제되어야 하고, 이를 통해서 외적 건강함을 얻을 때 가능하다고 말하고 있다.

    생명
    한 줄기 희망이다
    캄캄 벼랑에 걸린 이 목숨
    한 줄기 희망이다

    돌이킬 수도
    밀어붙일 수도 없는 이 자리

노랗게 쓰러져 버릴 수도
뿌리쳐 솟구칠 수도 없는
이 마지막 자리

어미가
새끼를 껴안고 울고 있다
생명의 슬픔
한 줄기 희망이다

―김지하, 「생명」 전문[10]

 이 시에서 생명은 마지막 자리에 놓인 허무 혹은 허정의 세계이다. 생명의 벼랑 끝에서 희망을 본다. 더 이상 돌이킬 수 없는 자리, 밀어붙일 수도 없는 자리, 쓰러질 수도 솟구칠 수도 없는 자리에서 희망을 발견한다. 이 끝자리에 희망이 있고, 그곳에 생명이 있다. 생명은 건강한 기운이고, 생명의 마지막 자리는 혼돈의 자리이다. 허정의 상황에서 밀어붙이는 생명의 자리이다. 생명의 가치는 죽음 뒤에 오는 희망의 자리이다. 죽어가는 새끼를 바라보는 어미의 마음인지, 죽어가는 어미가 새끼를 바라보는 것인지, 이 애매한 상황 속에서 한 줄기 희망을 만날 수 있다.
 웅혼에서 말하는 허(虛)의 세계와 허의 세계 끝자락에서 만나는 생명의 줄기가 바로 희망이라고 할 수 있는 건(健)의 기운이다. 허와 건을 통해서 얻을 수 있는 생명의 줄기가 바로 웅혼으로 가는 길이다. 웅혼은 고요함 속에서 싹트는 희망의 기운이다. 웅혼의 품격은 겉으로는 요동을 치는 씩씩한 생명의 기운이지만, 안에서는 고요한 평정의 기운이 스며있다는 것이다.

---

10) 김지하, 『별밭을 우러르며』, 동광출판사, 1989, 107쪽.

(3) 거침없는 사유의 세계

구비만물 횡절태공(具備萬物 橫絶太空) 만물을 두루 갖추고서 넓은 허공을 가로질러 간다.

두 번째 연에서는 웅혼의 기운을 가진 작가가 나아가는 사유의 세계를 말하고 있다. 두 번째 연의 첫 구절에서 만물을 두루 갖추었다고 말하는 것은 작가가 사물을 보는 인식을 두루 갖추었다는 것을 말한다. 웅혼의 품격을 가진 작가는 사물을 보는 눈이 넓고 넓어서 그 사물의 내면에 자리 잡고 있는 기운을 알 수 있다는 말이다. 작가의 사유 세계가 거침없이 나아가서 태허의 공간을 가로질러 나간다는 것이다. 웅혼은 말 그대로 거침없이 나아가는 사유의 세계를 말한다.

태공(太空)은 넓고 넓은 허공을 말한다. 허공은 작가의 상상력이 펼쳐지는 사유의 공간을 말한다. 웅혼의 품격을 갖춘 작가는 사물을 사물 하나만으로 세계를 보는 것이 아니라, 그 사물과 관계를 맺고 있는 사물, 더 나아가 사물에 내포된 의미를 뚫고 들어가고, 그 사유의 세계는 천년의 세월을 넘어서 우주의 공간을 가로질러서 펼쳐진다는 것이다. 웅혼의 세계는 좁은 공간을 넘어서 우주 공간을 넘나들고, 시간의 차원을 넘어서 천년의 세월을 가로지른다.

웅혼의 관점으로 세상으로 보면, 작가가 사물을 보는 사유의 세계가 깊어지고 넓어진다는 것이다. 권정생의 『강아지 똥』은 비록 하찮게 버려진 작은 강아지 똥에 불과한 사물이지만, 그 사유의 세계는 생명의 아름다운 가치를 부여하기까지 한다. 김지하의 「생명」에서 보여준 사유의 세계와 권정생의 『강아지똥』에서 보여준 사유의 세계는 각각 다른 것 같지만, 사실은 사물을 보는 넓고 깊은 사유로부터 시작한다는 점에서 그 관점이 통하고 있다고 할 수 있다. 거침없는 사유의 세계를 보여주는 수많은 작품들이 사물을 보는 작가의 깊고 넓은 시선으로부터 시작하고 있다. 웅혼은 거침없이 나아가는 사유의 세계에서 만날 수 있는 품격이다. 웅혼의 사유 세계는 거침없이 나아가는 상상의 힘이라고 할 수 있다. 조앤 케이 롤링은 『해리포터』에서 무한한 상상력의 세계를 보여주었고, 중국의 『산해경(山海經)』은 인간의 현실을 뛰어넘은 여러 가지 진귀한 생명들을 보여주었다. 이들 작품은 인간이 나아갈 수 있는 상상의 힘이 어떤 세계를 형상화해낼 수 있는지를 잘 보여주는 것이라고 할 수 있다. 인간이 만들어내는 신화의 세계는 웅혼의 품격을 보여주는 궁극의 지점이라 할 수 있다.

> 햇바닥에 가시 돋혀 거칠은 물결
> 잡아 삼킬 듯 이빨을 날카로이 갈아마시고 모지락스럽게 쳐들어오는 외따른 섬 가운데 바윗돌 위에 참개구리처럼 이마를 문지르고 꿇어 엎드려 점점 가까이 다가서는 죽음을 하소거려도 소용없을 바에야 연자방아 맷돌을 모가지에 매달고 떨어지는 해를 따라 바다에 몸을 던져 소용돌이 굽이치는 파도에 휩싸여서 자맥질을 하다가 악어 등어리라도 사정없이 물어뜯어 먹피로 출렁거려 물너울이 일어서면 머흘은 구름 속에 번갯불도 치느니 쏟아지는 소낙비는 날으는 화살인가 이윽고 새로 틔어 밝아오는 허공에 해와 같이 솟구쳐 오른 나를 다시 만나리.
> ─김관식, 「해일서장(海溢序章)」 전문[11]

이 시는 죽음의 극단 지점에서 생명을 갈구하는 시이다. 외딴 섬에서 파도에 휩쓸려 죽음의 상황에 이르렀는데도 자신의 죽음을 하소연할 곳이 없을 때, 거침없는 파도에 맷돌을 매달고 죽음의 난장판을 한 번 치고 싶다고 한다. 그 극렬한 밤이 지나고 아침이 왔을 때, 허공에 해와 함께 살아나는 생명의 기운을 느끼고 싶어 한다. 죽음의 극단 속에서 생명의

---

11) 김관식 시전집, 『다시 광야(曠野)에』, 창작과비평사, 1976, 127쪽.

기운을 발견하려고 한다. 죽음의 진혼곡이 너무도 장황해서 허무의 상황이 요동을 치는 것 같다. 죽음이 혼돈의 상황이라고 말하고 있다. 그 혼돈의 상황 속에서 화자의 거침없는 사유의 세계가 자리하고 있다. 이 거침없는 작가의 상상력이야말로 웅혼의 기운으로 세상을 보는 것이라 할 수 있다. 소용돌이치는 파도 속에서 악어와 사투를 벌이고, 소낙비가 화살과 같이 쏟아지는 망망대해에서 만나는 죽음의 극한 상황이 지나면, 새로 솟구쳐 오르는 허공의 나를 발견할 수 있다. 이 시는 죽음의 상황을 몰고 가는 거침없는 사유의 세계와 그 내면에서 솟구쳐 오르는 생명의 희망을 보여주고 있다. 웅혼은 혼돈의 상황 속에서 만나는 건강하고 굳센 기운이다. 이 시에서 말하는 죽음의 극한 상황 속에서 발견하는 생명의 환희와도 같은 것이다.

황황유운 요요장풍(荒荒油雲 寥寥長風) 아득한 하늘에 구름이 뭉게뭉게 피어나고 텅 비어있는 하늘엔 긴 바람이 불어온다.

이 구절에서 '황황'과 '요요'는 서로 짝을 이루는 상황이다. 황(荒)은 '풀이 땅을 덮고 매우 황폐(荒廢)해지다'라는 뜻이다. 요(寥)는 '공허하다'는 뜻이다. 유(油)는 '구름이 일어나는 모양'을 말한다. 황폐한 하늘에 구름이 일어난다는 것은 생명의 기운을 의미한다. 웅혼의 기운은 어디든지 상관하지 않고 생명의 기운을 싹틔운다는 것이다. 텅 빈 하늘에 긴 바람이 불고 있는 형국도 생명의 기운을 말한다. '황황'과 '요요'가 짝을 이루면서 극한의 상황을 제시하면서 피어오르는 구름과 긴 바람을 통해서 생명의 기운을 나란히 보여주고 있다. 구름과 바람은 텅 빈 공허의 세계 속에서 건져 올리는 생명의 기운이라 할 수 있다.

작가의 사유는 어떤 극한의 상황 속에서도 구름이 피어나는 것처럼 뭉게뭉게 피어오르고, 그것을 자극하는 긴 바람은 텅 빈 사유의 끝자락에서 불어온다. 웅혼의 품격은 작가의 사유가 망상(妄想)으로 이어지든, 환상(幻想)으로 이어지든 생명의 기운을 생성시키는 데서 발견할 수 있다는 것이다. 문학은 현실을 있는 그대로 반영하는 것이 아니라, 현실을 작가의 사유를 거쳐 새로운 상상력으로 재구성하는 것이다. 이 때문에 어떤 상황에 있든 그 작품은 반드시 작가의 사유가 개입될 수밖에 없다. 웅혼의 품격을 갖춘 작가가 사물을 바라볼 때 그 사물은 구름이 뭉게뭉게 피어나는 것처럼 생명의 기운이 움튼다는 것이다. 작가가 사유의 세계에서 사물을 놓아두고 찬찬히, 그리고 은밀하게 살펴보면, 그 사물의 궁극 지점에 도달할 수 있다는 것이다. 사물을 작가의 내면으로 끌어들이는 것도 하나의 방법이지만, 사물을 있는 그대로 놓아두고, 관찰하는 방법은 작가의 상상력을 마음껏 펼치는 또 다른 방법이기도 하다. 이 시구에서 말하는 "텅 비어 있는 하늘에 긴 바람이 불어온다"는 것은 작가의 가슴에 사물에 대한 감동이 은은하면서도 깊게 파문을 일으키며 다가온다는 말이다. 웅혼의 상황은 사물을 보는 깊은 사유의 세계와 작가의 상상력이 아름답게 조화를 이룰 때 이루어지는 것이다.

(4) 형상을 넘어서 둥근 중심으로

초이상외 득기환중(超以象外 得其環中) 형상의 바깥을 뛰어넘어서 그 둥근 중심을 얻는다.

형상의 바깥과 둥근 중심은 또한 짝을 이루고 있다. 형상의 바깥을 뛰어넘는다는 말은 사물의 '형(形)'과 '상(象)'의 경계를 넘는다는 말이다. 죽음과 삶의 경계를 뛰어넘는 것도 거침없이 나아가는 사유의 세계 이듯이, 사물의 형상이 의미하는 경계를 뛰어 넘는 것이 웅혼의 미학이라는 것이다. '상'이라는 이미지에 집착하면 '형'이라는 사물의 실체가 무너지고, '형'에 집착하면 '상'이 무너진다. 형상의 바깥을 뛰어 넘는다는 것은 사물의 경계 이쪽저쪽을 초월한다는 말이다. 형상에 머뭇거리면 진정한 사물을 볼 수 없다는 말이다. 이러한 사물에 대한 서성거림은 앞에서 말했던 내적 충만이 이루어지지 않은 상태에서 경계의 이쪽저쪽을 방황한다는 말이다. 형상의 경계를 초월하면 그 형상이 존재하는 우주의 원리를 얻을 수 있다는 말이기도 하다.

'환중(環中-존재의 중심)'이라는 말은 생성과 소멸, 삶과 죽음, 떠남과 머묾 등과 같은 이분법의 논리가 사라진 중심을 말한다. 존재의 중심이란 앞에서 말한 우주의 중심 축[樞, 지도리]을 말하는 것이다. 형상은 위대한 쓰임을 통해서 바깥으로 펼쳐지지만, 그 형상의 경계를 넘어섰을 때에는 존재의 중심이 무엇인지를 깨닫게 된다는 말이다. 작가는 사물의 외형에만 집착하지 말고, 사물의 내면을 세밀하게 관찰하면서 그 사물의 존재 방식을 마음껏 사유하라는 말이다. '득기환중(得其環中)'이란 둥근 축의 중심을 얻는다는 말이지, 그 중심을 소유한다는 말은 아니다. 중심 자체는 텅 비어 있는 상황이기 때문에 소유의 개념이 아니다. 이 구절은 『장자』의 제물론에 나오는 말로 "득기환중, 이응무궁(得其環中 以應無窮)"에서 따온 말이다. 둥근 중심을 얻음으로써 무궁한 곳에 이른다는 것이다. 이는 관념과 언어의 세계를 말하는 것이 아니라, 실재의 세계와 감응하는 세계를 말한다. 동양의 미적 관점에서 말하면, 대통(大通)의 세계라 할 수 있다. 말 그대로 크게 통하는 세계이다. 이쪽저쪽의 경계가 없는 세계, 막힘과 거침이 없는 세계를 말한다. 이 궁극의 지점에 다다를 때, 텅 빈 중심의 세계가 열리는 것이다. 웅혼의 품격은 작가가 대상화하려는 사물(소재)을 세밀하게 관찰하면서, 그것이 작가의 내면에 충만하게 자리 잡을 때 활짝 펼쳐지는 것이다.

> 귀를 기울이면 바람소리 들린다
> 이제는 철 지난 늦가을 바람
> 부질없이 울어대는
> 그 헛된 소리가
>
> 아니다 거기에는 웅장한 기념탑
> 탑을 에워싸고 수많은 군중들이 외치는
> 승리의 환호소리 지축을 흔든다
>
> 그 소리가 불러내는 것
> 온갖 주검들이 생전의 모습이
> 환상이기에 더욱 생생하다
>
> 그러나 밖에 내다보면 여전히 무인벌판
> 무성한 억새 시들어 나부끼는
> 저 바람 속에는
>
> 깃발도 있다
> 훈장도 있다
> 잘려나간 팔다리와 모가지도 있다
>
> 실은 그 모든 것이 하나로 어울려
> 돌아가는 날개 없는 팔랑개비
>
> 비어있는 소용돌이가 있다
> ─이형기,「저 바람 속에서」전문[12]

---

12) 이형기, 『이형기 시선』, 도서출판 선, 2003, 96쪽.

이 시의 마지막 구절인 "비어있는 소용돌이"는 빈 중심의 세계이다. 모든 환상의 질료들이 그 속에서 뒤섞여 있을 때, 그곳은 텅 빈 중심만 존재할 뿐이다. 수많은 군중들의 환호소리도, 깃발도, 훈장도, 잘려나간 팔다리와 모가지들도 모두 하나의 중심에 모일 뿐이다. 그것은 환상이 아니라, 존재의 실체이다. 지축을 흔드는 소리들도, 주검의 모습들도 돌아가는 바람개비의 날개에서 환상으로 자리 잡을 뿐이다. 인간의 삶, 죽음도 어쩌면 그 궁극의 지점에서는 텅 빈 중심만 남을 뿐이다. 모든 삶의 의미들은 하나로 모일 때, 그것은 "비어 있는 소용돌이" 속에 존재할 뿐이다.

웅혼의 거침없는 사유의 세계는 형상의 바깥을 넘어서고, 그 형상을 벗어나서 하나의 원리를 얻는다는 것이다. 마치 태풍 속의 눈과 같이 화평한 세계를 얻을 수 있다는 것이다. 웅혼의 품격은 형상을 넘어서 사물의 진정한 의미를 발견하는 미학이라 할 수 있다. 형상을 벗어난 자리에서 형상의 본질을 발견하는 것이다.

지지비강 내지무궁(持之匪強 來之無窮) 잡는 것을 억지로 하지 않으면, 다가오는 것은 끝이 없다.

억지로 끌어당기는 것은 거침없이 나아가는 것과는 어울리지 않는 것이다. 막힘이 없어야 하는 곳에는 강제성이 있어서는 안 되는 것이다. 막힘이 없고, 거침이 없는 상태라면, 어떤 사물이든지 자연스럽게 다가오지 않겠는가? 사물을 자연스럽게 둔다는 것은 억지로 꾸미거나, 그것을 나만의 인식이나 관념으로 끌어들인다는 말이 아니다. 모든 만물은 그대로 놓여 있을 뿐이고, 그 사물이 놓여 있는 그대로 두고 그 형상의 바깥을 넘어서 내면을 살펴야 한다는 것이다. 사물은 작가의 관념 속에 소유하는 것이 아니라, 각자의 모습대로 자연스럽게 놓여 있다. 작가가 바라보고 있는 사물이 또한 모든 사람이 바라보는 사물이기도 하다. 그렇다면 소재에 집착하거나, 그 사물의 형상에 집착해서 억지로 형상을 꾸미려고 하는 것은, 그 형상의 중심을 보지 못하고, 바깥을 보는 꼴이 되고 만다는 것이다. 형상을 억지로 끌어당기지 않으면 그 형상이 끝없이 다가온다는 말은 형상에 대한 개인의 인식을 버릴 때, 비로소 텅 빈 중심을 바라볼 수 있다는 말과도 같다. 웅혼의 기운은 내적으로는 텅 비어 있으면서 외적으로는 무한한 공간을 향해 펼쳐지는 기운을 말한다. 사물에 집착하고 강제로 규제하고 억지로 꾸며내는 것은 웅혼함의 기운과는 거리가 멀다. 바다가 깊을수록 바깥의 파도를 인식하지 못하는 것처럼, 바깥의 형상은 각자의 관념과 인식을 기준으로 각자 다르게 넘실대고 출렁대지만 참된 실체는 항상 텅 빈 고요함의 상태로 있다는 것이다.

몇 사람의 떨리는 음성으로도
몇 사람의 분노로도
또는 탄식으로도 차지 않는
이 땅은 비어 있다.

몇 사람의 노래로도
몇 사람의 웅변으로도
몇 사람의 울음섞인 기도로도
차지 않는
이 땅은 비어 있다.

아침 출근에 미어 터지는 버스로도
돌아오는 저녁의 **빽빽**한 안개로도
가득차지 않는 비탈마다 늘어서는 매일(每日)의

> 판잣집으로도
> 이 땅은 비어 있다.
>
> —김현승, 「이 땅은 비어 있다」 전문[13]

　이 시에서 말하는 '비어 있음'은 각자의 몫대로 존재하는 현상과는 다르다는 말이다. 사람들의 떨리는 음성과 분노, 탄식이 아무리 많다고 하더라고 그것을 받아들이는 상황은 각자가 다르기 때문에 비어 있다고 말한다. 노래, 웅변, 기도와 같은 일상들이 아무리 많아도 그것은 각자의 몫일 따름이기 때문에 비어 있다고 말한다. 살아가는 모든 사람들은 각자의 존재로 살아갈 뿐이다. 억지로 자신의 삶이 어떤가를 물을 필요가 없다. 마찬가지로 사물의 형상도 각자 다르다. 이 때문에 억지로 자신의 인식 틀 속에서 이해할 필요가 없는 것이다. 그 사물이 놓여진 그대로 사물의 내면을 깊이 관찰하면서 작가의 사유 세계를 펼쳐나가면 된다.
　웅혼의 품격은 말 그대로 거침없는 사유의 세계를 발견하는 것이다. 그러기 위해서는 먼저 안과 바깥의 상황을 비워내야 한다. 작가가 갖고 있는 인식과 관념의 틀을 과감하게 벗어던지라는 말이다. 사물에 대한 관념에서 벗어남을 통해서 새롭게 사물을 볼 수 있고, 관념의 인식을 벗어난 공간에서 새로운 희망을 찾을 수 있는 것이다. 그것이 바로 형상의 벗어남이다. 그 형상을 벗어나서 작가의 사유가 마음껏 펼쳐질 때, 웅혼으로 나아갈 수 있는 것이다. 사물의 형상을 초월해야 사물의 중심을 얻을 수 있다. 이렇게 텅 빈 중심을 얻을 수 있을 때, 사물을 자연스럽게 인식할 수 있고 관념을 벗어난 자리에서 거침없이 사유하는 웅혼의 미학을 획득할 수 있다. 웅혼은 사물의 형상을 뛰어넘어 새로운 형상을 만들어내는 거침없는 사유의 미학을 말한다.

---

[13] 김현승, 『마지막 지상(地上)에서』, 창작과비평사, 1975, 83쪽.

2. 양기(養氣)를 통한 회통의 미학

―충담(沖淡)

(1) 개요

충담(沖淡)은 보통 평담(平淡)과 같은 의미로 쓰이며, 이와 유사한 뜻으로 담박(淡泊), 고담(枯淡), 고담(古淡), 청담(淸淡), 한담(閒淡), 염담(恬淡) 등이 있다. 충(沖)은 화(和)하다, 겸허(謙虛)하다, 담백(淡白)하다, 공허(空虛)하다, 깊다, 오르다, 높이 날다, 상충(相衝)되다, 부딪치다 등의 뜻으로 풀이된다. 충은 뜻을 나타내는 삼수변(氵, 물)과 음을 나타내는 중(中)이 합쳐진 글자다. 충은 물길이 바깥에서 안으로 모여들면서 가운데가 비어 있는 것을 말한다. 물의 가운데가 비어 있기 위해서는 소용돌이가 있어야 한다. 소용돌이는 바깥에서 안으로 물길이 모여들 때 생기는 것이다. 담(淡)은 맑다, 엷다, 싱겁다, 담백(淡白)하다, 묽다 등의 뜻으로 풀이된다. 담은 뜻을 나타내는 삼수변(氵)과, 음과 뜻(적다)을 동시에 나타내는 담(炎)으로 이루어져 있다. 담은 빛깔이 엷어서 잘 드러나지 않는 상황을 말한다.

이 두 한자의 뜻을 중심으로 살펴보면, 충담(沖淡)은 비어 있는 듯하면서도 겉으로 그 기운이 드러나 있는 것을 말한다. 충담과 유사한 뜻으로 고담(枯淡)이라는 말이 있는데, 홍명희는 고담이라는 말을 식민지 시대 조선 청년들이 오래된 전통 생활 습관에 빠져 있는 것을 빗대는 말로 쓰고 있다.[1] 고담의 의미로 미루어 볼 때, 충담은 안으로 스며있는 기운이 겉으로 드러나는 것을 말한다. 충담은 겉으로 보기에 소박한 모습을 보이면서 그 안에는 심오한 깊이가 감춰져 있다. 충담은 오묘하면서도 신비로운 곳으로 들어가는 깊이의 미학이다. 속은 아무 것도 없는 것 같은 데도 겉으로 미묘하게 드러나는 것이다.

충담은 비어 있으면서도 무엇인가를 머금고 있는 것이다. 충(沖)은 비어 있음[空]이고, 담(淡)은 어렴풋한 형상으로 드러나는 것이다. 충은 기운을 길러내는 생성의 의미를 담고 있고, 담은 그 생성의 의미 속에 드러나는 기운의 의미를 담고 있다. 충으로부터 비워진 기운은 담의 기운에 스며들어서 생기상동(生氣常動)한다.[2] 충은 비워내면서 가득 차게 되는 자연스러운 아름다움이다. 이러한 자연스러움 때문에 시의 최고 경지로 충담의 품격을 그 예로 들고 있는 것이다. 이성희는 동양화의 품격을 말하는 글에서 충담과 같은 의미로 평담이 있다고 전제하면서, "평담은 바로 기운생동(氣韻生動)의 극치이고, 평담 속에 무궁한 기운이 생동하고 있다."[3]고 말한다. 충담은 살아있는 기운이 스며있는 아름다움이다. 충담은 안으로 머금으면서 겉으로 드러나는 상태를 말한다. 시의 전문을 살펴보기로 하자.

  素處以黙 妙機其微 飮之太和 獨鶴與飛
  소처이묵 묘기기미 음지태화 독학여비

  猶之惠風 荏荏在衣 閱音修篁 美曰載歸

---

1) 홍명희는 "우리 조선 청년의 생활 내용은 남에 없이 고담(枯淡)하고 공소(空疎)하다."고 말한다.(홍명희, 「청춘을 어찌 보낼까」, ≪별건곤≫, 1929. 6).
2) 활동운화를 통괄적으로 살펴보면, '살아있는 생명의 기운이 항상 움직여서 두루 운행하여 크게 변화한다.'는 의미이다.(活動運化, 統而觀之, 生氣常動而周運大化也.-최한기, 『기학』, 통나무, 2004, 205쪽).
3) 이성희, 『미학으로 동아시아를 읽다』, 실천문학사, 2012, 261쪽.

유지혜풍 염염재의 열음수황 미왈재귀

遇之匪深 卽之愈稀 脫有形似 握手已違
우지비심 즉지유희 탈유형사 악수이위

소박하게 살아가며 침묵을 지키나니
오묘한 천기는 더욱 미묘하다
자연의 큰 기운을 들이마시고
외로운 학과 더불어 난다

비유하자면 따사로운 남풍이 불어
옷깃을 살랑살랑 스쳐가는 듯
키 큰 대 바람소리 들리자마자
흔쾌히 돌아가자고 말한다

우연히 도달하면 어렵지 않으나
억지로 다가갈수록 더욱 보이지 않는다
겉모양을 그리는 데만 머문다면
손에 잡는 순간 벌써 달아난다

 이 시의 1연은 충담의 기운이 스며들어 있는 공간을 상징적으로 보여주고 있다. 충담의 기운이 스며있는 공간은 침묵 속에서 오묘한 천기가 충만해있는 곳이다. 그곳은 번잡한 공간이 아니고 외로운 학과 더불어 고고하게 거처하고 있다. 2연은 충담의 기운이 흐르는 풍경을 보여주고 있다. 부드러우면서도 연약한 듯하지만 그 속에는 자아와 사물이 몰입되어 있는 풍경이다. 자연의 소리를 느끼면서 미세한 떨림까지도 감지하는 촉수를 드리우고 있다. 3연은 사물과 풍경에 몰입하면서 그 형상을 깊이 살피는 과정을 그리고 있다. 자연스럽게 다가온 풍경을 포착하되 그 겉 형상에만 머물러서는 안 된다. 겉의 형상을 달아나고 순간적으로 사라지고 말지만 내면의 형상을 붙들고 있으면 그 형상은 사라지지 않는다. 사라지지 않는 형상을 붙드는 것이 회통의 사유이다. 충담은 안으로 스며들어 있는 기운을 포착하면서 사물에 대한 깊은 사유의 세계를 말하는 품격이라고 할 수 있다.

(2) 조화로움 속에 노닒

소처이묵 묘기기미(素處以默 妙機其微) 소박한 곳에서 침묵으로 소요하니, 오묘한 천기는 더욱 기묘하다.

"소박한 곳"은 작가가 은신하는 공간을 말한다. 중국의 노벨문학상 수상작가인 가오싱젠은 자유로운 글쓰기를 하기 위해서 작가는 현실로부터 멀리 은둔해야 한다고 주장한다. 소박한 곳은 현실의 욕망 때문에 지친 영혼이 쉴 수 있는 공간이다. 소박한 곳으로 들어가는 것은 자연 상태로 들어가는 것을 말한다. 소박한 곳에서 침묵으로 소요하면 기미(機微)를 알아차릴 수 있다고 한다. 기(機)는 천기(天機, 하늘의 비밀)를 말한다. 그것은 사물의 내면에 흐르는 미묘한 기운이다. 소박하고 고요한 곳에 자신을 놓아두면 그 속에서 미묘한 사물의 기미를 느낄 수 있고, 그 사물의 미세한 기운까지 감지할 수 있다는 말이다. 소박한 공간에서 머무는 작가는 자연스럽게 오묘한 기운이 스며들게 마련이다. 은은한 기운이 넘치는 곳에서 자연의 오묘한 기운을 만나는 공간이다. 유협은 이러한 곳을 양기(養氣)를 기르는 공간이라고 한다.

이 때문에 작문의 기예로 들고 날 때는 절도에 맞게 사용하기 위해 힘쓰고,

마음은 맑고 평화롭게 하고, 기운은 조화롭고 화창하게 하며, 번뇌는 즉시 버리고, 막혀서 마음대로 움직이지 못하게 하지 말아야 한다. 뜻을 얻을 때는 붓을 들어 품었던 생각을 펼치고, 논리가 감추어지면 붓을 던지고 품었던 생각을 거두어 들여야 한다. 소요하면서 피로를 치료하고, 담소를 나누면서 고달픔을 고쳐야 한다. 항상 즐겁고 한가롭게 하면서도 재능은 날카롭게 해야 한다. 글을 쓰고도 남을 정도의 여유로움이 있어야 하고, 칼날을 새롭게 간 것처럼 해야 하고, 살갗의 이치와 같이 막힘이 없어야 한다. 비록 고대의 심신 수양 방법과 같이 힘써야 하는 기술은 아닐지라도 이것은 기력을 보호하는 한 방법은 될 것이다. 이 때문에 작문의 기예로 들고 날 때는 창작을 할 때는 생각을 조절하는데 힘쓰고, 그 마음을 맑게 하고, 그 기운을 화창하게 하고, 마음이 지나치게 사용되는 것을 멈추고, 막히고 소통되지 않는 것을 하지 말고, 뜻을 얻을 때는 붓을 들어 품었던 생각을 펼치고, 논리가 감추어지면 즉시 붓을 던지고 감추어서 거두고, 피로를 제거하기 위해서 소요하고 담소하여 피로한 것을 고쳐야 한다. 항상 즐기면서 한가롭게 하면서 재능을 날카롭게 해야 한다. 글을 쓰고도 남을 정도의 재능과 힘을 갖고 있어야 하고, 칼날을 새롭게 간 것처럼 해야 하고, 살갗의 이치와 같이 막힘이 없어야 한다. 비록 고대의 심신 수양 방법과 같이 할 수 있는 기술은 아닐지라도 이것은 역시 양기를 기르는 한 방법은 될 것이다.[4]

"소박한 곳에서 침묵으로 소요한다[素處以默]"는 것은 사색을 통해서 양기를 기르는 방법이다. 자연의 오묘한 기운을 만나기 위해서는 마음을 맑게 하고, 기운을 화창하게 하면서 소요(逍遙)하고 담소(談笑)해야 한다. 소요한다는 것은 마음껏 뒹굴면서 자연스럽게 생각한다는 것이다. 의미를 비우고 무의미 상태에 이르고, 비워냄으로써 자연스럽게 채워지는 것이다. 의미를 두게 되면 그 의미에 집착하게 되지만, 그 의미의 공간을 훌쩍 뛰어넘으면 의미에 대한 집착이 사라진다. 소요는 무의미의 공간 속에 자신을 자유롭게 놓아두는 것을 말한다. 소요는 말 그대

---

4) 是以吐納文藝, 務在節宣, 淸和其心, 調暢其氣, 煩而卽捨, 勿使壅滯, 意得則舒懷以命筆, 理伏則投筆以卷懷, 逍遙以針勞, 談笑而藥倦. 常弄閑於才鋒, 賈餘於文勇, 使刃發如新, 腠理無滯, 雖非胎息之邁術, 斯亦衛 氣之一方也.(유협 지음, 황선열 옮김, 『문심조룡』, 신생, 2018, 448쪽).

로 아득한 곳에서 마음대로 상상하면서 사물과 대화를 하고, 자연 속에 노니는 것을 말한다. 담소한다는 것은 대화를 한다는 말이다. 시끄러운 대화를 말하는 것이 아니라, 조용하면서도 맑은 대화를 말한다. 김상용의 시「남으로 창을 내겠소」에 나오는 소탈한 웃음과 같고,5) 이백의「산중문답(山中問答)」에 나오는 말없는 웃음과 같은 것이다. 6) 이러한 자연스러움 속에서 담담한 마음이 놓일 수 있고, 그 마음의 여유로움이 충담으로 나타나는 것이다. 마음의 여유 속에 나오는 충담은 소요와 담소를 바탕으로 하고 있다. 소요의 의미는『장자』의 소요유(逍遙遊)에 잘 나타나 있는데, 그것은 오묘한 천기의 세계에서 노니는 것을 말한다.

붕이 남쪽 바다로 옮아갈 때 파도는 삼천리나 솟구치고 붕새는 회오리바람을 타고 위로 구만리까지 날아오르는데 6월의 바람을 타고 간다." 아지랑이와 먼지는 생물이 호흡으로 뿜어내는 것이다. 푸른 하늘빛은 바로 하늘이 띠고 있는 빛깔일까? 아득하게 멀어서 끝이 없어 그런 것은 아닐까? 그곳에서 아래를 내려다보아도 또한 이와 같을 따름이다. 예컨대 물이 많이 고이지 않으면 큰 배를 띄울 수 없는 법이다. 한 잔의 물을 움푹 패인 곳에 부으면 겨자씨를 배로 삼을 수는 있으나, 잔을 그곳에 띄우면 곧바로 바닥에 닿아버린다. 물은 얕고 배는 크기 때문이다. 이와 마찬가지로 바람이 두껍게 쌓이지 않으면 붕과 같이 큰 날개를 지탱할 수가 없다. 따라서 붕은 단번에 구만리를 솟구쳐 바람이 아래에 충분히 쌓이게 하는 것이다. 그런 다음에야 비로소 바람을 타고 푸른 하늘을 등에 진 채 도중에 아무런 장애 없이 남쪽으로 날아가는 것이다.7)

---

5) 남으로 창을 내겠소/ 밭이 한참갈이/ 괭이로 파고/ 호미론 김을 매지요// 구름이 꼬인다 갈 리 있소/ 새 노래는 공으로 들으랴오 / 강냉이가 익걸랑 / 함께 와 자셔도 좋소// 왜 사냐건/ 웃지요 //(≪문학≫, 1934. 2).

6) '묻노니, 그대는 왜 푸른 산에 사는가/ 웃을 뿐, 답은 않고 마음이 한가롭네// 복사꽃 피워 물은 아득히 흘러가나니/ 별천지 따로 있어 인간 세상 아니네//(問爾何事棲碧山 笑而不答心自閑 桃花流水杳然去 別有天地非人間).(김달진 역해, 『당시전서(唐詩全書)』, 민음사, 1993, 238-239쪽).

7) 鵬之徙於南冥也. 水擊三千里 搏扶搖而上者九萬里 去以六月息者也. 野馬也. 塵埃也. 生物之以息相吹也. 天之蒼蒼 :其正色邪 其遠而無所至極邪 其視下也. 亦若是則已矣. 且夫水之積也不厚 :其負大舟也無方 覆杯水於坳堂之上 則芥爲之舟 置杯焉則

여기서 우리는 소박한 곳에 있으면서 오묘한 상상의 세계로 나아가는 장면을 만날 수 있다. 인간의 상상력은 끝닿는 곳이 없다. 작은 것은 큰 것을 볼 수 없고, 큰 것은 작은 것을 지나칠 수 있다. 침묵으로 소요하지 않으면 이런 오묘한 상상의 세계를 만날 수 있겠는가? 이 오묘한 상상의 세계는 관념의 세계에서 만날 수 있는 공간이 아니다. 상상의 세계에서 자연스럽게 노닐 때 만날 수 있는 세계이다. 여유가 없으면 소요의 실마리를 풀어가지 못한다. 담소가 없으면 자기만의 생각에 갇히기 쉽다.

소설가 박경리는 장편 『토지』 연재를 중단하고 원주에 내려온 까닭을 "어떠한 것에도 사로잡히지 않는 시간과 공간에서 남은 생애의 불길을 태워보기 위해서였다"고 고백하고 있다.[8] 어떠한 곳에도 사로잡히지 않으려는 것은 "소처이묵(素處以黙)"의 상황을 말하는 것이다. 고요함 속에 자신의 영혼을 맡겨두고 마음의 여유를 갖는다면, 천년의 세월을 뛰어넘을 수 있을 뿐만 아니라, 온갖 상상의 세계로 나아갈 수 있게 된다. 그야말로 오묘한 천기의 세계를 만날 수 있다.

"오묘한 천기가 더욱 기묘하다[妙機其微]"는 것은 여유를 가지지 못했을 때 보이지 않던 것이 여유를 가질 때는 보인다는 것이다. 자연의 섭리는 평범한 이치인데 대부분의 사람들은 그것을 깨닫지 못한다. 그것은 시각과 청각에 현혹되는 것이 많기 때문이다. 소박하고 고요한 곳에 거처를 두면 눈과 귀와 함께 오감이 열린다. 그동안 감지하지 못했던 온갖 물상들이 서서히 다가온다. 열린 귀를 통해서 새소리와 바람소리

膠 水淺而舟大也. 風之積也不厚 則其負大翼也無力 故九萬里 則風斯在下矣 而後乃今培風 背負靑天而莫之夭閼者 而後乃今將圖南.(안동림 역주, 『장자』, 현암사, 1993, 28-29쪽).

8) 박경리, 『원주통신』(지식산업사, 1985, 9쪽). 이 책은 장편 『토지』 연재를 중단하면서 원주에서 쓴 편지 모음집이다.

가 들리고, 열린 눈으로는 작은 미물들까지도 들어오게 된다. 자연과 은밀하게 만나는 것은 노닒의 시간에서 시작한다. 자연과 호흡하는 고요한 곳에 처신하지 못하고, 정해진 시간과 공간 속에서 살다보니 눈과 귀는 오묘한 천기를 읽을 수 있는 능력을 잃어가고 있다. 사물을 보는 눈과 귀가 점점 어두워지고, 가슴에는 시적 감성이 메말라 가고 있으면서 사물을 보는 눈이 밝을 수는 없는 법이다.

사물을 보는 감성을 풍성하게 하고, 마음의 여유를 가지면서 사물을 바라보면 회통의 길이 열린다. 지금까지 보았던 사물이 새롭게 보이기도 하고, 보이지 않던 사물도 새롭게 다가오기도 한다. 이것은 『장자』의 양생주에 말하는 포정의 우화에서도 잘 알 수 있다. 포정이 소를 잡는데 처음에는 힘으로만 하다가 나중에는 칼날이 소의 뼈와 뼈, 근육과 근육 사이를 자유자재로 오고갈 수 있게 되었다고 한다. 포정은 소를 잡는 일을 하는 데 있어서 소요하는 마음과 여유로운 마음을 가졌기 때문에 초월의 경지에 도달할 수 있었던 것이다. 이러한 숙련의 과정으로 나타나는 것이 충담의 품격이다. 뛰어난 시는 아름다움이 행간에 스며있다. 충담은 금방 드러나는 아름다움이 아니라, 서서히 스며드는 아름다움이다. 그것은 오래된 숙련의 과정 속에 익은 것을 말한다. 한 분야에 뛰어난 역량을 보이기 위해서는 고요한 곳에서 오랫동안 숙련하는 과정이 필요하다. 이렇게 익어가는 과정은 술이 숙성되는 온양(醞釀)의 과정이라고 할 수 있다. 소요와 즐김을 통해서 온양의 과정을 거치는 것이 충담의 품격으로 나아가는 바탕이다.

음지태화 독학여비(飮之太和 獨鶴與飛) 음과 양이 조화를 이룬 기운을 마시고, 홀로 학과 더불어 난다.

이 부분은 자연의 이치에 따라 기운을 맡기는 것을 말한다. 시구 "음과 양이 조화를 이룬 기운(飮之太和)"이란 것은 태허(太虛)의 상황에서 조화를 이룬 것을 말한다. 조화를 이룬 기운은 치우침이 없는 상태이다. 편벽된 사고를 표현한 시가 아니라, 음과 양이 조화를 이룬 시이다. 조화를 이루기 위해서는 비우는 자세가 중요하다. 비운다는 것은 다시 채울 수 있는 가능성을 말하는 것이니, 그 비움이야말로 진정한 조화로움으로 가는 길이다. "음과 양의 조화를 이룬 기운을 마신다"는 것은 그 비움의 상태에서 무위(無爲)의 기운을 마신다는 것이다. 여기서 원문 음(飮)은 마신다는 말보다는 머금고 있다는 말이 더 적합하다. 크고 조화로운 기운을 머금고 있다는 말이다. 머금다라는 말은 삼킨다는 말보다는 머무른다는 말과 어울린다. 그렇기 때문에 음과 양이 조화를 이룬 상태로 그 기운이 사라지지 않고, 머물러 있는 상태를 "음지태화(飮之太和)"라고 말한다. 조화가 이루어진 상태로 머물러 있는 것, 채움과 비움의 중간에서 아슬아슬하게 존재하는 것, 충담은 한 쪽으로 기울어지는 것이 아니라, 두 쪽이 서로 조화를 이루는 것이다.

시를 쓰고 싶은 욕망을 누르고 사물과 다시 접근하고 그러면서 그 경계에서 다시 사물과 욕망 사이의 긴장 관계를 형성하는 것이다. 그것은 치우침이 없는 균형이다. 불안정한 균형이 아니라, 조화와 안정을 이룬 균형이다. 태극의 무늬에서 원의 중심을 향한 조화로움의 위치가 태화의 경지이다. 조화로움의 극치는 우주의 기율(紀律)과 닿아 있고, 그것은 끝없는 세계의 질서를 유지하고 있다. 조화롭지 않은 세상에 조화로움을 찾아가는 것, 충담은 불균형의 세계에서 균형을 잡아가는 것이다. 충담은 태화의 세계이다. 태화는 크게 화합하는 세계이다. 따라서 충담의 품격은 모든 것이 조화를 이룬 상태로 크게 화합하는 세계이다.

텅 비어 있는 것 같은 데도 꽉 차 있는 것, 꽉 차 있는 것 같은 데도 텅 비어 있는 것, 음의 기운이 있는 것 같지만 양의 기운이 있는 것이다. 시구 "홀로 학과 더불어 노닌다(獨鶴與飛)"는 것은 고고(孤高)한 세계에서 머문다는 말이다. 외롭고 높은 경지에서 홀로 학과 더불어 노닌다는 말이다. 학은 세상과 단절된 세계를 상징하고, 높고 높은 자연의 세계를 상징하고, 경계의 저 편을 상징한다. 고요한 곳에 머물면서 펼쳐내는 무한한 상상의 공간을 상징한다. 이 시구는 자연과 하나가 된 물아일체의 경지를 의미한다.

> 대저 무심(無心)의 고요함으로 안정(安靜)을 지키고 그윽한 적막(寂漠)에 있으며 작위(作爲)가 없다는 것이야말로 천지자연의 기준이며 도덕의 본질이다. 그래서 제왕이나 성인도 그 경지에 쉬는 것이다. 거기 쉬고 있으면서 무심해지고, 무심해지면 [모든 것을 받아들일 수 있어서] 충실해지며, 충실하면 잘 다스려진다. [또] 무심하면 고요해지고, 고요하면 [모든 것을 쉽게 응대(應對)하므로] 잘 움직이고, 잘 움직이면 모든 일이 뜻대로 된다. [그리고] 고요하면 작위가 없고, 작위가 없으면 일을 맡은 자가 각기 책임을 다한다. [또] 작위가 없으면 마음이 즐겁고, 마음이 즐거우면 걱정거리가 깃들 수 없으며, 수명(壽命)도 길어진다. 대저 무심의 고요함으로 안정을 지키고 그윽한 적막에 있으며 작위가 없다는 것이야말로 만물의 근본이다.9)

그윽한 적막의 상황에서 노니는 것, 작위가 없는 상태로 놓아두는 것, 이는 양과 음의 조화를 이룬 태화의 상황을 말한다. 무심의 상태, 작위가 없는 상태는 적막의 상황과 만난다. 적막은 고요한 상태에 놓인 것을 말한다. 높은 곳에서 학이 유유히 날고 있는 풍경이다. 그 학과 더불어

---

9) 夫虛靜恬淡寂漠無爲者. 天地之平. 而道德之至. 故帝王聖人休焉. 休則虛. 虛則實. 實者倫矣. 虛則靜. 靜則動. 動則得矣. 靜則無爲. 無爲也. 則任事者責矣. 無爲則俞俞. 俞俞者憂患不能處. 年壽長矣. 夫虛靜恬寂漠無爲者. 萬物之本也.(안동림 역주, 『장자』, '천도(天道)' 현암사, 1993, 346쪽).

노닐고 있는 것이 충담의 세계이다. 고요한 곳에서 홀로 학과 함께 유유자적하면서 자연과 하나가 되는 세계이다. 이러한 대자유의 세계가 충담의 품격이다. 자연과 더불어 노닌다는 것은 거대한 우주의 질서 속에서 자연과 하나가 되는 것이다. 만물이 한 자리에 회통하고, 그 속에서 유유히 노닐 수 있는 것은 일시적으로 이루어지는 것이 아니다. 오랜 세월 정신의 수양과 단련을 통해서 이루어진다. 그 긴 세월을 거쳐서 절차탁마해야 충담의 길에 이를 수 있다.

(3) 봄바람을 타고 돌아가는 길

유지혜풍 염염재의(猶之惠風 苒苒在衣) 비유하자면, 따뜻한 바람이 불어와서 옷깃을 부드럽게 건드리는 것 같다.

이 구절은 충담의 풍경을 그리고 있다. 적막한 상황에서 고고한 학 한 마리가 하늘을 날고, 그곳에는 따뜻한 바람이 옷깃을 스치면서 불어온다. 충담의 풍경은 요란스러운 것이라기보다는 부드럽고 연약한 풍경이다. 은은함 속에 숨겨진 매력이 있는 것, 그것은 담박한 아름다움이다. 혜풍(惠風)은 어떤 바람일까? 혜풍은 옷깃을 스치고 지나는 따뜻한 바람이다. 충담은 혜풍과도 같이 잔잔하면서도 부드러운 기운이다.

혜풍(惠風)과 염염(苒苒)의 의미를 정확하게 알면 충담의 의미도 쉽게 알 수 있을 것이다. 혜풍은 가볍게 부는 바람이다. 조식(曹植)의 시에 "깨끗한 팔을 따라서 천천히 옮기면, 따뜻한 바람이 일어나서 작은 추위를 느낀다."[10]라는 부분이 있는데, 여기서 혜풍은 부채를 살랑살랑 부

---

10) 원문은 "수호완이서전 발혜풍지미한(隨皓腕以徐轉 發惠風之微寒)"이다. 이 구절

칠 때 일어나는 바람과 같이 아주 작은 한기가 스며있는 바람을 의미한다. 다음 구절의 염염(苒苒)은 육기(陸機)가 쓴 시에 "높은 언덕 위의 마름에 부드러운 바람이 불어온다."[11]라는 부분이 있는데, 여기서 말하는 염염은 가볍고 나긋나긋한 모양을 말한다. 따뜻한 바람이 옷깃을 가볍게 스치고 지나갈 때 느낄 수 있는 나긋나긋한 기운을 의미한다.

충담은 풀잎에 스치는 부드러운 바람의 기운과 같은 은은함이다. 부드러운 바람이 옷깃을 건드리는 것 같은 감각을 말한다. 충담의 정서는 혜풍과 같은 잔잔한 정서이다. 따라서 충담의 품격이 있는 시는 대상에 스치듯 지나가면서 감동을 주는 시, 대상과 감응하는 시를 말한다. 충담의 품격이 있는 시는 깊은 곳으로 그 의미가 스며들어 있는 시이다. 대상과 직접 접촉하지 않으면서도 은근하게 다가오는 것이다. 이 때문에 충담은 이백의 시보다는 두보의 시에 가깝다. 격동하는 임화의 시보다는 잔잔하게 스며드는 백석의 시에 가깝다. 음악으로 치면 격렬한 댄스 음악보다는 은은한 클래식 음악이 어울린다. 충담은 미묘한 떨림에 반응하는 것이다. 충담은 기운이 넘치는 젊음의 정서라기보다는 자연의 깊은 울림을 들을 줄 아는 늙음의 정서에 가깝다.

정진규의 시 「율려(律呂)여」에서 드러나는 시적 이미지는 충담의 미학을 잘 보여준다. 들판에 서서 바람을 맞으면서 그 바람을 스치듯이 음미하는 것, 이러한 자연과의 은은한 만남이 충담의 품격이다. 정진규의 시에서 찾아볼 수 있는 충담의 품격은 사물을 보는 관점과 존재의 성찰이라는 차원에서 잔잔하게 다가온다. 그는 들판의 저녁 풍경을 통

은 조식(曹植)의 「구화선부(九華扇賦)」의 일부이다. 환제에게 부채를 하사받고 쓴 시이다.

11) 원문은 "염염고능빈(冉冉高陵蘋)"이다. 육기(陸機)의 「의청청능상백시(擬靑靑陵上栢詩)」 첫 구절이다. "염염(冉冉)"은 "염염(苒苒)"과 같은 뜻이다.

해서 충담의 품격을 드러내고 있다.

> 저녁이 오는 시간은 밝음에서 어두움으로 가는 땅거미의 步法이 가장 분명하다 피리소리를 내며 윤곽을 긋는 시간의 손을 보여준다 律呂여, 피리를 부는 그대 손가락이 눈에 밟힐 것이다 한 그루 나무의 그 한 그루는 물론, 이파리들의 가장자리에 고이는, 번지는 그런 몸의 발가락들을 보여줄 것이다 큰 나무는 물론 작은 풀잎이 오늘 피운 꽃잎들의 다무는 입술에도 그 보폭과 걸음새를 보여줄 것이다 아니 그런가 한 그루 느티여, 질경이풀이여, 제일 분명한 것은 안산 저녁 능선일 것이다 거기 서 있는 나무들의 키가 비로소 하루치 완성의 키를 얻는다 모든 완성의 내부에는 소리가 흐른다 저녁은 완성의 시간이다 어두움의 律呂여
> ─정진규, 「律呂여」 전문12)

영화 〈어거스트 러시〉의 한 장면을 연상시키는 시이다. 이 영화의 첫 장면은 천재 기타리스트가 어린 시절 들판의 밀밭에서 바람 소리를 들으면서 자연의 오케스트라를 느끼고 있다. 귓가를 스치는 바람 소리와 밀밭 사이로 지나가고 있는 바람 소리는 말 그대로 자연이 내는 절대 화음이라 할 수 있다. 그 자연의 소리를 들으면서 완성된 음률의 세계를 느낀다. 이와 마찬가지로 시「律呂여」에서도 이러한 자연의 화음을 만난다. 저물어가는 시간은 감각으로 인지할 수 없다. 그런데 화자는 시간을 피리 소리로 인지한다. 이것은 하늘의 소리를 듣는 것이다. 인간이 만든 악기 소리가 아니라, 하늘이 만든 자연의 피리 소리를 듣는다. 시간은 땅거미의 보법과 같이 서서히 다가오지만 그것은 하늘이 울리는 피리 소리와 같이 들린다. 그 시간은 한 그루의 나무에, 그리고 나무의 이파리들에게로 번져서 생명의 울림을 전할 것이다. 큰 나무들이나 작은 풀잎들도 이 자연의 피리 소리를 들을 것이다.

이 절대적 자연의 화음을 들을 수 있는 존재는 누구일까? 그것은 모든

---
12) ≪신생≫, 2009년, 가을 40호, 34쪽.

자연물들이다. 이슬 한 방울이 스며들어서 영롱한 꽃을 피우듯이 자연의 화음은 작은 것과 큰 것의 구별이 없다. 바깥으로 스며들어서 안으로 완성하는 것이 자연의 이치이다. 이러한 안과 바깥의 완성된 화음의 세계가 충담의 미학이다. 이러한 순수한 농담(濃淡)의 아름다움이 충담의 품격이다. 스며들듯이 찾아오는 울림, 그 울림을 감지하는 미세한 반응, 이렇게 고요하면서도 조화롭게 펼쳐지는 순수하고도 깊은 세계가 충담의 세계이다.

열음수황 미왈재귀(閱音修篁 美曰載歸) 대숲에 불고 있는 바람소리에 빠져서 기분좋게 돌아가려고 한다.

이 부분에서 화자는 바람 소리를 들으면서 자연에 몰입하고 자신을 돌아본다. 바람의 미세한 떨림을 인식하면서 그 바람 소리의 의미를 깨닫는다. 무엇이 진정 아름다운 삶인지, 어떻게 처신하는 것이 옳은 일인지, 사물을 어떻게 분별하는 것이 좋은 일인지와 같은 것들은 자연이 보내오는 작은 떨림을 통해서 깨닫는다. 미묘한 움직임을 간파할 수 있는 눈은 사물과 조응하는 자연의 소리를 읽는 데 있다. 소리에 빠져드는 것은 궁극의 울림을 인식하려는 행위이다. 그 자연의 소리를 듣고 돌아가는 곳은 어디일까? 이 부분의 시구에서 가장 중심이 놓인 글자는 귀(歸)이다. 돌아가는 곳, 돌아가야 하는 곳, 시인이 돌아가야 할 곳은 어디일까? 그곳은 자연이라는 공간이다. 귀(歸)라는 말에서 시인의 정신을 찾는다면 세상을 초월하는 정신이라 할 수 있다. 화자가 돌아가야 할 궁극의 공간은 자연이다.

시인 도연명은 이런 심정을 「귀거래사(歸去來辭)」로 표현하고 있다. 이 작품은 그가 벼슬을 버리고 고향으로 돌아가면서 쓴 시이다. 자연의 소리를 들으면서 돌아가려고 하는 곳은 육신과 물질의 지배를 받지 않는 곳이다. 그곳은 자연의 미세한 울림을 만날 수 있는 곳이다.

> 돌아가자! 전원이 바야흐로 황폐해지려는데 어찌 돌아가지 않으리오. 이미 스스로 마음이 육신의 부림을 받도록 하였거늘 어찌 근심하여 홀로 슬퍼만 하리오. 지나간 일은 돌이킬 수 없음을 깨닫고 앞으로의 일은 바른 길 쫓을 수 있음을 알았다네. 실로 길을 잘못 들었으나 아직 멀리 가지는 않았으며 지금이 옳고 어제가 틀렸음을 깨달았네. 배는 흔들흔들 경쾌하게 나아가고 바람은 살랑살랑 불어 옷자락을 날린다. 길 가는 사람에게 앞길을 묻고 새벽빛 희미하니 한스럽게 여긴다.[13]

자연의 울림을 듣고 그 자연에 노닐면서 쓴 시는 맑고 투명하다. 맑은 시심이 우러나는 곳은 번잡한 도회의 정서가 아니다. 자연의 무궁한 변화 속에 자신을 던져놓음으로써 삶의 진정한 의미를 찾을 수 있는 곳이다. 도연명이 돌아가려고 하는 자연은 은은한 바람이 불고, 새벽빛과 같은 희미한 공간이 있는 곳이다. 그곳으로 돌아가자고 한다. 시가 문자를 통해서 자신의 심정을 드러내는 예술이라고 한다면, 이 시에서 화자가 도달하고 싶은 마지막 공간은 자연이다. 자신의 근원을 발견할 수 있는 궁극의 지점은 자연이다. 순수한 마음이 발동하는 공간, 그 공간에서 자신의 의미를 찾아가는 것이 시의 본질이다. 노닒을 향해 끝없이 열려진 곳, 그곳이 바로 자연이다. 자연은 은둔과 도피의 공간이기도 하고, 무한한 자유가 있는 공간이기도 하다. 도연명이 돌아가려고 했던 곳도 평범한 자연의 일상이 은은하게 자리 잡은 곳이다. 노닒과 돌아감은 충담의 품격으로 들어가는 길목에 있는 삶의 조건이라고 할 수 있다.

---

13) 歸去來兮, 田園將蕪胡不歸. 旣自以心爲形役, 奚惆悵而獨悲. 悟已往之不諫, 知來者之可追. 實迷塗基未遠, 覺今是而昨非. 舟搖搖以輕颺, 風飄飄而吹衣. 問征夫以前路, 恨晨光之熹微. ―도연명(陶淵明), 「귀거래사(歸去來辭)」(이치수 옮김, 도연명 지음, 『도연명 전집』, 문학과지성사, 2005, 297-298쪽).

나 하늘로 돌아가리라.
새벽 빛 와 닿으면 스러지는
이슬 더불어 손에 손을 잡고,

나 하늘로 돌아가리라.
노을 빛 함께 단 둘이서
기슭에서 놀다가 구름 손짓하며는,

나 하늘로 돌아가리라.
아름다운 이 세상 소풍 끝나는 날,
가서, 아름다웠더라고 말하리라.

—천상병, 「귀천(歸天)」 전문[14]

  이 시는 노닒과 돌아감이라는 두 가지 정서를 하나의 시상으로 갈무리하고 있다. 화자가 놀다가 돌아가려고 하는 곳은 하늘이다. 화자가 마지막으로 돌아갈 곳은 하늘이다. 하늘은 죽음의 공간이 아니라, 아름다운 소풍이 끝나고 돌아가는 축복의 공간이다. 하늘은 자연과 더불어 노닐다가 떠나는 인간이 마지막으로 도달하는 공간이다. 하늘과 땅은 돌아가는 공간의 순환 속에 있다. 삶과 죽음을 초월해서 돌아가는 곳, 그곳은 무한한 우주의 공간이고, 자유가 펼쳐지는 공간이다. 여기서 하늘은 자연을 상징한다. 유협은 인간이 고요함에 처해서 생각에 빠지게 되면, 천년의 세월과 회통할 수 있다고 한다. 이 시의 화자는 죽음 그 자체를 무한한 상상의 공간에 놓고, 한바탕 노닐고 돌아가려고 한다. 현실의 상황 속에서 무한한 세계로 열리는 것은 상상의 힘이다. 충담은 열려진 무한한 상상의 세계, 그 속으로 빠져들면서 만나는 세계이다.

---

14) 천상병 시선, 『주막(酒幕)에서』, 민음사, 1979, 88쪽.

(4) 형상을 넘어서 회통으로

우지비심 즉지유희(遇之匪深 卽之愈稀) 우연히 그 깊은 곳에 닿는 것은 어렵지 않으나, 억지로 다가가면 더욱 드물게 보일 뿐이다.

바슐라르는 예술은 순간의 미학이라고 한다. 하나의 장면, 하나의 순간을 포착하는 것, 시는 그 순간을 포착해서 형상화하는 것이라고 한다. 불교에서 말하는 오도의 경지는 순간의 깨달음을 말한다. 어느 날, 문득 낙엽이 떨어지는 장면을 보고 삶의 의미를 깨닫기도 하고, 버려진 어떤 사물을 보고 우연히 죽음의 참된 의미를 깨닫기도 한다. 예술이 순간의 미학이라고 하는 것은 그 깊은 사유의 세계로 들어간다는 것을 말한다. 대상을 억지로 끌고 들어오는 것이 아니라, 대상을 관찰하고 그 대상과 함께 사유하면서 유유자적 할 때, 어느 순간 자신에게 다가온다는 것이다. 그 순간을 포착하는 것이다. 붓을 들 때와 붓을 놓을 때를 알아야 한다. 붓을 머금고 생각할 때가 있어야 하고, 붓을 놓고 거닐 때가 있어야 한다. 그러면서도 생각의 꼬투리를 놓치지 않아야 한다. 양기(養氣)는 고요함 속에서 소요하면서 기운을 기르는 것이다. 부드러운 바람의 기운을 느끼면서 자신을 자연에 놓아두고 여유를 가지면서 생각해야 한다. 그 과정을 거치면서 은은하면서도 깊은 충담으로 나아간다.

"억지로 다가가면 더욱 드물게 보일 뿐이다[卽之愈稀]"라는 말은 사물의 한 순간을 포착하기 위해서 억지로 사물에 접근하려고 해서는 안 된다는 말이다. 마음의 여유를 가지고 기운을 기르면서 소요하고 있으면, "우연히 그 깊은 곳에 닿을 수 있다"는 것이다. 그래서 이 부분의 시구는 그 문맥을 거꾸로 해석해서 "억지로 사물에 접근하지 않으려고 하면 우연히 깊은 곳에 도달할 수 있다"고 말할 수 있는 것이다. 우연히 깊은 곳에 닿기 위해서는 사색의 끈을 놓치지 않아야 하고, 사물을 보는 깊은 눈을 갖도록 노력해야 한다. 사물을 하나의 시선으로만 바라보면 사물의 깊은 내면까지 닿을 수 없다.

충담에 이르기 위해서는 사물을 바라보는 심안(心眼)도 가져야 하지만, 심안(深眼)도 가져야 한다. 마음의 눈은 소요와 여유로운 사색으로부터 밝아지는 것이지만, 깊고 그윽한 눈은 사물에 대한 회통의 관점으로부터 밝아진다. "그 깊은 곳에 닿는다"는 것은 이러한 관점을 말하는 것이다. 충담(沖淡)에 이르기 위해서는 마음의 눈과 함께 사색의 눈을 가져야 한다. 마음의 눈은 자연과 더불어 노닐 때 길러지지만, 사색의 눈은 사물을 바라보는 심안(深眼)을 통해서 길러진다. "억지로 다가가면 더욱 드물게 보일 뿐"이라는 것은 사물이 아직 자신의 마음 속 깊은 곳에 도달하지 않았다는 것이다. 사물이 자신의 내면으로 들어오기 위해서는 그 사물과 공감하고 감응하기 위한 시간이 필요하다는 것이다. 시가 동일성의 시학이라고 하는 것은 사물과 공감하는 순간을 형상화하기 때문이다.

> 우체함 속에
> 새 한 마리가 둥지를 짓고 오도카니 앉아 있다
> 마치 날개 달린 편지 같다
> 벌써 산란 때가 되었나?
> 올봄도 찾아온, 저 초대하지 않은 손님
> 마치 제 집에 가구를 들여놓듯, 지푸라기를 물어 나르며
> 풀 둥지를 짓고 알을 품고 있다.
> 바깥의 생을 몸으로 체득한,
> 우체함 속의 집
> 지금 새가 알을 품고 있으니 우편물을 투입하지 마시압!
> 우체함 속에 편지 대신 들어 있는 새 한 마리가

> 꼭 봄의 농담 같은,
> 잉크로 타이핑으로 쓰이지 않은,
> 백지의 난(卵) 속에 실핏줄로 쓴, 살아있는 편지가
> 죽은 활자 대신 살아 있는 숨결을 느껴지는 것
> 봄의 농담이 아니라
> 濃淡 같은 것
>
> ─김신용, 「편지」 전문[15]

 이 시의 화자는 '우연히' 우체함 속에 든 새 한 마리를 발견하게 된다. 그런데 그 새는 알을 품고 있다. 이제 더 이상 화자에게 우체함은 편지를 넣는 우체함이 아니다. 우체함은 새의 둥지일 뿐이다. 그래서 우체함 속의 새는 "살아있는 편지"가 되어 숨결을 느끼면서 자연의 편지 그 자체가 된다. 새가 둥지를 틀었으니 그 우체함은 더 이상 활자화된 것은 넣지 말라는 자연스러운 경고로 받아들여지게 된다. 인간의 손때가 묻은 것을 거부하고 자연의 상태로 머물게 하라는 "마시압!"에 이 시의 어조는 집약되어 나타난다. 화자는 새가 우체함에 둥지를 틀면서 자연의 신비로움을 새롭게 발견하게 된다. 자연 속에 소요하면서 그야말로 '우연히' 우체함에 둥지를 튼 새를 발견하게 되고, 그것을 통해서 농담의 세계를 발견하게 된다. 그래서 봄은 말장난과 같은 농담(弄談)이 아니라, 짙으면서도 묽은 농담(濃淡)이라고 말하고 있는 것이다.
 여기서 새 한 마리는 단순한 한 마리의 새로 머물지 않고, 자연 전체를 의미하는 제유의 시어로 바뀐다. 그 새가 품은 알도 생명의 탄생을 의미하는 데 머무르지 않고, 우주 전체의 생명을 의미하는 고귀하고 소중한 자연의 생명 전체를 지칭하는 시어로 바뀐다. 봄과 새알, 우체함이라는 자연과 인공의 조화로움 속에서 새로운 생명이 탄생하는 위대한

---
15) 김신용 시집, 『잉어』, 시인동네, 2013, 120쪽.

순간을 발견하는 것이다. 그래서 이 시는 우체함 속의 새를 넘어서 하나의 생명이 탄생하는 이야기로 그려진다. 이 우연한 발견은 시인이 거처하는 공간으로부터 시작한다. 말 그대로 "소박한 곳에서 침묵으로 소요[素處以黙]"하니 발견할 수 있는 "오묘한 천기의 세계[妙機其微]"이다. 자연의 형상을 넘어서 오묘한 자연의 세계를 발견하는 것이다. 어렴풋한 경계는 자연의 깊은 원리가 잠재해 있는 곳이다. 그 깊은 원리는 자연스러움에 따르는 지극히 평범한 원리이다. 충담은 그 어렴풋한 형상을 통해서 평범한 자연의 원리를 드러내는 것이다.

탈유형사 악수이위(脫有形似 握手已違) 겉모양을 그리는 데만 머문다면 손에 잡는 순간 벌써 달아난다.
 그렇다고 지나치게 형상(形象)에 집착해서는 안 될 것이다. 형상에서 탈각(脫殼)하여 내면으로 들어가는 것은 사유를 통해서 가능하다. 손으로 잡을 수 있는 형상은 구체적 사물이지만, 그 사물의 형상을 넘어서 내면을 바라보는 것이 시의 본질이다. 시는 사물의 형상을 그리는 것이지만, 그 형상을 통해서 사물의 의미를 발견하는 것이다. 이를 '회통의 미학'이라고 말한다. 단순히 사물의 형상을 끌어오는 데 그치는 것이 아니라, 그 사물의 내면에 있는 존재의 본질을 탐색하는 것으로 사물의 비의(秘意)를 발견하는 과정이라고 할 수 있다. 모든 사물은 그 나름의 존재 방식을 갖고 있다. 그 존재 방식을 깨닫는 것이 사물의 비의를 발견하는 것이라고 할 수 있다.

  열쇠 구멍이 없는데도 누가 열쇠를 꽂아놓았나
  겨울 언 땅에 허옇게 말라 있는 파들이 줄지어 서 있다
  하나씩 혼자 같지만 속은 한 가족인 듯 여럿인 하나씩들

그 하나씩들이 모여 언 땅에 머리 박은 채, 물구나무 선
벌레처럼 서 있다 거꾸로 앉은 의자 같기도 하다
몸통 다 내놓고 겉은 허옇게 얼어 있으면서도
속은 파르라니 눈 뜨고 있는 것들, 그 몰골은
겨울 오기 전 서둘러 씨 다 떨구고 말라버린 풀의 형상이지만
얼음이 박힌 몸 속에, 얼지 않는 실핏줄이 흐르고 있는
결코 냉동되지 않는, 저 월동—
마치 언 땅 속에 머리 박은 채, 무덤 속 망가진 뼈들을 다시 주워 모아
새롭게 시간의 얼굴을 조립하는, 손 같다
겨울에만 일하는 시간제 노역 같기도 하다
얼고 녹기를 반복하는, 저 진자 운동의 추
그 추가 만들어내는, 시베리아 원산지인, 매운
한 입 베어 물면 코를 폭 쏘는, 독한, 그 서릿발의 맛으로
열쇠 구멍이 없는데도 꽂힌 열쇠로, 문은 열린다
겨울 언 밭에 파들이, 그렇게 망가진 시간의 뼈를 조립하며 서 있다
저 파를 뽑으면, 그때는 봄
파는, 환하게 웃는다
파안(破顔)

―김신용, 「파」 전문16)

  이 시는 '파'의 형상을 다양하게 접근하고 있다. 파는 언 땅에 열쇠처럼 꽂혀 있다. 마치 땅의 기운을 열어 보여주려는 형상을 닮았다. 겨울 언 땅의 파는 비록 "말라버린 풀의 형상"을 하고 있지만, 결코 말라지지 않는, 그래서 봄이 되면 "파안(破顔)"의 미소를 지으면서 살아나는 생명인 것이다. 말라있는 풀의 형상에서 생명의 기운을 감지하는 것, 땅의 기운을 열어갈 생명의 울림을 엿듣는 것, 이 사소한 일상 속에서 거대한 자연의 울림을 읽어내는 것, 이것은 사물을 바라보는 심안(深眼)으로부터 나온다. 이 시의 소재인 파는 단순한 사물에 불과하지만, 시인의 깊

---

16) 김신용 시집, 『잉어』, 시인동네, 2013, 84쪽.

은 눈을 통해서 단순한 사물의 경계를 넘어서 생명의 울림을 간직한 존재로 바뀌게 된다.

"겉모양을 그리는 데만 머문다[脫有形以]"는 것은 사물의 외형을 그리는 데서 벗어나는 것을 말한다. 사물의 내면을 그윽한 눈으로 바라보는 것이다. 파는 땅 속에서 파묻혀 죽은 것처럼 보이지만, 사실 그 속에는 푸른 생명을 간직하고 있다. 죽은 것 같은 파로부터 생명을 발견하는 것은 사물의 바깥 형상에 집착하지 않고 그 내면을 바라보고 있다는 것을 말한다. 사물의 형상으로부터 벗어나 사물의 내면을 발견하는 것이다. 사물의 바깥만 바라보게 되면, 사물의 형상에 집착하게 된다.

충담에서 담(淡)은 묽은 것이다. 묽다는 것은 은근함과 은은함, 그윽함과 같은 뜻으로 이해할 수 있다. 짙은 색채가 아니라, 은은한 창호지와 같은 색채다. 안에 있으면서도 안이 노출되지 않고, 안에 있으면서도 바깥과 소통하는 것이다. 구체적인 형상으로 그리면, 그것은 충담의 품격이 아니다. 충담은 없는 듯 하면서도 있는 것과 같은 것이고, 있는 듯 하면서도 또한 없는 것과 같은 것이다. 있음과 없음의 아슬아슬한 경계 속에 충담의 품격이 놓여 있다. 충담은 형상을 묘사하는 데 있는 것이 아니라, 형상의 내면을 발견하는 데 있다. 파라는 구체적인 사물의 형상을 그리고 있는데도 불구하고 그 사물의 형상으로부터 벗어나 있다.

"손에 잡는 순간 벌써 달아난다[握手已違]"는 것은 사물의 형상을 그리는 순간 이미 사물의 내면이 드러나고 형상은 사라진다는 것이다. 사물을 손에 넣으려고 하지 말고 사물을 있는 그대로 놓아두라는 것이다. 사물을 손안에 두지 않고 멀리서 자연스럽게 놓아두게 되면, 그 사물의 궁극을 발견할 수 있다. 시는 사물의 궁극이 무엇인지를 탐색하는 작업이다. 따라서 그 사물을 억지로 자신의 것으로 끌어들이지 않아야 한다. 사물의 의미를 깊고 넓게 바라보는 것이 충담의 품격이다. 스스로 자연의 기운을 기르고, 그 기운의 내면과 공감하기 위해서 소요해야 한다. 그것은 자연과 더불어 호흡하는 것이다.

  사물의 형상을 넘어서 그 사물의 원리를 은은하게 드러내는 것, 그 사물의 원리를 터득하기 위해서 사물과 깊이 회통하는 것, 이것이 충담의 품격이다. 드러내는 것 같으면서도 드러내지 않고, 드러냈음에도 불구하고 그 드러냄이 살랑살랑 부는 봄바람같이 잔잔한 여운을 주는 것, 이것이 또한 충담의 품격이다. 형상을 넘어서 회통으로 가는 길이 충담의 품격이다. 이 때문에 충담의 품격을 두고 시의 최고 경지에 이르는 길이라고 말한다. 충담은 스며있는 은은한 아름다움이고, 비어있는 듯 담담하게 드러나는 아름다움이다.

3. 스밈과 드러냄의 미학
―섬농(纖穠)

(1) 개요

'섬(纖)'을 한자 사전에 찾으면 "형성문자(形聲文子)로 뜻을 나타내는 실사(糸)와 음을 나타내는 동시(同時)에 '가늘다'라는 뜻을 가진 '韱(섬)'으로 이루어져 있다"라고 나와 있다. 가는 실을 의미하는 사(糸)가 이 한자어의 중심 의미이다. 한자어 '섬(纖)'에서 뜻을 나타내는 실[糸]을 뺀 나머지는 '듣는다'는 뜻을 가진 종(从)[1])과 무기를 의미하는 과(戈), 그리고 부추(백합과의 풀)를 의미하는 구(韭)가 합쳐진 단어이다. 칼로 베어낸 부추는 그 자리에서 또 자란다. 부추는 생긴 것은 가늘고 힘이 없어 보이지만, 그 성질은 강하고 힘이 있다. 부추는 강한 생명력을 가진 식물이다. 부추에 대해 전하는 말 중에서 남편이 부추를 많이 먹으면 부부 금슬이 좋아서 안방에서 나가지 않아서 게으름뱅이라는 뜻을 갖고 있다고 한다. 부추의 생명력을 함의하고 있는 '섬(纖)'의 뜻은 가늘고 날카로우면서도 생명력이 길다고 풀이할 수 있다. '섬(纖)'은 베어낸 자리에서 끊임없이 자라는 부추와 같이 섬세한 생명을 의미한다.

'농(穠)'을 한자 사전에 찾으면, "형성문자로 뜻을 나타내는 벼화(禾, 곡식)와 음을 나타내는 글자 농(農)으로 이루어져 있다"고 나와 있다.

---

1) 설문해자에서 '종(从)'은 듣는다는 뜻이다. 두 개의 '인(人)'으로 구성되었다(염정삼, 『설문해자』, 서울대학교출판원, 2011, 384쪽).

'화(禾)'는 곡물(穀物)의 이삭이 축 늘어진 모양을 본 뜬 상형문자(象形文字)이고, '농(農)'은 회의문자(會意文字)로 밭을 의미하는 전(曲(田)의 변형, 『설문해자』에서는 "딱딱함이 풀어지는 것"으로 풀이)과 때를 의미하는 신(辰)이 합쳐진 글자다. '농(農)'은 말 그대로 때가 되어서 밭에 나가 농사를 짓는다는 뜻이다. 화(禾)와 농(農)이 합쳐진 '농(穠)'의 뜻을 자구대로 해석해보면, 밭에 나가서 일하면서 보는 벼의 모양을 말한다. 농부가 밭에 나가 곡물을 바라보는 느낌은 그 사물과 하나가 되는 마음의 상태를 말한다.

이 두 글자가 합쳐진 '섬농(纖穠)'의 뜻을 글자 그대로 풀이해보면, 가늘고 작은 생명이지만 그 내면에는 왕성한 생명이 있다는 사실을 인식하고 그 생명과 하나가 되려는 정서를 말한다고 할 수 있다. 섬농(纖穠)은 겉으로는 엉성하고 성글게 보이지만, 그 속에는 섬세하고 날카로움이 숨겨져 있는 것이다. 이를테면 꽃나무 가지가 무성한 봄의 풍경을 묘사한다고 할 때, 전체적인 분위기를 묘사했을 뿐인데도, 그 나무 가지에는 수많은 꽃들이 피어나고 있는 그 내면의 사실을 함축하고 있는 것이다. 섬농(纖穠)은 겉으로는 듬성듬성하게 보이지만, 그 속에는 꽃이 한창 피어 아름답게 보이는 기운[농염(濃艶)]이 스며들어 있는 것이다. 세밀한 부분을 드러내는 방법은 그 세밀함을 있는 그대로 그려내는 방법도 있지만, 그 세밀함의 전체 형상을 통해서 드러내는 방법도 있다. 섬농은 후자의 방법으로 세밀한 부분을 드러내는 방식이다. 이뿐만 아니라 섬농은 사물의 외형을 통해서 그 사물의 궁극에 이르는 것을 말한다. 겉으로는 아닌 척 하지만, 그 속에는 깊은 진실이 내포되어 있는 것이다. 이 때문에 안대회는 섬농의 정서를 '여인의 향기'라고 규정하고 있다. 그는 "섬(纖)은 본래 가는 무늬를 가리켜 '섬세하다'는 뜻을 지녔고, 농

(穠)은 꽃과 나무가 무성하게 자라는 모습을 형용하는 말이다"[2]라고 설명하면서 섬농을 섬세한 '여인의 향기'에 빗대고 있다. 이 때문에 "섬농은 대상이 자연이든 여성이든 시인의 풍부한 감정을 섬세하게 묘사한 시의 미학"[3]이라고 정의하고 있는 것이다. 그러면 이러한 여인의 향기를 사공도는 어떻게 표현하고 있는지 살펴보자. 사공도는 섬농의 아름다움을 다음과 같은 시로써 표현하고 있다.

采采流水 蓬蓬遠春 窈窕深谷 時見美人.
채채유수 봉봉원춘 요조심곡 시견미인.

碧桃滿樹 風日水濱 柳陰路曲 流鶯比隣.
벽도만수 풍일수빈 유음로곡 유앵비린.

乘之愈往 識之愈眞 如將不盡 與古爲新.
승지유왕 식지유진 여장부진 여고위신.

찰랑찰랑 시냇물 흐르고
살금살금 멀리서 봄이 찾아 왔네
그윽하고 깊은 골짜기를 걷다보면
언뜻언뜻 아름다운 여인이 나타나네

복사꽃 나무마다 활짝 피었고
물가에는 산들바람 불고 햇볕 따사롭네
버드나무 그늘 밑으로 오솔길은 굽어들고
꾀꼬리는 여기저기 재잘대네

기분 내어 멀리 가서 찾으면 찾을수록
더 진실한 경물을 만나게 되리라

---

[2] 안대회, 『궁극의 시학』, 문학동네, 2013, 92쪽.
[3] 안대회, 앞의 책, 95쪽.

아무리 가져다 써도 끝이 없나니
　　풍경은 옛것이나 느낌은 늘 새롭다

섬농은 은은한 여인의 향기를 말하는 품격이다. 1연에서 맑은 시냇물이 흐르는 봄 풍경은 여인의 정서를 말한다. 여인의 모습은 언뜻언뜻 보일 뿐 자세하게 보이지 않는다. 그러나 섬농의 품격은 처음부터 드러냄의 미학이 아니라 감춤의 미학이라는 사실을 말하고 있는 것이다. 아름다움은 드러내는 데 있는 것이 아니라 은근 슬쩍 감추는 데 있다. 2연에서는 섬농의 품격은 굽어 있는 오솔길과 같은 것이라고 말한다. 가까이 있는 풍경일지라도 금방 손에 잡히지 않는 것이다. 이 때문에 섬농은 은근한 여성의 정서와 닮았다고 말할 수 있는 것이다. 3연에서는 섬세한 눈으로 사물을 보면 끝없이 나아갈 수 있다는 것을 말하고 있다. 섬농은 안으로 향하는 시선이 아니라 바깥으로 향하는 시선을 말한다. 은근하게 감추고 있지만 그 속에는 내밀한 정서가 무한대로 펼쳐져 있다. 섬농은 스밈과 드러냄의 조화로움에서 발견할 수 있는 품격이다.

(2) 스며있는 여인의 향기

채채유수 봉봉원춘(采采流水 蓬蓬遠春) 찰랑찰랑 시냇물 흐르고 살금살금 멀리서 봄이 찾아왔네.

섬농을 표현한 첫 번째 시구는 섬농의 정서가 어떤 상황으로 이루어진 것인지를 잘 보여주고 있다. 먼저, 이 시구에 나오는 한자어 채(采)의 의미를 생각해보자. 한자어 채(采)는 유사한 한자어 채(彩)와는 달리 인위의 무늬가 없는 상태를 가리키는 말로 쓰인다. 한자어 채(采)는 나무

[木]와 조(爪, 움켜잡다)가 합쳐진 말이다. 그 의미는 '나무를 움켜잡고 뿌리 채 뽑는다'는 뜻이다. 문채(文采)라는 말을 할 때, 이것은 인위의 무늬가 없는 자연 상태의 빛깔을 담아낸 글을 말한다. 유협은 작가의 독특한 글의 무늬를 문(彣)과 채(彩)로 말하지 않고, 문채(文采)라고 말한다. 그가 말하는 문채(文采)는 문자로 나타나는 문장이야말로 인위가 들어있지 않은 자연스러운 무늬가 되어야 한다는 말이다. 한자어 채(彩)는 인위가 들어있는 무늬라는 뜻을 가지고 있는데, 여기서 삼(彡)은 붓으로 그린 인위의 작법을 형용한 말이다. 채(彩)는 자연스럽게 그려진 무늬인 채(采)에 사람이 쓰고 있는 붓으로 덧칠을 한 인위의 무늬이다. 완전히 인위가 개입되지 않은 글쓰기는 어렵다고 하더라도 적어도 인위가 개입한 흔적이 보이지 않을 만큼 천의무봉한 상태가 글쓰기의 궁극이라는 뜻으로 해석하는 것이 옳을 것이다. 표범의 무늬를 아무리 자연스럽게 그린다 하더라도 결코 표범의 무늬가 될 수는 없을 것이지만, 그 표범의 무늬만큼이나 자연스럽게 그려지게 하는 것이 글쓰기의 궁극이라는 것이다. 섬농으로 가는 첫 번째 길이 이러한 자연스러운 채(采)에 있다는 사실은 의미하는 바가 크다.

첫 번째 시구의 "채채(采采)"는 자연의 무늬로 이루어져 있으면서 초목이 무성하거나 화려하게 이루어진 모양을 의미한다. 여기서는 자연스러운 무늬를 말한다. 인위의 무늬로 그려진 것이 아니라, 자연스럽게 드러난 것이다. 잔물결을 이루며 흘러가는 자연스러운 물결의 무늬를 생각하면 될 것이다. 작은 물결을 일으키며 흘러가는 물길을 따라서 따뜻한 봄기운이 흐르고 있다. 이 따뜻한 봄기운을 느낀다는 것은 섬세한 감각을 갖고 있다는 말이다. 섬세한 감각을 갖기 위해서는 섬세한 상황을 감지할 수 있는 예민한 감각이 필요하다. 작은 소리에도 반응하는 것, 그리고 잔잔한 물결의 리듬을 읽을 수 있는 감각이다. 섬세하고 농후한 봄날의 정서를 감지하기 위해서는 먼저 자연스러운 흐름에 민감하게 반응할 수 있는 감각이 있어야 한다.

> 천리(千里)에 꾀꼬리소리
> 푸른 잎 붉은 꽃 어우러지고
> 강마을과 산성(山城)에는
> 주기(酒旗)가 바람에 펄렁이는데
>
> 남조(南朝)의
> 사백팔십(四百八十)
> 옛 절의 많은 누대(樓臺)
> 이슬비 속에 있다
>
> ―두목(杜牧), 「강남춘(江南春)」 전문4)

 이 시의 화자와 같이 봄날의 풍경에 민감하게 반응하는 감각이 있어야 할 것이다. 천리 먼 곳에 우는 꾀꼬리 소리는 예민한 청각을 통해서 느낄 수 있고, 푸른 잎과 붉은 꽃으로 어우러진 봄날의 강마을은 술집의 깃발 때문에 흠뻑 취해 있다. 청각과 시각의 이미지를 통해서 봄날의 섬세한 정취를 살리고 있다. 술집에 펄럭이는 깃발이 봄날 술에 흠뻑 취하고 싶다는 화자의 부푼 마음을 담고 있는 듯하다. 수많은 사찰과 수많은 건물이 봄날의 이슬비에 젖어서 생동하는 봄날을 맞이하고 있다. 꽃이 피어있는 봄 풍경이 섬세한 분위기와 함께 어우러져 있다. 봄 풍경을 말하기 위해서 봄 풍경과 어우러진 다른 사물을 끌어오는 것이야말로 섬세함을 드러내기 위한 장치이다. 이 시를 읽으면 사찰과 건물에

---

4) 千里鶯啼綠映紅 水村山郭酒旗風 南朝四百八十寺 多少樓臺烟雨中.(김달진 역주, 『당시전서(唐詩全書)』, 민음사, 1987, 611쪽).

푸르고 붉은 봄기운이 스며들어 있음을 알 수 있다.

다음 구절의 "봉봉(蓬蓬)"은 바람이 살랑살랑 부는 모양을 말한다. 멀리서 봄기운이 푸른 잎과 붉은 꽃이 핀 강마을을 따라 찾아온다. 자연스럽게 흘러가는 물결의 무늬와 함께 찾아오는 봄의 향기는 사람들의 오감을 자극한다. 봄기운은 생동하는 기운이고, 은은한 기운이다. 미세한 떨림 속에서 봄기운이 찾아오는 것이다. 섬농의 미학은 봄기운과 같이 은은하지만 그 속에 흐르는 섬세한 생명의 울림을 감지하는 데 있다. 죽어있던 생명들의 가녀린 떨림을 감지할 수 있는 것이 섬농의 미학이다. 그런데 여기서 봄이 오는 은은한 기운은 힘 있는 남성의 기운이라기보다는 연약하면서도 은근한 여성의 기운이다. 조용한 움직임을 느끼고, 그 속에서 생명의 자연스러운 기운을 느끼는 것은 여성의 섬세한 감각과 같은 것이다. 그렇기 때문에 섬농은 강렬한 남성의 기운이 아니라, 작고 연약한 여인의 기운이다. 순간적으로 불꽃이 일어나는 자극적인 기운이 아니라, 어디에서 오는지 알 수 없는 스며드는 기운이다. 살랑살랑 불어오는 봄기운은 멀리서 아지랑이가 일어나는 것처럼 은근하게 다가오는 것이다. 손에 와 닿는 직접적 감각이 아니라, 마음으로 혹은 기운으로 느끼는 간접적인 기운이다. 작가가 섬농의 품격을 지닌 글을 쓰기 위해서는 우선 '스며듦'의 의미가 무엇인지를 깨달아야 할 것이다. 섬세하고 자연스러운 섬농의 길에 이르기 위해서는 무엇보다 날카로우면서도 은근하게 스며드는 기운을 느낄 수 있어야 할 것이다.

요조심곡 시견미인(窈窕深谷 時見美人) 그윽하고 깊은 골짜기를 걷다보면 언뜻언뜻 아름다운 여인이 나타나네.

이 시구에서 말하는 그윽하고 깊은 골짜기에서 만나는 아름다운 여인은 화려하거나 억지로 꾸민 모습이 아닐 것이다. 자연과 어울리고 자연과 더불어 그 빛깔을 드러내는 은은한 자연 미인일 것이다. 시의 앞 구절에서 말하고 있는 봄의 향기를 따라 스며들듯이 나타나는 여인의 모습일 것이다. 그러면 봄의 섬세한 기운을 따라 골짜기에서 나타난 여인의 모습과 닮은 글은 어떤 글일까? 그것은 자연스러운 빛깔과 어울리는 글일 것이다. 잔잔한 물결의 무늬와도 같고, 살랑살랑 불어오는 봄바람의 은은한 기운과도 같은 글일 것이다. 그 자연스러운 무늬와 은은한 기운은 골짜기에서 언뜻언뜻 감춘 듯 보이는 여인의 모습과도 같다. 이 은은한 아름다움이야말로 섬농의 미학이라 할 수 있다.

여기서 말하는 "심곡(深谷)", 즉 깊은 골짜기는 은둔하고 감추기 위한 공간이 아니라, 생동하는 기운이 은은하게 스며있는 공간이다. 겉으로는 작은 새싹이 움트고 있지만, 그 내면에는 우렁찬 생명의 울림이 있는 것처럼, 그 생명의 기운이 깊이 스며있는 공간을 말한다. 작가의 눈은 겉으로 드러난 형상만 보는 것이 아니라, 그 안에 스며있는 내면의 깊은 곳을 응시하고 있어야 한다는 말이다.

이와 같이 섬농은 진흙 속에 감추어진 보물을 발견하는 것처럼 깊은 골짜기에 숨어 있는 아름다운 여인을 만나는 상황과 같은 미적 체험이다. 유협은 이러한 미적 체험을 "잔물결이 일렁이는 물속에 들어있는 아름다운 옥"을 발견하는 것이라고 말하고 있다. 섬농의 글쓰기는 스쳐 지나가듯 가버리는 자연스러운 물상 속에서 발견하는 아름다움이라 할 수 있다. 가스통 바슐라르 식으로 말하면, "순간을 포착하는 미학"이라 할 수 있다. 찰나처럼 지나가는 순간을 포착하여 그 기운을 감지하고 그 속에서 진정한 아름다움을 발견하는 것이다. "깊은 골짜기"에 언뜻언뜻 보이는 여인은 보이는 것 같으면서도 보이지 않는 은은함의 아름다움이 있다. 그 은은한 상황 속에서 만나는 아름다운 여인의 모습이란 평상의 상황에서 만나는 여인이 아닐 것이다. 그야말로 자연스러운 아름다움과 어울리는 여인의 모습일 것이다. 섬농의 미학이란 바로 이러한 자연스러운 아름다움에서 발견할 수 있다. 그러나 이 섬농의 미학은 항상 만날 수 있는 것이 아니라, 때때로 만날 수 있는[時見] 아름다움이다. 이러한 은근한 여인의 아름다운 심정을 잘 표현한 시 한 편을 읽어보자.

"제 집은 횡당에 있는데
붉은 비단 가린 창엔 계수나무 향기 가득하지요."
푸른 구름은 얽어 머리 위 상투 삼고
밝은 달은 귓가의 귀고리 삼았네.
연꽃에 바람 일어
강가엔 봄기운 날리는데
큰 강둑에선
북으로 떠나는 임 붙잡는 여인의 모습
"당신은 잉어 꼬리를 먹었고
저는 성성이 입술을 먹었지요.
양양으로 가는 길일랑 가리키지 마셔요.
물결 푸른 항구엔 돌아오는 배도 드물잖아요!
오늘은 창포꽃 피는 여름이지만
내일 아침은 단풍나무도 시드는 가을일 거예요."
―이하(李賀), 「대제곡(大堤曲)」 전문5)

귀신의 재능으로 시를 썼다는 이하(李賀)의 시에서 섬세한 여인의 향기를 만날 수 있다. 스물 일곱살의 나이에 요절한 시인이 어떻게 이런 섬세한 여인의 향기를 묘사할 수 있었을까. 이하를 두고 귀재(鬼才)의

---

5) 妾家住橫塘 紅紗滿桂香 青雲敎綰頭上髻 明月與作耳邊璫 蓮風起 江畔春 大堤上 留北人 郎食鯉魚尾 妾食猩猩脣 莫指襄陽道 綠浦歸帆少 今日菖蒲花 明朝楓樹老.(홍상훈 역주, 『시귀(詩鬼)의 노래』, 명문당, 2007, 63-64쪽).

3. 스밈과 드러냄의 미학 75

시인이라고 부르는 것은 이러한 귀신과도 같은 통찰력 때문이라 할 수 있다. 이 시에서 북으로 떠나는 임을 붙드는 여인의 마음은 은근하면서도 농익어 있다. 붉은 비단을 가린 집 안에는 계수나무 향기가 가득하고, 그 향기와 함께 봄기운에 농익은 여인의 향기가 스며들어 있다.6) 계수나무의 짙은 향기에 여인의 순수한 사랑을 빗대면서 은근한 정을 표현하고 있다. 이 때문에 떠나려고 하는 임도 선뜻 떠날 수 없게 만든다. 그런데도 사랑하는 임은 한사코 북으로 떠나려고 한다.

그래서 여인은 은근하면서 강하게 꼰대를 부린다. 한사코 자신을 버리고 떠나려는 임을 붙들기 위해서 여인은 "당신은 잉어 꼬리를 먹었고, 저는 성성이 입술을 먹었다"라고 말한다. 여기서 말하는 잉어 꼬리와 성성이 입술은 아주 진귀한 요리를 말한다. 성성이는 『산해경』에 나오는 사람의 얼굴을 한 짐승이다.7) 잉어 꼬리는 남성의 정력에 좋은 음식을 상징하고, 성성이 입술은 관능적인 여성의 입술을 상징한다. 임은 맛좋은 음식을 먹었고 여인은 관능적인 입술을 가졌다. 하룻밤 더 머물고 가라는 여인의 애절한 바람이 잉어 꼬리와 성성이 입술로 나타나고 있다.

이 시에서 여인의 은은한 향기는 계수나무 가득한 여인의 집과 잉어

---

6) 이 부분은 굴원의 「이소(離騷)」에 나오는 다음 구절을 연상시킨다. "작은 밭에는 난초를 심고 큰 밭에는 혜란을 심었네. 유이와 게거는 밭이랑에 심고 두형과 방지는 섞어 심었노라. 가지와 잎이 무성하면 임을 위해 바치려 했건만 시들어 떨어진들 어찌 슬프리요만 서러워라 잡초에 묻힌 향기로운 꽃이여."(余旣滋蘭之九畹兮, 又樹蕙之百畝. 畦留夷與揭車兮, 雜杜衡與芳芷. 冀枝葉之峻茂兮, 願竢時乎吾將刈. 雖萎絶其亦何傷兮, 哀衆芳之蕪穢. 衆皆競進以貪婪兮, 憑不猒乎求索, 羌內恕己以量人兮, 各興心而嫉妬. 忽馳騖以追逐兮, 非余心之所急. 老冉冉其將至兮, 恐修名之不立.(류성준, 「초사굴원부주(楚辭屈原賦註)」, 신아사, 2007, 29쪽).

7) 알유가 있는데 용의 머리이며 사람을 잡아먹는다. 사람의 얼굴을 한 짐승이 있는데 이름을 성성(猩猩)이라고 한다.(有窫窳, 龍首, 是食人, 有靑獸, 人面, 名曰猩猩 -정재서 역주, 『산해경』, 민음사, 2010, 331쪽).

꼬리에서 풍기는 비릿한 향기, 그리고 성성이의 입술과 같은 관능적인 모습이 함께 어우러지면서 사랑하는 사람을 도저히 떠날 수 없게 만들고 만다. 이런 애틋한 상황 속에서도 혹시 임이 떠날까봐서 여인은 한 번 떠나고 나면 돌아오는 배도 드물 것이고, 오늘은 창포가 핀 계절이지만 내일 아침에는 단풍나무가 시드는 가을의 절기가 될 것이라고 엄포를 놓는다. 이 시에서 봄날을 맞은 여인의 향기는 은은한 속삭임에서 곡진한 애틋함으로 나아가고, 결국 떠나면 시들어 죽을 것이라는 절박한 협박으로까지 이어지고 있다. 섬농이 여인의 향기라고 한다면, 이하의 「대제곡」은 섬세한 여인의 마음을 은은하면서도 곡진하게 드러내고 있다고 할 수 있다. 이하의 「대제곡」은 여인의 향기가 스며있는 섬농의 미학을 잘 보여주고 있다.

사공도의 시구에서 보이는 깊은 골짜기에 언뜻언뜻 보이는 아름다운 여인은 어떤 모습일까? 깊은 골짜기에서 만나는 아름다운 여인은 진흙탕 속에서 피어나는 연꽃과 같은 존재일 것이고, 봄날을 맞아서 떠나는 임을 붙드는 은근하면서도 내밀한 여인과 같은 존재일 것이다. 섬농의 미학은 숨어있는 듯하면서도 그 숨어 있는 골짜기에서 언뜻언뜻 비치는 은은함의 아름다움이라 할 수 있다. 자연스러운 빛깔은 제각기 다르면서도 조화를 이루고 있다. 봄의 기운이 생동하고 있는 그 깊은 골짜기에는 자연스러운 빛깔과 어울리는 아름다움이 숨겨져 있다. 섬농의 미학은 숨어 있는 듯하면서도 드러나는 아름다움이다.

이 때문에 섬농은 웅혼과 충담과는 다른 미학이다. 웅혼이 남성적이고 격렬한 품격이라고 한다면, 충담은 고고하고 담박한 선비의 품격이라 할 수 있다. 반면에 섬농은 섬세하고 치밀한 여성의 품격이라 할 수 있다. 섬농의 미학은 봄날의 아지랑이처럼 은은하게 피어오르는 여인의 향기이고, 깊은 골짜기에 감추어진 보석과 같은 여인의 모습이다.

(3) 섬세하고 굽은 길

벽도만수 풍일수빈(碧桃滿樹 風日水濱) 복사꽃 나무마다 활짝 피었고 물가에는 산들바람 불고 햇볕 따사롭네.
 이 시구는 봄날의 풍경을 묘사한 부분이다. 이 시구만 놓고 본다면 섬농의 풍경이 어떠한 것인지를 잘 보여주고 있다. 섬농은 섬세한 것 같으면서 성글은 방법으로 풍경을 묘사하는 방법이다. 하나의 단어 속에서 여러 의미가 담겨 있어야 한다. 문자로 그림을 그린다고 가정한다면, 섬세함과 성글음의 조화라고 할 수 있다. 이 부분을 읽으면 선명한 색채 이미지와 스쳐 지나는 산들바람 속에서 느낄 수 있는 은근한 감각 이미지가 조화를 이루고 있다는 사실을 알 수 있을 것이다. 복숭아나무에 파란색 기운이 감돌고[碧桃], 그 나무에는 꽃이 만발해 있다. 여기까지는 푸른색과 흰색의 아름다운 풍경이 조화를 이루고 있다. 그 다음에 이어지고 있는 부분은 바람과 햇빛이 물가에 가득한 풍경이다. 봄날의 따뜻한 기운이 은근하게 느껴지는 듯하다. 복사꽃 그늘 아래에서 산들산들 부는 봄바람을 만끽하면서 거닐고 있는 모습이다. 듬성듬성하게 다가오는 풍경을 묘사했을 뿐인데도, 봄기운을 충분하게 느낄 수 있다. 섬농은 섬세함과 성글음이 조화를 이루고 있는 것을 말한다.

 무릇 천지는 만물의 여관이요, 세월은 영원한 나그네이다.
 그런데, 덧없는 인생이 꿈과 같으니 즐거움을 누림이 얼마인가?
 옛 사람이 촛불을 잡고 밤놀이를 한 것은 진실로 까닭이 있도다.

하물며 따듯한 봄날은 안개 낀 경치로써 나를 부르고, 대지는 나에게 문장을
빌려주었음에랴.
복숭아 꽃 오얏꽃 핀 향기로운 뜰에 모여 형제의 즐거운 일을 글로 펴니
여러 아우는 빼어나서 모두 혜련이 되었는데
내가 읊조리는 노래는 홀로 강락에게 부끄럽구나.
그윽한 완상이 아직 끝나지 않아 고상한 이야기는 더욱 맑아지고
옥같은 잔치를 벌여 꽃에 앉고 술잔을 날리며 달에 취하니
좋은 시가 아니면 어찌 고상한 회포를 펴리요.
만약 시가 이루어지지 아니하면 벌은 금곡의 술잔 수에 따르리라.
—이태백,『춘야연도리원서(春夜宴桃李園序)』전문[8]

　이 시는 봄밤의 정취를 잘 살려내고 있다. 이 시에서 섬농의 풍경을
잘 보여주고 있는 부분은 복숭아꽃 오얏꽃이 향기롭게 피어있는 뜰의
풍경이다. 이 향기로운 뜰에 모인 여러 형제들은 남송(南宋)의 시인 사
혜련(謝惠連)만큼이나 아름다운 시를 쓰고 있는데, 이태백 자신은 혜련
의 사촌형인 사령운(謝靈運)에게 부끄러울 정도로 시를 쓰지 못하고 있
다.[9] 시의 신선(神仙)이라고 부르는 천하의 이태백이 자신의 동생과 글
재간을 경쟁하면서 부끄러워하는 것도 아름다운 겸허의 풍경이지만, 이
곳에 모여서 담소를 나누면서 봄밤의 풍경에 취해 있는 형제들의 모습은
봄밤의 은은한 향기가 온통 스며들어 있는 아름다운 풍경이다. 더군다
나 이들이 함께 있는 자리는 꽃이 핀 뜰에 앉아서 술을 마시며 달빛에

---

[8] 夫天地者 萬物之逆旅 光陰者 百代之過客 而浮生若夢 爲歡幾何 古人秉燭夜遊 良有
以也. 況陽春召我以煙景 大塊假我以文章 會桃李之芳園 序天倫之樂事 群季俊秀 皆
爲惠連 吾人詠歌 獨慙康樂 幽賞未已 高談轉清 開瓊筵以坐花 飛羽觴而醉月 不有佳
作 何伸雅懷 如詩不成 罰依金谷酒數.(박순철 역,『중국역대산문선역』, 신성출판
사, 2008, 70쪽)

[9] 사혜련(謝惠連, 397~433)과 사령운(謝靈運, 385~433)은 남조 송나라 때 문인으
로 두 사람을 일러서 '대소사(大小謝)'라고 불렀다. 사혜련은 「설부(雪賦)」, 사령운
은 「산거부(山居賦)」를 남겼다. 여기서는 이태백의 동생을 사혜련에, 자신을 사령
운에 빗대고 있다.

취해 있으니 복숭아꽃 오얏꽃이 피어있는 봄밤의 뜰이 온통 짙은 술 향기와 그윽한 봄 향기로 가득 차 있는 듯하다.

섬농의 미학은 이처럼 은은하면서 드러나지 않는 풍경 속에 있는 아름다움이다. 이 시에서 보는 것처럼, 봄밤의 은은한 정취와 함께 여러 아우를 생각하는 이태백의 섬세한 배려가 아름답게 보이고, 이와 더불어 봄밤에 취해서 시 짓기를 그만둔 그의 혜안이 은근하게 드러나 보인다. 아우들에게 부끄러워 머쓱해하고 있는 화자의 모습이 봄밤의 풍경과 함께 아련하게 떠오른다. 봄밤의 섬세한 풍경과 함께 아우를 생각하는 화자의 마음이 은근하게 밀려오는 듯하다. 그는 그 부끄러움을 은근슬쩍 견디지 못하는 것처럼 말하면서 벌주로 금곡의 술 석 잔을 마셔야겠다고 푸념한다. 술로써 자신의 부끄러움을 달래려고 하는 화자의 마음은 은근하면서도 순진한 데가 있다.

섬농의 미학은 어떤 풍경을 포착하여 그 속에 있는 은은한 아름다움을 드러내는 것이다. 그렇기 때문에 섬농은 어떤 풍경을 어떻게 효과적으로 드러낼 것인지가 중요하다. 단 한 줄로 그 아름다움을 표현할 수 있으면 좋겠지만, 그렇지 않으면 그 풍경을 오랫동안 붙들어 둘 수 있는 표현이 좋을 것이다. 글자 하나를 놓고 고민하기도 하고, 문장 하나가 이어지지를 않아서 고통스러워하는 것이 섬농의 미학을 추구하는 작가의 고민일 것이다. 하나의 풍경을 지나치게 많이 담아내려고 하지 말고 복사꽃 나무를 드러냄으로써 그 주위의 풍경이 그려지도록 해야 할 것이다. 그래야만 복사꽃이 피어있는 들판의 여러 가지 풀들과 생명이 있는 것들이 동시에 살아날 수 있을 것이다. 이태백의 시는 복사꽃 나무가 꽃을 피운 형국만 묘사했지만, 그 속에는 이미 많은 봄 풍경이 은근하게 감추어져 있는 것이다.

사공도의 시구에서 "풍일수빈(風日水濱)"은 산들바람이 불고 있는 물가의 풍경을 성글게 표현하고 있지만, 그 속에는 물가에 있는 여러 가지 풍광들이 동시에 그려지고 있다. 그림을 그리는 화가는 눈에 들어오는 풍경을 모두 화폭에 담아낼 수 없듯이, 작가의 눈에 보이는 모든 풍경을 문자로 표현할 수는 없는 것이다. 다만 그릴 수 있는 것만 그리듯이 문자로 표현할 수 있는 것만 표현하는 것이다. 현실을 아무리 치밀하게 묘사한다고 하더라도 카메라 렌즈에 포착된 것만 그릴 수 있는 것과 같은 이치이다. 부벽루에 올라서 그 풍경을 다 담아내려고 했던 고려의 시인 김황원은 결국 두 줄의 시구만 남기고 부벽루를 떠나야 했다. 하나의 풍경을 묘사하면서 전체를 드러낼 수 있는 방법이 무엇인지를 생각하게 하는 것이 섬농의 미학이다.

이 때문에 섬농의 미학에 이르기 위해서 작가는 깊은 곳을 응시하되 주변의 사물을 살피면서 그 사물을 에둘러 싸고 있는 기운들을 함께 느껴야 할 것이다. 복사꽃이 피어있는 물가의 풍경을 그리면서 봄의 기운이 한꺼번에 밀려들게 하는 것이 섬농의 미학이다. 섬농의 정경은 "벽도만수(碧桃滿樹)"의 시각적 풍경이 "풍일수빈(風日水濱)"이라는 촉각적 이미지와 함께 어우러지면서 봄날의 정취가 온 몸에 끼치는 형국이라 할 수 있다.

유음로곡 류앵비인(柳陰路曲 流鶯比隣) 버드나무 그늘 밑으로 오솔길은 굽어들고 꾀꼬리는 여기저기 재잘대네.

이 시구에서 말하는 "곡(曲)"은 굽은 것을 말한다. 곡(曲)의 뜻풀이를 『설문해자』에서는 "자유로움을 의미하고, 딱딱함이 풀어지는 것을 의미한다"라고 말한다. 흔히 쓰는 악곡(樂曲)이라는 말의 뜻은 리듬이 하나의 의미로 풀어지는 것을 말한다. 리듬이 조화를 이루면서 하나의 소리 이미지로 나타나는 것이다. 이 시구에서 풍경을 묘사하는 방법은 가까운 풍경과 멀리 있는 풍경을 동시에 그리는 데 있다. 이 시구에서 버드나무 숲으로 난 굽은 길의 끝에는 무엇이 있는지 알 수가 없다. "류앵비인(流鶯比隣)"은 앞에서 말하고 있는 버드나무 그늘의 가까운 풍경을 확장하고 있다. 가까운 풍경인 "버드나무 그늘"과 굽어진 오솔길의 먼 풍경을 나란히 배치함으로써 두 풍경이 한 눈에 들어오게 한다. 섬농의 묘사 방법은 가까이 있는 풍경과 멀리 있는 풍경을 조화롭게 배치하는 것이다. 섬세하게 묘사하는 것은 복사꽃이 핀 나무를 하나하나 그리라는 것이 아니다. 전체의 풍경에 보이는 이미지를 놓치지 않아야 한다는 말이다. 버드나무 그늘 아래로 끝없이 이어진 길은 복사꽃이 피어있는 풍경과는 달리 아련하게 보이는 풍경이다. 그리고 꾀꼬리가 재잘대고 있는 소리도 마찬가지이다. 굽어진 오솔길에서 들리는 소리이다. 가까운 듯 멀리서 들리는 소리이다.

이규보의 『백운소설(白雲小說)』에는 섬농과 관련한 일화가 전한다. 『삼국사기』를 쓴 김부식이 봄날의 뜰을 거닐면서 그 아름다운 풍경을 "버드나무 가지가 천 가지 만 가지[柳千絲萬綠]로 늘어져 있다"라고 읊조렸다고 한다. 그때 김부식의 모함으로 죽은 정지상이 귀신이 되어 나타나서 김부식의 뺨을 때리면서 "버드나무 가지가 치렁치렁 늘어져 있다[柳絲絲滿綠]"라고 표현해야 한다고 충고했다고 한다. 이 일화는 허무맹랑한 야사에 불과할지도 모르지만, 시의 본질이 무엇인지를 잘 말해주고 있다. 시에서 아름다운 묘사는 숫자의 개념으로 규정하는 것이 아니라, 그 묘사하려는 대상의 상황을 표현하는 것이 중요하다고 말하고 있는 것이다. 이 일화에서 알 수 있는 것처럼, 섬농의 미학을 표현 방법의 관점으로 말한다면, 가까움과 멂의 조화라고 할 수 있을 것이다.

> 높은 구름이 지나가는 쪽빛 하늘 아래
> 사뿐히 추겨세운 추녀를 보라
> 뒷산의 너그러운 능선과 조화를 이룬
> 지붕의 부드러운 선을 보라 한다
> 어깨를 두드리며 그는 내게
> 이제 다시 부드러워지라 한다
> 몇발짝 물러서서 흐르듯 이어지는 처마를 보며
> 나도 웃음으로 답하며 고개를 끄덕인다
> 그러나 저 유려한 곡선의 집 한 채가
> 곧게 다듬은 나무들로 이루어진 것을 본다
> 휘어지지 않는 정신들이
> 있어야 할 곳마다 자리잡아
> 지붕을 받치고 있는 걸 본다
> 사철 푸른 홍송숲에 묻혀 모나지 않게
> 담백하게 뒷산 품에 들어 있는 절집이
> 굽은 나무로 지어져 있지 않음을 본다
> 한 생애를 곧게 산 나무의 직선이 모여
> 가장 부드러운 자태로 앉아 있는
> ─도종환, 「부드러운 직선」 전문[10]

이 시도 사물의 내면을 응시하는 섬농의 미학을 잘 보여주고 있다. 우리가 보고 있는 현상은 그 내면에 또 다른 것을 내포하고 있다. 바깥의 풍경을 묘사하고 있지만, 그 속에는 은은한 향기가 스며있는 것과 같다. 우리가 보고 있는 직선은 사실 시각적으로 직선일 뿐이지, 무수한 곡선의 연속이다. 하나의 선이 무수한 점의 집합으로 이루어져 있듯이, 궁극에 이르면 점과 선은 구분이 되지 않는다. 점이 모여서 선이 된다면 선은

---

10) 도종환, 『부드러운 직선』, 창비시선 177, 1998, 36쪽.

원래 점이었고, 점은 결국 선으로 이루어진 것이다. 더 이상 쪼갤 수 없는 상황에 이르게 되면 점과 선은 분리될 수 없는 것이다. 모든 선이 점으로 이루어져 있듯이 모든 직선은 곡선으로 이루어져 있다. 정확하게 직선이 되는 것은 사실 관념으로 존재할 뿐이다. 직선은 사실 부드러운 곡선일 뿐이다. 추녀의 유려한 곡선은 곧게 다듬은 나무들로 이루어져 있다. 굽었다는 것은 모든 것을 만들어낼 수 있는 창조적 의미를 상징한다. 직선의 조합이 부드러운 곡선을 만들듯이, 굽은 것은 또 다른 직선을 만들어내는 원동력이다. 이것은 마치 점이 선을 만들어내는 것과 같다.

이 시의 시구 "벽도만수(碧桃滿樹)"와 같이 가까이 있는 복사꽃의 풍경을 "푸른 복숭아나무"로 표현함으로써 그 세세한 잎사귀를 말하지 않으면서도 파랗게 새잎이 돋아나고 있는 풍경을 드러내고 있으며, 바람과 햇빛을 함께 묘사함으로써 봄날의 정취가 살아나게 한다. 그러면서도 끝없이 이어지고 있는 버드나무 그늘 밑 오솔길은 굽이굽이 봄날의 정취를 실어 나른다. 구구절절한 긴 사설보다도 더 간명하지만, 봄날의 정취는 섬세한 여인의 향기처럼 은은하게 다가오고 있다. 복사꽃과 버드나무의 거리는 봄날에 대한 상상을 자극한다. 복사꽃의 훈향(薰香)이 살랑살랑 봄바람을 타고 오는 것 같고, 따뜻한 봄날의 기운이 복사꽃의 이미지와 아름답게 조화를 이루는 것 같다. 회화에서 사실주의 기법이란 사물을 있는 그대로 하나도 남김없이 그리는 치밀한 묘사를 말하지만, 문학에서 치밀한 묘사는 사물의 형상을 있는 그대로 표현하는 데도 있지만, 이와 같이 하나의 사물을 통해서 상상의 진폭을 확장시켜가는 데도 있다. 섬농은 사물의 특징을 잡아내고, 그 특징에 상상을 가미하는 것을 말한다. 섬농에서 말하는 섬세함과 농염함이라는 것은 낱낱의 형상을 놓치지 않는 치밀함과 그 속에서 발견할 수 있는 깊은 아름다움을 의미한다.

그렇다면 여기서 말하는 버드나무 밑의 오솔길이라는 것은 깊은 골짜기에서 만나는 아름다운 여인의 형국을 닮았다고 할 수 있다. 끝없이 이어질 것 같은 굽은 길은 숨겨진 길이다. 직선의 길이 아니라, 곡선의 길이다. 굽어진 길의 그 끝에서 무엇이 숨겨져 있을지 알 수 없다. 따라서 "노곡(路曲)"이라는 말은 자유로운 상상 속에 놓여진 길이고, 숨겨진 것이 더 많은 길이다. 묘사는 드러내는 데만 있는 것이 아니라 은근하게 감추면서 드러내는 데 있는 것이다. 드러냄과 감춤의 조화로움, 확신이 아니라 은은함, 부드러운 곡선의 미학이 섬농의 미학이다.

그렇게 끝없이 이어진 길 숲에는 꾀꼬리 소리가 들린다. 하나의 소리로 재잘대는 새가 아니라, 여러 가지 음색을 내는 꾀꼬리 소리는 일종의 환청과 같다. 드러나지 않으면서도 드러나는 이미지, 억지로 숨기지 않으면서도 숨은 것 같은 굽은 곡선의 미학이 섬농의 미학이다. 섬세함과 농염함은 사물에 가까이 다가감과 멀어짐을 동시에 포함하는 진술이다. 섬세함은 본래 사물에 대한 치밀한 묘사를 의미하지만, 생략된 묘사는 그 사이에 풍성한 상상의 세계를 함의하고 있다.

(4) 스밈과 드러냄의 조화

승지유왕 식지유진(乘之愈往 識之愈眞) 기분 내어 멀리 가서 찾으면 찾을수록 더 진실한 경물을 만나게 되리라.

이 시구와 같이 섬농의 미학은 봄기운을 따라 더욱 멀리 가보면 만나게 되는 사물의 진경이라 할 수 있다. 섬농의 미학에 접근하기 위해서는 작은 것을 놓치지 않는 감각이 있어야 한다. 이런 감각으로 사물을 볼 때, 사물을 더욱 치밀하게 묘사할 수 있는 능력이 생기게 되고, 그렇게 하다보면 사물의 진면목을 발견할 수 있게 된다. 사물에 대한 관찰과 치밀한 묘사 능력은 사물을 새롭게 볼 줄 아는 눈을 갖게 만든다. 사물은 늘 그대로 존재하지만, 그 사물을 보는 작가의 눈은 늘 새롭다. 섬농의 관점은 사물을 보는 새로운 시선을 말한다. 작가의 독특한 상상력은 사물의 새로운 인식과 태도를 보여준다. 사물을 보는 눈은 본성에서 우러나기도 하지만, 그것을 보는 새로운 눈은 사물을 인식하는 마음의 수양에서도 생기기도 한다.

사물을 보는 깊은 눈으로 본성을 수양하고, 수양을 통해서 그 본성이 맑아지도록 하는 데서 시작한다. 사물을 보는 안목은 격물치지(格物致知)의 과정에서 나온다. 작가에 따라 사물을 표상하는 방법이 다르고, 그 사물을 드러내는 방식도 다르다. 이것은 단순히 사물을 보는 차이에서만 그치는 것이 아니라, 그 사물을 통해서 드러내는 예술의 경지까지도 차이가 있다는 말이다. 수많은 시인 묵객들이 봄 풍경을 묘사했지만, 각각 다른 풍경으로 봄을 그리고 있다. 그것은 시간과 공간의 차원에서 다르게 나타나기 때문이다. 그러면서도 우리는 그 많은 문학 작품 중에서 절창을 만난다. 그것은 같은 봄 풍경을 느끼면서도 작가에 따라 그 정서의 깊이가 다르기 때문이다. 섬농의 미학은 새로운 눈으로 사물을 바라보는 작가의 섬세한 안목으로부터 나온다.

이 시에서 그 기운을 따라 더 멀리 가라고 하는 말[승지유왕(乘之愈往)]은 앞에서 말한 깊은 골짜기와 같은 의미로 받아들일 수 있다. 섬세한 정서를 가지고 사물을 깊이 느끼고, 그리고 멀리 바라볼 줄 안다면,

그 사물이 새로운 의미로 다가올 것이다. 멀리 떨어져서 바라보는 것, 가까이서 보는 것과 멀리서 보는 것을 조화롭게 하는 것, 보이지 않는 것을 보는 것이 섬농의 미학이다. 심안(心眼)으로 볼 때와 심안(深眼)으로 볼 때의 사물은 분명히 다를 수밖에 없을 것이다. 그리고 그 단계를 넘어서 혜안(慧眼)으로 사물을 보는 경지에 이르면, 작가는 사물을 새롭게 인식하게 될 것이다. 사물과 더 진실한 의미로 만난다[識之愈眞]는 것은 이를 두고 하는 말이다. 섬농의 미학에 이르기 위해서 작가는 먼저 사물을 새롭게 보는 눈을 길러야 한다. 이를 위해서 작가는 끝없이 수양을 해야 한다. 혼자서 침잠하는 시간을 많이 가지게 되면 마음의 눈이 열리기도 한다는 법정 스님의 사유방식도 생각해보아야 할 것이고, 가오싱젠이 말하는 차가운 글쓰기를 위한 칩거의 의미도 생각해볼 필요가 있을 것이다. 섬농의 미학에 도달하기 위해서는 자신만의 시간을 갖는 것이 무엇보다 중요하다고 할 수 있다. 작가의 수양과 사물을 보는 새로운 시선은 아름다운 섬농의 작품을 창출하는 근원이다.

  이 시의 시구 "승지유왕(乘之愈往)"이라는 말은 글쓰기의 소재는 가까운 곳에서도 찾을 수 있지만, 더 멀리 낯선 곳에 가면 더욱 생경하게 다가올 수 있다는 말이다. 작가가 글을 쓸 수 없을 때 경이로운 풍경을 만나면 자연스럽게 그 풍경을 표현하고 싶은 욕구가 생긴다는 것이다. 따라서 시구 "승지유왕(乘之愈往)"이라는 말은 사물을 보는 새로운 안목과 사물을 바라보는 새로운 시선을 말한다고 할 수 있다. 사물과 인간은 하나의 자연 속에서 더불어 존재한다. 예술은 이들 생명 질서의 거대한 움직임을 표현하는 데 불과하다. 과학이 하지 못하는 영역, 그 광활한 우주의 상상계와 만나는 것, 그리고 사람들이 인식하지 못하는 경계를 향해 나아가는 것, 이것이 섬농의 미학이다. 유협은 좋은 글의 바탕은 양기를 기르는 과정에서 나온다고 말한다. 그것은 사물을 다시 우려 내고 재단하는 용재의 과정이라고 말한다. 사물을 우려내는 용재의 과정이야말로 섬농의 바탕이라 할 수 있다. 감춰진 아름다움을 발견하는 것은 새롭고 낯선 시선과 사물의 의미를 녹여내고 다시 새롭게 재단(裁斷)하는 데서 비롯한다.

여장부진 여고위신(如將不盡 與古爲新) 아무리 가져다 써도 끝이 없나니 풍경은 옛것이나 느낌은 늘 새롭다.

이 시구는 섬농의 관점으로 사물을 볼 때, 작가의 상상이 이르는 곳은 끝이 없다는 것을 말하고 있다. 인간이 사물을 대하면서 펼치는 상상의 힘은 무한한 정신의 영역이다. 정신의 영역이 이르는 곳은 끝이 없다. 섬농의 시선으로 사물을 바라보면 그 풍경을 묘사하는 것이 새로울 수밖에 없다는 말이다. 같은 소재라 하더라도 그것을 표현하는 작가에 따라 풍경이 달리 보인다는 말이기도 하다. 사물은 늘 자연 그대로 존재한다. 그러나 그 사물을 보는 눈들은 제각기 다르다. 과거가 다르고 현재가 다르고 미래가 다를 것이다. 사물에 대한 새로운 인식이 싹트는 모든 과정은 살아있는 생명의 질서와 부합한다. 그렇기 때문에 사물은 항상 살아있는 문학의 질료(質料)가 되는 것이다. 사물을 다르게 보는 것은 문학을 풍성하게 한다. 아무리 써도 끝없이 새롭게 다가오는 것이 사물이다. 그 사물을 묘사하는 방법도 여러 가지이고, 그 사물에 대한 인식도 끝이 없다. 옛것도 보는 관점에 따라서 더불어 새것이 되기도 한다. 연암 박지원은 박제가의 『초정집(楚亭集)』 서문에서 박제가의 문집은 '법고창신(法古創新)'의 정신을 추구하고 있다고 평가하고 있다. 새것을 잘 만드는 비법은 옛것을 잘 배우는 데 있다는 것이다. 옛것을 모범으로 삼아야 한다는 것은 옛것을 통해서 사물을 보는 새로운 관점을 말한다. 기왕에 사물이 존재해 왔지만 그것을 새롭게 보는 시선이 필요하다는 말이다. '옛것'은 작가의 풍부한 상상력과 사물을 보는 새로운 시선과 함께 거듭거듭 새롭게 다가올 수 있다는 말이다. 이 때문에 섬농의 미학은 옛스러움을 통해서 새로움에 접근하는 미학이라고 말할 수 있는 것이다.

> 하늘로 날을 듯이 길게 뽑은 부연 끝 풍경이 운다.
> 처마끝 곱게 늘이운 주렴에 반월(半月)이 숨어
> 아른아른 봄밤이 두견이 소리처럼 깊어가는 밤,
> 곱아라 고아라 진정 아름다운지고
> 파르란 구슬빛 바탕에
> 자지빛 호장을 받친 호장저고리
> 호장저고리 하얀 동정이 환하니 밝도소이다.
> 살살이 퍼져나린 곧은 선이
> 스스로 돌아 곡선을 이루는 곳
> 열두 폭 기인 치마가 사르르 물결을 친다.
> 초마 끝에 곱게 감춘 운혜(雲鞋) 당혜(唐鞋)
> 발자취 소리도 없이 대청을 건너 살며시 문을 열고,
> 그대는 어느 나라의 고전(古典)을 말하는 한 마리 호접(胡蝶)
> 호접인 양 사푸시 춤을 추라, 아미(蛾眉)를 숙이고…….
> 나는 이 밤에 옛날에 살아
> 눈 감고 거문고줄 골라 보리니
> 가는 버들인 양 가락에 맞추어
> 흰 손을 흔들어지이다.
> ─조지훈, 「고풍 의상(古風衣裳)」 전문[11]

이 시를 읽으면 부연의 끝에 매달린 풍경(風磬)이 잔잔하게 울리는

---

11) 조지훈, 『조지훈 시선─승무』, 미래사, 1991, 12쪽.

듯하고, 달빛이 내리는 봄 풍경(風景) 속에서 아련한 두견이 소리가 귓가에 들려오는 듯하다. 옛스러운 풍경 속에서 호젓하게 다가오는 새로운 아름다움이다. 이 시의 시적 정황으로 볼 때, 봄날의 분위기는 은은하면서도 가뭇하다. 정확하게 들리거나 확연하게 보이지 않는 아득한 상황 속에서 파르란 구슬빛 바탕에 자주빛 호장을 받친 저고리를 입은 여인의 발걸음이 가볍게 들려오고 있다. 이 시의 모든 풍경은 조용한 소리와 함께 풍경 속으로 잠겨드는 듯하다. 드러나지 않으면서도 은근한 움직임이 있다. 이것은 이른바 정중동(靜中動)의 아름다움이라고도 하는데, 여기서는 움직임의 상황보다는 옛스러움 속에 스며있는 은근함이 무엇보다 중요하다. 앞에서 섬농은 여인의 향기와 같다고 했다. 이 시에서 묘사하고 있는 여인의 향기는 풍경 소리와 두견이 소리, 그리고 달빛에 물든 파란 바탕의 자주빛 저고리의 색채와 함께 은은하게 다가온다. 소리 없이 다가오는 여인의 섬세한 발걸음을 통해서 섬농의 미학을 만날 수 있다. "살살이 펴져 내린 곧은 선이/ 스스로 돌아 곡선(曲線)"을 이루는 곳에 섬농의 미학이 놓여 있다. 그 여인은 고전을 말하는 한 마리 나비와 같은 존재이면서 화자에게 새롭게 다가오는 미적 존재이다. 섬농은 은은한 풍경 속에 스며있는 곡선의 아름다움이면서 옛것을 통해서 새로운 것을 발견하는 아름다움이다.

　인간의 상상은 아무리 써도 마르지 않고, 사물에 대한 깨달음은 끝이 없다. 그 끝없는 상상의 세계와 사물에 대한 깨달음을 제대로 느끼지 못한다면 섬농의 미학에 이르지 못할 것이다. 섬농의 미학에 다가가려는 작가는 사물에 대한 소중함을 깨닫는 데 있고, 사물을 통한 상상의 세계가 얼마나 광활한지를 인식하는 데 있다. 이 시의 시구 "여고위신(與古爲新)"이라는 말은 새것은 옛것을 충분히 익히는 데서 나온다는 말로서 경서(經書)를 통해서 새롭게 사물을 바라보는 것을 말한다. 옛 선현들이 남긴 수많은 전고(典故)들은 말 그대로 지식의 보고(寶庫)다. 현대의 과학 문명에 현혹되다 보니 옛것을 잃고 살아간다. 무엇이 진실인지를 깨닫기도 전에 현대의 기계문명에 물들어서 자신을 방치하고 만다. 섬농의 미학에 도달하려는 작가는 옛것을 통해서 사물의 궁극을 깨닫는 데 힘써야 한다. 그것은 자연의 거대한 질서가 무엇인지를 자연스럽게 깨닫는 과정이다. 사물의 근원을 발견하는 것은 끝없이 궁구하는 마음에서 비롯한다. 그 끝없는 깨달음의 여정 속에서 참된 섬농의 미학에 도달할 수가 있다. 다함이 없는 사물의 끝을 탐색하고, 그 새로운 창조적 상상의 세계를 열어가는 것이 섬농에 이르는 길이다.

  섬농의 미학은 잔물결 속에서 진주를 발견하는 것이고, 치밀한 묘사를 통해서 자연의 진경에 도달하는 길이다. 여인의 향기와 같은 봄기운을 느끼면서 깊은 골짜기 속에 숨겨져 있는 아름다운 여인을 만나는 길이다. 섬농은 치밀함 속에서 자연스럽게 드러나는 아름다움을 말한다. 잔물결이 일고, 봄바람이 불어오고 복사꽃이 피고, 바람과 햇볕이 물가에 은은하게 일어나고, 버드나무 그늘 숲 사이로 굽은 길이 끝없이 이어지고, 꾀꼬리가 재잘된다. 그 은은한 기운을 따라 더 깊이, 그리고 더 멀리 침잠하다보면 보이는 세계, 아무리 가져다 써도 끝이 없는 경계, 그 경계와 만나는 것, 옛것을 통해서 새것을 만들어 가는 것, 이 섬세한 아름다움이 섬농의 미학이다. 섬농으로 묘사한 풍경은 상상의 세계와 더불어 있을 때 더 선명해지는 법이다. 섬세하면서도 그 자연스러운 빛깔이 스며있는 것, 스밈과 드러냄의 조화야말로 섬농의 미학이라 할 수 있다.

4. 순진무구한 부동(不動)의 미학
—침착(沈著)

(1) 개요

　침착(沈著)은 '가라앉다[沈]'는 뜻과 '달라붙는다[著]'는 뜻이 있다. 침(沈)은 뜻을 나타내는 삼수변[氵] 부와 음을 나타내는 동시에 깊이 아래로 '늘어뜨리다'의 뜻을 가진 글자 침(冘)으로 이루어져 있다. 침(沈)은 보통 '물속에 가라앉다'라는 뜻으로 쓰인다. 침(沈)은 물속으로 가라앉듯이 조용히 빠져드는 것을 말한다. 어떤 생각에 쏠리어서 깊은 곳으로 빠져드는 상황을 뜻한다. 착(著)은 '붙는다'라는 뜻의 착(着)이 본래 글자다. 뜻을 나타내는 초두머리[艸] 부와 음을 나타내는 자(者)가 합하여 이루어진 글자다. 자(者)는 많은 일들이 한 뭉텅이로 이루어진 것을 나타낸다. 음이 닮은 도(睹), 서(曙)라는 말과 결부되어 '저명(著名)하다'라는 뜻으로도 쓰이고, 서(書), 서(暑)와 결부되어 저술(著述)이라는 뜻이 되기도 한다. 문예 미학을 말하는 침착에서 '착(著)'은 전자의 뜻으로 쓰여서 많은 것들이 한 뭉텅이로 엉기어 달라붙어 있는 상태를 말한다. 또한 착(著)은 머물러 있으면서 옮기지 않는 상황을 뜻하기도 한다. 사마천의『사기(史記)』에 "그 민속에 혹은 그 땅에 머물러 옮기지 않는 자가 있고, 혹은 옮기는 무리가 있다"(其俗或土著, 或移徙)라는 말이 있는데, 여기에서 '착(著)'은 그 땅에서 머물러 있으면서 옮기지 않는 정착(定着)의 의미가 있다.

이 두 한자어의 뜻을 종합하여 볼 때, 침착은 물속에 가라앉은 것들이 한 덩어리로 뭉쳐져서 달라붙어 있는 상태를 말한다고 할 수 있다. 침착은 한 곳에 머물러 있는 무거움과 고독의 의미로 해석한다. 이 때문에 침착은 끝없이 움직이는 정서를 표현하는 유동(流動)의 미학과는 상반되어 있다. 침착은 화자의 심정이 차분하게 가라앉은 상태에서 그 무엇을 잡고 놓지 않는 상태를 말한다. 침착은 고요한 부분, 어두운 부분, 무겁게 가라앉은 부분, 아픈 부분과 같은 무거운 이미지를 드러내는 미학과 연관되어 있다. 정서의 상황으로 설명한다면, 침울(沈鬱), 침후(沈厚), 침통(沈痛), 침중(沈重)과 같은 가라앉은 마음의 상태라고 할 수 있다.

　침착은 차분하게 가라앉은 상태에서 무언가를 골똘하게 생각하는 것, 혹은 편안한 사색 속에서 사물에 대한 진정한 의미를 발견하는 것, 구속된 형식에서 벗어나 자유로운 상태로 나아가는 것, 자유로운 상황 속에서 존재의 의미를 탐구하는 것이다. 침착의 미학은 끝없이 아래로 침잠(沈潛)하면서도 생각의 꼬투리를 놓치지 않는 것이고, 그 사색의 세계에 깊이 빠져있는 것을 말한다. 이 때문에 침착의 미학은 고독의 정서와 닿아 있다. 고독의 정서는 무거운 정서다. 침착은 어떠한 일에도 가볍게 들뜨지 않고 잔잔한 마음의 상태에 있는 것이다.

　침착은 고독의 정서를 차분하게 펼치기 때문에 가볍고 치밀하기 보다는 무겁고 가라앉은 기운이다. 섬농(纖穠)이 농염하면서도 섬세한 여성의 미학이라면, 침착은 고독하면서도 무거운 남성의 미학이다. 섬농은 만물이 생동하는 봄의 기운을 닮았다면, 침착은 생명의 기운을 갈무리하는 가을의 기운을 닮았다. 섬농은 섬세한 기운을 은은하게 펼치는 미학이고, 침착은 끓어오르는 감정을 절제하는 미학이다. 웅혼(雄渾)이 앞으로 나아가는 진취성의 미학이라면, 침착은 뒤로 물러나서 바라보는 관조성의 미학이다. 유동(流動)이 끝없이 출렁대는 미학이라면, 침착은 물러나 있으면서 대상을 무겁게 응시하는 부동의 미학이다. 사공도는 침착의 미학을 다음과 같은 시로 형상화하고 있다.

    綠杉野屋 落日氣淸 脫巾獨步 時聞鳥聲
    녹삼야옥 낙일기청 탈건독보 시간조성

    鴻雁不來 之子遠行 所思不遠 若爲平生
    홍안불래 지자원행 소사불원 약위평생

    海風碧雲 夜渚月明 如有佳語 大河前橫
    해풍벽운 야저월명 여유가어 대하전횡

    푸른 삼나무 늘어선 들녘 집
    해는 지고 기운은 청명하다
    두건을 벗어놓고 나 혼자 걷노라니
    때때로 새 우는 소리 들려온다

    기러기가 소식을 전해오지 않는
    먼 곳으로 그 사람은 떠나버렸다
    머리에 떠올리면 그 사람은 멀지 않아
    평소처럼 함께 있는 듯하다

    바닷바람 불어와 푸른 구름 피어나고
    어둠 몰려온 물가에는 달빛만 환하다
    하고픈 말이 제 아무리 많아도
    큰 강물이 저 앞에 가로놓였다

이 시의 1연에서는 고요함으로 들어가는 풍경을 묘사하고 있다. 침착은 가라앉은 저녁의 풍경이지만 그 풍경은 어둡고 우울한 정서가 아니다. 혼자서 고요함을 즐기는 것이다. 편안한 마음으로 안정을 되찾으면서 침착하게 고독을 즐기는 것이다. 2연에서는 자신의 내면으로 대상을 끌어들이는 것을 말한다. 대상이 멀리 떠나 있어서 자신의 내면 속으로 끌어들여놓으면 그 대상은 그의 곁을 떠나지 않는다. 절대 고독의 경계를 넘어서는 자리에는 자아와 타자가 둘이 될 수가 없다. 가깝고 먼 것은 자아의 관념일 뿐이다. 3연은 움직이지 않는 부동의 미학을 보여주고 있다. 큰 강물이 가로놓인 것과 같은 움직이지 않는 것, 침착은 자신을 무겁게 가라앉히면서도 스스로 절대 고독의 경지를 넘어서는 부동의 자세를 견지하는 것이다. 절대 고독의 상황에서 깊은 사유의 세계를 보여주는 것이야말로 침착의 품격이라고 말할 수 있을 것이다.

(2) 고요함 속의 청명한 기운

　녹삼야옥 낙일기청(綠杉野屋 落日氣淸) 푸른 삼나무 늘어선 들녘의 집에 해는 떨어지고 기운은 청명하다.
　이 시에 나오는 화자의 기운이 침착한 것은 절망을 해서 우울한 상황과는 다르다. 이 시의 배경을 살펴보면 우울한 상황과는 다르다는 것을 알 수 있다. 이 시의 시간적 배경은 푸른 삼나무가 늘어서 있는 여름이다. 여름이면서도 청명한 기운이 서려있는 늦여름이다. 늦여름은 솟아오르던 생명의 기운이 가라앉으면서 서늘한 그늘을 드리우고 생명을 갈무리하는 시간이다. 푸른 삼나무가 늘어선 들녘의 집은 한적하기 이를 데 없다. 화자는 그 고요한 세계로 들어간다. 들녘의 집은 마을 속의 집이 아니라 마을에서 떨어진 외딴 집이다. 화자가 은거하고 칩거하는 공간이다. 그 고독한 공간에서 화자는 홀로 침잠하고 있다. 그렇게 은거하고 있는 시간은 해가 떨어지는 저녁 무렵이다. 외딴 집에서 해가 저무는 들판에 홀로 서서 맑은 기운을 받아들이고 있다. 떨어지는 해는 왕성한 낮의 기운에서 침잠하는 저녁의 기운으로 들어가고 있다. 이 부분은 침착한 분위기를 잘 설명하고 있다. 침착의 분위기는 외딴 곳에서 홀로 서서 청명한 기운으로 사유할 때 나타난다. 침착은 생명의 기운이 서서히 저물어 가는 해질 무렵의 상황을 말한다. 이 시구를 염두에 둘 때, 사공도는 침(沈)이라는 단어를 '가라앉다'라는 말보다도 '무엇에 쏠리어 있다'는 말로 해석하고 있는 듯하다. 침착은 이 시의 화자처럼 외딴 곳에서 늦여름 해질 무렵의 맑은 기운을 받으면서 하나의 생각에 골몰하는 상황을 말하고 있다.

 햇살도 짐승들도 다소곤해지고 억새풀마저도 순해지는 해질 무렵을 나는 사랑한다. 집 밖에서 큰소리치며 떠들던 사람들도 이쯤에서는 기가 꺾여서 연기 나는 집을 돌아보고, 병원의 환자들은 몸 아픔보다도 마음 아픔을 더 많이 앓는다는 해질 무렵, 고교 시절 풀어지지 않는 수학 문제도 이때만은 밉지 않았었다.
 정처없이 흐르는 구름에 손을 흔들고 싶은 다감한 때, 산자락에서 풀을 뜯던 소도 산 그리메가 내를 건너면 음메에 하고 주인을 찾는 것은 외양간에 갇힐망정 집이 그리운 때문이리라. 돌산도 이때만은 보랏빛에 젖어 신비해지고 강에 비친 골짜기도 가장 선한 표정이 된다.
 나는 해질 무렵을 신의 시간이라고 생각한다. 고향에 돌아와 있어도 성에 차지 않는 외로움이 남고, 그리운 이 곁에 있어도 이 해질 무렵에는 그리움이 일지 않는가. 이는 인간에게 있어 본래의 거처가 본래의 그리움이 있기 때문이라고 본다.
 아아, 이때만은 저녁 종소리가 들리지 않는 곳이면 어떠랴. 풀벌레 소리, 한낮에도 두 손을 모으게 되는 것을. 이 시간에 새들 소리를 들어보라. 예민하지 않은 사람일지라도 가만히 귀 기울이고 들으면 해뜰 무렵 다르고 해질 무렵 다른 것을 알아 챌 수 있으리라. 우리 민요에서는 '아침에 우는 새는 배가 고파 울고, 저녁에 우는 새는 님이 그리워 운다.'고 했다. 배고파 우는 새 소리보다도 님 그리워 우는 새 소리가 노래로 남을 것은 자명하다.

나는 해질 무렵을 하루 중 가장 순수한 때라고 생각한다. 엷기로 말하면 실바람 잠든 모습 같은 순백의 박꽃이 이때 피어나는 것을 징표로 삼을 수 있을 것이다. 아무리 정신적인 사랑을 무시하는 사람도 이 해질 무렵에만은 욕정에 대해 장광설을 늘어놓지 않으리라 본다.

아, 이 해질 무렵에는 눈 감고 귀 기울이면 저 뒤안을 돌아나오는 우리 할머니의 회심가락이 있다. 떼 파던 나를 스르르 잦아지게 하던 그 아련한 곡을 나는 아직까지 대해 본 적이 없다. 후일, 신이 만일 나한테 이 세상을 하직할 시간대를 택하라면 두말 않고 '해질 무렵'이라고 대답하겠다.

―정채봉, 「해질 무렵」 전문[1])

이 글에서 작가는 해질 무렵의 시간은 신(神)과 교응하는 시간이라고 한다. 그때는 하루 중에서 가장 순수한 시간이라고 한다. 그 시간은 말 그대로 현실과 멀어져가는 마음의 상황에서 가장 순수한 정신세계와 만나는 시간이다. 마치 죽음 앞에 경건해지는 것처럼 안으로 침잠하는 시간이다. 해가 떨어지는 장면을 보면서 내일 떠오를 해를 생각하지 않는 것은 그 장엄하고 경건한 순간에는 다른 어떤 것도 받아들일 마음의 틈새가 없다는 말이기도 하다. 해질 무렵은 하루 동안 혼탁했던 마음을 바람과 파도에 맑게 씻어내는 순간이다. 해질 무렵의 기운은 가라앉는 기운이며, 순수한 정신과 함께 청명해지는 기운이다. 정채봉의 「해질 무렵」은 침착한 정서를 해질 무렵의 차분한 정서로 표현하고 있다.

사공도의 시에서 화자는 푸른 삼나무가 늘어선 한적한 들녘의 집으로 돌아가고 있다. '돌아가고 있다'는 것은 다음 구절에서 "두건을 벗어놓고[脫巾]"라는 말에서 알 수 있다. 침착한 정서는 번잡함에서 고요함으로 돌아가는 것이라는 말이다. 화자의 마음에 어두운 그림자가 드리워져 있다면 해질 무렵의 기운도 청명하지 않을 것이다. 그런데 이 시구에서 화자가 돌아가는 들녘의 집은 푸른 삼나무의 싱그러운 기운과 함께

---

1) 계간 ≪수필≫ 6호, 1996, 겨울호.

청명한 기운이 드리워져 있다. 그곳으로 '돌아가는' 화자의 발걸음은 가벼울 수밖에 없다. 그 발걸음은 속세의 분진을 떨쳐내고 자연으로 돌아가려는 상쾌한 기운이라 할 수 있다. 화자는 세상에 지쳐서 고단한 상태로 집으로 돌아가는 것이 아니라, 즐겁고 가벼운 마음으로 푸른 삼나무 숲으로 둘러싸인 집으로 돌아가고 있다. 고요하고 평화로운 풍경 속으로 빠져들어 가고 있는 화자의 활기찬 기운을 느낄 수 있다.

이 시의 첫 번째 구절은 침착의 상황으로 들어가는 분위기를 제시하고 있다. 침작은 고요함 속에서 스며있는 평화로운 분위기이다. 고요함은 운동성이 아니라 정지성이다. 고요함은 번잡함이 아니라 고독함이다. 고요함과 고독함은 번잡함을 벗어난 평화로움 속에서 만날 수 있는 정서다. 혼자 있음에도 불구하고 수많은 생명들과 어울리는 화음의 정신세계를 말한다. 고요함 속에 놓이게 되면 들리지 않던 소리도 들리게 되고, 보이지 않던 사물도 보이게 된다. 그것은 맑고 청아한 기운과 함께 시작하는 사물에 대한 새로운 인식이라 할 수 있다. 침착의 미학을 말하는 첫 부분이 침울한 분위기로 되어 있지 않다는 말은 가볍고 청명한 기운 속에서 고요한 사색의 세계를 지향하는 것이야말로 침착의 미학으로 가는 길이라는 사실을 말하고 있는 것이다.

이 때문에 침착의 미학은 고요한 사색의 시간 속에서 펼쳐지는 청명한 아름다움이라 할 수 있다. 침착은 맑고 청아한 기운으로 마음을 한곳에 집중하면서 눈과 귀를 가만히 열고 사물을 만날 때 펼쳐지는 세계이다. 푸른 삼나무 우거진 숲 사이로 고요한 들녘의 집이 놓여 있듯이 침착의 미학은 고요함 속에 놓인 평화로운 분위기에서 시작하고 있다. 유협은 이런 상황을 "조용한 명상 속으로 빠져들게 되면 그의 생각은 천년의 시간을 거슬러 올라간다. 또한 자신의 얼굴을 조금만 움직여도 그의 시각은 만 리를 꿰뚫는다"2)라고 말한다. 여기서 말하는 침착은 사건이나 일을 처리하는 행동의 차원에서 말하는 침착이 아니다. 고독하고 고요한 상황 속에서 새로운 정신세계로 나아가는 것을 말한다. 고요한 곳에 자신을 놓아두되 청명한 기운으로 새로운 세계를 열어가는 것이다. 침착은 고요 속에서 누리는 평화로운 정신세계를 말한다. 타인과 얽매이지 않으면서 고요함으로 나아가는 것이야말로 침착의 미학으로 나아가는 길이다. 침착의 미학은 고요 속의 평화를 지향하는 사색의 정신세계에서 만날 수 있는 "청명한 기운[氣淸]"이다.

탈건독보 시간조성(脫巾獨步 時間鳥聲) 두건을 벗어놓고 혼자서 걸어가니 때때로 새 우는 소리 들리는구나.

이 부분은 푸른 삼나무가 우거진 평화로운 들녘의 집을 벗어나 혼자 거닐면서 유유자적(悠悠自適)하는 모습을 그리고 있다. 화자가 "두건을 벗어놓은[脫巾]" 것은 하루의 일상을 풀어놓는 행위이다. 번잡한 세상의 일들을 가볍게 벗어던지고 오로지 고요한 일상으로 돌아가려는 의지를 표현한 것이다. 혼자서 걷는 것은 바쁘게 걷는 것이 아니라 느리게 걷는 것이다. 혼자만의 시간 속에 자신을 놓아두고 그 시간 속에서 자신을 놓아두는 것이다. 그렇게 천천히 걸어갈 때 주위의 새소리가 들리는 것이다. 평소에 보이지 않던 것이 보이는 것은 이러한 평화로운 사색의 세계에 몰입할 때 만날 수 있는 것이다. 새가 우는 소리도 지속적으로 들리는 것이 아니라 "때때로[時間]"로 들린다. 활기차고 가벼운 새의 지저귐이 아니라 여유로운 지저귐이다. 화자가 청명한 기운을 받으면서

---

2) 故寂然凝慮, 思接千載;悄焉動容, 視通萬里.(유협 지음, 황선열 옮김, 『문심조룡』, 신생, 2018, 315쪽).

여유롭게 산책을 하고 있으니 당연히 새소리도 여유롭게 들리는 것이다. 찌든 일상 속에서는 이러한 상황을 만날 수 없을 것이다.

침착의 미학은 대상과의 관계를 끊고 고독해질 때 만날 수 있는 아름다움이다. 세계와의 관계를 끊고 세상으로부터 멀어지고 고요함에 놓이게 될 때 침착의 세계와 만나게 되는 것이다. 이 때문에 침착의 미학은 고독과 고요함의 정서와 연결되어 있다. 침착은 세상과 관계를 끊고 홀로 고독해질 때 펼쳐지는 더 넓은 정신세계를 말한다. 관계 속에 벗어난 고요함의 상황은 사물뿐만 아니라 스스로에게도 안으로 향하게 된다. 고독하기 위해서는 혼자만의 시간이 필요하고 혼자만의 시간 속에 놓일 때 침착의 세계가 펼쳐지게 되는 것이다. 어쩔 수 없이 맺어지는 타인과의 관계 속에서는 자신의 기운이 소진(消盡)될 수도 있지만, 혼자만의 시간 속에서는 자신의 기운이 안으로 부양(扶養)되는 것이다. 혼자만의 시간 속에 놓일 때 새로운 생성의 세계를 만나게 되는 것이다. 침착의 미학은 고독하게 존재하지만 안으로는 끊임없이 새로운 기운이 생성되는 미학이다.

이 시구에서 화자는 혼자만의 시간 속에서 평화와 자유를 누리고 있지만 끊임없이 주변의 사물과 교응(交應)하고 있다. 주위의 새소리가 때때로 들리게 되는 것은 주위의 상황을 서서히 받아들이고 있다는 것이다. 침착의 미학은 혼자만의 자유 속에 고립되는 것이 아니라 사물과 은밀하게 교감하면서 그 사물과 하나가 되는 것을 말한다. 고독함에 놓여 있더라도 눈과 귀를 자신으로만 향하지 않고 주변의 사물과 타인으로 향하고 있다는 것이다. 혼자 길을 걸어가더라도 새소리를 들을 수 있는 여유로운 마음의 상황을 말한다. 안으로는 자신과 대화를 하고, 바깥으로는 주변의 사물에 은근하게 다가가는 것이다. 풀벌레 소리에 응답하고, 나무숲을 지나는 바람의 소리에 화답하고, 물소리에 자신의 흥취를 맡기고, 지는 해의 기운과 호응하려는 마음이야말로 침착의 미학에서 만날 수 있는 참된 고독의 세계이다. 이 때문에 침착에서 말하는 고요함과 고독함은 혼자 고립된 세계를 말하는 것이 아니다. 자연과 더불어 은근하게 하나가 되는 것을 말한다. 이러한 침착한 정신세계를 잘 보여주고 있는 시 한 편을 읽어보자.

부들과 창포가 뙤약볕 아래서
목하 독서중이다, 바람 불 때마다
책장 넘기는 소리 들리고
더러는 시집을 읽는지 목소리가 창랑같다
물방개나 소금쟁이가 철없이 장난 걸어올 때에도
어깨 몇 번 출렁거려 다 받아주는
싱싱한 오후, 멀리 갯버들도 목하 독서중이다
바람이 풀어놓은 수 만권 책으로
설렁설렁 더위 식히는 도서관, 그 한 켠에선
백로나 물닭 가족이 춤과 노래 마당 펼치기도 한다
그렇게 하루가 깊어가고
나는 수시로 그 초록이야기 듣는다
그러다가 스스로 창랑의 책이 되는 늪에는
수만 갈래 길이 태어나고
아득한 옛날의 공룡들이 살아나오고
무수한 언어들이 적막 속에서 첨벙거린다
이때부터는 신의 독서 시간이다
내일 새벽에는 매우 신선한 바람이 불 것이다
자연도서관에 들기 위해서는
날마다 샛별에 마음 씻어야 한다

—배한봉, 「자연도서관」 전문3)

---

3) 배한봉, 『우포늪 왁새』, 시와시학사, 2002, 58-59쪽.

이 시는 "두건을 벗어놓고" 유유자적하면서 자연과 대화를 나누는 차분한 서정의 세계를 잘 보여주고 있다. 이 시의 마지막 구절에서 "날마다 샛별에 마음 씻어야 한다"는 것은 청명한 기운으로 그곳에 들어가야 한다는 말이다. 그래야 비로소 그 속에 존재하는 사물들과 은밀하게 만날 수 있는 것이다. 이는 사공도의 시에서 말하는 푸른 삼나무가 우거진 집을 벗어나 일상의 두건을 벗어놓고 설렁설렁 걸어가면 그 청명한 기운 속으로 온갖 자연의 물상들이 일어서고 있는 풍경을 만나게 되는 것과도 같다. 배한봉의 시에서 화자는 샛별에 마음을 씻은 청명한 기운으로 '늪'에 들어서서 아득한 옛날의 풍경을 만나게 되고, 무수한 언어들이 적막 속에서 움직이고 있는 것을 확인하게 된다. 이런 청명한 기운 때문에 화자에게 부들과 창포, 갯버들 사이로 지나가는 바람이 마치 책을 읽는 소리와 같이 들리는 것이다. 이 시는 화자가 자연의 물상들이 나누는 대화를 엿듣는다는 것이 중요한 것이 아니라, 청명한 마음으로 걸어가다 보면 보이지 않는 세계도 보이게 되고 들리지 않는 소리도 들을 수 있게 된다는 것이 중요하다. 누구나 샛별에 씻은 마음으로 세상을 보면 보다 넓고 광활한 세상을 만날 수 있다는 것이다. 이 시에서 말하는 샛별에 씻은 마음이야말로 청명한 기운이라 할 수 있다.

이 시를 두고 단순히 내밀한 관찰법으로 세상을 보기 때문이라고 말할 수 있을까? 이 시의 화자와 같이 샛별에 씻은 맑은 마음으로 사물을 만날 때 비로소 보이지 않는 세계가 보이는 것은 아닐까? 침착의 미학은 겉모습에 현혹되거나 집착하는 것이 아니다. 안으로부터 갈무리하는 맑은 마음의 눈을 통해서 세상을 만나게 될 때 사물의 바깥과 안을 다양한 층위로 살필 수 있는 것이다. 맑은 고독의 세계는 안으로 곰삭으면서 사물을 바라보는 내밀한 관찰법으로 나타나는 것이다. 화자의 기운이 맑고 청아할 때, 사물이 더욱 맑고 청아해지는 법이다. 고요한 풍경 속에 만나는 물상들은 모두 자연도서관 속에서 하나의 존재로 화음을 이루듯이, 청명한 기운으로 "두건을 벗어놓고" 혼자 설렁설렁 걸어가면 "때때로 새가 우는 소리가 들리게[時間鳥聲]" 되는 것이다.

(3) 절대 고독을 넘어서

홍안불래 지자원행(鴻雁不來 之子遠行) 기러기 떼 오지 않고 그이는 멀리 떠났네.

이 시구는 절대 고독의 세계를 말한다. 기다리는 기러기 떼는 오지 않고, '그이'는 멀리 떠나고 말았으니 화자는 무주공산에 혼자 있다. 침착의 상황은 기다리는 대상도 오지 않고, 함께 있던 존재도 떠나고 난 뒤에 혼자 남아있는 절대 고독의 상황을 말한다. 절대 고독의 상황은 모든 것이 소멸한 것처럼 보이지만 이어지는 구절에 "그 사람이 멀지 않은[所思不遠]" 곳에 있다고 말하고 있기 때문에 고독을 내면화해서 그 고독의 상황을 극복하는 과정 속에 있다. 침착은 절대 고독의 상태에 놓여 있는 텅 빈 공허의 상황을 말하지만 그 안에는 새로운 기운이 스며 있는 것을 말한다. 침착은 모든 대상이 떠나고 난 뒤 새로운 세계를 발견할 때 펼쳐지는 생동하는 기운이다. 이 시구에서 기러기는 기다림의 대상이기도 하지만, 그 대상마저도 오지 않는 상태에서 고독의 상황 속으로 빠져들게 하는 대상이다. 침착의 마음 상태는 바깥으로는 모든 것이 사라진 상황이고, 안으로는 침잠(沈潛)하는 상황이다. 이러한 상황에서는 사람들과 더욱 멀어지고, 그 멀어짐 속에서 진정한 고독의 의미를 발견할 수 있다.

이 구절에서는 우선 "홍안(鴻雁)"이라는 시어에 주목할 필요가 있다. 이 시어는 『시경』의 '소아(小雅)' 중에서 '홍안지습(鴻雁之什)'이라는 편명에 나온다. 이 편명의 첫 번째 시가 홍안(鴻雁)이라는 시이다.

> 기러기 떼 날아가네 푸덕푸덕 날개 치네
> 길을 떠난 우리 님이 들판에서 고생하네
> 어린 백성 생각하고 홀로 된 이 동정하네
>
> 기러기 떼 날아가다 못 가운데 모여드네
> 그이가 담 쌓으면 길고 긴 담 이뤄지네
> 고생이야 되겠지만 편한 집을 지어야지
>
> 기러기가 날아가네 끼룩끼룩 슬피 우네
> 현명하신 사람들은 고생한다 날 달래도
> 어리석은 사람들은 교만타고 날 무시해
>
> ―『시경』 '홍안(鴻雁)'[4]

『시경』의 시편을 해석한 이기동은 이 시에서 기러기를 길을 떠나 고생하면서도 어린 백성을 생각하는 인자한 군자를 상징한다[5]고 보고 있다. 그 기러기는 '우리 님'이기도 하고 존경하는 대상인 '그이'이기도 하다. 군자는 현명한 사람이 자신을 위로하거나 어리석은 사람이 자신을 무시하더라도 요동을 하지 않는다. 백성을 위해서 편안한 집을 지어주

---

4) 鴻雁于飛 肅肅其羽 之子于征 劬勞于野 爰及矜人 哀此鰥寡 // 鴻雁于飛 集于中澤 之子于垣 百堵皆作 雖則劬勞 其究安宅 // 鴻雁于飛 哀鳴嗷嗷 維此哲人 謂我劬勞 維彼愚人 謂我宣驕.(이기동 역해, 『시경강설』, 성균관대학교출판부, 2004, 429쪽).

5) 현명한 정치가가 불쌍한 백성을 위해 헌신하며 고생하는 모습을 그린 시로 보인다. 백성들의 고통을 덜어주기 위해 집을 짓고 길을 닦아도 그것을 헐뜯는 사람이 있다. 그러나 그 헐뜯음에 개의치 않고 하던 일을 계속해야 한다. 백성을 사랑하는 진정한 군자라야 그렇게 할 수 있다.(이기동, 앞의 책, 같은 쪽).

는 사람이고, 홀로 된 사람을 동정하는 어진 사람이다. 군자는 자신이 하고 있는 일에 대해서 소신을 가지고 행동을 하고, 다른 사람들의 입에 오르내리고 있더라도 개의치 않아야 한다. 이것은 안하무인으로 일을 처리하는 사람을 말하는 것이 아니라, 어떤 일을 할 때 소신을 가지고 하되 비난하거나 비판하는 말에 대해서는 개의하지 않는 사람을 말하는 것이다. 기다림의 대상이 되는 '우리 님'과 '그이'는 말 그대로 측은지심을 실현할 줄 아는 어진 사람이다. '그이'는 백성을 사랑하고 위무할 줄 아는 사람이다. 이 때문에 앞의 시구에서 말하는 '기러기'는 험한 길을 떠난 '우리 님'이기도 하고, 백성을 사랑하는 '그이'이기도 하다. 기러기는 기다림의 대상이기도 하지만, 오지 않는 대상이기도 하다. 그 기다림의 내면에는 고요하게 가라앉은 침착한 분위기가 흐르고 있다.

　『시경』의 '홍안'에 나오는 기러기와 사공도의 「침착」에 나오는 기러기는 그 시적 정황이 비슷하다. 시 '홍안'에서 기러기는 백성을 보살피기 위해서 길을 떠난 '우리 님'의 모습이고, 세상의 어떤 사람도 그의 순수한 동기를 알아주지 않는 고독한 존재이다. 그 고독 속에서도 백성을 위해서 편안한 집을 짓는다. 시 '홍안'의 두 번째 시구에서 '편안한 집'을 짓는다는 것은 소신 있게 행동하는 어진 군자를 표상한다. '홍안'에서 기러기가 표상하는 군자가 백성들에게 살기 좋은 편안한 집을 마련해주는 사람이라면, 침착의 미학은 자신의 소신대로 침착하게 뜻을 펼치는 사람이라 할 수 있다. 침착의 미학을 설명하면서 『시경』 '홍안'의 기러기를 제시한 것은 침착은 자신의 소신대로 행동하는 것이고, 그 내면에는 깊은 사랑이 스며있다는 것을 말하기 위해서이다. 이 때문에 침착의 미학은 어떤 상황에 놓이더라도 자신의 소신을 잊지 않고, 자신의 소신대로 자신의 작품을 완성하는 데 있다는 것을 알 수 있게 한다. 침착의 미학은 절대 고독의 세계에서 자신만의 세계를 펼치는 것을 말한다.

소사불원 약위평생(所思不遠 若爲平生) 생각하면 그 사람이 멀지 않아서 평소와 같이 함께 있는 것 같다.

이 시구에서 '그 사람'은 앞 구절에서 말하는 '그이'와 동일한 사람이다. '그이'가 떠난다고 해도 '그 사람'은 늘 평소처럼 함께 있는 것 같다. "평소와 같이 함께 있는 것 같다"는 시구에서 침착은 기다림과 떠남의 상황에서도 동요하지 않는 모습을 보이는 부동의 미학을 뜻한다는 것을 알 수 있다. 침착의 미학은 외부의 상황이 외로운 처지에 놓이고, 내적 심리 상태가 고독하다고 하더라도 감정의 흔들림이 없는 것을 말하는 것이다. 침착의 미학은 세계로부터 고립되어 있더라도 그 고독의 상황을 넘어서 안정된 모습을 취하고 있는 것이다. 따라서 침착의 미학은 외적 상황과 내부의 감정을 넘어서는 절대 고독으로부터 피어나는 찬란한 꽃이라 할 수 있다. 침착의 미학은 바깥과 안이 모두 평정(平靜)한 상황에서 발현된다. 침착은 관계와 관계, 사물과 사물의 관계를 넘어서 안으로 곰삭아 흐르는 향기가 배어 있는 것이다. 절대 고독으로부터 나오는 곰삭은 미학을 잘 보여주는 작품으로 손택수의 「메주佛」을 들 수 있다.

    절집 처마 아래 메주가 마른다
    금강경독경 미륵존여래불 염불소리가 들린다
    염불을 들어야 메주가 잘 뜨거든
    곰팡이가 알맞게 피어오르거든
    정지에서 나온 보살님이 메주 아래 합장을 한다
    겨울 햇살과 바람과 먼지와 눈 내리는 소리까지
    눈 속에 먹이를 구하러 내려온 산짐승 울음까지

몸속에 두루 빨아들여 피워내는 메주 곰팡이
나무아미타불, 자연 발효시킨 부처님이다

—손택수, 「메주佛」 전문6)

  이 시에서 메주는 말 그대로 온양(醞釀)의 과정을 거쳐 부처님의 형상으로 나타난다. 온양은 누룩이 발효되는 것과 같이 곰삭는 과정을 말한다. 사물이 숙성되고, 인품이 성숙하는 데는 일정한 시간이 필요하고 그렇게 익어가는 과정을 온양이라고 한다. 누룩이 발효되어서 완성된 술이 되기 위해서는 일정한 온도에서 익어가는 과정이 있어야 한다. 온양은 스스로 숙성되기 위해서 견디는 고독한 과정을 의미한다. 이 시에서 메주가 익어가면서 온양의 과정을 거치고 부처라는 존재로 탈바꿈한다. 이 탈각의 과정 속에서 곰삭은 침착의 미학을 만날 수 있다. 침착은 온양의 과정을 거치면서 뿜어져 나오는 은은하고 깊은 향기라 할 수 있다.

  메주가 잘 익어가기 위해서는 주위의 조건들과 잘 어울려야 한다. 적당한 수분과 적당한 바람이 군데군데 잘 스며들 때 비로소 잘 익은 메주가 만들어진다. 스님의 염불 소리도 듣고, 보살님의 합장도 받아들이고, 겨울 햇살과 바람, 먼지, 눈 내리는 소리, 산짐승의 울음까지도 골고루 받아들여야 메주곰팡이가 잘 스며들 수 있는 것이다. 메주는 온양의 과정을 거치면서 모든 것을 받아들이고 서서히 익어간다. 메주가 부처가 되기까지는 고독한 처마 끝에서 밤과 낮을 지새우면서 주위의 모든 것들을 품어내는 과정이 필요하다. 메주 덩어리 자체는 변하지 않았지만, 다른 것을 받아들이면서 하나의 완성된 부처의 모습이 되는 것이다.

  침착은 근본을 지키면서 스스로 내적 힘을 기르는 것이다. 침착의 미

---

6) 손택수, 『목련 전차』, 창비, 2006, 18쪽.

학은 고독을 견디는 과정 속에서 새로운 관계를 형성하고, 스스로 온양의 과정을 거치면서 관계와 관계를 넘어서 하나로 엉기어지는 응려(凝慮)의 과정으로 나아간다. 침착은 스스로를 고요함 속에 놓아두면서 숙성하는 과정에서 나타나는 미학이라고 할 수 있다. 그래서 '침(沈)'은 한 곳에 생각을 모으고 골똘하게 생각하는 것이고, '착(著)'은 가라앉은 생각들이 서로 엉기어 있는 상황을 말하고 있는 것이다. 응려라는 말 속에 내포된 엉기어 있는 상태라는 것은 서로의 관계를 넘어서 하나로 완성된 모습을 말한다. 침착은 절대 고독 속에서 생각이 천 갈래 만 갈래로 얽혀 있는 것을 말한다. 하나를 생각하는 꼬투리가 엉기어 있다가 서서히 뒤섞이면서 전체가 하나로 긴밀하게 엉기어 있는 것이다. 이러한 생각의 엉김과 뒤섞임이야말로 침착의 미학이라고 할 수 있다.

"평소와 같이 함께 있는 것 같다[若爲平生]"라는 말은 침착의 상황에서는 모든 사물이 멀리 있는 것 같고 다른 사람의 이야기인 것 같지만 사실은 자신과 너무도 가까이 놓여 있다는 것을 말한다. 원하지 않는 고독은 스스로의 감옥에 갇힌 채 자폐의 상황으로 빠지고 말지만, 침착한 마음을 바탕으로 절대 고독의 세계에 빠져들 때는 사물의 관계를 넘어서 사유하는 참된 인식의 세계로 나아가게 된다. 작가는 늘 소재가 빈약하다고 생각하면서 소재가 자신과 멀리 떨어져 있는 것이라고 생각할 수 있지만, 침착의 미학으로 사물을 본다면, 평소의 생각과 일상 속에 아름다움을 발견할 수 있는 것이다. 시어 '평생(平生)'이라는 말은 평소의 삶 속에 바로 작가의 생각이 있다는 것을 의미한다. 따라서 이 시의 앞부분에서 말하고 있는 기다림의 대상이나 떠남의 대상은 영원한 결별을 말하는 것이 아니라, 또 다른 만남을 의미한다고 할 수 있다. 그런 점에서 평생(平生)이라는 말의 '생(生)'은 평소의 일상에서 만날 수 있는 생동하는 기운이라 할 수 있다. 이 때문에 침착은 평소의 기운이 생동하는 자리에서 피어나는 신생(新生)의 미학이라고 할 수 있다.
 침착의 미학으로 세상을 보면 영원한 것도 없고, 순간적인 것도 없다. 무위무형(無爲無形)의 상황 속에서 자신을 바라보는 것은 고독한 실체와 마주하는 과정이다. 실존주의 철학자 하이데거는 사유는 본질적으로 시작적(詩作的)이라고 전제하면서 존재의 사유는 시작(詩作)하는 사유라고 말한다.7) 시는 근본적으로 존재에 대한 사유로부터 출발한다는 것을 말한다. 여기서 사유는 부유하는 파편적인 사유가 아니라 침착한 마음의 상태에서 일어나는 존재에 대한 전체적인 사유라 할 수 있다. 죽음과 삶의 경계마저도 초월한 세계, 존재의 의미가 무엇인지를 하나의 관점으로 사유하는 것이야말로 침착의 미학으로 가는 길이다.

> 아직은 돌아갈 수가 없습니다
> 잠풍(潛風)한 베란다 밑
> 입도 코도 뭉개진
> 냉이 꽃 몇이
> 극소(極小)한 낯바닥 참혹하게 깨트려 웃는
> 이곳을 버리고
> 부인, 훌쩍 돌아갈 수는 없습니다
>
> 비록 내 이십 세기적 사람으로 손에 쥐고 쓰던 기교와 생각은 낡아가지만 샛바람에 꼬치꼬치 말라가는 적막의 뒷 등짝이 뼈 앙상하게 드러나 보이지만 서류 가방에 출근 날 퇴직연금, 그리고 우수바발을 뒤죽박죽 쑤셔 넣고 구차하게 떠돌다 묵는, 묵다 떠도는 이곳 출장은 얼른 끝날 일이 아닙니다.
>
> 그러나 날 가려 헛것인 노래를 서 말 지기 볍씨로 담가놓고
> 쭉정이처럼 띄워서 서럽디 서럽게

---

7) 김병우 저, 『존재와 상황』, 한길사, 1981, 211쪽.

> 흘러 넘기는 그대의 나날,
> 자는 듯이 엎어진 햇볕들을 젖혀보면
> 혀 빼 물고 먼지처럼 부서져 내리는
> 그 허탈을 압니다
>
> 가시는 것처럼 돌아오라
> 가시는 것처럼 돌아오라
> 쉿된 목소리가 술 깨인 새벽이면
> 빈 거실에서 저 혼자 두서너 번 머리 부딪쳐 뒹굴기도 하지만
> 슬하의 갓 난 풀싹이 어금니를 빠드득 가는 소리
> 뒷세상의 얼린 골육들에게
> 두 무릎 베어주고
> 독약처럼 마음 쓰다듬어 주고 앉은
> 나는 아직 돌아갈 수 없습니다, 부인
> ─홍신선, 「중답 무명씨 부인」 전문8)

 이 시에서 화자가 그리워하는 부인은 이미 세상을 떠난 사람이지만 화자의 마음에는 여전히 떠나지 않고 머물러 있다. 마음속에서 떠나지 않는 부인에 대한 그리움이 절절하면서도 이승을 떠나지 못하는 화자의 마음 자락이 잘 표현되어 있다. 아직 돌아갈 수 없는 까닭은 이승에 남아 있는 "갓 난 풀싹"이 있기 때문이고, "뒷세상의 어린 골육들"이 남아 있기 때문이다. 그러나 이 시는 이승에 대한 미련보다는 삶과 죽음의 경계 속에서 화자가 그리워하는 대상이 마음속에 남아 있다는 사실이 더 중요하다. 화자가 그대를 향해 떠날 수 없는 것은 아직도 남아 있는 사람들이 있기 때문이지만, 화자가 그리워하는 대상은 이미 화자의 마음속에 머물러 있기 때문에 삶과 죽음의 경계를 벗어나 있는 것이다. 이 시는 하이데거가 말한 존재에 대한 깊은 사유의 세계를 잘 보여주

---

8) ≪현대시학≫, 현대시학사, 1995. 5.

고 있다. 화자가 "가시는 것처럼 돌아오라"고 말하고 있는 것은 항상 마음속에서는 그리워하는 대상이 머물러 있다는 것을 말하고 있다. 이 시의 화자가 절절하게 품고 있는 그리움의 대상은 더러는 허탈한 마음 자락을 만들어내기도 하지만, 늘 "가시는 것처럼 돌아올 것"이라는 믿음으로 가득 차 있다. 화자가 그리워하는 대상은 깊은 사유의 뜨락에 가라앉아서 생성하는 기운으로 남아 있다. 침착의 미학은 깊은 마음 자락에 스며있는 아름다움이다.

침착의 미학은 존재에 대한 영원한 결별을 말하는 것이 아니라 영원히 생성되는 창조의 상황 속에 놓여 있는 존재에 대한 성찰을 보여준다. 마음속으로부터 나오는 깊은 관계 속에서 영원성을 지향하는 존재에 대한 사유는 경계를 초월해 있지만, 관계의 연속성을 바라보지 못하는 존재는 대상과 단절되어 있다. 침착의 미학을 지향하는 사유의 세계는 절대 고독의 상황 속에서 영원한 생성의 공간을 만들어낸다. 침착의 미학으로 존재를 바라볼 때, 모든 사물은 경계를 초월한 자리에 놓이게 된다. 현상은 사라졌지만, 늘 마음의 한 자락에 남아서 생성하고 있다. 침착의 사유 방식은 머물러 있음이다. 떠났지만 떠나지 않았으며 사라졌지만 늘 마음속에 가라앉아 있으면서 생성하는 미학이다. 단절의 국면을 넘어서 새로운 관계를 형성하는 미학이다. 절대 고독은 새로운 존재를 인식하게 하고, 그 새로운 존재는 생성하는 창조적 기운 속에 있다. 따라서 절대 고독 속에서 새로운 국면을 열어가는 침착의 미학은 생성하는 미학이고, 존재와 존재를, 관계와 관계의 경계를 초월하는 미학이다. 침착한 상황 속에 자신을 놓아두고 사유할 때 시적 경계를 초월하고, 존재의 경계를 초월하는 미적 체험을 할 수 있다. 침착의 미학은 절절한 마음 자락의 끝 지점에서 만날 수 있는 아름다움이다.

(4) 부동(不動)의 미학

 해풍벽운 야저월명(海風碧雲 夜渚月明) 바닷바람이 불어와서 푸른 구름을 이루고 밤물결에 달빛이 밝구나.

 이 부분은 침착의 미학이 도달하는 궁극의 아름다움이 무엇인지를 잘 보여주고 있다. 절대 고독의 상황을 체험한 화자는 대자연의 풍광을 조화롭게 바라볼 수 있게 된다. 바닷바람과, 푸른 구름, 밤물결이 하나로 어우러진 참된 조화의 세계를 만나게 된다. 이 시의 첫 구절에서 말한 "푸른 삼나무 늘어선 들녘"의 이미지와 이 구절의 "바다"의 이미지는 동떨어져 있는 것 같지만 사실 하나의 풍경으로 연결되어 있다. 이 시의 화자는 비록 푸른 삼나무가 우거진 들녘에 살고 있지만, 그의 사유는 이미 바다에서 불어오고 있는 바람의 기운을 느끼고 있다. 침착의 상황에서는 공간의 경계를 초월해서 생각이 펼쳐지게 된다. 유협이 말하고 있는 "정신이 사물의 형상을 관통함에 따라 다양한 정서와 생각의 변화가 잉태되는 것"9)과 같다고 할 수 있다. 침착의 미학은 사유 경계를 넘어서 존재하는 아름다움이다. 이 구절에 대한 해석을 두고 안대회는 "궈사오이(郭紹禹)는 첫 번째 구절은 동적인 침착을, 두 번째 구절은 정적인 침착을 묘사했다"10)고 하는데, 이것은 이미지의 경계를 나누어 볼 때는 사실이지만, 시 전체의 문맥으로 볼 때는 공간의 경계를 넘어서 풍경을 바라본 것이고, 동과 정의 경계를 하나의 풍경으로 바라보는 것이라고 볼 수 있다. 절대 고독의 세계를 겪은 화자의 사유 방식은 이미 시간과 공간의 경계를 넘어서고 있다. 바닷바람, 푸른 구름, 밤물결을

---

9) 神用象通, 情變所孕.(유협 지음, 황선열 옮김, 『문심조룡』, 신생, 2018, 322쪽).
10) 안대회, 『궁극의 시학』, 문학동네, 2013, 116쪽.

하나의 사유 공간 속에서 볼 수 있는 것은 침착의 미학으로 풍경을 바라볼 때 가능한 사유의 세계이다. 침착한 상황 속에서 펼쳐지는 사유의 세계는 정과 동의 경계를 넘어서 존재한다. 침착의 미학은 단절된 풍경을 조화로운 풍경으로 보여주는 아름다움이다. 침착은 절대 고독의 상황을 지나고 나서 만나는, 경계를 넘어선 풍경이라 할 수 있다.

> 바로 이것이 '흰 그늘'입니다. 양극의 살아 생동하는 기우뚱한 균형과 상호보완 관계로서, '아니다', '그렇다'의 관계로서의 '그늘'이라는 차원 밑에서 그 그늘을 견인, 창조, 비판, 추동하며, 어떤 때에는 즉 '극에 이르면[至]', '사람 안에서[人中]', '근본의 본마음[本人一本]'에서 '태양처럼 무궁무궁 생성하여 빛나는' 내면적 삶의 신령한 우주라는 새 차원으로 드러나는 것. '협종적 황종', '카오스모스'가 마치 산조의 분산, 해체, 탈중심적인 숱한 본청(本淸) 속에서 요동하는 본음(本音), 바탕음으로 나타나 작용하는 것처럼 예술가 자신의 사람됨에 의해서 미적, 윤리적으로 성취되는 높은 경지의 바로 그 우주 리듬의 율려의 세계를 흰이라, '신화율려(新化律呂)'라 부르는 것입니다.11)

이 글에서 말하고 있는 것처럼 침착의 미학은 흰 그늘의 미학과 같이 요동하면서도 부동하는 것이라고 할 수 있다. 침착은 절대 고독의 끝자락에서 경계와 경계를 초월한 자리에 놓여 있다. 모든 감각 기관이 하나로 엉겨 있으며 그 기운으로 세계를 조화로운 풍경으로 바라보게 된다. 침착의 미학은 관계와 관계, 존재와 존재의 경계를 초월해 있다. 침착의 미학은 "탈중심적인 숱한 본청(本淸) 속에서 요동하는 본음(本音)"이 있으면서도 또 다시 그 본원은 요동하는 것으로 존재하는 탈중심의 중심의 미학이다. 동양 문예미학으로 말한다면, 침착의 미학은 백색무구(白色無垢)의 미학이다. 침착의 미학이 지향하는 사유의 끝자락은 혼돈과 질서의 과정을 초월한 곳에 존재한다. 탈중심의 중심이 요동치고 있으면

---
11) 김지하, 『예감이 가득찬 숲 그늘』, 실천문학사, 1999, 37쪽.

서 그 깊은 곳에는 요동하지 않는 부동의 중심이 놓여 있다. 이 끝없는 부동이 세계는 경계와 경계를 초월해서 존재하는 것이다.

"바닷바람과 푸른 구름"[海風碧雲]은 촉각과 시각의 이미지가 하나의 시구에 나타나 있다. 바닷바람의 감각을 느끼면서도 푸른 구름을 시각으로 확인하고 있다. 이 시의 첫 부분에서 말하는 "푸른 삼나무가 늘어선 들녘"의 시각 이미지는 마지막 부분의 "푸른 구름"의 시각 이미지와 연결되어 있다. 푸른 삼나무가 우거진 들녘의 집에서 화자는 절대 고독의 상황을 체험하게 된다. 기다리는 기러기 떼는 오지 않고 그리운 대상도 떠나고 없다. 이러한 절대 고독의 상황 속에서 화자는 그리운 대상을 깊은 사유의 세계로 끌어들이면서 평소와 같이 있는 것처럼 생각하게 된다. 이를 통해서 화자는 모든 풍경이 하나의 세계로 이어지는 조화로움을 만나게 된다. 절대 고독의 세계를 겪으면서 바닷바람의 기운과 푸른 구름의 기운이 함께 조화롭게 어우러진 풍광을 만나고, 밤물결에 비친 밝은 달밤의 조화로운 풍경을 만나게 된다. 이 조화로운 풍광이 침착의 미학에서 만날 수 있는 아름다움이다. 침착의 미학은 하나의 생각에 골몰하면서 그 풍경을 드러내는 사유의 방식을 찾는데 있다. 이 조화로운 풍경의 끝자락에 침착의 미학이 놓여 있다. 그렇다면 이러한 풍경의 끝자락을 표현하는 방법은 무엇일까? 그것은 이 시의 마지막 구절에 잘 나타나 있다.

여유가어 대하전횡(如有佳語 大河前橫) 아름다운 말이 제 아무리 많아도 큰 강물이 저 앞에 가로놓여 있네.

사공도는 시「침착」의 끝 부분에서 언어의 장벽을 말하고 있다. 경계를 초월한 곳에 존재하는 아름다움은 "큰 강물"이 가로놓인 것처럼 더 이상 건널 수 없는 세계가 있다는 것이다. 침착의 미학이 도달하는 끝자락은 초월의 세계만 존재할 뿐 더 이상 언어로 형상화할 수 없는 그 무엇이 가로놓여 있다는 말이다. 아무리 깊은 사유의 세계를 지향한다고 하더라도 그 아름다운 풍경을 모두 언어로 표현할 수는 없는 법이다. "아름다운 말이 제 아무리 많아도" 그 도저한 강물에 가로놓인 장애가 있다는 것이다. 이 장애는 무엇일까? 이는 언어로 표현할 수 없는 문자의 한계를 말한다. 그래서 문자로 설명할 수 없는 불립문자야말로 침착의 미학이 도달할 수 있는 궁극의 세계라 할 수 있다. 절대 고독 속에서 깊은 침착의 사유를 지향하더라도 그 궁극의 지점에는 언어의 한계가 있다는 것이다. 말할 수 없는 것과의 대화, 말하지 않는 것과의 대화, 관계와 관계의 단절을 넘어서는 사유, 사물과 사물의 경계를 넘어서는 사유 방식을 선택하더라도 도저히 표현할 수 없는 세계가 있다는 이 한계는 언어의 한계이면서 동시에 인간 존재의 한계이다. 그래서 문자로 표현하는 세계가 아니라 문자를 벗어난 탈문자의 세계를 제시하고 있는 것이다.

그렇다면 언어로 표현하는 예술인 문학이 사물을 문자로 모두 형용할 수 없다는 말인가? 이 모순의 상황은 언어의 한계이기도 하지만, 또한 예술의 궁극에는 가장 간단한 한 마디의 표현 속에서 풍경의 일체가 녹아날 수 있어야 한다는 말이기도 하다. 하나의 단어나 문장 속에서 작가가 말하려고 하는 사물의 전체 의미가 녹아 있어야 한다는 말로 설명할 수 있다. 언어 예술이 지향하는 궁극의 지점에는 더 이상 말로 표현할 수 없는 백치(白痴)의 언어가 있다는 말이다. 이 때문에 침착의 미학은 백색무구의 미학이라고 할 수 있다. 침착의 미학은 언어로 표현할 수 있지만 그것을 언어로 다 표현하지 못해서 머뭇거리는 것, 그러면서도 그 상황의 전부를 드러낼 수 있는 것, 말하지 않으면서도 모든 것을 말할 수 있는 불립문자의 세계를 말한다고 할 수 있다.

이 시구의 앞부분에 "아무리 아름다운 말이 많다 하더라도[如有佳語]"라는 말은 바닷바람의 기운과 푸른 구름의 조화로운 풍광은 어떤 아름다운 말로도 형언할 수 없다는 것을 말한다. 언어의 장벽에 갇혀서 어리석게도 그 풍광의 일부분 밖에 표현할 수 없다는 것을 말하는 것이다. 무한한 사유의 끝자락에는 말할 수 없는 언어만이 존재할 뿐이다. 충만함의 끝자락에 태허(太虛)의 상황이 놓여 있는 것과 같다. 가득한 것은 외려 비어있는 것이고, 비어 있는 것은 외려 가득 차 있는 것과 같은 이치다.

미야모토 무사시는 이 비어있음을 병법의 전략으로 설명하고 있다. 그의 병법은 땅, 물, 불, 바람, 공(空)의 전략으로 제시하면서 지(地), 수(水), 화(火), 풍(風)은 오행의 원리에 따른 것이고, 공은 하늘의 원리에 따른 것이라고 설명하고 있다.[12] 그는 병법의 마지막 원리로서 만리일공(萬里一空)을 제시하고 있다. 모든 만물의 원리가 텅 빈 공(空)의 원리에 귀결된다는 것이다. 땅, 물, 불, 바람은 물질의 근원을 이루는 사물이다. 이 사물의 원리는 모두 비어있음의 원리에 통한다는 것이다. 무사시가 말하는 공(空)의 원리는 사물의 이치를 깨달았을 때 비로소 그 이치가 없는 것을 깨닫는 것이고, 아무 것도 없는 것이 공(空)이라는 말로 집약할 수 있다. 어떤 일이든지 그 끝에는 텅 빈 공의 상태가 자리잡고 있다는 것이다. 크게 비어 있는 태허(太虛)의 상태야말로 모든 것이 가득 차 있는 세계라는 것이다. 무사시가 말하는 공은 결국 도의 궁극에 이르는 길이라는 말이다.

---

12) 미야모토 무사시, 『오륜서』, 사과나무, 2004.

무사시가 말하는 병법의 의미를 문예 미학에 적용할 때, 언어 예술이 지향하는 궁극의 경지는 언어가 없는 상태, 즉 불립문자의 세계라고 할 수 있다. 아름다운 말이 아무리 많아도 "큰 강물"이 가로놓인 것처럼 말할 수 없는 그 무엇이 있듯이 궁극의 지점에 더 이상 말로 표현할 수 없는 침착의 미학이 놓여 있다는 것이다. 말할 수 없는 데도 불구하고 언어 예술로 표현하고 싶은 까닭이 무엇일까? 그것은 인간의 끝없는 표현 욕구 때문이다. 그 끝없는 표현 욕구를 끌어들여 침착한 상황 속으로 놓아둘 때, 침착의 미적 체험을 하게 되는 것이다. 침착은 표현할 수 없는 언어의 경지에서 만나는 미학이다. 하나의 사물에 온전하게 투신할 때 그 사물의 깊은 세계와 만나게 되고, 그 내면에 대한 인식이야말로 더 이상 말로 형언할 수 없는 것이라고 할 수 있다. 침착의 미학은 언어로 모든 것을 표현하려는 욕구의 끝자락에 놓여 있다. 침착은 절대 고독의 상황에서 깊은 사유의 세계로 나아갈 때 그 사유의 끝자락에서 만나는 미적 체험이라 할 수 있다. 이 시구의 마지막 부분에 "큰 강물이 가로놓인[大河前橫]" 상황은 언어로 표현할 수 없는 궁극의 지점이다. 언어 예술에 대한 고민은 사물이나 풍경을 얼마나 아름답게 표현할 수 있을지를 고민하는 데서 시작한다. 침착의 미학은 그 사물과 풍경을 언어로 표현하기 위해 다다르는 궁극의 지점에 있다. 침착의 미학은 순진무구한 부동(不動)의 미학이다.

5. 높고 현묘한 덕
—고고(高古)

(1) 개요

고고(高古)의 '고(高)'는 『설문해자』에서 "높다는 뜻이다. 대(臺)에서 높게 바라보는 모양을 상형하였다. 冖(멱)과 口(위)로 구성되었다"고 한다. 冖(멱)은 덮는다는 뜻이고, 口(위)는 에워싼다는 뜻이다. '고(古)'는 『설문해자』에서 "오래되었다는 뜻이다. 十(십)과 口(구)로 구성되어 있다. 오래 전의 말을 기억하는 것이다"고 한다. 고(古)를 고(故)로 풀이하면서 옛날부터 갖추어져 있기 때문이라고 한다. 『일주서(逸周書)』에 "천위고지위구(天爲古地爲久, 하늘과 땅은 오래되었네)"라는 말이 나오는데 여기서 볼 때, '고(古)'는 구(久)의 뜻이 있다. 또한 『설문해자』는 '고(古)'의 뜻을 풀이하면서 "오래 전의 말을 알려주는 것은 입이다. 열에 이르게 되면 전해지고 전해져서 인습으로 바뀌고 이것이 바로 '옛날부터[自古在昔]의 것'이 된다"고 한다.

'고(高)'는 높다는 말이고, '고(古)'는 오래되었다는 말이다. 고고(高古)는 고상(高尚)하고 고풍(古風)스러운 기운이 스며있는 것을 말한다. '고상(高尚)'은 ≪표준국어대사전≫에 "품위나 몸가짐의 수준이 높고 훌륭하다"고 나와 있다. '고풍(古風)'은 "예스러운 풍취나 모습"을 말한다. 작가의 품격으로 말한다면, 몸가짐이나 품위가 예스러운 모습을 말한다. 고고(高古)는 한 사람의 인품이 예스러운 품격으로 드러나서 높게 우러러 보이는 모습을 말한다. 백석의 시「흰 바람벽이 있어」에는 고고의 품격이라고 말할 수 있는 구절이 나온다. 이 시의 시구 중에 "이 세상에서 가난하고 외롭고 높고 쓸쓸하니 살아가도록 태어났다"라는 구절이 있는데 이 구절에서 "외롭고 높고 쓸쓸한"것은 고고의 품격으로 설명할 수 있다.1) 이 때문에 고고(高古)는 높고 외롭다는 뜻의 고고(孤高)라는 품격과 어울린다. 안대회는 좀 더 상세한 전고(典故)를 바탕으로 고고를 말하고 있다.

> 장언원(張彦遠)은 『역대명화기(歷代名畫記)』에서 "고고하고 경상(勁爽, 굳세고 상쾌함)한 기운을 천연의 상태에서 얻었다(高古勁爽之氣 得諸天成)"라고 했으며, 서예론의 저작인 『법서요록(法書要錄)』에서도 글자의 품격을 언급하면서 "훌쩍 범인의 경지를 넘어선 것을 높다고 하고 평범한 감정을 제거한 것을 예스럽다고 한다(超然出衆曰高 除去常情曰古)"라고 하여 글씨의 품격을 가리키는 말로 썼다. …(중략)… 엄우는 『창랑시화』에서 시의 품격을 아홉 가지로 분류하면서 높고(高) 예스러운(古) 두 가지 품격을 다른 일곱 가지 품격인 깊고(深) 멀고(遠) 길고(長) 웅혼(雄渾)하고 표일(飄逸)하고 비장(悲壯)하고 처완(凄婉)한 것보다 앞에 두었다. 그만큼 높고 예스러운 것에 가치를 두었다.2)

그의 말에 따르면, 고(高)는 천연의 상태[天成]에서 얻을 수 있는 것이고, 예스러움[古]은 평범한 감정을 제거한 상태에서 얻을 수 있는 것이라고 한다. 하늘은 높지만 그것은 천연의 상태에서 주어진 자연 그대로 높을 뿐이고, 오래된 것은 시간이 쌓여서 자연스럽게 그렇게 된 것이지 억지로 꾸며서 이루어진 것이 아니다. 이 때문에 고고의 품격은 천연의 상태에서 시간이 쌓여서 얻어진 자연스러운 아름다움을 말한다. 인위(人爲)의 상태로 억지로 꾸민 품격이 아니라, 자연스럽게 시간이 쌓여

---

1) 안대회, 『궁극의 시학』, 문학동네, 2013, 146쪽.
2) 안대회, 앞의 책, 146-147쪽.

서 이루어진 품격이다. 고고는 시간이 지나면서 몸 안으로 스며들어서 겉으로 자연스럽게 드러나는 아름다움이다. 세월의 수레바퀴 속에서 자연스럽게 닳아서 반질반질한 상태를 말한다. 고고의 품격은 오래된 고전(古典)에 새겨져 있는 깊은 정신세계와 같은 품격이며, 세월의 흔적을 오롯하게 안고 있는 고목나무에서 풍겨 나오는 은은한 훈향과 같은 품격이다. 고고는 깊고 중후한 멋이 안으로 스며들어 있으면서도 그 훈향이 겉으로 은근하게 드러나는 것이다. 사공도는 고고의 아름다움을 다음과 같이 명쾌하게 해석하고 있다.

畸人乘眞 手把芙蓉 泛彼浩劫 窅然空踪
기인승진 수파부용 범피호겁 요연공종

月出東斗 好風相從 太華夜碧 人間淸鐘
월출동두 호풍상종 태화야벽 인간청종

虛佇神素 脫然畦封 黃唐在獨 落落玄宗
허저신소 탈연휴봉 황당재독 낙낙현종

기이한 사람은 참된 기운을 탄 채로
손에는 부용꽃 한 송이를 쥐고 있다
저 영겁의 시간에 두둥실 떠서
허공에 자취를 남기고 아스라이 사라진다

동쪽 하늘에서 달이 떠오르니
시원한 바람이 그 뒤를 따라 불어온다
화산(華山)의 밤하늘엔 푸른 기운이 감돌고
사람들 귀에는 맑은 종소리 들려온다

마음 비우고 소박한 정신을 지키면서
인간의 경계를 벗어나 초연하게 사네

태곳적 경지를 나 홀로 지니고
현묘한 이상을 품고서 살아가리라

이 시에서 말하는 고고의 품격은 인격의 상황을 말한다. 시인의 정신이 이와 같아야 한다는 것을 말하는 것이기도 하다. 이 시의 첫 부분에서 말하는 기인(畸人)은 참된 인격의 소유자를 말하는데 이 사람을 장자는 진인(眞人)이라고 부른다. 고고한 덕을 가진 사람은 진인의 품격을 가진 사람으로 요순과 같은 덕망을 갖춘 사람이다. 고고의 품격으로 가는 길은 높으면서도 외로운 길이다. 1연에서는 그 길을 보여주고 있다. 고고의 품격을 갖추려는 사람은 높은 정신세계를 지향해야 한다. 그 정신은 참된 기운을 가지는 것이며, 시간을 초월하는 정신을 가지는 것이며, 먼 곳을 지향하는 것이다. 2연에서는 고고의 품격에 스며있는 보이지 않는 정신 세계를 말하고 있다. 고고한 곳에 정신을 두고 있으면 그곳에는 푸른 기운이 감도는 것과 같은 신비로움이 있다는 것이다. 3연에서는 고고의 품격이 궁극적으로 도달하는 높고 현묘한 덕을 말하고 있다. 그것은 인간의 경계를 벗어나는 것이고, 신선의 세계와 같은 높은 경지에 이르는 것이다. 고고의 품격은 높은 곳을 지향하는 품격이지만 그 출발은 소박한 정신에서 비롯하고 있다는 것을 말하고 있다. 높고 현묘한 덕은 지극히 평범한 일상으로부터 시작하고 있다.

(2) 높고 외로운 길

기인승진 수파부용(畸人乘眞 手把芙蓉) 기인(畸人)은 참된 기운을 타고 손에는 부용꽃을 들고 있네.

"기인(畸人)"은 한자사전에서 "성격이나 말, 행동 따위가 보통 사람과 달리 유별난 사람"으로 나와 있다. 기(畸)는 "1. 뙈기밭(큰 토지에 딸린 조그마한 밭), 2. 불구(不具), 3. 병신(病身), 4. 나머지, 5. 기이(奇異)하다"라는 뜻이다. 그 의미만 놓고 볼 때 정상적인 상태의 사람을 의미하는 것이 아니라, 불구의 상태나 기이한 상태의 사람을 의미한다. 기인은 보통 사람과는 다른 특별한 능력을 가졌거나, 혹은 정상적인 상태에서는 이해하기 힘든 행동을 하는 사람을 말한다. 고고(高古)의 품격을 말하는 첫 구절에 기인(畸人)을 말하고 있는 것은 높다는 것은 특별하다는 것을 말하기 위해서라고 할 수 있다. 높은 곳에 있기 때문에 눈에 띄거나 특별하게 보이는 것이다. 그렇다면 기인은 어떤 사람인가? 장자는 '대종사(大宗師)'에서 기인을 다음과 같은 사람이라고 말하고 있다.

자공이 물었다. "그럼 선생님은 어떤 세계를 따르고 있습니까?" [공자가] 대답했다. "나는 하늘의 벌을 받고 [이 세상 안에 얽매여] 있는 사람이다. 하지만 나는 자네와 함께 이 세상에 머물겠다." 자공이 또 물었다. "[이 세상에 머무는] 그 방법을 말씀해 주십시오." 공자가 대답했다. "물고기가 물에서 살고, 사람은 도에서 산다. 물에 사는 자는 못을 파주면 충분히 살아갈 수 있고, 도에 사는 자는 [자질구레한] 세상일을 버리므로 마음이 편안하다. 그래서 '물고기는 강이나 호수 속에서 서로를 잊고 사람은 도의 세계에서 서로를 잊는다'고 한다." 자공이 [다시] 물었다. "그럼 기인(畸人)에 대해 말씀해 주십시오." 공자가 대답했다. "기인이란 보통 사람과는 다르며 하늘과 같은 [자연 그대로인] 것이다. 그래서 '하늘의 [입장에서의] 소인이 사람의 [세계에서의] 군자이고, 하늘의 군자는 사람의 [세계에서의] 소인이다.'라고 한다."3)

---

3) 子貢曰. 然則夫子何方之依. 曰, 丘天之戮民也. 雖然吾與汝共之. 子貢曰, 敢問其方. 孔子曰. 魚相造乎水. 人相造乎道. 相造乎水者. 穿池而養給. 相造乎道者. 無事而生定. 故曰. 魚相忘乎江湖. 人相忘乎道術. 子貢曰. 敢問畸人. 曰 畸人者. 畸於人侔於天. 故曰. 天之小人. 人之君子. 天之君子. 人之小人也.(안동림 역주, 『장자(莊子)』 '대종사(大宗師)', 현암사, 1993, 207-208쪽).

장자는 도를 터득하는 사람의 유형을 두 가지로 제시하고 있다. 이 사람들 중에서 크게 중심을 삼을 스승은 대도(大道)를 터득한 지인(至人)이라고 한다. 지인은 큰 도리를 깨달은 사람이다. 큰 도리는 자연에서 일어나는 여러 가지 작용을 가능하게 하는 근원이다. 진인(眞人)은 "역경(易經)을 거역하지 않았고, 성공을 자랑하지 않았으며 아무 일도 꾀하지 않았던 사람"이라고 한다. 도를 깨닫는 과정에서 나타나는 사람의 유형을 두 부류로 나누고 난 뒤 장자는 자공과 공자의 대화를 인용하면서 기인(畸人)에 대해서 설명하고 있다. 기인(畸人)은 "보통 사람과는 다르며 하늘과 같은 자연 그대로의 것"이라고 한다. 하늘의 입장에서는 소인이 사람의 세계에서는 군자가 되고, 하늘의 군자는 사람의 세계에서는 소인이라고 한다. 기인은 보는 관점에 따라 특별하게 보이는 사람이다. 기인은 진인과 유사하다고 할 수 있다. 고고의 품격을 말하는 첫 구절에 기인(畸人)을 제시하는 것은 고고의 품격은 그 자체로 높기 때문에 보는 관점에 따라 다르게 보일 수 있기 때문이다. 고고는 말 그대로 보통의 상태와는 다르며, 하늘의 이치에 따라 자연스럽게 이루어져 있는 것이다. 고고의 품격은 특별하면서도 높은 정신세계를 의미한다.

사공도의 시에서 기인(畸人)을 말하고 난 뒤에 그 다음에 이어지는 구절에서 기인은 "참된 이치에 따른다[乘眞]"고 말하고 있다. 여기서 "참된 이치"란, '하늘의 이치'를 말한다. 하늘의 이치는 자연 그대로 따르는 것이다. 자연의 이치에 따르는 기인이 한 손에 부용꽃을 들고 있다. 기인은 마치 신선(神仙)과 같은 사람이다. 기인이 들고 있는 부용꽃은 인간 세계를 떠나서 높고 높은 신선의 세계로 들어가는 열쇠를 상징한다. 고고의 품격은 자연의 참된 이치에 따르면서 특별한 행동으로 우뚝하게 보이는 것을 말한다. 기인을 작가에 빗댄다면, 그가 들고 있는 부용꽃은 작가가 쓴 작품이라 할 수 있다. 부용꽃을 들고 있는 형국은 작품이 우뚝하게 보인다는 말로 해석해도 무방할 듯하다. 기인과 부용꽃은 모두 특별하게 눈에 띄는 형상을 말한다. 작가는 보통 사람과는 다르며, 하늘과 같은 자연 그대로의 이치를 따르는 사람이다. 고고한 품격을 가진 작가가 쓴 작품은 부용꽃과 같이 우뚝하게 보인다는 것이다.

이 시의 첫 구절에서 말하는 고고의 품격은 참된 이치에 따르면서 자연 그대로의 세계를 지향하는 것이다. 고고는 자연의 이치에 따르는 작품을 통해서 새로운 세계로 들어가는 것이고, 그 세계로 들어가기 위해서 항상 특별하고도 높은 곳을 바라보고 있다는 것이다. 작가의 정신에 빗댄다면, 고고(高古)의 품격을 지향하는 작가는 그 정신세계를 높은 곳에 두고 있어야 한다는 말이다. 높대[高]는 것은 외로운[孤] 것이다. 높기 위해서는 다른 것보다 우뚝해서 도드라지게 보여야 한다. 높은 것은 외로운 것이다. 고고는 기인의 행동과 같이 눈에 띄는 것이며, 높으면서도 특별한 것이다.

하늘로 피어오르다 절반쯤 가서 대공이
꺾어져버린 한 떨기의 옥부용(玉芙蓉).
묏부리로 말하면 바람에 갈고 닦아 그처럼 쌓아올린 정신(精神)의 높이.
천야만야한 벼랑 끝 낭떠러지 아슬한 데서 은하수(銀河水) 기울어지듯 까만 허공에 바야흐로 내려질리는 한 줄기 폭포(瀑布).
성품(性稟)이야 원체가 착한 게지만 언제는 이같이 무놀이해 포효(咆哮)할 수도 있지 않은가!

현애(懸崖)에는 목수국(木水菊)이 지천으로 피어서 향내 자욱히 서글거리는 시푸런 운애(雲靄). 바람 되어 비인 골을 흔드는 옆에 하루에 천리(千里) 달리는 시내. 이 근처(近處)에는 나무하는 떠꺼머리 옛적 효자(孝子)의 아버지를 위하여 사철 술이 되는 샘이라도 정녕 있을 법하야 낙엽(落葉)을 사뤄 대려온 차(茶)를 마시는 인 응당 오래 살 게다.

외나무다리 건너 서광(瑞光)이 비치는 굴(窟)로 들어서 두 귀 모아 솔곳이 기울여 봐도 매양 들리는 건 물소리에 어울어져 이따금 놀래 나는 새 울음 뿐일레라.

옥야(沃野)가 열려, 가는 길초마다 밋밋이 패어 해묵은 여(荔)나무의 수풀 사이에 먹음직스레 흐무러져 익은바 여기(荔芰) 열음이 억시게도 열렸데.

늙은 솔 아래 파리한 노인(老人) 한 분.
파초(芭蕉)를 심어놓고 빗소리를 기다리다 잠들었나베. 삼(蔘) 딸기를 물고 선사스미를 타시고 고개를 끄덕이며 한가로이 졸더라. 그의 살림이란 다래끼에 캐 담은 삼(蔘)뿌리 몇 개.

저어리로 뵈이는 건 칠리탄(七里灘)일까.
여뀌풀 우거진 흰칠한 갈대 물갓 허연 개여울, 나루에 사람 없이 배만 혼자서 스스로히 비꼈는데 마름에 뜬 발꿈치는 나도 또한 갈매기.

삭풍(朔風)에 기대어 말이 울면 허리춤에 서슬 푸른 청평검(淸泙劍)을 빼어들고 일어서보자.
　　　　　　　　—김관식,「삭풍에 기대어 말이 울면」전문4)

시인 김관식(金冠植, 1934~1970)은 충남 논산에서 출생하여 강경상고를 졸업한 뒤 정인보, 최남선, 오세창 등에게 한학을 배웠다. 그는 서울 종로구 세검정(洗劍亭)의 높은 지대에 널찍한 터를 잡고 시와 술과 병고와 기이한 행적으로 세월을 보냈다.5) 그의 기이한 행동은 이미 잘 알려져 있지만 인용한 시에서도 그의 기이한 행적만큼이나 특별한 세계에 대한 경험이 형상화되어 있다. 이 시는 현실 세계를 그리고 있지만, 아득하고 몽롱한 상황 때문에 마치 신선 세계에서나 만날 듯한 신비로운

---

4) 김관식 시전집,『다시 광야(曠野)에』, 창작과비평사, 1976, 60-61쪽.
5) 김관식 시전집, 앞의 책, (염무웅,「시집 '편집후기」, 166쪽).

풍경을 보여주고 있다. 그곳으로 들어가는 길에는 대궁이가 꺾어진 옥부용이 있고, 천 길 낭떠러지가 있는 절벽에 폭포수가 흘러내리고 있다. 옥부용은 현실 세계에서 신선 세계로 들어가는 길목을 상징한다. 목수국의 향기가 온 계곡에 가득하고, 시퍼런 구름과 아지랑이가 희미하게 피어오르는 계곡에서 화자는 낙엽을 태워서 달여 온 차를 마신다. 이곳에서 화자가 마시는 차는 불로장생할 것만 같은 기운이 스며들어 있다. 외나무다리를 건너서 희미한 빛이 비취는 굴로 들어가면 새소리만 들릴 뿐이다. 기름진 들판에는 해묵은 여나무가 있고, 그 나무에 여귀 열매가 풍성하게 열려 있다.

　이 시의 화자는 현실 세계를 그리고 있으면서도 이미 현실을 벗어나서 신선 세계에 거닐고 있다. 파초를 심어놓고 늙은 소나무 아래에서 잠든 노인은 마치 신선을 연상하게 한다. 여뀌풀 우거진 곳으로 들어간 화자는 결국 자신도 스스로 갈매기가 되어 신선과 같이 우화등선하고 있다. 이 시의 화자는 스스로 자연의 일부가 되어서 기이한 풍경 속에 노닐고 있다.

　고고의 품격을 상징하는 기인은 다른 사람보다는 특별하면서도 자연이 이치에 따르는 사람이다. 그 특별함은 어떻게 보면 불구(不具)의 모습으로 보일지 모르지만, 그 불구는 불구이기 때문에 특별하게 보인다. 높은 것은 평범한 것과는 다르기 때문에 정상의 상태에서 볼 때는 기이하게 보일 수 있다. 고고의 품격을 지향하는 작가는 평범한 사람과는 다른 높은 정신세계를 추구한다. 작가의 정신은 다른 사람과는 달라서 엉뚱한 생각을 하기도 하고, 다르게 생각하기도 한다. 그렇지만 그 엉뚱한 생각은 크게 보면 자연의 이치 속에 있으며, 그 큰 이치 속에서 자연스럽게 우뚝하게 보이는 것이다. 고고의 미학은 작가의 상상 속에 깃들

어 있는 세계를 문자로 형상화하면서 비범한 정신세계를 보여주는 것이
다. 고고의 품격을 보여주는 작가는 항상 평범한 세계를 넘어서는 정신
세계를 지향하고 있으며, 그 생각은 하늘의 이치에 따르고 있다. 높은
곳을 바라보고 있으면서 자연스럽게 보이는 것, 우뚝하면서도 그 우뚝
함이 자연 그대로를 유지하고 있다.

**범피호겁 요연공종(泛彼浩劫 窅然空踪) 저 영겁의 시간에 두둥실 떠
서 허공에 자취를 남기고 아스라이 사라진다.**

앞 구절이 고고의 품격이 향하고 있는 정신세계를 상징하고 있다면,
이 구절에서는 그 정신세계가 나아가는 곳을 말하고 있다. 고고한 정신
세계가 나아가는 곳은 어디일까? 그것은 영겁의 시간을 지나서 텅 빈
허공의 세계로 나아가는 것이다. 범(泛)은 뜨다는 말이고, 피(彼)는 피
안의 세계를 말한다. 피안(彼岸, 저 언덕)의 세계는 고요함이 사라진 적
멸(寂滅)의 세계이고, 실상(實相)과 허상(虛像)의 경계가 사라진 세계이
다. 텅 빈 태허(太虛)의 세계로 들어가는 것이다. 예술의 경지는 실상과
허상의 경계가 사라진 지점에 존재한다. 실상을 완성하고 나면 그것은
허상이 되고 허상인 것 같지만 그 속에는 무한한 실상이 존재하고 있다.
텅 빔의 상태는 꽉 채滿] 있는 세계를 의미한다. 기인(畸人)의 상황에
이르게 되면 그 작가는 신선의 정신세계에 닿아 있는 것이다.

이 시구는 호탕하고 거침이 없었던 이태백의 정신세계를 떠오르게
한다. 고고한 정신세계는 시공의 경계를 초월한 높은 경지를 말한다.
고고의 정신세계를 지향하는 작가는 적멸의 상황을 깨닫는 것처럼 현실
과 초연한 사람이다. 적멸은 불이 꺼지듯이 탐욕[貪]과 노여움[瞋]과 어
리석음[癡]이 소멸되는 것을 말한다. 모든 번뇌의 경지를 벗어나 생사의

괴로움을 끊는 것이다. 불교에서는 이런 경지를 입적(入寂) 혹은 열반(涅槃)이라고 말한다. 고고한 정신세계의 마지막 지향점은 적멸의 경지이다. 고고의 미학을 지향하는 작가는 사물의 상황을 포착하여 그 사물과 감응하는 높은 정신세계를 보여준다. 저 높은 정신세계와 함께 시공의 경계를 넘어서 사물과 함께 두둥실 떠서 들어가는 것이다.

시어 "호(浩)"는 무한하고 넓은 세계를 말한다. 이것은 작가의 상상력을 말하는 것이기도 하지만, 예술의 절대 경지를 말하는 것이기도 한다. 저 무한한 영겁의 시간과 넓은 공간의 세계로 떠가는 것은 고고의 품격이 지향하는 예술의 경지이다. "겁(劫)"이라는 시간은 하늘과 땅이 한번 개벽한 때부터 다음 개벽할 때까지의 동안이란 뜻으로 지극(至極)히 길고 오랜 시간(時間)을 이르는 말이다. 시간의 개념을 말할 때 겁은 헤아릴 수 없는 긴 시간을 말한다. "호겁(浩劫)"은 무한한 우주의 공간과 같이 측량할 수 없는 시공간의 세계이다. 인간의 가치관이나 관념 따위를 벗어난 저 피안의 세계와 같이 아득한 세계를 의미하는 무한한 시공의 세계이다. 그 무한한 공간으로 나아갈 수 있는 것은 고고한 정신세계에서 가능한 일이다. 이 때문에 고고는 인간 정신이 도달할 수 있는 절대 경지의 세계를 말하고, 그 경지에서 나오는 높고 아득한 세계를 말한다. 고고의 미학이 지향하는 궁극의 세계는 시공의 경계를 초월한 텅 빈 허(虛)의 세계이다. 텅 비어 있어서 더 이상 비워낼 공간이 없을 때, 그리고 실상을 완벽하게 묘사했다고 생각하는 순간, 그것은 또 다른 허상으로 존재한다. 고고의 미학은 이 끝없는 영겁의 시간과 아득한 공간을 지향하는 것이다. 고고의 미학에서 볼 때 완벽한 예술은 존재하지 않지만, 불완전한 예술도 존재하지 않는다.

봄은 가고 또
다시 돌아와
가녀린 햇살 실오리처럼.
겨드랑이 밑 추혀드는 간질이는 바람결 부서진 깃죽지에 새 살 돋으면
대여섯 달은 넉넉히 두고 먹을 양도(糧道)를 마련하여

붕상운표(鵬翔雲表)!
단숨에 구만리(九萬里)를 날아오르라.
나 홀로 운전하여 오늘은 남명(南冥)
천지(天池)로 간다.

시방은 발정(發情)하는 새로운 계절(季節)
하늘과 땅은, 사랑 사랑의 앙가슴 맞비비며 춘의(春意)에 겨워 가쁘게 헐레벌떡
곤한 숨결을 들이쉬고 내쉬는데,

청대(靑黛)로 눈썹 그린 산자락마다
범발6) 디디고서 머리 풀은 아지랑이 보리밭머리 자주(紫朱)고름 흩날리며
홀린 듯 나와 멍청하니 서 있는 새악시 입가상에 달래 냉이 내음새

종다리야 넌 무얼 안다고
쬐그만 몸뚱어릴 허공에 초싹초싹 추스르고선
가는 허리 부러지게 자지러져 웃느뇨.
　　　　　　　—김관식, 「유곤(遊鯤)의 서(書)」 전문7)

　이 시의 제목은 "곤(鯤)이 놀고 있는 것을 기록하다"라는 정도로 해석할 수 있다. 곤은 『장자』의 '소요유'에 나오는 북녘 바다에 살고 있는 물고기이다. 이 물고기가 변해서 붕(鵬)이 된다. 곤과 붕의 크기는 가늠할 수가 없다. 화자가 봄을 맞이하는 심정은 매우 가벼워서 마치 곤이

---

6) (의학) 병이 몸의 특정 부위에서만 일어나는 것이 아니라, 모든 기관과 부위에서 널리 발생하는 것을 말한다.
7) 김관식 시전집, 앞의 책, 82–83쪽.

변해서 붕이 되듯이 "단숨에 구만리"를 날 수 있을 것 같다. 봄날의 가벼움은 화자뿐만 아니라 세상 곳곳의 사물에 퍼져 있어서 발정이 난 듯 힘차게 날아오르고 있다. 이 시의 화자가 홀로 남명의 천지에 가려고 하는 호탕함은 어디에서 연유하는 것일까? 그것은 현실을 초월하여 넓은 세계로 나아가려는 높은 정신세계가 있기 때문이다. 봄을 맞은 기쁨에 마음은 구만리를 날아갈 것 같고, 화자의 눈과 귀에는 경쾌한 생명의 울림만 있을 뿐이다. 그것은 마치 곤이 붕으로 변하는 것과 같은 경쾌한 상상 속에서 느끼는 영혼의 울림이다.

봄날의 경쾌한 마음 때문에 곤과 붕이 되듯이 예술의 경쾌한 가벼움은 끝없이 바뀌고 변화하는 과정 속에 있다. 두 번째 구절의 "허공에 자취를 남기고 아스라이 사라진다[窅然空踪]"는 것은 무엇을 말하는 것일까? 자취를 남길 수 없는 허공에 자취를 남기는 역설의 미학이 예술의 참된 경지라는 말이다. 작가는 사물의 궁극을 바라보면서 그것을 미적으로 표현하려고 한다. 그런데 그것은 허공에 자취를 남기는 것처럼 순간에 불과하다. 『장자』에는 수레바퀴를 깎는 노인 윤편(輪扁)의 일화가 있다.[8] 윤편은 책을 보고 있는 제나라 환공에게 책은 옛사람의 찌꺼기에 불과하다고 말한다. 책은 말로 전할 수 없는 것을 남겨 놓은 찌꺼기에 불과하다는 것이다. 허공에 자취를 남기는 것은 찰나의 순간을 포착해서 남기려고 하는 것이다. 작가의 정신은 무한한 허공을 향해 있지만, 그가 남긴 작품은 허공에 자취를 남기는 것일 뿐이다. 이것은 예술의 허무함을 말하고 있는 것 같지만, 사실은 작가는 자신이 남긴 작품에 집착을 하지 않아야 한다는 말로 해석할 수 있다. 작품에 대한 집착은 고고한 품성과는 거리가 멀다. 고고의 품격에서 말하는 참된 문학 작품

---

8) 안동림 역주, 앞의 책, 364-365쪽.

은 작가가 작품에 대한 집착을 버리고 모든 것이 아스라이 사라진다는 사실을 깨닫는 순간에 나오는 작품을 말한다. 고고의 미학은 사물에 대한 특별한 사유 과정을 보여주며, 높고 넓은 정신세계의 궁극을 보여준다.

(3) 영혼을 울리는 미학

월출동두 호풍상종(月出東斗 好風相從) 동쪽 하늘에서 달이 떠오르니 시원한 바람이 그 뒤를 따라 불어온다.

　죽음에 대한 오래된 사유는 죽음은 영원한 죽음이 아니라, 부활하는 생명의 과정 속에 있다는 믿음이었다. 태평양의 하와이 제도에서는 죽은 자는 땅이 갈라진 틈을 통해서 들어간다고 생각했다. 그 틈을 통해 죽은 자의 영혼이 들어가면 나무 한 그루를 만나게 되는데 그 나무는 한 쪽이 푸르고 싱싱하지만 다른 한 쪽은 말라서 시들어 있다고 한다. 죽은 자의 영혼은 말라서 시들어 있는 나뭇가지를 붙들고 올라가야 영원의 공간에 닿을 수 있고, 푸르고 싱싱한 나뭇가지를 붙들고 올라가면 영원히 부활할 수 없는 나락의 공간으로 떨어진다고 한다. 이 전설은 죽음은 영원히 사라지는 것이 아니라, 부활의 메신저를 갖고 있다는 믿음이다. 죽음은 영원히 사라지는 것이 아니라, 또 다른 생명의 기운을 길러내는 것이다. 중국의 고대신화에 나오는 서왕모(西王母)도 죽음을 상징하는 여신이면서 동시에 영원히 죽지 않는 생명을 상징하는 여신이다. 원시신화에서 죽음과 생명을 동시에 바라보는 시선은 우주의 근원은 변하지 않는 원리가 있다는 믿음이었다.

앞부분에서 허공으로 아스라이 사라지는 것은 영원히 사라지는 것이 아니다. 동쪽 하늘에 달이 떠오르는 것은 창조적 기운이 다시 일어나고 있다는 것을 말한다. 동쪽은 오행에 따르면 봄이고 푸른 생명의 기운이다. 동쪽은 나무의 기운을 가지고 있다. 그것은 생성의 기운이다. 동쪽에 달이 떠오르는 것은 새로운 기운이 일어난다는 것이다. 1연의 마지막 부분에서 "허공에 자취를 남기고 아스라이 사라진다"고 말했는데, 이어지는 2연의 첫 부분에는 다시 동쪽 하늘에 달이 떠오른다고 한다. 허공 속으로 사라진 죽음의 기운이 동쪽 하늘에서 생명의 기운으로 다시 소생하는 모습을 형상화하고 있다. 고고한 경지에서 우주를 바라보면 사라지는 것은 영원히 사라지는 것이 아니라, 새롭게 일어나는 것을 의미한다. 작가가 고고한 상상의 세계에서 특별한 기운을 남기고 사라지고 나면 또 다른 기운이 일어난다는 것이다. 높고 높은 정신세계는 시원한 바람의 기운을 타고 부상하고 있는 것이다.

동쪽에 떠오르는 달은 새로운 세계를 향해 나아간다. 달은 생성과 소멸의 의미를 동시에 갖고 있다. 마치 달이 차고 기우는 것과 같은 이치이다. 문학 작품은 허공에 자취를 남기고 사라지는 것이지만, 그것은 사라지는 것이 아니다. 고고한 정신세계는 허와 실의 경계를 초월해 있다. 허공으로 사라지고 나면 곧 이어 동쪽 하늘에 달이 차오르듯이 새롭게 일어서고 있다. 높고 높은 정신세계에서 사물을 바라보면 영원한 소멸도 없고 영원한 생성도 없다. 더군다나 오래된 시선으로 세상을 보면 과거와 현재의 시간 경계를 초월할 수 있다. 온고지신(溫故知新)은 학문 수양의 자세를 의미하는 말이지만, 예스러움의 시선으로 바라보면 새로운 것이 보인다는 것을 의미하는 말이기도 하다. 동쪽 하늘에 떠오르는 달은 옛 것을 통해서 새로운 것을 발견하는 것이다. 동쪽 하늘에 떠오르

는 달의 기운은 허공 속으로 사라진 아스라한 허무의 세계를 새롭게 들
추어내는 원동력이다. 과거의 것을 익히면 현재의 것이 보이는 법이고
허공의 세계가 사라지면 진여(眞如)의 세계가 열리는 법이다. 고집멸도
(苦集滅道)가 사라진 자리에 열반의 세계가 열리는 것처럼 동쪽 하늘에
달이 떠오르고 있다. 고고의 미학은 허와 실, 시간과 공간의 개념을 넘
어서 존재하는 아름다움이다.

허공으로 사라진 뒤 동쪽 하늘에 떠오르는 달은 작품의 창작과정에
빗댈 수 있다. 이미 완성한 작품은 허공에 자취를 남기고 사라지듯이
작가의 손을 떠나는 것이다. 여기에 미련을 둘 필요는 없다. 작가는 한
작품을 마무리하고 나면 새로운 작품을 써야 한다. 허공에 자취를 남긴
작품은 이미 작가의 손을 떠난 것이고, 다시 동쪽 하늘에 달이 떠오르듯
이 새로운 작품을 써야 한다. 한 작가에 의해 창작된 작품의 생성과 소멸
의 운명은 자연의 이치에 따른 것이니, 그 작품에 집착해서는 안 되는
것이다. 이미 작가의 손을 떠난 예술 작품은 이미 자신의 것이 아니라,
만인의 것이고 허공에 던져진 희미한 자취와 같은 것이다. 그것은 다시
쥘 수도 만질 수도 없으며 그렇다고 고칠 수도 없는 것이다.

"호풍상종(好風相從)"은 "따뜻한 바람이 서로 따라 일어난다"는 것이
다. 여기서 따뜻한 바람은 좋은 기운이라는 말이다. 좋은 기운은 작가의
고고한 정신세계로부터 자연스럽게 나오는 기풍(氣風)이라고 할 수 있
다. 하나의 작품 속에는 작가의 기운이 스며들어 있다. 그 기운은 점차
높고 깊어져서 다음 작품에서도 영향을 끼쳐서 좋은 기운으로 서로 따라
일어난다. 지극한 생각에 이른 기인(畸人)은 고고한 품성을 지닌 사람이
고, 그 사람은 떠나고 머무는 일에 집착을 하지 않는다. 그리고 예술의
고고한 경지에 거닐면서 넓고 넓은 공간을 떠돌고 신선의 경지에 이르게

된다. 문예작품은 작가의 정신세계를 고매한 경지에 이르게 한다. 좋은 작품을 쓰려고 노력하는 작가의 치열한 문학 정신은 현실을 초월하고, 시간과 공간의 경계를 넘어서 나아간다.

좋은 기운이 잇달아 일어나면 작가의 정신세계는 현실에 머물러 있으면서도 현실의 경계를 넘어서 나아간다. 현실에 머물면서도 환상의 세계에 빠져들 수 있는 것도 고고한 시선으로 사물을 보려는 작가의 노력이 있기 때문에 가능한 일이다. 따뜻한 바람은 훈풍(薰風)이다. 이런 훈풍을 타고 가는 것처럼 장자는 '소요유(逍遙遊)'에서 고고의 미학을 잘 보여주고 있다.

> 북녘 바다에 물고기가 있다. 그 이름은 곤(鯤)이라 한다. 곤의 크기는 몇 천리나 되는지 알 수가 없다. 이 물고기가 변해서 새가 되면 그 이름을 붕(鵬)이라고 한다. 붕의 등 넓이는 몇 천리나 되는지 알 수가 없다 힘차게 날아오르면 그 날개는 하늘 가득히 드리운 구름과 같다. 이 새는 바다 기운이 움직여 대풍이 일 때 그것을 타고 남쪽 바다로 날아가려고 한다. 남쪽 바다란 곧 천지를 말한다.9)

『장자』의 첫 부분에 나오는 이 엄청난 상상의 세계는 어디에 근원을 두고 있을까? 인용한 부분의 뒤에는 큰 배를 띄울 수 있는 물에 대한 이야기가 이어진다. 작은 물의 관점으로 배를 띄우려고 한다면 큰 것을 볼 수가 없는 것처럼 크고 높은 관점에서 세상을 보면 곤과 붕이 존재할 수 있는 것이다. 참새가 봉황의 뜻을 어찌 알 것인가? 곤과 붕의 존재는 넓고 넓은 우주의 공간에서 바라볼 때 가능한 일이다. 인간의 관점으로 세상을 보면 곤과 붕이 존재할 수가 없다. 곤과 붕의 존재는 고대 신화의

---

9) 北冥有魚, 其名爲鯤. 鯤之大, 不知其幾千里也. 化而爲鳥, 其名爲鵬. 鵬之背, 不知其千里也. 怒而飛. 其翼若垂天之雲. 是鳥也. 海運則將徙於南冥. 南冥者, 天池也. (안동림 역주, 앞의 책, 27쪽).

상상 세계를 보여주는 『산해경(山海經)』에 나오는 각종 기물(奇物)들의 존재와도 같은 넓고 깊은 상상의 세계에서나 가능한 일이다. 이미 앞부분에서 시의 품격을 설명하는 지면에서도 상상의 중요성을 여러 차례 강조했지만, 상상이야말로 문예미학에서 가장 중요한 정신세계이다. 보이는 세계에 한정하면 그 사물의 궁극에 닿을 수가 없다. 고고의 정신세계는 보이는 세계를 통해서 보이지 않는 세계로 나아가는 것이다. 고고의 미학은 닿을 수 없을 만큼 높은 시선으로 세상을 보는 것이다. 좋은 기운을 따라 창작을 할 수 있기까지는 높은 정신세계로 나아가는 사유가 필요하다. 고고의 정신세계가 없는 상상은 공상과 망상에 불과할 수 있지만, 고고의 정신세계로 세상을 바라보면 그 상상은 말 그대로 장자의 소요유와 같은 상상의 세계를 보여줄 수 있다. 호풍상종할 수 있는 상상이야말로 고고의 미학이 나아가는 궁극의 지점이다.

> 북두칠성(北斗七星)이 북극성(北極星) 가까이
> 그리고 은하수가 높디 높게
> 발(發)하는 빛으로 엄숙한 존재(存在).
>
> 쏟아져 내리는 별빛 속에
> 억 년 전(億年前)과 현대(現代)가 공존(共存)하는 공간(空間).
> 도대체 밤하늘의 실재(實在)는 뭔가?
>
> 어릴 때 고향(故鄕) 하늘은 무궁했지만
> 오늘은 더욱 무궁하다.
> 고전(古典) 하늘과 현대(現代) 하늘이 달에서 만난다.
> ─천상병, 「밤하늘」 전문[10]

---

10) 천상병, 『주막(酒幕)에서』, 민음사, 1979, 162쪽.

이 시의 화자는 밤하늘을 바라보며 무궁한 상상의 세계로 나아간다. 북두칠성과 북극성 사이의 은하수에 대한 상상, 그 별빛 속에 무한히 잠재해 있는 과거와 현대의 공존, 무한한 우주 속으로 빠져드는 이 상상은 끝이 없다. 우주의 공간은 시간을 초월해서 존재한다. 밤하늘을 바라보면서 무궁한 상상의 세계에 빠지듯이 그의 시는 현실과 이승을 초월해 있다. 이런 상상이 현실과 이승의 경계를 초월하는 근원이 된다. 그는 "새벽빛 와 닿으면 스러지는/이슬 더불어 손에 손잡고/나 홀로 돌아갈"(「귀천」) 것이라고 말하고 있다. 삶과 죽음의 경계마저도 옷 갈아입듯이 훌훌 털어 버리고 떠날 수 있다고 말한다. 고고의 미학은 경계를 초월한 무궁한 세계를 보여준다.

고고의 미학은 모든 것이 허공에 자취를 남기고 사라지는 것처럼 순간이지만, 그 한 순간을 포착하는 미학이다. 고고의 미학은 적멸의 순간을 깨닫고 예술에 혼신의 힘을 기울일 때 만날 수 있는 미학이다. 모든 존재는 한 방울의 이슬처럼 사라지는 것이지만, 그 한 순간을 포착해서 참된 예술로 승화시킬 수 있다. 이것이 진정한 예술의 경지이다. 유협이 작가를 성인(聖人)이라고 말하면서 작가가 지향하는 고고한 정신세계야말로 성인의 경지를 지향하는 것이라고 생각한다. 작가야말로 인격의 완성으로 가는 사람이고, 고고의 품격이야말로 인간의 정신세계가 닿을 수 있는 궁극의 지점이다.

고고의 미학을 추구하는 작품을 쓴다면 그 작품 속에는 작가의 인품이 그대로 묻어날 것이고, 그 작품 속에 감춰진 작가의 품격이 따뜻한 봄바람처럼 독자들에게 스며들 것이다. 작가는 좋은 작품을 쓰려고 하기 전에 먼저 좋은 품격을 기르도록 해야 한다. 좋은 동화를 쓰려는 작가는 먼저 어린이들과 같은 맑은 동심을 가져야 하고, 좋은 시를 쓰려는 작가는 누구보다도 맑은 시선으로 사물을 바라보아야 하고, 좋은 소설을 쓰려는 작가는 세상 사람의 아름다운 풍광을 포착하기 위해 노력해야 한다.

동쪽에 달이 떠오르면 그 달의 기운을 따라 따뜻한 바람이 일어나듯이 작품 속에는 작가의 고고한 품격이 스며들어 있다. 고고한 품격은 작가의 정신에 관한 것이지 기교에 관한 것은 아니다. 하나의 문예작품은 기교주의에 빠지지 않으면서 작가의 정서가 살아나야 한다. 기교에 빠지는 것을 경계하기 위해서 유협은 작품의 품격을 정채(情采)로 설명하고 있다. 하나의 작품 속에는 작가의 정서와 사상이 먼저 살아나야 하고[情], 그것이 바탕이 되어서 표현기교와 수식이 있어야 한다[采]고 말한다. 동양 문예미학에서 작가의 정(情)은 채(采)보다도 먼저라는 것이다. 작가의 고고한 품격은 정으로부터 나오는 것이지 채로부터 나오는 것이 아니다. 고고의 미학은 작품의 기교에서 찾을 수 있는 미학이라기보다는 작가의 정신세계에서 발견할 수 있는 미학이다.

태화야벽 인간청종(太華夜碧 人間淸鐘) 화산華山의 밤하늘엔 푸른 기운이 감돌고 사람들 귀에는 맑은 종소리 들려온다.

이 시 구절로 미루어 볼 때 고고의 품격이 스며있는 작품은 따뜻한 기운이 함께 일어날 뿐만 아니라, 화산의 밤하늘에 푸른 기운이 감돌듯이 아름다움이 감돌고 있다고 할 수 있다. 그러면 고고한 품격이 스며있는 작품은 어떤 작품을 말하는 것일까? 이 부분은 작가의 고고한 정신세계가 드러난 작품이 어떤 것인지를 제시하고 있다. 고고한 작품이란 말 그대로 밤하늘의 푸른 기운이 감도는 것 같고, 사람들의 귀에는 맑은 종소리가 들리는 것과 같은 작품이다. 이 시구의 첫 머리에 나오는 "태화(太華)"는 중국의 5대 명산 중에서 서악(西岳)인 화산(華山)을 말한다. 화산은 높고도 깊은 아름다움이 곳곳에 스며있는 산이다. 화산에는 연화봉과 부용봉이 있다. 신선의 세계를 상징하는 연화봉과 부용봉은 이 시의 첫 부분에 나오는 기인(畸人)이 손에 들고 있는 부용꽃을 연상하게 한다. 고고의 미학을 보여주는 작품은 말 그대로 화산의 밤하늘에 푸른 기운이 감도는 것과 같은 작품이다.

화산의 밤하늘에 비치는 푸른 기운을 생각해보자. 환상의 세계 그 자체가 아닐까? 작품은 허공에 사라지고 마는 순간의 것이지만 그것은 허무의 세계가 아니라, 아스라한 기운이 감도는 푸른 아름다움의 세계라는 것이다. 푸른 기운은 생성의 기운이다. 밤의 어두운 적막 속에 생성하는 푸른 기운이 있는 것이다. 허공 속에 있는 작은 자취에 불과한 작품이라 하더라도 고고한 품격을 지닌 작품이라고 한다면, 그것은 밤하늘의 푸른 기운이 감돌듯이 빛을 내는 작품이다. 보이지 않는 허상이지만, 그것은 허상이 아니다. 허상은 실상이고, 실상은 또 다른 허상이다. 이 모순의 형용미학은 동양 문예미학에서 말하는 역설의 미학이라 할 수 있다. 동양 미학에서 말하는 여백의 미학은 꽉 차 있는 충족의 미학이 아니라, 채움을 위해 남겨둔 비움[空]의 미학이라 할 수 있다. 첫 번째 연에서 말한 "참된 기운"과 "부용꽃"은 허공에 자취를 남기고 사라지고 말았지만, 그 고고한 품격은 화산의 밤하늘에 푸른 기운이 감도는 것처럼 아스라이 남아 있다. 그 푸른 기운은 사람들에게[독자들에게] 맑은 종소리와 같이 여운을 준다.

작가는 사라지고 말지만 그가 남긴 영혼은 남아있다는 말과도 같다. 진정한 예술은 영혼의 울림이라고 할 수 있다. 여기서 맑은 종소리는 심금을 울리는 소리를 말한다. "인간청종(人間淸鐘)"이란 사람들의 마음에 깊은 울림을 주는 작품을 말한다. 밤하늘의 푸른 기운을 받으면서 맑은 소리를 듣는다는 것은 그 깊은 예술의 세계에 감응하는 것이다. 청각과 시각을 통해서 공감할 수 있는 예술이야말로 가장 뛰어난 예술작품에서 발견할 수 있는 아름다움이 아닐까? 사공도의 『이십사시품』은 문예미학을 말하고 있으면서도 시각과 청각을 통해서 감응하는 것이 가장 중요하다고 말하고 있다. 어떻게 하면 작품 속에서 시각과 청각의 감응을 느끼게 할 수 있을까? 그것은 울림이라고 할 수 있다. 고고의 미학은 높은 정신세계를 통해서 영혼의 울림을 주는 미학을 말한다.

밤하늘에 울리는 맑은 종소리는 더욱 청아하게 들리고, 그것은 앞에서 말한 "따뜻한 바람"을 타고 온 기운과 함께 독자들에게 스며든다. 작가의 높은 정신세계가 작품에 감돌아서 그것이 독자에게 심금을 울릴 때 고고의 아름다움을 드러내는 작품이 될 수 있다. 순수한 마음은 선천적으로 타고나는 것이라고 할 수도 있지만, 수양을 통해서 길러질 수도 있다. 고고의 품격을 지닌 작가가 되기 위해서 먼저 작가의 심성을 단련하고, 높고 깊은 정신세계를 갖기 위해서 수양하는 것이야말로 심금을 울리는 고고의 미학에 다가가는 방법이다. 고고의 미학이 추구하는 궁극의 지점은 "인간청종(人間淸鐘)"에 있다. 고고한 품격에서 우러나오는 작품은 독자의 영혼을 울릴 것이다.

(4) 현묘한 덕

허저신소 탈연휴봉(虛佇神素 脫然畦封) 마음 비우고 소박한 정신을 지키면서 인간의 경계를 벗어나 초연하게 사네.

사람들에게 감동을 주는 좋은 작품을 썼더라도 작가는 마음을 비우고 소박한 정신을 지켜야 한다. 좋은 작품 한 편으로 오만한 자존심에 빠지는 것은 고고(高古)한 품격을 지닌 작가라 할 수가 없다. "마음을 비우고 소박한 정신을 지킨다"는 것은 작가로서 항상 인격을 수양하는 과정에 있어야 한다는 것이다. 인간의 작은 욕망에 치우치지 않으면서 자신을 지켜가는 것이 필요하다는 말이다. "인간의 경계를 벗어나는 것"은 앞에서 말한 부용꽃을 들고 늘 작품 세계에 몰입한다는 말이다. 사람들은 각자 자신의 가치를 두고 세상을 살아가지만, 작가는 항상 부용꽃[붓]을 들고 인간의 경계를 벗어나서 초연하게 살아가야 한다는 것이다. 초연하다는 말은 현실을 무시하고 살아가는 경계를 의미하는 것이 아니다. 인간이 가지고 있는 여러 가지 속된 가치에 집착하지 않고 마음을 비우는 것이다.

이 시구의 첫 번째 한자어 "허(虛)"는 비운다는 뜻이다. 텅 비어있는 공허함을 말하는 것이 아니라, 꽉 채워져 있는 것을 비운다는 뜻이다. 자신의 작품에 대해서 미련을 버리고 허공에 남긴 자취에 집착하지 않는다는 것이다. 비워내고 또 비워내서 정신을 소박한 상태에 두라는 것이다. 소박한 상태에 머문다는 것은 초연한 마음으로 경계와 경계를 넘어선다는 것이다. "저(佇)"는 우두커니 서있다는 뜻이다. 원래 저(宁)라는 글자는 물건(物件)을 모아 쌓기 위한 기구(器具)를 본뜬 단어이다. 고고한 품격은 높은 곳에서 우두커니 서 있는 상태를 말한다. 모든 것을 비워낸 채 우두커니 서서 무념무상의 상태에 있는 것이다. "신소(神素)"는 정신을 소박하게 한다는 말이다. "소(素)"는 "빨아 널어 드리운(垂) 명주실이 깨끗하다"는 뜻으로 희다는 것을 뜻한다. 마음을 비우고 맑은 정신 상태로 우두커니 서 있는 것이다. 소(素)는 허(虛)의 상황과 비슷하다고 할 수 있다.

 이 밤에 사람들의 희롱 따위는 아랑곳하지 않은 채
 서쪽의 여섯 번째 하늘 강산천(江山天)에 해와 달을 오려붙이고 구름이며 별들을 점점이 찍어 보았습니다.
 금세(今世)의 서러움과 아픔을 피대(皮袋) 속에 가두어 둔 채 한 밤이면 쇳소리가 나는 물소리도 불러 울려 소리를 죽여 놓았습니다.
 굳이 마음을 터놓고 이야기할 이웃을 찾아야 합니까
 얼마든지 만들어 낼 수 있는 해와 달 구름이며 별들이랑 옮겨 다닐 하늘이 내게 있는 한 구구(區區)할 것이야 없겠지요.
          ―박제천, 「허두(虛頭)」 전문[11]

이 시의 화자는 마음을 비우고 텅 빈 하늘을 응시하면서 세상의 잡다한 일상을 걷어내고 있다. 넓고 넓은 하늘에는 별과 달이 있고 그 별을 따라 마음대로 상상할 수 있는데, 굳이 이야기할 이웃을 찾을 필요가 있을까? 허무의 꼭대기에 서서 하늘을 우두커니 바라보면 세상의 모든 것을 초극할 수 있다. 우주의 공간이 모든 세상의 번잡한 것을 초월하게 한다. 사람들의 희롱이나 구구한 변명은 높은 관점에서 보면 아무런 의미가 없다. 단순히 현실을 초월하는 것이 아니라, 보다 높고 넓은 관점으로 볼 때 작은 것은 큰 의미가 없다는 것이다. 경계 속에 갇혀 있을 때는 보이지 않던 것이 경계를 넘어서면 보인다는 것이다. 쓸모 있다고 생각했던 것들도 넓은 관점에서 보면 아무 쓸모가 없는 것이다. 텅 빈 허무의 자리의 끝자락에는 모든 것을 초월한 광활한 우주를 만난다. 마음을 비우고 맑은 정신을 갖는다는 것은 특정한 경계를 벗어나 자유분방한 상태로 나아간다는 것을 의미한다.

 이어지는 시구 "탈연휴봉(脫然畦封)"은 인간의 경계를 벗어나고 또

---
11) 박제천 시선, 『세번째 별』, 고려원, 1983, 37쪽.

벗어난다는 말이다. 자신을 깊고 깊은 곳으로 밀어 넣는다는 말이다. "탈(脫)"은 원래 몸을 벗는다는 뜻이다. 허물을 벗어던지듯이 새로워져서 자연스럽게 된 상태를 말한다. "휴(畦)"는 땅의 가장자리 혹은 경계를 말한다. 허공의 상태에 머물면서 자신을 놓아두고 그 경계마저도 벗어난 상태로 나아간다는 말이다. "봉(封)"은 흙을 나타내는 촌(寸)과 무성한 나무를 뜻하는 규(圭)가 합쳐진 글자다. 흙을 수북하게 모아 나무를 심은 모양을 나타낸다. 특정 지역의 경계를 말한다. 허(虛)와 실(實)의 경계마저도 벗어난 초연한 상태를 말한다. 고고의 품격이 지향하는 궁극의 지점은 경계를 넘어서 초연한 곳으로 나아가는 것이다. 여기서 경계의 초월은 허와 실의 경계를 벗어나는 것이고, 허물을 벗어서 새로운 생각으로 나아가는 것이다. 이 때문에 고고의 미학은 자연스러운 생성의 미학이라 할 수 있다. 생성의 미학은 동양 문예미학의 바탕을 이루는 미학이다.

황당재독 낙낙현종(黃唐在獨 落落玄宗) 태곳적 경지를 나 홀로 지니고 현묘한 이상을 품고서 살아가리라.

"황(黃)"은 고대 신화시대의 황제를 말하고, "당(唐)"은 중국의 옛 당(唐)나라 요(堯)임금 시대를 말한다. 황제와 당우시대는 태평성대를 상징한다. 이 태평한 시대를 혼자서 지키겠다는 말은 시대적 흐름에 따르지 않고 고고한 품성으로 살아가겠다는 것이다. 고고의 의미를 분명하게 짚어볼 수 있다. "황당(黃唐)"은 '고(古)'를 말하고 "독(獨)"은 '고(高)'를 말한다. 고고는 말 그대로 옛날의 아름다움을 간직하면서 홀로 우뚝 서 있는 것이다. 옛것은 낡고 진부한 것이 아니라, 순수하고 아름다운 덕이 있는 것이다. 고대 신화시대에는 체제와 이념이 없는 순수한 시대였다. 그 시절에 있었던 도덕을 지키면서 혼자서 우뚝하게 서 있는 것이다. 고고의 품격에서 고(古)는 이러한 세계를 말한다. 인간의 본성에 따르고, 그 본성에 위배되지 않는 작품을 쓰는 것이다. 가장 순수한 인간의 경지를 다루는 것, 자연의 가장 순수한 상태를 그리는 것, 자연스러운 우주의 섭리에 따르는 것이야말로 고고한 품격이 지향하는 궁극의 지점이다. 예술은 현묘한 도리를 실현하는 것이다. 인간이 예술을 만들어내는 것은 어떤 창조물보다도 위대한 것이다. 그것은 높은 덕을 실천하기 때문이다.

> 시(詩)란 아무래도 사람의 손끝에서 빚어지는 것은 아닌 성 싶습니다 밤마다 하늘에 띄워 보낸 몇 백 개의 별들도 눈이 내리는 밤이면 하염없이 그 눈을 따라 땅으로 떨어져 내리고 강물마다 찍어 놓은 일천 개의 달들은 바람이 한 번 지날 때마다 물속으로 숨어 버리기 일쑤입니다 갈대밭 사이에서 사람들이 귀 기울여 모아들이는 바람소리조차 사람의 가슴을 허물기에는 너무도 가녀려서 한 오(五), 육분(六分) 지내면 갈대밭 사이로 되돌아가 차라리 저희들끼리 몸을 껴안고 흐느낄 뿐입니다. 시(詩)란 아무래도 그것을 바라보기에나 족한 것 같습니다.
> ―박제천,「첫번째 익(翼)」전문12)

이 시는 시가 자연에서 일어나는 모든 현상을 담아내지 못한다는 한계를 말하고 있다. 아무리 훌륭한 시라 하더라도 그것을 문자로 표현하는 순간 언어의 한계에 빠지고 만다. 무궁한 자연의 소리를 언어로 표현하는 것은 한계가 있기 때문에 이 시의 첫 번째 행에서 "시는 아무래도 사람의 손끝으로 빚어지는 것은 아닌 성 싶다"고 말하고 있다. 그럼 누구의 손으로 빚어지는 것일까? 인간의 정신이 닿지 못하는 곳, 그 현묘한 지점에 시가 존재할 뿐이다. 말하고 싶지만 다 말할 수 없는 것, 말할

---

12) 박제천 시선, 앞의 책, 55쪽.

수 없는 것을 말하려고 하는 것. 이 아슬아슬한 불립문자의 경계 지점에 시가 존재한다. 시는 오래된 순수한 덕을 마음속에 간직한 채 그 순수한 덕을 옹호하고 있는 것. 그 순수의 상태에 머물러 있는 지점에 시가 존재할 뿐이다. 이 시는 고고의 미학이 지향하는 궁극의 지점이 무엇인지를 잘 보여주고 있다. 너무도 높은 덕은 그 경계를 알 수 없고, 그 높은 덕을 표현하는 시는 그 아득한 경계에서 "바라보기에나 족"한 상태로 존재할 뿐이다.

고고의 미학을 설명하는 마지막 구절에 현묘한 이상[玄宗]을 말하고 있는 것은 높고 높은 덕은 더 이상 말할 수 없는 그 무엇으로 존재할 뿐이라는 것이다. "현(玄)"은 도교에서 말하는 현묘한 진리의 세계를 말한다. 현덕(玄德)이라는 말로 쓰인다. 인간 수양의 마지막 단계라고 할 수 있는 현덕은 작가가 도달해야 할 궁극의 지점이 인격의 수양이라는 말과도 같다. 고고의 미학은 삼황오제 시절의 덕과 당우 시대의 덕을 배우면서 홀로 처신하는 것이다. 고고(高古)가 고고(高孤)와 상통한다는 말은 이 시에서 말하고 있는 "독(獨)"이라는 말과 통하기 때문이다. 홀로 있다는 것은 고독한 일이기도 하지만 다르게 생각하면 높은 경지에서 자유를 누리고 있다는 말과도 같다. 독야청청(獨也靑靑)한다는 말은 자존심을 가지고 혼자서 처신하겠다는 의지를 표명하는 것이기도 하지만, 세속에 물들지 않는 고고한 품격을 가지고 살겠다는 말이기도 하다. 진정한 고독은 자유로움에 있다. 고고는 혼자만의 외로움에 몸부림치는 것이 아니라, 모든 현상은 적멸의 순간 속에 있다는 것을 깨달으면서 고독한 자유를 누린다는 것이다. 현묘한 덕은 홀로 높은 정신세계에 이르는 것을 말한다. 자신만의 독특한 품격도 고고(高古)한 품격을 바탕으로 할 때 우러나온다.

천지의 시초에는 무(無)가 있었다. 존재하는 것이란 아무 것도 없고 이름도 없었다. 여기서 일(一)이 생겨났는데, 일은 있어도 아직 형체는 없었다. 만물은 이 일(一)을 얻음으로써 생겨나는데 그것을 덕이라고 한다. 아직 형체는 없지만 내부에서 구분이 생겨 차례로 만물에 깃들면서 조금도 틈이 없다. 이것을 운명이라고 한다. 일은 유동하여 사물을 낳는데 사물이 이루어져 사리(事理)가 생긴다. 이를 형체라고 한다. 형체는 정신을 지키고 각기 고유한 법칙이 있다. 이것을 본성(本性)이라 한다. 본성이 잘 닦여지면 본래의 덕으로 돌아가고, 덕이 지극한 데에 이르면 태초의 상태와 같아진다. 같아지면 공허해지고 공허하면 커진다. 말을 해도 새가 부리를 놀려 울듯이 무심해진다. 새 부리가 자연히 움직이듯이 무심하면 천지가 합쳐진다. 분간할 수 없을 정도로 완전히 합쳐져서 마치 어리석고 무지(無智)한 것만 같다. 이를 깊고 그윽한 덕[玄德]이라 하며, 위대한 순응과 하나가 되었다고 한다.13)

무의 상태에서 형체를 만들어내는 것이 예술이고, 그 형체는 작가의 본성을 드러낸다. 태초의 상태와 같아진다는 것은 예술의 절대 경지에 이른다는 말이다. 고고의 미학에 이르기 위해서는 이러한 현덕(玄德)을 실현하는 것을 마루[宗]로 삼아야 한다. 참된 예술 작품은 현덕의 실현에 있는 것이지 작품의 명성에 있는 것이 아니다. 존재하는 것은 아무 것도 없으며 이름도 없다. 그 태초의 상황에 이름을 부여하는 것이 예술의 본령이다. 예술은 작가의 본성으로부터 시작한다. 본성이 잘 닦여지면 본래의 덕으로 돌아가고, 태초의 상태와 같아지면 공허해지고, 공허하면 커진다고 한다. 앞에서 말한 허공에 남긴 자취를 잊고 다시 시작하면 그 고고한 품성이 작품에 스며들어서 더 큰 세계를 보여준다는 것이다.

고고의 미학은 "깊고 그윽한 덕"이다. 작가가 작품을 쓰는 가장 중요

---

13) 泰初有無. 無有無名. 一之所起. 有一而未形. 物得以生. 謂之德. 未形者有分. 且然無間. 謂之命. 留動而生物. 物成生理. 謂之形. 形體保神. 各有儀則. 謂之性. 性修反德. 德至同於初. 同乃虛. 虛乃大. 合喙鳴喙鳴合. 與天地爲合. 其合緡緡. 若愚若昏. 是謂玄德. 同乎大順.(-안동림 역주, 앞의 책, 321-322쪽.).

한 이유는 작가의 어떤 덕을 보여주는가에 있다. 고고의 미학은 인간의 정신세계 중에서 가장 오묘한 덕을 찾아가는 길이며, 그 오묘한 덕으로부터 예술의 참된 의미를 발견하는 것이다. 그 세계를 발견하기 위해서 끊임없이 수양해가는 과정에서 고고의 미학은 자연스럽게 드러난다. 위대한 문예작품은 고고의 품격과 같이 작가의 정신세계를 높고 그윽한 곳에 두고 있을 때 자연스럽게 나오게 된다.

6. 깊은 사유의 미학

— 전아(典雅)

(1) 경전을 바탕으로

'전(典)'은 기록한 책을 제사상에 바쳐 놓은 모양을 본뜬 글자를 말한다. 전(典)은 문물제도와 세상을 다스리는 원리를 기록한 경전과 법전의 의미를 갖고 있다. '아(雅)'는 음을 나타내는 아(牙)와 뜻을 나타내는 추(隹)가 합쳐진 말이다. 아(牙)는 큰 이빨(어금니)을 말하는데, 동방삭은 추아(騶牙)를 설명하면서 "그 이빨이 똑 골라서 모두 같은 크기이고 어금니가 없다"라고 했다.[1] 아(牙)는 고른 이빨의 모양을 말한다. 추(隹)는 꼬리가 짧은 새를 말한다. 아(雅)는 원래 띠까마귀를 말하는데 '우아하다'는 뜻으로 쓰인다. 아는 속된 것에 대비되는 것으로 쓰였지만 시대에 따라 각기 다른 의미로 받아들여지기도 했다.[2]

『시경』의 체제는 풍, 아, 송의 세 가지로 나누었는데, 이 중에서 아(雅)는 속(俗)과 대비되는 정통 유가의 경전을 지키는 시의 경향을 말한다. 아는 '사무사(思毋邪)'의 순수한 마음을 뜻하는 것으로 삿되거나[邪], 속되거나[俗], 새롭거나[新], 기이하지[奇] 않는 것을 말한다. 말 그대로 한다면 이단의 글쓰기를 배제하고 경전에 따른 정통 유가의 길을

---
1) 염정삼, 『설문해자』, 서울대출판문화원, 2007, 68쪽.
2) "육조 사람들은 경전[典]으로 아를 삼았고, 당송(唐宋) 사람들은 참됨[眞]을 아로 삼았다. 경전을 아로 삼은 자들은 역사의 사실과 경전의 내용을 잘 활용했고, 참됨을 아로 삼은 자들은 자연을 모사하거나 오로지 자기들 천성에 따라 시를 지었다"고 한다.(안대회, 『궁극의 시학』, 문학동네, 2013, 171쪽).

따르는 품격을 말한다. 사공도는 『시품』에서 정통 유가의 길을 따르는 품격을 제시하고 있다. 유협은 『문심조룡』에서 올바른 문장의 길을 여덟 가지로 제시하고 있는데, 그중에서 첫 번째가 고전적인 전아함이다.3) 유협은 동양 문예미학의 첫 번째 조건으로 전아함을 들고 있는 것이다. 『시품』은 이러한 정통 유가의 품격을 따르고 있다.

전아는 직접적으로 유가 경전에 나오는 표현을 자주 인용하고, 경전의 내용과 사유 방식을 잘 따르고 활용하는 창작 태도를 가리키는 말이다. 전아는 서양의 고전주의 미학과 견주어 볼 수 있는 경향이라고도 한다. 『시품』의 기준에 따르면, 전아는 '고고'나 '충담'의 품격과 크게 다르지 않다. 전아는 정치에서 손을 떼고 산골에 은거해서 "자기 혼자 선량하게 살아간다"[獨善其身]4)는 유가의 처세관을 따르고 있다. 겸재 정선은 전아의 품격을 그림으로 그리고 난 뒤에 "버드나무 바람은 살랑살랑 불어오고, 폭포는 우렁우렁 물결이 난다. 이런 데서 거문고를 안고 있으니 멋진 운치가 크게 살아난다"5)라는 화평을 달았다. 정선의 화평에 따르면, 전아의 품격은 주변의 풍경과 조화를 이룬 상태에 무게중심을 두고 있다.

유협은 "경서의 천품으로써 글은 시문의 격식을 삼고, 전아함을 참작하고, 언어를 풍부하게 쓴다면, 이것은 곧 산 속에서 구리를 만들어내는 것이고, 바닷물을 끓여서 소금을 얻어내는 일"6)이라고 한다. 좋은 글은

---

3) 若總其歸塗, 則數窮八體 : 一曰典雅, 二曰遠奧, 三曰精約, 四曰顯附, 五曰繁縟, 六曰壯麗, 七曰新奇, 八曰輕靡, 典雅者, 鎔式經誥, 方軌儒門者也.(유협 지음, 황선열 옮김, 『문심조룡』, 신생, 2018, 327쪽).
4) 『맹자』'진심(盡心) 상'에서 "古之人, 得志, 澤加於民, 不得志, 修身見於世, 窮則獨善其身, 達則兼善天下".(안대회, 앞의 책, 176쪽, 재인용).
5) 澹澹柳風, 喧喧飛瀑, 於此抱琴, 大有佳致.(안대회, 앞의 책, 178쪽).
6) 若稟經以製式, 酌雅而富言, 是卽山以鑄銅, 煮海而爲鹽也.(유협 저, 앞의 책, 59쪽).

경서의 천품으로 시작하고 전아함을 참작함으로써 이루어진다는 것이다. 전아는 문학의 연금술에서 반드시 필요한 것이며, 전아를 참작할 때라야 비로소 새로운 것을 얻을 수 있다고 한다. 동양 문예미학에서 말하는 좋은 작품이란, 경전의 격식을 중심에 두고 전아한 품격을 유지하는 것이다.

문학은 경서를 바탕으로 새로운 것을 이끌어낼 수 있는 원리를 삼아야 하는 것이다. 이것은 문학의 골격이 변하지 않으면서 그 문채(文采)를 가꾸어간다는 말로 설명할 수 있다. 경서의 원리에 따를 때 좋은 작품은 "감정이 깊어서 정도에 벗어나지 않도록 하며, 풍격(風格)[7]이 맑아서 잡스럽지 않으며, 어떤 사실에 대해서 믿음이 있어서 허망한 소리를 하지 않으며, 의미가 솔직해서 간사하지 않고, 문장의 요약이 잘 되어서 거칠지 않고, 문장의 표현이 유려(流麗)해서 음란하지 않다"[8]고 말한다.

고전을 모범으로 삼는 것, 그것을 바탕으로 전아함이 드러날 때 속되지 않는 우아(優雅)한 품격이 우러나오는 것이다. 『시경』의 '아'는 '풍'과는 대립되는 것으로 그 풍속을 교화하거나 정화하는 기능을 하는 것이다. 그런 점에서 전아의 미학은 '고고'와 '충담'의 미학과 비슷하다고 할 수 있다. 그런데 그 바탕에 경전이라는 전범을 지니고 있기 때문에 고고

---

[7] 풍격(風格)은 품격(品格)이라는 말과는 다소 차이가 있다. 풍격(風格)은 풍채(風采)와 품격을 동시에 말하는 포괄적인 의미를 지니는데 반해서 품격(品格)은 물건(物件)의 좋고 나쁨의 정도(程度), 혹은 품위(品位)와 기품(氣品), 정도(程度)를 말하는 구체적인 의미로 쓰인다. 시의 풍격은 시에 나타나는 전체 분위기의 뜻이 강하다면 시의 품격은 시에서 발견할 수 있는 구체적인 위상과 느낄 수 있는 기운이라는 뜻이 강하다. 이 책은 시의 미학과 그 의미를 발견하기 위해서 쓴 것이기 때문에 구체적인 의미를 지닌 품격(品格)이라는 용어를 사용하기로 한다. 본문에 나오는 풍격(風格)은 기왕에 인용한 부분에서만 사용하기로 한다.

[8] 故文能宗經, 體有六義 : 一則情深而不詭, 二則風淸而不雜, 三則事信而不誕, 四則義直而不回, 五則體約而不蕪, 六則文麗而不淫.(유협, 앞의 책, 59쪽).

와는 사뭇 다르고, 바르고 우아하다는 점에서 맑고 담박한 충담과는 다
르다. 전아는 고전적 풍취와 훈향이 느껴지는 미학이라 할 수 있다.

玉壺賣春 賞雨茆屋 座中佳士 左右修竹
옥호매춘 상우묘옥 좌중가사 좌우수죽

白雲初晴 幽鳥相逐 眠琴綠陰 上有飛瀑
백운초청 유조상축 면금녹음 상유비폭

落花無言 人淡如菊 書之歲華 其曰可讀
낙화무언 인담여국 서지세화 기왈가독

옥 술병에 술을 가득 담고서
초가지붕 아래서 비를 감상한다
한자리에 아름다운 선비들 앉아있고
키 큰 대나무 서 있다

비 갠 하늘에는 흰 구름 떠가고
그윽한 새들은 저들끼리 뒤를 쫓는다
숲 그늘 아래 잠을 자다 거문고 연주하고
저 위에는 물을 뿜는 폭포가 있다

떨어지는 꽃잎은 말이 없고
사람은 담백하기가 국화와 같다
이 좋은 계절 풍경을 시로 써내면
읽기에 좋다고 말들 하리라

이 시의 1연은 전아한 풍경의 미학을 보여주고 있다. 전체의 풍경이 은은하고 단정하게 보인다. 이 풍경은 억지로 짜여진 풍경이 아니라 전체가 조화를 이루는 풍경이다. 술병의 술 마저도 주변의 풍경과 어울리는 형국이다. 2연은 그 조화로운 풍경이 그대로 이어지고 있다는 것을

보여주고 있다. 흰 구름과 서로 쫓고 쫓기는 새들의 움직임, 그 속에서 연주하는 거문고의 곡조, 배경처럼 물을 뿜는 폭포까지 서로 어울려 있다. 인공과 자연의 조화로움을 잘 보여주고 있다. 전아의 품격은 잘 짜여진 조화로운 풍경에서 발견할 수 있는 아름다움이다. 3연은 이들 풍경 속에서 자연스럽게 나타나는 아름다움을 말하고 있다. 그것은 말이 없으면서 담박한 아름다움을 갖추고 있는 것이다. 전아의 품격은 인위와 자연의 조화, 자연과 자연의 조화, 인위와 인위의 조화와 같은 잘 짜여진 형국을 말하는 품격이다.

(2) 은근한 어울림의 미학

옥호매춘 상우묘옥(玉壺賣春 賞雨茆屋) 옥 술병에 술을 가득 담고서 초가지붕 아래서 비를 감상한다.

안대회가 밝히고 있듯이 이 시구에서 '매춘(買春)'은 '술을 산다'로 해석하는 것이 옳다. 첫 구절 '옥호매춘(玉壺賣春)'에서 '춘'은 술을 말하는 뜻으로 보아서 이 구절은 "옥으로 만든 술병에 술을 사서 담는다"고 해석할 수 있다. 옥으로 된 술병은 건륭제의 『어제시집/초집(御製詩集/初集)』권28의 「옥옹가(玉甕歌)」에 실려 있다9)고 한다. 옥으로 만든 멋진

---

9) "옥으로 된 흰 문채가 있었는데, 그 형상을 보니 파도가 치는 상황에서 물고기와 짐승이 새겨져 있었다. [그 항아리의] 크기가 술 30여석을 갈무리 할 수 있을 정도였다. 덮개는 황금으로 [장식된] 오래된 물건이었다. 일찍이 만수산 광한전 안에 있었는데, 나중에 서화문 밖 진무묘(眞武廟) 안으로 옮겼다. 도인(道人)이 오래된 항아리를 만들었는데, [그곳에] 수레바퀴로 경작한 기록을 황금 자라가 물러나 깨물고 있는 것이라고 씌어져 있었다. [황제가] 명을 내려서 그 단지를 천금을 주고 샀다. 이어서 그 단지를 승광전 안에 두었다. 그리고 시를 지어서 갈무리 했다."(玉有白章, 隨其形, 刻爲魚獸出沒扵波濤之狀. 大可貯酒三十餘石, 盖金元舊物也. 曾置萬壽山廣寒殿內, 後在西華門外眞武廟中. 道人作榮甕, 見輟耕錄及金鼇退食

술병에 술을 담아놓고 내리는 비를 바라보면서 그 은은한 분위기를 즐기고 있다. 비가 내리는 초가집이니 그 분위기는 한껏 주변과 어울려 있을 터이다. 화자가 초가지붕 아래에 있는 것으로 짐작하건대, 부유한 사람이 아니라 가난하거나 소박한 사람이다. 그런데도 술병은 옥으로 만든 술병이니 그 취향은 높은 것 같다. 화자는 옥으로 만든 술병에 술을 담아놓고 하염없이 내리는 빗줄기를 바라보고 있다. 술병의 술은 혼자서 먹기 위한 것이라기보다는 누군가와 함께 먹기 위한 것이다. 그는 현실을 도피해서 은거하고 있는 사람이 아니라, 한적한 곳에서 초가집을 짓고 삶의 여유를 즐기는 사람이다.

이 첫 구절에서 전아함은 농염한 여인의 향기가 아니라, 은은한 분위기를 즐기는 촌부(村夫)의 기운임을 확인할 수 있다. 여기서 술은 마시고 취하기 위한 수단으로 준비한 것이 아니라, 비가 내리는 분위기와 어울리게 하기 위한 수단이다. 첫 번째 구절의 옥으로 만든 술병은 비가 내리는 정경과 술 마시는 분위기를 더욱 고조시키는 소재라 할 수 있다. 전아의 미학은 전체 분위기 속에 어울리는 조화로운 풍경에서 시작한다는 것을 말하기 위해서 제시한 소재일 뿐이다. 전아의 미학을 설명하는 첫 번째 구절은 전아의 풍경이 어떤 것인지를 잘 보여주고 있다. 이러한 분위기에 어울리는 시 한 편을 읽어보자.

　　비가 오는 여름밤은
　　일찍이 소등하고
　　창가에나 조용히 누워 있는 것이 멋이네.
　　한밤내 주룩주룩 내리는 빗소리에
　　흐려진 가슴을 씻기우고 누워 있으면

筆記. 命以千金易之, 仍置承光殿中, 而繫以詩, -안대회, 앞의 책, 636쪽, 재인용).

꽃밭에 쭈그린 청개구리보다도 오히려
내 마음이 화려하이.

아침마다 서울을 가자면
저 먼 三井里에 이르는 길,
혹은 더 먼 마을의 들길까지도 수북이수북이 피어 있던
그 허어연 들국화들도 지금쯤은
비를 맞겠지.
지금의 내 눈, 내 귀만큼이나 어둠에 예민해져
그 허어연 목덜미로 비를 맞겠지.

비가 오는 한여름밤은
일찍이 어린것들을 달래어 잠재우고
창가에나 조용히 누워 있는 것이 멋이네.
한밤내 주룩주룩 내리는 빗소리에
흐려진 가슴을 씻기우고 누워 있으면
꽃밭에 도사린 꽃뱀보다도 오히려
내 몸매는 화려하이.
　　　　　　—박성룡, 「비가 오는 여름밤은」 전문10)

　이 시의 화자는 비가 오는 여름밤에 비 소리에 젖어있는 생명들과 하나가 되고 싶어 한다. 여름의 무더위를 식혀주는 비 소리를 들으면 마음도 몸도 환하게 된다. 가까이 있는 청개구리도, 꽃밭의 꽃뱀도, 먼 길에 있던 들국화도 모두 비에 젖어서 싱그럽다. 화자가 창가에 앉아서 비 소리를 들으려고 하는 것은 만물의 기운과 소통하려는 화자의 소망이다. 화자는 하루의 일상을 비 소리에 씻으면서 흐렸던 하루 일상의 일들을 쓸어내리고 있다. 이 시의 화자가 조용히 비 소리를 들으면 세상의 모든 것을 잊으려고 하듯이 전아는 마음을 가지런하게 하면서 풍경과

---

10) 박성룡 시집, 『풀잎』, 창작과비평사, 1998, 44-45쪽.

조화를 이루려고 하는 것을 말한다. 여름밤의 비는 고단한 하루의 일상을 씻어 내리고 흐려진 마음도 깨끗하게 씻어준다. 그런 청아한 마음으로 들어가기 위해서는 밝은 불빛을 모두 끄고 아이들을 잠재우고 조용한 시간에 놓여 있어야 한다.

옥병에 술을 담아놓고 조용히 비를 감상하는 태도나 여름밤 비 소리를 들으면서 고요한 사색의 세계로 가려는 마음이나, 모두 조화로운 세계로 들어가는 과정이라 할 수 있다. 전아의 미학을 말하는 시의 첫 부분에 조화로운 풍경의 세계를 제시하고 있는데, 이것은 전아의 미학은 조화로운 세계에서 마음을 씻어 내리는 정화의 시간으로부터 시작한다는 것을 말하고 있다. 그 조화로움의 세계는 오래되어서 해묵은 세계이다. 그 세계에서는 시간도 바쁜 때가 아니라, 여유로운 시간이다. 전아의 미학은 낡고 오래된 세계에서 만날 수 있으며 친숙한 공간에서 여유로운 마음을 가질 때 만날 수 있다. 전아의 미학을 말하는 전(典)은 모범이 되는 경서(經書)를 말한다. 경서는 오랜 시간동안 변하지 않는 진리를 담아낸 책이고, 그것은 낡고 오래 되어서 은은한 빛이 스며있는 책이다. 이효석의 단편소설「은은한 빛」에는 오래된 검(劍)의 아름다운 빛깔이 묘사되어 있는데, 그 은은한 빛과 같이 해묵은 아름다움이라 할 수 있다. 최명희는 전아한 빛깔을 오래된 나무의 빛깔에서 발견하고 있는데, 그 빛깔은 시궁창에서 석삼년 썩고, 맑은 물에서 석삼년 썩은 나무의 고갱이에서 나오는 빛깔이라고 한다. 이와 같이 전아의 미학은 비가 만물을 적시듯이 은은하게 사람들의 기운 속으로 스며드는 것이며, 오래된 시간 속에서 서서히 스며있는 아름다움을 말한다.

시의 원문 '묘옥(茆屋)'은 띠 풀로 만든 초가집이다. 그 초가집에 사는 사람은 오래된 책과 같이 남루하지만 은은한 빛이 나는 사람이고, 오래된 벗과 같이 말없이 마주보고 있기만 해도 정겹고 친숙하게 다가갈 수 있는 사람이다. 전아의 미학은 새롭고 참신한 기운을 말하는 것이 아니라, 오래되고 깊은 정이 흐르는 기운을 말한다. 여름날 창가에 누워서 듣고 싶은 비 소리와 같이 정겨운 기운이다. 초가지붕에 비가 지붕에 서서히 스며들듯이 세상과 조화를 이루면서 겉에서부터 안으로 은근하게 젖어드는 것이며, 오래 숙성한 술처럼 은은한 향기로 다가오는 것을 말한다. 오래된 기운이나 빛깔을 바라보고 있으면 마음까지도 숙연해진다. 그리고 그 숙연하고 경건한 기운은 몸과 마음을 한껏 맑게 한다. 전아의 미학은 오래된 기운에서 자연스럽게 나오는 은은한 빛을 통해서 발견할 수 있는 맑은 아름다움을 말한다.

좌중가사 좌우수죽(座中佳士 左右修竹) 한자리에 아름다운 선비들 앉아 있고 키 큰 대나무 서 있다.
 이 시구는 앞 구절의 뒤를 이어서 펼쳐지고 있는 전아의 미학을 설명하는 조화로운 풍경을 보여주고 있다. 비가 오는 여름날 초가지붕에 떨어지는 비 소리를 들으면서 말없이 앉아 있으니 그곳에 선비들이 모여든다. 서로 말없이 통하는 사람들이다. 아름다운 선비라는 시구를 쓴 까닭은 그곳에 모인 사람들의 아름다운 마음을 말하기 위해서이다. 이 자리에 모인 사람들은 모두 마음이 맑은 사람들이다. 원문의 '가사(佳士)'는 선비들이라는 복수형으로 해석할 수도 있지만, 말없이 홀로 풍경을 즐기는 사람이라고 해석할 수도 있다. 옥으로 만든 술병이 놓여 있으니 혼자보다는 여럿일 수도 있겠지만, 사람이 많아서 붐비는 분위기는 아니다. 그저 비 소리를 들으면서 한담을 나눌 수 있는 풍경 속에서 서로 마음이 통하는 사람들 몇몇이 모여서 말없이 머물거나 담소를 나누는 것이라고 보는 것이 좋을 것이다.

잘 익은 술이 아름다운 술병 안에 들어 있고 모인 사람들도 오랫동안 사귀어서 친숙한 사람들이다. 그들은 세속의 문제를 다투거나 요란한 논쟁을 벌이기 위해서 모인 것이 아니라, 말없이 조용히 머물거나 담소를 나누기 위해서 모인 것이다. 이 때문에 원문 '가사(佳士)'는 직역하면 '아름다운 선비'이지만, 여기서는 서로 마음이 통하는 사람들을 의미한다. 이들은 경서를 모범으로 삼아서 공부한 사람들이고 오랫동안 친숙한 공간에 모여서 서로 얘기를 나누었던 사람들이다. 그들이 모여 있는 곳은 사방에 대나무 숲으로 둘러싸여 있다. 그들은 서로 말을 주고받으면서 요란하게 떠들기 보다는 대나무 숲에 떨어지는 비 소리를 듣는 것만으로 마냥 즐거울 뿐이다. 말없이 머물고 있으면서 비와 대나무 숲에 떨어지는 비 소리만 듣고 있어도 서로 말을 주고받고 있는 것처럼 기운이 서로 통하고 있다. 이들이 모인 공간은 서로 말을 주고받을 필요가 없는 불립문자의 공간이다. 대나무 숲에 들어서 말없이 대나무의 기운을 느끼고 있는 시 한 편을 읽어보자.

    촘촘히 선 대나무 사이를 비집고
    표표히 건너가는 바람의
    저 맨발

    대금을 밟고 올라선다
    실밥처럼 터지는 대나무 옆구리에서
    흘러나오는 가쁜 숨

    흐느낀다
    자지러진다

우뚝 멈춰 선다

다시 맨발이다
간지럽다
오그리는 발

높이 높이 오른다
하늘로 떠가는 저 아이
등 뒤로 은은히 울려 퍼지는
대금소리

―이해웅, 「죽녹원에서」 전문11)

  이 시의 화자는 대나무 숲에 들어서서 숲을 지나는 바람 소리를 들으면서 그 바람 소리가 대금을 연주하는 것처럼 들린다고 생각하게 된다. 대나무 숲을 지나가는 바람 소리가 아이의 목소리처럼 들리고, 그 목소리는 대나무의 터진 옆구리에서 흘러나오는 가쁜 대금 연주소리처럼 들린다. 촘촘하게 서 있는 대나무 숲을 지나가는 바람 소리가 대금 소리로 변주되는 지점에서 아름다운 풍경의 조화를 만날 수 있다. 전아의 미학은 조화의 아름다움이 놓여 있다. 전아의 미학을 담고 있는 이 시는 깊은 사유의 세계로부터 우러나오는 인식의 변화를 잘 보여주고 있다. 대나무 숲을 지나는 바람 소리는 다만 스쳐 지나는 바람일 뿐이지만, 그마저도 그저 지나가는 바람이 아니라, 맨발의 아이가 대숲을 지나가는 것처럼 느껴지는 것이다. 대숲을 지나는 바람 소리가 대금 소리로 바뀌면서 그 소리는 대나무 숲 전체를 울리는 조화로운 풍경으로 나아간다.
  전아의 미학은 말없는 사유의 공간에서 은은한 빛으로 스며들어 있는 것을 말한다. 바깥의 풍경과 그 풍경을 바라보는 사람의 기운이 은은하

---

11) 이해웅, 『달춤』, 지혜, 2014, 82쪽.

게 어우러져 있는 것을 말한다. 이 시의 원문에서 '가사(佳士)'와 '수죽(修竹)'을 대구의 관계로 본다면, 아름다운 사람이 대나무의 숲과 어울려 있는 풍경을 말한다. 가사를 작가라고 생각한다면, 작가는 깊은 사유를 통해서 오래된 풍경과 어울리는 사람을 뜻한다고 할 수 있다. 전아한 품격을 지닌 작가는 여름비가 만물을 은근하게 적시듯이 독자의 마음을 적시는 사람이다. 전아의 미학은 오래된 전범을 통해서 우러난 작가의 깊은 사색이 주변의 풍경과 조화롭게 어우러진 것을 말한다.

(3) 조화로운 풍경의 미학

백운초청 유조상축(白雲初晴 幽鳥相逐) 비 갠 하늘에는 흰 구름 떠가고 그윽한 새들은 저들끼리 뒤를 쫓는다.

이 시구는 비가 그치고 난 뒤의 청아함을 표현한 부분이다. 비가 그친 뒤 하늘에 흰 구름은 유난히 빛을 낼 것이다. 푸른 하늘과 그 하늘에 떠가는 흰 구름의 조화로움과 같이 아름다운 세계이다. 그 풍경 속으로 그윽한 새들이 서로 쫓고 있다. 한 폭의 풍경화가 펼쳐지고 있다. 첫 번째 부분에서 말하고 있는 비가 내리는 풍경이 비가 그친 뒤의 풍경으로 이어지고 있다. 경서를 바탕으로 길러내는 것이 비와 같은 것이라면, 비가 그치고 난 뒤의 풍경은 그 전아함으로 드러나는 외적 형상이다. 그것을 한 마디로 표현한다면 은근한 조화로움이다. 그저 놓여 있는 그 자리에 아무런 의미가 없이 존재하는 것 같으면서도 각자의 역할을 다 하면서 조화롭게 어울려 있는 것이다. 우주의 조화로움을 의미하는 태화(太和)는 크게 화합하여 어울려 있는 상태를 말하는데, 태화의 바탕에는 자연스러운 질서가 놓여 있다. 하늘의 구름과 그 구름을 배경으로 날고 있는 새들은 자연스러운 조화의 상징이다.

> 비가 개인 날
> 맑은 하늘이 못 속에 내려와서
> 여름 아침을 이루었으니
> 綠陰이 종이가 되어
> 금붕어가 詩를 쓴다
> ―김광섭, 「비 개인 여름 아침」 전문[12]

이 시는 비가 개인 날 아침 풍경을 형상화하고 있다. 맑게 개인 하늘이 못 속에 내려와서 그 맑음을 더하고, 그 못에 비친 녹음이 더 맑게 보인다. 그 맑은 못 속에 비친 나무 그림자는 말 그대로 금붕어가 쓴 시인 것이다. 군더더기 없는 짧은 시행이 이 시의 전아한 미학을 더하게 한다. 전아의 미학이 단아(端雅)와 유사하다는 것을 이 시를 통해서 알 수 있다. 비가 개인 맑은 하늘의 모습이 못에 비친 맑은 풍경과 어울리면서 하늘과 땅의 조화를 보여주고 그 속에 노닐고 있는 금붕어가 연못 속에서 물에 비친 녹음 사이로 지나간다. 하늘과 땅이 자연스럽게 화합하면서 사물과 주변 풍경까지 서로 어울리고 있다. 이 시는 깊은 사색을 통해서 짧은 말들이 외려 그 말 자체의 힘이 되고 아름다운 시어가 된다는 것을 잘 보여주고 있다. 이처럼 전아의 미학은 우주의 질서와 같이 서로 조화가 잘 이루어진 상태의 아름다움을 말한다.

서로 조화를 이룬 것은 구속을 통해서 이루어지는 것이 아니라, 자유로움으로부터 나올 때 아름다운 것이다. '옥호(玉壺)'를 놓고 말없이 앉아있던 그 선비들의 말없는 사유의 세계와 그에 어울리는 주변의 풍경은

---

[12] 김광섭 시전집, 『겨울날』, 창작과비평사, 1975, 145쪽.

전아한 미학을 잘 보여주고 있다. 이 시의 원문 '유조(幽鳥)'는 전아의 아름다움을 설명하는 상징적 시어이다. 이 시구는 말 그대로 '그윽한 새'이다. 그러나 이 말은 새들이 그윽하다는 말이 아니라, 그 새를 바라보는 사람들의 시선이나 사유의 세계가 그윽하다는 것을 말한다. 전아의 미학은 깊고 깊은 사유의 세계로부터 나온다. 주변의 풍경과 어울려 있는 사람들은 새가 날아가는 것도 그윽하게 보이는 법이다. 그들이 바라보는 하늘에 새들이 천천히 날고 있다. 여름비가 내려서 더 없이 맑은 하늘을 날고 있는 새들은 제비처럼 빠르지 않고 사냥감을 찾으면서 유유히 날고 있는 매와 같이 느리다. 시구 '상축(相逐)'은 서로 앞서거니 뒤서거니 하면서 날고 있는 장면을 말한다. 자연스러운 조화가 느껴지는 풍경이다. 전아의 미학은 깊은 사유의 세계와 자연스러운 사유의 세계가 서로 조화를 이룬 것이다.

　전아의 미학은 오랜 세월동안 하나의 일에 골몰한 사람으로부터 은은하게 다가오는 기운이며, 깊은 사유를 통해서 인격을 수행한 사람으로부터 우러나는 훈향이다. 이 기운과 향기는 천둥번개를 동반한 여름의 비와 같은 요란한 기운이 아니고, 오랫동안 내리는 장맛비와 같은 지긋지긋한 기운도 아니며, 쏟아지는 소낙비와 같은 일시적 기운도 아니다. 그저 만물의 기운을 촉촉하게 적셔줄 수 있는 은은한 가랑비와 같은 기운이다. 전아한 작품은 사람들에게 요란한 포장을 해서 감동을 주는 작품이 아니다. 낯선 풍경을 끌어들여서 신비롭게 하는 것도 아니다. 과대 포장을 하고 유행에 민감하게 따르는 작품도 아니다. 오랜 시간동안 은은하게 스며들고 배여 들어서 독자의 마음을 적시는 작품이다. 그윽한 새가 하늘을 날듯이 깊고 깊은 사유의 세계가 녹아있는 작품이다. 전아의 미학은 무엇보다 맑은 정신과 자유롭고 깊은 사색으로부터 우러나오는 아름다움이며, 은은함으로부터 우러나는 조화로운 사색의 미학이다.

면금녹음 상유비폭(眠琴綠陰 上有飛瀑) 숲 그늘 아래 잠을 자다 거문고 연주하고 저 위에는 물을 뿜는 폭포가 있다.

첫 번째 부분인 '면금녹음(眠琴綠陰)'은 녹음 아래 거문고를 베개처럼 베고 눕는다는 뜻으로 해석하고 있다. 근대 일본 한학자인 곤도 모토이키는 이 구절을 두고 "면과 금 두 글자는 모두 '살아 있는 글자(동사라는 의미)'다. 잠을 자기도 하고 금을 연주하기도 한다는 뜻"13)이라고 풀이하고 있다. 잠을 자는 것과 연주를 하는 것은 동시에 할 수 없는 일이다. 그래서 이 두 글자는 푸른 녹음이 우거진 숲에서 낮잠을 즐기다가 생각이 나면 간혹 거문고 연주도 한다는 뜻으로 풀이할 수 있다.

그런데 거문고를 연주하고 있다고 한다면, 다음에 이어지는 구절과 어울리지 않는다. 거문고를 연주하고 폭포 소리도 들리면 고요한 곳에 은둔하는 사람의 이미지와는 어울리지 않는다. 그리고 다음 연에 이어지는 "떨어지는 꽃잎은 말이 없다"라는 부분과도 정서상 잘 어울리지 않고, 거문고 소리도 자연스럽게 떨어지는 폭포 소리와는 어울리지 않는다. 그래서 이 구절만 놓고 본다면 '숲 그늘 아래 거문고를 베고 잠을 잔다'고 해석하는 것도 옳을 듯하다. 이 시의 상황을 살펴보면 그 의미는 분명해진다. 이 시의 화자는 하늘을 날아가는 새들을 보면서 하염없는 생각에 잠기다가 훈풍에 불어오는 따뜻한 기운을 받아서 낮잠을 잔다. 그러니 거문고는 화자의 베게가 되는 것은 자연스러운 일이다. 거문고 소리가 인위의 소리라면 저 위에서 들리는 폭포소리는 자연의 소리이다. 인위의 소리는 고요하고 자연의 소리는 웅장하다. 이렇게 해석하면

---

13) 眠琴二字共活字, 謂或眠或彈琴也.(안대회, 앞의 책, 175쪽, 재인용).

다음 구절에 이어지는 말없이 지는 꽃잎과 국화 같이 담백한 사람의 이미지도 짝을 이루면서 시는 자연스럽게 이어진다. 소리가 없는 거문고와 말없이 떨어지는 꽃잎이 짝을 이루고, 떨어지는 폭포소리와 국화꽃같이 담백한 사람이 짝을 이룬다. 『시품』에서 전아의 미학은 자연과 인위가 조화되어 있다는 것을 말하고 있다면, 소리가 없는 거문고와 폭포소리는 조화를 이루고, 말없이 떨어지는 꽃잎과 국화꽃같이 담백한 사람은 서로 조화를 이루고 있다.

　화자는 숲 속의 초가집에서 비가 내리는 풍경을 바라보면서 말없는 친구와 함께 가볍게 술을 한 잔 한다. 비가 그치고 난 뒤에 더욱 짙은 그늘 아래에서 거문고를 연주하려다 문득 들리는 폭포 소리에 거문고를 베개 삼아 낮잠을 자고 있다. 화자가 잠을 자고 있는 상황은 고요한 적막을 말하고 있다면, 비가 그친 뒤에 들려오는 폭포 소리는 요란한 울림의 세계를 말하고 있다. 화자는 거문고를 배게 삼아서 폭포 소리를 들으면서 그 풍경과 하나가 된다. 이런 과정 속에서 자연스러운 조화를 만나게 된다. 적막한 공간에서 만나게 되는 조화로운 풍경이다. 전아의 미학은 고요함과 요란함, 인위와 자연이 서로 조화를 이룬 곳에서 발견할 수 있는 아름다움이다.

　　보라색 눈물을 뒤집어쓴 한그루 꽃나무가 햇살에 드러난 투명한 몸을 숨기기 위해 애를 쓰고 있다.
　　궁항이라는 이름을 지닌 바닷가 마을의 언덕에는 한 떼기 홍화꽃밭이 있다 눈먼 늙은 쪽물쟁이가 우두커니 서 있던 갯길을 따라 걸어가면 비단으로 가리어진 호수가 나온다.
　　　　　　　　　　　―곽재구, 「와온(臥溫) 가는 길」 전문[14]

---

14) 곽재구 시집 『와온 바다』, 창비, 2012, 11쪽.

이 시에서 말하고 있는 것처럼, 풍경은 가려져 있을 때 더욱 아름다운 법이다. 이 시에서 '비단으로 가리어진 호수'는 사실 바다일 것이다. 바닷가 마을 언덕을 지나서 만나는 곳은 호수처럼 잔잔한 바다일 것이다. 그러나 그곳이 바다든 호수든 그것은 중요하지 않다. 이 시의 제목에서 말하고 있는 것처럼, 와온이라는 공간이 중요한 것이 아니라, '와온 가는 길'이 중요하다. 와온은 "비단으로 가려진 호수"일 뿐이지만, 그곳으로 가는 길은 참으로 아름다운 풍경이 있다. 그곳을 찾아가는 길에는 보라색 꽃을 피운 꽃나무 한 그루가 자신의 모습을 감추기 위해서 애를 쓰고 있으며, 바닷가 마을에는 홍화꽃밭이 있다. 와온이라는 곳도 아름답지만, 그곳으로 들어가는 길도 아름답다. 와온으로 가는 길은 거문고를 베고 낮잠을 자는 공간과 같이 전아한 공간이다.
　전아가 경서를 바탕으로 한 깊은 사유의 세계를 보여준다면, 와온 가는 길에서 만난 "눈먼 늙은 쪽물쟁이가 우두커니 서 있는" 것은 오래된 풍경을 보여준다고 할 수 있다. 전아의 미학이 보여주는 깊은 사유의 세계와 와온 가는 길의 오래된 풍경은 서로 일치한다. 전아의 미학은 깊은 정신세계에 스며있는 아름다움이고, 오래된 풍경에서 만날 수 있는 아름다움이다. 오랜 세월이 지난 예술작품은 원래 그 작품을 만든 작가의 의지와는 상관없이 변주되고 재해석되듯이 맑은 정신을 가진 선비가 거문고를 베고 있는 것은 폭포소리 자체를 거문고 소리로 재인식된다. 그것은 거문고를 베고 있는 풍경이 그가 있는 주변의 풍경과 어울려서 자연스럽게 조화를 이루고 있기 때문이다.
　전아한 작품은 때론 폭포 소리와 같이 웅장한 감동을 주기도 하고, 푸른 그늘 아래 정신이 맑은 사람이 베고 있는 거문고처럼 소리 없는 울림을 주기도 한다. 소리를 내야 하는 거문고는 그대로 있고, 폭포 소리가 거문고 소리를 대신하고 있다. 전아의 미학을 보이는 작품은 본질은 그대로 있지만, 물을 뿜는 폭포와 같이 새로운 기운으로 변주되기도 한다는 것이다. 여름비가 만물을 적시고 그 기운이 폭포로 이어지듯이 전아한 작품은 거문고 소리가 폭포 소리와 조화를 이룬 지점에 놓여 있다. 전아의 미학은 낮잠을 잘 수 있는 여유로움 속에 있으며, 그 속에서 자연스러운 빛깔과 어울리는 조화로움의 미학이 놓여 있다.

(4) 깊은 사유의 끝자락

낙화무언 인담여국(落花無言 人淡如菊) 떨어지는 꽃잎은 말이 없고 사람은 담백하기가 국화와 같다.

이 시구의 첫 번 째 부분인 "떨어지는 꽃잎은 말이 없고"라는 구절은 꽃잎을 의인화하고 있다. 앞부분에서 자연과 하나가 된 아름다운 선비의 모습을 보여주었듯이 말없이 지는 꽃잎과 국화처럼 담담한 사람은 서로가 하나가 되어 있다. 전아의 미학은 무언의 미소와 같이 서로 기운이 통하는 것이다. 떨어지는 꽃잎과 함께 있는 사람은 가을 국화와 같은 담박한 사람이다. 이 시의 앞부분에서 말하고 있는 계절과는 어울리지 않게 가을 국화를 끌어온 것은 의외라는 생각이 든다. 그러나 이 구절은 전아의 미학은 여름의 생동하는 기운 속에도 있지만, 깊은 가을의 기운 속에서도 찾을 수 있다는 것을 말하기 위해서라는 사실을 알 수 있다.

전아의 미학은 시간과 공간을 넘어서 존재한다. 떨어지는 꽃잎을 바라보는 사람은 말없는 꽃잎과 하나가 된 사람이고, 그 사람은 담백(淡白)한 국화와 같은 사람이다. 전아의 미학이 담백한 아름다움이라는 사실을 말하고 있다. 담백은 '욕심이 없고 마음이 깨끗하다'는 뜻이다. 담백한 아름다움은 만물이 서로 통하는 회통(會通)의 관점이다. 말이 없으면서도 말이 통하고, 문자가 없으면서도 서로 통하는 관점이다. 전아의 미학은 불교에서 말하는 염화시중(拈華示衆)의 관점이다. 염화시중은 부처가 연꽃을 들자 그 제자 중에서 마하가섭만 슬그머니 미소를 지었다는 이야기이다. 이 말없는 세계는 이심전심의 세계를 말한다. 선불교의 최고 경지를 말하는 이 경지는 마음에서 마음으로 말을 전하는 경지이고, 글이나 말로써 뜻을 전달하는 것이 아니라, 서로 마음으로써 말을 전달하는 경지이다. 전아의 미학은 은은한 훈향이 스며있어서 그 향기를 말할 수 없는 아름다움이다. 떨어지는 꽃이 말이 없다는 것은 거문고를 베고 낮잠을 자는 아름다운 선비의 상황과 일치한다. 이 때문에 시구 '무언(無言)'은 말이 없다는 것이 아니라, 더 많은 말을 내포하고 있다는 것을 말하는 것이다.

  선비가 베고 있는 거문고는 소리를 내지 않지만, 그 소리는 비가 내리고 난 뒤 계곡을 울리는 폭포 소리와 같이 어울려 소리를 내고 있다. 소리를 내지 않는 거문고가 소리를 내는 폭포 소리와 어울리는 회통의 경지로 나아가고 있다. 전아의 미학을 소리의 경지로 말한다면, 득음(得音)의 경지이면서 동시에 지음(知音)의 경지이다. 득음의 경지는 스스로 만족하는 절대 소리의 경지라면, 지음은 소리로 서로 소통하는 경지이다. 백아(伯牙)가 득음의 경지라면, 종자기(鍾子期)는 지음의 경지이다. 득음과 지음이 서로 말없이 통하는 경지는 회통의 경지이다. 전아의 미학은 득음과 지음이 만나는 회통의 경지이다. 선비가 베고 있는 거문고는 소리는 내지 않지만, 그 소리는 폭포의 소리에 응(應)하고 있다. 떨어지는 꽃잎은 말이 없고, 그 조용한 득음의 경지를 거문고를 베고 누워있는 사람은 알고 있다. 폭포가 내는 소리를 거문고는 소리 없이 화답하고 있다. 이 조화로움의 지극한 경지가 전아의 미학이다.

> 조용히 홀로 있어 마음 외로움은 그윽하여라.
> 꽃다운 흰구름 어리운 이 항아리는
> 하염없는 마음 속에 외로움을 애시시 끌안았어라
> 오히려 그것은 애설프레 시름으로 칠을 한
> 애틋한 마른 핏빛 보리의 대며 잎새인 것.
> 이렇듯 스스로이 갈앉아 슬픔을 옷입은 항아리의
> 은은한 빛깔이며 어디메서 오는지 아무도 몰라라.
> 하지만 우리의 하늘이 서리어 아늑한 이 가슴어리에
> 한 떨기의 꽃은 아롱지어 피어 있어라.
> 아 들국화 꽃 내를 이루어 홀로 자오록히 서성거린.
> ─구자운, 「고도이품(古陶二品)-화본초병(禾本草甁)」 전문15)

이 시는 오래된 도자기에 서려있는 예스러움의 정취를 형상화하고 있다. 시어의 구사도 예스러움이 스며있고, 도자기를 바라보는 화자의 시선도 아련하다. 외로움의 정취가 스며들어서 스스로 은은한 빛깔을 만들어내는 그 우아함이 아름다움의 지극한 경지에 이르게 한다. 도자기의 빛깔에 스며있는 아름다움도 예스러움을 보여주지만, 그것을 표현하는 시적 장치들도 예스러움을 보여주고 있다. 소재가 전아할 뿐만 아니라, 그 소재를 표현하는 방법도 전아하다. 이 시에서 쓰고 있는 "애시시", "애슬프레", "자오록히"와 같은 시어는 사전에는 없지만 그 느낌만으로 전달되는 예스러운 시어들이다. 이 시어들은 어떤 뜻인지 분명하지 않지만, 여리고 은은한 분위기를 의미하는 단어일 것이라는 짐작을 하게 한다. 전아의 미학은 분명한 빛깔을 갖고 있음에도 불구하고 그

---

15) 구자운 시전집, 『벌거숭이 바다』, 창작과비평사, 1976, 19쪽.

빛깔을 정확하게 말할 수 없는 아련한 아름다움이다. 구자운의 초기시는 대부분 전아한 아름다움을 보여주는데, 이 때문에 그의 시에 대해서 "아어의 멋을 살린 전아(典雅)한 수사와 형식미로 그는 이 무렵 한국적 내지 동양적인 사상을 산뜻하게 그려내어 전에 못 보던 성공을 거두었다"16)고 평가하고 있다. 구자운의 시에 사용한 시어들은 전아에서 말하는 '아(雅)'의 미학을 잘 보여주고 있으며, 그 소재는 전(典)에서 취하고 있다고 말할 수 있다. 전아의 미학은 소재의 선택과 표현의 조화가 이루어졌을 때 만날 수 있는 시의 품격이라는 사실을 알 수 있다.

'인담(人淡)'이라는 말은 전아함의 속성을 말한다. 앞에서 말한 '충담(沖澹)'의 미학과 닮았다는 말은 여기서 찾을 수 있다. 담박함은 소박하면서도 맑다는 말이다. 초가집에서 옥 술병을 놓고 한담을 즐기는 아름다운 선비는 세상을 벗어난 것 같은 데도 세상의 한 켠에서 맑은 기운을 품고 존재하고 있다. 그는 세상과 결별하여 숨어 있지만 사실은 세상과 소통하고 있는 것이다. 전아함은 고고(孤高)의 미학에서 말하는 고(孤)와는 다르다. 세상과 떨어져 있으면서도 세상과 소통하면서 담박하게 지내는 것, 오래된 경서를 통해서 끝없이 자신을 수양하는 것, 그러면서도 만물과 소통하려고 하는 것이다. 따라서 전아의 미학은 말없이 세상과 소통하면서 자신을 은은하게 드러내는 아름다움이다.

  벚꽃 참꽃 사람꽃이 흐드러진 청명나절

  그 중 외진 개울가에 자리 편 두 노인네

  빈 병만 벌렁 눕힌 채 하염없이 물을 보네

---

16) 민영, 「편집을 마치고」(구자운 시전집, 앞의 책, 159쪽).

쌍계 십리 꽃구름이 천상으로 가든 말든

유정천리 꽃 사태에 산이야 지든 말든

연분홍 물굽이 따라 마음만 흠씬 젖네
　　　　　　—정수자,「쓸쓸한 소풍—봄날은 간다」전문17)

　이 시의 계절적 배경은 봄날이다. 꽃이 흐드러지게 피어 있고, 상춘객의 발길이 분주한 곳에서 너무도 여유롭게 봄날을 즐기는 두 노인을 주목할 필요가 있다. 사람들의 발길이 뜸한 외진 곳에서 낮술을 하고는 하염없이 물길을 바라보고 있다. 봄날의 흥겨운 정서와는 사뭇 동떨어진 채로 물굽이를 바라보는 노인의 모습에서 인생의 지극한 경지를 만날 수 있다. 이 시에 등장하는 두 노인의 의식에 흐르는 정서는 세상을 초월한 무념무상의 마음이다. 두 노인의 모습에서 인생의 모든 것을 초월한 삶의 근원을 만날 수 있다. 두 노인이 개울가에서 꽃놀이를 즐기는 "청명나절"은 지상에 있는 신들이 하늘로 올라간 날이어서 귀신도 움직이지 않은 날이다. 그래서 죽은 자의 무덤을 손보는 날이기도 하다. 그날 두 노인이 바라보는 그 물길은 세상의 일과는 전혀 무관하게 흘러가기만 할 뿐이다. 우리네 인생도 저와 같아서 꽃 사태가 진 배경을 삼아서 살아가는 존재일 뿐이다. 삶과 죽음의 허망함을 표현하는 쓸쓸한 소풍이지만, 그 속에는 자연과 조화를 이룬 두 노인의 아름다운 삶의 여정이 나타나 있다. 이 한 장면을 통해서 두 노인의 오래된 사귐을 엿볼 수 있으며, 두 노인이 말없이 앉아서 하염없이 물을 바라보는 장면에서 서로의 마음을 읽어낼 수 있다. 이 한 폭의 장면은 삶과 죽음의 경계를 넘어서는 경지라고 할 수 있다. 이런 경지야말로 성인의 경지에 이르는 길이다.

---

17) 정수자,『허공 우물』, 천년의시작, 2009, 37쪽.

성인(聖人)은 인(人)을 가지고 천(天)을 어지럽히지 않으며, 욕(欲)을 가지고
정(情)을 문란케 하지 않으며, 꾀하지 아니해도 들어맞고, 말하지 않아도 믿음성이
있으며, 생각을 하지 않고도 도를 얻고, 하지 않고도 이루어낸다. 그 정신은 심령
깊숙이까지 통하며 조화(造化)와 일체가 된다.[18]

성인의 경지는 조화(造化)에 이른 상태를 말한다. 전아의 미학에 이른
작가는 사람 때문에 근본 원리인 하늘을 어지럽히지 않고, 자신의 욕망
을 표현하기 위해서 정서의 휘둘림을 당하지 않는다. 자연의 조화를 따
르면서 자신의 감정은 고요하고 조화로운 상태에 놓아두는 것이다. 전
아의 아름다움은 근본 원리를 어기지 않으면서 조화로운 상황으로 나아
가는 것이다. 작가가 인간 사회의 보편적 원리를 소재로 삼고 이를 작품
으로 형상화해야 한다는 것은 지극히 당연한 일이다. 작가의 품격이 무
엇보다 중요한 것은 그 작가의 작품은 그 작가의 정신세계를 표현하기
때문이다. 작가가 인격 수양을 통해서 그 깊은 정신세계를 작품으로 형
상화해야 한다는 것은 문학의 근본이라고 할 수 있다. 왜냐하면 작가야
말로 어떤 예술가보다도 사회와 역사에 더 많은 영향을 주기 때문이다.
작가의 정신은 세상을 밝히는 등불과도 같아서 그 빛이 어떠냐에 따라서
사회가 다른 방향을 모색할 길을 열어주는 것이다. 작가는 청정한 마음
의 상태를 지키고, 사리에 몸을 맡기고 변화에 잘 적응해나가는 것이
필요하다. 작가의 작품이 심령의 깊은 곳까지 닿아서 현실과 정신이 조
화를 이루게 될 때, 그 작품은 전아한 아름다움을 갖게 되는 것이다.

서지세화 기왈가독(書之歲華 其曰可讀) 이 좋은 계절 풍경을 시로 써

---

[18] 故聖人不以人滑天, 不以欲亂情, 不謀而當, 不言而信, 不慮而得, 不爲而成. 精通
于靈府, 與造化者爲偶.(유안 편자, 안길환 편역, 『회남자(淮南子) 상』, '원도훈(原
道訓)', 명문당, 2013, 33쪽).

내면 읽기에 좋다고 말들 하리라.

 아름다운 정신을 소유한 사람이 말없이 꽃잎과 서로 회통하고, 국화와 같이 담박한 마음 상태에서 글을 쓰는 작가는 읽기에 좋은 작품이 나올 것이다. 작가가 혼자서 은거하고 그 정신 상태를 세속에 물들지 않는 곳에 두려고 하는 것은 그 마음을 맑게 하기 위해서이다. 이 좋은 계절이라는 말은 사람과 풍경이 조화를 이룬 상태를 말한다. 사람과 풍경이 조화를 이루었으니 그것은 한 폭의 풍경이 될 수밖에 없다. 작가가 어디에 거처를 두느냐에 따라 작품이 달라지듯이 작가의 마음이 놓여 있는 곳에 따라서 작품의 품격이 달라지게 마련이다. 전아의 미학은 풍경과 조화를 이룬 회통하는 자리에서 발견할 수 있는 아름다움이다. 작가가 사물(소재)과 회통하지 않으면서 사물에 감응(感應)할 수 없듯이 작가의 마음이 아름다운 풍경과 조화를 이루지 않았을 때 전아한 아름다움이 나타날 수 없다. 작품의 소재가 되는 것은 작가의 마음을 움직이고 그 마음이 움직이는 곳에 따라 작품이 나오는 것이다. 전아의 미학을 말하는 마지막 구절에 "좋은 계절"을 말하고 있는 것은 고전과 현대가 조화를 이룬 모습이 전아의 미학이라는 것을 말하고 있다. 전아는 사람과 풍경이 어울려서 조화를 이룬 상태를 말한다. 좋은 작품이 나오는 조건을 절도에 맞게 사용하기 위해 힘쓰고, 마음을 맑고 평화롭게 하면서 조화의 상태를 이룰 때까지 기다리는 것이 무엇보다 중요하다[19]고 말하는 까닭도 여기에 있다. "좋은 계절"과 작가의 사유가 잘 어울리는

---

19) 작문의 기예로 창작을 할 때는 생각을 조절하는데 힘쓰고, 그 마음을 맑게 하고, 그 기운을 화창하게 하고, 마음이 지나치게 사용되는 것을 멈추고, 막히고 소통되지 않는 것을 하지 말고, 뜻을 얻을 때는 붓을 들어[命筆] 품었던 생각을 펼치고, 논리가 감추어지면 즉시 붓을 던지고 감추어서 거두고, 피로를 제거하기 위해서 소요하고 담소하여 피로한 것을 고쳐야 한다.(是以吐納文藝, 務在節宣, 清和其心, 調暢其氣, 煩而卽捨, 勿使壅滯, 意得則舒懷以命筆, 理伏則投筆以卷懷, 逍遙以針勞, 談笑而藥倦.-유협 지음, 앞의 책, 448쪽).

시 한 편을 읽어보자.

> 아무 오갈 데 없을 것 같은 운수납자, 외로운 禪客이 누빈 누더기 솜옷을 입고 빈 바랑을 지고 아득히 눈 내리는 먼 들길을 홀로 걸어가는 뒷모습이 나는 좋다. 눈발에 언뜻언뜻 지워지기도 하다가, 사람이 사라지고 난 다음에도 잠시 남아 빈 들길을 떠도는, 끊지 못한 숱한 인연들로 누빈 누더기 적막이 나는 좋다. 길이 끝난 다음에도 눈은 내리는가? 눈이 그치면 적막은 또 어느 길을 떠돌아야 하는가? 눈이 그친 들녘에 들꽃 한 송이가 필 때, 우주도 새로 피는가? 온 우주가 담겨도 꽃은 쓸쓸한가? 대답이 지워진 질문들처럼 천지 가득 내리는 눈발, 해탈하지 못한 그리움의 흰 세상.
> ─이성희, 「흰 색의 풍경」 전문[20]

이 시에서 가장 먼저 다가오는 것은 눈이 오는 풍경과 함께 떠오르는 외로운 운수납자, 누더기를 입은 선객의 모습이다. 끊지 못한 인연이 누더기가 되어 꿰매어진 삶의 숱한 사연들을 품고서 혼자서 걸어가는 모습에서 화자의 깊은 정신세계를 만날 수 있다. 제목으로 삼고 있는 흰 색의 풍경은 『주역』에서 말하는 백색무구(白色無垢)의 미학이다. 김지하의 말을 빌리면, "흰 그늘의 미학"이고, "율려의 미학"이다. 이 시의 화자가 말하는 모든 것의 끝자락에 놓여 있는 흰 색의 풍경이야말로 깊은 사유가 닿는 궁극의 지점이다.

눈이 내리는 길을 혼자서 걸어가는 그 운수납자의 화두는 길의 끝은 도대체 어디이며, 적막의 근원과 꽃이 피고 지는 까닭이 무엇이며, 우주의 근원이 어디에서 출발하는지를 알고 싶은 것이다. 사람이 살아가는 길은 결국 혼자서 살아가는 것이다. 그러나 그 혼자는 하나의 우주이고, 그 우주의 끝에는 흰 그리움의 세상만 놓여 있다. 그래서 사람이 살아가는 길은 삶으로부터 벗어나지 못하는 그리움으로만 가득하다. 결국 삶

---
[20] 이성희, 『허공 속의 등꽃』, 신생, 2003, 42쪽.

이란 풀 수 없는 수수께끼 속에 놓여 있는 것이다. 이 시는 겨울에 내리는 눈과 화자가 지향하는 참된 삶의 의미가 하나의 풍경 속에 놓여 있다. 그래서 이 시의 풍경은 하나의 율려를 이루고 있다. 화자가 묻고 있는 수많은 질문들의 궁극에는 무엇으로도 말할 수 없는 흰 세상만 놓여 있을 뿐이다. 그래서 이 세상의 근원은 영원히 닿지 못하는 그리움으로만 존재할 뿐이다. 이 시는 깊은 사유의 끝자락을 잘 보여주는 전아한 시이다.

전아는 깊은 사유를 통해서 드러나는 은은한 세계이다. 그것은 고전과 현대의 조화일 수도 있고, 숱한 삶의 흔적들을 누덕누덕 꿰매어 놓은 채 삶의 고뇌와 행복이 서로 어우러진 것이라고도 할 수도 있다. 오래된 사물은 그것만으로 독특한 빛깔을 가지고 있다. 그것은 어떤 뛰어난 화가가 있다고 하더라도 흉내 내거나 모방할 수 없는 은은한 빛깔이다. 그 오래된 빛깔이야 말로 전아의 미학이라 할 수 있다. 전아는 전형적인 아름다움이라는 말로도 설명할 수 있다. 전형(典型)이라는 말은 모범이 될 만한 형태를 말한다. 그것은 수많은 시행과 착오를 거쳐서 만들어지는 것이다. 전아의 미학은 오래된 경험 속에서 우러나오는 숙련된 태도, 깊이 생각한 사유의 세계, 해묵은 골동품에서 나오는 은은한 빛깔과 같이 곰삭은 것으로부터 나온다.

7. 회통의 글쓰기
—세련(洗鍊)

(1) 개요

 세련은 작품에서 드러나는 미학이 아니라 작품을 쓰기 위한 과정에서 염두에 두어야 하는 미학이다. 사공도의 스물 네 개 시품은 대부분 작품에 나타난 아름다움을 말하고 있지만, 세련은 작품을 쓰는 작가의 태도가 어떠해야 하는지를 말하고 있다. 세련은 작품을 쓸 때 거칠고 미숙한 상태로 내놓지 않기 위해 거듭거듭 고치고 다듬는 과정을 말한다. 세련은 일반적으로 창작에서 요구되는 기법이나 태도를 가리킨다. 세련은 불순하고 저속한 것을 제거하고 자연스럽게 완결된 상태로 만들어가는 것을 의미한다.
 세련(洗鍊)의 '세(洗)'는 '씻다'라는 뜻이다. 세련된 글을 쓰기 위해서는 먼저 물로 정화해서 맑게 하듯이 해야 한다는 것이다. 세련의 '연(鍊)'은 한자어 '연(練)'과 같은 뜻으로 사용하지만, 두 글자의 쓰임은 좀 차이가 있다. '연(練)'은 '익히다'라는 의미가 있는데, 명주 따위를 누이다, 단련하다와 같은 뜻으로 쓰인다. 반면에 '연(鍊)'은 '불리다'라는 뜻으로 쓰이는데, 이는 쇠붙이를 달구어 두드리다, 정련하다와 같은 뜻으로 쓰인다. '연(練)'은 실[糸]을 가지런하게 한다는 뜻인데, 묶은 것[束]을 풀어 헤쳐서[八] 가려낸다는 것을 뜻한다. 반면에 '연(鍊)'은 금[金]을 뽑아낸다는 뜻으로 옥(玉)과 석(石)을 정련(精鍊)해서 금[金]을 뽑아낸다는 뜻이다. '연(練)'은 엉켜진 실타래를 가지런하게 만드는 과정이라 할 수 있고, '연(鍊)'을 쇳물을 녹여서 불순물을 제거하는 과정이라 할 수 있다. '연(練)'은 헝클어진 매듭을 하나하나 풀어가는 섬세하고 꼼꼼한 것을 의미한다면, '연(鍊)'은 불순한 것을 걸러내어서 순정한 고갱이를 뽑아내는 것을 의미한다. 이 때문에 '연(鍊)'은 '쇳물을 녹인다'는 뜻을 가진 '용(鎔)'과 같은 의미로 쓰이기도 한다. 용(鎔)은 연금술(鍊金術)이라는 말과도 같은데, 유협은 이 연금술을 '용재(鎔裁)'라는 말로 설명하고 있다.

　　지름길을 지키는 것이 중요하듯이, 용재는 그 직분을 다하는 데 있다. 용재는 성정과 논리를 바로잡아서 단속하는 것이고, 문장의 수식에 대해서 직접 또는 완곡하게 바로잡는 것이다. 규범을 세워서 성정에 따르고, 시대에 따르는 것을 근본으로 한 체제를 일러서 용(鎔)이라 하고, 불필요한 말들을 자르고 정제하는 것을 일러서 재(裁)라고 한다. 재를 잘하면 거친 것이 생기지 않을 것이며, 용을 잘하면 강령이 밝게 빛날 것이다. 비유를 하자면 목공이 먹줄로 나누어지는 부분을 살피고, 도끼로 깎아낼 부분을 베어내는 것과 같다.[1)]

　용재는 불순한 것을 제거하고 불필요한 것을 깨끗하게 다듬는 것을 말한다. 유협의 말에 따르면 세련과 같은 의미를 가진 용재는 문채를 부드럽게 하여서 글에 군더더기가 없는 것을 말한다고 할 수 있다. 세련된 글쓰기는 쓸모없이 군더더기로 달라붙어 있는 것을 떼어내고 혼잡하게 섞여 있는 것을 걸러내어서 깨끗하게 만드는 것을 말한다. 사공도는 세련된 글쓰기에 도달하는 과정을 다음과 같은 시로 표현하고 있다.

---

1) 蹊要所司, 職在鎔裁, 櫽括情理, 矯揉文采也. 規範本體謂之鎔, 剪截浮詞謂之裁. 裁則蕪穢不生, 鎔則綱領昭暢, 譬繩墨之審分, 斧斤之斲削矣.(유협 지음, 황선열 옮김, 『문심조룡』, 신생, 2018, 369-370쪽).

猶鑛出金 如鉛出銀 超心煉冶 絶愛緇磷
유광출금 여연출은 초심연야 절애치린

空潭瀉春 古鏡照神 體素儲潔 乘月返眞
공담사춘 고경조신 체소저결 승월반진

載瞻星辰 載歌幽人 流水今日 明月前身
재첨성진 재가유인 유수금일 명월전신

광석에서 순금을 제련하고
납덩어리에서 백은白銀을 뽑아내듯
마음을 온통 기울여 단련하고 도야하되
조잡하고 거친 것은 일절 아끼지 않는다

밑바닥까지 보이는 못에 봄물이 쏟아지는데
오래된 거울에 영혼을 비춰본다
바탕을 지키고 고결함을 쌓아서
달빛을 받으며 진실한 모습으로 돌아간다

하늘의 별들을 바라보며
숨어사는 사람을 노래한다
흐르는 물이 오늘의 모습이라면
밝은 달은 전생의 모습이라네

 이 시에 대한 안대회의 해설에 따르면, 첫 번째 단락에서는 세련(洗鍊) 중에서 '연(鍊)'이라는 한자의 본래 뜻에 초점을 맞추어 단련의 중요성을 역설하고 있으며, 두 번째 단락에서는 세련의 경지에 도달하기 위해서 작가가 내면의 감정을 순화하고 작품의 흠결을 없애는 과정이 중요하다고 말하고 있으며, 세 번째 단락에서는 속되거나 잡스러움이 없는 초월적인 세계, 절대 순수의 경지를 노래하고 있다[2]고 말하고 있다.

---

2) 안대회, 『궁극의 시학』, 문학동네, 2013, 196-201쪽, 참조.

이 때문에 사공도가 말하고 있는 세련은 글쓰기의 과정을 설명하고 있다고 말할 수 있는 것이다.
　이 시를 글쓰기의 과정으로 이해하게 될 때 첫 번째 단락의 금과 은은 세련된 작품을 비유하는 표현이고, "연야(煉冶)"는 작품을 단련하고 불리는 과정을 말하고 있으며, "치린(緇磷)"은 검고 험한 부분을 피하는 것이 좋다는 뜻으로 풀이할 수가 있다. 첫 번째 단락의 시구에서 출금(出金)과 출은(出銀), 연야(煉冶)와 치린(緇磷)이 서로 짝을 이루면서 단련의 과정이 중요함으로 말하고 있다. 금과 은, 그리고 단련된 것과 험한 것의 대조는 좋은 작품을 쓰기 위한 조건을 제시한 것이다. 두 번째 단락은 "밑바닥까지 보이는 못에 봄물이 쏟아"질 정도로 투명해야 "오래된 거울에 영혼"을 비춰볼 수 있는 경지에 이르게 된다고 말하고 있다. 세련된 글을 쓰기 위해서는 맑은 영혼을 바탕으로 할 때 얻을 수 있다고 말한다. 이 맑은 영혼은 순금을 뽑아내는 것처럼 여러 번 단련해야 얻을 수 있는 것이다. 그 다음 구절에 이어지는 부분도 마찬가지로 "바탕을 지키고 고결함을 쌓아"야만 "달빛을 받으며 진실한 모습"으로 돌아갈 수 있는 것이다. 글쓰기의 과정에서 하나가 잘못되면 그 다음의 결과도 잘못될 수 있다는 것을 말하고 있다. 세 번째 단락의 "하늘의 별들"은 숨어 있으면서도 빛이 나는 작가를 말한다. 그렇게 빛나는 별은 결국 숨어 있는 작가를 드러내는 존재이다. 세 번째 단락의 끝 구절은 "흐르는 물"과 "밝은 달"이 대조를 이루면서 세련된 작품은 흐르는 물이 아니라, 밝은 달과 같은 존재이고 숨어 있으면서도 빛이 나는 별과 같은 것이라고 말한다.

(2) 세련된 글쓰기

유광출금 여연출은(猶鑛出金 如鉛出銀**) 광석에서 순금을 제련하고 납덩어리에서 백은**白銀 **뽑아내듯.**

작가가 작품을 완성하는 과정은 불순물을 제거하고 순금을 뽑아내는 연금술(鍊金術)과도 같다. 창작을 하는 일은 그 자체가 고통스러운 일이지만, 그 고통을 이겨내는 과정은 잡스러운 성분이 들어있는 돌덩어리[鑛石]에서 순금을 뽑아내는 일과도 같으며, 납덩어리[鉛石]에서 순은을 뽑아내는 일과도 같다. 세련된 글은 다른 성분을 걸러내고 쓸모없는 부분을 제거한 뒤의 순수한 결정체라고 할 수 있다. 세련된 작품은 군더더기 말을 제거해서 분명하고 깨끗한 어휘들로만 채워낸 작품을 말한다. 이 때문에 세련된 글쓰기는 광석과 납덩이에서 금과 은을 뽑아내듯이 순수한 결정을 찾아내는 과정에 있다고 말할 수 있는 것이다. 그렇다면 글쓰기에서 군더더기와 군더더기가 아닌 것을 어떻게 구분할 것인가? 유협은 군더더기와 군더더기가 아닌 것을 구분하는 기준을 장자의 '변무(駢拇)'의 예를 끌어와서 설명하고 있다.

> 저 가장 올바른 길을 가는 사람은 태어나 그대로의 자연스러운 모습을 잃지 않는다. 그래서 발가락이 붙어 있어도 네 발가락[駢拇]이라 생각지 않고, 손가락이 더 있어도 육손이[枝指]라 여기지 않는다. 길다고 그것을 여분(餘分)으로 생각지 않으며 짧다고 그것을 부족하게 여기지 않는다. 그러니까 물오리는 비록 다리가 짧지만 그것을 길게 이어주면 괴로워하고, 두루미 다리는 길지만 그것을 짧게 잘라주면 슬퍼한다. 때문에 본래부터 긴 것을 잘라서는 안 되며 본래부터 짧은 것을 이어 주어도 안 된다. 그러니 여기에 대해 근심하고 두려워할 까닭이 없다. 생각건대, 인의란 사람의 참된 모습이 아니다. 저 인덕을 갖춘 사람들은 얼마나 마음고생이 많은가!3)

육순이와 네 발가락은 다른 사람의 관점으로 보아서 군더더기이고 잘라서 구분해야 할 것이라고 생각하지만, 장자의 관점으로 본다면 그것은 자연스러운 일이라는 것이다. 오리 다리와 두루미의 다리가 다르듯이 각자의 관점에 따라서 다를 뿐이다. 차이가 나는 것이 엄연히 존재하고 있음에도 불구하고 그것을 인의와 인덕을 내세워서 재단해서는 안 된다고 말하고 있다. 글쓰기의 과정에서 걸러내고 깎아내야 하는 것이 있을 때도 그 자연스러운 탁마의 과정을 잃어서는 안 된다는 것이다. 살을 붙이고 뼈를 깎아내었는데도 자연스럽지 않다면 차라리 손을 대지 않는 것이 좋다는 말이다. 따라서 세련된 글쓰기는 자연스럽게 갈고 닦아서 이루어지는 것이다. 변무(騈拇)와 같이 엄지발가락과 둘째 발가락이 나란히 붙어서 하나가 되어 있다고 하더라도 잘못된 것이 아니라고 생각한다면 잘못된 것이 아닌 것이다. 손가락이 하나 더 있어도 손을 사용하는데 자연스럽다면 그것은 잘못된 것이 아니라는 말이다. 인의(仁義)로써 모든 것을 실천하기 어렵듯이 원리와 원칙에 따라서 짜 맞춘 글쓰기가 아니라, 자연스럽게 이루어지는 글쓰기가 되어야 하는 것이다. 세련된 글을 쓰기 위해서 작가는 자신의 얼굴에 어울리는 자연스러운 모습이 무엇인가를 찾아가야 한다. 유협이 '용재'에서 장자의 '변무'를 끌어온 까닭은 억지로 이상하게 만들어서 자연스럽지 않은 것보다는 조금은 모자라 보이더라도 그것이 자연스러우면 좋은 작품이 된다는 것이다. 모양이 기우뚱하지만 자연스럽게 보인다면 그 '기우뚱한 균형'이야말로 세련된 글쓰기로 가는 길이라는 것이다. 세련된 글은 다른 사람

---

3) 彼至正者, 不失其性命之情. 故合者不爲騈, 而枝者不爲跂, 長者不爲有餘, 短者不爲不足. 是故鳧脛雖短, 續之則憂, 鶴脛雖長, 斷之則悲. 故性長非所斷, 性短非所續, 無所去憂也. 意仁義其非人情乎! 彼仁人何其多憂也!(안동림 역주, 『장자(莊子)』, '변무(騈拇)', 현암사, 1993, 246쪽).

들이 보기에는 어딘지 모자란 듯 보이지만 그 상태로 자연스럽게 조화를 이루고 있으며, 넘어질 듯 불안하게 보이지만 넘어지지 않고 균형을 잡고 있는 글이다. 세련된 글은 자연스럽게 보이는 '기우뚱한 균형' 속에서 발견할 수 있다. 세련된 글은 자연스럽게 걸러내고 깎아낸 글이다.

> 손톱으로 툭 튀기면
> 쨍 하고 금이 갈 듯.
>
> 새파랗게 고인 물이
> 만지면 출렁일 듯,
>
> 저렇게 청정무구(淸淨無垢)를
> 드리우고 있건만.
> ─이희승, 「벽공(碧空)」 전문4)

이 시는 무언가를 더 할 말이 있음에도 불구하고 자연스럽게 말을 아끼고 있다. 말하지 않는 여운이 이 작품의 완결성을 떨어뜨리는 것이 아니라, 오히려 말하지 않는 부분에서 깊은 의미가 스며들어서 작품의 완성도를 높이고 있다. 그러면서도 이 시는 전체가 자연스럽게 조화를 이루고 있다. 손톱으로 튀기면 쨍 하고 금이 갈듯 아슬아슬한 것이라고 말하고 있으면서도 그것이 하늘이라는 말을 하지 않는다. 만지면 금방 출렁거릴 듯한 물과 같은 것이라고 말하고 있는데도 또한 하늘이라고 말하지 않는다. 청정무구(淸淨無垢)를 드리우고 있으면서도 결코 그것이 하늘이라고 말하지 않는다. 그러면서 이 시의 제목은 푸른 하늘이다. 각 단락이 모두 푸른 하늘이라는 제목에 주렁주렁 매달려 있다. 그런데 이 시가 과연 푸른 하늘의 이미지만 제시하는 것으로 그치고 있을까?

---

4) 김현승 저, 『한국현대시 해설』, 관동출판사, 1976, 334쪽.

모든 것을 말하지 않는 그 틈새에는 어쩌면 연약한 여인의 마음도 들어 있을 수도 있고, 출렁대는 맑은 동심이 자리하고 있을 수도 있고, 맑고 맑은 상태로 놓여 있는 어떤 존재를 상징할 수도 있다. 이 때문에 이 시에서 푸른 하늘은 자연으로만 존재하는 것이 아니라, 다른 의미로 변주되고 있는 것이다.

이 작품은 시조라는 장르를 선택하고 있지만, 시조의 형식에 얽매여 있지 않다. 시조의 형식에서 슬쩍 비껴가고 있는 이러한 변주가 기우뚱하지만 균형을 이루고 있다. 이 시조는 가을에 만날 수 있는 푸른 하늘을 소재로 사용하고 있지만, 그 소재를 통해서 말하고 있는 의미는 말하려는 것과 말하지 않는 것 사이의 틈새에 놓여 있다. 세련된 작품은 다 말하지 않으면서도 자연스럽게 모든 것을 말하고 있는 것이다. 무엇보다도 이 시의 매력은 말하지 않으면서도 말하고 있는 세련된 시어의 선택에 있다. 시조가 정형의 형식으로 되어 있기 때문에 그 형식에 얽매일 수밖에 없지만, 이 시조는 형식뿐만 아니라 시어의 선택에서도 전혀 구속되지 않고 자연스럽게 표현하고 있다. 이 시조는 정갈하고 세련된 품격을 잘 보여주고 있다.

초심연야 절애치린(超心煉冶 絶愛緇磷) 마음을 온통 기울여 단련하고 도야하되 조잡하고 거친 것은 일절 아끼지 않는다.

하나의 작품을 자연스럽게 완성하기까지 글자 한 자 한 자의 선택, 문장 하나하나의 표현까지도 철저하게 단련해야 한다. 조선시대 시인 이병연(李秉淵)은 누구보다도 고결한 시를 쓰려고 노력했던 시인이었다고 한다. 그는 팔십 평생에 3만여 수의 시를 썼는데, 그 한 편 한 편의 시들이 가볍고 거친 작품이 없다고 한다. 같은 시대의 시인 신정하(申靖

夏)는 그의 시집 발문에서 "그는 시를 지을 때 심사숙고하고 끈질기게 읊어보기를 좋아하였다. 시 한 구절을 만들 때마다 반드시 수염 서너 터럭을 만지작거려 잘라내고야 짓기를 그만두었다. 그래서 그의 시는 매우 공교하지만 대신에 수염은 화를 당해 길지가 않았다. 일찍이 문을 닫은 채 수십일 동안 시를 짓느라 끙끙댄 적이 있는데 그가 밖으로 나오자 수염이 전부 짧아져 있었다. 그것을 본 사람들이 그에게 웬일이냐고 묻지는 않았지만, 그가 지은 시가 상자에 가득하다는 사실은 잘 알고 있었다"5)고 적고 있다. 그가 한 편의 시를 짓기 위해 얼마나 고통스러운 시간을 보냈는지를 알 수 있다.

중국 위나라의 왕찬(王粲)은 시적 재능이 특히 날카로웠는데, 한 번 붓을 들면 익숙하게 문장을 완성하고는 고치지를 않았다. 그가 시를 고치지 않았던 것은 고친 흔적이 있는 작품은 아무리 고쳐도 세련된 작품이 될 수 없기 때문이었다. 전한 말기 양웅(揚雄)은 시 한편을 쓰기 위해서 자신이 할 수 있는 모든 시적 역량을 기울였으며, 자신이 시를 쓰기 위해 생각했던 모든 것들을 모아서 한 편의 시를 지었다. 서진 시대의 좌사(左思)는 좋은 시를 쓰기 위해서 당대의 유명한 시인 장화(張華)를 찾아가서 시를 배웠고, 그 후에 장화와 같은 시를 쓰기 위해 참대 울타리로 만든 곳에서 10년 동안 작품을 구상해서 마침내 「삼도부(三都賦)」라는 작품을 완성했다. 이처럼 시인들은 한 편의 작품을 완성하기 위해서 각자의 기량과 역량에 따라서 뼈를 깎는 고통을 이겨냈고 세련된 작품을 쓰기 위해서 시간과 공력을 아끼지 않았다.

따라서 훌륭한 작가가 재능이 풍부해서 만 편의 작품을 지었다고 하더라도 한

---

5) 안대회, 앞의 책, 211쪽.

글자 때문에 품위를 잃을 수 있기 때문에 한 글자가 적은 것이 아니라, 같은 글자를 서로 피하는 것이 그렇게 어려운 것이다. 단순하고 복잡하다는 것은 글자의 형이 살찌고 여위었다는 것을 말하는 경우이다. 획수가 적은 글자만을 사용해서 구를 이루면, 가냘프고 성글어서 행의 배열이 졸렬하고, 획수가 많은 글자를 사용해서 문장을 쌓으면, 어두침침해서 한 편의 글 전체가 어둡게 될 것이다. 글자를 잘 고르는 사람은 단순함과 복잡함을 참작해서 잘 섞어 놓아서 문장의 배열을 구슬이 잘 짜여진 모양과 같이 해야 한다. 무릇 이 네 가지 조항들은 비록 문학 작품에서 반드시 필요한 것은 아니지만, 문장의 체제와 규칙에 있어서 없어서는 안 되는 것이다. 만약 글자체의 가치를 제대로 깨닫지 못했다면, 글자를 단련시키는 방법을 정통하게 이해하지 못했다고 할 수 있다.6)

인용한 부분은 획수에 따른 글자의 선택이기 때문에 한자 언어에 국한된 설명이라고 말할 수도 있을 것이다. 그러나 여기서 말하고 있는 획수를 어휘 선택이나 문장 선택이라는 말로 바꾸면 어떤 언어에서도 적용될 수 있는 말이다. 획수가 많은 말은 어려운 말, 중복되는 말이라고 할 수 있다. 이런 어휘와 문장 선택은 가능한 피해야 하는 것이다. 또한 좋은 글은 전체 내용이 잘 꿰어진 구슬 같아야 한다는 것이다. 좋은 글은 획수까지도 신중해야 하듯이 언어의 선택도 신중하게 해야 한다. 글쓰기의 기본은 언어의 가치를 정확하게 이해하는 데 있다. 정통한 문장 작법은 언어를 정확하게 선택하고 그것을 신중하게 사용하는 데 있다.

유협은 '연자(練字)'에서 작품을 쓸 때 글자 하나하나를 신중하게 선택해야 하고 문장을 다듬고 또 다듬어야 한다고 말하고 있다. 인용한 부분은 글자를 다듬는 데 세심한 주의를 해야 한다고 강조하면서 글자의

---

6) 故善爲文者, 富於萬篇, 貧於一字, 一字非少, 相避爲難也. 單複者, 字形肥瘠者也. 瘠字累句, 則纖疎而行劣 ; 肥字積文, 則黯黕而篇闇 ; 善酌字者, 參伍單複, 磊落如珠矣. 凡此四條, 雖文不必有, 而體例不無. 若值而莫悟, 則非精解.(유협 지음, 황선열 옮김, 앞의 책, 423-424쪽).

획수까지 고려해야 좋은 작품이 된다고 말하고 있다. 글자 하나를 선택할 때도 획수가 많고 적음에 따라 그 시각적 효과와 의미가 달라진다는 말이다. 유협은 좋은 작품을 쓰기 위해서 반드시 지켜야 할 네 가지 조건을 제시하고 있다. 첫째로 괴이하고 이상한 글자를 피하고, 둘째로 잇달아 있는 변(邊)의 글자를 살펴야 하고, 셋째로 중복되어 나오는 글자를 계량해야 한다. 넷째로 단순한 것과 복잡한 것을 조정해서 사용해야 한다.7)고 말한다.

먼저 낯설게 하기 위해 억지로 부리는 글자가 없어야 한다. 다음으로 멋을 부리는 글자는 오히려 어색하게 보일 수 있고, 그 의미까지도 손상될 수가 있다. 잇달아 쓰는 글자가 없어야 한다는 것은 유사한 표현을 많이 쓰지 말라는 뜻이다. 반복되는 말들이 있어서 지루한 경우는 이를 두고 하는 말이고, 특정한 어휘를 많이 쓰는 것도 여기에 해당할 수 있다. 이 때문에 고쳐야 할 표현들은 과감히 버리는 일이 필요하다. 두 번 나온 글자까지도 경계를 하라는 말은 그만큼 글자를 쓰는데 신중하게 하라는 말로 받아들여질 수 있다.

    흰달빛
    자하문(紫霞門)

    달안개
    물 소리

    대웅전(大雄殿)
    큰 보살

---

7) 是以綴字屬篇, 必須練擇 ; 一避詭異, 二省聯邊, 三權重出, 四調單複.(유협 지음, 황선열 옮김, 앞의 책, 423-424쪽).

바람 소리
솔 소리

범영루(泛影樓)
뜬 그림자

흐느히
젖는데

흰 달빛
자하문(紫霞門)

바람 소리
물 소리.

—박목월, 「불국사」 전문8)

  이 시는 시어가 정갈하고 세련된 이미지를 사용하고 있다. 이 시가 정갈하게 보이는 까닭은 시어 자체가 명사로만 나열되어 있어서 군더더기 수식이 없기 때문이다. 꾸미는 말이 있으면 본래의 말에 사족으로 따라 붙을 수 있다. 이 시는 명사를 나열하면서 수식어를 없애고, 이를 통해서 하나의 명사에 떠오르는 선명한 이미지를 강조하고 있다. 전체를 명사로 나열하다가 끝부분에 이르게 되면 "흐느히/ 젖는데"라는 서술 구조를 사용하면서 한 매듭의 휴지(休止) 시간을 만든다. 명사의 나열 때문에 이 부분까지도 완전한 서술 구조로 읽히지 않고 여운을 주는 명사의 형태로 읽힌다. 마지막으로 흰 달빛이 비치는 자하문의 바람 소리와 물소리라는 청각적 이미지로 시를 마무리 한다. 이 시는 이미지의 나열을 통해서 불국사의 경내를 침묵의 향연으로 끌어가고 있다. 이 때

---

8) 박목월 시집, 『나그네』, 미래사, 1991, 26-27쪽.

문에 이 시는 전체 구도와 언어 선택에 있어서 세련미가 돋보인다.

그런데도 이 시는 유협의 기준으로 볼 때 시어 선택에 있어서 한 가지 흠결로 지적할 부분이 있다. 이 시는 불국사 경내의 잔잔한 풍경을 보여주기 위해서 시어를 극도로 아끼고 있다. 그런데도 굳이 '자하문'이라는 시어가 두 번 반복되는 까닭은 무엇일까? 그것도 처음 부분과 시상을 마무리하는 부분에 자하문이라는 시어를 쓰고 있다. 불국사의 이미지 중에서 시인의 눈에는 자하문만이 깊은 인상으로 남은 때문일까? 아니면 불국사의 전체를 제대로 보지 못했기 때문일까? 시상의 전개 과정에서 시를 열고 닫는 의미를 부여하기 위해서일까? 이런 가능성을 충분히 생각한다고 하더라도 시어의 절제와 중복의 측면에서 볼 때 시어의 반복은 비껴갈 수가 없다. 불국사에는 자하문 말고도 석가탑, 다보탑이 있으며, 대웅전을 비추는 석등도 있다. 그런데 이 시에서 자하문, 대웅전, 범영루만 제시하고 있다. 물론 시인의 의도에 따라 다른 사물들은 군더더기라고 생각하고 중심에 다가오는 사물들만 강조하기 위해서라고 할 수도 있다. 그렇다고 해도 굳이 자하문만 두 번 써야 하는 까닭은 없어 보인다. 유협은 시를 쓸 때 가장 중요한 것이 중복된 시어를 사용하지 않는 것이라고 말한다. 심지어 공자라는 이름을 쓸 때도 같은 장(章)에서 공씨(孔氏), 소왕(素王), 부자(夫子), 중니(仲尼)와 같이 다르게 사용하고 있다. 이 시는 세련된 시어 구사에 있어서 절정을 보이는 작품임에도 불구하고 '자하문'이라는 시어의 반복 때문에 세련된 글쓰기의 궁극에는 이르지 못하고 있다. 이 시는 세련된 이미지를 잘 보여주고 있음에도 불구하고 세련된 글쓰기에서는 일정한 한계점을 보여주고 있다. 세련된 글을 쓰는 일은 그만큼 어렵고 힘든 일이다.

(3) 돌아보는 글쓰기

공담사춘 고경조신(空潭瀉春 古鏡照神) 밑바닥까지 보이는 못에 봄물이 쏟아지는데 오래된 거울에 영혼을 비춰본다.

이 시구의 앞에 나오는 부분이 문장의 기교에 대해서 말하고 있다면 이 부분에서는 작가의 정신세계를 말하고 있다. 시구 "밑바닥까지 보이는 못"은 작가의 정신이 맑아서 그 밑바닥이 투명하게 보인다는 것을 말한다. 흠집이 없이 세련된 글을 쓰는 작가는 그 정신세계가 투명하고 맑아야 한다는 것이다. 밑바닥이 보일 정도로 청정한 작가의 정신은 "봄물이 쏟아지는 것"처럼 거침이 없다. 이렇게 맑은 작가의 정신세계는 "오래된 거울에 영혼"을 비춰보듯이 깊고 은은하다. '공담(空潭)'은 깊은 연못이다. 작가는 세련된 작품을 쓰기 위해서 맑고 깨끗한 정신을 가져야 하고 이러한 정신을 갖기 위해서 끝없이 수양해야 한다. '사춘(瀉春)'은 봄물이 쏟아지는 장면이다. 세련된 작품에 나타나는 거침없는 작가의 정신세계를 말한다. 봄은 겨울의 눈이 녹아내리고 땅이 풀리고, 새로운 생명의 기운이 일어나는 때이다. 말 그대로 거침없는 생명의 물길이 일어나는 때이다. 작가의 깊은 사색으로부터 나오는 작품은 모든 것이 살아나는 봄의 기운과 같이 꿈틀댄다는 말이다. 세련된 글은 작품 속의 인물이나 사물들이 마치 봄 물길처럼 살아서 출렁대는 것이다. 맑고 투명한 작가의 눈, 작가의 정신을 거쳐서 나오는 세련된 작품은 말 그대로 봄 물길이 쏟아지듯이 왕성한 생명의 힘이 깃들어 있는 것이다.

'고경(古鏡)'은 오래된 거울이다. 세련된 글은 작가의 오래된 정신세계를 보여주며, 그것은 경서를 만나는 것처럼 오래된 시간 속에 존재하는 세계를 보여준다. 오래된 거울에 비치는 작가의 정신세계는 시간과 공간의 경계를 넘어서 존재한다. 세련된 작품은 오래된 것으로부터 은은하게 나타나는 품격을 말한다. 세련은 새롭게 만들어지는 것이지만, 그 바탕에는 오래된 것이 놓여있는 것이다. 첫 번째 단락에서 말하고 있는 '광석'과 '납덩어리'가 그 바탕이라면, 그것을 비추고 있는 오래된 거울은 안을 드러내는 바깥의 형상이다. 불순물을 제거하고 순수한 것을 뽑아낸 새로움은 세련된 글을 쓰는 작가의 정신세계이다. '조신(照神)'은 정신세계를 비춘다는 뜻으로 세련된 작품에는 거울을 비추듯이 작가의 정신세계가 깃들어 있다는 것이다. 세련된 작품에는 맑고 투명한 작가의 정신세계가 스며들어 있다. 세련된 글은 오래된 경서(經書)에 나타나는 훈향과 같이 작가의 깊은 정신세계가 나타나야 한다. 지극히 당연한 말이지만, 세련된 작품은 작가의 순수한 정신세계를 바탕으로 흠결이 없는 문장으로 표현된 것이라고 말할 수 있다.

> 내 마음속 우리 임의 고운 눈썹을
> 즈문밤의 꿈으로 맑게 씻어서
> 하늘에다 옮기어 심어놨더니
> 동지 섣달 나르는 매서운 새가
> 그걸 알고 시늉하며 비끼어 가네
>
> —서정주, 「동천(冬天)」 전문9)

이 시를 두고 "인간의 이상과 현실, 인간의 염원과 세속, 영원과 수유(須臾)를 보여주고 있다"10)고 평가하기도 한다. 그러나 이 시의 매력은 인간의 문제를 생각하는 시의 내용보다도 시어의 선택을 신중하게 하고 있다는 데 있다. 이 시는 전체 두 개의 문장으로만 이루어져 있다. 그런

---

9) 서정주 시집, 『푸르른 날』, 미래사, 1991, 45쪽.
10) 조남익 저, 『현대시 해설』, 세운문화사, 1977, 342쪽.

데 앞 문장과 뒷 문장은 인과관계로 이어지면서 하나의 의미를 생성하고 있다. 시의 내용을 산문으로 풀어 놓으면 내 마음 속의 절절한 사랑을 하늘에 심어 놓았더니 화자의 그 마음을 겨울 하늘을 날고 있는 새까지도 알고 슬쩍 비껴간다는 것이다. 이 시는 쉽게 산문으로 바꿀 수 있기 때문에 운문과 산문의 경계를 넘어서고 있다. 두 문장을 자연스럽게 행갈이로만 나누고 있어서 형식미도 세련되어 있다. 이 시에서 내가 사랑하는 님의 고운 눈썹에 빗대고 있는 사물은 꿈속에서 그리워하다가 하늘에 심어놓은 눈썹달이다. 그 눈썹달은 눈썹 모양으로 보이는 초승달이나 그믐달이다. 그것은 님의 화신이기도 하고, 내가 사랑하는 사람의 징표이기도 하다. 이처럼 이 시는 시적 비유의 방식이 세련되어 있다. 또한 이 시는 사물에 투영하는 공감의 방식도 탁월하다. 화자와 새는 그리움의 존재를 서로 공유하고 있다. 화자가 그리워하는 대상을 새도 알아차린다. 새는 추운 동지 섣달의 외로운 처지에 놓여 있는 화자의 마음을 알고 눈썹달이 보이지 않을까 봐서 슬쩍 비껴서 날아간다. 이 시는 화자가 사랑하는 대상에 대한 은근한 정리(情理)를 표현하고 있는데 그 표현 방식이 세련되어 있다. 이 시는 문장의 선택뿐만 아니라 형식미, 그리고 비유의 방식과 화자의 감정처리까지도 세련되어 있다. 이 시를 평가할 때 그의 생애를 압축해서 보여준다든지, 그의 자서전이라고 부르는 까닭은 이 시에 나타난 세련된 상징성과 단련된 비유의 방식 때문이라 할 수 있다.

체소저결 승월반진(體素儲潔 乘月返眞) 바탕을 지키고 고결함을 쌓아서 달빛을 받으며 진실한 모습으로 돌아간다.

이 시구에서도 바탕을 의미하는 말이 나온다. 바탕은 근본이다. 근본을 지키면 고결하게 보인다. 여기서 고결(高潔)은 순결(純潔)이라고 해도 무방할 것이다. 높으면서도 순수한 것이다. 바탕은 순수하다. 그 궁극의 지점에는 '흰색'이 놓여 있다. 『주역』 계사에는 '백색무구(白色無咎)'라는 말이 있다. 아름다움이나 순수의 궁극에 흰색이 놓여 있다는 말이다. 어떤 화려한 색보다도 아름다운 것이 흰색이라는 말이다. 흰색은 모든 아름다움의 바탕이 되는 색이며 궁극에 도달하는 색이다. 바탕을 이루는 것은 색깔이 없으면서도 있으며, 있으면서도 없는 듯 한 것이다. 그 바탕을 통해서 순결함을 지키고 그 궁극의 지점은 진실한 모습으로 돌아가는 것이다.

'체소(體素)'는 근본 바탕이 희다는 말이다. 이 시구는 세련된 글의 내면 모습을 말하고 있다. '체소'가 세련된 내면의 바탕이라면, '승월(乘月)'은 세련된 외형의 모습이다. 근본 바탕이 흰색으로 되어 있다면 그 외형이 어떤 색이라고 하더라도 받아들일 수 있는 것이다. 모든 것을 받아들일 수 있으면서도 아무 것도 없는 궁극의 상황이 '소(素)'와 '결(潔)'이라 할 수 있다. '소(素)'는 흰 빛깔이고 생명의 근원이다. '결(潔)'은 깨끗하고 품행이 바른 것이다. 세련의 품격을 한 마디로 말한다면, '소'를 바탕으로 한 '결'의 형상이라고 할 수 있다. 소와 결이 조화를 이루게 되면 달빛을 받으면서 돌아가는 것 같은 높고 순수한 형상으로 나타나는 것이다. 그 작품에는 아무런 꾸밈이 없는 진실의 세계가 스며들어 있다. 세련된 글은 화려한 수사가 곁들여 있는 작품을 의미하지 않는다. 오래된 빛깔에서 나오는 은은한 빛을 말한다. 그 은은한 빛은 백색의 순수함으로부터 나온다.

독수리는

> 바람의 저항이 없으면
> 날 수가 없고
>
> 고래는
> 물결의 저항이 없으면
> 뜰 수가 없다
>
> 사람은 어떻게 저항해야
> 살 수가 있나
>
> ―천양희, 「저항」 전문[11]

이 시는 복잡하고 어려운 사유의 흔적을 보이지 않는다. 이 시의 마지막 부분에서는 너무도 단순하고 근본적인 물음을 하고 있다. 이 시는 화려하지 않으면서도 인간의 근본 문제를 솔직하게 파헤치고 있다. 바탕을 알면 궁극에 이른다는 말은 단순한 자연의 이치만으로도 설명이 가능한 것을 말한다. 근원에 대한 물음은 복잡한 데서 시작하지 않는다. 지극히 일상적인 근본 이치에 따르면 복잡하고 어려운 문제는 자연스럽게 해결되기 마련이다. 이 시에서 독수리가 나는 것은 새가 나는 모든 원리를 말하는 것이다. 하나의 원리 속에 모든 것이 들어 있는 것이다. 이것은 하늘의 원리라는 말로도 설명할 수 있다. 하늘의 원리는 바람의 저항이라는 간단한 것으로부터 시작한다. 그것이 모든 자연의 원리를 설명하는 근본이다. 고래가 물에 뜨는 것은 물결의 저항이라는 기본 원리가 있기 때문이다. 이 세상 모든 물의 원리를 말하고 있는 것이다.

하나를 말하고 있으면서도 전체를 말하고 있으며 이 전체는 또 가장 간단한 하나의 원리로부터 시작한다는 것을 말하고 있다. 이것은 모든 자연의 원리이기도 하다. 거대한 자연의 원리를 설명하고 있으면서도

---

[11] 천양희, 『나는 가끔 우두커니가 된다』, 창비시선 326, 2011, 91쪽.

이 시는 복잡한 사유와 화려한 표현기법을 사용하지 않고 있다. 오히려 어렵고 복잡한 원리를 가장 간단한 원리로 설명하고 있다. 그러면서 심오한 자연의 원리를 설명하고 있다. 하늘을 날 수 있는 간단한 저항의 원리와 가볍게 물에 뜰 수 있는 부력의 원리를 통해서 물결과 바람의 저항을 읽어낸다. 깊은 사유는 가장 단순한 일상으로부터 얻을 수 있다는 것을 보여주고 있다. 이 시는 하나의 원리를 통해서 전체의 원리를 보여주고 있다. 그것은 옅은 사유가 아니라 깊은 사유로부터 나오는 세계라 할 수 있다. 세련된 작품은 화려하거나 단순하거나 관계없이 잘 짜여진 것으로부터 나온다. 군말이 없으면서도 하고 싶은 말을 다하는 것이다.

(4) 회통의 글쓰기

재첨성진 재가유인(載瞻星辰 載歌幽人) 하늘의 별들을 바라보며 숨어사는 사람을 노래한다.
  세련의 미학은 드러냄의 미학이 아니라 감춤의 미학이다. 하늘의 별과 같이 아득하게 존재하지만, 은은한 빛으로 존재하고 있다. 그것은 은자(隱者)의 모습이다. 숨어사는 것은 드러냄의 미학이 아니라 숨기고 감추는 미학이다. 그것은 별빛과 같이 은은하다. '재첨(載瞻)'은 '재가(載歌)'와 짝을 이루고 있고, '성진(星辰)'은 '유인(幽人)'과 짝을 이루고 있다. 보는 것과 노래하는 것이 짝을 이루고 있다. 보는 것을 노래하는 것이 시이고 문학 예술이다. 그렇다면 은은한 별빛과 같은 사람은 숨어사는 사람이다. 여기서 숨어사는 사람은 말할 것도 없이 작가이다.

세련된 작가는 드러나지 않으면서도 드러나는 존재이며, 없는 것 같으면서도 뚜렷하게 있는 존재이며, 너무 멀리 있는 것 같지만 늘 가까이 항상 존재하는 것이다. 별빛과 같은 사람이 작가[幽人]라고 한다면 독자에게 은은한 빛으로 존재하는 사람이 세련된 작가라는 말이다. 경박하고 유행에 휘둘리는 작가는 세련된 작가가 아니다. 세련된 작가는 오래된 경전과 같이 해묵은 빛을 발하는 존재이다. 세련된 작가는 은은한 별빛과 같은 존재이다. 멀리서 빛을 내고 있으면서도 그 빛은 항상 그 자리에서 은은하게 존재하고 있다. 이 시구에서 하늘을 '보는 것'과 숨어 사는 사람을 '노래하는 것'의 대응은 참으로 깊은 의미가 있다. 사물을 바라보는 순간 반응이 일어나고 그 반응은 문학 작품으로 형상화된다. 그렇게 반응한 사물을 세련된 작품으로 표현한 작가의 작품은 은은한 별빛과 같이 독자의 마음을 울린다.

  저 하늘에
  누가 젖은 파래를 널어놓았나

  파래를 덮고 자는 바닷가 아이의 꿈같이

  별이 하나 둘
  쪽잠 들러 나의 하늘에 온다
  　　　　　　　　　—문태준, 「동천(冬天)에 별 돋고」 전문12)

이 시는 서정주의 「동천」과 그 발상이 비슷하다. 「동천」에서 하늘에 눈썹달을 걸어놓은 것이나 이 시에서 깜깜한 밤하늘의 형상을 하늘에 젖은 파래를 널어놓은 것으로 비유하는 것은 비슷한 발상이다. 그러나

---
12) 문태준, 『가재미』, 문학과지성사, 2006, 47쪽.

이 발상의 근원은 다르다. 「동천」의 밤하늘은 그리움의 대상으로 존재하고 있지만, 이 시에서는 말하는 밤하늘은 화자의 하늘이다. 그리움의 대상이 아니라 화자의 하늘이다. 화자가 누워있는 바닷가에서 화자는 파래와 같이 널어놓은 밤하늘을 덮고서 별들과 함께 쪽잠을 자는 것이다. 이 시는 비슷한 발상에서 출발하고 있지만, 그 궁극의 지점에서는 또 다른 세련된 시적 세계를 보여주고 있다. 자연 속에 숨어사는 사람은 하늘의 별과 친구가 될 수 있고, 그 밤하늘까지도 자신의 영역으로 들어올 수 있다. 나의 하늘이라는 표현은 화자가 하늘이고 하늘이 화자라는 인식이다. 그렇기 때문에 하늘의 별들도 화자와 동무가 될 수 있는 것이다. 이 시도 앞에서 인용한 「저항」과 같이 복잡한 사유를 통해서 깨달음에 이르는 것이 아니라, 그저 놓여진 풍경을 바라보면서 깨달음에 이르고 있다. 밤하늘을 바라보니 젖은 파래와 같고 화자는 어느 새 그 파래를 자신의 이불로 생각하기에 이른다. 그러면 그 이불에 숨어드는 별들과 하나가 될 수 있다. 어찌 보면 유치한 동심 같은 발상이라고 할 수도 있지만 그 동심 같은 마음이 곧 천심(天心)이고, 시심(詩心)이다. 순수한 눈으로 세상을 보면 궁극의 지점에 큰 원리가 보이는 법이다. 이 시는 동심이 천심이고 시심이라는 말을 세련되게 보여주고 있다.

유수금일 명월전신(流水今日 明月前身) 흐르는 물이 오늘의 모습이라면 밝은 달은 전생의 모습이라네.
　이 시구에서 흐르는 물은 세월을 의미한다. 작가의 작품은 세월을 따라 흘러가고 그것은 다만 현재의 모습으로 존재할 뿐이다. 문학 작품은 작가의 현재 속에 존재하지만, 세련된 작품은 은은한 빛을 발하면 전생과 내생을 초월해서 존재한다는 말이다. 밝은 달은 작가가 쓴 작품의 현신(現身)이다. 그것은 작가의 정신세계가 반영되어 있기 때문에 비록 현재의 상황을 그대로 드러낸 것이라 하더라도 그것은 전생의 모습을 투영하는 것처럼 시대를 초월해 있다. 세련된 작품은 그 내용이 여러 갈래로 나누어져 있지만 결국 하나의 방향으로 통해 있다. 세련미의 궁극은 흐르는 물처럼 하나의 갈래로 모이고, 그 외형은 밝은 달과 같이 세상을 비추고 있는 것이다. 세련된 작품은 은은함과 밝음이 조화를 이루고 있으며, 흩어진 물길이 하나로 모이는 것처럼 궁극의 지점에서 하나가 되는 것이다. 자세하게 말하지 않으면서도 모든 것을 말하고 있는 것이다. 세련된 작품은 모든 것이 한 곳으로 통하는 회통의 미학이다.

체제가 큰 문장은 그 유형이 나뭇가지와 물의 갈래만큼이나 많아서 물길을 가지런하게 하기 위해서는 물줄기의 근원에 의지해야 하고, 나뭇가지를 정리하기 위해서는 줄기를 다스려야 한다. 그러므로 표현을 수식해서 뜻을 모으기 위해서는 으뜸이 되는 줄거리를 한 곳에 모으는 데 힘써야 한다. 만 갈래의 길을 동일한 귀착지로 몰아가고, 백 가지 생각을 하나로 일치시켜 곧게 하는 것처럼, 여러 가지 창작의 이치들이 비록 번잡하다 할지라도 놓이는 자리가 어그러져서 거꾸로 되는 일은 없어야 한다. 여러 가지 표현들이 비록 다양하다고 할지라도 실이 헝클어져서 어지럽게 얽히는 일은 없어야 한다. 햇빛을 더위잡아서 가지들이 나아가고, 그늘을 따라서 그림자가 자취를 감추듯이 처음과 끝은 주도면밀하고 작품의 내용과 표현이 하나가 되도록 하는 것이 부회의 방법이다.13)

세련된 글쓰기는 전체와 부분이 조화를 이루어야 한다. 큰 나무가 바람이 불어도 꺾이지 않는 것은 위로 갈수록 가늘어지고 가지와 가지 사이에 바람이 지나가게 되어 있기 때문이다. 처음부터 끝까지 같은 크기

---

13) 凡大體文章, 類多枝派, 整派者依源, 理枝者循幹. 是以附辭會義, 務總綱領, 驅萬塗於同歸, 貞百廬於一致, 使衆理雖繁, 而無倒置之乖, 羣言雖多, 而無棼絲之亂; 扶陽而出條, 順陰而藏跡; 首尾周密, 表裏一體. 此附會之術也.(유협 지음, 황선열 옮김, 앞의 책, 452-453쪽).

로 곧기만 하다면 바람을 견디지 못할 것이다. 바람이 불면 바람을 따라서 흔들릴 수 있는 여유가 있어야 한다. 잎사귀가 무성해서 그늘만 만들어서는 뿌리가 튼튼하지 않을 수 있으니 잎이 지고 또 잎이 나면서 뿌리와 줄기, 가지까지 골고루 햇빛을 받게 한다. 물줄기가 그 근원이 있듯이, 문장도 그 근원이 있기 마련이다. 나무가 제 각각의 몫을 하면서 튼튼하게 자라듯이 물줄기도 그 근원이 있기 때문에 끊이지 않고 흘러가는 것이다. 세련된 작품은 문장의 처음과 끝이 이어져 있고, 부분과 전체가 조화를 이루고 있어서 항상 유기적으로 연결되어 있다. 세련된 작품이 유기적 관계를 가지고 있다는 말은 작품 전체가 하나의 살아있는 존재로서 의미가 있다는 말이다. 살아있는 문장은 처음과 끝이 서로 긴밀한 관계를 유지하고 있다는 말과도 같다. 부분만 중요하고 전체가 중요하지 않다면 그 문장은 살아있는 문장이 될 수 없다. 부분을 통해서 전체를 보고 전체 속에 부분이 녹아 있어야 한다. 어떤 작품의 첫 번째 문장을 읽었을 때 이미 전체의 의미가 담겨 있어야 한다는 말이다. 이상의 소설 「날개」의 앞부분에 나오는 아포리즘은 횡설수설하는 것처럼 보이지만, 사실은 작품의 전체 상황과 주인공의 심리 상황을 동시에 설명하고 있다. 세련된 작품은 유기적 관계가 잘 이루어진 작품이다. 서두가 결론의 의미를 담아내지 못하고, 결론이 서두의 말을 끌어가지 못하면 전체와 부분이 조화를 이룬 글이라 할 수 없다. 근원이 어디인지를 놓치지 않고 처음부터 끝까지 끌고 가는 힘이 세련된 글을 쓰는 조건이 되는 것이다.

예까지 걸어와
쑥대밭 된
흰 머리칼

한바탕 비 쏟고
뻘밭 지나
환하게 핀
잔주름 하늘
가랑가랑 뒤집어진
푸서릿길 녹슨
자전거

—최영철, 「길」 전문14)

  이 시는 첫 부분의 이야기가 끝 부분까지 이어지는 회통의 조화로움을 잘 보여주고 있다. 이 시는 여러 가지 상황을 단편적으로 말하고 있다. 먼저 흰 머리칼을 말하고 있으니 그것은 노인의 삶을 말하고, 잔주름을 뒤집어쓰고 있으니 고생의 흔적이 역력한 노인을 말하고 있다. 그러나 이 시에서 말하고 있는 대상은 고생하다가 늙어 간 노인을 말하고 있는 것은 아니다. 그 대상은 길가의 푸서릿길에 쓰러져 있는 녹슨 자전거이다. 그런데 여기서 화자는 녹슨 자전거를 말하는 데 그치는 것이 아니다. 제목에서 알 수 있듯이 '길'을 말하고 있다. 이 길은 예사로운 길이 아니다. 녹슨 자전거를 통해서 노인의 삶을 읽어내고 그 녹슨 자전거와 노인의 삶에서 인생의 길을 떠오르게 한다. 하나의 사물에서 연상되는 이미지들을 인생길이라는 사람의 길과 자전거가 달린 길이라는 사물의 길을 하나로 연결하고 있다. 하나의 사물을 통해서 그 사물의 이미지뿐만 아니라 그 사물의 이미지에서 떠오르는 또 다른 이미지까지 유기적으로 연결하고 있다. 그렇다고 이 시가 중언부언 말을 많이 하는 것도 아니다. 짧은 말들을 이어가면서 하나의 사물인 자전거가 우리네 인생과도 닮았다고 말하고 있다. 푸서릿길에 놓인 자전거의 모습은 화자의

---

14) 최영철, 『돌돌』, 실천시선, 2017, 123쪽.

인생을 나타내는 모습이기도 하지만 모든 사람이 만나게 될 마지막 순간의 길이기도 하다.

 세련된 작품은 하나의 사물을 끝까지 끌고 가는 힘이 있는 작품이고, 이를 통해서 진실된 깨달음을 보여주는 작품이다. 하나의 사물이 놓인 자리를 넘어서면 그 자리에 또 다른 궁극의 자리가 놓여 있기 마련이다. 세련된 작품은 사물과 사람이 하나의 지점으로 통해 있는 것이다. 사물은 그 자체만으로 존재하는 법이 없다. 그 사물을 바라보는 작가의 이성과 감정에 따라 다르게 나타난다. 슬플 때 비를 맞은 작가가 표현하는 비의 의미와 기쁠 때 비를 맞는 작가가 표현하는 비의 의미는 다르기 마련이다. 그러나 세련된 작품은 사물에 각기 다른 의미를 부여하면서도 그 사물의 궁극에 이르면 하나의 의미로 통해 있는 작품이다. 세련된 글쓰기는 연마와 탁마의 과정을 거쳐서 이루어지며, 그것은 하나의 사물을 통해서 발견하는 새로운 깨달음이라 할 수 있다.

8. 굳세고 부드러운 힘
—경건(勁健)

(1) 개요

경건(勁健)은 '굳세고 튼튼하다'는 뜻이다. 옛날에는 이 말을 주로 서예 분야에서 널리 사용했는데, 강한 힘을 지닌 글씨를 평가하는 용어로 사용되었다. 이 품격이 시에서 쓰인 경우는 시의 체제가 힘이 있는 것을 뜻하며, 다른 말로는 기건(奇健), 웅건(雄建), 청건(淸健), 교건(矯健)과 같은 용어로 자주 사용되었다. 경건의 품격에서 강조하는 것은 작가와 작품의 기백과 힘이라 할 수 있다.[1] 이 기백과 힘은 금강석과 같은 견고한 힘을 의미하기도 하고, 풀이 돋아나듯 부드러우면서도 빳빳한 기운을 의미하기도 한다.

먼저 경건의 한자를 살펴보자. 경(勁)은 만물이 회임(懷妊)하듯이 안으로부터 생동하는 건강한 생명을 의미한다. 경(勁)은 뜻을 나타내는 힘[力]과 음을 나타내는 경(坙)의 생략형 경(巠)이 합쳐져서 이루어진 글자다. 그 의미는 "1. 굳세다, 강하다(强--), 2. 단단하다, 견고하다(堅固--), 3. 세게 하다, 4. (의지가)강하고 곧다, 5. 예리하다(銳利 --), 6. 날카롭다"와 같이 쓰인다. 경(坙)은 초두머리[++]와 곧대[경(經)]의 뜻을 나타내는 글자 경(巠)으로 이루어져 있는데, 이는 곧게 뻗은 풀의 줄기를 뜻한다. 건(健)은 뜻을 나타내는 사람인변[亻]과 음을

---

[1] 안대회, 『궁극의 시학』, 문학동네, 2013, 232-238쪽, 참조.

나타내는 건(建)이 합하여 이루어진 글자다. 건(建)은 높이 서는 것을 말한다. 사람이 씩씩하고 힘차게 서 있는 모양이다. 그 의미는 "1. 굳세다, 2. 건강하다(健康--), 3. 튼튼하다, 4. 꿋꿋하다"와 같이 쓰인다. 한자의 뜻풀이를 종합해볼 때 경건(勁健)은 부드러우면서도 힘이 있으며, 굳센 기운으로 나아가는 것을 의미한다. 이제 사공도의 시를 읽어보자.

行神如空 行氣如虹 巫峽千尋 走雲連風
행신여공 행기여홍 무협천심 주운연풍

飮眞茹强 蓄素守中 喻彼行健 是謂存雄
음진여강 축소수중 유피행건 시위존웅

天地與立 神化收同 期之以實 御之以終
천지여립 신화수동 기지이실 어지이종

허공을 날듯이 상상력을 발휘하고
무지개가 떠오르듯 기운을 쓴다
천 길 깎아지른 무협巫峽 협곡에서
구름을 휩쓸리고 바람이 몰아치는 듯하다

진기眞氣를 마시고 강한 기운 먹어
깨끗한 바탕을 다지고 내심을 지킨다
저 천체의 꿋꿋한 운행에 비유하노니
이렇게 해야 웅장함을 지녔다고 하리라

천지와 더불어 경지를 나란히 하고
대자연과 변화의 호흡을 함께 한다
작품이 진실을 충분하게 지니도록
끝까지 넘치는 힘으로 통제한다

우선 이 시의 전체를 살펴보면, 1연은 도입부로 경건의 품격이 어떤 것인지를 설명하고 있다. '행신(行神)'은 비어있다고 하고, '행기(行氣)'는 무지개를 이루고 있다고 한다. 이 말은 경건은 보이지 않는 것[空]과 보이는 힘[虹]을 상징한다는 뜻이다. 보이는 힘은 금강석과 같이 단단한 견강(堅强)을 말한다면, 보이지 않는 힘은 갈대와 같이 부드러운 유강(柔强)을 의미한다. 경건은 두 가지의 굳센 힘이 몰아치는 것을 말한다. 이와 같이 굳센 자연의 기운과 깨끗한 바탕은 2연의 '행건(行健)'에 이르게 하고, 이러한 상태를 '존웅(存雄)'하다고 말하고 있는 것이다. 존웅(存雄)은 견강과 유강이 자연스럽게 조화를 이룬 굳센 힘이다. 3연은 이 두 기운을 끝까지 밀고 나가서 마침내 정신과 기운이 하나가 되어서 진정성에 이르게 되는 경지를 말하고 있다. 경건은 천지(天地)의 부드러운 기운과 나란히 하고, 신비로운 조화와 함께 하는 것이다. 1연은 굳센 상상력의 무궁한 힘이 어떤 것인지를 말하고 있으며, 2연은 그 상상력을 통해 나타나는 굳센 힘의 근원을 설명하고 있으며, 3연은 기운과 정신의 조화를 통하여 도달하는 경건의 경지를 말하고 있다. 경건은 인간의 정신이 도달할 수 있는 부드러우면서도 굳센 정신세계를 말한다.

(2) 경건의 형상

행신여공 행기여홍(行神如空 行氣如虹) 허공을 날듯이 상상력을 발휘하고 무지개가 떠오르듯 기운을 쓴다.

원문에서 '행신(行神)'과 '행기(行氣)'는 서로 짝을 이루고 있으며, '공(空)'과 '홍(虹)'이 서로 짝을 이루고 있다. 상상력은 텅 빈 상태에서 일어나고, 그 상상력으로부터 무지개[形象]를 만든다. 공(空)은 텅 빈 곳으로 나아가는 것을 말하고, 홍(虹)은 형상으로 나타나는 것을 말한다. 경건은 보이지 않는 곳에서 상상의 세계가 펼쳐지고, 보이는 기운으로 형상화되는 것을 말한다. 이 부분을 다르게 해석해 보면 '굳센 상상력이 운행을 해서 허공에 머무는 것 같고, 굳센 기운이 운행을 해서 무지개처럼 떠 있는 것과 같다'고 할 수도 있다. 경건은 작가의 상상력이 텅 빈 허공에 머무는 것과 같고, 작가의 굳센 기운이 아름다운 무지개로 나타나는 것과 같다는 말이다. 경건은 굳세고 건강한 기운이 무궁한 허공에 펼쳐지면서 그 힘찬 기운이 시에 내포되어 있는 것을 말한다.

    학 한 마리 불러 함께 노닐거나
    굴 속 바위틈 햇살을 모아 책을 뒤적이거나
    고향이 그리워지면 구름 타고 가거나
    모두 옛 사람의 일만은 아니다
    여섯 개 도당회의에서 돌아온 이현상
    빗점골 초막 기둥에 이마를 찧고
    외삼신봉에 올라 학과 구름으로
    또는 책으로
    제 노여움 달랬을지도 모른다
    숨어서 싸우는 일이 고달프고 서러워도
    가는 길 어찌 끝이 없으랴
    백의종군! 죽음 가까이에 이르렀음을
    미리 알고도 그 죽음 맞이하러 나아갔을까
    세석에서 삼십리 길 걸어 내려와서
    외삼신봉 돌덩이에 나도 주저앉는다
    문득 돌아보는 지리산 큰 몸뚱아리 너무 잘 보여
    나도 학이나 구름 타고 넘나드는 것 같다
    사람이 가야 할 길
    책보다 먼저 내다보이는 곳이다.

―이성부, 「외삼신봉―내가 걷는 백두대간 31」 전문2)

이 시는 백두대간을 산행한 시인의 체험을 지리산 연작으로 묶은 시 중의 한 편이다. 이 시는 지리산을 소재로 한 대부분의 시들과 같이 지리산의 웅장한 기세를 보면서 자연의 위대한 힘을 형상화하고 있다. 그 힘은 상상을 통해서 경건으로 나타난다. 이 시에서 화자는 지리산의 외삼신봉에 올라서 웅장한 산세를 바라보면서 학과 구름을 타고 노닐었던 옛사람들을 떠올린다. 그 옛 사람 중에 이 시의 중심인물인 이현상도 있다. 옛 사람들이 지리산의 굴속에서 책을 읽으면서 신선의 세계를 꿈꾸었듯이 여섯 개 도당회의를 마치고 돌아온 이현상도 자신이 꿈꾸는 세계를 염원했을 것이라고 생각한다. 그러나 그의 꿈은 실현되지 않았다. 이현상은 한국 전쟁 당시 낙오된 인민군들로 조직한 남부군의 총책이었다. 이 시는 지리산의 한 봉우리에서 백의종군하면서 전쟁에서 죽어간 이현상의 굳센 기운을 한 곳에 그러모으고 있다. 그 굳센 의지를 떠올리게 된 계기는 외삼신봉에 서서 학과 구름을 타고 노닐었던 세계를 상상하면서 시작하고 있다. 그 상상의 기운은 "빗점골 초막 기둥에 이마를 찧고" 절망하는 이현상을 떠올리게 한다. 이 시는 이현상의 꿈을 통해서 사람이 가야 할 길은 자신의 신념을 실천하는 데 있으며, 그것은 "책보다 먼저 내다보이는" 보이지 않는 길이라고 말하고 있다. 이 시의 화자는 높고 웅장한 지리산의 지세를 바라보면서 학과 구름을 타고 넘나들었던 시절을 회상하고 있다. 그러면서 화자는 신선의 세계에서 노닐고 싶은 포부를 말하고 있으며, 이 상상을 통해서 역사 속으로 사라진 이현상의 굳센 의지를 드러내고 있다.

---

2) 이성부 시집, 『지리산』, 창작과비평사, 2001, 62-63쪽.

경건은 공(空)의 세계로부터 시작하고 있으며, 그 기운은 무지개처럼 찬란하게 떠오르고 있다. 텅 빈 상상의 세계로부터 작가의 기운이 발현되어서 아름다운 무지개를 만들어내듯이 경건은 보이지 않는 상상의 세계로부터 보이는 형상의 세계를 만들어내는 것을 말한다. 사공도는 경건을 말하는 첫 번째 연에서 상상력[神]과 기운[氣]을 강조하고 있는데, 이것은 작가의 정신세계에 내포되어 있는 보이지 않는 상상과 기운이 중요하다는 것을 말하는 것이다. 작가의 상상이 어떤 상태에 있어야 무지개가 빛의 영롱한 조화를 이룰 것인가? 무지개의 기운을 만들어낼 정도로 무궁한 상상력, 그 무한한 공간을 뛰어넘어서는 작가의 치열한 정신세계야말로 아름다운 무지개를 만들어내는 바탕이 되는 것이다. 1연의 첫 부분을 도식화해보면 다음과 같다.

(작가의 상상력) → 행신(行神) → 공(空) → 무(無)
(작가의 기운) → 행기(行氣) → 홍(虹) → 유(有)

경건은 작가의 정신에 내재되어 있는 무궁한 상상의 세계가 열리면서 그 기운이 만들어내는 굳센 의지를 말한다. 경건은 정신세계를 바탕으로 한 힘찬 기운을 형상화하는 것이다.

무협천심 주운연풍(巫峽千尋 走雲連風) 천 길 깎아지른 무협巫峽 협곡에서 구름을 휩쓸리고 바람이 몰아치는 듯하다.
 이 부분은 경건에서 말하는 힘이 어떤 것인지를 보여주고 있다. 경건은 험준한 무협의 협곡을 휩쓸고 지나가는 구름과 같은 힘이며, 그곳을 지나는 세찬 바람의 힘과 같은 것이다. 무협은 양쯔 강의 험난한 삼협(三峽) 중의 하나이다. 무산은 양쯔강 상류의 협곡 가운데 가장 험준한 곳이다. 경건은 험준한 협곡을 가로지르는 구름과 세찬 바람의 힘과 같다고 말한다. 지리산의 웅장한 기세를 보면서 옛 사람의 풍류를 떠올리듯이 경건은 높고 험준한 기세로 몰아치는 상상의 힘이라는 것이다. 경건은 작가의 무궁한 상상의 세계와 보이지 않는 기운이 구름과 바람을 몰아가듯이 엄청난 기운으로 나타나는 것을 말한다. 창작의 태도로 말한다면, 경건은 한 작품을 쓸 때 몰아치는 기운을 그러모아서 써야 한다는 말과도 같다.

경건한 작품을 쓰기 위해서 작가는 무협의 협곡을 휩쓸고 지나가는 구름과 세찬 바람과 같은 정신력을 가져야 한다. 그러한 작가의 상상력이야말로 아름다운 무지개를 만들 수 있으며, 험준한 협곡에 몰아치는 바람과 같은 힘을 얻을 수 있는 것이다. 협곡의 골짜기를 가로지르는 굳세고 건강한 힘이 있어야 경건에 이를 수 있다. 경건은 웅혼한 기상이 겉으로 드러나 있으면서 안으로는 하늘을 찌를 듯한 세찬 기운이 있는 것을 말한다. 이 때문에 경건은 '웅혼(雄渾)'과 유사하다고 말하기도 한다. 그러나 웅혼은 굳세고 강한 기운이 겉으로 드러나 있는 견강(堅强)을 말한다면, 경건은 겉으로 드러나 있는 견강(堅强)과 안으로 감추어져 있는 유강(柔强)을 동시에 말하는 것이다. 경건은 부드럽지만 세찬 바람을 견디어내는 갈대와 같은 부드러운 힘과 어떤 힘에도 견디어 내는 부서지지 않는 금강석과 같은 단단한 힘이 조화를 이루고 있는 것이다.

누군가 공장 안에
꺾어 둔 민들레꽃
바람 불어 기계 속에
맞물려 돌았다

노란 꽃잎이 바수어지고
기계음에 가려서 꽃잎이
우는 소리 듣지 못해도
그로부터 모든 맞물린 곳에서
꽃잎이 바수어져 우는 소리 들린다

5프로 봉급 인상에 맞서는 노동조합
식사를 거부하고 일터에서 맞서서
협박과 분열과 회유, 도리어
서슬 세우는 기업주와 맞물려
착한 꽃잎들이 으깨어지자
무기를 들었다.

보수 정당의 공방
저들끼리 맞물려 쥐어뜯고
우리들 꽃잎이 바수어졌다

의도적 줄다리기 남북회담
마이크 줄 사이 철책의 모든
꽃잎이 짓이겨졌다

거짓 사랑의 헐떡거림
거짓 자비의 목탁소리
거짓 설교의 동전소리에
민들레 꽃잎은 바수어지지만

그러나 들판의 민들레꽃은 시들지도 않는다
다만 흰 솜털에 싸인 씨앗이
으깨어진 꽃들의 자리를 찾아
게릴라처럼 눈송이처럼 내려앉는다

—백무산, 「민들레」 전문[3]

---

3) 백무산, 『만국의 노동자여』, 도서출판 청사, 1988, 18-19쪽.

경건은 연약한 민들레꽃이 견고한 씨앗을 품고 있는 것과 같이 부드럽고 견고한 힘을 말한다. 연약한 민들레꽃은 맞물리는 기계에 바수어져 사라지고 말지만, 흰 솜털에 싸인 씨앗은 눈송이처럼 들판 가득히 내려앉아서 새로운 민들레꽃을 피운다. 이 무궁한 생명의 힘은 막을 수 있는 길이 없다. 이것은 보이지 않는 생명의 힘이다. 민들레꽃의 신세처럼 이 땅의 노동자들도 식사를 거부하고 기업주와 맞물려 싸우지만 착한 꽃잎이 으깨어지듯이 부서지고 말며, 노동자들의 피와 땀은 거대한 자본의 구조 속에서 짓눌리고 만다. 그러나 거대한 기계음이 내는 소리에 짓눌리는 민들레꽃의 울음소리는 듣지를 못해도 기계가 맞물리는 곳에서 꽃잎이 바수어져서 우는 소리는 듣는다. 이 울음소리는 어떤 상황에서도 흔들리지 않겠다는 절명(絶命)의 순간에 뱉어내는 영혼의 소리이다. 이 영혼의 소리는 내부에 잠재되어 있는 무궁한 생명의 소리이고, 겉으로 드러나는 웅장한 존재의 소리이다. 씨앗이 생명을 키우기 위해서 저장해놓은 응축된 기운은 뺏을 수도 없고 가릴 수도 없으며, 그렇다고 완전히 "바수어"버릴 수도 없는 것이다. 끝내 바술 수 없는 힘은 부드러운 힘, 즉 유강(柔强)이다. 그 힘은 "들판의 민들레꽃"을 길러내는 생명의 힘이고, "으깨어진 꽃들의 자리"에 다시 내려앉아서 꽃을 키우는 무궁한 존재의 힘이다.

민들레꽃은 바람에 불려서 기계에 바수어질 정도로 약하지만 그 생명을 이어가는 고리는 끝없이 이어지고 있다. 한 사람의 노동자는 갈대와 같이 연약하지만 그들이 무기를 들고 함께 힘을 모으면 그 어떤 세력보다도 강한 힘을 발휘할 수 있다. 하나의 민들레꽃은 연약하게 보이지만 들판의 민들레꽃은 시들지 않은 생명의 힘을 지니고 있듯이 경건은 무형의 기운이 모여서 몰아치는 협곡의 바람과 같은 힘이 넘치고 있는 것을 말한다. 씨앗은 바깥을 단단하게 에워싸고 안으로는 부드러운 생명의 영양분을 안고 있듯이, 경건은 보이지 않는 곳에서는 부드러운 힘을 갖고 있지만 보이는 곳에서는 단단한 힘을 갖고 있다. 무지개는 공기 중의 물방울에 의해 태양 광선이 반사되어 둥근 원으로 나타나는 현상이다. 그 형상은 가까이 다가가면 시선에서 사라지고 말지만 멀리서 보면 뚜렷한 형상으로 나타난다. 보이지 않는 힘은 무지개의 형상과 같은 것이다. 수많은 물방울과 빛의 굴절이 만들어내는 무지개는 보이지 않는 힘들이 모여서 만들어내는 아름다운 형상이다. 경건은 보이지 않는 힘과 보이는 힘들이 안으로 모여서 이루어진 것이다. 경건의 형상을 드러내기 위해서는 수많은 힘들이 서로 단단하게 연결되어 있어야 한다. 그것이 흐트러지면 아름다운 무지개의 형상을 만들 수 없다. 경건에서 '경(勁)'이 바깥으로 드러나는 힘이라고 한다면, '건(健)'은 안으로 온축된 힘이라고 할 수 있다. 무지개의 형상이 경이라고 한다면, 그 무지개의 형상을 만들어내는 빛의 굴절이 건이라고 할 수 있다. 경건은 형상을 만들어내는 보이지 않는 힘과 보이는 힘이다. 경건은 민들레꽃이 시들지 않도록 들판 가득히 눈송이처럼 내려앉는 씨앗과 같은 힘이다.

(3) 맑은 정신의 웅장함

음진여강 축소수중(飮眞茹强 蓄素守中) 진기眞氣를 마시고 강한 기운 먹어 깨끗한 바탕을 다지고 내심을 지킨다.

이 시구는 경건으로 나아가기 위한 작가의 태도를 설명하고 있다. 경건으로 나아가기 위해서 작가는 어떤 태도를 취해야 할 것인가? 경건에서 말하는 굳세고 강한 기운은 맑은 정신을 바탕으로 하고 있다. 참된 기운과 강한 기운은 수양의 과정을 말한다. 이 시구에서 음진(飮眞)과 여강(茹强)은 서로 짝을 이루고 있는데, 이것은 진실된[眞] 기운과 강한 [强] 기운이 동시에 나타나는 것을 말한다. 이것은 경건의 바탕을 말하고 있는 것이다. 경건은 안으로는 진실된 기운을 품고 있으며, 바깥으로는 강한 힘이 넘치는 것을 말한다. 안과 바깥이 조화를 이룬 형국은 앞에서 말하는 협곡을 지나는 세찬 바람의 힘이며, 보이지 않는 물방울이 보이는 무지개의 형상을 만들어내는 힘이다. 바람과 같이 세찬 기운과 진실이 담긴 생각은 깨끗한 마음을 가지게 하며, 그 깨끗한 바탕은 흔들리지 않는 중심을 지키는 힘이 된다. 여기서 중심을 지킨다는 것은 안으로 단단하게 여미어진 마음을 말한다. 진실된 마음을 갖고 있으며, 힘찬 기운을 바탕으로 깨끗한 정신을 추구하면 경건(勁健)한 중심을 지킬 수 있다는 말이다. 여기서 경건한 중심은 인격의 수양으로 해석하기도 한다. 이 구절을 두고 "경건의 풍격을 지키기 위해 작가가 무엇을 수양해야 하는지를 말하고 있는 부분이다."4)라고 말하고 있는 까닭도 여기에 있다. 작가가 진실된 기운을 품고 강한 기운을 가지고 있어야 맑은 정신세계에 도달할 수 있으며, 경건이 지향하는 참된 중심을 지킬 수 있다는 것이다. 이 시구에서 중심은 흔들리지 않는 부동의 세계를 말하며, 이 힘은 무너뜨릴 수 없는 힘을 말한다. 진정성이 담긴 기운과 강한 기운이 있으면 무너지지 않는 힘이 생길 수 있다는 말이다.

　경건은 참된 기운을 바탕으로 안으로 진정성이 있으며, 바깥으로 강한 기운이 나타나는 것을 말한다. 따라서 진실된 기운과 강한 기운은 경건으로 나아가는 바탕이며, 이 바탕으로부터 우러나온 깨끗한 정신은

---

4) 안대회, 앞의 책, 237쪽.

흔들리지 않은 중심을 이루게 되는 것이다. 김남주의 「잿더미」는 진정성을 바탕으로 한 힘은 어떤 폭력에도 흔들리지 않고 맞설 수 있다는 경건의 정신세계를 보여준다.

그대는 겨울을
겨울답게 살아 보았는가
그대는 봄다운
봄을 맞이하여 보았는가
겨울은 어떻게 피를 흘리고
동토를 녹이던가
봄은 어떻게 폐허에서
꽃을 키우던가 겨울과
봄의 중턱에서
보리는 무엇을 위해 이마를 맞대고
눈 속에서 속삭이던가
보리는 왜 밟아줘야 더
팔팔하게 솟아나던가
잡초는 어떻게 뿌리를 박고
박토에서 군거하던가
찔레꽃은 어떻게 바위를 뚫고
가시처럼 번식하던가
곰팡이는 왜 암실에서 생명을 키우며
누룩처럼 몰래몰래 번성하던가
죽순은 땅 속에서 무엇을 준비하던가
뱀과 함께 하늘을 찌르려고
죽창을 깎고 있던가

아는가 그대는
봄을 잉태한 겨울밤의
진통이 얼마나 끈질긴가를
그대는 아는가
육신이 어떻게 피를 흘리고

> 영혼이 어떻게 꽃을 키우고
> 육신과 영혼이 어떻게 만나
> 꽃과 함께 피와 함께 합창하는가를
>
> 꽃이여 피여
> 피여 꽃이여
> 꽃속에 피가 흐른다
> 핏속에 꽃이 보인다
> 꽃속에 육신이 보인다
> 핏속에 영혼이 흐른다
> 꽃이다 피다
> 피다 꽃이다
> 그것이다!
>
> ─김남주, 「잿더미」부분5)

 이 시는 죽어가는 온갖 생명들이 잿더미 속에서도 다시 찬란한 꽃을 피울 것이라는 굳센 의지를 드러내고 있다. 꽃 속에 피가 흐르고 있으며, 피 속에서는 영혼이 흐르고 있다. 죽음의 상황 속에서도 찬란한 봄이 오듯이 현재의 동토는 반드시 물러가게 될 것이라고 말하고 있다. 경건의 품격을 가진 작가의 정신세계에는 침묵의 상황에서도 승천하는 불기둥이 있으며, 겨울을 이겨내는 잡초의 끈질긴 의지가 있다. 암실에서 피워내는 생명의 기운과 같이 언젠가는 어두운 기운을 떨치고 살아날 것이라고 확신하는 무궁한 힘이 있다. 경건의 힘으로 세상을 보면 꽃처럼 피어나는 피의 혁명을 통해서 밝은 세상이 반드시 올 것이라고 확신하게 된다. 경건은 겨울의 혹독한 추위 속에서도 봄을 기다리는 굳센 마음이다. 이 경건한 힘은 어디에서 나오는 것일까? 그것은 작가의 순결한 혁명의지에서 나오는 것이다. 겨울을 영원한 겨울이라고 생각하지

---

5) 김남주 시집, 『나의 칼 나의 피』, 도서출판 인동, 1988, 162-164쪽.

않고, 그 겨울을 이겨내려는 의지와 순결한 혁명의 자세야말로 세상을 바꾸는 경건의 힘이다. 폐허에서 꽃을 피우는 봄의 기운과 같이, 밟으면 밟을수록 팔팔 솟아나는 보리의 힘과 같이, 바위를 뚫고 나오는 찔레꽃의 힘찬 번식과 같이 안으로부터 솟아나는 무궁한 힘이야말로 경건의 힘이다.

경건은 안으로부터 응축된 힘이 바깥으로 드러나는 것이다. 그 굳센 힘은 어떤 상황에서도 이겨낼 수 있는 힘찬 기운을 말한다. 김남주의 시에서 만날 수 있는 굳세고 웅건한 힘은 척박한 현실의 상황에 놓여있더라도 이를 이겨낼 수 있게 한다. 잿더미 위에서도 꽃이 피고, 박토 위에서도 꽃이 피어나듯이 경건의 힘은 굽히지 않는 것, 또한 어떤 힘 앞에서도 굳건하게 서 있을 수 있는 힘찬 기운을 말한다.

유피행건 시위존웅(喩彼行健 是謂存雄) 저 천체의 꿋꿋한 운행에 비유하노니 이렇게 해야 웅장함을 지녔다고 하리라.

자연의 흐름에 따르는 천체의 운행은 꿋꿋한 기운으로 일어나는 것을 말한다. 여기서 말하는 천체의 꿋꿋한 운행은 『주역(周易)』의 '건괘(乾卦)'에 나오는 말이다. 64괘중에서 첫 번째 자리에 해당하는 건괘는 "천체의 운행이 꿋꿋하니 군자가 그것을 본받아 스스로 힘을 길러 쉬지 않는다"[6]라는 뜻이고, 양이 겹쳐 있는 중천괘(重天卦)의 형상이다. 행건(行健)은 양강(陽强)을 말한다. 양강의 기운은 천체의 꿋꿋한 운행이니, 이것은 우주의 순환 원리를 설명하는 '원형이정(元亨利貞)'을 말한다. 여기서 원(元)과 정(貞)은 변하지 않는 것을 말하고, 형(亨)과 이(利)는 변하는 것을 말한다. 계절의 변화에 적용하면 원형이정은 각각 봄, 여

---

6) 象曰 天行健, 君子以, 自强不息.(노태준 역해, 『주역』, 홍신문화사, 38쪽).

름, 가을, 겨울을 말한다. 이러한 질서에 따르는 것은 천체의 꿋꿋한 운행이고, 이것이야말로 자연의 질서라고 할 수 있다.

앞 구절에서 살펴본 진실된 기운과 강한 기운으로부터 나오는 맑은 정신은 자연의 질서에 따르는 원형이정의 원리에서 나온다. 경건은 자연의 질서에 따라서 꿋꿋하게 흘러가는 데서 나온다. 경건을 '행건(行健)'이라고 말하고 있는 것은 그 힘의 근원이 자연의 원리에 따르는 굳센 기운으로부터 나온다는 것을 뜻한다. 건괘의 전체 효사를 살펴보면, "잠룡일 때는 움직이지 말고, 용이 밭에 나타났을 때는 대인을 만나야 이롭다. 군자가 되어 종일 최선을 다하고 어둠을 경계한다면 위태로울지라도 근심이 없다. 도약을 신중히 헤아리며 연못 속에 있어야 허물이 없다. 하늘을 나는 용이 대인을 만나야 이롭다. 오르려고만 하는 용은 후회가 있다. 이것은 용의 무리에 우두머리가 없으니 길하다."[7]고 말한다. '건괘'는 용의 기운에 따라서 움직이고 머무는 기운이다. 건강한 기운은 움직일 때와 움직이지 않을 때를 판단할 수 있게 하고, 기회를 만났을 때는 힘을 펼치게 한다. 그리고 도약의 기회를 잡았을 때는 신중하게 대응하게 한다. 자신의 역량이 닿지 않는 상황인데도 무조건 오르려고만 한다면 잘못될 수도 있다. 그렇기 때문에 경건은 참되고 맑은 기운을 바탕으로 자연의 원리에 따라서 자연스럽게 행동할 때 나타나는 것이다.

건괘의 효사에 따를 때, '행건(行健)'은 건강한 기운으로 자연의 순리에 따라 운행하는 데서 나오는 힘을 말한다. 경건은 우주의 원리에 따라

---

7) "初九 潛龍勿用…(중략)…, 九二 見龍在田, 利見大人…(중략)…, 九三 君子終日乾乾 夕惕若 厲無咎 …(중략)…, 九四 或躍在淵 無咎, 九五 飛龍在天 利見大人…(중략)…, 上九 亢龍有悔 …(중략)…, 用九 見群龍無首吉."(노태준 역해, 앞의 책, 38쪽).

자연스럽게 나타나는 힘을 말한다. 건괘의 전체 기운을 '원형이정(元亨利貞)'이라고 말하는 것은 자연을 바탕으로 삼고, 그 자연스러운 기운에 따라서 성장하고 거두고 나아가는 것을 말한다. 우주의 기운은 변하지 않는 으뜸[元]의 자리가 있고, 그 으뜸의 자리를 바탕으로 해서 성장[亨]하는 기운이 있으며, 성장하는 기운은 넘쳐서도 안 되며 일정한 시기가 되면 결실[利]의 기운도 있으며, 결실을 하고 난 뒤에는 다음 해를 위해서 갈무리[貞]하는 작업이 있기 마련이다. 이러한 자연의 질서는 보이지 않는 기운에 따라 움직이지만 그 바탕에는 웅장한 힘이 자리 잡고 있다. 경건은 자연의 질서에 따를 때 나타나는 웅장한 힘이다. 세상 만물의 원리가 천체의 운행에 따라 이루어지지 않는 것이 없듯이, 모든 세상 만물을 움직이는 힘은 모두 보이지 않는 힘에 놓여 있다. 경건은 자연의 거대한 질서 속에 감추어진 보이지 않는 힘을 말한다.

  天地에 눈이 나려 쌓이는 밤
  찬바람도 휘몰아치는데
  가지마다 잎진 나무여!
  地心에 든든히 뿌리를 파묻었기에
  손길 벋어 大空을 만지며
  하늘 우르러 태양을 부르는가

  아람드리 나무여
  이 매마른 언덕 우에서
  웨침인 듯 그대 끈임없이 울어
  질식하는 마을 農軍을 불러
  항쟁하며 살아가는 敎理를
  밤새워 타이르는가

  여울소리도 얼어붙은 어둠 속에

> 큰 뜻 품고 든든히 섰으니
> 내 집과 살부치기에도 천대받은 몸이
> 깃드러 가슴 맞대이고 투지를 이야기할가
>
> —김상훈, 「나무」 전문8)

　나무의 굳건한 힘은 자연의 질서에 따라 서 있기만 할 뿐이다. 그러나 그 나무는 지심(地心)에 든든히 뿌리를 내리고 서 있다. 말 그대로 나무는 자연의 운행에 따를 뿐이다. 나무는 말없이 서서 하늘을 우르러 태양을 부르고만 있다. 그러나 나무가 태양을 부르는 소리는 농군(農軍)을 부르는 항쟁하는 소리로 바뀌게 된다. 나무의 울음은 들리지 않은 소리이지만, 그 소리가 항쟁의 소리로 들리게 되는 것이다. 나무의 우뚝한 표상은 자연의 형상일 뿐이지만, 그 형상은 굳센 힘으로 표상되고 있다. 비록 잎이 진 나무이지만, 그 나무는 메마른 언덕 위에서 끊임없이 울면서 밤새워 타이르고 있다. 이 시의 화자는 큰 뜻을 품고 서 있는 나무의 형상을 통해서 자연의 위대한 질서에 순응하는 보이지 않는 힘을 읽어내고 있다. 찬바람이 휘몰아치고 있는 계절에 뿌리를 내리고 서 있는 나무의 형상에서 어둠 속에서도 빛나는 기운을 이야기하고 있으며 그 이야기에는 항쟁과 투지가 깃들어 있다. 나무의 항쟁은 보이지 않으며, 이렇게 보이지 않는 힘이야말로 경건의 힘이다. 잎이 다 지고 앙상하게 서 있지만 그 뿌리에는 웅장한 자연의 힘이 있다. 나무는 화자의 굳센 의지를 표상한다. 화자는 세상을 향해 외로운 투쟁을 하고 있지만, 큰 뜻은 변함이 없을 것이라는 의지를 겨울나무의 굳센 의지로 표현하고 있는 것이다.

　'행건(行健)'으로부터 우러나는 보이지 않는 '존웅(存雄)'이 있다. 여

---

8) 김상훈 시전집, 『항쟁의 노래』, 도서출판 친구, 1989, 59쪽.

기서 말하는 존웅은 무슨 뜻일까? 경건의 힘은 우주의 원리에 따라 운행을 하고 나아갈 때 진정한 웅장함이 있다는 것이다. '웅(雄)'은 씩씩한 기운을 말한다. 자연의 원리에 순응하여 나아갈 때 씩씩한 기운이 자연스럽게 나타나는 것이다. 이를 창작의 과정에 비유한다면, 경건한 품격이 있는 작품은 자연스러운 글쓰기를 통해서 웅장한 기운이 스며있는 것을 말한다. 사물의 기운과 자연스럽게 회통(會通)하는 자리에서 경건의 품격이 내포된 작품이 나오는 것이다. 경건의 품격이 나타나는 작품은 맑은 정신을 바탕으로 자연스럽게 생각이 열려있을 때 나타난다는 말이다. 경건은 사물과 만나는 자리에 자신의 굳센 의지를 자연스럽게 갈무리할 때 우러나오는 힘이라고 할 수 있다.

(4) 대자연의 무궁한 힘

천지여립 신화수동(天地與立 神化收同) 천지와 더불어 경지를 나란히 하고 대자연과 변화의 호흡을 함께 한다.

이 부분은 경건의 경지에 이르렀을 때 만날 수 있는 세계를 형상화하고 있다. 자연의 상태로 놓아두었을 때 하늘과 땅의 조화를 알 수 있으며, 그것은 모든 작품의 바탕이 된다. 작은 미물의 움직임 하나하나에 천지자연의 조화가 깃들지 않는 것이 없으며, 모든 움직이는 사물, 움직이지 않는 사물들이 자연의 조화로움 속에 있지 않는 것이 없다. 경건한 정신으로 사물을 볼 때 천지의 조화로움이 우뚝함을 볼 수 있고, 그것은 대자연의 변화를 함께 할 때 웅장한 자연의 기운을 볼 수 있는 눈이 길러지는 것이다.

하늘은 음(陰)과 양(陽), 추위와 더위, 건조함과 습함을 낳아 이들을 바탕으로 네 계절이 바뀌고, 만물이 변화하는데 이러한 가운데 어떤 것이든 이롭게 작용하지 않는 것도 없고 해롭게 작용하지 않는 것도 없다. 성인들은 어떻게 하면 음양에 적응하는가를 살피고 만물 가운데 어떤 것이 이로운가를 분별하여 삶에 편하도록 한다. …(중략)… 흐르는 물은 썩지 않고, 문의 지도리에 좀 벌레가 먹지 않는 것은 멈추지 않고 움직이기 때문이다. 사람의 형체와 정기 또한 그렇다. 형체가 움직이지 않으면 정(精) 즉 정기가 유통되지 않고 정(精)이 유통되지 않으면 기(氣)가 적체된다.9)

자연의 이치는 미묘하지만 그 바탕에는 웅장한 힘이 자리 잡고 있다. 아무런 변화가 없는 것 같지만 그 안에는 무궁한 출렁거림이 있다. 날짐승들이 모이면 더불어 날아오르게 되고, 네 발 짐승이 모이면 서로 기대어 이동하게 되고, 구슬이나 옥이 모이면 맑고 청명한 빛을 내고, 수목이 모이면 무성해지기 마련이고, 성인이 모이면 밝고 총명하게 된다. 이 세상의 모든 우주의 원리는 그 원인이 주어지며 반드시 거기에 따른 결과가 있게 마련이다. 하늘에는 음과 양의 기운이 있으며, 이것은 네 계절의 변화를 만들어낸다. 움직이지 않은 것 같지만 세상 만물은 끊임없이 변화하고 움직인다. 이를 두고 최한기는 『기학』에서 여러 가지 기운들이 유동하면서 세상만물은 모두 '대동운화(大同運化)'의 과정으로 통합된다고 말했다. 큰 것과 큰 것, 큰 것과 작은 것, 작은 것과 작은 것이 하나로 묶여서 유동하고 변하는 것이 우주의 원리이고, 세상의 원리이고, 삶의 원리이다.

경건한 작품을 쓰기 위해서 작가는 반드시 대동운화하면서 '출렁대는' 유동하는 기운을 갖고 있어야 하고, 그 바탕에는 변하지 않으면서 힘찬

---

9) 天生陰陽寒暑燥溼, 四時之化, 萬物之變, 莫不爲利, 莫不爲害, 聖人察陰陽之宜, 辨萬物之利以便生. …(중략)… 流水不腐 戶樞不蝼, 動也. 形氣亦然, 形不動則精不流, 精不流則氣鬱.(여불위 지음, 정하현 옮김, 『여씨춘추』, 소명출판사, 2011, 86-87쪽).

기운을 감추고 있어야 한다. 이 시구에서 '신화(神化)'는 운화(運化)하는 것을 말하는데, 운화는 흐르면서 바뀌어 가는 것을 말한다. 흐르는 물이 썩지 않는다는 것은 기운이 유동하고 있다는 말이고, 지도리에 좀이 쓸지 않는다는 것도 끊임없이 움직이고 있다는 말이다. 경건한 품격을 가진 작품을 쓰기 위해서 작가의 정신과 사고, 행동은 끝없이 유동하지 않으면 안 된다. 경건은 끝없이 유동하는 움직임으로부터 나온다. 경건한 품격을 지닌 작가는 자신만의 고립된 사고를 끊어내고 끊임없이 유동한다. 그러한 작가는 맑은 정신이 항상 출렁대고, 사물을 바라보는 시선이 날로 변화한다. 생각이 출렁댄다는 것은 작가의 상상이 나아가는 것을 말하고, 보는 눈이 변화하는 것은 사물을 바라보는 안목의 변화한다는 것을 말한다. 경건한 품격이 스며있는 작품은 오랫동안 수양한 골격이 쌓이고 생각이 유동할 때 나오는 것이다.

산과 들이
늙은 풍경에서 앙상한 季節을 시름할 때
나는 흙을 뒤지고 들어왔다
차군 달빛을 피해
둥글소의 앞발을 피해
나는 깊이 땅속으로 들어왔다

멀어진 太陽은
아직 꺼머첩첩한 疑惑의 길을 더듬고
지금 태풍이 미쳐 날뛴다
얼어빠진 혼백들이 地溫을 불러 곡성이 높다
그러나 나는
내 자신의 體溫에 실망한 적이 없다

온갖 어둠과의 접촉에서도

> 생명은 빛을 더불어 思索이 너그럽고
> 갖은 학대를 체험한 나는
> 날카로운 무기를 장만하리라
> 풀풀의 물색으로 平和의 衣裝도 꾸민다
>
> 얼음풀린
> 냇가에 버들이 휘늘어지고
> 어린 종다리 파아란 航空을 시험할 때면
> 나는 봄볕 따듯한 땅 우에 나서리라
> 죽은 듯 눈감은 명상──
> 나의 冬眠은 위대한 躍動의 前提다
> ─이용악, 「冬眠하는 昆蟲의 노래」 전문[10]

이 시에서 동면(冬眠)의 시기는 말 그대로 겨울잠을 자는 때이다. 그때는 모든 것을 감추는 시기이다. 겨울잠의 상징성은 생명의 온기를 갈무리해 둔 채로 새 봄을 기다린다는 뜻이다. 동면의 시기는 죽음의 시기가 아니라 약동(躍動)을 위한 숙련(熟練)의 시간이다. 땅속 깊은 곳으로 들어가서 새로운 도약을 준비하는 시기이다. 경건은 풀이 돋아나는 것처럼 빳빳한 힘을 말하기도 하지만, 그 도약을 위해 준비하는 온축된 힘을 말하기도 한다. 이 시에서처럼 동면하는 곤충에게는 정(貞)의 시기에 길러졌던 힘이 있으며, 그 시기가 지나고 난 뒤에 찬란하게 도약하는 힘도 있다. 바깥세상은 태풍이 몰아치고 있지만 깊은 땅 속에서는 미동(微動)의 세계가 있을 뿐이다. 그러나 그 미동의 세계는 "위대한 약동(躍動)이 전제"된 세계이다. 감추어진 힘은 바깥으로 드러난 힘이 아니지만, 그 힘은 무궁한 자장(磁場)을 갖고 있는 힘이다.

경건은 보이지 않는 무궁한 힘을 바탕으로 봄볕이 따뜻해지는 땅 위

---

[10] 윤영천 편, 『이용악시전집』, 창작과비평사, 1988, 25-26쪽.

에 우뚝하게 설 수 있는 힘을 말한다. 죽은 것 같지만 결코 죽은 것이 아니라, 안으로부터 솟아나는 힘이다. 동면하는 곤충이지만 봄이 되면 날갯짓을 하면서 날아오를 수 있는 힘이다. 이때 비로소 천지와 나란히 할 수 있게 되는 것이다. 경건은 천지와 더불어 설 수 있는 경지라고 할 수 있는데, 그 경지는 굳센 기운과 건강함이 자연스럽게 맞서는 경지를 말한다. 평범한 것 같지만 그 안에는 우주의 질서와 같은 무한한 힘이 가로놓여 있다. 경건은 자연스러움의 궁극에 놓여 있다. 박지원은 「호곡장(號哭場)」에서 울음의 궁극에는 인간의 칠정이 하나로 나타난다고 했다. 눈물은 슬플 때만 나오는 것이 아니라, 기쁠 때도 눈물이 나고, 화가 날 때도 눈물이 나기 때문에 눈물의 감정은 하나의 감정에서 우러난다고 말한다. 천지와 더불어 나란히 설 수 있는 경지는 모든 힘의 근원이 하나로 나타나는 경지라고 할 수 있다.

경건한 품격이 있는 작품은 자신의 감정에 빠져서 사물을 바라본다든지, 사물에 자신의 감정을 지나치게 의탁하지 않는 작품이다. 사물에 내포된 참된 힘은 웅장한 자연의 기운에 있다. 그 자연스러운 기운에서 우러나는 힘이야말로 천지에 우뚝 설 수 있는 경건의 힘이다. 천지에 맞설 수 있는 힘은 먼 곳에서 있는 것이 아니라, 가까운 곳에 있다. 유동하는 자연의 힘을 깨닫고, 그 무궁한 힘의 근원을 찾아가고, 그 원리를 탐색하는 데서 경건은 우러나는 것이다. 평범한 자연의 질서 속에 무궁한 힘이 있듯이, 경건은 사소한 일상 속에서 우러나는 웅장한 힘이라고 할 수 있다. 경건에 이르기 위해서는 항상 맑은 정신을 가져야 하고, 그 맑은 정신을 바탕으로 사물을 바라보아야 한다. 그러면 작품 속에 웅장한 힘이 자연스럽게 나타나게 될 것이다. 이때 비로소 천지와 더불어 나란히 설 수 있는 경지에 이르게 될 것이다.

기지이실 어지이종(期之以實 御之以終) 작품이 진실을 충분하게 지니도록 끝까지 넘치는 힘으로 통제한다.

이 시구는 천지에 우뚝한 기상과 나란히 설 수 있는 경지에 이르게 되면 그 경지를 끝까지 밀고 나가야 한다는 뜻이다. 자신의 확고한 정신세계를 표현하려고 한다면, 끝까지 포기하지 않고 밀고 나가는 힘이 있어야 한다는 말이다. 그 신념을 갖기 위해서 앞에서 말한 맑은 마음과 굳센 의지를 바탕으로 해야 한다. 자신에 대한 신념은 사물을 보는 눈에서 시작한다. 사물에 대해서 깊이 수양을 하면 그 사물을 깊이 인식할 수 있다. 오랫동안 한 분야에 집중한 사람은 그 일에 대해서 뛰어난 안목을 가지게 된다. 경건은 하나의 작품에 맹진(猛進)할 때 자연스럽게 나타나는 힘이라고 할 수 있다. 『장자』의 '양생주'에 나오는 소 잡는 포정(庖丁)의 이야기는 힘의 균제에 따라서 칼날이 무디어지고 날카로워지는 지극한 경지를 보여주고, 춘추시대 노나라의 장인 반수(班輸)의 이야기는 한 분야에서 오랫동안 숙련한 달인의 경지를 보여준다. 사물을 운용하는 능력은 사물을 보는 숙련의 정도에 따라 달라진다. 포정과 반수의 일화는 사물에 대한 이치를 깨닫는 원리를 보여준다. 이 시구처럼 진실한 마음으로 끝까지 자신을 통제해나갈 때 궁극의 세계에 도달할 수 있는 것이다. 이 궁극의 세계가 안과 바깥으로 웅장한 힘이 넘치는 경건이라고 할 수 있다.

만일 백 냥의 황금과 기장 주먹밥을 어린이에게 보여준다면 어린이는 반드시 주먹밥을 고를 것이고, 화씨(和氏)의 옥벽(玉璧)과 백 냥의 황금을 시골 사람에게 보여주면 시골의 사람은 반드시 백 냥의 황금을 고를 것이며 화씨의 옥벽과 도덕적으로 지극한 명언을 현자에게 보여준다면 현자는 반드시 도덕적으로 지극한 명언을 고를 것이다. 사람의 지식이 정채(精彩)를 띠면 띨수록 더욱 정묘한 것들을

취하고 사람의 지식이 조잡하면 할수록 더욱 조잡한 것을 취하는 법이다.[11]

백 냥의 황금과 기장 주먹밥의 가치가 다른 것과 화씨의 옥벽과 백 냥의 황금의 가치가 다른 것과 백 냥의 황금과 지극한 명언의 가치가 다른 까닭은 사물의 가치를 어떻게 보느냐에 따라 달라지기 때문이다. 사물을 보는 진정한 깨달음이 경건한 품격에 이르는 길이라면 작가는 어떤 가치로 세상을 바라보아야 하는지를 알게 될 것이다. 기장 주먹밥, 백 냥의 황금, 옥벽, 지극한 명언 중에서 작가가 선택할 가치는 지극한 명언이어야 할 것이다. 어떤 사물이든지 그 사물을 보는 가치는 작가의 인식에 따라서 다르게 나타난다. 작가의 지식이 정채(精彩)를 띠면 띨수록 더욱 정묘한 힘이 우러나오고, 작가의 지식이 조잡하면 할수록 조잡한 힘이 나오게 될 것이다. 이 때문에 작가는 끝없는 자기 수양과 배움을 통해서 정채를 띤 지식을 함양해야 한다. 뱁새가 봉황의 뜻을 모르듯이 장자(莊子)의 뛰어난 상상력을 제대로 읽어내지 못하는 작가가 어떻게 장자의 꿈을 말할 수 있겠는가? 작가가 상상할 수 있는 세계는 끝없이 펼쳐지는 만다라의 풍광이다. 그 풍광은 무궁한 세계이다. 그 무궁한 세계로 나아가는 길은 맑은 정신과 굳은 신념을 바탕으로 한 끝없는 자기 수양에 있다. 맑은 정신을 바탕으로 자신의 신념을 밀고 나갈 때 안과 바깥으로 뚜렷한 경건의 힘을 가지게 될 것이다.

    봄은
    남해에서도 북녘에서도
    오지 않는다.

---

[11] "今以百金與搏黍以示兒子, 兒子必取搏黍矣, 以龢氏之璧與百金以示鄙人, 鄙人必取百金矣, 以龢氏之璧 道德之至言以示賢者, 賢者必取至言矣. 其知彌精, 其所取彌精, 其知彌觕, 其所取彌觕."(여불위 지음, 앞의 책, 260쪽).

너그럽고
빛나는
봄의 그 눈짓은,
제주에서 두만까지
우리가 디딘
아름다운 논밭에서 움튼다.

겨울은,
바다와 대륙 밖에서
그 매운 눈보라 몰고 왔지만
이제 올
너그러운 봄은, 삼천리 마을마다
우리들 가슴 속에서
움트리라.

움터서,
강산을 덮은 그 미움의 쇠붙이들
눈 녹이듯 흐물흐물
녹여버리겠지.

—신동엽, 「봄은」 전문12)

 이 시에서 "눈 녹이듯 흐물흐물" 녹여버리는 힘은 어디에서 시작하는 것일까? 그것은 봄의 기운이다. 봄기운은 온 세상에 골고루 펼쳐지는 무궁한 힘이다. 그 기운은 제주에서 한라까지 이 땅의 어디에도 미치지 않는 곳이 없다. 봄은 천지 운행에 따르는 변하지 않는 힘을 상징한다. 봄기운은 경건한 힘을 바탕으로 하고 있다. 매운 눈보라가 몰아치더라도 봄의 굳센 기운은 막을 수가 없다. 그것은 자연의 질서이고 보이지 않는 곳으로부터 솟아나는 무궁한 힘이다. 그 힘은 아름다운 논밭에서 너그러운 봄이 찾아오듯이 소리 없이 다가와서 세상 모든 것을 흐물흐물

---

12) 신동엽 시선집, 『누가 하늘을 보았다고 하는가』, 창작과비평사, 1979, 108쪽.

녹여버린다. 저 무궁한 힘은 보이지 않는 곳에서 온다. 우리가 알지 못하는 곳에서 다가와서 방향을 알 수 없는 곳으로부터 사라진다. 경건은 보이지 않는 곳으로부터 다가와서 무지개의 형상을 만들어 내고서는 사라지지만 그 힘은 끝없이 순환하는 자연의 질서 속에 있다. 경건은 봄이 와서 세상의 모든 것을 허물어버리는 끝을 알 수 없는 무궁한 힘과 같다.

　소리 없이 다가오는 봄기운과 같이 사물을 보는 깊은 수양이야말로 끝을 알 수 없는 무궁한 힘을 기르는 바탕이 된다. 그 무궁한 힘이 작가의 작품에 반영되었을 때 경건의 품격을 갖춘 작품이라고 할 수 있을 것이다. 편협한 관념에 물든 작가를 '편풍(偏風)'[13]에 빠진 작가라고 한다. 자기만의 세계에 빠지지 않기 위해서는 끝없는 배움의 길을 통해서 사물에 대한 안목을 넓혀야 하며, 안으로는 굳센 기운을 잃지 말아야 한다. 이때 비로소 웅장한 힘이 바깥으로 드러나게 된다. 작가는 더 깊은 사색의 우물, 더 넓은 상상의 숲을 가꾸기 위해서 안과 바깥으로 끝없이 쌓아나가야 할 것이다. 편풍에 빠지지 않아야 경건으로 나아갈 수 있다.

　경건은 보이지 않는 것으로부터 보이는 형상을 만들어내는 것처럼 감추어져 있지만 그곳에서 우러나는 무궁한 힘을 말한다. 그것은 자연의 흐름과 같이 거역할 수 없는 힘이기도 하고, 보이지 않는 곳에서 솟아오르는 끝을 알 수 없는 힘이기도 하다. 경건은 거센 비바람에도 견디는 나무와 같고 추운 겨울의 매서운 바람을 이겨내고 새봄의 생명을 길러내는 힘과 같은 것이다. 한쪽으로 치우치지 않으면서 공평무사하게 일어나는 화평(和平)의 기운이다. 경건은 보이지 않는 기운이지만 어김없이

---

[13] "풍사(風邪)가 오장육부의 수혈(腧穴)에 침입하여도 장부(臟腑)의 풍병(風病)을 일으키는데, 각기 그 문호(門戶)로 들어가 적중하는 바가 있으면 편풍(偏風)이 발생합니다."(배병철 역, 『황제내경』 '소문(素問)·風論', 성보사, 2000, 188쪽).

생명을 길러내는 무궁한 자연의 힘이다. 경건은 부드러움으로부터 나오는 강인한 힘을 말하며, 안과 바깥이 조화롭게 펼쳐지는 웅장한 힘을 말한다.

9. 화려한 아름다움의 궁극
—기려(綺麗)

(1) 개요

기려의 기(綺)는 "무늬가 좋은 비단"을 뜻하며, 뜻을 나타내는 실사(糸)와 음을 나타내는 기(奇)가 합하여 이루어진 글자다. 기(奇)는 뜻을 나타내는 큰대(大)와 음을 나타내는 동시에 하나의 뜻을 나타내기 위한 가(可)로 이루어진 글자인데, 보통이 아니라는 데서 바뀌어서 '진기(珍奇)하다'의 뜻으로 쓰인다. 기(綺)는 비단 중에서도 진귀한 비단의 무늬를 말한다고 할 수 있다. 려(麗)는 뜻을 나타내는 사슴록(鹿)과 음을 나타내는 여(丽, 둘이 나란하다)가 합하여 이루어진 글자다. 사슴이 잇달아 간다는 뜻으로 나란히 계속된다는 것을 말한다. 아름다운 모습이 이어진 것을 말한다. 기려의 품격은 수놓은 비단이란 뜻을 가진 '기(綺)'가 '여(麗)'를 수식해주기 때문에 기려는 수놓은 비단처럼 화려하다는 의미로 쓰이며, 화려한 아름다움을 지닌 문학작품을 평가하는 뜻으로 쓰인다.[1] 일반적으로 기려의 품격은 전통적으로 화려함을 의미하는 시품의 하나로 평가되어 왔다.

아름다움을 뜻하는 여(麗)자를 넣어서 화려(華麗, 화려한 아름다움), 염려(艷麗, 농염한 아름다움), 연려(姸麗 고운 아름다움), 현려(絢麗, 문채가 빛나는 아름다움), 괴려(瑰麗, 진귀한 아름다움), 치려(侈麗, 사치

---

1) 안대회, 『궁극의 시학』, 문학동네, 2013, 260-261쪽, 참조.

스러운 아름다움), 준려(俊麗, 뛰어난 아름다움), 장려(壯麗, 웅장한 아름다움), 굉려(宏麗, 머금고 있는 아름다움), 청려(淸麗, 맑은 아름다움), 처려(凄麗, 스산한 아름다움)와 같이 화려함을 표현하는 다양한 차이를 말하면서 서로 다른 용어로 표현하기도 했다. 이 중에서 화려(華麗), 염려(艶麗), 연려(姸麗), 현려(絢麗), 괴려(瑰麗), 치려(侈麗)는 부정적인 뜻으로 쓰였고, 준려(俊麗), 장려(壯麗), 굉려(宏麗), 청려(淸麗), 처려(凄麗)는 화려한 아름다움이 아니라 고결한 아름다움을 표현한 것으로 쓰였다고 한다.2) 이 중에서 기려는 청려(淸麗)의 품격과 가깝다고 할 수 있다.

기려는 위진남북조 시대에 창작된 시에서 많이 찾아볼 수 있는데, 우리나라의 경우는 고려 시대를 대표하는 시인 정지상(鄭知常)의 「송인(送人)」에서 기려의 품격을 만날 수 있다고 한다.3) 이 시에서 기려의 아름다움은 완연한 풀빛과 같은 담박한 표현과 화자의 감정을 절제하는 조화로움에 있다고 할 수 있다. 이 시와 같이 풍경과 화자의 주관적 정서가 절묘한 조화를 이룬 곳에서 기려의 미학을 발견할 수 있다. 기려는 비단을 수놓은 것과 같이 조화를 이룬 아름다움을 말한다. 사공도는 기려의 품격을 다음과 같은 시구로 정리하고 있다.

神存富貴 始輕黃金 濃盡必枯 淡者屢深
신존부귀 시경황금 농진필고 담자루심

露餘山靑 紅杏在林 月明華屋 畫橋碧陰

---

2) 안대회, 앞의 책, 274쪽, 참조.
3) 정지상의 「송인(送人)」은 다음과 같다. 비가 개인 긴 둑에 풀빛이 완연한데, 그대를 남포로 보내니 슬픈 노래가 나오네. 대동강 물은 언제 마를 것인가? 이별의 눈물이 해마다 해마다 푸른 물결에 더해지는데.(雨歇長堤草色多/ 送君南浦動悲歌/ 大同江水何時盡/ 別淚年年添綠 - 안대회, 앞의 책, 281쪽, 참조).

노여산청 홍행재림 월명화옥 화교벽음

金尊酒滿 伴客彈琴 取之自足 良殫美襟
금존주만 반객탄금 취지자족 양탄미금

정신에 진정한 부귀가 담겨야만
비로소 황금을 가벼이 여기는 법
짙음이 극에 달하면 반드시 메마르나
담박한 것은 점차로 깊어간다

이슬 내린 뒤라 산은 더 푸르고
분홍 살구꽃은 숲을 이루고 있다
화려한 저택에 달빛이 환히 비추고
녹음 아래 아로새긴 다리 놓여 있다

황금 술동이에 술이 가득 넘치고
손님을 초청하여 거문고를 연주한다
아무리 가져다 써도 절로 넉넉하기에
아름다운 회포를 정말 다 표현하겠네

화려한 아름다움은 정신의 부귀에 있는 것이지 다른 곳에 있는 것이 아니다. 이 시의 1연에서는 기려의 품격이야말로 정신의 부귀로부터 시작한다는 것을 말하고 있다. 겉으로 화려한 것은 쉽게 사라지지만 담박한 아름다움은 더욱 깊어간다고 한다. 기려의 품격은 정신의 부귀를 말하고 담박한 아름다움을 말한다. 2연은 자연의 빛깔이야말로 참된 기려의 품격을 보여준다고 말하고 있다. 인공의 아름다움에 어울리는 자연의 화려함은 조화로움 속에서 발견할 수 있는 참된 화려함이라고 할 수 있다. 3연에서는 기려의 품격이 궁극에 이른 것을 말하고 있다. 그것은 율려의 조화로움과 같은 것이다. 참된 아름다움은 아무리 세월이 지난다고 해도 그 빛은 더욱 넉넉해지는 것이고, 절로 조화로움을 이루게 되는 것이다.

(2) 정신의 부귀, 혹은 심안(心眼)

신존부귀 시경황금(神存富貴 始輕黃金) 정신에 진정한 부귀가 담겨야만 비로소 황금을 가벼이 여기는 법.

이 구절은 정신의 부귀를 강조한 부분이다. 작가의 정신이 올바르지 않으면 작품에서 드러나는 작가의 사상도 올바르지 않는 법이다. 언어 예술을 하는 작가는 그 말 한 마디 한 마디에 작가의 사상이 드러나는 것이니, 정서의 표현 방식이 그만큼 중요하다는 것을 말하고 있다. 정신의 풍요로움은 비록 물질적으로 가난하지만 초라하게 보이지 않는다는 것이기도 하다. 정신의 풍요로움이 있는 사람은 세상 사람들이 보기에 초연해보이지만, 정신의 풍요로움이 없는 사람은 초라하게 보이는 법이다. 예술은 정신이 이르는 곳으로 나아가는 것이지, 육체와 감각의 욕망으로 나아가는 것이 아니다. 외려 물질적 풍요로움이 작가의 정신을 방해하기도 한다. 톨스토이의 『부활』에서 네흘류도프 백작이 자신이 소유한 농토를 소작인들에게 나누어주고 마슬로바를 따라서 시베리아 유형지로 떠나는데 여기서 주인공 네흘류도프 백작의 아름다운 정신을 만날수 있다. 이러한 정신은 톨스토이가 보여준 작가 정신이라고 할 수 있을 것이다. 그렇다고 작가가 무작정 물질적 가난만을 추구하라는 말은 아니다. 그런 마음을 가지는 것이 중요하다는 말이다.

물질적 가난 속에서도 풍요로운 마음으로 살고 있는 김신용 시인의 삶에서 이 시구에서 말하는 "신존부귀(神存富貴)"의 정신세계를 만날 수 있다. 필자의 경험을 말해본다면, 오래 전에 김신용 시인으로부터 시집 한 권을 우편으로 받은 적이 있었다. 노시인이 정성스럽게 사인을 한 시집을 받고는 고마운 마음에 전화를 드렸다. 그는 그 흔한 핸드폰도 가지고 있지 않아서 댁으로 전화를 했더니 전화를 받은 부인께서 "시집을 발송하기 위해 우체국에 가셨는데, 곧 돌아오실 터이니 조금 있으면 통화할 수 있습니다"라고 했다. 그 말이 끝나자마자 잠깐만 기다리시라고 하면서 "창밖으로 보니 저 쪽에서 자전거를 타고 오고 있습니다."라고 말했다. 인천에서 가까운 소래포구의 허름한 농가에서 노부부가 산다는 얘기를 들었는데 그곳의 풍경이 어떤지는 알지 못하지만, 그 순간 이들 부부가 사는 풍경이 눈앞에 그려졌다. 가난한 노시인이 새로 낸 시집을 지인들에게 보내기 위해 자전거를 타고 우체국에 다녀오는 풍경이 한 폭의 그림처럼 떠올랐다. 이 가난한 노시인이 자전거를 타고 돌아오는 모습에서 풍요로운 정신을 만날 수 있었다. 이 행복한 조화로운 풍경이 기려의 한 장면이 아닐까?

> 소래포구에서 뱀처럼 꾸불텅 파고든 갯골을 본다
> 뻘이 제 육신을 얼어 얼어 터놓은 저 물길
> 서해에 뿌리 박은 거대한 나무처럼 보인다
> 느티나무가 고목이 되어서도 힘차게 가지 뻗은 듯하다
> 한때, 소래 벌판의 염전들은 그 가지에 매달린 푸른 잎 나부꼈을 터
> 결 고운 옹패판 위에 희디흰 소금의 결정들을 수확했을 터
> 지금은 나뭇잎이 다 져 앙상한 고사목 같은 형상으로 놓였지만
> 해주도 소금창고도 허물어져 갈대밭에 누운 지 오래지만
> 뿌리는 아직 살아 밀물 때마다 염수를 밀어 올린다
> 스스로 무자위 밟아 수액을 끌어 올린다
> 뻘밭에 세한도 한 폭을 새겨놓기 위해

> 바다는 오늘도 墨池가 된다
> 그 갯골이 커다랗게 입 벌린 상처처럼 보이지만
> 아물지 않는 손톱자국처럼 여겨지기도 하지만
> 오랜 세월, 뒤틀리고 휘어진 그 蛇行의 갯골에는
> 아직 새 날아 온다 뭇 새들 갈대밭에 집 짓는다
> 뻘 속에는 穴居의 게들, 흘림체로 별사를 쓰듯 기어 나온다
> 저 뿌리는 아직 마르지 않았다고
> 墨池가 살아있는 그늘이라고
>   ―김신용, 「갯골에서-섬말시편」 전문[4]

이 시에서처럼 정신의 풍요로움은 세상을 다르게 '보고', 다르게 '보이는' 법이다. 이 시의 시구에서 말하는 '본다'는 행위는 '한다'는 행위와는 다르다. 보는 것은 대상을 포근하게 감싸는 행위이고, 하는 것은 행위가 일어나는 동작을 말한다. '한다'는 것은 감각이 발동되어서 대상을 직접 보고 만지는 행위를 말하고, '본다'는 것은 대상을 멀리 두고 살피는 거리를 말한다. 그는 「섬말시편」 연작을 통해서 대상을 멀리서 바라보는 방법을 보여주고 있는 것이다. 그렇게 바라보기 때문에 그가 바라보는 아름다움은 대상과 직접 부닥치는 행위로 일어나는 것이 아니라, 먼 풍경과 조화를 이룬 아름다움에서 일어나는 것이라고 할 수 있는 것이다. 본다는 행위는 정신의 영역에서 가능한 행위이지, 감각의 영역에서 일어나는 행위가 아니라고 할 수 있다. 기려의 미학은 '하는 행위'를 말하는 것이 아니라, '보는 행위'를 말하는 것이다. 기려는 문자로 표현된 것만을 말하는 것이 아니라, 문자로 표현된 것을 둘러싸고 있는 형식과 의미의 조화를 말하는 것이다. 기려는 보이지 않는 세계와 보이는 세계가 함께 뒤섞이어 있는 상태를 말하는 것이고, 드러나지 않으면서도 드러나는 세계를 말하는 것이다. 기려는 평면 속에서도 입체적으로 살아

---

[4] 김신용, 『바자울에 기대다』, 천년의 시작, 2011, 15-16쪽.

나는 오묘한 예술의 경지라고 할 수 있다. 그것은 문자로 표현된 것을 넘어서서 그 문자로부터 드러나는 깊은 내면의 세계가 어울려 있을 때 가능한 경지가 아닐까 한다.

> 썩은 달걀은 어미 닭이 아무리 품고 있어도 깨어나지 못한다. 참 달걀은 거기 생명이 있다. 이와 같이 참 삶이야말로 생명 있는 삶이다. 생명 있는 삶은 죽은 다음 커다랗게 깨어나 영원히 죽지 않는다.[5]

두 번째 구절의 "시경황금(始輕黃金)"은 "황금을 가벼이 여기는 법"으로 번역할 수 있는데, 이 구절은 기려의 참된 영역을 말하고 있는 부분이다. 기려는 정신의 참된 경지라고 할 수 있는 "참 달걀의 생명"에 빗댈 수 있다. 참된 생명을 길러내기 위해서는 썩은 달걀을 품고 있어서는 안 된다. 참 생명이 있는 달걀을 품어야 한다. 생명이 있는 삶이란 죽은 다음에도 깨어나 영원히 존재하는 것이다. 인간 영혼의 부활, 예술의 부활은 생명이 있는 달걀을 품는 행위라고 할 수 있다. 작품이 생명의 물길을 갖기 위해서는 처음부터 맑은 정신으로 작품을 써야 하는 것이다. 참된 생명이 있는 작품을 기려라고 한다면, 기려의 미학은 영원히 죽지 않는 정신의 아름다움을 말하는 것이다. 기려는 그 바탕에 깨어있는 영혼이 있어야 하고, 그 영혼은 정신의 풍요로움으로부터 시작한다는 것이다. 여기서 말하는 참된 생명의 물길은 물질의 풍요로움에서 오는 것이 아니라, 정신의 풍요로움에서 온다. 황폐한 정신 속에는 황폐한 예술이 나올 수밖에 없듯이 참 생명이 있는 정신으로부터 진정한 예술 작품이 나오는 것이다. 올바른 정신이 깃든 작품 속에는 참 생명이 깃든 율려(律呂)의 조화로움이 있다. 기려는 그 조화로운 아름다움을 형상화

---

[5] 권정생, 「인간의 삶과 부활의 힘」(『우리들의 하느님』, 녹색평론사, 1996, 39쪽).

하는 것이라고 할 수 있다. 이 때문에 기려는 예술의 진정한 경지로 나아가는 아름다움이라 할 수 있다.

> 지금도 잠자리에 누워 눈을 감으면 지난날 어두웠던 그림들이 끝도 없이 스치고 간다. 일본 도쿄 시부야의 좁은 골목길에 모여 살던 사람들, 세상에 빈민(貧民)이란 말만큼 성스러운 것도 없을 것이다. 아무 것도 가진 것이 없는 사람들은 하늘을 마음대로 쳐다본다. 부끄럽지 않기 때문이다. 그런 빈민들이 살던 골목길엔 국경도 없고 인종차별도 없다.[6]

빈민(貧民)은 부끄러운 사람을 말하는 것이 아니라, 하늘을 마음대로 쳐다보고 살아갈 수 있는 사람을 말한다. 부끄러움이 없는 빈민은 국경도 인종차별도 없는 대화합의 세계에서 만날 수 있는 성스러운 말이다. 물질적으로 가난하기 때문에 외려 세상을 보는 눈이 밝아지는 것이다. 빈민은 낮은 것을 바라볼 줄 아는 눈이 있는 사람들이다. 그들은 세상의 욕망을 추구하는 것이 아니라, 세상의 낮은 곳을 바라볼 줄 아는 눈이 있는 것이다. 빈민이 성스럽다고 한 권정생의 말은 빈민을 옹호하는 것이 아니라, 물질적 가치만을 맹종하고 있는 인간에 대한 반성과 성찰의 자세를 말하고 있는 것이다. 그의 말은 가난한 성자(聖者)의 모습이 이 시대 작가 정신이어야 한다는 말로도 들린다. 정신의 부귀를 가진 사람은 대상을 향해 무언가 욕망하는 마음이 아니라, 대상을 측은한 마음으로 바라볼 줄 아는 마음이다. 진정한 부귀를 보는 눈은 물질이라는 황금의 가치보다도 정신의 가치를 발견하는 것이다. 작가의 정신이 투영된 지언(至言)은 귀한 황금을 의미하는 화씨의 벽보다도 더 가치가 있는 것이다. 물질의 욕망 앞에 끌려가는 작가가 되지 말고, 정신의 가치에서

---

[6] 권정생, 「영원히 부끄러운 전쟁」(앞의 책, 141쪽).

참된 아름다움을 발견할 수 있는 작가가 되어야 한다. 그러기 위해서 빈민의 삶이 성스럽다는 인식이 필요하다. 낮은 곳의 가치, 소외되고 버려진 것들을 새롭게 바라볼 수 있는 눈이 진정한 기려의 미학으로 나아가는 힘이고 황금을 가볍게 여길 수 있는 법이다. 이 때문에 기려는 정신의 영역을 소중하게 생각할 줄 아는 작가로부터 나오는 비단결 같은 무늬를 말한다.

농진필고 담자누심(濃盡必枯 淡者屢深) 짙음이 극에 달하면 반드시 메마르나 담박한 것은 점차로 깊어간다.

이 시의 첫 부분에 말하고 있는 짙음[濃]이 다하게 되면 반드시 메마르게[枯] 되어 있다는 말은 화려함이나 지나친 수식과 같은 농염한 상태를 말한다. 이 말은 작가의 정신이 한 쪽에 지나치게 빠져들게 되면 한 쪽으로 치우치게 되어 있다는 말과도 같다. 화려한 수사는 더 화려한 수사를 만들어내고, 그 화려한 수사를 꾸미기 위해 더 화려한 수사를 하려고 고민하게 된다. 문장의 화려함을 추구하기 전에 솔직하고 담박한 자신의 감정을 표현할 수 있어야 한다는 것이다. 화려하게 꾸민다는 말은 내면을 감추기 위한 수단이다. 문장의 의미를 전달하기 위한 수단이 아니라, 기교를 부리기 위한 행위를 말한다. 화려함이 담박함보다 못하다고 하는 것은 지나친 화려함이나, 문장의 본질을 드러내는 데 도움이 되지 않는 화려함을 말한다. 교졸(巧拙)의 미학은 잠시 놀라움을 자아내게는 하지만, 깊은 감동을 주기는 힘들다는 말로 들린다. 이 때문에 기교를 부릴 때 가장 중요한 것은 중용의 정신이라는 것이다. 자신에게 어울리지 않는 화려한 옷은 그 사람의 본질을 가릴 수 있다는 말은 그러한 의미일 것이다. 장자는 '제물론(齊物論)'에서 이러한 문제를 다음과 같이 지적하고 있다.

    훌륭한 지혜는 한가하고 너그러우나 세속적인 하잘 것 없는 잔꾀는 사소한 일을 따지려 한다. 훌륭한 말은 담담하나 세속적인 쓸데없는 잔말은 이러쿵저러쿵 시끄럽다. 세속적인 인간은 잠들면 꿈을 꾸어 마음이 쉴 새가 없고, 깨어나면 또 육체가 활동을 시작하여 쉴 새가 없다. 그들은 또 서로의 교제에서 분쟁을 일으키고 날마다 다툼질로 속을 썩이는데, 그 중에는 우유부단(優柔不斷)한 자도 있고 음흉한 자도 있으며 깐깐한 자도 있다. 그들은 늘 남의 지탄을 두려워하면서 두려움이 작을 때는 흠칫흠칫 놀라지만 그것이 커지면 그만 넋을 잃고 기운을 못 차린다. 그들의 마음이 시비를 가릴 때 그 모질기란 쇠뇌와 활을 당겼다 세차게 쏘는 것과 같다. 그들이 승리를 끝까지 지키려 할 때 그 끈덕진 고집이란 맹세를 지키는 것과 같다. 그들이 외물과의 싸움으로 나날이 쇠약해 가는 것은 가을과 겨울에 초목이 말라 시듦과 같다. 일단 탐욕에 빠져버리면 본래의 순수한 모습으로 되돌아갈 수가 없다. 또한 그들이 늙어서도 더욱 욕심이 많아질 때 그 억눌린 모습은 꼭 봉해 막은 것과 같다. 이미 죽음에 가까워진 정신 상태를 두 번 다시 회생(回生)시킬 수는 없는 법이다.[7]

    장자의 이 말은 한 쪽으로 메말라 있어서 편고(偏枯)에 빠진 사람을 경계하는 말이다. 이 부분은 남곽자기(南郭子綦)가 하늘을 우러러 멍하니 있을 때 제자인 안성자유(顔成子游)가 "육체란 본래 고목처럼 될 수도 있고, 마음도 애초 불 꺼진 재가 될 수 있다는 겁니까?"라고 물었을 때 장자가 대답한 말이다. 안성자유가 편고(偏枯)에 빠질 수 있는 것을 경계하여 물었던 것인데 그는 그 편고의 위험성을 지혜롭지 못한 데서 생기는 것이라고 비판하고 있다. 훌륭한 지혜를 가진 자는 늘 한가롭게 보이고 너그러운 법이라는 말이다. 세속적인 화려함에 빠진 사람은 끝

---

7) 大知閑閑, 小知閒閒. 大言炎炎. 小言詹詹. 其寐也魂交. 其覺也形開. 與接爲搆, 日以心鬪. 縵者. 窖者. 密者. 小恐惴惴, 大恐縵縵. 其發若機栝, 其司是非之謂也. 其留如詛盟, 其守勝之謂也. 其殺若秋冬. 以言其日消也. 其溺之所爲之. 不可使復之也. 其厭也緘, 以言其老洫也. 近死之心. 莫使復陽也.(안동림 역주, 『장자』, '제물론(齊物論)' 현암사, 2013, 50-51쪽).

없이 그 화려함을 추구하기 위해 화려함에 빠진다는 것이다. 그것을 바꾼다는 것은 끈덕진 고집을 고치려는 것과 같다. 여기서 외물과의 싸움이란 사물에 대한 집착을 말하는데, 이것을 문장론에 빗댄다면, 화려한 수사에 치중하다가 자신이 표현하려는 본질을 잃어버린다는 말로 설명할 수 있다. 여기서 화려한 수사라고 하는 것은 과장된 표현을 하려고 하다가 작가가 의도한 뜻을 잃을 수 있다는 것을 말한다. 훌륭한 지혜를 갖춘 자는 담담하지만, 세속적인 자는 사소한 일을 따지고 하찮은 일에도 고집을 부린다. 글을 쓰는 작가도 자신의 아집에 빠져있어서는 안 된다. 그것은 쇠뇌와 화살로 세게 당기는 것과 같이 자신만의 세계를 고집하는 것을 말한다. 늙어서도 욕심이 생기는 것은 편고에 빠져서 자신의 세계를 벗어나지 못하기 때문이다. 그래서 외물에 빠져서 본질을 잃는다는 것은 죽음에 빠진 상태와 같아서 두 번 다시 회생(回生)하기가 힘들다고 말하고 있는 것이다. 이 말은 질음에 빠지면 외려 메말라 갈 수 있다는 것을 잘 보여주고 있다. 기려는 조화를 지향하고 중용의 도를 보여주는 것을 말한다. 치우치지 않으면서 자신을 가늠하고 담박한 마음, 소탈한 마음으로 사물을 대하고 이를 표현한다면 기려의 미학에 이를 수 있다는 것이다. 농염한 화려함보다도 조화로운 화려함을 추구하는 것이 기려의 미학이다.

현상을 초월한 추상적 존재라는 것을 일러서 도(道)라고 하고, 현상 세계의 구체적 존재를 일러서 기(器)라고 한다. 형이상학의 신비한 도는 모방하기가 어려워서 아무리 정밀한 언어를 사용하더라도 그 극진한 부분까지는 닿을 수 없지만, 구체적 형상이 있는 기물들은 묘사하기가 쉬워서 왕성한 문장을 얻을 수 있으며 사물의 진정한 형상을 비유할 수도 있다. 이것은 작가의 재능이 뛰어나느냐 모자라느냐라는 문제에 있는 것이 아니라, 도와 기의 이치를 깨치는 그 자체의 어려움과 쉬움이 있을 따름이다. 따라서 하늘과 땅 사이에 생겨난 사물은 소리와 형상을 갖추고

있어서 문장으로 꾸미게 되면 항상 과장된 수식이 존재하게 되는 것이다.8)

어떤 사물을 말하든지 그 사물을 말할 때는 과장과 꾸밈이 생기기 마련이다. 형이상학의 추상적 존재를 정확하게 묘사하기 어렵다는 말은 언어의 한계를 지적하는 말이기도 하다. 아무리 뛰어난 작가가 있다고 하더라도 어떤 사물을 완벽한 언어로 재현할 수 없다는 말과도 같다. 그렇기 때문에 어떤 사물을 묘사할 때 과식으로 묘사하려고 하지 말고, 그 사물을 보는 눈을 통해서 그 사물의 본질을 묘사해야 한다는 것이다. 작가의 재능과 기교가 형상을 그리는 것이 아니라, 도(道)를 깨치느냐 기(器)를 깨치느냐의 차이로 그 참된 형상을 그릴 수 있다는 말이다. 이 때문에 진정한 형상을 묘사하는 것은 문장의 도(道)를 깨치는 것이지, 문장의 기(器)를 익히는 것이 아니라고 할 수 있다. 눈으로 확인할 수 있는 기(器)는 묘사를 할 수 있지만, 눈으로 확인할 수 없는 형이상학의 존재는 묘사를 할 수 없다. 묘사할 수 있는 것을 묘사하는 것은 당연하지만, 묘사할 수 없는 것을 묘사하는 것은 진정한 눈이 있어야 가능할 것이다. 이 눈은 사물은 바라보는 심안(心眼), 혹은 심안(深眼)이라고 이른다. 기려의 아름다움을 추구하기 위해서는 사물을 바라보는 담박한 심안(心眼, 深眼)이 필요하다. 여기서 형상이 없는 것이란, 사람들의 상상력으로 만들어지는 사물을 말하는 것이 아니라, 추상의 형상이나 사물을 말하는 것이다. 이를테면 사랑이나 행복과 같은 것은 어떻게 묘사할 것인가? 그것은 묘사하는 것이 아니라, 작가가 깨친 도의 형상에 따라 묘사될 수 있는 것이다.

---

8) 夫形而上者謂之道, 形而下者謂之器. 神道難摹, 精言不能追其極 : 形器易寫, 壯辭可得喩其眞. 才非短長, 理自難易耳. 故自天地以降, 豫入聲貌, 文辭所被, 夸飾恒存.(유협 지음, 황선열 옮김, 앞의 책, 403-404쪽).

(3) 자연의 빛깔, 화려함의 극치

노여산청 홍행재림(露餘山靑 紅杏在林) 이슬 내린 뒤라 산은 더 푸르고 분홍 살구꽃은 숲을 이루고 있다.

이 시구는 기려의 아름다움을 비유의 방식으로 설명하고 있는 부분이다. 화려한 경계를 초월하고, 사물을 보는 눈을 기른 작가는 사물의 추상과 구상의 경지를 자유자재로 넘나들 수 있다. 보이는 형상에만 집착하지 않는 작가는 사물의 내면을 볼 수 있는 눈을 가지게 된다는 것이다. 이 시구에서 "이슬이 내린 뒤[露餘]"라고 하는 것은 여러 각도로 해석이 가능하다. 앞에서 말한 사물을 보는 눈이 깊어지고 난 뒤에 산은 더욱 푸르게 보인다고도 할 수 있고, 작가는 사물을 찬찬히 살피는 것도 필요하지만, 사물의 깊은 의미를 이해하는 것도 무엇보다 중요하다고도 말할 수 있다. 인격의 수양이 된 작가는 사물을 보는 눈도 깊어질 것이고, 공부를 깊이 한 작가는 우주의 원리와 사물의 원리, 사람의 원리를 통찰하고 작품을 쓸 것이다. 그런 점에서 '이슬이 내린 뒤'라는 말은 의미심장한 표현이다. 작가가 득도의 경지에 이르러야 한다는 말이 아니라, 그만큼 소재에 대해 깊이 생각하고 또 생각하라는 의미로 받아들이면 좋을 것 같다.

만약 천지 본연의 모습을 따르고 자연의 변화에 순응하여 무한의 세계에 노니는 자가 되면 대체 무엇을 의존할 게 있으랴. 그래서 "지인(至人)에게는 사심(私心)이 없고, 신인(神人)에게는 공적(功績)이 없으며, 성인(聖人)에게는 명예가 없다"고 말한다.[9]

---

9) 若夫乘天地之正. 而御六氣之辯. 以遊无窮者. 彼且惡乎待哉! 故曰. 至人無己, 神人無功, 聖人無名.(안동림 역주, 『장자』, '소유유(逍遙遊)', 현암사, 2013, 33-34쪽).

작가가 소재를 보는 눈은 천지 본연의 원리를 발견하는 데 있다. 무한한 세계에서 노니는 작가의 눈은 어디에 의존하거나 사심과 편견에 따라서는 안 되는 것이다. 작가는 사심과 공명심, 쓸모없는 명예욕에 집착하지 않아야 하는 것이다. 지인(至人)의 경지에 이르기도 힘들지만, 신인(神人)의 경지에 이르기는 더욱 힘들 것이다. 하물며 성인(聖人)의 경지에 이른다는 것은 더욱 힘들 것이다. 그런데 동양 문예미학자 유협은 작가를 성인의 반열에 올려놓고 그 성인의 경지에 이르는 작가의 길을 제시하고 있다. 그것은 작가의 수양과 사물을 보는 심안이 그만큼 중요하다는 말을 하는 것이다. 작가는 사심이 없는 지인의 경지와 공적을 말하지 않는 신인의 경지와 명예를 생각하지 않는 성인의 경지에 이르는 사람이다. 기려의 품격으로 나아갈 수 있는 작가는 이러한 사심과 공적과 명예까지도 초극하는 자리에 존재한다. 그것은 천지 본연의 자세에 따르는 것이다.

시구 "분홍 살구꽃[紅杏]"은 화려한 결실을 말한다. 여기서 살구꽃은 이상향의 세계를 비유하는 꽃이다. 작가의 시선이 깊고 넓게 펼쳐지면 그 작가의 심안에는 사람들이 보지 못하는 또 다른 세계를 볼 수 있다는 것이다. 여기서 말하는 분홍 살구꽃은 기려로 나아가는 화려함의 궁극 지점을 말한다. 일반적으로 붉은 색[赤]은 정색이고, 자주색[紫]은 간색이라고 부른다. 붉은 색의 또 다른 색채라고 할 수 있는 홍색[紅]도 간색이다. 살구꽃의 홍색은 정색을 띠지 않으면서도 붉은 색을 가지고 있다. 정색의 화려함을 바탕으로 하고 있으며, 붉은 빛이 도는 데도 불구하고 완전히 붉은 색이 아니다. 이러한 화려함은 비슷한 것 같으면서도 다르고, 다른 것 같으면서도 같은 것이다. 이 은은한 색채의 미학이 간색이 주는 화려함이다. 붉고 푸른 것은 선명한 대조를 이루지만, 색채가 합쳐진 것은 대조를 이룰 수 없는 것이다. 화려함의 극치는 어느 누구도 따라 할 수 없는 자기만의 색채를 의미한다. 여기서 말하는 자기만의 색채란 무엇을 말하는 것일까? 그것은 자연스러운 색채이다. 다른 어떤 대상도 흉내를 내지 못하는 자연스러운 아름다움이 화려함의 극치라는 것이다. 그 자연의 화려함이 숲을 이룬 형국에 도달하면 비로소 작품의 완성에 이르는 것이다. 화려함은 주변의 대상과 조화를 이룰 때 가장 아름다운 법이다. 그래서 사물을 보는 눈은 사물만 놓고 보는 것이 아니라, 사물과 관계된 의미관계를 통해서 사물을 보는 것이다. 살구꽃이 핀 주변의 나무와 풀, 바위, 심지어 보이지 않는 것까지도 조화를 이루고 있다는 사실을 깨달을 때 그 화려함은 궁극에 이르렀다고 할 수 있는 것이다.

옛 사람들 가운데 도를 터득한 사람은 장수를 누리고 살면서 소리, 색채나, 좋은 맛을 오래도록 즐겼다. 어떻게 가능하였는가? 삶을 귀중히 여기는 이론을 일찌감치 깨달았기 때문이다. 이론을 일찍 깨달았기 때문에 머리 쓰는 것을 일찍부터 아꼈고 머리 쓰는 것을 일찍부터 아꼈기 때문에 정력이 고갈되지 않았던 것이다. 가을에 때 이른 추위가 오면 겨울은 반드시 따뜻하게 되고 봄에 비가 많으면 여름에 반드시 가뭄이 드는 법이다. 천지에서도 대립된 두 기운이 양존하지 않는데 하물며 인류에 있어서는 어떠하겠는가? 이러한 점에 있어서 사람과 천지(天地)는 한 가지이다. 만물은 형태가 비록 갖가지로 다르지만 이러한 점에 있어서 본성은 일체이다. 그러므로 옛날에 몸을 수양하고 천하를 다스리는 사람들은 반드시 천하로부터 본을 받았다.10)

인간의 감정은 수시로 변하는 것이지만, 그 변화는 조화를 통해서 이루어질 때 아름다운 것이다. 인용한 부분에서 "머리 쓰는 것"이라는 말

---

10) 古人得道者, 生以壽長, 聲色滋味, 能久樂之, 奚故? 論早定也. 論早定則知早嗇, 知早嗇則精不竭. 秋早寒則冬必煖矣, 春多雨則夏必旱矣, 天地不能兩, 而況於人類乎? 人與天地也同, 萬物之形雖異, 其情一體也. 故古之治身與天下者, 必法天地也. (여불위 지음, 정하현 옮김, 『여씨춘추』'중춘기(仲春紀)', '정욕(情欲)'편, 소명출판사, 2011, 62-65쪽).

은 애써 꾸미려고 하는 행동을 말한다. 자연의 이치에 따라 머리를 쓰고, 그 이치에 따라 자신의 욕망을 펼쳐야 하는 것이다. 천지자연의 이치가 두 가지 기운이 양존하지 않듯이 하나를 쓰면 하나가 생기기 마련이고, 사물을 보는 외연이 넓어지면 그 사물의 새로운 기운을 알 수 있게 되는 것이다. 천하의 진경(眞景)을 그리려고 한다면, 천하의 기운을 알아야 하고 그 천하의 기운을 통해서 천하의 진경을 그려야 한다. 천하를 바라볼 수 있는 근본은 자연의 질서를 관망할 수 있는 눈에 있다. 만물의 형상은 각각 다르지만 그 근본에 흐르는 질서는 한 가지이다. 사람과 천지의 관계를 아는 것은 천지의 관계를 아는 것이다. 만물은 여럿이지만, 결국 하나로 통합된 질서 속에서 관계를 이루고 있다. 이 평범한 진리를 알기 위해서 작가는 끊임없이 수양을 해야 한다.

월명화옥 화교벽음(月明華屋 畵橋碧陰) 화려한 저택에 달빛이 환히 비추고 녹음 아래 아로새긴 다리 놓여 있다.

이 시구에서 말하고 있는 "화려한 저택[華屋]"은 천하의 진경을 형상화한 작품을 말한다. 원문의 '화옥(華屋)'은 '화교(畵橋)'와 짝을 이루고 있다. 화옥과 화교의 조화로움은 작가가 표현한 작품의 실체를 말한다. 화려한 저택은 달빛과 함께 어울리고, 화려한 다리는 푸른 녹음과 어울리고 있다. 명나라의 유심주의 사상가 왕수인(王守仁)은 "천하의 마음 밖의 사물은 없다(天下無心外之)"고 하면서 미적 사물을 포함하는 일체의 사물은 모두 사람의 주관적인 마음 속에 존재한다고 말했다.[11] 인공의 아름다움이 궁극에 다다르면 교졸(巧拙)의 미학을 보인다면, 자연과 인공의 조화가 궁극에 다다르면 기려(綺麗)의 미학을 보인다고 할 수

---

11) 채의(蔡儀)주편, 강경호 역, 『문예미학』, 동문선, 1989, 24쪽.

있다. 자연에 존재하는 모든 사물과 동물은 자연과 어울리는 무늬를 갖고 있다. 그 무늬는 기려에서 말하는 비단의 무늬를 말한다. 천의무봉과 같이 흔적이 없으며 형상화된 사물이 모든 주변의 풍경과 조화를 이룬 아름다움이야말로 기려의 아름다움이다.

이러한 이치를 만물의 물건에 기대어 보면, 동물과 식물도 모두 문채(文采)를 가지고 있다. 용과 봉황은 아름다운 무늬로 상서로움을 드러내고, 호랑이와 표범은 얼룩덜룩한 무늬의 움직임으로 그 자태를 드러낸다. 구름과 노을에 새겨진 색채는 화공의 기묘한 채색보다도 더 뛰어나고, 초목의 화려한 장식은 비단에 수를 놓는 장인의 기묘한 솜씨를 기다리지 않아도 그 자체로 아름답다. 이것은 어찌 외부의 장식으로만 이루어진 것이겠는가. 대체로 자연의 도리에 따른 것일 뿐이다. 숲 사이로 울리는 바람소리는 피리와 거문고 소리와 같이 조화로우며, 샘물이 바위를 치는 소리는 옥구슬이 종고를 두드릴 때 나오는 소리와 같이 조화롭다. 어떤 형체가 확립되면 곧 문채가 이루어지고, 소리가 울려나오면 곧 문장이 이루어진다. 이처럼 의식이 없는 사물들도 무성한 자연의 색채를 가지고 있는데, 마음이라는 그릇이 있는 인간에게 어찌 문채(文采)가 없겠는가?[12]

화려한 저택이 아름다울 수 있는 것은 주변의 자연 풍광과 어울릴 때 아름다운 것이고, 화려한 다리는 푸른 녹음 속에 조화를 이룰 때 아름다운 것이다. 초목의 아름다움은 아무런 장식이 없어도 그 자체로 아름다운 것이고, 용과 봉황의 아름다움, 호랑이와 표범의 무늬, 구름과 노을의 색채는 어떤 화공이라도 묘사할 수 없다. 그것은 자연의 아름다움이기 때문이다. 퉁소의 소리가 자연의 바람과 어울릴 때 아름답고, 피리와 거문고도 조화로운 화음을 이룰 때 비로소 아름다운 것이다. 그 자체

---

12) 傍及萬品, 動植皆文, 龍鳳以藻繪呈瑞, 虎豹以炳蔚凝姿; 雲霞雕色, 有逾畫工之妙; 草木賁華, 無待錦匠之奇. 夫豈外飾, 蓋自然耳. 至於如林籟結響, 調如竽瑟; 泉石激韻, 和若球鍠. 故形立則章成矣, 聲發則文生矣. 夫以無識之物, 鬱然有彩 ; 有心之器, 其無文歟!(유협 지음, 황선열 옮김, 앞의 책, 22-23쪽).

로도 아름다울 수 있지만, 다른 것과 조화를 이룰 때 더욱 아름답다는 것이다. 이 모든 것은 자연스러운 조화의 미학이라고 할 수 있다. 그 아름다움의 궁극에는 자연의 원리가 놓여 있다.

(4) 율려(律呂)의 조화

금준주만 반객탄금(金尊酒滿 伴客彈琴) 황금 술동이에 술이 가득 넘치고 손님을 초청하여 거문고를 연주한다.

황금 술동이에 가득 술이 넘치는 것은 흥취가 궁극에 이른 것을 말한다. 자연의 아름다운 무늬를 잘 표현한 작품은 말 그대로 흥취가 궁극에 이르고 있다는 말이다. 시각적으로 확인되는 모든 아름다움은 사실은 소리를 느끼는 것이다. 우리가 문자를 눈으로 읽고 있지만, 사실은 그 문자의 리듬을 따라 읽는 것이기도 하다. 문자는 하나의 음악을 가지고 있는 것이다. 그래서 유협은 글자의 획수에 따라서도 리듬이 달라진다고 말하고 있다. 문자는 단순히 자신의 감정을 표현하는 데 그치는 것이 아니라, 그 작가의 내면에 숨겨진 리듬을 표현하고 있는 것이다. 황금 술동이에 가득 넘치는 술은 절로 흥을 불러일으키고, 찾아오는 손님들도 그 흥취에 따르고 있다. 이렇게 서로 호응하고 감응하는데 음악이 없을 수 있겠는가? 음악은 사람의 마음으로부터 나오는 지극한 경지를 말한다. 문자의 호흡은 음악으로 이루어져 있고, 그 호흡은 음악의 감성과 통하는 것이다. 모든 것이 음악과 통한다는 말은 이를 두고 하는 말이다.

모름지기 음악이라는 것은 사람들의 마음으로부터 만들어지는 것이다. 마음에 감동함이 있으면 음악으로 표현되어 나오고 음악이 외부에서 완성되면 내부에서는 감화가 이루어진다. 그러므로 어떤 나라의 음악 소리를 들으면 그들의 풍속을 알 수 있고 그들의 풍속을 관찰하면 그들이 추구하는 바를 알 수 있으며 그들이 추구하는 바를 보면 그들의 덕행을 알게 되는 법이다. 성함과 쇠함, 현명함과 불초함, 군자와 소인의 구별이 모두 음악에 드러나 감출 수가 없다. 그러므로 "음악을 통해 관찰할 수 있는 것이 참으로 심원하구나"하고 말하는 것이다. 흙이 척박하면 초목이 자라지 못하며 물이 지저분하면 물고기와 자라들이 크지 못하며 세상이 혼탁하면 예절이 번잡해지고 음악이 음란해진다. 정(鄭)과 위(衛)의 소리나 상간(桑間)의 음악은 혼란한 나라에서나 좋아하고 덕이 쇠퇴한 뒤에나 즐기는 것들이다. 유행을 타고 편벽된다든지 지나치게 가볍고 법도를 넘는다든지 방자하고 무분별하다든지 하는 음악이 나오면 방탕한 기질과 간사한 심리가 자극을 받게 된다. 자극을 받으면 온갖 간악하고 갖은 편벽된 것들이 이로부터 생겨난다. 그러므로 군자는 도(道)로 돌아가서 덕행을 쌓고, 도덕을 바로잡아 음악을 만들며, 음악이 조화를 이루어 순화의 기능을 완성한다. 음악이 조화를 이루면 백성들은 올바름, 즉 도를 추구할 것이다.[13]

음악은 인간의 마음을 순화하는 기능을 하고, 음악이 조화를 이루면 모든 사람들이 도를 추구한다고 한다. 율려(律呂)의 세계는 조화로움의 세계이다. 들판을 스쳐 지나가는 바람 소리를 감지할 수 있는 것, 이는 이미 충담의 미학에서 설명한 사물과의 조화로움이다. 음악으로 소통하는 것은 만물과 회통하는 자리에 존재한다. 조화를 이루지 못한 척박한 땅에서는 생명이 살아갈 수 없다. 생명의 조화로움이 한껏 살아있는 것이 율려의 세계이다. 율(律)은 리듬을 말한다. 여(呂)는 짝을 말하는 데,

---

13) 凡音者, 産乎人心者也. 感於心則蕩乎音, 音成於外而化乎內, 是故聞其聲而知其風, 察其風而知其志, 觀其志而知其德. 盛衰, 賢不肖, 君子小人皆形於樂, 不可隱匿, 故曰樂之爲觀也深矣. 土弊則草木不長, 水煩則魚鼈不大, 世濁則禮煩而樂淫. 鄭衛之聲, 桑間之音, 此亂國之所好, 衰德之所說. 流辟誂越慆濫之音出, 則滔蕩之氣, 邪慢之心感矣. 感則百姦衆辟從此産矣. 故君子反道以修德, 正德以出樂, 和樂以成順. 樂和而民鄕方矣.(여불위 지음, 정하현 옮김, 『여씨춘추』, '계하기(季夏紀)' '음초(音初)' 편, 소명출판사, 2011, 161-164쪽).

『설문해자』에서는 여(呂)를 가장 중추가 되는 것을 말하고 있다. 그것은 우리 몸의 척추의 형상을 본뜬 것이라고 한다. 중심이 조화를 이룬 세계가 율려이다. 리듬은 모든 것을 조화롭게 한다. 맑은 리듬 속에 깃들인 우주의 중심이 율려의 세계이다. 이러한 세계에서는 혼탁함이 없고, 오로지 맑고 투명한 세계가 있을 뿐이다. 흥취가 극에 이른 뒤에 들리는 거문고 소리는 자연과 화합한 율려의 세계에서 들리는 소리이다. 화려한 저택에 비친 밝은 달과 화려한 다리와 조화를 이룬 푸른 숲 속에서 황금 술동이 속에 가득 든 술을 손님과 함께 마시면서 거문고 소리에 빠져 있는 모습이다.

  기려의 아름다움은 이러한 세계이다. 화려한 아름다움이 조화를 이룬 경지, 인공과 자연이 조화를 이룬 궁극의 아름다움이 기려의 미학이다. 인간의 손길이 닿아서 만들어지는 궁극의 세계가 교졸의 미학이라고 한다면, 자연과 조화를 이룬 율려의 세계가 기려의 미학이라 할 수 있다. 문자로 형언할 수 있는 세계는 끝없이 펼쳐질 수 있다. 그것은 문자에 나타난 상상의 세계가 있기 때문이다. 이는 '어떻게 하는 것이 자연의 무늬를 표현할 수 있을까?'라는 고민이 창작의 시초가 되어야 한다는 말이다. 진정한 화려함은 자연의 무늬를 무늬 그대로 읽을 수 있을 때 가능한 일이다. 기려의 미학은 자연을 자연 그대로 볼 줄 알고, 그 내면에 흐르는 무늬를 발견할 때 가능한 일이다. 그래서 기려의 미학에 닿기 위해서는 지언(至言)에 귀를 기울이고, 사물의 내면을 읽을 수 있는 심안을 갖는 것이 필요하다. 이를 바탕으로 쓴 글은 자연의 흐름에 따라 리듬이 형성되는 것이다. 그것이 진정한 율려의 세계이고, 기려의 미학이다.

취지자족 양탄미금(取之自足 良殫美襟) 아무리 가져다 써도 절로 넉넉하기에 아름다운 회포를 정말 다 표현하겠네.

궁극의 지점에 이른 화려함은 자연스러움에 있기 때문에 그 자연의 무늬를 바라보는 작가의 시선은 천 갈래 만 갈래로 펼쳐질 수 있다. 고정된 것이 아니라, 넘치고 출렁대면서 사물을 보는 것이다. 사물의 외형은 그대로 존재하고 있지만, 그 사물을 보는 작가의 감정은 시시때때로 유동하기 때문이다. 고정된 것을 바라보는 시선이 늘 유동하고 있으면 그 사물도 동시에 유동하는 존재로 보이는 것이다. 시간도 멈추지 않고 흘러가고 있지만, 고정된 것들도 끊임없이 움직이면서 출렁대고 있다. 사실 우주 만물은 멈추어져 있는 것이 없다. 같은 공간을 바라보더라도 시간이 흐르고 난 뒤에 보는 것과 그 전의 상황은 다를 수밖에 없는 것이다. 같은 소리를 반복하더라도 그것은 어제의 소리와 오늘의 소리는 다른 것이다. 그러면서도 대상과 사물들은 끝없이 조화를 이루면서 만들어져 간다.

어떤 시작이 끝이 아니라, 끝은 다시 시작을 향해 달리고, 시작은 또 다른 끝을 향해 달리고 있는 것이다. 이는 꼬리에 꼬리를 물고 늘어서 있는 형국을 말한다. 기원전 1400년경 이집트의 유물에서 처음 발견된 우로보로스는 "자기꼬리를 삼키는 뱀"이란 뜻인데, 그 형상은 스스로 탄생시키고 소멸되고, 결국에는 자신을 죽일 수밖에 없는 것을 그린 것이다. 소멸과 환생은 시간의 고리 속에서 끝없이 계속될 수밖에 없는 운명인 것이다. 어쩌면 이것은 지극히 당연한 자연의 논리인지도 모른다. 유(有)는 무(無)이고, 무(無)는 무시(無始)이다. 유와 무는 반복되는 것이 아니라, 새로운 질서 속에서 끝없이 이어지는 것이다. 그래서 세상의 모든 사물은 똑같은 것이 존재하지 않는 것이다. 끝없이 다른 것이 만들어지고 재생되고 환생되는 순환의 고리 속에 있는 것이다. 『여씨춘추』에서는 이 과정을 환도(圜道)의 원리라고 설명한다. 세상은 순환의 고리 속에서 끝없이 이어지는 것이다. 자연은 아무리 가져다 써도 넉넉한 것이다. 이는 자연의 무궁무진한 빛깔을 형용한 말이다. 여기서는 자연의 외형적 가치를 말하는 것이 아니라, 자연의 내면적 가치를 의미한다. 자연의 내면 가치는 절대 소멸될 수가 없다. 그 자연의 순리에 따를 때 진정한 자연의 소리를 들을 수 있으며, 그것이 앞에서 말한 율려의 세계이고, 넉넉한 조화의 세계이다. 넉넉한 조화는 결코 조급하지 않으며 여유가 있다. 진정한 화려함은 여유로움에서 일어나는 풍족함이다.

> 천지에는 시작이 있다. 하늘은 미미한 것들로서 완성되고 땅은 채워지면서 형체를 이룬다. 이어서 하늘과 땅이 조화롭게 되는 것이 만물이 생성되는 대원칙이다. 추위와 더위, 해와 달, 밤과 낮의 차이들을 통해 이러한 도리를 이해하고 사물마다 형체를 달리하고 능력을 달리하여 본성을 달리한다는 사실을 가지고 이러한 도리를 설명한다. 모름지기 사물은 천지가 합쳐지며 형성되었다가 천지가 서로 분리되면서 생겨났다. 천지의 화합에 대해서 알면 사물의 형성에 대해서도 알게 되고 천지의 분리에 대해 알면 사물의 생성에 대해서도 알게 되니 이렇게 되어야 천지가 안정된다. 천지가 안정되려면 그 전체로서 사물의 실정을 제대로 관찰하고 사물의 형체에 대해 제대로 적응해야 하는 것이다.[14]

천지는 작은 것들이 모여서 이루어진다. 하늘과 땅이 조화를 이루는 것은 만물이 생성되는 큰 원리이다. 추위와 더위, 해와 달, 낮과 밤의 차이들이 세상을 만드는 근본원리이다. 사물의 형체를 정확히 알아야

---

14) 天地有始. 天微以成, 地塞以形. 天地合和, 生之大經也. 以寒暑日月晝夜知之, 以殊形殊能異宜說之. 夫物合而成, 離而生. 知合知будет, 知離知生, 則天地平矣. 平也者, 皆當察其情, 處其形.(여불위 지음, 정하현 옮김, 『여씨춘추』, '유시람(有始覽)' '유시(有始)'편, 소명출판사, 2011, 316-320쪽).

그 사물을 정확하게 그릴 수 있듯이, 작가는 사물이 존재하는 근본원리를 알아야 사물을 정확하게 그릴 수 있다. 좋은 작품은 하나의 사물에 대한 깊은 사유의 세계가 들어있게 마련이다. 사물은 각각 다르게 존재하고 그 다름의 차이를 통해서 만물의 질서가 이루어진다. 어떤 사물이 어떻게, 어떤 방식으로 존재하는가를 바라보는 것은 작가의 혜안(慧眼)으로 가능하다. 지혜의 눈을 가지고 사물을 보고 그 사물을 그리는 것이 문학예술의 궁극 지점이라고 한다면, 기려의 미학은 문자를 통해서 아름다움의 조화를 꾀하는 것이 궁극의 지점이라 할 수 있다. 무엇을 어떻게 형상화할 것인가? 사물을 어떤 관점으로 바라볼 것인가? 이런 문제들은 창작을 하기 위한 기본원리가 된다. 어떤 기법으로 쓸 것이고, 어떤 문장 형식으로 쓸 것인가라는 문제보다 더 궁극의 지점에 있는 문제는 사물을 어떻게 바라볼 것인가라는 문제에 있다. 사물에 대한 편벽한 사고는 간사한 문장을 만들어내고 억지로 꾸미는 문장을 만든다. 사물을 바라보는 진정한 사고는 솔직하고 담박한 문장을 만들어 낸다. 농염한 아름다움은 억지로 꾸며내기 때문에 기교주의에 빠지기 쉽고, 자연과 조화를 이룬 화려한 아름다움은 기려의 아름다움을 드러낸다. 기려의 아름다움을 추구하려는 작가들은 작품을 쓰기 위해 안달을 부리지 말고 사물을 보는 올바른 눈을 갖기 위해 노력해야 할 것이다. 기려의 미학에 이르기 위해서 자연의 무늬를 읽을 수 있는 안목을 가져야 할 것이고, 그러기 위해서는 자연의 근본원리가 무엇인지를 깨달아야 할 것이다.

기려의 미학은 자연스러운 조화의 궁극에 이른 미학을 말한다. 음악으로 말하면 율려의 세계이고, 그림으로 말한다면 진경의 형상이고, 문학으로 말한다면 형식과 내용의 조화를 이룬 작품을 말한다. 이러한 기려의 미학에 이르기 위해서 작가는 끊임없이 수양해야 하고, 깊은 공부를 해야 한다. 비단에 수놓은 아름다움은 그 바탕도 아름답지만 그 바탕에 수놓은 기교도 비단의 바탕과 조화를 이룬 아름다움을 말한다. 예술 작품이 궁극을 말할 때 기려의 아름다움에 이르렀다고 할 수 있을 것이다. 이 때문에 동양 문예미학에서 기려는 작품의 궁극에 이르는 길을 말하는 것이다. 완벽한 작품이 없다고 가정한다면 예술은 끝없이 기려의 미학에 이르는 과정이라고 말할 수 있을 것이다.

10. 천균(天鈞)의 조화로움
—자연(自然)

(1) 개요

　동아시아 문예사와 사상사에서 자연(自然)은 그 처음이기도 하면서 그 궁극의 지점이기도 하다. 시적 소재로서의 자연이라는 말 뿐만 아니라, 시인의 정신으로서의 자연이라는 말도 쓰인다. 그만큼 자연이라는 것은 동아시아 예술의 바탕이 되고 있다는 것이다. 자연이라는 말은 행동과 말이 자연스럽다는 말로 쓰이고, 어떤 상황이 일어났을 때, '그런 줄 모르고 그러함(不知所以然而然)'이라는 뜻으로도 쓰인다. 이는 물길이 흐르는 대로 흘러가듯이 놓아둔다는 것이다. 『장자』에서 "도에 내 몸을 싣고 하나가 된다"[1]고 말하고 있는데, 여기서 도(道)는 우주의 흐름에 맡겨진 모든 질서와 균형을 말하며, 그것은 자연이라는 것이다. 자연은 말 그대로 천균(天鈞)의 상황이다.

　자연을 설명하는 자리에서 말하는 천균은 『장자』에서 좀 더 구체적이면서도 자세하게 설명하고 있다. 장자는 편견에 대한 얘기를 하면서 "그러므로 성인은 시비를 조화시키고, 자연의 균형 즉, 만물제동(萬物齊同)의 도리에서 쉰다. 이러한 것을 양행(兩行)이라고 한다."[2]고 말하고 있다. 여기서 자연의 균형은 천균(天鈞)의 상황이고, 이것은 자연의 상태

---

1) 道可載而與之俱也.(안동림 역주, 『장자』, 현암사, 1993, 377쪽).
2) 是以聖人和之以是非, 而休乎天鈞. 是之謂兩行.(안동림 역주, 『장자』, 현암사, 1993, 64쪽).

이고, 시비가 조화된 상태이다. 천균은 시시비비(是是非非)를 초월한 상태를 말한다. 여기에서 말하는 양행(兩行)에서 양(兩)은 사물[物]과 자아[我]를 말하고, 행(行)은 장애가 없는 상태로 흘러가는 것을 말한다. 양행은 대립된 두 쪽이 다 순조롭게 뻗어나가는 것이다. 자연의 상황에서는 시비에 구애되지 않고 사물을 사물에 자연스럽게 맡겨 두기 때문에 사물과 자아 사이에 아무런 장애도 일어나지 않는다. 이런 관점에서 볼 때, 동아시아 문예미학에서 자연이라는 것은 단순한 의미의 자연이 아니라, 거대한 우주의 질서 속에 놓여진 자연을 말하고 있다. 사공도는 스물 네 개의 시적 풍경을 말하면서 그 열 번째 자리에서 자연의 풍경을 말하고 있다.

俯拾卽是 不取諸隣 俱道適往 著手成春
부습즉시 불취제인 구도적왕 저수성춘

如逢花開 如瞻歲新 眞與不奪 强得易貧
여봉화개 여첨세신 진여불탈 강득이빈

幽人空山 過雨采蘋 薄言情悟 悠悠天鈞.
유인공산 과우채빈 박언정오 유유천균.

허리 구부려 주우면 그게 바로 시이니
굳이 다른 곳에서 찾지 않는다
도道에 몸을 싣고 여기저기 가면서
손을 대기만 하면 봄 풍경이 된다

때가 되면 꽃피는 풍경을 만나고
철이 바뀌면 새해가 오는 것과 같다
하늘이 준 것을 뺏기지 않고
억지로 얻은 것은 고갈되기 쉽다

숨어사는 사람이 빈산에서
비가 지나간 뒤 마름을 딴다
말없이 마음으로 다 깨달아
유유히 자연의 균형을 맞춘다

  자연의 품격은 말 그대로 인위가 없는 자연스러운 상태에서 발견할 수 있는 미학이다. 소재를 자연에서 구하고 그 자연을 그대로 표현하는 것이야말로 자연의 품격이다. 1연은 그러한 자연스러운 상황을 제시하고 있다. 2연에서는 자연스럽게 일어나고 있는 모든 일들을 말하고 있다. 시간과 계절, 세상 만물의 모든 것은 자연스러운 상태로 놓여 있을 뿐이다. 그러니 자연스러운 상태는 고갈되거나 넘치거나 모자라는 것이 없다. 시의 소재도 마찬가지이고 문학예술 활동의 모든 것도 마찬가지이다. 그렇게 자연의 흐름에 맡기게 될 때 3연과 같이 유유히 자연의 균형 속에서 놓이게 된다. 모든 깨달음의 근원은 자연이고 그 자연이야말로 모든 미학의 근원이라고 할 수 있다.

(2) 자연의 빛깔과 시의 소재

  부습즉시 불취제인(俯拾卽是 不取諸隣) 허리 구부려 주우면 그게 바로 시이니 굳이 다른 곳에서 찾지 않는다.
  시의 소재가 무엇일까? 이 시의 첫 구절에서 허리를 구부리면 보이는 것이 시라고 하는 말은 시가 그만큼 쉽다는 말일까? 이 말이 의미하는 것은 시의 본질이 무엇인지를 말하는 진술이다. 시의 소재는 천지 자연 모두가 될 수 있다는 것을 말한다. 시가 묘사할 수 있는 것은 분명히 한계가 있기 마련이다. 세상의 모든 것을 말할 수 없는 것이다. 말할 수 없는 것을 말할 수 있어야 하고, 다 말했다고 해도 기실은 다 말할 수 없는 것이 언어의 한계이고 시의 한계이다. 동아시아 문예미학에서 자연의 빛깔에 대해서 유협은 다음과 같은 우주의 원리로 설명하고 있다.

> 문(文)이라고 하는 특징은 크다. 그것은 하늘과 땅의 원리와 함께 만들어졌다. 어째서 그런가? 하늘과 땅의 구별이 생기면서 하늘은 둥글고, 땅은 모가 난 체제로 나누어졌다. 해와 달은 아름다운 옥을 겹쳐놓은 것과 같이 하늘의 형상을 아름답게 드리우고 있다. (…) 사람만이 오행을 꽃피울 수 있으며, 진실로 하늘과 땅의 마음을 표현할 수 있다. 하늘과 땅을 표현할 수 있는 마음이 생기고, 언어가 세워지고 언어가 세워지면서 문장이 분명해진다. 이것을 자연의 도라고 부른다.3)

그는 문학의 바탕이 되는 자연의 빛깔은 오묘하다고 진술하고 있다. 그 오묘함은 자연스러움에서 나오는 것이다. 자연이라고 하는 것은 "스스로 그렇게 규정"되는 것이다. 꾸밈이 없으면서 존재하는 그대로 놓여 있는 것이다. 시의 궁극은 자연스러움에 있다. 허리를 구부려 주우면 시가 되는 것은 자연의 이치에 따라 일어나는 모든 것을 말한다. 호랑이 무늬와 얼룩말의 무늬는 제각각 다르고, 그 다름은 차이가 아니라, 그 필요에 따라 만들어지고 이루어지는 것이다. 자신을 보호하기 위해 만들어지기도 하지만, 우주 만물의 존재로써 자신의 존재를 그대로 보여주기 위해서 오랜 동안 스스로 만든 것이다. 자연과학의 입장에서 말하면, 그 무늬는 유전의 형질이기도 하지만, 동아시아 자연관에 따르면, 그것은 우주의 질서와 흐름에 따라 자연스럽게 만들어진 것이다. 그렇

---

3) 文之爲德也大矣, 與天地並生者, 何哉? 夫玄黃色雜, 方圓體分, 日月疊璧, 以垂麗天之象(…)爲五行之秀, 實天地之心, 心生而言立, 言立位文明, 自然之道也.(유협 지음, 황선열 옮김, 앞의 책, 21-22쪽).

기 때문에 자연에 존재하는 모든 것은 유일한 하나의 존재일 뿐이고, 그 각각의 존재는 고귀하고 값진 것이다. 자연의 아름다움을 모두 형상화할 수 있다고 생각하기 전에 자연에 있는 아름다움을 그 자체로 아름답다고 보는 것이 동아시아 시학에서 말하는 자연관이다.

  동아시아 시학에서 말하는 자연은 저절로 존재하는 것들이다. 그렇기 때문에 그것을 형상화한 시는 그 자체의 의미로 아름다운 것이다. 자연의 모든 사물은 우주의 미세한 존재로써 존재할 뿐이다. 자연은 천지의 도(道) 속에서 이루어진다. 자연의 도리는 천지의 변화 속에서 일관되게 각자의 존재를 만들어 가는 것이다. 천지는 바탕[質]이 있고, 그 바탕은 근본적으로 무[素]에서 시작한다. 각자의 소질(素質)이 있다는 것은 각자의 바탕이 있다는 것이다. 옥벽(玉璧)은 옥벽대로 금강석(金剛石)은 금강석대로, 하찮은 돌덩이는 돌덩이대로 그 의미를 가지고 존재하는 것이다. 그래서 각자의 바탕은 다른 것이고, 그 다름을 인정하고 그 다름의 의미를 밝히는 것이 시의 역할이고 존재 이유이다. 허리를 구부리면 시가 존재한다고 하는 것은 이 세상만물은 놓여진 그 상태로서 가장 아름답다는 말이다. 그것을 형상화하는 방법은 자신을 스스로 자연의 일부로 놓아둔 채로 세상을 보는 것이다. 그렇다면 그 속에는 아집이나 편견, 이념이나 사고 따위가 없다는 말과도 같다. 문자로 자연의 아름다움을 묘사하기 위해서는 그 자연이 존재하는 이치가 무엇인지를 궁구(窮究)하는 데 있다고 할 수 있다. 잔잔한 물결 속에 감추어진 옥(玉)을 발견하기 위해서는 그 물결의 근원 속을 바라볼 줄 알아야 하듯이 시인은 묘사하고자 하는 사물[대상]에 깊이 공감해야 한다. 허리를 구부리면 시가 있다는 말의 의미는 시의 소재는 가까운 곳에 있다는 말이다. 먼 곳에서 뜬구름 잡는 것이 시가 아니라, 시인의 주위에 있는 작은 일상을 깊이 바라보는 데서 시의 본질이 있다는 말이다.

"굳이 다른 곳에서 찾지 않는다"는 말은 시의 소재를 여러 곳에서 찾으려고 하지 말라는 말이다. 하나의 원리에 통하면 전체에 통한다. 일즉다다즉일(一卽多多卽一)의 세계가 화엄(華嚴)의 세계이듯이, 하나의 원리가 닿는 궁극의 지점에는 전체의 원리가 존재한다는 것이다. 어떤 일이든지 달인의 경지에 올랐을 때, 전체를 볼 수 있다는 말과도 같다. 탕왕의 신하가 된 이윤(伊尹)은 처음에 요리사였다. 그런데 그는 요리의 원리를 국가를 통치하는 근원으로 삼으면서 재상의 자리에 올랐다. 유협은 이를 빗대서 "노나라의 경강(敬姜)은 아녀자로 총명할 뿐이었는데, 베 짜는 원리를 유추해서 나라를 다스리는 데 모방했기 때문"4)고 한다. 하나의 원리에 정통하고 하나의 사물을 보는 데 정통하면 다른 사물을 보는 데도 정통하게 된다. 이것이 동아시아 시학에 말하는 회통(會通)의 원리이다. 『주역』의 말을 빌리면, "현상이 상호작용하여 여러 가지로 변하는 것이 변(變)이고, 변하는 데 따라서 새롭게 발전하는 것이 통(通)"5)이라고 한다. 허리 구부리면 시가 존재할 수 있는 경지. 그것은 사물을 깊이 바라보는 자연의 경지에서 찾을 수 있다. 동아시아 시학에서 자연관은 모든 시의 출발이면서 동시에 궁극의 지점에 이르게 하는 바탕이다.

구도적왕 저수성춘(俱道適往 著手成春) 도道에 몸을 싣고 여기저기 가면서 손을 대기만 하면 봄 풍경이 된다.

---

4) 魯之敬姜, 婦人之聰明耳, 然推其機綜, 以方治國.(유협 지음, 황선열 옮김, 앞의 책, 522쪽).

5) 化而裁之, 謂之變, 推而行之, 謂之通.(노태준 역해, 『주역』, 홍신문화사, 2013년, 235쪽).

이 시의 세 번째 구절에서 말하고 있는 도(道)는 자연의 도리, 천지의 도리, 우주의 도리를 말한다. 무한한 우주 공간의 한 미물로 존재하는 자아는 결코 자연에서 우월한 존재는 아니다. 더군다나 자연을 지배하거나 정복자로써 존재하는 것은 아니다. 자연의 상황에 몸을 맡기고 그 흐름을 자연스럽게 한다면, 그것은 진정한 예술의 경지에 이르는 길이라고 할 수 있다. 도에 몸을 맡긴다는 것은 세계에 자신을 맡긴다는 말이다. 자연의 기운에 따라 일어나는 기운을 그대로 따른다는 것이다. 이러한 상태에 이르렀을 때 억지로 꾸미지 않아도 저절로 완성된 한 편의 시가 된다는 것이다. 『주역』 64괘중의 첫 번째 괘인 건(乾)괘는 건을 바탕으로 해서 '원형이정(元亨利貞)'으로써 만물의 원리를 밝히는 괘이다.[6) 원형이정은 천체에서 일어나는 꿋꿋한 흐름의 기운을 말한다. 이 기운은 자연의 원리와 우주의 원리에 따라 자연스럽게 변화하면서 흐르는 기운이다.

봄과 가을은 차례대로 번갈아 바뀌니, 음의 기운은 사람의 마음을 처량하게 하고, 양의 기운은 사람의 마음을 펼쳐지게 한다. 물색의 움직임에 따라 사람의 마음도 동요하게 된다. 대개 양의 기운이 싹트기 시작하면 말개미가 기어 다니고, 음의 율(律)이 엉기면 사마귀가 먹이를 먹기 시작한다. 작은 벌레들조차도 언제나 느낌에 빠지는 것처럼 사계절의 움직임은 사물에 깊은 영향을 끼친다. 아름다운 규장은 아름다운 마음 때문에 끌리게 되고, 화려한 꽃봉우리는 청명한 기운 때문에 아름다우니 사물의 색조가 서로 불러들이듯이 사람들도 평안함을 얻을 수 있을 것이다. 새해를 맞이하여 봄기운이 펼쳐지면 기쁘고 즐거운 감정이 화창하게 일어나고, 초여름이 그득하게 차오르면 우울한 기운이 일어나면서 마음이 엉기게 되고, 하늘은 높고 기운이 맑아지면 음의 기운으로 갈아 앉고 그 뜻은 심원해지고, 싸락눈이 끝없이 덮일 때면 불쌍하게 여기고 숙연해지면서 근심은 깊어진다. 계절에 따라

---

6) 文言曰, 元者善之長也. 亨者嘉之會冶. 利者義之和也. 貞者事之幹也. 君子體仁足以長人, 嘉會足以合禮, 利物足以和義, 貞固足以幹事, 君子行此四德者, 故曰, 乾元亨利貞.(노태준 역해, 『주역』, 홍신문화사, 2013년, 39쪽).

여러 가지 사물이 있고, 사물에는 여러 가지 모습이 있다. 사람의 감정은 사물에 따라 변하고, 문장은 감정에 따라 펼쳐진다. 나뭇잎 하나라도 사람의 뜻에 따라 맞이하고, 풀벌레의 울음소리도 사람의 마음을 끌기에 충분하니, 하물며 맑은 바람과 더불어 밝은 달이 밤과 함께 하고, 밝은 태양과 더불어 봄 숲에서 아침을 함께 하는 마음이야 오죽하랴!7)

봄의 기운과 여름의 기운과 가을의 기운, 겨울의 기운이 각각 다르고, 그 기운에 따라 사람의 기운도 움직이는 것이다. 중국 고대 의학서『황제내경』에서는 이 기운에 따라 움직임을 조절하지 않을 때 기운의 변화가 일어나고 그것은 질병의 원인이 된다고 한다. 모든 자연의 이치가 이러하듯이 사람의 기운도 이와 마찬가지로 변한다. 그렇다면 시인의 성정(性情)은 어떠한가? 시인의 성정도 자연의 이치에 따라 변한다. 그 변화의 도리를 알고 나면, 어떤 사물을 형상화하더라도 봄 풍경과 같이 환하게 일어난다는 것이다. 자연의 흐름에 따라 시인의 성정을 맡기고, 그것에 따라 시를 쓰는 행위는 "뜻이 막히면 혼자만의 시간을 가지면서 문장을 후세에 전하고, 뜻이 통하면 시대를 받들어 그 업적을 다해야 할 것이다. 이와 같은 문인이 되었을 때 목공의 재능을 가진 문사일 것이다."8)라는 말과도 같다. 시가 막힌다는 것은 시인의 기운이 형상화하려는 사물의 궁극에 닿지 않았다는 것을 말한다. 그럴 때 시인은 문장을 드리우고 혼자 있어야 한다. 자신이 쓰려는 문장을 붙들고 생각하면서

---

7) 春秋代序, 陰陽慘舒; 物色之動, 心亦搖焉. 蓋陽氣萌而玄駒步, 陰律凝而丹鳥羞; 微蟲猶或入感, 四時之動物深矣. 若夫珪璋挺其惠心, 英華秀其淸氣; 物色相召, 人雖獲安? 是以獻歲發春, 悅豫之情暢; 滔滔孟夏, 鬱陶之心凝; 天高氣淸, 陰沈之志遠; 霰雪無垠, 矜肅之慮深. 歲有其物, 物有其容; 情以物遷, 辭以情發. 一葉且或迎意, 蟲聲有足人心. 況淸風與明月同夜, 白日與春林共朝哉!(유협 지음, 황선열 옮김, 앞의 책, 484쪽).

8) 窮則獨善以垂文, 達則奉時以騁績, 若此文人, 應梓材之士矣.(유협 지음, 황선열 옮김, 앞의 책, 523쪽).

사색과 여유를 가져야 한다는 것이다. 붓이 꼬질꼬질 마를 때까지 머물러도 좋고, 오랫동안 시를 쓸 수 없어도 좋다는 말이다. 자연의 흐름에 따를 때 시가 이루어진다고 본다. 하나의 과정이 무르익을 때까지 놓아두는 것이다. 이것을 '머뭇거림'이라는 말로 설명할 수 있다.

 달리는 말을 타고 있는 사람은 곁을 세밀하게 보지 못하고, 서두는 일은 낭패를 보기 쉽다. 잠시 자신을 사물의 바깥에 놓아두고 그 사물을 응시해야 한다. 응시(凝視)는 엉기면서 바라보는 것이다. 엉긴다는 것은 서로 간의 유기적 관계 속에서 사물을 본다는 것이다. 응려(凝慮)와 같은 의미라 할 수 있다. 응려는 '생각의 엉김'이다. 생각의 엉김은 사물의 관계 속에서 시인이 형상화할 대상을 놓아두는 것이다. 여러 가지 생각의 꼬투리들이 서로 얽혀서 실타래처럼 되었을 때가 응김의 상태이다. 그럴 때 시의 실마리가 슬슬 풀려진다. 이는 시인의 성정이 자연스럽게 흘러가는 것이라 할 수 있다.

 시를 쓴다는 행위는 사물과 사물의 관계를 맺어주는 것을 말한다. 시는 사물과 사물의 관계뿐만 아니라, 사람과 사람의 관계, 보이는 것과 보이지 않는 것과의 관계를 맺어주는 것이다. 그래서 동아시아 문예미학에서 시는 관계망 속에 존재하는 언어예술이라고 말하고 있는 것이다. 자연의 흐름에 자신을 놓아두되, 사물의 관계를 새롭게 규명하고, 그 관계 속에서 사물의 진정성을 밝히는 것이 시의 역할이고 시인의 소명이다. 모든 만물이 제각각의 기운과 성정이 있듯이, 시인도 사물을 바라보는 기운과 성정이 제각각 다르다. 이것은 자크 데리다가 말하는 '차이의 글쓰기'라고 할 수 있다. 차이는 동일성을 전제로 하고 동일성은 차이를 전제로 한다. 이는 상호보완적일 뿐 아니라, 서로 소통하는 자리에 있다. 그것은 마치 유(有)의 시작이 무(無)이고, 무의 시작이 유인 것과 같다. 그러면서도 유는 영원한 유가 아니고, 무도 영원한 무가 아니다. 개별 사물들은 끝없이 자연스러움 속에서 유동(流動)하거나 출렁대고 있다. 그렇다면 시인이 쓰려고 하는 사물들도 끝없이 유동하고 출렁대면서 '존재(being)'하고 있는 것이다.

이 유동의 관계는 유기적 관계를 이루면서 존재하기 때문에 시는 언어를 매개로 한 살아있는 생명체라 할 수 있는 것이다. 근대 시론을 펼친 김소월의 「시혼(詩魂)」, 정지용의 「시의 옹호」, 조지훈의 『시의 원리』 등은 이러한 유기체 시론의 일종으로, 이들은 동아시아 시학의 근본 모습을 그대로 보여주고 있다. 이들 근대 시론들은 동아시아 문예미학의 관점에서 벗어나지 못하고 있다는 점에서 전통 시학에서 말하는 시의 본질을 충실하게 답습하고 있다는 비판을 피해가지 못하고 있다.

모든 사물은 죽은 채로 존재하지 않는다. 심지어 전혀 변화하거나 움직이지 않을 것 같은 바위도 주변의 상황에 따라서 '살아있음'으로 존재하기도 한다. 바위를 스치는 것이 어디 바람뿐이겠는가? 바위에 걸터앉는 사람, 바위에 앉아 오랜 날갯짓을 잠시 멈추고 있는 새 등 모든 사물은 바위 주위에서 끝없이 유동하고 출렁대고 있다. 바위 자체의 입장에서는 변하지 않지만, 주변의 상황은 끝없이 변하는 상황 속에 놓여 있다. 동아시아의 자연관은 만물생동의 기운이 도처에 있다는 것을 전제로 하고 있다.

무형의 존재임에도 그 내적 기운을 통해서 살아있음을 생각할 수 있는 경지는 시인의 성정 속에 늘 존재하고 있어야 하지 않을까? 이것이 동아시아에서 말하는 시인의 경지이고, 도(道)의 경지이다. 이 경지 속에서 그려지는 시는 봄 풍경처럼 생동하지 않을까? 손을 대기만 하면 미동하지 않던 사물들도 움직이고 살아나게 하는 것. 이것이 참된 시의 모습이다. 사람살이의 풍광을 보는 시인의 눈도 이래야 한다. 비루한 거리에서 비루하게 살더라도 시인은 그 속에서 '살아있음'을 보여주는 존재들이고, 그들 존재의 본질을 보는 것은 시인의 안목이고, 그 안목은 시인의 깊은 사색과 수양에서 나온다.

(3) 머물고 가는 것, 흐름의 시학

여봉화개 여첨세신(如逢花開 如瞻歲新) 때가 되면 꽃피는 풍경을 만나고 철이 바뀌면 새해가 오는 것과 같다.

시간의 변화는 풍경의 변화를 말한다. 시간이 지나면 모든 물색들이 변화하듯이 그 변화의 흐름 속에 자연스럽게 시인의 정신을 맡겨두어야 한다. 동아시아에서 말하는 시는 자연의 풍광을 있는 그대로 표현하는 것이고, 자연스러운 마음으로부터 우러나는 상황에서 창작된 작품을 말한다. '때[시기]'를 기다리는 것은 시인의 여유로움이다. 시를 쓰는 데 여유가 없으면 그 작품은 설익을 수 있다. 자연의 흐름을 인식하고 그 과정에서 터득하는 오도(悟道)의 상황은 시의 궁극에 이르는 길이다. 자연의 상황은 어떤 것인가? 항상 그대로 존재할 뿐이다. 나뭇가지의 뻗침이 어디 사욕(邪慾)이 있겠는가? 그것은 뿌리로부터 길러진 물줄기가 나아가는 길이다. 만물이 생명을 길러내는 방식은 사심(私心)이 없는 법이다. 그것은 순수한 자연의 흐름에 자신을 맡기고 우주의 질서에 따라 지향할 뿐이다. 이것은 때를 맞추어서 기다리는 여유로움이다. 봄의 태동하는 기운이 있으면 여름의 생장하는 기운이 있고, 생장하는 여름의 기운이 지나면, 성숙하는 가을의 기운이 있다. 그리고 가을의 기운을 갈무리하는 겨울의 기운이 오기 마련이다. 계절의 변화가 없는 곳이라고 하더라도, 자연 운행의 기운에는 차이가 늘 존재하는 법이다. 그 기운에 따라 자연의 운행이 결정되는 것이다. 이러한 자연의 이치에 따른 시의 도리는 무엇인가? 그것은 평심(平心)을 갖는 것이다. 평심은 평소(平素)의 마음이다. 지극히 평범하고 소박한 마음이 평심이다. 동양 철학에서는 평심(平心)은 곧 항심(恒心)이라고 말한다. 평심을 갖는 것은 궁극의 도리에 닿는 길이다. 하찮은 일이라고 하더라도 그것이 지극한 마음에 이르면 궁극의 이치에 도달한다는 말이다.

이 시의 두 번째 연 첫 번째 구절에서 "때가 되면 꽃피는 풍경을 만난다"고 하는 것은 무르익는 시기가 되면 자연스럽게 나타난다는 말이다. 시인이 자연[사물, 혹은 대상]을 보는 공부가 무르익으면 그것이 시에 배여 나타나는 법이고, 시에 대한 애절한 마음이 궁극에 달하면 꽃피는 풍경을 만나기 마련이라는 것이다. 마음이 급하면 시인이 쓴 작품도 급해지고, 마음의 여유가 없으면 시 작품에서도 한 치의 느슨함을 만날 수가 없다. 온양(醞釀)의 과정은 술이 익는 과정을 말하지만, 이 온양의 과정은 시인이 시를 쓰기 위한 자연스러운 수양의 과정과 같다고 할 수 있다.

또한 사고력에는 예민함과 둔함이 있어서 때때로 사고가 통할 때도 있고 막힐 때도 있다. 머리를 감을 때는 심장이 뒤집히기 때문에 또한 평상과 반대가 되기도 한다. 정신이 혼미하여 머리가 맑지 않으면, 재삼 생각해도 더욱 더럽혀질 수 있다. 이 때문에 작문의 기예로 들고 날 때는 절도에 맞게 사용하기 위해 힘쓰고, 마음은 맑고 평화롭게 하고, 기운은 조화롭고 화창하게 하며, 번뇌는 즉시 버리고, 막혀서 마음대로 움직이지 못하게 하지 말아야 한다. 뜻을 얻을 때는 붓을 들어 품었던 생각을 펼치고, 논리가 감추어지면 붓을 던지고 품었던 생각을 거두어 들여야 한다. 소요하면서 피로를 치료하고, 담소를 나누면서 고달픔을 고쳐야 한다. 항상 즐겁고 한가롭게 하면서도 재능은 날카롭게 해야 한다. 글을 쓰고도 남을 정도의 여유로움이 있어야 하고, 칼날을 새롭게 간 것처럼 해야 하고, 살갗의 이치와 같이 막힘이 없어야 한다. 비록 고대의 심신 수양 방법과 같이 힘써야 하는 기술은 아닐지라도 이것은 기력을 보호하는 한 방법은 될 것이다.[9]

온양의 과정은 자연의 흐름 속에 자신을 맡겨두는 것이라고 할 수 있다. 머물고 가는 것이 어찌 억지로 이루어지겠는가? 작품의 흐름도 이와 같아서 가고 오는 것이 억지로 이루어지지 않는다. 억지로 붙들고 있으면 추하게 되고, 추하게 되면 증오하게 되고, 증오하게 되면 죽음에 이른다. 마음이 움직이지 않으면서 행동을 하는 것은 자연의 이치를 거스르는 행위이다. 자연의 흐름은 때에 따라서 자연스럽게 머물고 가는 것이다. 봄 풍경이 영원히 봄 풍경이라 생각할 수 없으며, 그것도 때에 따라 변하게 마련이다. 변하지 않는 것은 근본일 뿐이다. 근본이 변하지 않는다는 것은 자연의 흐름이라는 근원은 변하지 않는다는 것을 의미한다. 꽃이 피면 반드시 지게 마련이고, 꽃이 지면 반드시 또한 피게 마련이다. 우주의 원리도 이와 같아서 자연의 흐름에 따라 만물은 생성, 성장, 소멸의 과정이 일어난다. 한 알의 씨앗을 갈무리하기 위해 스스로 단단한 열매를 만들어 내듯이, 시인은 시를 쓰기 위해 씨앗이 영글어지듯이 단단한 칼날을 가지고 있어야 한다. 그 단련과 수양의 과정이 시인이 갖추어야할 자연의 이치라고 할 수 있다.

봄 풍경이 아름다운 까닭은 겨울의 기나긴 수련의 과정이 있기 때문에 아름다운 것이다. 겨울의 박토(薄土) 속에서 봄을 위한 준비 기간이

---

9) 且夫思有利鈍, 時有通塞, 沐則心覆, 且或反常, 神之方昏, 再三愈黷. 是以吐納文藝, 務在節宣, 清和其心, 調暢其氣, 煩而卽捨, 勿使壅滯, 意得則舒懷以命筆, 理伏則投筆以卷懷, 逍遙以針勞, 談笑而藥倦. 常弄閑於才鋒, 賈餘於文勇, 使刃發如新, 腠理無滯, 雖非胎息之邁術, 斯亦衛氣之一方也.(유협 지음, 황선열 옮김, 앞의 책, 448쪽).

있기 때문에 아름다운 풍경이 열리는 것이다. 시인이 사물을 형상화하는 방법은 구성이나 기교의 원리가 아니라, 자연의 흐름 속에 맡겨진 '머무르고 가는 길' 속에 있는 것이다. 꽃이 피었다고 해서 그 꽃이 영원히 아름답게 머무는 것이 아니다. 그것은 순간의 '머무름'과 그 머무름을 통과해서 '가는 길'이라는 흐름 속에 있기 때문에 아름다운 것이다. 시인이 쓰는 시도 자연의 머묾과 흐름 속에 놓여 있다. 시인은 평상의 상황 속에서 자신을 맑은 영혼 속에 놓아두고, 그 맑은 영혼의 기운을 갈무리하고 지나치면서 자신을 단련하는 과정 속에 있다는 것이다. 자연이라고 하는 것은 자연의 흐름 속에 방치하거나 방기(放棄)하는 것이 아니라, 자연의 흐름 속에 있는 존재를 관망하고 숙성하면서 끊임없이 내적 단련을 하는 데 있다.

그 다음 구절에 말하는 "철이 바뀌면 새해가 온다"고 말하는 것은 시간의 경과를 의미한다. "때가 되면 봄 풍경을 만난다"는 것과 "철이 바뀌면 새해가 온다"는 것은 짝을 이루고 있다. 꽃이 피는 것도 한 계절이요, 새해가 오는 것도 한 계절이다. 한 계절이 지나면 다음 계절이 오듯이 봄 풍경도 영원한 것으로 존재하지 않는다는 말이다. 꽃이 피는 과정과 봄 풍경의 아름다움은 결국 자연의 흐름 속에서 아름답다는 말이다. 이를 동아시아 시학의 범주에서 말해 본다면, 시는 시인이 사물과 함께 오랫동안 고통과 번민의 시간을 보낸 결과물이라는 것이다. 시인은 늘 맑은 영혼을 가지고 자연스럽게 자신을 놓아두고 그 맑은 영혼으로 세상을 관망하면 자연을 보는 눈이 저절로 생기는 것이다. '머무름'이라는 말은 한 곳에 오랫동안 놓아둔다는 말이다. 서구 시학에서 말하는 구성과 표현의 문제를 떠나서 사물에 대한 깊은 성찰이야말로 동아시아 시학의 본질이라고 말할 수 있다. 자연의 이치에 따른 시는 막힘과 뚫림의 상황을 회통하고 있다는 말과도 같다. 막히면 붓을 놓고 뚫리면 붓을 드는 것이다. 이를 다르게 말하면, 머무름과 가는 것이라 할 수 있다. 고대의 수양과정이라 할 수 있는 태식(胎息)의 호흡법에 따를 때, 시의 품격은 자연스러움으로부터 우러난다고 할 수 있다.

진여불탈 강득이빈(眞與不奪 强得易貧) 하늘이 준 것을 뺏기지 않고 억지로 얻은 것은 고갈되기 쉽다.

두 번째 연의 세 번째 네 번째 구절은 더욱 의미심장한 시적 풍경을 보여주고 있다. 하늘이 부여한 것을 천성(天性)이라고 한다. 이것은 바꿀 수가 없지만, 끝없는 공부와 수양을 통해서 변할 수 있다. 바꾼다는 것은 근본을 흔드는 것이지만, 변한다는 것은 근본을 중심에 두고 자신의 천성을 고쳐나가는 것이라 할 수 있다. 그래서 천성은 어쩔 수 없는 것이라 해도 그것을 억지로 얻지 않음으로써 고갈되지 않는다는 것이다. 시인의 천품이라고 하는 것은 바깥의 힘으로 강제하는 것이 아니라, 내적 기운으로 일어나는 것이다. 안으로부터 일어난 감정의 상황은 저절로 바깥으로 펼쳐지는 것이다. 앞의 시에서 "인내부외(因內符外)"라고 하는 말은 시인의 근본 품성을 의미하는 말이지만, 지극히 단순한 상황을 설명하는 말이기도 하다. 시인의 재능은 하늘에서 부여하여 평범하고 뛰어남이 있지만, 시인이 펼치는 기운은 부드럽고 강함이 있을 뿐이다. 이러한 시인의 기운은 배움을 통해서 얕기도 하고 깊어지기도 하는 것이다. 그리고 배운 것을 어떻게 익히느냐[習]에 따라 시가 부박하기도 하고, 깊어지기도 한다. 시인의 그릇이 이루어지는 것은 그 바탕이 어떠하냐에 따라 결정되는 것이지, 그 그릇이 얼마나 큰 것인가 작은 것인가로 결정하는 것은 아니다. 시의 품격은 시인의 그릇대로 '자연스럽게' 만들어지는 것이다. 그것은 시가 시인의 몸속으로 자연스럽게 체현되었다는 말로 설명할 수 있다. 어떤 일에 대해 회통(會通)하게 되면 모든 것은 자연스럽게 이루어진다. 시인이 형상화하려는 대상과 공감하는 마음, 그 대상을 내면으로 끌어들이려는 자세, 그 사물의 본질과 회통하려는 태도가 시의 품격을 결정짓는다고 말한다.

서구의 시학이 사물을 어떻게 표현하여 그 형상화하고 있느냐의 문제에 무게 중심을 두었다면, 동아시아 시학은 그 사물의 궁극이 무엇일까를 고민하는 데 중심이 놓여 있다. 20세기 이후 '공감(共感)'의 문제가 화두가 되고 있는 것은 그동안 이성 중심주의로 나타났던 여러 가지 부작용을 극복하고 모든 사물과 하나가 될 수 있는 방안을 마련하기 위한 것이었다. 제러미 리프킨이 말하는 '공감'이라는 말은 사물의 본성을 알고 그 본성과 합일하려는 동아시아 시학에서 말하는 자연이라는 말과 동일한 말이다. 이것은 타자를 타자로 인식하지 않고, 타자를 자아와 동일한 맥락에서 이해하려는 태도이다. 서정시의 본질이 동일성의 시학이라고 한다면, 공감의 문제에 가장 민감한 것이 시라고 할 수 있다. 시가 언어예술이라는 점을 인정할 때, 시는 언어를 통해서 사물의 진정한 의미를 부여하는 것이라 할 수 있다. 그것은 인간의 관점에서 보는 것이 아니라, 자연의 관점에서 놓아두는 것이다. 지극히 단순한 논리로 설명한다면, '절로 절로 저절로' 형상화되는 것이 시라고 할 수 있다.

특정한 목적을 두고 사물을 본다면 그 목적이 이루어지고 나면 사물을 보는 눈이 스스로 고갈될 수밖에 없을 것이다. 그러나 목적을 두지 않고 넓게 사물을 본다면 그 사물과 공감하는 기운이 무르익어가면서 자연의 이치를 터득하게 될 것이다. 그것을 바탕으로 한 시는 나무의 근간으로부터 시작한 가지들이 봄기운을 받아서 활짝 꽃을 피운 형국이 아니겠는가? 모든 자연은 각자의 몫대로 빛깔을 뿜어내고 있다. 비록 그 빛깔이 한 가지에서 나왔다고 할지라도 모두 똑같은 빛깔을 내는 것이 아니다. 하늘이 부여한 자연의 빛깔은 뺏기지 않지만, 자신의 역량에 넘치는 빛깔은 억지로 꾸민 것 같은 초라한 경지에 이르게 되고 말 것이다.

(4) 그윽한 공간과 천균(天鈞)

유인공산 과우채빈(幽人空山 過雨采蘋) 숨어사는 사람이 빈산에서 비가 지나간 뒤 마름을 딴다.

시가 자연의 빛깔을 갖기 위해서는 어떻게 해야 할 것인가? 그것은 시인 스스로 그윽한 곳의 텅 빈 상황에 놓아두는 것이다. 세 번째 연의 첫 번째 구절, "그윽한 곳에 사는 사람"이란 유폐된 공간을 말한다. 번잡한 것과 떨어져서 자신의 정신세계를 펼칠 수 있는 무한한 공간이다. 눈으로 보이는 세계가 닫히고, 귀로 듣는 세계가 막히고 나면 자신의 내면으로 향한 눈이 열린다. 시공을 초월한 곳에 자신을 놓아두면 정신의 세계가 맑아진다. 그윽한 곳을 기운으로 말하면 새벽의 기운이고, 공간으로 말하면 깊고 깊은 곳이다. 그윽한 곳은 심오한 기운이 '스며있는 공간'이다. 스며있는 공간은 겉으로 화려하게 드러나는 공간이 아니라, 피부로 스치듯이 느껴지는 공간이다. 그곳에서 사물과 공감할 수 있는 기운을 느끼는 것이다. 자연스러운 풍경을 형상화하기 위해서는 스며있는 공간에서 함께 느낄 때 가능한 것이다. 이것이 동아시아 시학에서 말하는 자연의 의미이다.

세 번째 연에서 말하는 "비가 지나간 뒤"는 자연스럽게 스며드는 과정을 말한다. 비가 대지를 적시고 생명을 적시듯이 스며들고 나면 비로소 아름다운 한 편의 시[마름-蘋]를 얻을 수 있다. 허리를 구부리면 보이는 사물을 통해서 도에 이르고, 그 도의 마음으로 만물을 바라보면 곳곳에 봄 풍경이 열린다. 때가 되면 봄 풍경이 열리고 자연의 흐름이 느껴지는 것은 머무르고 가는 자리를 알기 때문이다. 봄이 오는 것을 느끼고, 비가 스며드는 것을 깨달을 때, 사물의 진경(眞景)을 만날 수 있다. 시의 소재를 발견하지 못하는 것은 시인의 한계이지 자연의 한계는 아니다. 사물에서 진정한 의미를 발견하지 못하는 것도 시인의 마음이나 눈의 문제이지, 사물의 됨됨이가 문제인 것은 아니다. 시인이 쓰려고 하는 시적 소재들은 모두 놓여진 그대로 자연의 이치에 따르고 있을 뿐이다. 시의 소재가 되는 만물은 그대로 존재하고 때에 따라 빛깔을 달리하면서 자신의 존재를 흐름에 맡기고 있을 뿐이다. 그 변화의 궁극 지점이 무엇인지를 관찰하고 이해하고 깨닫는 것은 시인의 마음속에 스며드는 도(道)의 원리라고 할 수 있다. 여기서 말하는 그윽한 공간이란, '응려(凝慮)'의 상태로 있는 공간이다. 하나가 하나로 따로 존재하는 공간이 아니라, 하나가 일체로 스며서 존재하는 공간이다. 그물망의 관계를 가지면서 서로서로 스며있는 공간이다. 여기서 동아시아 시학에서 말하는 자연의 상황, 즉 천균의 상황을 만나게 된다.

박언정오 유유천균(薄言情悟 悠悠天鈞) 말없이 마음으로 다 깨달아 유유히 자연의 균형을 맞춘다.

천균의 상황은 무언의 상황 속에서 깨달음이 있다는 것이다. 요란하거나 왁자한 공간 속에서 내면으로부터 들려오는 소리를 감지할 수 없다. 여유로움 속에서 자신이 놓여있을 때, 그야말로 천균(天鈞)의 상황에 이르게 된다. 시인이 형상화하려는 대상이 시인의 마음에 온전하게 스며들 때, 그것은 자연의 이치에 따라 균형을 맞춘 상태에 이르게 되는 것이다. 천균(天鈞)의 상태는 '득기환중(得其環中)'[10]의 상황을 말한다. '둥근 중심을 얻는대[得其環中]'는 것은 순환의 이치를 얻는다는 것이다. 모든 자연의 질서와 우주의 원리에는 그 중심이 있다.

그 움직이지 않는 지도리[樞]는 순환의 중심에서 변하지 않는 질서를 말한다. 수레바퀴의 중심[부주(輻輳)]과 같이 균형을 잡는 것, 부챗살의 중심과 같이 펼쳐지는 것, 그 온전한 바탕을 얻는 것이다. 묵언으로 세상을 깨닫는 이치는 자연스럽게 스며드는 것이 무엇인지를 깨닫는 것이다. 따라서 동아시아 시학에서 시는 억지로 쓰려고 해서 쓰여지는 것이 아니다. 시는 사물을 느끼고 공감하면서 그 사물에 스며드는 방법을 익히는 과정에서 자연스럽게 형상화되는 것이다. 배움[學]은 반드시 익힘[習]의 과정이 필요하고, 감정의 움직임[情動]이 이성으로 펼쳐지는 것[理發]이 시의 모습이다. 그래서 시는 억지로 움직이는 것[發動]하는 것이 아니라, 정으로 펼쳐지는 것[動發]이라 할 수 있다.

시인이 사물의 진면목을 깨달았다면, 여유로움을 가지고 머무는 것이 중요하다고 말한다. 여유로움은 사물과 공감하는 기운을 기르는 과정이다. 시의 소재가 스스로 펼쳐질 수 있도록 마음의 여유를 갖는 것이다. 숙성의 과정이고, 단련의 과정이고, 익힘의 과정이다. 이 여유로움은 '머뭇거림'이라고 말할 수 있다. 소재와 공감하면서 기다릴 수 있는 여유, 끈기있게 매달리는 인내, 붓을 들고 붓을 놓을 자리를 아는 마음이

---

10) 彼是莫得其偶, 謂之道樞. 樞始得其環中. 以應無窮. 是亦一無窮. 非亦一無窮也. 故曰. 莫若以明.(안동림 역주, 『장자』, 현암사, 1993, 59쪽).

자연스러운 시를 만들어 낸다고 보는 것이다. 그냥 자연스럽게 앉아서 소재와 공감하기를 기다리는 것이 아니라, 사물과 함께 공감하려는 마음을 가지고, 그윽한 공간에서 여유를 가지고 사색할 필요가 있다는 것이다. 소재에 대한 조급함은 엉성한 시를 만들어내고, 마음의 성급함은 완성되지 못한 시를 만들 수 있다. 한 편이 시는 시인이 오랫동안 생각하고, 깊은 곳에 자신을 감추어두고 그 속에서 마음껏 생각의 나래를 펼치고, 그 사물과 함께 스며들 수 있는 여유를 가진 뒤에 완성된다.

"담박한 마음"은 무언(無言)의 공감을 달리 표현한 것이라 할 수 있다. 흰 색 종이 위에 수많은 문자를 나열하더라도 인간의 섬세한 감정을 다 표현하지 못할 터인데, 사물에 스며있는 자신의 감정을 어떻게 말로 다 형언할 수 있겠는가? 마음으로 깨달은 자연의 진리를 단 한 마디로 일갈할 수 있는 것은 무엇일까? 그것을 자연스럽게 표현하려는 마음이 진정한 시 정신이고 문학의 마음일 터이다. 시는 시인이 마음의 여유를 가지고 사물과 자연스럽게 스며들기 위한 마음가짐으로부터 나오는 언어예술이다. 동아시아 시학에서 시는 천균의 조화로움 속에 나온다고 말하는 것은 이러한 자연관을 반영한 것이라 할 수 있다.

11. 텅 빈 중심의 아름다움
—함축(含蓄)

(1) 개요

함축(含蓄)의 함(含)은 한자어 사전에 '1. 머금다, 2. 품다, 3. 참다, 4. 담다'라는 뜻으로 나오고, 축(蓄)은 '1. 모으다, 2. 쌓다, 3. 품다, 간직하다, 4. 저장하다(貯藏--), 5. 기다리다, 6. 감추다'라는 뜻으로 나온다. 함축은 머금어서 쌓아둔 상태를 말하는 것으로 여러 가지 방법을 통해서 주제를 암시하고 압축적으로 보여주는 창작방법을 말한다. 『주역』에서 "글은 말을 다 표현하지 못하고, 말은 마음을 다 표현하지 못한다."(書不盡言, 言不盡意)라고 했으며, 『노자』에서는 "말로 표현할 수 있는 도는 떳떳한 도가 아니다."(道可道, 非常道)라고 했다. 함축은 의미를 감추고 있기 때문에 말하고자 하는 의도와는 상반되는 발화를 통해 함축적 의미를 전달하는 아이러니어법과도 관련이 깊다고 말한다.[1] 함축의 미학은 내밀함 속에 감추어진 은은한 아름다움을 말한다. 그것은 보이지 않지만 존재하는 텅 빈 중심의 아름다움이라 할 수 있다. 사공도는 함축의 미학을 다음과 같은 시로 표현하고 있다.

不著一字 盡得風流 語不涉難 已不堪憂
부저일자 진득풍류 어불섭난 이불감우

---

[1] 안대회, 『궁극의 시학』, 문학동네, 2013, 311쪽.

是有眞宰 與之沈浮 如淥滿酒 花時返秋
시유진재 여지침부 여록만주 화시반추

悠悠空塵 忽忽空塵 淺深聚散 萬取一收
유유공진 홀홀공진 천심취산 만취일수

한 글자도 쓰지 않고
풍류를 모조리 표현한다
말이 삶의 어려움에 미치지도 않았는데
벌써 걱정스러워 견딜 수가 없다

이야말로 진정한 주재자가 있어
말과 더불어 떠올랐다가 가라앉는다
농익은 술을 천천히 거르듯
꽃봉오리 필 때 꽃샘추위 닥치듯

허공에는 유유히 먼지가 떠다니고
바다에는 홀홀히 물거품 일어난다
얕고 깊으며 모이고 흩어지는 사물들
만 가지에서 취해 하나를 거둬들인다

함축의 미학은 머금고 있는 상태를 말한다. 1연에서 한 글자를 써지 않아도 모든 것을 표현한다는 것은 그 안에 머금고 있는 것을 말하고 있다. 머금고 있다는 것은 다음 행동을 예측하게 한다. 내포하는 것이 있기 때문에 이미 그 다음이 일을 예견할 수 있는 것이다. 2연에서는 함축의 품격이 가진 의미를 강조하고 있다. 그것은 지극함이라고 할 수 있다. 말하지 않았음에도 불구하고 말하고 있는 것은 그 내포하는 의미가 지극하다는 것을 말하고 있는 것이다. 3연에서는 함축의 품격이 갖고 있는 효과를 진술하는 부분이다. 함축의 품격은 모든 것을 하나로 거두어들일 수 있는 미학이다. 모든 흩어진 사물들이 하나로 모여들 듯이 한 곳으로 모여드는 것이 함축의 품격이다.

(2) 말하지 않는 것과 말하는 것

부저일자 진득풍류(不著一字 盡得風流) 한 글자도 쓰지 않고 풍류를 모조리 표현한다.

한자어 함(含)은 앞에서도 말했듯이 '머금다'라는 뜻을 중심으로 품고 있는 어떤 것을 말한다. '머금다'라는 말은 하려고 하는 의도를 뱉어내지 않고 한 곳에서 지속되고 있는 상태를 말한다. 이것은 사물에 조응하는 감정을 갈무리하면서 안으로 몰아가는 머무름이기도 하고, 글을 쓰기 위해서 골똘하게 생각하는 사유의 머무름이기도 하다. 어떤 사물을 대상으로 삼아서 작품을 쓸 때 사물의 궁극에 이르기 위해서 기다리는 시간이기도 하다.

함축의 미학을 설명하는 첫 번째 구절을 해석한 "한 글자를 쓰지 않으면서 풍류를 표현한다"는 것은 사실은 역설이고 모순된 상황을 말한다. 사물과 내통하는 은밀한 기운은 문자로 전달할 수 있는 것이 아니다. 언어가 끝난 지점에 침묵이 있고, 그 침묵 속에 머금고 있는 기운은 일종의 은은하면서도 내밀한 공감의 상황이라고 할 수 있을 터이다. 풍류(風流)는 신명(神明)과 함께 어울리는 예술의 궁극이다. 풍류는 지나가는 바람과 흐르는 구름처럼 조금도 한 곳에 머물지 않으면서도 무한한 기운으로 유동하고 있는 것을 말한다. 예술의 궁극은 머무르지 않는 자유로움에서 나온다. 그것은 순진무구한 마음의 상태를 말하고 아무런 결점이 없는 흰색의 미학을 말한다. 이 시구의 의미에서 살펴볼 때, 함축의 미학은 자유로운 머무름, 경계를 초월한 머무름을 의미한다고 할 수 있다.

동아시아 미학의 관점으로 볼 때 함축은 일종의 여백과 같은 의미를 가지고 있다고 말할 수 있을 것 같다. 문자를 세우지 않으면서도[不立文字] 문자의 의미를 표현할 수 있는 방법은 무엇일까? 그것은 머금고 있는 의미를 저절로 깨닫게 하는 것을 의미한다. 머금고 있다는 것은 삼키지도 뱉어내지도 않는 상태를 말하며, 그러면서도 그것은 아무 것도 가지고 있지 않는 상태를 말한다. 그것은 문자로 형용할 수 없는 것이고, 문자로 전달할 수도 없는 것이다. 같은 기운을 머금고 있는 상태는 구별이 없이 서로 섞여 있는 혼연(渾然)의 상황 속에 놓여 있는 것을 말한다. 그것은 서로 뒤섞여서 하나가 된 상태이고, 은은한 상황 속에서 하나가 된 상태를 말한다. 함축의 미학에서 머금고 있는 상태는 여럿의 기운이 하나로 뭉쳐서 혼돈 속에서 질서가 만들어지고 무질서 속에서 질서를 만날 수 있는 상태를 말한다.

> 당신 생각을 켜놓은 채 잠이 들었습니다
> ─함민복,「가을」전문2)

이 시처럼 간명하게 가을을 표현한 시가 있을까? 이 시는 단 한 줄로 가을의 의미를 혼연하게 설명하고 있다. 이 시는 가을이 머금고 있는 기운을 최소한의 문자로만 설명하고 있다. 이 시는 군더더기 말들을 제거해서 "한 글자도 쓰지 않으려고" 애쓰고 있다는 것을 짧은 시구를 통해서 확인할 수 있다. 이 때문에 이 시는 단 한 줄로 가을의 기운을 표현하고 있는 것이다. 가을은 갈무리하는 계절이다. 겨울과 같이 깊은 잠

---

2) 함민복,『모든 경계에는 꽃이 핀다』, 창작과비평사, 1996, 25쪽.

속으로 들어가는 계절이 아니고, 그렇다고 여름과 같이 기운이 생동하는 계절도 아니다. 여름과 겨울의 중간에 있는 계절이다. 이 때문에 생각을 켜 놓은 채 깜박 잠드는 계절이다. 언제든지 일어나서 당신과 만날 수 있기 위해서 그 생각의 꼬투리를 남겨 놓은 채 잠이 들어 있다. 이 시는 "켜 놓은 채"라는 말에서 머금고 있는 작은 실마리를 확인할 수 있다. 이 실마리가 함축의 미학이다. 또한 시어 당신이라는 존재는 여러 가지 뜻을 함의하고 있다. 사랑하는 사람일 수도 있으며, 그저 아무런 의미를 갖지 않은 자연의 흐름일 수도 있다. 가을은 기다림의 계절이고, 고독의 계절이다. 겨울의 깊은 잠으로 들어가는 길목이기도 하다. 그러니 이 시의 화자는 온전하게 잠을 들 수가 없다. 이 시는 짧은 한 행의 시구에서 많은 것을 머금고 있다.

인용한 사공도의 시구에서 "한 글자도 쓰지 않았다"[不著一字]는 말은 가장 짧은 말로 했는데도 많은 것은 말하고 있다는 것을 말하고 있다. 짧은 한 마디 말로, 혹은 한 글자도 제대로 쓰지 않았는데도 어떻게 예술의 궁극인 풍류를 표현할 수 있을까? 겉으로 드러난 구체적 행동이 없음에도 불구하고 내면의 의도를 드러낼 수 있는 방법은 어떤 것일까? 그 방법은 함축의 미학에 스며들어있는 '머금음'의 방법에 있다. 그것은 언어의 내면에 숨겨진 깊은 사유의 세계를 말하며, 한 글자의 의미 속에 침잠해있는 무한한 깊이와 같은 것을 말한다. 사유의 세계를 머금고 있는 함축의 미학은 표현할 수 없는 것을 표현하는 것이며, 무형의 존재에 형체를 부여하는 것이며, 사물과 조응하는 깊은 사유의 눈을 확인하는 것이다. 함축의 미학은 지극한 경지에 이르는 길이다. 함축의 미학은 말문이 막혀서 말로 표현할 수 없는 언어도단(言語道斷)의 경지에 이르는 미학을 말하는 것이며, 문자로써 다 표현할 수 없는 불립문자(不立文

字)의 경지에까지 끌어올리기 위한 부단한 자기 수련의 미학을 말하는 것이다.

세상에서 도를 얻기 위해 소중히 여기는 것은 책이다. 그러나 책은 말을 늘어놓은 것에 지나지 않으며 말에는 소중한 데가 있다. 말이 소중하게 여겨지는 까닭은 뜻 때문이다. 뜻에는 가리키는 바가 있다. 뜻이 가리키는 것을 말로는 전할 수가 없다. 그런데도 세상에서는 말을 소중히 여기기 때문에 책을 역시 소중하게 전해주고 있다. 세상이 아무리 소중히 여긴대도 소중하게 생각할만한 것이 못 된다. 그들이 소중히 여기는 것이란 정말로 소중하지 않다. 도대체 눈으로 보아서 보이는 것은 사물의 형체(形體)와 색깔이고 귀로 들어서 들리는 것은 사물의 이름과 음성(音聲)이다. 슬프구나, 세상 사람들은 그 형체, 색깔, 이름, 음성으로 도의 참모습을 터득할 수 있다고 생각하다니. 그 형체, 색깔, 이름, 음성으로는 도저히 도의 참모습을 터득할 수 없는 법이다. 그러니까 '참으로 아는 자는 말하지 않고 말로 설명하는 자는 아는 것이 없다.'고 한다. 그런데 세상에 이 사실을 누가 과연 알고 있단 말인가!3)

인용한 부분은 말할 수 없는 것을 말하는 것이 어떤 것인지를 설명하고 있다. 책은 세상의 진리에 이르는 길이다. 그러나 그 책이라고 하는 것도 말로 전할 수 없는 것을 빌려서 표현한 것일 뿐이다. 세상의 도는 문자로 형언할 수 없는 것이 숱하게 많다. 그것은 문자와 문자의 경계를 초월하여 존재하는 '머금고 있음'의 경지이다. 이것은 문자를 쓰지 말라고 말하는 것이 아니라 문자를 아껴서 사용하라는 말로 들릴 수도 있다. 행동은 구체적으로 나타나는 것이지만 그 행동을 표현하고 있는 문자는 어차피 그 행동의 전부를 그대로 나타날 수 없으며 그 일부를 말할 수

---

3) 世之所貴道者書也. 書不過語, 語有貴也. 語之所貴者意也, 意有所隨. 意之所隨者, 不可以言傳也, 而世因貴言傳書. 世雖貴之哉, 猶不足貴也, 爲其貴非其貴也. 故視而可見者, 形與色也. 聽而可聞者, 名與聲也. 悲夫, 世人以形色名聲爲足以得彼之情. 夫形色名聲, 果不足以得彼之情, 則知者不言, 言者不知, 而世豈識之哉!(안동림 역주, 『장자』, '천도(天道)', 현암사, 2013, 364쪽).

있을 뿐이다. 『장자』의 '천도'에서 말하고 있는 책의 무용성은 문자의 한계를 말하려고 하는 것이다. 하늘의 도는 문자의 경계를 넘어서는 함축에 있다는 것이다. 말할 수 없이 머금고 있는 그 무한한 응결의 상태에서 하늘의 도가 있다는 말이다. 인용한 부분 뒤에는 제나라 환공과 수레바퀴를 깎는 노인 윤편(輪扁)의 대화가 나온다. 윤편은 제나라 환공에게 수레바퀴의 중심을 잡는 지극한 방법은 신령도 모르는 방법이라서 그것을 말로써 자식에게 전할 수 없다고 말한다. 말로써도 그 궁극의 이치를 전해줄 수 없는 것이 있는데, 책 속에 그 모든 것이 다 들어있다고 말할 수 없다는 것이다. 세상 만물의 이치 중에는 말로써 다 설명할 수 없는 것이 있는데, 그것을 어떻게 책으로 모두 전할 수 있다는 말인가? 무용(無用)의 궁극에 유용(有用)이 있으며, 유용의 궁극에 말로써 다할 수 없는 무용의 경지가 있다는 말이다. 이 무용과 유용의 경계를 넘어서는 경지까지 끌어올릴 때 진정한 함축의 의미를 터득하는 것은 아닐까? 어쩌면 지극한 경지는 일갈(一喝)이라는 한 마디의 말로도 만족하게 표현할 수 있는 것이 아닐까? 함축의 미학은 한 마디의 짧은 말 속에 많은 의미를 내포하고 있는 것을 말한다.

어불섭난 이불감우(語不涉難 已不堪憂) 말이 삶의 어려움에 미치지도 않았는데 벌써 걱정스러워 견딜 수가 없다.

이 시구에서 말하고 있는 함축의 미학은 말이 이르지 않았는데도 사람들은 그 속에 내포된 의미를 미리 짐작하고 그것을 행동으로 옮긴다는 것이다. 작가들은 한 작품 속에 자신이 의도하는 모든 것을 다 담아냈다고 말하고 있지만, 사실은 그 전부를 담아낼 수는 없는 노릇이다. 그렇다면 더 많은 것을 담아내려고 하지 말고 문자와 문자 사이의 여백을

주면서 말하지 않는 그 무엇을 머금게 하는 것은 어떨까? 함축의 미학은 모든 것을 드러내는 것이 아니라, 은은하게 감추면서 그 의미를 드러내는 방법이다. 말하려고 하는 것을 머금거나 감추고 있지만 사실은 그 속에는 무한한 흐름을 간직하고 있음을 말한다. 이 때문에 함축의 미학을 온양과 숙성의 미학이라고 말하고 있는 것이다. 말을 하지 않았는데도 불구하고 그 기운만으로 벌써 걱정에 이르게 할 수 있는 것이며, 말이 당도하기 전에 벌써 그 의미를 알 수 있는 것을 말한다. 이러한 의미로 볼 때 함축은 깊이의 경지이고 오묘한 말 속에 들어있는 신비로운 영역이다. 함축의 효과는 구구절절한 설명이 아니라, 그 설명을 하지 않음으로써 얻는 무언의 경지라고 할 수 있다.

> "묻노니, 그대는 왜
> 푸른 산에 사는가?"
> 웃을 뿐, 답은 않고
> 마음이 한가롭네.
>
> 복사꽃 띄워
> 물은 아득히 흘러가나니
> 별천지 따로 있어
> 인간 세상 아니네.
> ―이백, 「산중문답(山中問答)」 전문4)

여기서 말하는 웃음의 의미는 함축의 의미를 잘 보여주고 있다. 이 웃음은 지금 산속에 살고 있는 그 경지를 다 말할 수 없다는 삶의 초탈함을 함축하고 있다. 그것은 단순한 초월의 의미가 아니라, 그 웃음 속에

---

4) 問爾何事棲碧山/ 笑而不答心自閑/ 桃花流水杳然去/ 別有天地非人間.(김달진 역해, 『당시전서(唐詩全書)』, 민음사, 1987, 238쪽).

는 삶에 대한 깊은 울림과 사유의 세계가 드리워져 있다. 인간의 세계가 아닌 곳에서 인간을 바라보며 웃고 있는 것은 그야말로 무언의 경지 속에서 내밀하게 소통하고 있는 지극한 세계인 것이다. 이와 같이 말로 다 설명할 수 없는 경지를 통해서 우리는 그 오묘함의 세계를 더 깊이 절실하게 느낀다. 함축의 미학이 나타나는 작품 속에는 이 오묘함의 세계가 들어 있어야 하지 않을까? 함축의 언어는 그 의미가 다원적이고 다층적인 해석이 가능하도록 깊은 사색과 사유가 들어있어야 할 것이다. 함축의 미학은 경건함이나 무거움이 아니라, 깊이 묻혀 있는 생각의 뜨락이라 할 수 있다.

북해약이 대답했다. "대저 작은 입장에서 큰 것을 보면 도저히 다 볼 수 없소. 또 큰 입장에서 작은 것을 보면 분명하게 알아볼 수가 없소. 대체 지극히 작다함은 작은 중에서 더욱 작은 것이며, 지극히 크다 함은 큰 중에서도 더욱 큰 것이오. 그래서 지극히 작다든가 지극히 크다는 것도 각자의 편의대로 용도가 다를 뿐이며 이는 상황에 따라 달리 있는 거요. 저 지극히 작다고 하고 크다고 하는 것도 형체가 있음을 예상해서 한 말이오. 정말로 둘러쌀 수 없는 것은 수량으로 다 계산해 볼 수 없는 것이오. 말로 설명할 수 있는 것은 만물 중의 큰 것이고 마음으로도 살펴 알 수 없는 것은 그러한 지극히 작다든가 크다든가 하는 따위를 문제 삼지 않소."5)

우리의 눈으로 볼 수 없는 너무 큰 것은 말로 다 설명할 수 없고 또한 너무 작은 것도 말로 다 설명할 수 없다. 큰 것을 큰 것이라 말할 수 있는 것은 어디까지나 관념의 세계에서 세상을 본 것일 뿐이다. 이 관념의 세계를 벗어나 분별심이 없는 경지에 이르면 사물을 보는 눈은 한없이 넓어지고 깊어지고 커질 수 있지 않을까? 작은 것을 앞에 두고 큰

---

5) 北海若曰, 夫自細視大者不盡, 自大視細者不明. 夫精小之微也. 垺大之殷也. 故異便. 此勢之有也. 夫精粗者, 期於有形者也. 无形者, 數之所不能分也. 不可圍者, 數之所不能窮也. 可以言論者, 物之粗也. 可以意致者, 物之精也. 言之所不能論, 意之所不能察致者, 不期精粗焉.(안동림 역주, 앞의 책, '추수(秋水)', 422-423쪽).

것을 말할 수가 없으며, 큰 것을 앞에 두고 작은 것을 말할 수도 없다. 우리가 말로 형언할 수 없는 것이 더 많기 때문에 그것을 에둘러 표현할 수 있는 함축의 언어로 말하려고 하는 것이다. 이를테면 지극한 사랑과 지극한 행복이라는 그 추상적인 크기를 어떻게 언어로 표현할 수 있겠는가? 그것은 절절한 사랑과 행복의 감정을 느낀 사람만이 말로 다할 수 없는 오묘한 상황을 가슴에 머금을 수 있을 뿐이다. 그 지극한 순간은 한 마디 말로 다 표현할 수가 없다. 이 때문에 그 지극한 상황을 표현하려고 하지 말고 그것을 내면으로 머금으면서 곱씹어볼 필요가 있다는 말이다. 함축의 미학은 깊은 사유의 세계를 드러내는 말로 표현할 수 없는 세계를 말한다. 함축은 언어를 뱉어내지 않고, 머금고 감추는 방법이라는 사실을 다시 한 번 확인하게 된다. 말하지 않음으로써 말할 수 있는 것이야말로 함축의 미학이라고 할 수 있다.

(3) 지극함으로 통하는 길

시유진재 여지침부(是有眞宰 與之沈浮) 이야말로 진정한 주재자가 있어 말과 더불어 떠올랐다가 가라앉는다.

사물을 묘사하는 진정한 주재자(主宰者)는 작가 자신일 뿐이다. 이 부분에서는 함축의 미학에 이르기 위해서 사물을 어떤 관점으로 바라보아야 하는지를 말하고 있다. 작가가 어떤 작품을 쓰려고 마음을 먹고 그것을 묘사하려고 한다면 그 사물을 자신의 내면으로 끌어들여서 '진정한 주재자'가 되어야 한다는 것이다. 그 사물의 진정한 주재자가 되었을 때는 그 사물을 묘사하는 데 거침없이 달리는 말과 같이 쏟아져 나와야 한다. 그것은 사물에 대한 농익은 정서가 가득 채워져 있을 때 가능한 일이다. 여기서 '진정한 주재자'라는 것은 사물과 작가가 혼연일체가 된 상태를 말한다. 사물을 바라보는 작가의 통찰이 담겨 있는 시선이라고 말할 수 있다. 작가는 사물에 대해서 곰곰이 생각하고 또 생각하는 사이에 사물과 합일하는 진정한 주재자의 자리에 이를 수 있다. 함축의 미학이 스며있는 작품은 그 사물과 풍광, 그리고 사건에 깊이 매료되었을 때 나오는 것이다. 따뜻한 감정이 일어났을 때 그 감정을 그대로 전달하면 솔직하고 진실한 작품은 될 수 있을지 모르겠지만, 그 감정이 일어나는 근원까지는 파고들어가지 못한다. 좋은 작품은 그 감정의 근원을 파고들어서 보여주는 것이다. 진정한 주재자는 감정의 근원까지 밀고 들어가는 사람이다.

> 감정이 없으면 내가 있을 수 없고 내가 없으면 감정이 나타날 데가 없다. 이것이야말로 진실에 가깝다고 하겠으나 무엇이 갖가지 감정을 생기게 하는지는 알 수가 없다.[6]

사물에 대한 감정이 일어나면 작가는 그 사물을 묘사할 수가 있다. 그러나 그것은 진실에 가깝기는 하겠지만, 갖가지 감정이 생기는 근원까지 묘사할 수 있는 것은 아니다. 물아일체의 상황은 대상과 내가 하나가 되었다는 말이며, 그 근원에는 사물과 자아가 분별이 없는 상황에까지 이르렀다는 것을 말한다.

> 아카시아들이 언제 흰 두레 방석을 깔았나
> 어데서 물큰 개비린내가 온다

---

6) 非彼無我, 非我無所取. 是亦近矣, 而不知所爲使.(안동림 역주, 앞의 책, '제물론(齊物論)', 52-53쪽).

―백석, 「비」 전문7)

　이 시는 두 행으로 초여름에 내리는 비의 풍경을 설명하고 있다. 우선 아카시아 꽃이 깔아놓은 "흰 두레 방석"이 있으니 이 시의 계절적 배경은 아카시아 꽃이 피는 계절을 말한다. 5월에서 6월 사이의 초여름이다. 아카시아 꽃이 흰 방석을 깔아놓은 시각적 이미지를 통해서 비가 내리는 환한 풍경을 말하고 있다. 두 번째 행에서는 후각적 이미지를 통해서 비온 뒤에 밀려오는 냄새를 말하고 있다. 개비린내는 "비린내"라는 명사에 "개"라는 접두어가 붙어서 "정도가 심하다"는 뜻을 나타낸다. "비린내"는 표준국어대사전에 "날콩이나 물고기, 동물의 피 따위에서 나는 역겹고 매스꺼운 냄새"라고 나온다. "물쿤"은 "물컹거리다"의 어근 "물컹"의 사투리이다. "물컹거리다"는 표준국어대사전에 "너무 익거나 곯아서 물크러질 정도로 매우 또는 여기저기가 물렁한 느낌이 들다"라는 동사이다. 이 단어는 감각적으로 움직이는 상태를 말한다. 그렇다면 두 번째 시구는 개비린내가 나서 온 몸이 물렁한 느낌이 들 정도로 주위가 꽃향기로 가득하다는 말이다. 이 시의 화자는 아카시아 꽃이 떨어진 곳에서 온 몸이 소스라칠 정도로 감각적으로 다가오는 꽃향기를 맡고 있다. 이 시는 단 두 줄로 초여름 비가 내리는 정경을 표현하고 있다. 비가 오는 날 느끼게 되는 분위기를 시각과 청각, 촉각을 동원하여 온 몸으로 느끼고 있다는 말이다. 이와 같이 이 시는 함축의 미학을 통해서 초여름 비가 내리는 풍경을 사물과 조응하는 깊은 사유의 세계를 보여주고 있다.
　함축은 가오싱젠(高行健)이 말하고 있는 '차가운 글쓰기'와 같은 것을

---

7) 이동순 편, 『백석시전집』, 창작사, 1987, 14쪽.

말한다. 차가운 글쓰기는 대상을 자신의 내면으로 끌어들여서 바라보는 이성적 정화 과정에 이르렀을 때 쓰는 글을 말한다. 이 부분의 마지막 시구인 '침부(沈浮)'라는 말은 가라앉고 뜬다는 말이다. 가라앉고 떠오른다는 것은 생각이 떠오르고 가라앉는다는 말이다. '가라앉는다'는 것은 사물과 함께 생각의 꼬투리들이 깊은 사색의 세계로 나아간다는 것을 말한다. '뜬다'는 것은 사물에 대한 생각의 나래가 펼쳐진다는 것을 말한다. 사물을 들었다가 놓았다가 할 수 있는 것은 그 사물을 말하는 작가만이 할 수 있는 일이다. 그렇기 때문에 작가는 자신이 그리려는 사물에 대해서 진정한 주재자가 될 수 있는 것이다. 더러는 사물을 이성적으로 바라보기도 해야겠지만, 더러는 사물의 내면에 깊이 들어가는 감성적 접근도 해야 할 것이다.

> 부모는 자식에 대해서 자식은 부모에 대해서 한 몸에서 둘로 나뉘어 나온 존재이고 기(氣)를 같이 하면서도 호흡만 따로 할 뿐으로 마치 풀에 꽃이 있는가 하면 열매가 있는 것과 같고 수목에 뿌리가 있는가 하면 심이 있는 것과 같다. 비록 다른 곳에 살더라도 서로 통하고 생각을 드러내지 않더라도 서로 연결되어 있다. 고통과 아픔에서 서로 구해주고 근심과 걱정은 서로 공감하며 살아 있을 때는 함께 기뻐하고 죽으면 서로 슬퍼하니 이러한 것을 골육의 친밀함이라고 말한다. 충심으로부터 신묘함이 우러나와 마음에 감응을 하고 두 사람의 정기가 서로 통한 것이니, 무엇 때문에 말을 나누기까지 기다려야 하겠는가?[8]

함축의 미학에 이르기 위해서는 감응하는 마음이 필요하다. 인용한 부분은 함축에 이르는 감응의 상태를 잘 설명하고 있다. 여기에 말하는 혈육과 같이 지극한 것은 서로 통하기 마련이다. 사람의 정성이 지극하

---

8) 故父母之於子也, 子之於父母也, 一體而兩分, 同氣而異息. 若草莽之有華實也, 若樹木之有根心也, 雖異處而相通, 隱志相及, 痛疾相救, 憂思相感, 生則相歡, 死則相哀, 此之謂骨肉之親. 神出於忠, 而應乎心, 兩精相得, 豈待言哉.(여불위 지음, 정하현 옮김, 『여씨춘추』, 계추기(季秋紀) '정통(精通)', 소명출판사, 2011, 238쪽).

면 다른 이들을 감동시킨다. 충심으로부터 신묘함이 우러나오고 그것이 감응(感應)으로 이어진다. 충(忠)은 마음의 중심을 말한다. 마음의 중심에 늘 사물이 존재하면 지극하게 되고 지극하면 통하게 된다는 것이다. 감응은 억지로 이루어지는 행위가 아니라, 지극한 마음에서 이루어진다. 지고(至高)의 경지는 이를 두고 이르는 말이다. 지극함이 통하는 것은 지극한 마음으로부터 시작한다. 지극한 마음으로부터 이루어진 말이란 신묘한 경지에 있는 말이다. 함축은 말로는 다 할 수가 없지만, 그 말 속에 내포된 의미 있는 힘을 말한다. 충심에서 우러난 말은 감응과 소통의 과정을 거치면서 독자들에게 진정한 의미로 다가갈 수 있다. 함축의 미학은 이러한 의미에서 지극한 마음의 수양으로부터 시작한다는 사실을 알 수 있을 것이다. 함축은 사물에 대한 깊은 감응으로부터 시작하며 그 측은한 마음의 끝자락에 감응하는 독자들이 있는 것이다.

여록만주 화시반추(如淥滿酒 花時返秋) 농익은 술을 천천히 거르듯 꽃봉오리 필 때 꽃샘추위 닥치듯.

　이 시구는 때가 이르렀을 그때에 맞추어 찾아오는 적절한 기회를 말한다. 사물이 작가에게 다가왔을 때 그 사물과 함께 공감하면서 오랫동안 사색하는 것을 말한다. 농익은 술[滿酒]은 발효의 과정을 말한다. 이 부분은 함축의 미학이 생성되는 과정을 말하고 있는데 그 과정을 술이 익는 과정에 빗대고 있다. 함축은 마치 술이 익었을 때 거르듯이 그 적절한 때가 있다는 말이다. 여기서 농익은 술은 온양(醞釀)의 과정을 말한다. 누룩으로 술을 빚고 그것이 잘 익을 때까지 기다릴 수 있는 여유가 필요하다는 것이다. 잘 익은 술은 급하게 걸러내서는 안 된다. 잘 익었을 때를 기다렸다가 걸러내야 한다. 꽃이 필 때 결실이 돌아온대[返秋]

는 것은 꽃이 피었다가 결실을 이루기까지는 지난한 수양의 과정이 필요하다는 것이다. 이 때문에 함축의 미학에 이르는 길은 사물에 대한 깊은 사유와 응집을 통해서 이루는 길이며, 그 시기가 무르익었을 때 나오는 것이라고 말할 수 있다.

> 모름지기 말이라는 것은 의미를 표현하는 것인데 그 표현만 보고서 표현에 감추어진 의미를 포기한다면 잘못된 것이다. 그러므로 옛날 사람들은 의미를 얻으면 말은 버린다. 말을 듣는 것은 말로써 의미를 파악하려는 것인데 말을 들으면서 의미를 알 수 없다면 그것은 왜곡된 말을 듣는 것과 차이가 없다.[9]

인용한 부분의 제목인 '이위(離謂)'는 말하는 것[謂]으로부터 멀어지는 것을 말한다. 의미를 말하고 나면 이미 말은 그 의미를 벗어나 있다는 말이다. 일종의 화용론(話用論)에서 말하고 있는 의미가 될 것이다. 같은 말을 하더라도 그 말을 벗어나는 순간에는 이미 그 의미는 자신의 의미와는 상관없이 받아들이는 사람에 따라 달라진다는 것이다. 그렇기 때문에 고정된 의미란 있을 수 없는 것이고, 말로 표현하는 것은 그 의미의 변화에 따라 유동하면서 변하는 것이다. 따라서 함축의 의미로 말해진 것은 그 의미가 증폭되거나 바뀔 수밖에 없는 것이다. 말을 하고 나면 말을 버린다는 것은 작품을 쓰고 나면 자신의 작품을 버린다는 말로 설명할 수 있다. 꽃이 피는 순간에 머금고 있는 의미를 파악하는 것이다. 꽃이 피는 순간에 이미 열매도 동시에 존재하는 것이다. 의미와 무의미가 동시에 존재하면서도 그 무의미는 다시 의미를 가진 실체로 다가오는 것이다. 따라서 말로써 모든 것을 말하기 전에 무엇을 내면에 머금고

---

[9] 夫辭者, 意之表也. 鑒其表而棄其意, 悖. 故古之人, 得其意則舍其言矣. 聽言者以言觀意也. 聽言而意不可知, 其與橋言無擇.(여불위 지음, 앞의 책, 심응람(審應覽) '이위(離謂)', 555쪽).

있을 것인지를 먼저 생각해야 하는 것이다.

> 중앙성당 근처
>
> 은행나무 열매 열린 것
>
> 마중 가는 길
>
> 온가족 손 잡고
>
> 가는 길
>
> 하늘우물 속
>
> 잔잔한 기침 터지고
>
> 저것 봐
>
> 바람
>
> 나뭇잎 흔드니
>
> 바다 환호하는 거!
>
> ―조성래, 「사랑」 전문10)

 이 시의 제목은 사랑이다. 사랑을 말하는 마지막 시행이 "바다 환호하는 거!"라는 감탄에 함축되어 있다. 이 시의 앞부분은 이 마지막 행을 말하기 위한 전제들이다. "중앙성당 근처"에서부터 시작하는 사랑의 감정은 "은행나무 열매 열린 것"을 보아도 사랑을 생각하고, 온 가족이

---

10) 조성래 시집, 『천년 시간 저쪽의 도화원』, 신생, 2014, 52-53쪽.

손잡고 가면서도 사랑을 느끼고, 하늘을 바라보아도 사랑하는 사람의 모습이 떠오르고 지나가는 바람결에서도 사랑의 감각을 느낀다. 사랑의 진정성은 바람이 깃드는 나뭇잎만 보아도 느끼는 그 "바다 환호하는 거!"와 같은 것이다. 마지막 시행에 실린 무게에서 깊은 사랑의 의미를 발견할 수 있다. 사랑은 바다와 같이 넓은 것이고, 기쁨에 환호는 것과 같은 폭발적인 것이다. 이 시는 사랑을 성찰하는 시인의 감성을 마지막 행의 함축을 통해서 온 몸으로 보여주고 있다.

한 마디의 말과 단어가 지닌 의미를 깊이 성찰하고 그 성찰을 통해서 하나의 의미를 만들어낼 때, 그 언어는 지언(至言)이라고 할 수 있을 것이다. 많은 언어를 사용해서 많은 의미를 담아내려고 하지 말고, 가장 지고한 말로써 지언을 담아낼 수 있어야 좋은 작품이 만들어진다. 문자로 쓴 예술이 닿을 수 있는 궁극의 지점은 관념으로 표현하는 의미가 아니라, 감응으로 전하는 소통의 언어이다.

(4) 텅 빈 중심의 아름다움

유유공진 홀홀공진(悠悠空塵 忽忽空塵) 허공에는 유유히 먼지가 떠다니고 바다에는 홀홀히 물거품 일어난다.

이 시구는 참된 것은 실체가 아니라, 비어있음이라고 말하고 있다. 머금고 있는 것은 감추는 것이 아니라, 먼지처럼 자유롭게 떠돌지만 실체가 있는 것이다. 보는 눈이 깊어지면 허공의 먼지와 같이 떠돌고 있는 존재와도 소통하고 텅 비어 있는 공간의 먼지처럼 유유자적하고 홀홀히 떠날 수 있는 것이다.

"유유(悠悠)"와 "홀홀(忽忽)"은 눈여겨 살펴야 한다. "유(悠)"의 한자 사전의 뜻은 "1. 거리가 멀다, 2. 아득히, 3. 생각하다, 4. 한가한 모양, 5. 많은 모양"으로 나온다. 멀고 먼 공간에 아득하게 존재하는 텅 빈 티끌과 같다는 말이다. 한가하게 떠도는 먼지와 같이 텅 빈 공간에서 자유로운 움직임을 말한다. 텅 빈 공간에 떠도는 먼지는 의미를 담아내고 있지는 않지만, 그 실체는 엄연히 존재하고 있다. 그러나 그 존재는 없는 듯하면서도 있는 존재이고, 보이지 않는 것 같지만 보이는 실체이다. 그 모습은 허공에 유유히 떠도는 먼지와 같은 것이다. 함축이라는 말을 설명하는 마지막 부분에서 말하고 있는 유유(悠悠)는 노닐고 있음을 말한다. 텅 빈 공간에서 누리는 대자유의 상황을 말한다. 텅 빈 공간 속에서 유유자적하는 먼지와 같은 존재가 함축의 의미라는 것이다. 함축은 텅 비어 있는 듯하지만, 사실은 유동하는 작은 움직임이 있다는 것이다. 여기서 머금고 있다는 것은 살아있다는 말의 다른 의미이기도 하다.

    물이 생명인가
    생명이 물인가
    모래 섞어 床土한 수박밭에
    흙모래 젖지 않은 실뿌리
    잎에서 잎으로 줄기차게 뻗는
    줄기 따라 종일 온밭 기어다니다
    어느 새 넝쿨손 손가락 마디마디
    푸른 새잎 새 뿌리 돋혀
    비닐 방 안 가득 채우고 남는다
    아프리카 고온 열대성의 여름
    그 시원한 폭우를 머금었나
    여기 저기 뒹굴뒹굴 누운

밭등성이 가득 즐비한 열매
살아있는 지하수 수맥 줄기
땅 속에 웬 물이 이리 많을까
뿌리관 빨대의 엄청난 위력
가는 실뿌리틸 길어 올린
저 수많은 푸른 물 주머니들
자칫 제때에 따내지 않으면
넘쳐나는 물 감당할 수 없어
스스로 쩍쩍 쏟아내며 갈라지는
저 푸른 물, 생명 덩어리

—오정환, 「물」 전문11)

    이 시에서 말하는 물은 무궁한 생명을 머금고 있는 사물이다. 물은 말로는 표현할 수 없는 데도 무궁한 생명을 머금고 있는 그 무엇과도 같다. 이 시에서도 마지막 행에서 말하는 "저 푸른 물, 생명 덩어리"에 물의 이미지가 함축되어 있다. 물은 어디에도 보이지 않은 것 같은데도 엄청난 생명의 실뿌리를 드리우고 끝없이 길러내는 생명의 실체이다. 이 시는 시원한 폭우를 머금은 것 같이 뿌리로부터 잎에 이르기까지 물 관부를 타고 올라가는 물의 힘을 말하고 있다. "밭등성이 가득 즐비한 열매"들은 푸른 물을 머금고 한없이 팽창하고 있다. 왕성한 물의 힘을 주체할 수가 없어서 스스로 쩍쩍 쏟아내며 갈라지고 있는 것이다. 그 힘은 보이지 않는 힘이고 끝을 알 수 있는 무궁한 힘이다. 물의 힘은 거대한 생명의 힘을 함축하고 있다. 보이지 않는 힘이 보이는 힘보다 더 큰 법이고, 그 힘이야말로 주체할 수 없는 힘인 것이다. 함축의 미학은 보이지 않으면서도 보이는 힘과 같이 무궁한 힘을 머금고 있는 상태를 말한다. 두 번째 구의 "홀(忽)"의 한자 사전의 뜻은 "1. 문득, 2. 소홀

---

11) 오정환 시집, 『물방울의 노래』, 신생, 2004, 36-37쪽.

히 하다, 3. 마음에 두지 아니하다, 4. 가벼이 하다, 5. 다하다, 6. 형체가 없는 모양, 7. 어두운 모양" 등을 말한다. "홀홀(忽忽)"은 갑자기 허공에 사라지는 무형의 힘을 말한다. 유유히 형체가 있는 듯 나타났다가 홀홀히 형제가 없이 사라진다는 뜻이다. 함축의 미학은 문자로 남겨진 의미가 오래 머금고 있는 것을 말하고, 그때 쏟았던 정신의 영역은 홀연히 사라지고 만다는 것을 말하고 있다. 아무리 문자로 그 정신의 영역을 다 설명한다고 해도 설명할 수 없을 것이다. 그래서 홀홀히 먼지처럼 떠나는 것이다. 예술이 순간의 미학이라고 말하는 까닭은 이와 같은 함축의 의미가 있기 때문일 것이다. 함축은 하나의 작품이 하나의 의미로 받아들여지지 않는다는 말과도 같다. 한 작품이 머금고 있는 함축의 의미는 시대와 환경, 독자의 상황, 그리고 작가의 의도 등에서 수많은 차이를 가지고 있기 때문이다. 먼지 같은 존재를 인식하게 하는 것은 텅 빈 공간이 있기 때문에 가능한 일이다. 작은 것은 큰 것의 인식으로부터 시작한다.

    땅이 크면 상상(常祥), 불정(不庭), 기모(岐母), 군저(羣抵), 천적(天翟), 불주(不周) 등의 산이 있다. 산이 크면 호랑이, 표범, 곰, 사나운 원숭이 등이 있으며, 물이 크면 교룡(蛟龍)이나 자라, 악어, 칠갑상어, 다랑어 등이 있다. 『상서』에는 "다섯 세대를 모신 사당에서는 괴이한 귀신을 볼 수 있고, 1만인의 우두머리로부터는 기이한 계책이 나올 수 있다."하고 말하였다. 빈 구멍에 연못이나 방죽이 있을 리 없고, 우물 속에 대어가 있을 리 없으며 새로 된 숲에 거목이 있을 리 없다. 무릇 사물의 성공을 도모하려면 반드시 넓고 크며 수가 많고 오래된 데서부터 시작해야 하는 법인데 맞는 말이다.[12]

---

12) 地大則有常祥, 不庭, 岐母, 羣抵, 天翟 不周, 山大則有虎豹熊蜈蛆, 水大則有蛟龍黿鼉鱣鮪. 商書曰 : "五世之廟, 可以觀怪, 萬夫之長, 可以生謀." 空中之無澤陂也, 井中之無大魚也, 新林之無長木也, 凡謀物之成也, 必由廣大衆多長久, 信也.(여불위 지음, 앞의 책, 유시람(有始覽) '유대(諭大)', 340-341쪽).

사물을 자신의 내면으로 억지로 끌어들이려 하지 말고 그 사물이 자신에게 다가오게 만들어야 한다. 진실한 감응은 대상에게 억지로 다가가서 만드는 것이 아니라, 그 대상이 내게로 오도록 만들어야 한다. 그러기 위해서는 그 사물을 인식할 수 있는 밝은 눈이 필요한 것이다. 그 밝은 눈은 지혜에서 나온다. 지혜는 크고 넓은 학식과 교양에서 나온다. 작가는 어디에서 어떤 사물을 보더라도 밝은 지혜의 눈으로 세상을 볼 필요가 있다. 큰 것을 먼저 생각하면 텅 빈 공간에 떠도는 작은 먼지의 자유로움을 알 것이다. 그렇기 때문에 유유자적 하거나 홀연히 나타나는 것들에 막힘이 없는 것이다. 큰 감동은 큰 생각에서 시작하고, 깊은 여운을 주는 것은 깊은 사색의 뜰에서 나오는 법이다. 텅 비어 있는 공간에서의 중심을 찾는 것, 그것은 사물의 중심을 찾아가는 길이다. 먼지와 같은 것을 인식하고 홀연히 떠나는 것을 인식하는 것은 사물의 중심을 알고 있을 때 가능한 일이다. 사물의 중심과 함께 있을 때 진정한 주재자라고 할 수 있을 것이다.

천심취산 만취일수(淺深聚散 萬取一收) 얕고 깊으며 모이고 흩어지는 사물들 만 가지에서 취해 하나를 거둬들인다.
　사물의 중심을 알고 큰 것을 알면 작은 것은 하나로 귀결되는 법이다. 큰 것의 입장에서 보면 얕은 것은 얕은 것대로의 의미가 있고, 깊은 것은 깊은 것대로의 의미가 있다. 만 가지의 사물이 하나로 모인다는 것은 사물을 보는 깊은 안목이 있으면 그 그늘에 모여든다는 말이다. 사물의 진정한 의미들이 모여서 하나로 귀결될 때 진정한 함축의 의미가 살아나는 것이다. 머금고 있다는 것은 거대한 무엇을 지니고 있다는 말이다. 뱉어내지 않으면서 머금고 있는 상태는 그것이 다양하고 폭넓은 상태로 머물러 있다는 말이다. 그렇기 때문에 그것이 의미하는 것은 증폭되고 확장되는 것이다. 하나의 작품에 모든 것을 다 담으려고 하지 말고, 머물러 있게 할 수 있는 것, 그 머묾의 상태 속에서 거대한 의미가 숨겨져 있을 때 함축의 미학에 이르렀다고 할 수 있는 것이다. 텅 비어있는 것 같지만, 분명하고 명확한 중심이 있는 것, 이것이 함축의 미학이다. 함축의 미학은 말을 말로써 다하지는 않았지만, 그 말 속에는 무궁한 의미가 내포되어 있는 것이다.

>
> 쌀뜨물 같은 이것
> 목마른 속을 뻥 뚫어놓고 가는 이것
> 한두 잔에도 배가 든든한 이것
> 가슴이 더워져오는 이것
> 신 김치 한 조각 노가리 한 쪽
> 손가락만 빨아도 탓하지 않는 이것
> 허옇다가 폭포처럼 콸콸 쏟아지다가
> 벌컥벌컥 샘물처럼 밀려들어오는 이것
> 한 잔은 얼음 같고 석 잔은 불 같고
> 다섯 잔 일곱 잔은 강 같고
> 열두어 잔은 바다 같아
> 둥실 떠내려가며 기분만 좋은 이것
> 어머니 가슴팍에 파묻혀 빨던
> 첫 젖맛 같은 이것
> 시원하고 텁텁하고 왁자한 이것
> 어둑한 밤의 노래가 아니라
> 환한 햇볕 아래 흥이 오르는 이것
> 반은 양식이고 반은 술이고
> 반은 회상이고 반은 용기백배이다가
> 날 저물어 흥얼흥얼 흙으로 스며드는
> 순하디 순한 이것
>
> ―최영철, 「막걸리」 전문[13]

이 시에서 마지막 부분의 "순하디 순한 이것"은 앞에서 열거한 수많은 "이것"을 함축하고 있다. 이 시에서 앞부분에 열거하고 있는 막걸리의 속성은 마지막 부분의 한 행에 함축되어 있다. "이것"이라는 지칭어는 이미 제목에서 막걸리라고 하고 있으니 더 이상 설명할 필요가 없을 터이고, 다음부터 이어지는 이것들은 막걸리로 즐길 수 있는 것들을 나열하고 있을 뿐이다. 마지막 행의 "순하다"라는 시어의 반복을 통해서 막걸리의 의미를 강조하고 있다. 이 시의 마지막 시구인 "순하디 순한"이라는 말은 이 시에서 함축하고 있는 막걸리의 모든 것이다. 그러니 "순하다"라는 형용사의 의미를 새겨볼 필요가 있는 것이다. 순(順)하다는 말은 표준국어대사전에 "1. 성질이나 태도가 까다롭거나 고집스럽지 않다, 2. 기세가 거칠거나 세지 않다, 3. 맛이 독하지 아니하다, 4. 일의 진행이 순조롭다, 5. 사물의 진행 방향과 바람이 부는 방향이 같다"라는 뜻으로 나온다. 마지막 행에서 말하고 있는 "순한 이것"은 순한 막걸리의 속성을 함축하고 있는 뜻이다. 순하다는 것은 앞부분에서 술을 마시면 나타나는 사람의 행동, 막걸리의 모양, 막걸리를 마실 때의 기분과 분위기를 모두 포함하는 진술이다. 이 시를 단 한 줄로 표현한다면 말 그대로 "순하디 순한 이것"으로 만족할 수 있을 것이다. 이 시는 막걸리가 함축하고 있는 "이것"을 나열하면서 마지막 부분에 와서 만 가지의 사물을 거두어들이듯이 "순하디 순한 이것"이라는 한 마디의 말로 거두어들이고 있다. 그야말로 이 시는 "만취일수(萬取一收)"의 미학을 잘 보여주고 있다.

　말이 표현하려는 것을 간파한다면 말로써 하지 않아도 된다. 말이라는 것은

---

13) 최영철 시집, 『찔러본다』, 문학과지성사, 2010, 108-109쪽.

표현해내려는 것에 따르는 것이다. 물고기를 구하는 자가 물에 젖고 짐승을 쫓는 자가 빨리 달리는 것은 물에 젖거나 빨리 달리는 것을 즐겨서가 아니다. 그러한 때문에 지고(至高)의 말은 말이 필요 없고 지고의 행위는 행위가 필요 없다. 얄팍하게 알고 있는 자들은 말단의 지엽적인 것만 쟁취하려 든다. 이리하여 백공이 욕실에서 죽게 되었던 것이다.14)

인용한 부분의 제목인 '정유(精諭)'라는 말은 지극한 정밀함으로 무언 속에서도 상대방의 의미를 깨닫는다는 뜻이다. 백공이 공자에게 사람들과 은밀하게 말을 나누면 되느냐고 물었을 때 그 은밀함도 누군가가 알게 된다고 말하면서 말을 하지 않아도 알 수 있는 경지는 지고의 경지에 이르렀을 때 가능하다고 말하는 것이다. 지고(至高)의 경지는 지언(至言)의 경지에서 가능한 논리이다. 이제 불립문자의 의미를 생각해볼 때이다. 말로써 세우지 않더라도 사물의 전부를 묘파할 수 있는 능력이 지고의 경지라고 한다면, 한 마디 하나의 단어 속에서 함축의 의미가 담겨 있을 때 그것은 지언의 경지에 이른 것이라 할 수 있다. 황진이의 시「반월을 노래하다[詠半月]」는 함축의 미학을 감추면서 드러내고 드러내면서 감추는 모순형용으로 보여주고 있다.15) 함축은 말 그대로 은근함의 정서이고, 은은함의 정서이다. 숙성된 김치에서 느껴지는 농익은 맛, 창호지의 은은한 장막에 감추어진 안방에서 나오는 빛과 같은 멋, 오래된 장(醬)에서 느껴지는 깊고 융숭한 맛과 같은 것이 은은함의 정서이다. 문자 하나를 깊이 숙성시켜서 그것을 언어로 재현해낼 때,

---

14) 知謂則不以言矣. 言者, 謂之屬也. 求魚者濡, 爭獸者趨, 非樂之也. 故至言去言, 至爲無爲. 淺智者之所爭則末矣. 此白公之所以死於法(一浴)室.(여불위 지음, 앞의 책, 심응람(審應覽) '정유(精諭)', 549쪽).
15) 황선열, 「만취일수(萬取一收)의 미학」, ≪여수작가≫, 2015년, 제3호, 142-148쪽. 황진이의 시는 다음과 같다. "누가 곤륜산의 옥을 잘라서/ 직녀의 빗을 만들었나./ 견우와 이별한 직녀가/ 근심을 푸른 허공에 던져놓았네.//(誰斷崑山玉 裁成織女梳 牽牛離別後 愁擲碧空虛)."

깊은 맛과 멋이 스며있는 작품이 될 수 있을 것이다. 이러한 작품이야말로 함축의 미학을 잘 보여주는 작품이라 할 수 있을 것이다.

   안대회는 함축의 미학을 "전통시대 한국의 시인들에게 함축의 풍격은 내밀한 정서를 은근하고 멋스럽게 드러낼 수 있는 장치와도 같다."16)고 말한다. 함축의 미학은 내밀함, 은근함, 은은함, 텅 비어 있는 것 같은데도 늘 중심에는 무엇인가 꽉 차있는 상태를 말한다. 쉽게 뱉어내지 않으면서 머물러 있는 것, 그러면서도 중심을 잃지 않는 것. 함축의 아름다움은 사물의 내밀한 속살이 무엇인지를 깨닫고 그 속살을 은근하게 감추고 있으면서도 그 파장은 넓고 깊게 펼쳐져 있는 것을 말한다. 말을 아끼고 그 말을 숙성시키려는 마음이 함축의 아름다움이다. 맛과 멋의 조화로움은 머금고 있는 상태에서 발현되는 것이다. 함축은 보이지 않는 것을 보려는 마음이 작용하여 보이지 않지만 그 속에는 무형과 유형의 아름다움을 발견하는 것이다. 이 때문에 함축의 미학은 유형(有形)에 얽매이지 않으면서도 무형(無形)의 존재에 현혹되지 않는 밝은 지혜를 말한다. 함축은 텅 빈 중심을 잃지 않는 혜안(慧眼)이 머물고 있는 자리이다.

---

16) 안대회, 앞의 책, 333쪽.

12. 거침없는 질주, 그 혼돈의 중심
—호방(豪放)

(1) 개요

호방(豪放)은 한자 사전에 따르면 "의기가 장하여 작은 일에도 구애되지 아니함"이라는 뜻이다. 이와 유사한 뜻으로 호종(豪縱)과 호탕(豪宕)이 있다. 한자어 사전에서 '호(豪)'는 뜻을 나타내는 돼지시(豕)와 음을 나타내는 글자 고(高)의 생략형이 합하여 이루어진 글자다. 원래는 돼지의 이름을 말한다. 『설문해자』에서 한자어 '방(放)'은 내쫓다는 뜻이다. 복(攴)으로 구성되어 있으며, 방(方)이 발음을 나타낸다. 호방은 돼지를 내쫓을 때 어디로 튈지 모르는 상태를 말한다. 손연규는 『시품억설』에서 "호(豪)는 호걸(豪傑)과 호매(豪邁)에 쓰인 호(豪)로서 악착스러움, 천박함과 상대되는 말이다. 방(放)은 방탕(放蕩)하다는 뜻이 아니라 도달한다는 뜻으로 비좁음, 움츠림과 상대되는 말이다. 이른바 '물이 사해(四海)에 도달한다(放乎四海)'는 구절의 방(放)과 같다."[1]라고 풀이하고 있다. 또한 호방의 품격을 "아무 데도 얽매이지 않는 흉금, 호탕한 원기와 참된 힘의 충만, 진실한 성품에서 태동해 나온 호쾌함과 광적 상태, 화려하고 기발한 만상(萬象)을 호방함의 네 가지 요소"[2]로 보기도 한다. 이런 견해들을 종합해볼 때, 호방은 거침없이 달리는 기상을

---

1) 안대회, 『궁극의 시학』, 문학동네, 2013, 336쪽, 재인용.
2) 안대회, 앞의 책, 349쪽, 재인용.

말하며 어디로 향할지 모르는 혼돈의 상황을 말한다고 할 수 있다. 호방은 함축의 품격과는 정반대가 되는 것으로 텅 빈 중심을 안으로 감추는 것이 아니라, 그 기운을 바깥으로 드러내는 것을 말한다. 사공도는 호방의 품격을 다음과 같은 시로 표현하고 있다.

觀化匪禁 吞吐大荒 由道返氣 處得以狂
관화비금 탄토대황 유도반기 처득이광

天氣浪浪 海山蒼蒼 眞力彌滿 萬象在旁
천기랑랑 해산창창 진력미만 만상재방

前招三辰 後引鳳凰 曉策六鼇 濯足扶桑
전초삼진 후인봉황 효책육별 탁족부상

조화를 살피는 그를 막을 자 없나니
땅끝에서 해와 달을 삼켰다가 토해낸다
도道를 통해 기세로 돌아가고
역량을 바탕으로 미친 듯 발산한다

하늘에서 바람은 휘몰아치고
바다에 솟구친 산은 짙푸르다
진정한 활력이 가득 차 있어야
삼라만상은 그 곁에 존재한다

앞에서는 해와 달과 별이 나를 부르고
뒤에서는 봉황새가 잡아끈다
새벽되자 여섯 마리 자라를 타고서
해 뜨는 부상扶桑에서 발을 씻노라

이 시를 찬찬히 살펴보면 호방은 어떤 품격의 시인지 알 수 있을 것이다. 우선 1연은 호방의 규모를 설명하고 있다. 호방은 혼돈 속에서도 조화로운 기상이 스며들어 있어서 그 기운을 막을 자가 없으며, 그 역량은 광기로 펼쳐진다고 말하고 있다. 말 그대로 호방의 기세는 사방 어디에서도 막을 수 없는 힘찬 기운을 의미한다. 2연은 호방의 상황을 설명하고 있는데, 그 상황은 하늘에 닿아 있고, 땅에 널리 펼쳐져 있다. 그 기운이 삼라만상 어디에도 미치지 않는 곳이 없다. 이러한 호방의 기세와 상황이 3연에 이르게 되면 어떤 결과로 나타나고 있는지를 말하고 있다. 호방한 기운은 해와 달과 별이 부르는 것처럼 웅장하며 화려한 봉황새가 끄는 것처럼 신비롭다. 그 웅장하고 신비로운 기운은 여섯 마리 자라를 타고 끝닿을 수 없는 부상으로 나아가는 것과 같다. 사공도가 말하는 호방은 웅장하고 신비로우며 인간이 닿을 수 없는 세계까지 나아가는 기운을 말한다.

(2) 조화로움과 광기(狂氣)

관화비금 탄토대황(觀化匪禁 呑吐大荒) 조화를 살피는 그를 막을 자 없나니 땅끝에서 해와 달을 삼켰다가 토해낸다.

호방한 작가는 우주의 조화로움을 관망할 수 있는 작가이다. 호방은 거침이 없는 것이고 동시에 나아가는 데 있어서 막힘이 없는 것이다. 호방은 사방으로 뚫려진 공간을 향해 열려진 기운을 말한다. 사방으로 열려 있어서 스스로를 자유분방하게 놓아두고 있다. 그 기운은 자유로운 영혼으로 존재한다. 호방은 작은 것으로부터 큰 것에 이르기까지 수량과 무게, 형체와 비형체, 물질과 비물질의 관념을 넘어선 상태를 말한다. 관념을 넘어서면 그 상상의 나래는 끝없이 펼쳐져 있어서 막힘이 없다.

첫 번째 시구 '관화(觀化)'3)라는 말은 관념의 변화에 얽매이지 않으면서도 관념을 넘어선 곳에 존재하는 조화로움을 말한다. 그렇기 때문에 관화라는 말은 오히려 텅 빈 중심을 말하는 환중(環中)과 어울리는 경지이다. 장자는 텅 빈 중심을 얻으면 그 뜻이 끝이 없다[其環中 以應無窮]고 말하고 있는데 끝없는 경지로 나아가는 길이 텅 빈 중심의 미학이다. 이러한 경지는 이미 『이십사시품』의 첫 번째 품격인 '웅혼(雄渾)'에서 "드러난 형상 밖으로 훌쩍 벗어나/ 존재의 중심을 손에 쥔다[超以象外 得其環中]"라는 시구에서 확인할 수 있다. 텅 빈 중심은 무질 속의 질서가 있는 혼돈의 상황이고, 그 중심은 이미 알고 있는 경지를 넘어선 세계를 말한다. 사물의 중심을 꿰뚫고 있으면 그 어떠한 변화가 있다고 하더라도 그 중심은 흔들리지 않는다. 흔들리지 않는 중심은 상생과 조화 속에서 나오는 무궁한 기운이며, 그것은 중심을 잃지 않을 때 나올 수 있는 기상이다.

호방은 혼돈의 상황 속에서도 중심을 잃지 않는 조화로움이며, 끝없이 변화하는 혼돈의 과정 속에서도 그 중심을 잃지 않는 것이다. 이 때문에 여기서 말하고 있는 '화(化)'는 조화로움을 의미하기도 하지만, 운화(運化)하는 변화를 말하기도 한다. 관화(觀化), 혹은 관중(觀中)의 상태에 놓여 있다는 것은 변화의 중심에 있으면서도 그것이 중심이 아닌 것을 안다는 것이다. 호방은 모든 사물이 변화하는 시점에서 그 변화는 또 다른 변화를 일으킬 수 있다는 것이다. 이는 텅 빈 중심의 원리인 환중(環中)의 경지를 말한다. 말 그대로 호방의 경지는 유와 무의 조화

---

3) 관화(觀花)로 된 이본이 있으며 이렇게 해석하는 것도 있다고 하는데, 여기서는 앞 뒤 문맥을 고려해서 관화(觀化)로 해석한다.

로운 경지, 삶과 죽음의 경계를 넘어선 경지, 생물과 무생물의 기운이 뒤섞여 있는 경지, 이러한 경지로부터 나오는 기운을 말한다. 이러한 경지는 결국 자연스러운 도에 이르는 경지를 말한다. 호방은 변화하는 물상의 속성을 파악할 수 있는 눈이다. 계절이 변하고 사물이 변하는 것을 총체적으로 인식할 수 있는 눈이다. 환중의 경지에서 사물을 곰곰이 들여다보면 그 사물의 내면에 흐르는 웅장한 기운을 읽을 수 있을 것이다. 그것은 하나의 원리를 통해서 전체의 원리를 읽어낼 수 있는 기운이다. 문자 예술인 문예 미학이 사물의 내면 깊숙이 스며있는 속성과 의미를 파악해서 드러내는 것이라면, 그 사물의 진정한 의미를 하나의 언어로 표현할 수 있어야 하지 않을까? 불립문자의 경지는 문자로 표현할 수 없는 경지를 말하지만, 사실 그 경지도 문자가 아니면 전달할 수 없는 세계이다.

스스로 변한다는 것은 수평적으로, 그리고 논리적으로 변하는 것을 의미하는 것이 아니다. 호방한 기운에서 일어나는 가장 자연스러운 변화는 논리적으로 설명하거나 과학적으로 입증할 수 없는 것이다. 생명이 태어나고 죽는 일체의 일들을 모두 논리적으로 해명할 수는 없을 것이다. 지금까지 수많은 과학자들이 물질의 근원이 무엇인지를 세분화했지만 그것은 끝없이 나누어지고 쪼개질 뿐이다. 들뢰즈식으로 말하면 0과 1사이에 무수히 쪼갤 수 있는 숫자와 같은 것이다. 물질의 근원은 분자에서 원자로 원자에서 더 쪼개어서 힉스까지 등장하고 있지만, 물질의 근원은 끝없이 쪼개지는 것으로서 영원히 해명할 수 없는 과정에 놓여 있을 뿐이다. 그렇기 때문에 동양에서는 끝없이 쪼개지는 물질의 근원을 태허(太虛)라고 부르고 있다. 장자는 혜시의 말을 빌려서 이를 거꾸로 소일(小一)이라고 말하기도 한다. 지극히 작은 물질의 세계는 언어로 설명할 수 없는 것이고, 끝없이 큰 것도 언어로 형상화할 수 없는 것이다. 호방의 조화로운 기세로 나아가는 무궁무진한 세계는 도저히 헤아릴 수 없는 태허의 세계라고 할 수 있다.

그 무궁한 세계는 다음 구절에 말하고 있는 시구 대황(大荒)의 세계를 말한다. 시구 대황은 무궁한 세계를 말하고, '탄토(吞吐)'는 그 세계를 삼키고 뱉어 내는 것을 말한다. 한자어 황(荒)은 어두운 곳, 비어 있는 곳, 공허한 곳을 말한다. '대황(大荒)'4)은 크게 비어있는 공간을 말하는 것으로 이것은 태허(太虛)의 공간이다. 이 태허의 세계를 마음대로 삼키고 토해낼 수 있는 경지는 과연 어떤 경지일까? 이는 "성인의 마음으로 천하를 부양(扶養)하는"5) 경지라고 말할 수 있다. 대황의 세계는 '천하를 부양'하는 일과 같은 것으로서 더 이상 말로 표현할 수 없는 무한한 경지를 말한다.

이 시구에 따르면, 호방은 혼돈의 상황을 끝까지 밀고 나갔을 때 만날 수 있는 경지이다. 그것은 천지의 아름다움과 조화를 이룬 혼돈의 중심을 가로지르는 기세를 말한다. 호방은 안와 바깥이 사라진 동기감응의 세계이고, 사방으로 열려서 자유분방한 가운데도 그 중심이 뚜렷한 세계이다. 알지 못하는 세계와 아는 세계가 한꺼번에 뒤섞여 있는 상태이다. 이 혼돈의 상태에서 직관은 감응의 세계와 조화롭게 만나게 되고, 그 속에 감추어진 은유는 또한 직관이 응결되어 있다. 여기에는 논리의 세계가 개입될 여지가 없다. 다만 심미적 직관과 감응만이 존재하고 있

---

4) 대황(大荒)은 『산해경』에서는 대황동경, 대황남경, 대황서경, 대황북경으로 나누어서 설명하고 있는데, 여기서 대황(大荒)은 중국으로부터 지극히 먼 지역을 말한다. 땅의 끝이라고 해석할 수 있다.
5) 무심의 고요함을 천지에 밀고 나가 만물에 두루 통하게 함을 말한 것이다. 이것이야말로 하늘의 즐거움이라 한다. 하늘의 즐거움이란 성인의 마음으로 천하를 부양(扶養)하는 일이다.(言以虛靜推於天地, 通於萬物, 此之謂天樂. 天樂者 聖人之心 以畜天下也 -안동림, 『장자』 현암사, 2013, 348쪽).

을 뿐이다. 참된 동기감응은 허정(虛靜)의 세계에서 만날 수 있고, 알지 못하는 상태에서 느끼는 감정이고 은유의 세계에 스며있는 직관과 통하는 것이다. 텅 빈 세계를 마음대로 삼키고 토할 수 있다는 것은 안과 바깥의 경계가 없는 상태에 이른 것을 말한다. 호방은 안과 바깥의 조화로움으로부터 발산되는 무한한 기운을 말한다.

유도반기 처득이광(由道返氣 處得以狂) 도道를 통해 기세로 돌아가고 역량을 바탕으로 미친 듯 발산한다.

천지의 도를 터득한 상태에서 그 기운은 마음대로 움직이는 것이다. 자연이 절로절로 움직인다는 사실을 아는 것이다. 이 시구에 따르면 도(道)가 이르는 궁극의 지점은 기(氣)의 세계이다. 도교에서 기는 정(精)을 만들고 정은 신(神)을 만든다고 말하고 있다. 기운(氣運)을 알면 깊은 곳에 감추어진 정수(精髓)을 알게 되고, 정수를 알게 되면 신비(神秘)의 경지에 이르게 된다. 도에 이르면 기로 돌아간다는 것은 환도(環道)의 원리를 설명하는 말이기도 하다. 환도는 끝없이 순환하는 것을 말한다. 그것은 마치 뫼비우스의 띠처럼 처음의 자리에서 시작해서 끝의 자리로 돌아오는 것을 말하며, 끝의 자리가 다시 처음의 자리로 돌아오는 것을 말한다. 호방한 기세로 사물을 보는 눈은 그 밑바닥에 사물의 안과 바깥을 자유롭게 넘나드는 기운이 스며들어 있다. 시작은 텅 비어 있는 세계이고, 그 텅 빈 세계는 무한히 펼쳐지는 세계이다.

이어지는 시구 '처득이광(處得以狂)'은 그 호방한 기운이 도달하는 궁극의 지점이 광기의 세계라는 말이다. 여기서 '광(狂)'은 무질서의 세계를 말한다. 이 무질서야말로 혼돈(混沌)의 세계이다. 이러한 무질서 속의 질서를 장자의 말에 따르면 하늘의 통소 소리[6]라고 말할 수 있다.

하늘의 소리는 자연의 소리이고, 무질서의 소리이다. 그렇지만 그 무질서 속에는 가지런한 질서가 존재하고 있다. 광기의 세계에서만 들을 수 있는 천뢰는 자연스러운 조화로움이 스며있는 소리이다. 호방한 기운이 스며있는 작품은 사물과 사물의 경계, 사람과 사람의 경계, 실재와 실재의 경계를 자유롭게 넘나드는 자연스러움을 말한다.

  시인이 언어의 세계에 갇히거나 관념의 세계에 갇혀서 진정한 내면을 바라보지 못할 때, 그 상상력은 한계에 부닥치게 되고, 이 때문에 결국 작품의 한계에 이르게 되고 만다. 인식의 세계를 넘어서 인식할 수 없는 대상으로 나아갈 때 그것은 광기의 경지에서 바라본 세계가 될 것이다. 그 세계는 닫힌 텍스트가 아니라 열린 텍스트이다. 하나의 주제를 전달하거나 하나의 의미를 드러내기 위해 쓴 작품은 그 이상 나아가지 못하지만, 관념의 함정에 빠지지 않는 텍스트는 무궁무진한 의미의 파장을 일으킨다. 호방의 품격을 보이는 작품은 자신의 그물망에 갇혀 있지 않으며, 그 그물망을 벗어나는 순간 만나는 새로운 세계이다. 이 무궁한 세계가 광기의 세계이다. 귀는 소리를 들을 수 있을 뿐이고, 마음은 밖에서 들어온 것에 맞출 뿐이다. 기(氣)로서 세계를 바라보면 그 세계는 빛으로 가득하고, 가지런한 마음[心齋]를 통해서 기운을 발산하면, 대통의 경지에 이른다고 말한다. 여기서 말하는 기는 광기의 세계를 말하며, 가지런한 마음은 사물과 감응하는 기운을 말한다. 호방한 마음으로 세계를 바라보면 비로소 살아서 움직이는 기운생동(氣韻生動)을 발견할 수 있다.

  이 시구에서 말하는 호방은 사물의 기운을 응시하면서 그 사물의 기

---

6) 너는 사람의 통소 소리를 들어도 땅의 통소 소리를 듣지 못했고, 또 땅의 통소 소리를 듣는다고 해도 아직 하늘의 통소 소리는 듣지 못했겠지.(女聞人籟, 而未聞 地籟, 女聞地籟, 而未聞天籟夫.-안동림 역, 앞의 책, 47쪽).

운과 감응하는 상태를 표현한 것이다. 그래서 도는 기와 통하는 것이고, 그 기는 미친 듯한 상태에 이르게 되는 것이다. 미친 듯한 상황은 평범한 사람이 느끼지 못하는 경지이고, 그것은 궁극의 지점에 이를 때 가능한 것이다. 작가가 광기(狂氣)로 작품을 쓴다면 그 작품은 인간이 도달할 수 없는 무한한 경기로 나아갈 수 있게 된다. 김동인의 「태평행(太平行)」은 현대과학에서 말하고 있는 나비효과를 그대로 적용하고 있다. 이 소설의 줄거리는 나비 한 마리가 마루에 날아들면서 그 나비를 쫓던 기관사의 아이가 죽게 되고, 이 아이의 죽음으로 말미암아 기관사였던 아이의 아버지가 열차 사고를 내게 되고, 이 사고로 열차 안에 타고 있던 사람들의 운명이 바뀌게 된다는 것이다. 이 작품을 발표할 때 김동인은 뉴욕의 나비 날갯짓이 태평양 건너편에는 폭풍을 일으키는 원인이 된다는 나비효과를 과학적으로 인식하고 쓰지는 않았을 것이다. 그러나 이 작품은 '나비효과'를 소설에 적용한 보기 드문 사례라고 할 수 있다. 이처럼 지극한 예술의 경지는 과학적 사고의 경계를 벗어나 있다.

작가는 보편적 관념을 넘어설 때 그 깊은 곳에 울리는 내면의 소리를 들을 수 있다. 편협한 지식 속에 갇힌 작가는 편협한 작품을 쓰게 마련이고, 기운이 호방한 작가는 관념의 세계를 넘나드는 작품을 쓸 수 있다. 자신의 기운을 궁극의 지점까지 끌어내리거나 끌어올릴 때, 호방한 기운에 이를 수 있는 것이다. 호방은 거침없이 나아가는 기운이기도 하지만, 어디에도 얽매이지 않은 혼돈의 상태에 이른 기운이기도 하다. 그것은 무질서에서 질서로 나아가는 것이고, 앎과 모름의 경계를 초월한 곳으로 나아가는 것이다. 호방은 관념의 세계에서 사물을 인식하는 경지가 아니라, 실재(實在)와 허재(虛在)의 경계를 넘어선 세계에서 사물과 감응하는 세계이다.

(3) 넘치는 기운과 만물대통

천기랑랑 해산창창(天氣浪浪 海山蒼蒼) 하늘에서 바람은 휘몰아치고 바다에 솟구친 산은 짙푸르다.

미친 듯이 발산하는 기운은 거침이 없다. 이러한 거침없는 상태가 호방의 기운이다. 하늘에서 부는 바람과 바다에 솟구친 산은 음과 양의 기운이 서로 조화를 이룬 상태에서 거침없이 물결치는 형국을 말한다. 하늘의 바람은 양의 기운이 넘치는 곳이고, 바다에 솟구친 산은 음의 기운이 푸르게 서리어 있는 곳이다. 또한 시구 '랑랑(浪浪)'과 '창창(蒼蒼)'은 서로 짝을 이루고 있다. 혼돈의 상태는 무질서한 방만(放漫)이 아니라, 질서 속에서 넘치는 기운을 말한다. 따라서 혼돈은 혼란(混亂)과는 근본적으로 다르다고 할 수 있다. 혼돈은 어디로 튈지 모르는 상황에 놓여있지만, 그 속에는 폭풍의 눈과 같은 빈 중심이 있는 것을 말하고, 혼란은 마구잡이로 뒤섞여서 문란한 상태를 말한다. '랑랑'은 무질서의 질서 속에 넘치고 넘치는 기운이다. '창창'은 푸르고 또 푸른 기운이 가득한 것을 말한다. 거침없이 넘치는 기운은 바람이 휘몰아치듯이 다가오는 것이다. 호방은 특정한 방향성을 갖고 있지 못하지만, 직관에서 일어나는 감응을 전제로 하고 있다.

뱉고 토하는 것이 자유로운 상태에서는 어떤 상황에 놓이더라도 막힘이 없다. 그것은 거대한 회오리바람과 같은 것이며, 하늘의 기운을 마음껏 받아들일 수 있는 텅 빈 상태와 같은 것이다. 광기의 기운이 일어나면 하늘과 땅을 휩쓸고 지나가는 것처럼 거침이 없다. 막힘이 없으니 관념 따위가 자리할 수가 없다. 광기에 어린 사람의 눈동자는 빛을 띤다. 작가의 눈에 광기가 서려 있으면 그것은 거침없이 달리는 말과 같을 것이다. 그래서 하늘의 끝에는 끝없는 물결이 출렁이는 것이다. 광기는 출렁거리는 기운이다. 한 곳에 머무르는 기운이 아니라, 경계와 경계를 뛰어넘어서 자유롭게 넘나드는 것이다. 우리가 관념의 늪에 빠져 있기 때문에 그 한계 속에서 머물고 있다는 사실을 깨달아야 할 것이다. 관념은 지식의 한계이다. 안다는 것은 관념과 지식의 세계이고, 인식의 세계이다. 이 한정된 지식에 머물러 있을 때는 그 지식의 한계를 벗어나면 더 이상 아는 것이 없다. 논리적 지식과 인식의 체계에서 벗어나서 근본의 물음에 접근해야 할 것이다. 사물이 존재하는 방식은 논리와 인식 체계 속에서 과학적으로 존재하는 것이 아니다. 알지 못하는 상황 속에서도 사물은 존재하고 있다. 여기서 말하는 랑랑한 기운과 창창한 색채는 앎의 체현 방식을 뛰어넘어서 존재하는 기운을 말한다.

호방은 광기의 상태에서 만날 수 있는 세계이다. 혼돈의 상황에서는 아무 것도 보이지 않지만 분명히 보이지 않은 그 무엇이 존재하고 있다. 호방한 세계는 보이는 것과 보이지 않는 것과의 경계가 사라져 있다. 호방의 기운은 넓고 넓은 하늘에 펼쳐진 파도와 같으며, 바다에 솟구치는 산과 같이 높고 높은 것이다. 그곳은 감히 범접할 수 없는 세계이고, 눈으로 확인할 수 없는 아득한 공간이다. 호방은 아무런 구속이 없는 상태에 이르는 것을 말한다. 장자는 "내 생각에는 천하를 잘 다스리는 자는 그런 짓을 하지 않는다. 저 백성에게는 공통된 성격이 있다. 직조(織造)해서 옷을 입고 땅을 갈아 식량을 얻는다. 이것을 누구나가 갖춘 것[同德]이라고 한다. 백성은 각기 동떨어져 있으며 무리를 짓지 않는다. 이것은 아무 구속이 없는 것[天放]이라고 한다. 이 때문에 최고의 덕이 이루어진 평화로운 세상에서는 사람들의 거동이 유유자적하며 눈매가 밝고 환하다"[7]고 말한다. 구속되지 않은 자유로운 상태가 천방(天

放)이다. 호방은 이러한 자유로운 노닒 속에서 마음대로 출렁대고 있으면서도 그 오묘한 질서의 경지를 유지하고 있는 상태라 할 수 있다. 호방은 자유분방하게 넘치는 보이지 않는 기운을 갖고 있으면서도 그 출렁대는 기운은 푸르고 푸른 바탕으로 나타나는 것이다.

이 시구에서 하늘에 휘몰아치는 바람과 바다에 솟구친 산은 선명한 대조를 이루고 있다. 지극한 혼돈 속에서 선명하게 보이는 짙푸른 산은 외려 더 뚜렷한 형상으로 다가온다. 그것은 혼돈의 중심이기도 하지만, 혼돈 속의 질서를 의미하기도 한다. 자연스러움에서 우러나온 질서는 결코 흐트러질 수 없는 것이다. 그것은 마치 비온 뒤에 대나무가 물관부로는 물길을 콸콸 길어 올리면서도 겉으로는 바람에 설렁설렁 제 몸을 맡기는 여유로움과 같다. 호방의 내적 기운은 휘몰아치는 바람과 같으면서도 겉으로는 유유자적하는 모습이다. 겉과 속이 일치하지 않는다는 것을 말하는 것이 아니라, 겉은 질주하지만 내면은 소용돌이치는 기운이 있다는 것을 말한다.

진력미만 만상재방(眞力彌滿 萬象在旁) 진정한 활력이 가득 차 있어야 삼라만상은 그 곁에 존재한다.

이 시구에서 말하는 진정한 활력이란, 혼돈의 무질서 속에 깊이 스며있는 내면의 힘을 말한다. 겉으로 드러난 힘이 아니라 내면으로 스며있는 힘이다. 외형의 칼날은 환경의 변화에 따라 녹슬기 마련이고, 아무리 진귀한 보석이라도 사람에 따라 다르게 보일 수 있다. 그것은 관념의 늪 속에 있을 때는 바라보는 것이 일정한 한계에 갇힐 수 있다는 말과도

---

7) 吾意善治天下者不然. 彼民有常性, 織而衣, 耕而食, 是謂同德. 一而不黨, 命曰天放. 故至德之世, 其行塡塡, 其視顚顚.(안동림 역, 앞의 책, 258-259쪽).

같다. 진정한 활력은 경계와 관념을 초월하면서 생기는 힘을 말한다. 우리가 알고 있는 지식이란 어차피 한계에 이를 수밖에 없을지 모르지만, 그 한계를 넘어서 보다 심화된 예술의 경지로 나아가기 위해서는 진정한 활력을 통해서 그 궁극의 지점에 이르러야 할 것이다. 호방한 기운에 따라서 그동안 보이지 않았던 세계가 보일 것이고, 그 보이지 않았던 세계를 볼 수 있는 지점에서 진정한 활력이 솟아나는 것이다. 이러한 경지는 "상대에 얽매이지 않는 이런 입장에서 보면 천지의 유구(悠久)함이 나와 함께 살아 있고, 만물의 다양함도 나와 함께 하나가 된다."[8)]라고 말하는 경지이다. 마음대로 노닐 수 있는 경지는 천지의 기운을 읽어낼 수 있다는 말과도 같다. 지나치게 큰 것은 지나치게 작은 것을 보지 못하고 지나치게 작은 것은 지나치게 큰 것을 보지 못한다. 관념에 빠져 있으면 그 관념의 바깥을 볼 수 없는 법이고, 관념의 바깥에 빠져 있으면 관념의 안을 바라볼 수 없다. 멀고도 깊은 눈은 호방한 작가가 취할 가장 현명한 눈이다.

별들이 쏟아져 내리던 유성우의 새벽하늘이 있었다 한 때 존재했으나 이제 그 몸의 이름을 버리고 세상의 곳곳에 스며 지워지지 않는 각인처럼 아름답고 소중한 기억의 뇌수가 되어 몸을 바꾼 별똥별들의 밤이 있었다

소원처럼 내려오누나
백발의 머리 풀고 먼 길을 달려오는구나
당신 떠나는 길 차마 어찌할 수가 없어서
제 몸을 수없이 베어 슬픔을 나누려고
제 몸을 화염불길에 두어 울음을 견디려고
하얗게 재가 되어 쌓이는 것들
별들의 그 맑은 다비

---

8) 天地與我並生, 而萬物與我爲一.(안동림, 앞의 책, 70쪽).

> 눈 내리는 날이었다
> 세상의 별똥별들이
> 지상으로 모두 내려앉던 그런 날이 있었다
> ─박남준, 「별의 조문(弔文)」 전문9)

한 사람의 죽음을 조문하면서 이 시인의 시선은 먼 하늘 끝의 별들에 닿아 있다. 죽은 자의 모습이 별똥별이 되고 그 별들의 기운이 사람들의 곳곳에 스며드는 상상을 한다. 이 상상의 끝에는 삶과 죽음의 경계가 사라지고, 죽은 자의 영혼은 별이 되어 존재한다. 죽음은 영원한 사라짐이라는 관념을 벗어나는 자리에 끝없는 우주의 공간에 살아있는 인간 존재를 발견할 수 있는 것이다. 죽은 사람이 별이 된다는 생각은 보편적 관념으로 생각할 수 있지만 하늘의 별이 지상에 내려와 조문을 하는 것은 죽은 자와 산 자의 경계를 넘어서 바라볼 때 가능한 인식이다. 그런 점에서 이 시는 멀고 깊은 시인의 시선을 읽을 수 있다. 호방한 기운이 스며있는 작품을 쓰기 위해서는 안과 밖의 경계를 초월하고 지식의 한계를 초월해서 대상을 바라볼 수 있어야 할 것이다. 사물의 내면을 깊숙이 응시(凝視)할 수 있을 때 그 사물을 형상화한 작품은 안과 바깥의 경계를 넘어서게 될 것이다. 어떻게 하면 그 경지에 이를 수 있을까?『장자』는 다음과 같은 화두를 던진다.

> 그러므로 성인은 아무것에도 얽매이지 않고 마음을 자유로이 노닐게 한다. 그리고 일반적인 지식을 화(禍)의 근원으로 여기고 예의 규범(禮儀規範)을 몸을 얽매는 갖풀로 생각하며 항간의 도덕을 교제(交際)의 수단으로 알고 기교(技巧)를 장사 솜씨로 여긴다. 성인은 모략을 하지 않으니 어찌 지식이 필요하랴. 물건 매매가 없으니 어찌 장사가 소용되랴. 이 모략하지 않고 깎고 다듬지 않으며, 도를 잃지 않고 물건 매매를 하지 않는다는 네 가지는 참되게 살기 위한 자연(天)의 양육(養育)

---

9) 박남준, 『적막』, 창비, 2005, 94쪽.

이다. 자연의 양육이란 자연이 만물을 먹여 살린다는 말인 것이다. 자연이 먹여 살리는데 어찌 또 인위(人爲)가 필요하랴.10)

어쩌면 지극히 자연스러운 말같이 들릴지 모르겠지만, 내면의 깊은 곳을 응시하는 사람은 자연의 흐름에 자신을 맡기는 사람이라는 것이다. 겉으로 볼 때 나무는 고요함에 머물고 있는 것 같지만, 잎맥으로부터 시작하는 강력한 힘들은 땅 속 깊은 곳에 있는 물길을 찾아가는 진정한 활력이 되고 있다. 하나하나의 잎맥들이 뿜어내는 힘들이 모여 일으키는 거대한 힘은 나무를 양육하는 근본이 된다. 스스로를 길러내는 것은 외형으로 드러나는 것이 아니며, 보이지 않는 수많은 것들의 관계로부터 스스로 길러지는 것이다. 자연을 둘러싸고 수많은 관계들과 보이지 않은 것들이 생명을 길러내는 바탕이 되고 있다. 이 보이지 않는 세계를 볼 수 있는 힘은 자연의 기운과 함께 무한히 거닐 때 나타나는 것이다. 작가의 주변 삶이 예술을 만드는 근원이 되듯이 작은 행동, 작은 마음가짐 하나들이 작품의 근원을 형성하는 낱낱의 뿌리가 된다는 사실을 잊지 말아야 할 것이다. 모든 것을 자신의 안으로 끌어들이기 위해서는 자신의 내면을 텅 비워두어야 한다. 호방한 기운으로 사물을 바라보면 관념이 사라지고 경계가 사라진다. 호방한 작가의 마음속에는 모든 것을 품을 수 있는 텅 빈 고요만이 존재한다. 그때 비로소 삼라만상을 새롭게 인식할 수 있게 된다.

---

10) 故聖人有所遊, 而知爲孼, 約爲膠, 德爲接, 工爲商. 聖人不謀, 惡用知. 不斲, 惡用膠. 無喪, 惡用德. 不貨, 惡用商. 四者, 天鬻也. 天鬻者, 天食也. 旣受食於天, 又惡用人.(안동림, 앞의 책, 167쪽).

(4) 대통의 세계에서 만나는 것

전초삼진 후인봉황(前招三辰 後引鳳凰) 앞에서는 해와 달과 별이 나를 부르고 뒤에서는 봉황새가 잡아끈다.

텅 빈 내면에는 해와 달이 그곳에 자리잡을 수도 있을 뿐만 아니라, 넓고 깊은 우주도 자리잡을 수도 있다. 관념이 사라진 자리는 대통의 자리이다. 이러한 대통의 눈으로 세상을 보면 사소한 것도 크게 보이고, 큰 것도 실제로는 작게 보이는 법이다. 작고 크다는 분별심을 초월해 있다는 말이다. 나누고 분석하고 쪼개는 것은 과학의 논리이지만, 분별이 없는 자리에서 세상을 보면 그것이 하나이기도 하고 전체이기도 하다. 해와 달이 자신을 부르는 것은 논리적으로 설명할 수 있는 단계가 아니고, 더군다나 뒤에서 봉황새가 잡아끄는 일은 관념의 세계에서 일어날 수 있는 일이 아니다. 이러한 상상의 나래가 펼쳐질 수 있는 것은 사람의 마음에 자리한 호방한 기운이 있기 때문이다.

보이지 않는 세계가 보이는 것은 단순한 상상만으로 이루어지는 것이 아니다. 그것은 세계를 보는 깊고 그윽한 시선에서 비롯한다. 나를 비움으로써 모든 삼라만상이 내게 들어오게 되고, 해와 달 뿐만 아니라, 봉황새까지도 자신의 내면으로 끌어들인다. 저기 멀리 떠있는 해와 달을 자신의 품속으로 들어올 수 있도록 하기 위해서는 무한한 우주의 상상력을 펼칠 때 가능한 일이다. 보이지 않는 봉황새를 볼 수 있는 기상(氣象)도 관념의 경계를 뛰어넘었을 때 가능한 일이다.

해와 달을 어루만지고, 봉황새를 만날 수 있는 사람과 그렇지 않는 사람의 차이는 호방한 기운이 일어나느냐 일어나지 않느냐의 차이일 것이다. 호방한 기운으로 세상을 보면 작은 것은 거침없이 지나갈 것이고,

거대한 것도 하나의 원리 속에서 이해할 수 있을 것이다. 모든 사물을 자기편으로 끌어들이려고 관념의 한계에 이르게 되지만, 사물에 대한 관념을 버리고 또 버림으로써 무한한 세계를 만날 수 있는 것이다. 해와 달이 앞에서 부르고 뒤에서 봉황새가 잡아끄는 형국까지 갈 때 관념을 벗어난 호방한 작품이 나올 수 있을 것이다. 호방은 거침없이 일어나는 생각의 꼬투리를 말하기도 하지만, 보다 큰 세계를 바라볼 수 있는 눈이 있다는 것을 말하는 것이기도 하다.

효책육별 탁족부상(曉策六鼈 濯足扶桑) 새벽되자 여섯 마리 자라를 타고서 해 뜨는 부상扶桑에서 발을 씻노라.

  새벽의 미명(微明) 속에서 여섯 마리 자라를 타는 것은 여간한 광기(狂氣)의 상황이 아니면 만날 수 없는 세계이다. 우리가 알고 있는 현실의 관념 체계로는 도저히 도달할 수 없는 세계이다. 이 세계는 관념의 체계를 벗어던졌을 때 만날 수 있는 세계이다. 현실의 가능태로 바라볼 수 있는 눈이란 얼마나 한정된 것인가? 우리가 알고 있는 지식 체계란 것도 얼마나 협소한 것인가? 그 한정된 눈으로, 협소한 지식으로 바라본 세계를 작품으로 썼다면 그 작품은 어떻겠는가? 더 넓은 세계를 바라보고 있는 사람에게는 이런 작품은 우스꽝스러운 문자의 장난에 지나지 않는다고 할 것이다. 작가가 호방한 기상을 갖고 넓고 깊은 세계에서 노닐 때 현실의 관념을 넘어설 수 있는 것이다. 호방한 작가는 현실적으로 보이는 모든 세계를 초월해서 해와 달을 가슴에 품고, 여섯 마리 자라[11]를 타고 부상에서 발을 씻는다. 여기서 말하는 여섯 마리 자라는

---

11) 여섯 마리 자라는 동해 바다의 삼신산(三神山)을 머리에 떠받들고 있다는 전설상의 동물이다.(안대회, 앞의 책, 341쪽).

동서남북, 그리고 상하를 상징하는 숫자이다. 여섯 마리 자라를 탄다는 행위는 그 여섯 마리 자라가 가진 광활한 우주의 기운을 하나로 모아서 그 기운을 받아서 일어나는 행위이다. 호방한 기운이 스며드는 시간은 새벽이다. 새벽은 양의 기운이 일어나는 시간이다. 양의 기운이 감추어지는 시간보다도 더 왕성하게 넘실대고 출렁대는 시간이다. 보이지 않던 세계가 열리기 시작하는 시간이고, 양의 기운이 준동(蠢動)하는 시간이다. 한낮의 기운보다도 새벽의 기운이 더 왕성한 출렁임을 보인다. 모든 감각의 기관이 닫힌 채 양(陽)의 기운이 일어나고 있을 때는 말 그대로 요동하는 시간이다. 그 시간은 천지개벽을 앞두고 있는 웅장한 기운이다. 여명(黎明)의 시간이 주는 감동은 한 순간이지만, 그 한 순간을 포착하는 것이 호방한 기운의 시작이고 끝이다.

이번 생 말고
내 죽어 다음 생 꿈꿀 수 있다면
만년설 휘덮인 히말라야의 도도한 거봉쯤
폭설 치는 변덕스런 날씨 속에 태어나리

아무데서고 만나는 빙산 사원
혹한 속에 해체된 육신과 영혼 모두를
눈빛 날카로운 야생의 날 짐승에게 황홀하게 먹히도록
폭설과 바람 떠메고 온 순례자처럼 나뭇가지에
흰 천 붉은 천 알록달록 걸어놓으리.

가난도 기꺼워 늘 행복해하는 순한 고산족 되고
나뭇가지에 소중히 간직한 종이돈을 펴 공손히 바치듯
눈꽃 핀 한조각 영혼에게 조금만 더 머물다 가며
금빛 짧은 해 쨍쨍한 하늘을 향해
아마 서늘해지도록 기도하리.

설산에서 흘러내리는 차고 맑은 물 한 방울도
소중히 여겨 손바닥 적셔 세수를 하리.
환하게 눈 녹는 소리 몇 방울씩 뚝뚝 떨어지면
받아 마시리 받아 적으리.

칼끝 같은 빙벽을 향해 소리치며 올라가는
메아리를 동무 삼아 자꾸만 올라가면
그새 몇 시간이 지나가고 일평생이 지나가고
눈 깜빡 선잠을 깨치리.

—노향림, 「몽유2」 전문[12]

　이 시는 비록 꿈속을 거니는 이야기를 쓴 시일뿐이지만, 그 속에서 호방한 기운이 스며들어 있다. 대부분의 현대시들이 개인의 체험을 형상화하는 데 그치고 있다면 이 시는 그 개인의 체험을 넘어서 무한한 세계로 나아가려는 인식의 세계를 보여준다. 꿈속이라는 한정된 공간에서 자신이 소망하는 꿈을 말하고 있지만, 그 꿈은 작은 꿈이 아니라, "만년설 휘덮인 히말라야의 도도한 거봉쯤"에서 태어나고 싶다는 호방한 꿈이다. 폭설과 바람 속에 자신의 영혼을 맡기고 대자연의 웅혼한 기운과 맞서면서 자신의 육신을 내 놓으려고 한다. 설산에 녹는 눈을 마시려는 이 호방한 꿈은 현생에서 이루지 못하지만 내생에서는 반드시 이루고 싶은 꿈이다. 인간의 한 평생은 눈 깜빡 할 사이에 지나가지만 화자의 꿈은 대자연의 무궁한 세계에 자신을 맡기고 있다. 이러한 호방한 기운이 준동하고 있는 상황에서 인간의 꿈은 상상의 공간 그 이상을 뛰어넘는다.
　이 시의 화자가 꿈꾸고 있는 히말라야 설산의 공간은 사공도의 시에서 말하는 부상(扶桑)의 세계와 같은 의미이다. 부상은 거대한 상상의

---

12) 노향림, 『해에게선 깨진 종소리가 난다』, 창비, 2005, 32-33쪽.

세계에서 형상화된 사물일 뿐이다.13) 부상은 잎이 뽕잎과 비슷하고 키가 수천 길이, 둘레가 스무 아름인데 두 그루씩 한 뿌리에서 나와 서로 기대고 있다. 그 나무에 열 개의 태양이 걸려 있으니 그 나무의 크기는 가늠하기 힘들 것이다. 이 열 개의 태양을 떨어뜨리는 이야기는 사람의 상상력이 미치는 파장의 범위를 알 수 있게 한다.14) 그러나 그 나무는 신화의 형태로 존재하는 상징일 뿐이지 실재하는 사물이 아니다. 그 무한한 상상 속에 존재하는 부상에서 발을 씻는다는 것은 논리적으로 이해가 되지 않는 세계이다. 닫힌 사고와 관념의 세계에서는 이미 허구일 뿐이고 상징의 세계일뿐이다. 그러나 열린 사고로 세계를 보고 관념의 늪에서 벗어나서 세계를 바라볼 때는 거대한 봉황새를 만나는 것도, 해와 달을 가슴에 품는 것도, 부상에 다다라서 발을 씻는 것도 모두 가능하다. 장자는 '소요유(逍遙遊)'에서 북명의 물고기 곤(鯤)이 날아올라서 거대한 붕(鵬)이 된다고 한다. 이것은 방만한 상상력의 소산으로 볼 수도

---

13) 부상(扶桑)은 『산해경』에 나오는 신비의 나무이다. 오행에서 동쪽은 나무의 기운이 있다. 색은 푸른색이고 기운은 봄이다. 양곡(湯谷)은 뜨거운 계곡이라는 뜻인데, 생명의 기운이 있는 곳이다. 봄의 기운이고, 양(陽)의 기운이다. 어떤 판본에는 양(湯), 양(晹), 혹은 양(陽)으로 되어 있으니 따뜻한 기운을 말한다. 부상은 "아래에 양곡이 있다. 양곡의 위에는 부상이 있는데 이곳은 열 개의 태양이 목욕을 하는 곳으로 흑치의 북쪽에 있다. 물 가운데에 큰 나무가 있는데 아홉 개의 태양이 아랫 가지에 있고 한 개의 태양이 윗가지에 있다."(下有湯谷. 湯谷上有扶桑, 十日所浴, 在黑齒北. 居水中, 有大木, 九日居下枝, 一日居上枝-정재서, 『산해경』, 2010, 254쪽)라고 설명하고 있다.

14) 요임금 시대가 되어 10개의 태양이 나란히 떠올라서 곡물을 불태우고 초목을 말라 죽게 했는데 그로 인하여 백성들은 먹을 것이 없었으며 오여(猰貐), 착치(鑿齒), 구영(九嬰), 대풍(大風), 봉희(封豨), 수사(脩蛇)가 백성에게 해를 입혔다. 그래서 요임금은 예(羿)에게 명하여 착치를 도화(疇華)의 들에서 죽였다. 구영을 흉수(凶水) 가에서 죽였으며, 대풍을 청구(靑丘)의 늪에서 사살했고, 위로는 해를 쏘아 떨어뜨렸으며, 아래로는 오여를 죽이고 수사를 동정호(洞庭湖)에서 목 베었으며 봉희를 상림(桑林) 땅에서 사로잡았다.(逮至堯之時, 十日竝出, 焦禾稼, 殺草木, 而民無所食, 猰貐・鑿齒・九嬰・大風・封豨・脩蛇, 皆爲民害. 堯乃使羿誅鑿齒於疇華之野, 殺九嬰於凶水之上, 繳大風於靑丘之澤, 上射十日, 而下殺猰貐, 斷脩蛇於洞庭, 擒封豨於桑林.(유안 편자, 안길환 편역, 『회남자(상)』, 명문당, 357-358쪽).

있을 것이지만, 한 편으로 보면 인간의 상상력이 도달할 수 있는 무궁한 우주의 공간으로 확장되는 사유의 세계라고 말할 수 있다. 장자가 말하는 물고기는 우주의 혼돈을 상징한다. 북명(北冥)이라는 어두운 곳도 혼돈의 세계를 상징한다. 이 혼돈의 상황 속에서 날아오르는 붕은 호방한 기운으로부터 나오는 무궁한 상상의 세계이다. 이것은 관념의 늪에서 벗어나 세상을 바라볼 때 가능한 세계이다.

　호방한 품격은 앞에서 설명한 함축과는 반대되는 것으로 동양의 전통시와 상상의 세계에서는 많이 보이지만 현대시에서는 그리 많이 보이지 않는다. 이것은 한 편으로 생각하면 현대시는 옛 사람의 상상이 닿는 곳까지 나아가지를 못하는 한계점이 있다고 말할 수도 있지만, 한 편으로 생각하면 현대시는 감성보다는 이성이 지배적이고 비논리보다는 논리의 세계를 지향하고 있기 때문이라고 말할 수도 있을 것이다. 눈으로 보이는 세계에 천착하고, 감각적으로 인식할 수 있는 세계만을 인정하려고 하는 태도는 호방한 기운을 가로막는 장애물이다. 현대시의 상상력이 호방한 기운으로 나아가기 위해서는 보편과 관념을 넘어서야만 한다. 경계의 저 편을 자유분방하게 상상하게 될 때 새로운 세계가 열리는 법이다. 비록 엉뚱한 생각일 것 같지만 보편적 관념으로는 생각할 수 없는 또 다른 세계를 만들어내는 것이야말로 열린 세계로 나아가는 길이다. 지금까지 현실의 경계를 넘어서서 판타지의 세계로 나아가는 데 있어서 서사적 상상력이 한 몫을 했지만 이제부터는 서정적 상상력으로 무한한 상상의 세계를 열어가는 시들이 나왔으면 한다. 현대시가 기법과 기교주의에 물들어 있을 때일수록 호방한 기운으로 세상을 넘어서고 인식의 세계와 관념의 경계를 넘어서 나아갈 수 있는 시들이 필요한 때가 아닐까 생각한다.

13. 오묘한 창작에 이르는 길
—정신(精神)

(1) 개요

한자어 사전에 따르면, 정(精)은 뜻을 나타내는 쌀미(米)와 음을 나타내는 청(靑)이 합하여 이루어진 글자다. 음을 나타내는 청은 푸른 색깔을 의미하는 데 일반적으로 깨끗하다는 뜻을 가진 글자다. 미(米)는 곡식을 의미하고, 청(靑)은 깨끗한 것을 의미하는 데, 이 두 글자가 합쳐진 정(精)은 곡식을 찧어서 깨끗하게 한다는 뜻을 지닌다. 애벌로 곡식을 찧는 것을 조(粗)라고 하고, 곱게 찧어서 깨끗하게 하는 것을 정(精)이라고 한다. 정(精)은 정수(精髓), 정수(精水), 정기(精氣)와 같은 단어로 쓰인다. 정수(精髓)는 사물의 중심이 되는 골자를 말하고, 정수(精水)는 순수한 진액으로 된 액체를 말하며, 정기(精氣)는 생기 있고 빛이 나는 기운을 말한다. 이와 같이 정(精)은 깨끗하거나 순수한 것을 의미하는 말이다.

신(神)은 정신(精神), 혹은 혼(魂)이라는 의미를 가지고 있는데, 고상하고 신비스러운 운치가 있다는 뜻으로 쓰인다. 신(神)은 뜻을 나타내는 보일시(示)와 음을 나타내는 신(申)이 합해서 이루어진 글자다. 번갯불의 모양을 본뜬 신(申)과 만물을 주재하여 보여준다는 뜻의 시(示)가 합쳐져서 신령한 기운을 보여준다는 뜻을 지닌다. 대개 신(神)은 천체(天體)의 여러 가지 변화를 부리는 신을 의미한다.

이 두 글자로 이루어진 정신(精神)은 순수한 마음이나 생각으로부터 나오는 신비스러운 영혼(靈魂)의 세계를 말한다. 유협은 『문심조룡』에서 정신과 같은 의미로 신사(神思)라는 용어를 사용하고 있다. 문학 창작의 바탕이 되는 신사에 대해서 "몸은 비록 강이나 바다 위에 머물지라도, 마음은 높은 궐의 아래에 두고 있다."라고 설명하고 있다.[1] 신사는 몸이 머무는 곳이 아니라 정신이 향하는 곳을 말한다. 앞에서 살펴본 것처럼 정(精)은 깨끗하거나 맑은 상태를 의미하는 한자어이며, 신(神)은 신비로운 정신(精神)이라는 말을 의미하는 한자어이다. 따라서 정신은 맑은 인간의 상상력이 향하는 곳을 말한다. 이 때문에 정신은 영혼이라는 말과도 같으며 보통 신명(神明)이라는 말로도 통용되기도 한다. 정(精)은 순수한 마음으로 사물을 깊이 응시하는 것이고, 신(神)은 작가의 영혼이 미치는 곳으로 신령한 세계를 의미한다. 안대회는 정신에 대한 기존의 논의를 종합하면서 "정신이란 사물의 핵심을 싱싱하게 표현하는 표현과 수사의 기술이다."[2]라고 말하고 있다. 정신은 작가의 창작 과정과 관련된 품격이라고 말할 수 있다. 사공도는 이 정신의 품격을 다음과 같은 시로 표현하고 있다.

欲返不盡 相期與來 明漪絶底 奇花初胎
욕반부진 상기여래 명의절저 기화초태

靑春鸚鵡 楊柳樓臺 碧山人來 淸酒深杯
청춘앵무 양류누대 벽산인래 청주심배

---

[1] 古人云 : 形在江海之上, 心存魏闕之下. 神思之謂也.(유협 지음, 황선열 옮김, 『문심조룡』, 신생, 2018, 315-316쪽).
[2] 안대회, 『궁극의 시학』, 문학동네, 2013, 362쪽.

生氣遠出 不著死灰 妙造自然 伊誰與裁
생기원출 부저사회 묘조자연 이수여재

돌아가려다 채 돌아가지 않고
함께 갈 사람이 오기를 기다린다
맑은 물결은 바닥까지 보이고
기이한 꽃은 갓 봉오리 맺었다

싱그러운 봄날에 앵무새 조잘대고
누대에는 수양버들 늘어졌다
푸른 산의 그 사람이 와서
큰 술잔에 청주를 따른다

생기가 멀리까지 퍼지니
식은 재는 붙어 있을 데가 없다
오묘한 창조와 자연스러움을
누가 더불어 선택할 것인가

이 시에서와 같이 사공도는 정신의 품격을 시의 창작 과정에 비유하고 있다. 첫 번째 연에서는 자연스럽게 펼쳐지는 풍경을 그대로 묘사하고 있으며, 두 번째 연에서는 그 풍경을 배경으로 "푸른 산의 그 사람"이 찾아와서 함께 술잔을 나누는 장면으로 이어지고 있다. 첫 번째 연이 있는 그대로의 자연을 말한다면, 두 번째 연은 그 자연의 모습에 얼비치는 사람들의 그림자를 배경으로 제시하면서 인공과 자연의 조화를 말하고 있다. 첫 번째 연에서 자연스럽게 펼쳐지는 풍경이 두 번째 연에서는 자연과 인공의 조화로운 모습을 설명하고 있다. 마지막 세 번째 연에서는 자연과 인공의 조화를 통해서 얻는 오묘한 창조의 세계와 자연스러움의 세계 사이에서 무엇을 선택할 지를 묻고 있다. 세 번째 연에서는 자연스럽게 작가에게 다가온 사물의 핵심을 파고 들어가기 위해서는 자연을 세밀하게 관찰함으로써 오묘한 창조의 세계에 이른다고 말하고 있다. 세 번째 연에서 사공도는 참된 정신의 품격이야말로 자연스럽게 다가오는 풍경과 그 자연스러운 풍경을 넘어서는 작가의 상상 세계가 조화를 이루고 있는 것이 중요하다고 말하고 있다. 그러면서 오묘한 창조와 자연스러움에서 작가는 무엇을 선택할 지에 대해서 묻고 있다. 그는 은연 중 자연스러움의 세계를 지향해야 한다고 설명하고 있다.

정신의 품격은 오묘한 창작의 세계를 가로지르는 사물에 대한 내밀한 관찰의 중요성과 그 관찰을 통해서 나타나는 상상의 세계를 말한다. 이 품격은 유협이 말하고 있는 신사에 따르면 "정신이 고요함에 머무르게 되면 생각이 서로 엉기게 되고, 그 생각은 천년의 세월과 서로 만나기도 할 것이다."[3]라는 말과도 같다. 정신의 품격은 창작에 있어서 관찰을 통한 사유의 중요성을 말하고 있다.

(2) 사물의 밑바닥까지 들여다보기

욕반부진 상기여래(欲返不盡 相期與來) 돌아가려다 채 돌아가지 않고 함께 갈 사람이 오기를 기다린다.

이제 이 시의 첫 번째 구절부터 살펴보기로 하자. 이 구절은 돌아가려고 하다가 돌아가지 않는 것을 말하는데, 이것은 사물을 관찰할 때 머뭇거리는 행위를 말한다. 자연스럽게 다가오는 풍경을 그대로 묘사하기 전에 그 사물에 대한 사유가 밑바닥까지 닿을 때까지 머뭇거리는 여유가 필요하다는 것이다. 이 구절은 사실 아무런 의미가 없는 구절이라고 생

---

3) 故寂然凝慮, 思接千載.(유협 지음, 황선열 옮김, 앞의 책, 316쪽).

각할 수도 있겠지만, 창작을 하기 위한 전제 조건을 제시하고 있는 부분이라고 말할 수 있다. 정확하고 세밀한 글을 쓰기 위한 전제조건은 사물이 다가왔을 때 그 사물의 내면을 들여다보기 위해서 머뭇거리면서 기다리는 행위가 필요하다. 함께 갈 사람이 오기를 기다린다는 것은 신명이 오기를 기다린다는 말로 대체해서 생각해볼 수 있을 것이다. 사물과 감응하면서 그 사물에 투사되는 감정과 공감할 수 있는 사람, 혹은 사물의 깊은 내면을 들여다볼 수 있는 상황에 이르기를 기다린다는 뜻으로 이해할 수 있다. 사물로부터 연상되는 이미지[形象]를 발견하기까지 기다리는 여유로움이라고 말할 수 있다.

고려시대 시인 김황원은 모란봉의 부벽루에 올랐다가 그 아름다운 풍광을 시로써 형상화하기 위해서 반나절을 기다렸지만 결국 풍경을 다 묘사하지 못하고 단 두 구절만 남기고 돌아갔다고 한다. 이 일화는 자연스럽게 다가오는 풍경으로부터 떠오르는 이미지를 작품으로 형상화하는 과정이 그만큼 어렵다는 것을 말하고 있다. 하나의 예술 작품이 완성되기까지는 이러한 창작의 고통이 따른다. 중국의 역대 작가들의 일화에서도 사유의 끝이 창작으로 이어지는 과정이 어렵다는 사실을 깨달을 수 있을 것이다.4)

사물에 대한 치밀한 관찰과 이미지의 형상화 작업은 그 사물의 깊은 곳을 살펴보고 난 뒤에라야 가능한 일이다. 또한 자연스럽게 다가오는 사물을 치밀하게 가공하기 위해서는 "글자를 꿰매어 한 편의 글을 엮을

---

4) 사마상여(司馬相如)는 자신의 붓을 물고 터럭이 낡은 정도가 되어서야 글을 완성했고, 양웅(揚雄)은 너무 골똘하게 생각하다가 붓을 놓자마자 무서운 꿈에 시달리기도 했으며, 환담(桓譚)은 너무 오래 고심하다가 마음에 병이 들었고, 왕충(王充)은 너무 깊이 생각에 빠져 있다가 기운이 고갈되기도 했다. 장형(張衡)은 「이경부(二京賦)」를 짓기 위해서 10년의 세월을 보냈고, 좌사는 「삼도부(三都賦)」를 완성하기 위해서 일기(一紀)를 보내기도 했다.(유협 지음, 황선열 옮김, 앞의 책, 319쪽).

때는 필수적으로 글자의 선택에 숙련되어 있어야 한다."5) 돌을 깎은 두께에 조그만 오차라도 있으면 그 소리가 달라지는 편경과 같이 하나의 형상을 붙들어서 그것을 작품으로 표현하기 위해서는 치밀한 사색의 과정이 필요하며 그것을 언어로 구현하기 위해서는 머뭇거리는 시간이 필요하다는 것이다. 사물을 바라보고 즉흥적으로 떠오르는 이미지를 얼버무리듯이 작품을 쓰면 그 자연스러운 형상은 설익은 상태로 나타나기 마련이다. 이 때문에 자연스러운 풍경이 자신에게 다가왔을 때, 시간을 두고 사유하면서 하나의 구체적 형상으로 재현될 수 있을 때까지 기다려야 한다. 이와 같은 머뭇거림의 상태야말로 정신(精神)의 품격이 스며있는 작품을 쓰기 위한 전제 조건이 되는 것이다. 사물이 자연스럽게 다가왔을 때 기다리면서 사물의 깊은 곳까지 생각이 닿을 때까지 응시하면서 관찰해야 한다는 말이다. 돌아가려다 돌아가지 않고 머뭇거리면서 그 형상을 붙들고 있을 때 깊은 사유가 스며들어 있는 작품이 완성될 것이다. 정신은 아름다운 자연의 풍경을 목격했을 때나 자연스럽게 풍경이 작가에게 다가왔을 때, 그 자연의 심연에 자리잡은 내면의 풍경을 발견할 때까지 머뭇거리면서 기다리는 마음가짐을 말한다. 이렇게 기다리는 마음은 사물과 거리를 두고 관찰하는 과정이고, 이미지를 오랫동안 붙들고 있는 응려(凝慮)의 과정이라 할 수 있다.

   흐르는 물결의 바깥을 보고 있으면 그 밑바닥에 비록 보석이 있다고 하더라도 발견할 수 없는 법이다. 잔물결을 뚫고 그 밑바닥에 무엇이 있는지를 살피기 위해서는 잔물결의 아래에 있는 고요한 물속까지 시선이 닿아야 한다. 그러기 위해서는 피상적인 관찰이 되어서는 안 된다. 그 사물의 구석구석을 보아야 하고, 그 사물의 모든 것을 살펴야 한다.

---

5) 是以綴字屬篇, 必須練擇.(유협 지음, 황선열 옮김, 앞의 책, 424쪽).

아름다운 진주는 조개껍데기 속에 있는데, 그 진귀한 진주를 발견하기 위해서는 조개의 견고한 껍데기 속을 들여다 볼 수 있는 혜안이 있을 때 가능한 일이다. 참된 형상이라는 보석을 발견하기 위해서는 정밀하게 탐색하고 세밀하고 살펴야 한다. 그러기 위해서는 돌아가려고 하다가 되돌아오는 마음의 자세가 필요하다. 정신은 거침없는 질주의 상황이 아니라, 꼼꼼하게 머무르고 살피는 품격이다. 작가의 글쓰기 정신은 치밀함에서 나온다. 사물의 내면을 치밀하게 살필 때 좋은 글이 나오기 마련이다. 정신의 첫 구절은 이러한 창작의 전제 조건을 말하고 있다.

명의절저 기화초태(明漪絶底 奇花初胎) 맑은 물결은 바닥까지 보이고 기이한 꽃은 갓 봉오리 맺었다.

이 구절에 대해서 안대회는 쭈바오취안의 말을 빌려서 "고도로 정신을 집중하여 정서가 충만할 때 비로소 붓을 들어 써야 함을 주장하는 내용으로 보았다."[6]고 말한다. 창작을 하기 위해서 하나의 사물을 두고 깊이 사색하는 것은 무엇보다 중요한 일이다. 맑은 물결이 바닥까지 보이는 법이고 맑은 정신으로 사물에 집중해야 보이지 않는 것이 보이는 법이다. 깨끗한 정신이 스며있으면 기이한 꽃봉오리를 만날 수 있다. 물의 밑바닥을 보기 위해서 오랫동안 물속을 응시할 수 있는 끈질긴 노력이 필요하다. 정신이 맑으면 작품의 표현 자체도 맑을 수밖에 없다. 치밀하게 사물을 관찰하고 난 뒤에 나오는 글은 그 사물의 밑바닥까지 다 드러낼 수 있다. 맑은 잔물결[明漪]이 그 밑바닥에 이른다는 말은 맑은 마음의 상태일 때 사물의 궁극에 닿을 수 있다는 말이다. 사물의 내면을 깊이 응시함으로써 얻을 수 있는 완벽한 이미지의 발견이라고

---

6) 안대회, 앞의 책, 366쪽.

말할 수 있다. 좋은 작품을 쓰기 위해서는 어떤 사물이 작가에게 이르기까지 끝까지 그 사물에 대한 이미지를 놓치지 않아야 한다. 시인 김억은 시(詩)는 찰나의 포착이고, 이 찰나가 영원성을 갖는다고 말하기도 한다. 그것을 시의 혼이라고 설명하고 있는데, 여기에 덧붙여 그 찰나를 영원한 것으로 만들기 위해서는 사물의 밑바닥까지 이르는 깊은 응시를 통하지 않으면 안 될 것이다. 이 구절에서는 사물을 관찰하면서 그 사물의 이미지가 깊이 새겨질 때까지 오랫동안 기다릴 줄 알아야 한다는 것을 강조하고 있다.

올봄 늙은 매화나무 한 그루 만나러 나선 길이 멀었지 멀어서 참으로 까마득했지
허물어질 듯 네모난 연못가에서 서 있던 매화나무,
산속 깊은 물소리에 해마다 매화 향을 얹어놓았겠지
바람이 차서 대숲 종일 소란스러운 이른 봄날엔 꽃잎을 멀리까지 살러 보냈겠지

멀리서, 매화가 처음 보는 객이 찾아왔다네
내 아는 매화나무 한 그루는 오래 묵어 검고 갈라진 살갗을 가졌네
꽃잎도 높은 가지 끝에만 잔설처럼 달려 있네
내 아는 매화나무는 그 아래 지나다 문득 바라볼 일 없는 산속 깊은 곳에 있다네

나는 한나절 앉아 매화나무 한 그루를 포섭했지
물소리 쪽으로 기울어진 듯 자란 늙은 매화나무는
천 리 길을 오게 하고 한나절도 모자라 하루, 이틀을 다시 올라와 앉아 있게 하지
해 기울도록 앉아 있어도 아무도 내다보지 않고 간섭하지 않는

고무신 한 켤레 털신 한 켤레 댓돌에 나란히 놓인 암자가 있는 곳
사백오십 년 묵은 산매화는 큰 절과 암자 뒤편 또 보이지 않는 암자 가는 길 어디쯤에 숨은 듯 피어 있지
물소리 여간해서 그치지 않는 곳,
바람 세찬 날 대숲의 키 큰 왕대들이 더걱더걱 부딪히며 이상한 소리를 내는

곳, 내 아는 매화나무 한 그루는
—조용미, 「탐매행」 전문7)

 이 시를 읽어보면 이 시의 화자는 자신이 탐을 내고 있는 매화나무를 얼마나 깊이 관찰하고 있는지를 알 수 있다. 그 매화나무에 대한 사유는 산속 깊은 곳의 늙은 매화나무 한 그루를 찾아 나서는 길이 "멀어서 참으로 아득했다"고 말할 정도다. 그만큼 이 시의 화자는 늙은 매화나무 한 그루를 보기 위해서 오랫동안 갈망하는 마음의 자세를 견지하고 있다고 말할 수 있는 것이다. 이 시의 화자는 해마다 그 매화나무를 찾아서 "오래 묵어 검고 갈라진 살갗"을 연민의 시선으로 바라보고 있다. 뿐만 아니라 그 매화나무 앞에 앉아서 한 나절을 머물러 있기도 하고, 더러는 하루 이틀 더 앉아 있기도 한다. 해가 기울도록 그 매화나무 곁에 앉아 있어도 아무도 내다보지 않는 적막한 시간 속에 화자와 매화나무는 하나의 몸짓으로 내밀하게 소통하고 있는 것이다. 이 시의 마지막 행에 이르면 화자와 매화나무는 산사의 풍경과 어울려서 자신의 존재를 잊어버리게 된다. 이 시의 화자가 매화나무 한 그루를 탐하고 있는 정신 상태는 그야말로 온 정신을 기울이면서 탐(耽)하고 있다고 말할 수 있다. 마침내 화자와 매화나무가 만나는 이 영매(靈媒)의 순간에 대숲의 키 큰 왕대들이 이상한 소리를 내고 있다. 이 이상한 소리는 사물과 깊이 조우하는 순간 만나게 되는 깊은 영혼의 소리라고 말할 수 있다.
 머뭇거리고 돌아가지 않으면서 응시한 노력 끝에 이루어지는 것이 "기화초태(奇花初胎)"이다. 맑은 정신으로부터 나오는 신령한 기운이 기이한 꽃으로 태동(胎動)하고 있는 것이다. 돌아가야 하는데도 돌아가지 않고 잔잔하게 바라보고 있으면 맑은 물길의 바닥을 꿰뚫어 볼 수

---

7) 조용미, 『기억의 행성』, 문학과지성사, 2011, 52-53쪽.

있고, 자신이 생각하지 못했던 사물의 진기한 형상을 만날 수 있다. 여기서 '기이하다'라고 말하는 것은 괴상한 형상을 말하는 것이 아니라, 자신이 생각하지 못했던 뜻밖의 형상에 도달한다는 것을 말한다. 기이한 꽃[花]은 신비로운 형상이다. 그것은 사물에 대한 깊은 사유의 결과물이다. 맑은 정신의 이미지가 이르는 곳이면서 동시에 그것은 아름다운 창작물이 태동하는 지점이다. 이 두 번째 구절은 문학예술이 빛을 발하기 위해서는 그 사물의 의미를 통찰하는 시선이 필요하다는 것을 말하고 있다. 하나의 찰나도 놓치지 않고, 그 찰나를 영원한 것으로 만들 수 있기 위해서는 사물을 깊이 응시하는 시선이 필요한 것이다.

(3) 응시와 감응의 길

청춘앵무 양류누대(青春鸚鵡 楊柳樓臺) 싱그러운 봄날에 앵무새 조잘대고 누대에는 수양버들 늘어졌다.

이 부분의 원문 "청춘앵무 양류누대(青春鸚鵡 楊柳樓臺)"는 각운 때문에 도치되었으므로, "청춘앵무 누대양류(青春鸚鵡 樓臺楊柳)"로 해석해야 한다.[8] 그러면 싱그러운 봄날과 누대, 앵무새와 수양버들이 대구를 이룬다. 봄날은 시간을 말하고, 누대는 장소를 말한다. 첫 번째 연의 기이한 꽃의 이미지는 자연과 더불어 하나가 되고, 싱그러운 봄날의 앵무새와 누대에 늘어진 수양버들과 함께 아름다운 풍경으로 펼쳐진다. 작가는 자연의 기운에 따라 감응하고, 그 감응을 통해서 표현된 작품은 천지의 조화 속에서 아름다운 형상으로 자리 잡는다. 앵무새가 조잘대

---

8) 안대회, 앞의 책, 641쪽.

는 봄날과 수양버들은 맑은 정신 상태로 사물을 바라보면 말 그대로 생동감이 넘친다는 것을 말하고 있다. 봄은 운기생동(韻氣生動)하는 계절이다. 맑은 정신의 기운이 주변의 풍경과 함께 조화를 이루면서 다가오는 때이다. 깊은 성찰과 찰나를 놓치지 않으려는 깊은 사유는 봄의 생동감과 같이 뜻밖의 기운으로 다가오고, 그 기이한 형상은 생동하는 푸른 봄기운과 함께 살아있는 작품으로 완성되는 것이다. 조잘대는 앵무새와 누대에 늘어진 수양버들은 생동하는 자연스러운 풍경이 다가오는 것을 말한다. 이 자연스러운 풍경을 자연스럽게 작품으로 완성하는 것이야말로 정신의 경계를 초월한 작품을 창작하는 바탕이 된다. 봄날의 앵무새와 수양버들은 시각과 청각의 대조를 이루고 있는데 이것은 정신이 스며 있는 작품은 이미지의 조화를 꾀하고 있다는 것이다. 정신의 품격이 스며있는 좋은 작품은 시각만 살아있는 글이 아니라, 소리와 어울리는 작품을 말한다. 좋은 작품은 자연의 조화로운 이미지를 포착하고 그것을 아름답게 형상화하는데 있다. 자연은 그 조화로움이 끝이 없어서 어느 것 하나 유용하지 않거나 쓸모없는 것이 없는 법이기 때문이다. 좋은 작품은 이 자연스러운 조화로움을 발견하는 것이라는 말이다.

꽉 쥔다
기대에 부푼 가슴 누르고
조심스레 펴 보는 손바닥
바람 한 줌,

왜 아무것도 없다고 하는가,
나의 왕국은
빈 손바닥 그 위에
사막처럼 광대하게 펼쳐져 있다.

상주민은 없다,
우주를 향해 사방으로 길이 트여
누구나 바람처럼 오가는 나라
그래서 더욱 은성하는 그 나라

모든 생산은 꿈이 맡고 있다.
이를테면 꿈이
씨줄 되고 날줄 되어 짜내는 환상의 직물
벌거벗은 임금님의 보이지 않는 옷감!

침략에 대비하는 막강한 군대여
안데르센의 성냥팔이 소녀가
밤내 켜고 버린 성냥개비를
스스로 모여들어 조직한 군대여

왜 아무것도 없다고 하는가,
쥐었다 펴면 빈 자리
나라 하나를 덮는 손바닥
바람의 조화를!

─이형기, 「바람 한 줌」 전문9)

 이 시와 같이 보이지 않는 바람이라고 하더라도 깊은 사유를 통할 때는 보이지 않는 것이 보이는 법이다. 화자의 눈으로 보기에는 손바닥의 바람 한 줌이 나의 왕국이 되어 "사막처럼 광대하게 펼쳐져 있다."고 말하고 있다. 이것은 바람의 속성을 깊이 사유했기 때문에 가능한 것이다. 이런 사유의 궁극으로 바람을 응시할 때 비로소 바람 속에는 우주를 향하는 길이 있고, 거대한 군대가 있고, 세상을 변화시키는 힘이 보이는 것이다. 마침내 화자의 사유 속에서 바람은 환상의 직물이기도 하고, "보이지 않은 옷감"으로 형상화되고 있다. 또한 바람은 더러는 세상을

---

9) 이형기, 『오늘의 내 몫은 우수 한 짐』, 문학사상사, 1986, 80-81쪽.

전복하는 막강한 군대와 같기도 하고, 성냥팔이 소녀가 켜고 버린 성냥개비와 같이 연약하기도 하다고 말할 수 있게 되는 것이다. 이 시의 화자는 손바닥을 스치고 지나가는 바람 한 줌을 통해서 사유의 진폭을 확장해가고 있다. 화자는 바람과 내밀하게 소통하면서 그 깊은 의미를 성찰하고 있다.

사공도의 시에서 말하는 수양버들이 누대에 늘어져 있는 형국은 자연스럽게 다가오는 풍경에 귀를 기울이라는 것이다. 사물의 기운이 일어나는 내면의 소리를 들으라는 말이다. 싱그러운 봄날에 생명이 약동하는 소리를 듣고 수양버들이 늘어져 있는 상황을 보면서 그 풍경의 내면을 응시하라는 것이다. 사물을 보는 시선이 깊으면 그 사물을 표현하는 것도 깊어지게 마련이다. 나무가 무성하게 자라면 그 나무의 그늘의 깊어지듯이 말이다. 자신의 그늘을 만들기 위해 만들어진 응달로 들어가려고 하지 말고 강렬한 햇볕을 받아서 스스로 자신의 그늘을 깊고 넓게 만들어야 한다. 정신의 품격은 작가의 사유를 깊은 곳으로 가져가라고 말하고 있다. 자신이 사물을 억지로 끌어들이려 하지 말고, 사물이 자신에게 다가오게 만들어야 한다. 그것은 사물과 은밀한 교감을 이룰 때 가능한 것이다. 나무를 보고 숲을 보지 못해서는 안 되고, 나무를 보면서 그 광활한 숲의 정령들과 교감하지 않으면 안 된다. 정신의 품격은 사물과 교감하려는 마음가짐과 매의 눈과 같은 응시를 통해서 얻을 수 있다.

벽산인내 청주심배(碧山人來 淸酒深杯) 푸른 산의 그 사람이 와서 큰 술잔에 청주를 따른다.

이 부분은 사물을 바라보는 편견에서 벗어나서 스스로 사물을 바로 직시할 수 있는 방법이 무엇인지를 말하고 있다. 문학예술은 작품 속에 자신의 깊은 내면을 은근하게 숨기면서 드러내는 행위이다. 그것은 자신이 아니면서 동시에 자신이어야 한다. 부분 속에서 전체를 인식하고 전체 속에서 부분을 인식하는 이 상호교섭의 순간에 비로소 "푸른 산의 그 사람"이 자신에게 다가오게 되는 것이다. 여기서 말하는 푸른 산은 거대한 자연의 세계, 혹은 우주라고 한다면, 그 사람은 그 푸른 산과 함께 호흡하는, 혹은 그 산의 정령과 교감하는 사람일 터이다. 그 거대한 존재가 자신에서 다가오는 것이다. 그 존재는 작가가 생각하는 사유의 세계와 함께 할 수 있는 사람을 말할 것이다. 이 시구에서 맑은 술[淸酒]은 정신을 혼미하게 하는 술이 아니라, 은근하게 교감할 수 있는 자리에 마련된 술일 것이다. 그 술을 큰 술잔[深杯]에 따른다. 이 술잔은 크기가 큰 술잔의 외형을 말하기도 하겠지만 굳이 큰 술잔만을 의미하지는 않을 것이다. 맑은 술을 담을 수 있는 깊은 술잔을 의미할 것이다. 그 술잔은 술을 따르는 소리가 은근하면서도 깊게 울리는 술잔일 터이다. 이 시구는 자연스러운 풍경과 교감할 수 있는 사람과 함께 그 풍경을 음미하고 있는 장면이다. 작품의 창작과정에 빗댄다면 사물과 하나가 되고 그 깊은 사유의 세계를 공유한다는 것을 의미한다. 작가의 내밀한 사색의 세계가 "푸른 산의 그 사람"에게 스며드는 것을 말한다. 마치 큰 술잔 속에 작가의 맑은 정신의 스며드는 것과 같은 정신의 교감을 말한다.

    잔설 밭에 쌓인 어둠의 층계를 밟으면
    하얗게 찍히는 소란스런 침묵들
    뿌리 얽으며 여러 번 생을 살아온
    나무와 말라 쓰러진 갈대의 내력이 들리는 것 같다

> 살은 대지에 뿌리고, 탈골한 몸만 남아
> 밀봉된 어둠 속을 가만히 흔들어보는
> 적막강산, 우리에게
> 이보다 더 신령스런 주술사는 아직 없다
> 이걸 눈치 챈 달이 굴러오고
> 별빛은 물면 곳곳 보석처럼 흩어져 내린다
> 잠든 대지와 은밀하게 내통하는
> 천계(天界)의 사자들
> 혹한에 몸 파랗게 웅크리고 고단한 여정을
> 푸른 빛 환하게 비추고 있으니 그대여
> 이 겨울을 냉혹하다 하지 마라
> 내 품이 모자라면, 뿌리 끝의 온기라도 나누겠다
> 늪의 깊고 싸늘한 어둠과도 친구가 된,
> 그래서 덜 외롭게 달과 별 초롱초롱 박아둔
> 나무와 풀뿌리들의 내력을
> 정적은 이미 다 알고 있으므로
> ─배한봉, 「정적 속에서」 전문10)

이 시는 텅 비어 있는 곳을 향하고 있는 장자의 사유 방식을 보여주고 있다. 텅 비어있음은 그 내면의 깊은 곳까지 이를 수 있다. 이 시의 시구 중에서 "소란스런 침묵들"이라는 역설의 상황과 적막강산을 함께 사유할 수 있는 힘은 어디에서 나오는 것일까? 그것은 정적의 상황을 깊이 체현하거나 생각하지 않으면 나올 수 없을 것이다. 이 시의 화자가 적막 강산보다도 더 신령스러운 주술사가 없다고 단언하고 있는 것은 그 오래된 사유의 끝자락에서 만날 수 있는 것이다. 이 시의 화자는 겨울을 냉혹하게 바라보지 않는 따뜻한 감성을 통하여 이미 "잠든 대지와 은밀하게 내통하는/ 천계의 사자들"의 기운을 느끼기 때문이다. 화자는 정적 속에 감돌고 있는 생명의 기운을 느끼면서 혹한 속에서도 푸른 생명의 빛

---

10) 배한봉, 『우포늪 왁새』, 시와시학사, 2002, 25쪽.

이 있다는 사실을 깨닫고 있는 것이다. 그 생명의 빛을 알기 때문에 뿌리 끝의 온기라도 나누고 나면, 곧 자신을 텅 비우고 나면 반드시 새로운 생명이 다가온다는 것을 확신하고 있는 것이다. 이 시의 화자는 사물에 대한 깊은 사유를 통해서 생명의 순환 논리와 자연의 거대한 질서를 깨닫고 있다. 그 사유는 "나무와 풀뿌리들의 내력을/ 정적은 이미 다 알고" 있듯이 자연스럽게 펼쳐지고 있다. 이것은 죽음마저도 삶의 순환 논리 속에 있을 것이라는 깨달음과 같은 것이고 텅빈 중심이지만 중심이 존재한다는 장자의 사유 방식과도 같은 것이다.

사공도의 시구에 따르면 사물에 대한 깊은 응시와 감응은 이와 같이 푸른 산의 그 사람과 큰 술잔에 술을 따르면서 함께 할 수 있는 지극한 경지에 이르게 된다. 신의 정령과 마주 앉아서 그 기운을 나누는 것은 얼마나 행복한 일인가? 정밀한 사유의 끝자락에서 만나게 되는 깊고 넓은 영혼의 세계는 맑은 정신을 가진 작가가 누릴 수 있는 가장 행복한 순간이 아닐까? 이 순간은 이백의「산중속답인」에서 천지자연과 조화된 상태가 아닐까? "왜 사냐건 웃지요"라는 이 가벼운 담론 속에 스며있는 오묘한 세계를 어떻게 범인(凡人)이 알 수 있을까? 맑은 정신(精神)의 세계가 스며있는 작품은 모든 사람들이 공감하고 감응을 일으키는 작품이라고 할 수 있는 것이다.

(4) 생기와 오묘한 창조의 세계

생기원출 부저사회(生氣遠出 不著死灰) 생기가 멀리까지 퍼지니 식은 재는 붙어 있을 데가 없다.

여기에서 "생기원출 부저사회(生氣遠出 不著死灰)는 각운 때문에 도치되었으므로 생기원출 사회부저(生氣遠出 死灰不著)로 해석해야 한다."[11] 이렇게 보면 이 부분도 대구로 이루어져 있다. 생(生)과 사(死), 기(氣)와 회(灰), 원출(遠出)과 부저(不著)가 서로 짝을 이루고 있다. 앞의 것을 생명이고 긍정적 요소라고 한다면 뒤의 것은 죽음이고 부정적 요소라고 할 수 있다. 그런데 이 대구가 서로 대조의 관계를 이루는 형국이 아니라, 생과 사의 순환관계로 봐야 할 것이다. 이 부분은 창작의 과정 속에서 자연스러운 창작과 인공의 기술이 가미된 두 가지 서로 다른 창작 태도를 설명하고 있다고 해도 무방할 것이다. 활달한 생명의 기운이 멀리 퍼지면 죽음의 기운이 다가올 수 없지만, 반대로 식은 재가 붙을 수 있는 여지를 준다면 생동하는 작품을 쓸 수 없다는 것이다. 이것은 하나의 사물을 두고 관찰할 때 그 긍정과 부정을 동시에 바라볼 수 있어야 한다는 것이고, 생명과 죽음의 과정을 둘로 보는 것이 아니라, 하나의 관점으로 볼 수 있어야 한다는 것이다.

    닥나무가 자신의 모든 기억을 지워버렸을 때
    비로소 종이가 되는 것이다

    풀어헤친 몸에서
    한 방울의 물까지 떨쳐버렸을 때이다

    이런 아픔이 있어
    누구의 이야기나 담을 수 있고
    한 방울의 눈물에도 허물어지는 것이다

    종이 얇다고 함부로 마라

---

11) 안대회, 앞의 책, 641쪽.

> 억눌리고 창백한 자의 가슴 가장자리에도 벼린 한칼 있으니!
> ―강문출, 「종이」 전문[12]

    이 시는 닥나무가 종이로 되는 과정을 형상화하고 있다. 여기서 닥나무가 종이가 되고 마침내 벼린 칼이 되는 것은 사공도의 시에서 말하는 창작의 과정에 비유할 수 있다. 살아있는 기운은 창작의 과정에서 말하는 맑은 정신 상태를 말한다면, 식은 재는 본래 사물이 갖고 있는 고유한 속성을 말한다고 할 수 있다. 맑은 정신으로 사물을 응시하고 있으면 사물의 속성으로부터 멀어진 새로운 의미가 생성된다는 말이다. 닥나무가 자신이 나무였다는 기억을 지웠을 때 비로소 종이가 되듯이 자연의 것을 완전히 벗어났을 때 비로소 새로운 것이 만들어지는 것이다. 문학예술의 창작 과정은 자연의 속성으로부터 새롭게 생성되는 의미의 발견이라고 할 수 있다. 그 의미의 생성을 위해서 맑은 정신 상태가 요구되는 것이다. 하나의 사물이 다른 속성을 가진 사물로 새롭게 형상화될 때 앞의 형상은 지워버리고 새로운 형상으로 변화하는 것은 지극히 당연한 것이다. 닥나무가 종이가 되면서 닥나무의 이미지가 사라지는 것처럼 형상이 생성되고 나면 지나간 형상을 지워야 한다. 닥나무가 종이가 되는 것으로만 끝나는 것이 아니다. 그 종이는 날카로운 가장자리를 가진 벼린 하나의 칼날을 가지게 된다. 맑은 정신으로부터 만들어지는 새로운 작품은 종이의 칼날과 같은 의미가 들어 있는 작품이 되어야 한다. 맑은 정신으로 생성된 이미지가 만들어내는 또 다른 칼날이야말로 작가의 정신이 스며들어 있는 작품이라고 말할 수 있을 것이다.
    사공도는 정신의 품격을 말하는 세 번째 연 첫 시구에서 생기가 일어나서[生氣遠出] 식은 재의 기운이 붙을 자리가 없다[不著死灰]고 말하고

---

12) 강문출, 『낮은 무게중심의 말』, 리토피아, 2017, 60쪽.

있는데 이 부분은 좀 더 깊이 생각해서 살펴볼 필요가 있다. 식은 재가 붙을 자리가 없다는 말은 사실은 생성하는 기운이 왕성해서 식은 재가 붙을 수 없다고도 볼 수 있으며, 식은 재에는 깊은 생명의 울림이 있다는 것을 말하고 있다고도 볼 수 있다. 이 부분을 그대로 읽으면 생명의 기운이 식은 재의 죽은 기운을 물리치는 것으로 되어 있지만, 식은 재에는 생명의 기운이 감추어져 있는 것으로도 되어 있다. 이러한 논리는 간단하게 살펴보더라도 생명이 곧 죽음이요, 죽음이 곧 생명이라는 만물을 순환 논리를 설명하는 것이라고 볼 수 있다. 강문출의 시에서 살펴본 것처럼, 닥나무가 종이가 되고 그 종이가 된 생명의 기운은 원래 닥나무의 기운을 몰아냄과 동시에 칼날이 되는 새로운 기운을 가지게 된다. 기(氣)와 회(灰)의 절묘한 대구는 이러한 생명과 죽음의 순환 고리를 설명하는 것이라고 말할 수 있다. 생명의 기운이 두루 미칠수록 죽음의 공간은 머물 자리가 없다. 그러나 그 죽음의 공간에도 미세한 생명의 기운이 머물고 있다. 음과 양의 조화로움을 설명하는 태극의 형상을 살펴보면 음(陰)의 기운이 가장 작은 자리에서 양(陽)의 기운은 가장 큰 자리를 자치한다. 그러나 그 음의 자리에는 소멸의 자리가 아니라, 생성의 기운을 머금고 있는 소멸이다. 겨울의 얼음장 밑에 물이 흘러가듯이 그것은 영원한 소멸이 아니다. 생명과 죽음의 기운이 상생하고 있는 자리이다.

이 때문에 사공도의 시구에서 말하는 생기(生氣)와 사회(死灰)는 단순한 대응관계로 이루어진 것이 아니라, 자연의 순환 질서를 설명하고 있는 것이다. 새로운 창작은 이 끝없는 생멸(生滅)의 순환 논리 속에서 새롭게 생성되는 것이다. 봄날의 운기생동(韻氣生動)하는 기운은 꽁꽁 언 겨울의 속에 스며들어 있는 침묵의 바탕으로부터 생성되는 것이다.

그 기운은 내밀함 속에 있는 기운이고 보이지 않는 기운이지만 스며들어 있는 기운이다. 이 기운은 사실 없는 듯하지만 존재하는 기운이다. 그 기운이 무엇인지를 깨닫는 자리에서 사물에 대한 참된 의미를 깨달을 수 있을 것이다. 정신의 품격은 이러한 깊은 사유가 이르는 궁극의 지점이다. 정신의 품격이 스며있는 좋은 작품은 보이지 않는 기운과 보이는 기운을 동시에 느끼는데 있다. 사물의 내면으로부터 울려오는 깊은 기운을 발견하는 것, 그 내밀한 소통이야말로 맑은 정신의 끝자락에서 만날 수 있는 세계이다. 정신의 품격이 스며있는 작품을 쓰기 위해서는 사물의 깊은 곳과 소통하는 것이 필요하다는 말은 이러한 내밀한 조응이 작품 속에 스며들어 있어야 한다는 것을 의미한다.

묘조자연 이수여재(妙造自然 伊誰與裁) 오묘한 창조와 자연스러움을 누가 더불어 선택할 것인가.

안대회는 이 시구에 나오는 첫 번째 구절을 "오묘한 창조와 자연스러움"으로 풀이하고 있다. 이어서 그는 "묘조(妙造)는 서술어가 아니라 오묘한 제작이란 뜻을 지닌 명사로서 뒤에 나오는 자연과 동격"[13]이라고 설명하고 있다. 자연스럽게 살아나는 기운을 형상화하는 작품 속에 스며있는 깊고 넓은 기운을 과연 누가 쓸 수 있겠는가? 정신의 품격으로 형상화하는 작품 세계는 그야말로 오묘한 제작이라고 말할 수밖에 없을 것이다. 그 깊은 사유가 들어있는 작품은 쉽게 접근할 수 없는 오묘한 창조물일 뿐이다. 쉽게 이해할 수 있고 누구나 접근할 수 있는 작품도 필요하겠지만, 정신이 스며있는 오묘한 작품은 작가로서 궁극에 도달해야할 지점이 아니겠는가? 작가의 깊은 사유가 들어있는 작품은 자기만

---

13) 안대회, 앞의 책, 367쪽.

의 세계에 갇혀서 다른 세계를 보지 못하는 것이 아니라, 자연스러운 조화 속에 오묘함이 스며들어 있다는 것이다. 이를 달리 말하면 오묘한 창조야말로 가장 자연스러운 상태에서 나오는 것이라는 말이다. 사물의 궁극을 바라볼 줄 아는 작가의 정신이란 결국 그 사물의 밑바닥까지 다다른 사유의 끝에 있다는 말이다.

> 그럼에도 곧바로 날아가는 말들이 있고
> 날아가서 돌아오지 않는 말들이 있고
> 꼭 망가져서 돌아오는 말들이 있고
> 꿈속을 기어서라도 돌아오는 말들이 있고
> 나는 그걸 치욕이라 부르고
> 그럼에도 돌려세우지 못하는 말들이 있고
> 매정하게 돌려세우는 말들이 있고
> 도망가는 말들이 있고
> 엎어지는 말들이 있고 시체가 될 때까지
> 너무 많은 약을 뿌려야 했고
> 먹어야 했고 그럼에도
> 기어드는 말들이 있고
> 내 가죽보다도 뻔뻔한 말들이 있고
> 나가지 않는 말들이 있고 시체가 될 때까지
> 내보내지 않는 말들이 있고
> 내가 기억하는 것만 기억하는 말들이 있고
> 기억보다 앞질러서 가는 말들이 있고
> 거리를 곧장 달려가는 말들이 있고
> 거리를 온통 쓸어 담는 말들이 있고
> 와중에도 흘리는 말들이 있고
> 이 모든 걸 다 말할 수 없는 말들이 있고
>
> ─김언,「말들」전문[14]

---

14) 김언,『숨쉬는 무덤』, 천년의시작, 2003, 63-64쪽.

얼핏 보기에 이 시는 말에 대한 유희와 같은 느낌이 든다. 그러나 이 시는 말로부터 시작하는 다양한 일들에 대한 화자의 깊은 사유를 잘 보여주고 있다. 말을 정의하는 것은 끝이 없으며, 그 끝없는 세계는 다 형언할 수 없는 노릇이라서 이 시의 마지막 행에 이르면, "이 모든 걸 다 말할 수 없는 말들이 있고"라고 말하고 만다. 결국 말은 정의할 수도 확정할 수도 없는 그 무엇이라는 것이다. 이 시는 말에 대한 자연스러운 사색의 과정을 유장하게 형상화하고 있다. 자연스러운 창조는 누구와 더불어 할 수 없고, 오직 자신만의 세계에서 가능하다고 할 수 있다. 그것이야말로 오묘한 창조의 세계라고 말할 수 있는 것이다. 예술은 사물과 사물의 관계를, 혹은 작가와 독자와의 관계를 통해서 상호 교감하는 자리에 존재한다. 그렇지만 그 예술을 창조해내는 작가는 끝없이 홀로 서있는 존재이다. 사물과 사물 사이에 혼자 존재하고, 독자와 독자 사이에도 혼자 존재한다. 작가는 사물과 관계뿐만 아니라, 세계와의 관계에 있어서도 고고(孤高)한 존재일 뿐이다. 그 고고한 자리에서 창출되는 예술이란 가장 오묘한 창조물이라고 말할 수 있다. 사물에 대한 감응은 찰나에 이루어지고, 그 찰나와 끝없는 관계를 맺고 사유하는 과정 속에서 참된 예술작품이 만들어지는 것이다. 이 때문에 오묘한 작품은 영원히 소멸하지도 않으면서도 영원히 존재할 수도 없는 것이다. 맑은 정신의 품격은 작가가 스스로 선택할 수밖에 없는 길이다.

사공도의 시에서 말하고 있는 정신은 창작의 과정을 설명하는 품격이다. 작품은 작가가 창작하지만 그 작품은 자연으로부터 구하지 않는 것이 없다. 그렇기 때문에 그 자연스러움이 작품에 스며들어 있어야 한다. 작품 속에 자연스러움이 스며들기 위해서 작가는 맑은 정신을 갖고 있어야 한다. 오묘한 작품이란 맑은 정신을 바탕으로 자연스러운 주변의 풍경에 감응하면서 그 감응을 이미지로 형상화하는 것이다. 오묘한 창작에 이르는 길은 자연스러운 바탕을 깊이 사유하는 데 있다. 맑은 정신과 자연스러움의 조화야말로 오묘한 창작에 이르는 길이다.

14. 빈틈없는 촘촘함

―진밀(縝密)

(1) 개요

　진밀은 촘촘하고 조밀해서 틈새가 없는 것을 말한다. 진(縝)은 삼실처럼 촘촘한 모양을 의미하고, 밀(密)은 빽빽하다는 뜻을 나타낸다. 따라서 진밀은 촘촘하고 또 빽빽하면서도 치밀하게 쓴 글을 말한다. 안대회는 "진밀은 촘촘하게 잘 짜인 시와 문장의 품격을 가리킨다. 진밀의 의미는 크게 보아 세 가지다. 먼저 성격이 꼼꼼하고 신중함을 뜻하고, 다음으로 엄밀하고 꼼꼼하게 공부하는 자세를 가리킨다. 문학에서는 구성과 맥락이 빈틈없이 잘 짜인 시나 문장을 가리킨다."고 전제하면서, 좀 더 나아가서 "진밀은 앞에서 말한 치밀이나 면밀(綿密), 주밀(周密), 세밀(細密) 등의 밀(密)자가 들어간 일련의 풍격과 비슷한 의미로 널리 사용되었다. 신중하고 빈틈없이 인생을 살아가는 태도를 뜻하는 신밀(愼密)과도 깊이 관련되어 있다."[1]고 말하고 있다. 이런 측면에서 볼 때 진밀은 작품을 얼마나 치밀하게 구성하고 조직하느냐와 같은 작품의 구상과 흐름에 관한 것이라는 사실을 확인할 수 있다.

　또한 진밀에 대해서 "유협의 『문심조룡』에서는 '머리부터 발끝까지 구성이 주밀하다'라고 하여 치밀한 구성의 필요성을 강조했다. 또 어휘를 구사할 때 엉성하게 하는 것과 면밀하게 하는 차이를 소밀(疏密)이라

---

1) 안대회, 『궁극의 시학』, 문학동네, 2013, 384-385쪽.

는 개념으로 설명하기도 했다."2)고 말하기도 한다. 여기서 말하는 소밀하다는 뜻은 조밀한 것이 성글어있는 상태를 말하는데, 진밀은 그 촘촘함에 있어서 조밀하지만 약간 성글어 있는 상태를 말하기도 한다. 손연규의『시품억설』에서는 그 비유를 바느질 솜씨에 빗대고 있는데 "미인이 세심하게 다리미질을 하여 옷감의 주름을 펴면 바느질을 한 흔적이 완전히 사라진다. 그것이 바로 진밀이다."3)라고 말한다. 어둠 속에서 바느질을 해도 그 바느질의 흔적이 남지 않는 귀신같은 솜씨를 진밀하다고 말한다. 그야말로 하늘의 옷감을 인간의 손으로 만든 뛰어난 창작법을 말한다고 할 수 있다.

이와 같이 진밀은 가공을 했음에도 불구하고 너무 자연스러워서 가공의 흔적이 전혀 남아있지 않은 상태를 말한다. 그만큼 자연스럽게 만들었다는 말일 것이다. 진밀은 자연의 흐름에 따라서 사물을 보고 그 사물의 형상을 자연스럽게 구상하고 만들어 내는 것을 말한다. 진밀은 작품의 창작 과정 속에서 작가가 임의로 가공했다는 흔적을 남기지 않는 자연스러움의 극치라고 말할 수 있다. 이제 이 진밀의 창작 과정을 사공도는 어떻게 시로 표현하고 있는지 살펴보기로 하자.

> 是有眞跡 如不可知 意象欲出 造化已奇
> 시유진적 여불가지 의상욕출 조화이기
>
> 流水花間 淸露未晞 要路愈遠 幽行爲遲
> 유수화간 청로미희 요로유원 유행위지
>
> 語不欲犯 思不欲癡 猶春於綠 明月雪時

---

2) 안대회, 앞의 책, 385쪽.
3) 안대회, 앞의 책, 385쪽.

어불욕범 사불욕치 유춘어록 명월설시

틀림없이 진정한 자취가 있지만
알아차리지 못할 것만 같아
마음에서 형상이 떠오르려 하자
조화造化는 벌써 기이해졌다

꽃밭 사이로 물은 흐르고
맑은 이슬은 채 마르지 않았다
곧게 뻗은 길에서 멀어질수록
호젓하게 걷는 발걸음은 더디다

말은 금기를 범하지 않을수록 좋고
구상은 뻣뻣하지 않을수록 좋다
신록이 푸른 봄이 되었으나
눈이 내리고 달빛 환한 것과 같다

이 시의 1연은 진밀의 과정을 설명하고 있는데, 흔적은 있지만 그 흔적을 알아차릴 수 없고, 그 형상을 포착하려고 하지만 형상이 구체화되지 않는다고 말하고 있다. 진밀은 있는 듯하면서도 없는 것이고 없는 것 같은데도 있는 조화로움이라는 말이다. 2연에서 진밀은 모든 것을 다 표현한 것 같지만 그것이 성글어 있는 부분이 있다는 것을 말하고 있다. 소밀이라는 말과 같이 이슬이 채 마르지 않은 것 같은 미완의 완성을 의미한다. 여기에서는 진밀로 들어가는 과정은 빠른 것이 아니라 더디게 진행된다고 말한다. 3연은 진밀의 참된 의미를 설명하고 있다. 진밀의 품격을 보이는 작품은 그 시어 선택이 철두철미하고 구상은 자연스럽고, 봄과 겨울의 경계를 넘어서 있다고 말할 수 있다. 진밀은 작품의 구상을 뛰어넘어서 존재하고 시간과 공간을 초월한 천의무봉(天衣無縫)의 경지에 이른 것을 말한다.

(2) 있으나 없는 듯한 흔적

시유진적 여불가지(是有眞跡 如不可知) 틀림없이 진정한 자취가 있지만 알아차리지 못할 것만 같아.

이 시구에 대한 설명으로 "좋은 작품일수록 구조와 맥락이 잘 짜여 있지만 너무도 미끈하고 자연스럽게 짜여 있기에 그 질서를 바로 알아차리기가 어렵다는 말이다."[4]라고 하고 있다. 진정한 자취라는 말은 어떤 것을 만들었거나 지나간 흔적이 있다는 것이다. 그런데도 그것을 알아차리지 못할 것만 같은 것은 창작의 기교가 매우 치밀하다는 말이다. 그것은 감쪽같다는 말도 되지만, 그만큼 자연스럽다는 말도 된다. 하나도 흠집이 생기지 않도록 감쪽같이 감출 수 있는 기술은 단순한 기술을 의미하는 것이 아니라, 고도로 숙련된 기교를 의미하는 것이다. 어설픈 기교를 부린 작품은 금방 드러나게 마련이고, 서투른 목공의 기술은 금방 들통이 나고 만다. 유협은 이러한 기교의 엉성함을 경계해야 한다고 말하면서 "두레박의 줄이 짧으면 깊은 우물의 물을 길어 올릴 수 없다"라는 비유로 설명하고 있다. 진밀의 창작법은 기교를 노련하게 하는 것을 말하고 그것은 두레박의 긴 줄에 빗댈 수 있는 것이다. 진밀은 한 치의 오차도 없이 숙련된 아름다움을 말한다.

진정한 자취가 있지만 알아차리지 못하는 것은 언어의 문맥이 난해해서 독자가 이해할 수 없도록 하라는 말이 아니라, 탁월한 비유와 기교를 통해서 원래 말하려고 하는 진의를 감추어야 한다는 말이다. 진밀은 문맥으로 보면 분명히 어떤 사물을 말하고 있음에도 불구하고 그 사물의 진위를 알아차리지 못하게 하는 방법을 말한다. 다음 시를 살펴보자.

---

[4] 안대회, 앞의 책, 387쪽.

내 몸
닳아서
너에게 갈 수 있다면

모래 언덕
맨발로
너에게 갈 수 있다면

이토록
뜨거운 함성
너에게로 갈 수 있다면

—강현덕, 「주전자」 전문5)

  이 시조는 제목을 쓰지 않으면 그 사물이 무엇인지 가려져 있다. 이것은 사물의 속성을 통해서 의미를 전달하고 있는 것이지 사물을 그대로 드러내고 있는 것은 아니다. 이 작품에서 제목을 가린 다음 읽게 하고 난 뒤에 어떤 사물을 형상화했느냐고 묻는다면 주전자라는 말이 쉽게 나오지 않을 것이다. 이 시의 문맥을 읽으면 뚜렷하게 어떤 사물을 빗대어서 표현하고 있는 것 같지 않다. 주전자 자체를 몸과 맨발, 그리고 함성으로 표현하고 있으니 주전자라는 그 사물의 형체는 철저히 은폐되어 있다. 이 시는 간절한 그리움이나 절절한 마음을 표현하고 있는 듯하지만 사실은 사물의 형체는 철저히 가려져 있어서 무엇을 말하고 있는지 알 수가 없다. 그러면서 주전자의 쓰임새를 통해서 화자의 마음을 전달하고 있다. 이러니 그 구상 자체에서 사물의 존재는 있는 듯 없는 듯한 상황에 놓이게 되는 것이다.
  이런 기교는 이른바 의인화와 풍자의 기법으로도 설명이 가능하다.

---

5) 강현덕, 『한림정역에서 잠이 들다』, 태학사, 2001, 48쪽.

무엇인가를 말하고 있지만, 그 본의는 숨긴 채 비유하고 있기 때문에 그 진위를 정확하게 파악하지 못하는 것이다. 문학에서 그 상상력이 깊은 곳에 이르면 그 사물 자체의 의미가 다른 의미로 전위되기도 하고, 그 사물의 본질을 벗어난 곳에서 그 본질을 볼 수 있다는 것이다. 나무와 돌, 풀과 비행기 등 서로 이질적이고 전혀 어울리지 않는 괴리개념에 있는 사물들도 그 본질의 눈으로 볼 때는 소통할 수 있는 매질(媒質)이 있을 것이다. 그 매질을 찾아내서 작품으로 형상화하면 그것은 그 진위를 알 수 없는 곳에서 본질을 바라볼 수 있을 것이다. 천의무봉(天衣無縫)이라는 말은 바느질을 한 흔적이 없는 옷을 말한다. 진밀의 품격은 자연스러운 기교의 궁극에 닿아 있다는 것을 말한다.

의상욕출 조화이기(意象欲出 造化已奇) 마음에서 형상이 떠오르려 하자 조화造化는 벌써 기이해졌다.

   진밀의 품격이 스며있는 작품은 의상(意象)이 떠오르자마자 그 의상마저도 사물로부터 벗어나 있는 작품을 말한다. 처음에는 기러기를 형상화했지만, 기러기는 사라지고 허공의 그림자만 남겨지는 것과 같은 것이다. 이미지는 사물에서 떠오르는 것이지만, 작가의 상상력을 거치면서 그 본질은 사라지고, 작가가 표현하고자 하는 것으로 바뀐다는 것이다. 예를 들면, 호수라는 형상을 통해서 사물을 보고 있지만, 작가가 작품으로 형상화하면, 그 형상은 사라지고 작가의 상상력으로 이루어진 또 다른 형상이 자리 잡는다는 것이다. 문학작품은 마음에 떠오른 상상력의 형상이 구체화되어가는 과정이다. 그렇기 때문에 마음의 형상을 포착하는 것이 중요하다. 그리고 그 형상에 의탁하여 표현하는 것이 문학이다. 하나의 사물이 변화하고 통해서 새로운 사물로 나타나는 것은 형상에서 조화로 나아가는 것이라고 할 수 있다.

> 墨을 갈다가
> 문득 水沒된 무덤을 생각한다.
> 물 위에 꽃을 뿌리는 이의 마음을 생각한다.
> 꽃은 물에 떠서 흐르고
> 마음은 촛불을 달고 물 밑으로 가라앉는다.
>
> 墨을 갈다가
> 제삿날 놋그릇 같은 달빛을 생각한다.
> 그 숲 속, 그 달빛 속 인기척을 생각한다.
> 엿듣지 마라 엿듣지 마라
> 용케도 살아남았으니
> 이제 들려줄 것은 벌레의 울음소리밖에 없다.
>
> 밤마다 밤이 이슥토록
> 墨을 갈다가
> 벼루에 흥건히 괴는 먹물
> 먹물은 갑자기 선지빛으로 변한다.
> 사람은 해치지도 않았는데
> 지울 수 없는 선지빛은 온 가슴을 번져난다.
>
> ―김상옥, 「墨을 갈다가」 전문6)

글씨를 쓰기 위해서 먹을 갈다가 생각한다. 먹이라는 사물을 통해서 형상화되고 있는 세계는 딴 곳이다. 먹을 가는 행위는 "수몰(水沒)된 무덤", "물 위에 꽃을 뿌리는 사람", "제삿날 놋그릇 같은 달빛", "그 숲 속, 그 달빛 속 인기척"을 생각나게 한다. 이런 연상들이 결국 "지울 수 없는 선지빛"으로 화자의 가슴에 번지게 된다. 먹이라는 사물의 형상은 이미 조화를 부려서 여러 가지 상념으로 자리 잡게 되고, 그 상념은

---

6) 김상옥 시집, 『墨을 갈다가』, 창작과비평사, 1980, 10-11쪽.

마침내 화자의 가슴에 응어리로 맺히게 된다. 이 시는 먹을 가는 행위를 제목으로 삼고 있으면서도 화자의 상념이 중심축을 이루고 있다. 제목과 내용의 이질성을 통해서 원래의 형상을 지우고 화자의 상념으로 옮아온다. 진밀의 품격이 스며있는 작품의 구상은 대개 시적 상상력이나 사물에 대한 상상력이 이렇게 변화해서 새로운 세계를 이끌어내는 데 있다. 여기서 중요한 문제는 사물의 형상을 말하고 있으면서도 그 사물의 형상을 떠나서 자연스럽게 표현되어야 한다는 것이다. 자연스러운 형상이 변화해서 조화가 기이하다는 말은 본래의 형상을 넘어서는 과정이 기이하다는 말일 것이다.

(3) 미완의 완성, 기우뚱한 균형

　유수화간 청로미희(流水花間 淸露未晞) 꽃밭 사이로 물은 흐르고 맑은 이슬은 채 마르지 않았다.
　이 시구에서 꽃밭 사이로 흐르는 물은 무엇일까? 꽃밭은 형상화된 작품이라 말할 수 있고, 그 사이를 흐르는 물은 자연스러운 작품을 의미한다고 말할 수 있다. 꽃밭 사이로 흐르는 물이 자연스럽기 때문에 맑은 이슬은 채 마르지 않고 머물러 있다. 사물을 형상화한 것이 자연스러운데 아직도 완성된 것이 아니다. 가장 완벽한 문학 작품은 그 작품이 완성되었음에도 불구하고 아직 미완성인 채로 머물러 있는 상태에 있는 작품을 말한다. 그것은 마치 맑은 이슬이 채 마르지 않은 상태와 같은 것이다. 붓을 놓고 작품을 완성하였음에도 불구하고 그 작품에는 아직 깊은 여운이 남아있다는 말이다. 좋은 작품은 그 작품을 다 읽고 난 뒤에도 한참동안 그 이미지가 남아있는 것과 같은 것이다. 이 시구는 완성된 작품에서 자연스럽게 흐르고 있는 작품의 완성도를 말한다.

  이 시구에 대해서 "시가 청신한 감각을 표현하면서도 자연스러워야 함을 비유한다."7)고 해석하기도 한다. 어떻든 작품을 쓸 때는 꽃밭 사이로 물이 흘러가듯이 자연스러워야 한다는 것을 말한다. 그것은 소재를 인위적으로 선택하고 그 소재에서 형상을 떠올렸지만, 그 형상이 완성되고 나면 그 형상은 작품 속에 있는 것이 아니라, 하나의 새로운 풍경 속에서 자연스럽게 녹아 있어야 한다는 말이다. 그리고 그것은 맑은 이슬이 마르지 않은 상태로 있는 것처럼 늘 미완성의 완성 상태로 존재해야 한다는 것이다. 진밀의 품격 있는 작품은 채 마르지 않는 이슬과 같이 아슬아슬한 생명을 보존하고 있어야 한다는 것이다.

  좋은 작품은 늘 꿈틀대면서 나날이 다르게 인식되는 작품이다. 또한 시대와 공간을 초월해서 어떤 자리에서도 늘 새롭게 읽힐 수 있어야 한다. 그것은 마치 맑은 이슬방울이 마르지 않은 채로 머물러 있는 것과 같은 여운을 말한다. 이것은 완성이면서도 미완성이고, 미완성인 듯하면서도 완성된 것이라고 할 수 있다. 김정희의 〈세한도(歲寒圖)〉에서 약간 비뚤어진 듯한 집의 형상에서 미완의 완성을 지향하는 궁극의 세계를 만날 수 있다. 이 그림은 완결의 미학을 추구하기 보다는 '기우뚱한 균형'을 보여주고 있다. 이러한 진밀이 스며있는 작품에서 맑은 이슬을 머금고 있는 작품의 자연스러운 균형을 만날 수 있다. 맑은 이슬이 머물러 있는 형상은 떨어질 듯하면서도 떨어지지 않는 그 머무름의 상태를 말한다. 이는 하나의 작품 속에서 구체적으로 재현된 형상이 이미지 그대로 표현되고 난 뒤에 지워지지 않고 머물러 있는 상태를 말한다. 문학

---

7) 안대회, 앞의 책, 387쪽.

작품으로 말하면 자연스럽게 읽히고 난 뒤에 깊은 여운과 함께 맑고 청아한 이슬을 머금고 있는 것처럼 머물러 있는 상태를 말한다. '기우뚱한 균형'이라는 말은 무언가 불안하지만 그 불안 속에서 균형을 유지하고 상태를 말한다. 진밀은 촘촘하면서도 약간 성글어 있는 상태, 이슬을 머금고 있는 상태, 그리고 넘어질 듯 넘어질 듯하면서도 넘어지지 않는 상태, 기울어져 있으면서도 균형을 유지하고 있는 상태를 말한다.

> 바람이 분다
> 또다시 흔들려야겠다
>
> 비가 온다
> 또다시 젖어야겠다
>
> 네가 떠난다
> 또다시 네가 떠난다
>
> 이번에 눈을 감아야겠다
>
> ─유지소, 「꽃나무」 전문[8]

바람이 불고 비가 오는 상황에서 화자는 무언가를 말하려고 하는데 사실은 아무 말도 하지 않는다. 첫 연에서 바람이 부는 상황에서 "또다시 흔들려야겠다"고 말한다. 또다시 흔들린다는 것은 앞에서 이미 일어난 행위가 연속되고 있다는 말이다. 그런데도 앞의 상황은 없고 "또다시"라는 말로 이어진다. 이런 상황과 행위는 2연과 3연에 계속 이어지고 있다. 결국 바람과 비가 오는 상황은 네가 떠나가는 행위와 이어진다. 그러나 화자는 결국 한 마디 말도 하지 않는다. 아직 할 말이 남은 듯하

---

8) 유지소, 『이것은 바나나가 아니다』, 파란시선, 2016, 61쪽.

지만 다하지 않는 것, 그러면서도 더 하면 안 될 것 같은 것. 이러한 상황을 무엇으로 설명할 수 있을까? 이것은 미완성의 완성과 같은 촘촘한 마음에서 발견할 수 있는 것이다. 이러한 상황은 말하지 않으려는 것과 말하려는 것 사이의 아슬아슬한 경계 속에 존재한다. 눈을 감은 행위는 구구절절한 많은 말보다도 더 압축적이고, 간결하면서도 함축하는 것이 웅숭깊다.

이 시의 미적 접근법은 언어의 함축미와 그 속에 자리한 촘촘한 화자의 심리를 읽어내는 데 있다. 다한 것 같은 데도 다하지 못한 이 기우뚱한 시적 의미는 이 시의 아름다움이다. 자연은 가지런한 질서 속에 놓여 있는 것 같지만, 사실은 불균형한 상태를 스스로 맞추어가는 기우뚱한 균형 속에 있다고 말할 수 있다. 이와같이 작품의 치밀한 구성은 부족한 듯하면서도 부족하지 않는 역설의 미학에 놓여 있다고 말할 수 있다.

요로유원 유행위지(要路愈遠 幽行爲遲) 곧게 뻗은 길에서 멀어질수록 호젓하게 걷는 발걸음은 더디다.

이 부분에 대해서 "'곧게 뻗은 길'은 숨김없이 모든 것이 환히 드러나는 길을 뜻하는데, 이는 사유와 맥락의 과정이 훤히 보이고 결말이 쉽게 파악되는 작품을 비유한다. '호젓하게 걷는 발걸음은 더디다'고 말하는 것은 그처럼 독자가 작품을 보자마자 서둘러 떠나지 않고 곡절과 깊은 맛을 음미할 시간을 갖도록 작품을 써야 한다. 이 말은 작품을 난해하게 쓰라는 것이 아니라 누가 봐도 쉽게 속이 들여다보이는 작품을 쓰지 않도록 경계하라는 뜻이다."9)라고 해석하고 있다. 여기서 곧게 뻗은 길은 뻔한 비유와 결말이라고 정리하고 있다. 진밀하지 않는 작품은 그 사물

---

9) 안대회, 앞의 책, 387쪽.

의 의미를 촘촘하게 짚어보지 않고, 엉성하게 생각하고 정리하는 것을 말한다. 진밀이 스며있는 작품은 굴곡과 곡절이 많아서 구절구절이 미로와 같은 의미가 담겨 있다는 것을 말한다. 굽은 길을 걷다가 그 다음에는 어떤 길이 열릴까 생각하는 것이다. 가벼운 언어 유희로서 사물을 드러내는 기발한 작품을 보면 우선 그 언어의 뛰어난 순발력과 관찰에 경탄을 하겠지만, 그 작품에는 깊은 사유가 스며들 여지가 없어진다. 무언가 부족하고 기우뚱한 상태로 있는 작품에 대해서는 그 작품의 뛰어난 사유의 세계에 경탄을 하면서도 굽이굽이 생각할 거리를 만든다.

  없는 이름 부르며 한 생 저어가듯

  어둠 끌어안고 살 지피는 밑불처럼

  캄캄한 눈썹 하나로 산을 넘은 밤이 있다

  없는 길을 찾아서 한 생 헤쳐 가듯

  어둠으로 기르는 생금 같은 눈썹 들고

  높다란 고독 하나로 밤을 넘는 밤이 있다

—정수자, 「그믐달」 전문[10]

이 시조의 초장을 읽으면 무엇을 말하는지 애매하다. 중장에서도 그 상황은 여전하다. 그런데 종장에 이르면 비로소 대상이 어렴풋하게 떠오른다. 이 시조에서 그믐달의 존재를 알게 하는 구체적 증거는 눈썹이라는 시어 하나뿐이다. 이 시조는 한 행 한 행이 굽이굽이 곡절로 이어지

---

10) 정수자, 『허공우물』, 천년의시작, 2009, 13쪽.

고 있다. 굽어진 길의 저 쪽을 볼 수가 없듯이 한 행 한 행 짚어가는 동안에 "높다란 고독 하나로 밤을 넘는" 그믐달의 존재를 확인하게 된다. 이 시조에서 우리는 진밀에서 말하고 있는 "호젓하게 걷는" 더딘 발걸음을 만날 수 있다. 이 시조는 사물의 형상을 굳이 드러내지 않으면서 그 사물의 의미만을 말하면서 굽은 길을 걸어가고 있는 사유의 세계를 형상화하고 있다. 이 시조는 은근하게 감추면서도 드러내는 것, 말하지 않으면서도 은근하게 말하는 미완성의 완성을 지향하는 미적 감각이 스며들어 있다.

곧은길을 선택하는 작가는 자기의 감정과 소재에 대해서 즉물적으로 표현하려고 하지만, 굽은 길을 선택하는 작가는 굽이굽이 지날 때마다 하나하나씩 그 사물의 의미를 곱씹어 보려고 한다. 곧은길은 사물에 순간적으로 반응하는 찰나의 포착과 같은 창작방법을 말한다고 한다면 굽은 길은 여러 가지를 말하면서 궁극에는 하나를 말하는 깊은 사유의 세계를 드러내는 창작방법을 말한다고 할 수 있다. 곧은길은 금방 다가오는 반응을 유도하지만, 굽은 길은 어떤 결말이 나올지 예상할 수 없도록 하는 방법을 말한다고 할 수 있다. 곧은길은 닫힌 텍스트라고 말한다면, 굽은 길은 열린 텍스트라고 말할 수 있다.

그러나 작품의 소재로 쓰는 사물을 놓고 무한한 상상력의 세계로 나아갈 때는 그것이 어디로 펼쳐질지 알 수 없는 상태에 놓여 있어야 한다. 굽은 길을 가면서 주변을 살피고 그 주변을 통해서 길의 실체를 알아야 한다. 진밀의 품격은 곧은길만으로 인식하지 않고, 길을 따라 살고 있는 모든 사물들을 표현함으로써 그 길의 실체를 밝히는 방법을 말한다.

시구 "유행위지(幽行爲遲)"라는 말은 호젓하게 걸어가고 있으면서도 여유가 있다는 것을 말한다. 이것은 굽은 길이라는 지시어를 쓰지 않고 곧게 뻗은 길과 멀어 질수록 이라는 말을 함으로써 그 의미를 다양하게 만들고 있다. 그렇다고 굳이 그것을 굽은 길이라고 단정해서 말할 수도 없을 것 같다. 곧게 뻗은 길과 멀어지는 것이 반드시 굽은 길을 의미하는 것은 아니기 때문이다. 외려 적당하게 굽어있음으로써 그 굽이굽이 스며있는 다양한 아름다움을 만날 수 있다는 말과도 같다.

진밀의 품격이 스며있는 작품과 같이 우리의 삶도 곧은 탄탄대로보다도 적당하게 굽은 길과 같이 자발적으로 가난할 수 있는 여유 속에서 새로운 삶의 의미를 발견할 수도 있지 않을까? 적당한 빈곤, 적당한 굴곡이 있는 삶이 삶을 더 긴장하게 하듯이, 문학작품에서도 미완성의 완성을 보여주는 것이 천의무봉의 경지에 이르는 길이라고 말할 수 있을 것이다. 진밀의 품격은 이러한 꿰맨 흔적이 보이지 않는 자연스러운 형상화의 세계를 지향한다고 말할 수 있다.

(4) 부드러운 혀의 조화로움

어불욕범 사불욕치(語不欲犯 思不欲癡) 말은 금기를 범하지 않을수록 좋고 구상은 뻣뻣하지 않을수록 좋다.

이 구절은 서로 짝을 이루고 있다. 말[語]과 생각[思], 범하는 행위[犯]와 어리석은 행위[癡]가 대구를 이루고 있다. 이 시구를 그대로 해석하면 말은 부드럽게, 생각은 어리석지 않게 하라는 말이다. 기우뚱한 균형을 이루고 있다고 해서 그것은 어리석거나 잘못된 작품이 아니다. 곧게 자란 나무도 쓰임새가 있지만, 굽은 나무는 굽은 나무대로 그 쓰임새가 있기 마련이다. 금기를 범하지 않는 것이 좋다는 말은 자연스럽게 익숙한 말을 골라서 쓰라는 말이기도 하다.

　진밀의 품격이 스며있는 작품을 쓰기 위해서 작가는 끊임없이 언어를 단련하는 훈련을 해야 하지만 작품의 내면에는 깊은 사유의 흔적과 수양의 자세가 스며있어야 한다. 작가의 내면에 자리잡은 사유의 세계가 작품으로 형상화될 때, 그것은 부드러운 혀와 같이 움직여야 한다. 그래야 자연스러운 아름다움이 경직되지 않고, 부드러운 조화의 세계를 보여줄 수 있는 것이다. 흐르는 물길이 스스로 자기 자리를 찾아가듯이 작품에 쓰인 언어와 작가의 사유가 부드러운 혀와 같이 움직여야 진밀의 품격이 스며있는 작품이라고 말할 수 있는 것이다.

> 　봄기운이 도래하면 초목이 생겨나고 가을 기운이 도래하면 초목이 떨어진다. 생겨나고 떨어지는 것은 무엇인가가 그렇게 되도록 부려서 되는 것이지 저절로 되는 것이 아니다. 그러므로 그렇게 되도록 부리는 존재가 도래하면 사물은 되지 않는 일이 없지만 그렇게 되도록 부리는 존재가 도래하지 않으면 사물은 아무 것도 되는 일이 없다. 옛날 사람들은 이렇게 사물들을 부리는 방법에 대해 잘 알았기 때문에 사물로서 쓰이지 않는 것이 없었다.[11]

　이 세상 만물은 모두 흐름이 있으며, 그 흐름에 따라 사물이 쓰이지 않는 것이 없다. 그렇기 때문에 작가는 그 만물의 쓰임새가 어디에 있는지, 어떻게 작용하고 있는지를 주도면밀하게 살펴야 하는 것이다. 꽃이 피는 까닭은 반드시 그 아래쪽에는 꽃을 피우는 근원이 자리잡고 있을 것이다. 부리는 존재는 만물을 움직이는 기운이라고 할 수 있다. 이 기운은 저절로 이루어지는 것 같지만, 서로 조화를 이루면서 만들어지는 것이다. 이것은 단순한 인과율(因果律)로만 설명할 수 없는 오묘한 조화

---

[11] 春氣至則草木産, 秋氣至則草木落,産與落或使之, 非自然也. 故使之者至, 物無不爲, 使之者不至, 物無可爲. 古之人審其所以使, 故物莫不爲用.(여불위 지음, 정하현 옮김, 『여씨춘추』, 소명출판사, 2011, 364-366쪽).

로움의 궁극이라고 말할 수 있다. 봄이 되면 반드시 얼음이 녹게 마련이고, 여름이 되면 만물이 성숙하는 햇빛과 비가 오게 마련이다. 이러한 자연스러운 상황을 부드러운 조화, 혹은 기우뚱한 균형이라고 말할 수 있는 것이다. 억지로 만들어지는 것이 아니라, 자연의 흐름에 따라서 자연스럽게 만들어지는 것이다. 사물을 부리는 방법의 관계를 그야말로 진밀하게 살펴야 할 것이다. 작품을 구상하기 전에 사물이 놓인 자리의 조화로움과 그 의미를 알고 있다면, 작품의 구상은 저절로 경직되지 않을 것이다.

>   해가 지듯
>   달이 지듯
>   돌아갑시다
>
>   돌아서
>   돌아온 사람
>
>   우리는 갑니다
>   말없이 갑니다

―박봉우, 「귀로(歸路)」 전문[12]

이 시에서 어렵거나 이해하기 힘든 시어들이 있는가? 짧은 시구로 끝나는 3연의 시이지만 그 속에는 말로 다할 수 없는 의미가 숨겨져 있다. 그럼에도 불구하고 이 시에 쓰인 시어들은 모두 평이하기가 이를 데 없다. 시는 평범하고 간단해 보이지만 이 시 전체에는 무궁한 의미가 숨겨져 있다. 이 시는 경어체의 종결형 어미를 사용하고 있는데, 이것은 이 시의 화자가 이미 세상의 모든 이치에 대해서 경건한 자세를 취하고

---

12) 박봉우, 『황지(荒地)의 풀잎』, 창작과비평사, 1976, 35쪽.

있다는 것을 말하고 있다.

　1연은 지극히 당연한 우주의 질서를 말하고 있다. 해와 달이 상징하는 것은 우주의 근본 원리를 말하는 것이다. 우주의 질서가 자연스럽게 순환하는 것은 지극히 당연한 일이다. 2연은 사람살이에 대한 생각을 말하고 있다. 사람살이도 우주의 원리와 같이 자연스럽게 돌아가는 것이다. 천지 만물의 질서 속에 놓여 있는 사람이 거대한 자연의 원리를 거부할 수 없듯이 사람도 자연의 원리와 같이 자연스럽게 돌아가는 것이다. 3연은 그 질서를 받아들이는 태도를 말하고 있다. 사람은 그 자연의 원리를 말없이 받아들여야 하는 것이다. 거대한 우주의 질서 속에 살아가는 사람들은 우주의 질서에 따라 살아가는 길뿐이다. 그 사람살이의 길을 말하는데 더 이상 군더더기 말이 필요하지 않다. 따라서 이 시는 과감하게 시어의 사용을 줄이고 화자는 경건한 자세로 우주의 원리를 말하고 있는 것이다. 이 시는 부드러운 혀와 같이 자연스러운 조화를 보여주는 작품이다. 진밀의 품격은 촘촘한 구상을 통해서 깊은 의미를 드러내는 방식이라 할 수 있다.

　세 번째 연의 첫 번째 시구에 대해서 "치밀한 작품의 어휘와 구상을 주목했다. 좋은 시가 되기 위해서는 말을 구사할 때 금기를 피하고, 경직되지 않도록 융통성 있게 구상해야 한다."[13]고 해석하기도 한다. 진밀한 작품은 언어와 사유의 세계가 자연스러운 조화로움으로 나아가는 과정 속에서 완성된다고 말할 수 있다. 말과 생각이 따로 있으면 균형을 이루지 못한 작품이 되기 쉽다. 다른 말로 하면, 내밀하게 녹아내리지 않은 작품은 성글게 되고, 성글어진 작품은 좋은 작품이 아니라는 말이다. 부드럽게 흘러가는 작품이야말로 자연의 흐름과 같이 완만하고 조

---

13) 안대회, 앞의 책, 388쪽.

화를 이루고 있는 작품이다.

유춘어록 명월설시(猶春於綠 明月雪時) 신록이 푸른 봄이 되었으나 눈이 내리고 달빛 환한 것과 같다.

이 시구에 따르면 봄이 온 것 같지만 그 배경에는 눈이 있고, 달빛이 서려 있는 풍경이다. 신록이 푸른 봄이라고 해서 그 아래 겨울의 여운이 없겠는가? 봄의 시작과 동시에 여름의 기운이 미미한 움직임으로 함께 시작하고, 그 밑바닥에는 아직도 겨울의 여운이 남아 있다. 봄이 왔지만, 봄과 겨울, 봄과 여름을 동시에 읽을 수 있는 것은 그 미미한 움직임 속에 자연의 오묘한 조화가 있다는 사실을 발견하고 있는 것이다. 신록이 푸른 봄의 이미지와 눈이 내린 풍경은 외견상 엇갈리는 것 같지만, 사실은 그것은 오묘한 자연의 이치를 말하고 있는 것이다. 이를테면 엇박자로 놓인 것 같지만, 사실은 그것은 질서와 조화 속에 있는 엇박자와 같은 것이다. 판소리에서 엇모리가 갖는 아름다움은 균형의 벗어남이 아니라, 균형 속에서 부리는 멋14)이라고 말하는 것과 같다. 이 기우뚱한 멋은 균형을 벗어난 작품에서 만날 수 있는 멋일 수도 있을 것이고, 우주의 원리에 따르는 자연스러운 흐름이 스며있는 멋일 수도 있을 것이다.

음악의 유래는 참으로 오래되었으니 도량(度量)의 차이에서 시작하였고, 만물의 근원인 태일(太一)에 근본을 두고 있다. 태일은 양의(兩儀)를 낳고 양의는 음양을 낳았으며 음양은 변화하여 올라가고 내려오는 것을 반복하면서 합쳐져 사물의 형체를 완성한다. 혼돈한 상태를 이루어 흩어지는 듯하다가는 다시 합치고, 합치는 듯하다가는 다시 흩어진다. 이러한 것을 하늘의 법칙이라고 말한다. 천지의 운행은

---

14) 엇머리는 10/8의 1소절을 1장단으로 한다. 그 장단은 조금 특수한 장단으로서 정간보의 박자는 5박으로 되어 있다.(조동일, 김흥규 편, 『판소리의 이해』, 창작과비평사, 1978, 134쪽).

수레바퀴와 같아서 끝나는 것 같다가도 다시 시작하고 막다른 데 이른 것 같다가도 다시 돌아와 도리에 합치되지 않는 것이 없다. 해와 달, 그리고 별들은 어떤 것은 빠르고 어떤 것은 느리게 움직이며 궤도를 달리하면서도 빠짐없이 자신의 길을 운행한다.15)

겨울이 끝나고 봄이 시작된 것 같지만, 겨울의 끝자락은 그대로 남아서 달빛 속에 요요하게 그 빛을 내고 있다. 자연의 질서는 시작이 끝이고 끝은 다시 시작을 하는 곳이다. 태일은 우주의 합일을 말한다. 태일은 음과 양으로 갈라지고 또한 변화를 반복한다. 이렇게 변화하고 합쳐지면서 또 혼돈의 상태를 이루게 된다. 이러한 우주의 변화와 질서는 지극한 하늘의 법칙[天常]에 따라 움직인다. 그리고 이 모든 것은 도리에 합치되지 않는 것이 없다. 사물의 모든 움직임도 빠짐없이 자신이 길을 따라 운행할 뿐이다. 그렇기 때문에 시작된 지점으로 다시 돌아오지 않는 것은 없는 것이다. 시작이 끝이고 끝이 시작이라는 말은 이러한 자연스러운 조화를 말한다. 진밀의 품격은 이 무한한 반복과 같이 시작도 끝도 없는 상태를 말한다. 이 말을 작품 창작에 빗대면 작품을 완성하는 지점에 또다른 미완성이 있다는 것을 말한다고 할 수 있다. 시작이 끝이라는 자연의 이치는 진밀의 작품을 완성하는 과정을 설명하는 것이다.

    세상에서
    가장 부드러운 것
    세상에서
    가장 단단한 것 이긴다

---

15) 音樂之所由來者遠矣, 生於度量, 本於太一. 太一出兩儀, 兩儀出陰陽, 陰陽變化, 一上一下, 合而成章. 渾渾沌沌, 離則復合, 合則復離, 是謂天常. 天地車輪, 終則復始, 極則復反, 草木咸當. 日月星辰, 或疾或徐, 日月不同, 以盡其行.(여불위 지음, 앞의 책, 132-134쪽).

없음만이 틈 없는 곳에도
들어갈 수 있다

억지로
하지 않음의 위대함
저 말없는 가르침
무위(無爲)의 유익함이여

—오정환, 「없음」 전문16)

가장 부드러운 것이 가장 강한 것은 이긴다는 것은 물의 철학이다. 단단한 바위에 구멍을 내는 물방울의 힘, 거대한 나무를 뿌리 채 뽑아버리는 바람의 위력은 부드러움이 강함을 이긴다는 것을 보여주는 것이다. 이 때문에 가장 강한 것도 없을뿐더러 가장 약한 것도 없는 법이다. 있음과 없음의 경계도 이와 같아서 무위는 유위(有爲)를 이기고 없음은 있는 것을 극복할 수 있다. 그렇다고 없음이 무한한 없음으로 끝나는 것이 아니다. 없음과 있음은 무한한 반복을 할 뿐이다. 이것은 평범한 원리이지만 그 평범한 원리가 궁극의 원리라는 사실을 깨닫기는 어려운 법이다.

이 시의 화자가 말하고 있는 무위의 세계는 마치 세상의 이치를 깨달은 자가 없음과 있음의 경계를 말하는 것처럼 심오한 의미를 담아내고 있다. 그것은 없음만이 틈 없는 곳에도 들어갈 수 있다는 두 번째 연에 잘 나타나 있다. 그의 말에 따르면 '있는 것'은 있는 것의 상태로 들어갈 수 있는 것이 아니라, '없는 것'의 상태로 있을 때 있는 것에 들어갈 수 있는 것이다. 이러한 평범한 원리는 억지로 깨닫는다고 해서 깨달을 수 있는 경지가 아니다. 말없는 가르침의 의미를 깨달은 자만이 말할 수

---

16) 오정환, 『노자의 마을』, 전망, 2011, 69쪽.

있는 경지이다. 이 시의 화자는 사물의 이치를 통해서 궁극에 이르는 길을 모색하고 있다.

노자에 따르면, 모든 사물의 시작[始]은 시작이 없음[無始]이고, 시작이 없음은 또 다른 시작이 없음[無無始]이라고 한다. 우주의 생성과 소멸을 말하는 혼돈과 질서의 과정도 이와 같은 상황의 끝없는 반복일 뿐이다. 모든 사물은 혼돈 속에서 질서를 낳고, 질서는 또 다른 혼돈을 낳는 과정 속에 또 다른 질서를 만들어간다. 그렇기 때문에 궁극의 지점에 이르게 되면 도리에 합쳐지지 않는 것이 없는 것이다. 막다른 곳에 이른 것 같지만, 그 막다른 곳은 또 다른 시작일 뿐이다. 시간은 빠르게 가고 느리게 가는 것 같지만 일정한 속도로 가고 있을 뿐이다. 다만 그 일정한 시간의 속도가 각자의 관념에 따라 빠르고 늦을 뿐이다. 궁극에는 모든 사물은 일정한 질서 속에서 같은 길을 가고 있을 뿐이다.

앞에서 인용한 『여씨춘추』의 '이진기행(以盡其行)'이야 말로 우주의 근본 질서를 말한다고 할 수 있다. 작품을 쓰는 태도도 이와 같아서 빠르고 느린 감각의 차이만 있을 뿐이다. 그러나 감각의 차이를 갖고 있지만, 빠짐없이 자신의 길을 가고 있을 뿐이다. 이 과정 속에서 사물에 대한 빈틈없는 촘촘함으로 자신의 작품을 만들어가는 작가야말로 훌륭한 작가라고 말할 수 있지 않을까? 세상을 보는 눈이 사물의 내밀한 부분과 조응하면서 끝없이 자신의 길을 걸어가는 외로운 성자의 모습이 진밀의 품격을 추구하는 작가의 모습일 터이다. 시작과 끝에 연연하지 않으면서 시작은 또 다른 끝이고, 끝은 또 다른 시작일 뿐이라고 생각하면서 끝없이 수양하는 작가야말로 진밀의 품격을 지향하는 작가의 태도이다.

진밀의 품격은 시를 구상하는 방법이 치밀하고 그 치밀함의 끝에는 깨달음의 무궁한 사유가 깃들어 있는 것을 말한다. 이 때문에 진밀의 품격은 시의 완성에 이르는 길이라고 할 수 있다. 시에서 완벽한 경지란 있을 수 없는 일이라고 말할 수도 있겠지만 그 있을 수 없는 경지를 추구하는 끝없는 연마의 과정을 걸어가는 태도야말로 진밀의 품격을 지향하는 작가가 가야하는 길이라고 말할 수 있다. 완벽한 예술의 경지에 이르는 길은 멀고도 멀지만 그 예술의 경지를 추구하기 위해서 진밀의 품격을 하나의 화두로 삼는 것도 의미가 있는 일일 것이다. 예술은 시작도 없고 끝도 없다. 끝이 시작이고 시작이 끝인 무궁한 세계가 예술의 경지이다. 이 무궁한 세계는 언어 예술의 궁극을 지향하는 시인이 추구해야 하는 세계이다. 진밀의 품격은 이미 지난 시대에 논의되었던 해묵은 시의 품격 중의 하나이지만, 시의 궁극을 발견하기 위해서 잊지 않아야 할 시적 화두라고 말할 수 있다.

15. 솔직한 천연스러움
—소야(疏野)

(1) 개요

소야의 품격에서 소(疏)는 疋(소, 발)와 㐬(속, 아들(子)의 고어)이 합쳐진 말이며, 아이가 나오려고 태가 뚫리고 발이 움직인다는 뜻이다. 이 말은 원래 소통(疏通)을 나타낸다. '야(野)'는 『설문해자(說文解字)』에서 이 글자의 뜻을 이렇게 풀이라고 있다. "읍(邑)은 국(國)이다. 국에서 백리 떨어진 곳을 교(郊)라고 한다. 야(野)는 교(郊)의 밖이다. 평야에 수풀이 우거진 곳을 임(林)이라고 한다."[1] 이 두 글자의 의미를 조합해서 말해보면, 소야는 소통되는 곳으로부터 멀리 떨어진 곳을 의미하는 단어라고 할 수 있다.

먼저 소야에 대해서 안대회가 정리하고 있는 부분을 요약해서 살펴보기로 하자. 안대회는 중국의 『한어대사전』에 "거칠어서 얽매인 데 없이 방종한 태도를 가리킨다"라고 풀이했다고 전제하고 있다. 이어서 소야가 쓰인 사례로 식산 이만부같은 선비는 경상도 상주에 정착하여 만든 주거지를 아예 소야동(疏野洞)이라 이름 짓고 여러 편의 시와 「소야동기」라는 글을 지어 묘사하기도 했다고 말하면서 소야의 품격을 구체적으로 제시하고 있다. 또한 당나라 말엽의 비평가 교연은 『시식』에서 "성정이 거칠고 시골티가 나는 것을 한가롭다"라고 언급한 바 있으며, 고려시

---

[1] 염정삼, 『설문해자』, 서울대학교출판문화원, 2007, 243쪽.

대 최자의 『보한집』에서는 34종의 시품을 세 단계로 나누어 제시했다고 한다. 최자의 경우에는 가장 낮은 단계에 좋지 못한 시품을 열거하고 있는데 야소(野疏)가 그 속에 들어 있다고 한다. 유희재는 『시개』에서 "시골티는 시의 아름다움이다. 따라서 사공도는 『시품』 가운데 소야라는 풍격을 하나 설정했다"라고 말했다고 한다. 안대회는 또 소야의 의미는 여러 가지로 해석할 수 있으나, "진솔의 일종으로 본성이 자연스럽게 나타나도록 내맡기고 인위적 조탁과 수식을 하지 않는다"는 『고란과업본원해』의 풀이가 요령이 있다고 말한다. 결론적으로 안대회는 이 품격은 여성의 섬세함을 다룬 시풍이나 장중하고 화려한 조정 고관의 시풍과 비교할 때 완전히 성격이 다르다고 말하면서 살지고 기름진 느낌을 제거하고 천연의 맛을 드러내는 품격이라고 말하고 있다. 소야는 진밀과는 상반되면서 진밀의 밀(密)은 소(疏)와는 정확하게 반대되는 개념이라고 말한다.[2] 소야는 빈틈없는 촘촘함이 아니라, 듬성듬성 성글어서 엉기어 있는 상태를 말하는 품격이고, 거칠면서도 자연스러움이 살아있는 품격이다. 사공도는 이 소야의 품격을 다음과 같이 시로 표현하고 있다.

  惟性所宅 眞取弗羈 拾物自富 與率爲期
  유성소택 진취불기 습물자부 여솔위기

  築室松下 脫帽看詩 但知旦暮 不辨何時
  축실송하 탈모간시 단지단모 불변하시

  倘然適意 豈必有意 若其天放 如是得之
  당연적의 기필유의 약기천방 여시득지

  오로지 본성이 가는 곳을 따라

---

2) 안대회, 『궁극의 시학』, 문학동네, 2013, 404-406쪽, 참조.

천진하게 취할 뿐 어디에도 얽매이지 않는다
사물을 줍기만 해도 절로 넉넉하여
늘 솔직하기를 기약하네

소나무 아래 집을 짓고서
모자를 벗고 시를 보네
아침과 저녁만 알 뿐
어느 때인지 따지지 않네

어찌하다보니 기분에 맞을 뿐
일부러 무언가를 하려고 의도하겠는가
하늘이 내버려둔 대로 시를 짓나니
그렇게 해야 경지에 이르네

이 시에서 제시하고 있는 소야의 품격을 개괄적으로 살펴보기로 하자. 먼저 1연에서 가장 중요한 시어는 본성[性]이라는 말과 천진함[眞], 그리고 자연스러움[自], 솔직함[率]이라고 할 수 있다. 소야의 품격에서 전제가 될 만한 것을 말하고 있다. 이를 종합하면 소야는 본성의 천진함을 자연스럽고 솔직하게 드러내는 것이라고 말할 수 있다. 2연에서는 모자를 벗는 행위[脫帽]와 어느 시간인지 따지지 않으려는 마음[不辨何時]에 초점을 두고 있다. 모자를 벗는 행위는 어떠한 것에도 걸림이 없을 것이라는 의미를 담고 있으며 시간을 따지지 않는 행위는 자연스러운 방종의 상태를 말하는 것이다. 소야의 품격은 본성에 따라 자연스럽게 맡겨 놓되, 구속을 받지 않는 상태를 의미한다는 것을 알 수 있다. 마지막으로 3연에는 우연한 기회[敵意]와 의미를 부여하는 것[有意], 그리고 거침이 없는 상태[天防]와 지극한 경지에 이르는 것[得之]으로 마무리하고 있다. 소야를 통해서 얻을 수 있는 미적 의미는 천방을 얻는 것이라고 할 수 있다. 어디로 튈지 모르는 상태, 방향을 가늠할 수 없는 '매끄러운 공간'이야말로 소야의 품격이 닿는 궁극의 지점이라고 할 수 있다.

(2) 얽매이지 않는 솔직함

유성소택 진취불기(惟性所宅 眞取弗羈) 오로지 본성이 가는 곳을 따라 천진하게 취할 뿐 어디에도 얽매이지 않는다.

이제 이러한 의미를 전제로 소야의 품격이 어떠한 의미로 확장되고 있는지를 살펴보기로 하자. 이 시구를 현대시의 작법에 견주어 말해보면, 작가의 개성과 행동이 창작의 근원을 이룬다고 해석할 수 있다. 창작의 근원은 작가의 정신세계를 반영한다. 맑은 영혼을 가진 사람은 맑은 시인으로 존재할 수밖에 없다. 작가의 본성이 바르지 않으면 그것은 특정한 목적성을 가지게 되는 것이다. 이인직의 『혈의누』는 자신의 친일적 성향을 드러내기 위해서 의도적으로 이 작품을 썼다는 것을 알 수 있다.

> 구씨의 목적은 공부를 심써ᄒ야 귀국ᄒ 뒤에 우리 ᄂ라를 독일국 갓치 연방도을 삼으되 일본과 ᄆ쥬를 합ᄒ야 문명한 ᄀ국을 맨들고ᄌᄒᄂ(비ᄉ맥)[3]

여기에 나오는 주인공 구완서는 이인직의 분신이라는 사실은 말할 것도 없지만, 이완용의 비서로 매국협상을 배후에서 주도한 그의 행적을 반영하고 있다. 주인공 구완서가 일본 유학과 미국 유학을 마치고 조선을 위해서 할 수 있는 일은 일본과 만주를 합해서 연방 국가를 만드는데 일조를 하는 일이다. 이 작품은 우리 근대문학사에서 최초의 신소

---

3) 이인직, 『혈의누』, 아세아문화사 영인본, 1984, 87쪽.

설이라는 이름으로 알려져 있지만, 불순한 동기와 작가의 정치적 행보를 잘 보여주는 작품이라 할 수 있다.

작품은 작가의 본성을 그대로 드러낸다. 이것은 역사주의 비평에서 매우 중요한 의미로 다루고 있지만, 이런 문제를 떠나서라도 작가의 생각이 작품에 반영될 수밖에 없다는 사실은 분명하다. 좋은 작품을 쓰기 위해서는 우선 좋은 본성을 가져야 한다. 천부적인 작가는 본성이 아름다운 사람이다. 좋은 작가로 거듭나는 작가는 끝없는 수양을 통해서 좋은 품성을 단련하는 작가이다. 그렇기 때문에 좋은 작품을 쓰기 위해서는 먼저 자기 수양을 해야 한다. 수양을 통해서 거울에 낀 먼지를 닦아내야 한다. 천성은 변하지 않지만, 마음의 본바탕으로 잘 다스리면 본성의 바탕을 바꿀 수 있다.

> 자연스런 본성은 삶의 본질이며 이 본성의 작용을 행위라 한다. 행위가 인위(人爲)에 의해 작용되는 것을 본성에 어긋나는 허물[失]이라고 한다. 사물을 아는 자는 사물에 접해서 알거나 이것저것 생각해 보는데 이런 자가 사물을 충분히 알 수 없음은 사물을 슬쩍 흘겨보고 그 전체를 알 수 없는 것과 같다. 스스로 무슨 행위를 하지 않고 경우에 따라 어쩔 수 없이 움직이는 것을 덕(德)이라 하며 움직이되 외물에 사로잡히지 않고 자기의 본성 그대로 있는 것을 잘 다스려져 편안하다고 한다. 명성을 얻으려고 행동하면 인위가 되어 본성에 어긋나지만, 진실을 얻으려고 하면 참된 자기를 얻어 모든 일이 서로 순응하게 된다.[4]

자연스런 본성은 삶의 본질이지만, 이를 잘 다스리면 편안하게 되는 법이다. 어디에도 구속되지 않는 것은 자유로운 몸짓이다. 그것은 마음 바탕을 잘 다스릴 때 얻을 수 있는 것이다. "유성소택(惟性所宅)"은 오

---

4) 生之質也. 性之動, 謂之爲. 爲之僞, 謂之失. 知者, 接也. 知者謨也. 知者之所不知, 猶睨也. 動以不得已. 之謂德, 動而非我. 之謂治, 名相反而實相順也.(안동림 역주, 『장자』, 현암사, 1993, 583쪽).

로지 본성이 머무는 곳이라는 뜻이다. "진취불기(眞取弗羈)"는 진정한 것을 취하되 구속되지 않는다는 뜻이다. 작품을 쓰려고 하는 본래의 의도를 놓치지 않아야 한다는 말이고, 그것을 솔직하게 표현하는 것이 문학작품의 의미라는 것이다. 자신의 옷에 맞는, 그리고 자신의 본성에 어울리는 작품을 써야 한다. 마음 바탕은 저곳에 있으면서 작품은 이곳에 있다면 그것은 격식에 맞지 않는 작품이 되고 만다. 그래서 작가는 특정 이념이나 종교에 구속되지 않아야 한다는 것이다. 그들의 경계를 넘어서, 혹은 그것을 초월한 자리에 작가의 본성이 놓여 있어야 한다.

습물자부 여솔위기(拾物自富 與率爲期) 사물을 줍기만 해도 절로 넉넉하여 늘 솔직하기를 기약하네.

이 부분은 시품의 열 번째 품격의 '자연(自然)'에 나오는 구절과 흡사하다. 자연의 첫 번째 부분에 나오는 "허리 구부려 주우면 그게 바로 시이니 굳이 다른 곳에서 찾지 않는다"(俯拾卽是 不取諸隣)라는 구절을 떠오르게 한다. 문학 작품의 소재가 되는 사물을 줍는다는 말은 어디에서나 문학 작품의 소재를 습득할 수 있다는 말이다. 사물을 바라보는 시선이 본성에 따라 움직일 때 사물도 그와 마찬가지로 본성에 가깝게 다가오는 것이다. 사심(邪心)이 있는 상태로 작품을 쓴다면, 그것은 솔직하지 못한 작품이 된다. 사물을 있는 그대로만으로라도 볼 수 있으면 되는데 그 사물에 온갖 옷으로 치장하려고 하다 보니 원래의 의도와는 다른 사물이 되어버리고 만다. 동아시아 시학의 원류라는 『시경(詩經)』에 대해 공자는 『논어』 위정편(爲政篇)에서 "시경 삼백 편은 한마디로 말하자면, 생각에 사악함이 없는 것이다"라고 했다. 여기서 사악함이 없는 상태라고 하는 것은 본성에 따르는 것이라고 할 수 있다. 지나친 비유와 수식은 솔직하지 못한 작품이 되어버리기 쉽다.

　이목(耳目)의 청징(淸澄)을 유지하며 외시외청(外視外聽)을 하지 않고, 입을 다물어 말하지 않으며 마음을 자연에 맡기고 사려(思慮)를 하지 않고 또한 총명을 버리어 소박함으로 되돌아오고, 정신을 쉬게 하며 교지(巧智)를 버리고, 깨닫고 있으면서도 무지(無知)와 같이 하고, 살아 있으면서도 죽은 것같이 하여 그 몸을 마감하면 근본으로 돌아간다. 태어나기 전은 변화의 하나이며, 죽음과 삶은 하나이기 때문이다.[5]

　여기서 "총명을 버리고 소박함으로 되돌아" 온다는 사실에 주목해야 할 것이다. 마음을 자연에 맡기는 것이 전제가 되어 생각을 무위의 상태로 두는 것이다. 변화와 삶과 죽음을 하나로 볼 수 있을 때, 소박한 상태가 된다. 솔직할 수 있기 위해서는 자신의 이목(耳目)을 청징(淸澄)하게 해야 한다. 이는 대교약졸(大巧若拙)이라는 말과도 같다.

　　꽃이 열매의 상부(上部)에 피었을 때
　　나는 줄넘기 작난(作亂)을 한다.

　　나는 발산(發散)한 형상(形象)을 구하였으나
　　그것은 작전(作戰)같은 것이기에 어려웁다

　　국수―이태리어(伊太利語)로는 마카로니라고
　　먹기 쉬운 것은 나의 반란성(叛亂性)일까

　　동무여 이제 나는 바로 보마
　　사물과 사물의 생리(生理)와
　　사물의 수량과 한도(限度)와

---

[5] 淸目而不以視, 靜耳而不以聽, 鉗口而不以言, 委心而不以慮, 棄聰明而反太素, 休精神而棄知故, 覺而若眛, 以生而若死, 終則反本, 未生之時, 而與化爲一體, 死之與生一體也.(유안 편자, 안길환 편역, 『회남자(淮南子) 상』, 명문당, 2013, 333쪽).

사물의 우매(愚昧)와 사물의 명석성(明晳性)을

그리고 나는 죽을 것이다.

—김수영, 「공자의 생활난」 전문6)

　사물의 형상을 구했으나, 사물의 생리를 바로 보지 못했을 때, 그것은 올바른 작품이 되지 못한다. 김수영은 궁핍한 언어의 형상이 어디에 있는지를 고민하고 있다. 이 시는 꽃이 열매의 상부에 있을 때 그 아름다운 형상을 보고 시를 쓰려고 했지만, 언어의 궁핍함에 놓인 자신을 보고는 스스로 반성하고 있다. 그것은 꽃의 형상만 보고 사물의 진위를 보지 못한 탓이다. 그래서 그는 장난삼아 쓴 시를 먹기 쉬운 국수에 빗대고 있다. 시는 그렇게 쉽게 형상화될 수 있는 것이 아니다. 사물의 생리를 바로보지 못하고, 사물의 수량과 그 의미를 정확히 살펴보지 못하고 쓰는 것은 좋은 시가 아니다. 그래서 그는 솔직하게 자신이 쓴 시가 엉터리라고 고백하고 있는 것이다. 시를 쓰기 위해서는 사물의 생리와 그 의미를 바로 알아야 하고, 사물의 수량과 한도와 사물의 우매함을 알아야 한다. 그 사물의 진위를 알고 나면 죽을 것이라고 선언한다. 여기서 궁핍한 언어는 사물의 내면을 응시하지 못하기 때문에 생긴다는 사실을 알 수 있다. 자연스러운 이치를 터득하는 것이 사물의 생리를 아는 것이다. 이 시의 마지막에 "그리고 나는 죽을 것이다"고 언명(言明)하고 있는 것은 그 사물의 생리를 아는 순간 죽어도 좋다는 말로 들린다. 그만큼 자연스러운 상태를 터득하는 것은 어렵다는 말이기도 하다. 그러나 그 자연스러운 상황 속에서 본성이 드러난다. 솔직한 표현은 사물의 본성을 있는 그대로 받아들이는 데서 얻을 수 있다.

---

6) 김수영, 『김수영전집』, 민음사, 1981, 15쪽.

(3) 몰입과 탈속의 경지

축실송하 탈모간시(築室松下 脫帽看詩) 소나무 아래 집을 짓고서 모자를 벗고 시를 보네.

소나무 아래에 집을 짓는 것은 자연과 더불어 살고 싶다는 것을 말한다. 모자를 벗는 행위는 어떤 구속에서 벗어나 편안한 상태에 머무는 것을 말한다. 따라서 이 부분은 소나무 아래 집을 지어서 자연에 도취하고, 모든 세속의 구속에서 벗어나 문학이라는 세계에 빠져들고 있는 장면이라 할 수 있다. 이는 동아시아 문학에 많이 등장하는 자연에 도취함으로써 세상과 벗어나는 탈속의 경지를 말한다. 여기서 자연은 단순한 의미의 자연이라기보다는 사물과 조응하는 자연이라 할 수 있다. 이것은 편견이 없는 상태를 말한다.

> 인지(人知)라는 불공평한 척도로 사물을 공평하게 하려는 이상 그 공평은 결코 참된 공평이 아니다. 자연스런 감응(感應)에 의하지 않고 인지(人知)의 마음으로 사물에 응하는 이상 그 감응은 참된 감응이 아니다. 명지(明知)를 지닌 사람은 외물에 사역되는 자에 지나지 않고 신지(神知)를 지닌 사람이야말로 사물에 감응할 수가 있다. 대체 명지가 신지에 미치지 못한다는 것은 오래 전부터 정해져 온 일인데도 어리석은 자는 자기의 견해를 믿고 인간사(人間事)에 빠져 있다. 그 공적은 다만 외물에만 있고 자기의 본성에는 아무 도움도 되지 못한다. 어찌 슬픈 일이 아니겠느냐?[7]

이 부분은 장자가 임종을 앞두고 있으면서도 편견을 버려야 진정한 대자유를 얻는다는 사실을 강조한 일화이다. 여기서 장자는 죽음을 앞

---

7) 以不平平, 其平也不平. 以不徵徵, 其徵也不徵. 明者唯爲之使, 神者徵之. 夫明之不勝神也久矣, 而愚者恃其所見. 入於人, 其功外也, 不亦悲乎!(안동림 역주, 앞의 책, 773쪽).

두고서 편견이 없는 대자유의 중요성을 강조하고 있다. 인용한 부분의 앞부분 이야기에서 장자의 구속이 없는 자유정신을 알 수 있다. 앞부분의 이야기는 이렇다. 장자가 임종을 앞두고 있을 때, 제자들이 장사를 후하게 지내고 싶다고 청했다. 그때 장자는 "나는 천지를 널로 삼고 해와 달을 한 쌍의 옥으로 알며 별을 구슬로 삼고 만물을 내게 주는 선물이라 생각하고 있다. 내 장례식을 위한 도구는 갖추어지지 않은 게 없는데 무엇을 덧붙인단 말이냐?"[8)]라고 말하면서 제자들을 꾸짖었다. 장자의 호방한 품성이 그대로 드러나는 부분이다. 하늘과 땅, 해와 달, 별과 하나라는 인식은 자연과 더불어 하나이고, 그 하나는 편견이 없는 공평한 인식에서 비롯하는 것이다. 이로써 그는 만물이 회통하는 대자유의 인식을 발견하게 되는 것이다.

이런 장자의 말에 제자들은 "아무렇게나 매장한다면, 까마귀나 소리개가 선생님을 파먹을 일이 염려됩니다."라고 하자, 또 장자는 대답했다. "땅 위에 있으면 까마귀나 소리개의 밥이 되고 땅 밑에 있으면 땅강아지나 개미의 밥이 된다. 그것을 한쪽에서 빼앗아 다른 쪽을 주다니 어찌 편견이 아니겠느냐?"라고 했다. 장자는 죽어서도 인간의 편견에 따라 나누어진다는 사실에 통분하고 있다. 사물에 대한 진정한 감응은 신지(神知)를 통할 때 가능하다는 것이다. 사물에 대한 깊은 통찰은 여기에 있다. 얄팍한 인간의 지식으로 사물을 보지 말고, 정신의 깊은 곳으로부터 나오는 지적 능력으로 사물을 보라는 것이다. 그러면 그 사물은 사물이 아니라, 새로운 존재의 힘으로 인식할 수 있는 것이다. 소탈한 것은 걸림이 없다는 것이고, 그것은 사물을 보는 데서도 막힘이 없다

---

8) 吾以天地爲棺槨, 以日月爲連璧, 星辰爲珠璣, 萬物爲齎送. 吾葬具豈不備邪? 何以加此!(안동림, 앞의 책, 773쪽).

는 것이다.

> 어물전 개조개 한 마리가 움막 같은 몸 바깥으로 맨발을 내밀어 보이고 있다.
> 죽은 부처가 슬피 우는 제자를 위해 관 밖으로 잠깐 발을 내밀어 보이듯이 맨발을 내밀어 보이고 있다.
> 펄과 물속에 오래 담겨 있어 부르튼 맨발
> 내가 조문하듯 그 맨발을 건드리자 개조개는
> 최초의 궁리인 듯 가장 오래하는 궁리인 듯 천천히 발을 거두어 갔다.
> 저 속도로 시간도 길도 흘러왔을 것이다.
> 누군가를 만나러 가고 또 헤어져서는 저렇게 천천히 돌아왔을 것이다.
> 늘 맨발이었을 것이다.
> 사랑을 잃고서는 새가 부리를 가슴에 묻고 밤을 견디듯이 맨발을 가슴에 묻고 슬픔을 견디었으리라.
> 아―하고 집이 울 때
> 부르튼 맨발로 양식을 탁발하러 거리로 나왔을 것이다.
> 맨발로 하루 종일 길거리에 나섰다가
> 가난의 냄새가 벌벌벌 풍기는 움막 같은 집으로 돌아오면
> 아―하고 울던 것들이 배를 채워
> 저렇게 캄캄하게 울음도 멎었으리라.
> ―문태준, 「맨발」 전문[9]

어물전의 개조개를 보는 눈이 부처의 눈이다. 이 시인의 본성이 맑고 청순하다는 말이다. 여기에 사물에 대한 지식이 들어 있을까? 개조개에 대한 상식적인 해설도 없다. 그리고 그 어떤 분명한 지식도 없다. 다만 어물전에 발을, 혹은 혀 일수도 있는 맨살을 드러내고 있는 개조개를 측은지심으로 바라볼 뿐이다. 펄과 물속에 있어야 할 조개가 바깥세상이 어떤지 살펴보고 있는 것은 마치 죽은 장자가 슬피우는 제자들을 위해 삶과 죽음의 편견을 갖지 말라고 말하는 장면과 같다고 할 수 있다.

---

9) 문태준, 『맨발』, 창비, 2004, 30쪽.

이것은 인지의 눈으로 조개를 보는 것이 아니라, 신지의 눈으로 조개를 보는 것이다. 문학 작품은 작가의 정신이 반영된 것이기 때문에 사물을 보는 정신의 눈은 그만큼 중요한 것이다. 인간을 둘러싼 수많은 사물들은 사람들에게 혹은 살아있는 것들에게 신호를 보낸다. 그 신호를 감지하지 못하는 인간이 안타까울 뿐이다. 개미가 보내는 미세한 전파, 꽃들이 보내는 잔잔한 신호를 감지하지 못하면서 어떻게 사물에 감응할 수 있겠는가? 모든 사물을 살아있는 것으로 인정할 때, 사물이 다가오는 미세한 떨림을 감지할 수 있는 것이다. 마음의 눈과 정신의 눈으로 사물을 응시할 때 진정한 감응이 일어나는 것이다.

단지단모 불변하시(但知旦暮 不辨何時) 아침과 저녁만 알 뿐 어느 때인지 따지지 않네.

어느 한 곳에 몰입하는 과정을 말한다. 작은 터럭에 집중하면 다른 것이 보이지 않고, 특정 부위가 가려우면 다른 곳은 잊게 마련이다. 아침에 해가 뜨고 저녁에 해가 지는 것만 보이고, 나머지 시간은 보이지 않는다는 것은 창작에 몰입하는 것을 말한다. 창작은 하나의 꿈속을 거니는 것에 비유될 수 있다. 그 깊은 세계에서 부닐 수 있으면 그보다 더 만족한 일이 있겠는가? 시간과 공간을 잊고 한 곳에 몰입하는 것은 꿈속에서 현현되는 사실과 무관하지 않다. 유년의 몽상은 결코 잊을 수 없는 법이다. 저 깊은 심연(深淵) 속에서 언제든지 솟아오르는 것이 몽상의 근본이다. 창작에 몰입하는 것은 자신의 마음 바닥에 놓여 있는 심연의 세계에 빠져드는 것이다.

어떤 시간과 어떤 공간 속에 있더라도 작가가 거닐어야 하는 시간과 공간은 작품 속이어야 한다는 말이다. 그 공간은 어떤 편견과 관념도 없는 상태, 평정의 상태, 즉 천균(天鈞)의 상태에 놓여 있다. 광기(狂氣) 속에서 진정한 예술의 혼이 자리잡고 있다고 말한 호방의 미학도 이런 측면으로 이해할 수 있을 것이다. 참된 자유는 솔직한 마음에서 나온다. 그렇기 때문에 어떠한 구속도 받지 않는 상태가 된다. 아침과 저녁이라는 시간의 제약으로부터 자유로운 것은 관념의 세계로부터 벗어나는 행위를 말한다.

꿈속에서 즐겁게 술을 마시던 자가 아침이 되면 불행한 현실에 슬피 울고, 꿈속에서 울던 자가 아침이 되면 즐겁게 사냥을 떠나오. 꿈을 꿀 때는 그것이 꿈인 줄도 모르고 꿈속에서 또한 그 꿈을 점치기도 하다가 깨어나서야 꿈이었음을 아오. 인생도 마찬가지요. 참된 깨어남이 있고 나서라야 이 인생이 커다란 한 바탕의 꿈인 줄을 아는 거요. 그런데 어리석은 자는 자기가 깨어 있다고 자만(自慢)하여 아는 체를 하며 군주라고 우러러 받들고, 소치는 목동이라고 천대하는 따위 차별을 하오. 정말 옹졸한 짓이오. 공자도 당신도 모두 꿈을 꾸고 있소. 그리고 내가 당신에게 꿈 이야기를 하고 있는 것도 또한 꿈이오. 이런 말을 매우 괴이한 이야기라고 하오. 이 이야기의 뜻을 아는 대성인(大聖人)을 만나기란 아주 어려우며 만세 후에라도 한 번 만난다면, 그것은 아침저녁으로 만나는 정도의 행운이라고 하겠소.[10]

공자의 제자인 구작자(瞿鵲子)가 가공의 인물 장오자(長梧子)에게 도(道)와 그 실천에 대해 물었을 때 장오자가 한 말이다. 아침과 저녁만 알 뿐 인간에 대해서는 아는 것이 없다는 것이다. 초월이라는 말보다는 판단을 하지 않는다는 것이다. 판단은 분별심에서 시작하고 그 분별심은 만물을 쪼개고 해체하는 과정에서 나오는 것이다. 만물은 모두 하나이고, 삶과 죽음도 하나라는 것은 사물도 모두 하나라는 관점에서 출발

---

10) 夢飮酒者, 旦而哭泣. 夢哭泣者, 旦而田獵. 方其夢也, 不知其夢也. 夢之中又占其夢焉, 覺而後知其夢也. 且有大覺而後知此其大夢也. 而愚者自以爲覺, 竊竊然知之, 君乎, 牧乎, 固哉! 丘也與女, 皆夢也, 予謂女夢亦夢也. 是其言也, 其名爲弔詭. 萬世之後而一遇大聖, 知其解者, 是旦暮遇之也.(안동림, 앞의 책, 81-82쪽).

한다. 태일(太一)이라는 것은 만물이 모두 하나로 통한다는 것이다. 편견을 벗어나서 사물을 본다는 것은 참으로 힘든 일이다. 조금 알고 있는 지식으로 사물을 표현했다면, 그것은 말 그대로 사물의 진면목을 살피지 못한 옹졸한 작품이 되고 말 것이다. 꿈속이라는 깊은 곳에 잠들어 있는 무의식 세계를 발견해야 할 것이다. 작품에 깊은 울림이 있다는 것은 무의식의 세계에 깃들어 있는 세계를 꺼낼 때 가능한 것이다.

(4) 천방지축의 자유로움

당연적의 기필유의(倘然適意 豈必有意) 어찌하다보니 기분에 맞을 뿐 일부러 무언가를 하려고 의도하겠는가.

자연은 그곳에 있는 그대로 존재하는 것이다. 그것은 야성(野性)의 아름다움이다. 꾸미지 않는 것은 소탈한 것이지, 추한 것이 아니다. 자신의 본질을 감추기 위한 수식에만 몰두하는 작품은 미적 완성도를 추구할 수 있을지는 몰라도 자연적인 소탈함은 없다. 어찌하다가 기분에 맞으면 그 뜻대로 움직이는 것이 자연의 아름다움이다. 인공으로 꾸미고 만들려고 하면 그것은 본성을 잃게 된다. 좋은 작품을 쓰기 위해서 가공의 색으로 꾸미는 것은 자연의 미학에 벗어난 것이다. 어쩌다 뜻에 맞아서 쓰는 것이지, 어떤 의도를 만들어서 창작을 하지 않아야 한다는 것이다. 쥐어짜내듯이 씌어진 작품은 소야한 작품이 되지 못한다. 말 그대로 작가가 붓가는 대로 쓰는 것이 소야의 미학이다. 어떤 사물이 작가에게 깊은 울림으로 다가왔을 때, 혹은 사물이 다가오기를 기다렸다가 "어찌하다보니 기분에 맞을 때" 작품을 쓰는 것이다. 그것을 위해서 오랫동안 작가의 심연에 자리 잡은 내면의 세계를 살펴야 한다. 의도하는 것과 의도하지 않는 것의 차이는 작품의 자연스러운 흐름과 관련이 있다.

 1백 아름이나 되는 큰 나무를 베서 술통을 만들려면, 이것을 조각하고 황색·청색으로 채색하며 화려한 무늬와 금으로 장식하고 용사(龍蛇)라든가, 호표(虎豹)의 모습을 그리는 등, 모두 정묘하게 꾸며나간다. 한편 남은 나뭇조각은 도랑 속에 던져버린다. 아름답게 장식한 술통과 도랑 속의 나뭇가지를 비교하면 미추(美醜)의 차이는 극히 크지만, 그러나 나무의 본성을 잃었다는 점에서는 어느 쪽이나 한가지이다. 그런 까닭에 마음이 밖으로 흩어진 사람의 말은 화려하며, 덕이 흘러나간 자의 행위는 열매가 없다. 그것은 속에 지정(至精)이 없는데도 언어와 행위만 겉으로 나타나기 때문이며 이렇게 되어 가지고는 일신(一身)이 외물(外物)에 의해 좌우될 것은 필정(必定)이다.11)

지극한 정성이 있는 글을 쓰라는 말이다. 외물에 좌우되는 글은 겉으로 꾸미는 수식의 아름다움만 추구하는 글이다. 언어와 행위만 나타나고 정신이 없는 글, 말 재간만 있고 의미를 찾을 수 없는 글은 경계해야 한다. 겉으로 화려한 몸피를 입은 나무도, 쓸모없이 버려진 나무도 본성을 잃었다는 것은 한 가지이다. 본성은 작품의 의미를 말한다. 화려한 수식만을 일삼고 나머지는 하찮게 생각하는 것은 문예미학의 본성을 잃어버리는 행위이다. 문자의 발견은 인류가 그동안 발견한 모든 것 중에서도 가장 위대한 발견이다. 그럼에도 불구하고 그것을 아무 생각없이 함부로 쓰고 있다. 작가는 견고한 글쓰기를 통해서 문자의 위대함을 실천해야 한다. 덕이 흘러나가지 않고, 견실한 열매를 맺을 수 있는 글을 쓰는 작가가 되어야 할 것이다. 이를 위해서 자연스럽게 글이 나올 수

---

11) 百圍之木, 斬而爲犧尊, 鏤之以剞劂, 雜之以青黃, 華藻鏄鮮, 龍蛇虎豹, 曲成文章, 然其斷在溝中, 壹比犧尊溝中之斷, 則醜美有閒矣, 然而失木性鈞也, 是故神越者其言華, 德蕩者其行僞, 至精亡於中, 而言行觀於外, 此不免以身役物矣.(유안, 안길환, 앞의 책, 93쪽).

있도록 사물의 깊은 내면과 공감하도록 노력해야 하는 것이다. 글의 기교를 배우기보다는 사물을 보는 눈을 기르는 것이 더 중요하다는 말이다. 감응이 있고 자연스러운 글이 되기 위해서는 현실과 만나는 작가의 시선이 필요하다는 것이다. 사물도 정성스럽게 살피고, 그 사물의 의미를 깊이 관찰해야 한다.

약기천방 여시득지(若其天放 如是得之) 하늘이 내버려둔 대로 시를 짓나니 그렇게 해야 경지에 이르네.

이 부분은 열 두 번째 품격인 '호방(豪放)'에서 언급한 천방(天放)과 관련이 있다. 동아시아 문예미학에서 강조하는 것은 자연스러움인데 이것은 기질(氣質)에 따라 움직이는 것을 말한다. 작가가 스스로 경계를 만든다든가, 자신의 울타리에서 헤매고 있으면 그것은 천방을 얻지 못한 것이 된다. 어떤 구속에서도 벗어날 수 있을 때, 비로소 시를 지을 수 있다고 말한다. 자연에 맡긴다는 것은 작품 세계에 자신을 맡긴다는 말이지, 스스로 감옥을 만든다는 의미는 아니다. 그렇기 때문에 작품을 쓴다는 것은 완전한 자유 속에서 가능하다는 말이다.

　　내 생각에는 천하를 잘 다스리는 자는 그런 짓을 하지 않는다. 저 백성에게는 공통된 성격이 있다. 직조(織造)해서 옷을 입고 땅을 갈아 식량을 얻는다. 이것을 누구나가 갖춘 것[同德]이라고 한다. 백성은 각기 동떨어져 있으며 무리를 짓지 않는다. 이것은 아무 구속이 없는 것[天放]이라 한다. 때문에 최고의 덕이 이루어진 평화로운 세상에서는 사람들의 거동이 유유자적하며 눈매가 밝고 환하다. 그 무렵 산에는 길이 없고 못에는 배나 다리가 없으며, 만물이 무리져 생겨나 사는 것에 경계를 두지 않았다. 새와 짐승이 떼 지어 살고 초목은 마음껏 자랐다. 그래서 새와 짐승을 끈에 매어 노닐 수가 있었고 까치둥지에도 올라가 들여다볼 수 있었다.[12]

천방지축이라는 말은 이미 앞에서도 언급했지만, 이 말은 대자유를 의미한다. 어디로 튈지 모르는 상태, 어느 곳으로 향하고 있는지를 알 수 없는 상태, 이런 세계는 거침이 없는 세계이다. 이러한 상태는 삶과 죽음의 경계를 넘어서 존재한다. 아이들의 천진난만한 얼굴에 어떤 사상이나 이념을 발견할 수 없듯이, 오랫동안 수양한 사람의 모습에서 삶의 달관을 만날 수 있으며, 거침없는 상태에서는 대자유를 만날 수 있다. 이런 자리에 이르는 길은 공부와 수양뿐이다. 작가가 얄팍한 상술에 놀아나고 이념이나 정치의 노예가 되어서 문예작품이 그들에게 복무하는 시종(侍從)이 되어서는 안 된다. 친일 행위를 한 작가가 작가로서 생명이 다했다는 것은 이러한 의미에서 하는 말이다. 중국의 가오싱젠(高行健)이 주장하는 '차가운 글쓰기'는 편견에 빠지지 않는 글쓰기를 의미한다. 앞에서 말한 이인직의 「혈의누」와 같은 작품이 한국 근대문학의 일그러진 자화상이라면, 지금 이 시대는 시대와 이념을 초월한 참된 문학이 절실히 필요한 때이다. 동덕(同德)의 세계에서 더불어 부닐어 가는 작품을 써야 할 것이다.

  소야(疏野)의 미학은 아무런 구속이 없는 상태에서 대자유를 만끽하면서 자신의 내면에 잠재해있는 울림을 자연스럽게 표현한 것이다. 소야의 관점에서 볼 때, 진정한 작품이란, 무리를 짓지 않으면서 자기만의 세계를 만들어 가는 것, 그 세계를 문자로 표현하는 것이라 할 수 있다. 무리를 짓는 것은 그들의 세계를 공동으로 드러내는 것이다. 소야의 품격이란 펄펄 끓는 물속에서 자유롭게 놀고 있는 분자 입자처럼, 천방지

---

12) 吾意善治天下者不然. 彼民有常性, 織而衣, 耕而食, 是謂同德. 一而不黨, 命曰天放. 故至德之世, 其行塡塡, 其視顚顚. 當是時也, 山無蹊隧, 澤無舟梁. 萬物群生, 連屬其鄕. 禽獸成群, 草木遂長. 故禽獸可係羈而遊, 鳥鵲之巢可攀援而闚. (안동림, 앞의 책, 259쪽).

축의 자유로움을 추구하는 글이다. 소야는 지극히 거칠면서 엉성하게 보이지만, 그 속에는 진솔한 아름다움이 있다.

16. 맑고 신비로운 기운
—청기(淸奇)

(1) 개요

청기(淸奇)는 소야(疏野)의 품격에서 말하고 있는 것처럼 거칠고 시골스런 분위기와는 다른 품격을 보인다. 청(淸)은 맑은 기운을 말하고, 기(奇)는 신비롭고 기이한 기운을 말한다. 여기서 기이하다는 것은 형식이나 내용을 낯설게 하는 기법과는 다르다고 할 수 있다. 맑음과 함께 말하고 있는 기이함은 거침없는 일탈의 방법을 말하는 것이 아니라, 순수함을 바탕으로 한 신선함이며, 일상과는 사뭇 어긋나 있는 것이라고 말할 수 있다. 맑은 기운은 새벽의 신선한 기운과 같으며, 대나무 숲 사이로 부는 바람과 같으며, 눈이 녹아내리는 봄날의 개울물과 같이 맑은 것을 말한다. 청(淸)은 그 정신이 무념무상에 이르고 있는 세계를 말하고, 어린 아이의 웃음과 같이 꾸밈이 없는 천진난만한 세계를 말한다. 이 맑은 기운과 함께 있는 기이함[奇]은 낯설지 않으면서도 다르게 느껴지는 신선한 기운이라고 할 수 있다.

이 때문에 청기의 품격을 한 마디로 정의하면서 "세련된 깔끔함을 강조한 미학"[1]이라고 말하고 있는 것이다. 세련되고 깔끔하다는 것을 전제로 할 때 기이함은 일상을 넘어선 자리에 존재하는 신선한 내용과 기법을 의미한다고 할 수 있다. 청기는 올바름[正], 평범함[平], 일상성

---
1) 안대회, 『궁극의 시학』, 문학동네, 2013, 426쪽.

[常]과는 약간 거리가 있으면서도 독특한 신선함을 말한다. 청기의 품격에서 말하는 맑음[淸]은 사념이나 탐욕이 없는 상태를 말한다는 점에서 동양시학에서 말하는 시의 근원이라고 말할 수 있다. 이 때문에 청기에서 청(淸)은 순수한 그 자체를 의미하며, "소리가 들리지 않는 소리", "빛깔이 보이지 않는 빛깔"[2]이라고 말할 수 있는 것이다. 청기의 품격에서 말하는 맑음[淸]은 맑음의 궁극의 자리라고 말할 수 있다. 감각적으로 인지할 수 있는 맑음의 기운을 넘어서 그 맑음을 인지할 수 없는 은은한 맑음[素]과 같은 것이다. 흰색의 궁극에 놓인 질박(質朴)한 맑음이야말로 청기에서 말하는 맑음의 기운이다. 바탕은 투명한 상태로 있으면서 맑은 기운을 머금고 있는 것이라고 할 수 있다.

동양 문예미학에 따르면, 청기는 청흥(淸興, 맑은 흥취), 청치(淸致, 맑은 아치), 청고(淸苦, 맑은 괴로움), 청광(淸狂, 맑게 미침)과 같은 의미로 쓰이기도 한다[3]고 하니, 청기의 품격은 동양 문예미학에서 중요한 시품의 하나로 다루었던 것 같다. 청기의 품격은 '청언소품(淸言小品)'이라는 말과 같이 짧은 시어 속에 들어있는 맑은 분위기를 의미한다. 청기의 품격을 가진 시인은 폭넓은 학식을 갖추고 있으면서도 세속의 욕망에 얽매이지 않으며, 자연과 친화하기 때문에 그의 시에는 맑고 신선한 기운이 스며들게 되어 있는 것이다. 청기의 품격은 정신이 맑으면서 저속하지 않은 시의 품격이다. 사공도는 청기의 품격을 다음과 같이 시로 형상화하고 있다.

娟娟群松 下有漪流 晴雪滿汀 隔溪漁舟

---

[2] 안대회, 앞의 책, 428쪽.
[3] 명나라 말기의 육소형이 편집한 『취고당검소』에 나오는 내용이라고 하는데 분명하지가 않다.(안대회, 앞의 책, 429쪽).

연연군송 하유의류 청설만정 격계어주

可人如玉 步屨尋幽 載瞻載止 空碧悠悠
가인여옥 보섭심유 재첨재지 공벽유유

神出古異 淡不可收 如月之曙 如氣之秋
신출고이 담불가수 여월지서 여기지추

고고한 소나무 숲이 있고
그 아래로 맑은 물이 흐른다
눈이 개어 물가는 온통 눈밭이고
시내 저편에는 고깃배가 떠 있다

마음에 쏙 드는 백옥 같은 사람이
나막신 신고 깊은 산중 찾아 간다
풍경을 바라보다 걸음을 멈추면
파란 창공은 아득하기만 하다

정신에서 예스럽고 기이한 것이 솟아나니
담담하여 다 거두지 못 한다
새벽달 같은 듯
가을 기운 같은 듯

이 시에서 청기의 전체 분위기를 설명하고 있는 것은 시어 새벽달과 가을 기운이다. 청기의 품격은 새벽의 기운을 머금은 깔끔한 달의 모습과 같으며, 가을의 청명한 하늘과 같은 것이라고 말하고 있다. 이 시의 1연에서는 먼저 맑은 기운이 스며있는 주변 풍경이 어떤 것인지를 제시하고 있다. 그 풍경을 상징하는 것은 아름다우면서도 높은 기운을 지닌 소나무 숲, 그 아래로 흐르는 맑은 물, 그리고 하얀 눈밭과 같은 것이다. 이러한 풍경이야말로 맑은 기운만이 존재하는 곳이라고 말할 수 있을 것이다. 2연에서는 그 풍경 속으로 걸어오는 한 사람의 모습을 형상화하고 있다. 그 사람의 모습은 맑은 주변의 풍경과 잘 어울려 있다. 그 사람은 백옥 같이 맑은 정신의 소유자이고, 나막신을 신고 깊은 산중을 어슬렁거리며 찾아오는 사람이다. 그는 세속의 일상을 벗어나서 자유롭게 살아가는 사람이고, 형식에 얽매이지 않는 차림새를 하고 있는 사람이다. 맑은 풍경을 찾아오는 그 여유로운 사람의 배경에는 파란 창공이 펼쳐져 있다. 3연에서는 이러한 풍경에 어울리는 사람의 정신을 말하고 있다. 그의 정신은 예스러우면서도 기이한 것이 솟아있어서 그 어떤 말로도 그것을 모두 다 표현할 수가 없다. 그렇다고 그는 전혀 낯선 사람은 아니다. 그는 새벽달과 같이 은은하고 가을 기운과 같이 청명한 기운을 머금고 있는 사람이다. 청기의 품격은 소리와 빛깔의 궁극에 닿아 있는 새벽달과 같으며 가을 기운과도 같은 은은한 아름다움이 스며있는 미학이다.

(2) 청정무구(淸淨無垢)한 맑은 기운

연연군송 하유의류(娟娟群松 下有漪流) 고고한 소나무 숲이 있고 그 아래로 맑은 물이 흐른다.

청기의 품격을 알 수 있는 첫 번째 장면이다. 청기가 스며있는 풍경은 날씬하고 아름다운 소나무들이 무리를 이루고 있으며, 그 소나무 아래로 잔잔한 물결을 이루며 물이 흘러가고 있다. 소나무들은 푸른 기운을 내뿜고 있으며, 흐르는 물은 맑고 투명하기만 하다. 소나무 숲 사이로 흐르는 물은 자연스럽게 흘러갈 뿐이고, 세속에 물들지 않은 맑은 기운을 머금고 있을 것이다. 이 부분은 청기의 마음가짐이 어떠해야 하는지를 보여주고 있는 장면이다. 청기의 품격은 어떤 인위의 장면이 있을 수 없으며, 마음 바탕까지도 맑은 정신세계를 지향하고 있다.

　맑은 풍경 속에는 맑은 기운이 스며있게 마련이고, 그 맑은 기운이 있으니, 그 아래로 흐르는 물도 맑을 수밖에 없을 것이다. 작가가 어디에 있느냐에 따라 그 기운도 다를 것이다. 청기의 품격은 일부러 은둔하려고 해서 나오는 것이 아니라, 자연스럽게 그 기운 속에 있으므로 해서 우러나오는 기운이다. 작가의 정신이 혼탁한 기운 속에 있으면 그 혼탁함이 그대로 드러날 것이다. 하나의 작품 속에는 특정한 사건이 독립된 상황으로 존재하는 것이 아니고, 주변의 환경과 더불어 존재하는 것이다. 프랑스 역사주의 비평가 히폴리트 텐(H. Taine)은 예술은 고립되어 나타날 수 있는 것이 아니라고 전제하면서 예술은 인종(人種)과 환경(環境), 그리고 시대(時代)라는 외적 요인과 함께 존재한다고 말했다. 역사주의 관점에서 볼 때 작가는 주변의 환경을 벗어날 수 없는 것은 당연한 일이다. 초나라의 굴원(屈原)은 자신의 몸은 비록 혼탁한 정계에 놓여 있는 처지였지만 그 마음은 항상 맑은 곳에 두고 있었기 때문에 「이소(離騷)」를 쓸 수 있었다. 모든 예술 행위는 시대 상황을 벗어날 수 없듯이 모든 문학 작품은 작가의 마음이 머무는 곳에 따라 나타날 수밖에 없다. 이 때문에 작가가 어떤 마음으로 작품을 쓰느냐에 따라 작품의 품격이 결정되는 것이다. 청기의 품격을 갖추기 위해서 작가는 맑은 정신을 갖고 있어야 한다. 동양 문예미학에서 작가의 수양을 강조하는 까닭은 여기에 있다.

　청기는 작품을 꾸미기 위한 사치스러운 행위에서 나오는 것이 아니라, 스스로 맑은 정신을 갖기 위한 수양의 과정에서 우러나는 품격이다.

옥구슬이 구르는 청명한 소리를 듣기 위해서는 그 소리를 들을 수 있는
환경이 마련되어야 하고 작가의 마음이 그곳을 향하고 있어야 한다. 청
기의 품격이 스며있는 작품을 쓰기 위해서 작가는 스스로 자신의 주변
환경과 정신을 맑은 세계에 놓아두어야 한다.

> 원하건대 이욕(利慾)의 문을 막아, 부모께 받은 몸 상하게 말라
> 어찌하여 진주(眞珠)를 캐는 사람들, 목숨 가벼이 여겨 바다 밑을 드는가
> 몸이 영화로우면 티끌에 물들기 쉽고, 마음의 때는 물로 씻기 어렵네
> 담박한 맛을 누구와 의논하리, 세상 사람들 단 술을 즐기나니
> ―최치원,「우흥(寓興)」전문4)

이 시의 화자는 마음의 때가 묻지 않는 맑은 세계를 지향하고 있음을
알 수 있다. 몸이 영화로우면 세상의 티끌에 물들 수 있고, 마음이 혼탁
하면 세속의 욕망이 개입할 여지가 있다. 이 때문의 작가는 마음이 때가
끼지 않도록 경계해야 한다고 말하고 있다. 이 시의 제목인 '우흥(寓興)'
은 흥에 머무른다는 뜻이다. 여기서 말하는 흥은 흥취(興趣)라고 할 수
있는데, 이 시의 화자는 담박한 곳에 머물면서 그곳의 흥취를 함께 말할
수 없는 처지를 안타까워하고 있다. 맑은 흥취는 이욕의 문을 막고, 눈
앞의 보석에 현혹되지 않을 때 일어날 수 있다. 진주를 캐기 위해서 바다
밑에 들어가는 사람들은 자신의 이욕을 위해서 목숨을 가볍게 생각하는
사람들이다. 세상 사람들은 단 술을 좋아하기 때문에 담박한 맛을 즐길
줄 모른다. 마음의 때가 묻지 않은 작품을 쓰는 일은 그만큼 어렵고 힘든
일이라는 것을 알 수 있다. 이 시의 화자는 마음의 때가 끼지 않도록
늘 마음을 올바르게 하고, 담박한 마음으로 세상을 바라보고 있다. 청기

---

4) 願言扃利門 不使損遺體/ 爭奈探珠者 輕生入海底/ 身榮塵易染 心垢非難洗/ 澹泊與
誰論, 世路嗜甘醴.(김두종 외,『동문선 Ⅰ』, 민족문화추진회, 1968, 118쪽).

의 기운은 맑은 마음으로 때가 묻지 않는 기운을 말한다. 세상의 단맛에 물 들어서 그 단맛만을 따르다 보면 혼탁한 세상에 빠져들 수밖에 없다. 청기의 품격을 잃지 않기 위해서 작가는 자신의 정체성을 잃지 않아야 하며, 항상 스스로 맑은 기운에 몸을 의탁하고 있어야 한다.

청설만정 격계어주(晴雪滿汀 隔溪漁舟) 눈이 개어 물가는 온통 눈밭이고 시내 저편에는 고깃배가 떠 있다.

이 시구에서 '청설(晴雪)'이라는 말은 눈이 그쳐서 눈이 부시도록 맑은 풍경을 말한다. 눈이 개인 후 눈밭에 쌓인 풍경을 떠올려 보자. 물결이 가득 밀려와서 평평해진 물가에는 온통 눈으로 덮혀 있다. 이 아름다운 설경 속에서 시내를 사이에 두고 고깃배가 보인다. 그 배 위에는 어부가 있어도 좋고 없어도 좋다. 그저 풍경 속에 놓여진 상태로 생각하는 것이 좋을 듯하다. 청기(淸奇)는 너무 맑아서 신비로운 풍경이다. 마치 다른 세상으로 들어가는 길목에 서 있는 듯한 착각을 불러일으킨다. 작가가 맑은 기운을 바탕으로 작품을 쓸 때, 그 세계는 작가도 인지하지 못하는 곳으로 나아간다. 이를테면, 순수의 절정 속에서 천진무구(天眞無垢)한 세계가 열리는 것과 같다. 청기는 맑고 신기하면서도 낯선 풍경을 동반하는 것이다. 눈이 지천으로 내려서 하나의 세계로 되어버린 곳에서 어부의 배는 무슨 욕망이나 욕심이 있으리오. 그저 눈 내린 설경 속의 한 풍경으로 존재할 뿐이다.

청기의 품격은 순수함에 있다. 거짓으로 가리는 것이 아니라, 작가의 마음 속에 있는 맑은 기운을 보여주는 것이다. 이를 위해서 작가는 늘 맑고 투명한 마음을 가져야 한다. 그 마음에 혼탁함이 개입하지 않기 위해서는 온전히 사물을 순진무구한 상태로 바라볼 수 있도록 투사(投

射)해야 한다. 작가가 쓰려고 하는 사물에 자신의 맑은 마음을 던져야 한다. 맑은 정신을 향해서 무작정 나아가는 것을 맹종(盲從)이라고 말할 수 있다. 작가가 쓰려고 하는 소재에 투사하고 맹종하는 길을 따라가야 청기가 스며있는 작품을 쓸 수 있다. 청기의 품격으로 작품을 쓰려는 작가와 그렇지 않은 작가의 차이는 사물에 온전하게 투사(投射)하려는 자세와 그 사물의 기운을 따라가려고 하는 맹종의 자세에 있다. 유협은 작가가 좋은 작품을 쓰기 위해서는 감정의 심연을 따라가야 한다고 말하고 있다. 그는 "반드시 감정이 가는 곳을 쫓아서 슬픔을 모아야 한다. 그래야 그러한 문장은 눈물을 자아내게 한다."5)고 했다. 다른 사람을 애도하고 조문하는 글을 쓸 때는 감정의 끝자락을 쫓아가야 한다. 그것이 그 사람을 애도하는 슬픔의 마음이 궁극의 지점에 이르는 길이다. 이것은 작가가 표현하고자 하는 사물에 적용할 때도 마찬가지이다. 청기의 품격에 이르기 위해서는 사물의 궁극에까지 다다라야 한다. 그 사물의 고갱이가 무엇인지를 알고 작품을 써야 한다는 것이다. 썩은 나무의 고갱이, 절대로 변할 수 없는 심연의 끝자락, 투명함의 끝자락에 있는 것이 청기의 품격이다.

> 아름다운 평등을 보려거든
> 이 설경을 보라
>
> 아름다운 차별을 보려거든
> 이 설경을 보라
>
> ─권환, 「설경」 전문6)

---

5) 必使情往會悲, 文來引泣, 乃其貴耳.(유협 지음, 황선열 옮김, 『문심조룡』, 신생, 2018, 153-154쪽).

6) 황선열 편, 『권환전집』, 도서출판 전망, 2002, 44쪽.

눈이 온 그 아름다운 풍경을 더 이상 형용할 길이 없어서 아름다운 평등이라는 말로 아우르고 만다. 아름다운 평등은 차별과 동시에 존재할 때 아름다운 것이다. 세상의 모든 것은 평등한 것 같지만, 사실은 차별이 있다. 우주의 질서 속에서 평등하게 존재하고 있지만, 각각의 개체는 자신만의 차별로 존재하는 것이다. 따라서 평등과 차별은 이원론으로 존재하는 것 같지만 사실은 일원론으로 존재한다. 인간의 욕망, 혹은 그 근원을 말하는 궁극의 지점에 있는 흰색의 미학, 그것은 청기의 품격이 보여주는 극치라 할 수 있다. 흰색의 궁극에는 아름다운 차별도 있고, 아름다운 평등도 있다. 이 역설의 미학이 청기의 미학이다. 어쩌면 청(淸)과 기(奇)는 모순된 의미인지도 모른다. 맑음은 거침이 없으며, 낯설거나 신기함도 없는 것이다. 그저 맑을 뿐이기 때문이다. 그런데 청기는 맑음과 신비로움이 동시에 존재하는 미학이다. 맑음을 통해서 나오는 신기함은 기교가 없는 상태를 말한다. 무기교의 순수함 속에 드리워진 맑음이다. 그렇기 때문에 청기에서 말하는 신기함이란, 초현실주의나 모더니즘 시들에서 보여주고 있는 기교주의 시들과는 범주가 다르다.

청기의 첫 부분에서 말하고 있는 풍경은 말 그대로 청정무구의 세계, 욕망과 욕심이 없는 상태, 순수함의 극치를 보여주고 있다. 고고한 소나무 군락, 그 아래로 흐르는 옥과 같은 맑은 물길, 눈이 그친 뒤 펼쳐지는 장엄한 풍광, 그리고 시내 저 편에 놓인 고깃배 하나, 여기에 어떤 욕심과 욕망의 그늘이 드리워져 있겠는가? 순수한 풍경만이 자리 잡고 있을 뿐이다. 청기의 기운은 이러한 순수의 세계를 말한다.

(3) 풍경과 거리두기

가인여옥 보섭심유(可人如玉 步屧尋幽) 마음에 쏙 드는 백옥 같은 사람이 나막신 신고 깊은 산중 찾아 간다.

여기에서 말하는 옥과 같은 사람[如玉]이란 어떤 사람일까? 세속에 물들지 않은 사람일 터이다. 세속의 욕망과 권세에 물들지 않으려고 속세의 찌든 때가 행여나 스며들까 봐서 허유처럼 귀를 씻고 소부처럼 소를 몰고 상류로 가는 사람이다. 그 사람은 주변의 풍경과 어울리고 모든 사람의 마음에 쏙 드는 사람이다. 그야말로 어디에서나 막힘이 없는 '가인(可人)'이다. 순수함의 극치에 있는 사람은 백옥과 같은 사람이 아니겠는가? 어떤 꾸밈도 없고, 구속되거나 얽매이지 않는 상태에 있는 사람이다. 그는 관념의 노예가 되지 않는 순진무구한 사람이라 할 수 있다. "가인"과 "여옥"은 모두 맑은 아름다움의 궁극에 있는 사람들이다. 옥으로 비유된 가인은 투명하기 이를 데 없는 사람이라 할 수 있다.

나막신 신은 사람은 어떤가? 눈이 와서 신었다고는 하나, 나막신은 먼 길을 갈 때 신는 신발이 아니다. 눈이 온 풍경을 감상하기 위해서 가까운 곳에 산책을 나온 사람의 차림새이다. 나무로 만든 신을 신고 있는 사람이니 그 차림새로 볼 때 가난하지만 격식을 갖춘 사람이라 할 수 있다. 그는 어떤 이욕도, 어떤 관념에도 끌리지 않는 순수한 사람이다. 그 사람이 찾아가는 곳은 깊은 산중이다. 그는 일부러 깊은 산중을 찾아가는 사람이 아니라, 그 사람이 있는 공간이 말 그대로 '심유(尋幽)'의 공간이라 할 수 있다. 그 공간은 세속의 끌림이나, 욕망이 자리할 수 없는 순수한 세계이다.

나는 내 그림자가 미워 달아나면 그림자도 달린다.
내가 없으면 곧 그림자도 없고 내가 있으면 그림자도 따른다
내가 있어도 그림자 없게 하는 방법이 있으련만, 나는 모른다.
사람들은 말한다 그림자가 밉거든 그늘에 있으면 뗄 수 있으리라고
그늘도 물건의 그림자거니 사람의 그 말이 더없이 어리석도다
물건이나 나나 있기만 하면 그늘과 그림자는 다시 여기에 있다.
나도 없고 또 물건도 없으면, 그늘과 그림자가 어디 생길까
나는 그림자에게 소리 내어 물으나, 그림자는 한 마디 말도 없도다.
마치 안회(顔回)의 어리석은 것처럼 묵묵히 알고 깊이 생각하나 보다.
무엇이나 내가 동작하는 것, 그는 하나하나 흉내를 낸다
오직 나는 말이 많은데, 그림자는 이것만은 취하지 않는다
그림자는 이렇게 생각함이 아닐까, 말은 몸을 위태롭게 하는 것이라고
그림자가 나를 본받는 것이 아니고, 내가 그림자를 스승으로 삼는다
―이달충(李達衷),「여재산중(子在山中)」전문7)

이 시는 고려 우왕 때 학자인 이달충의 시이다. 이 시는 산 속을 거닐면서 그림자를 소재로 해서 그 그림자의 다양한 의미를 사유하고 있다. 이 시의 시제(詩題)는 청기의 기운을 잘 말해주고 있는데, 시제에서 풀이하고 있는 것처럼,8) 화자는 지팡이 하나에 의지하고 신발을 끌며 이 골짝 저 골짝을 헤매고 다니다가 그림자가 홀로 자신의 벗이 되어주니 그림자에게 시 한 수 쓰는 것이야 당연한 일이라고 말하고 있다. 그러나 화자의 의식 내면에는 하루 종일 그림자를 사유하면서 그 맑은 기운을

---

7) 我惡我之影 我走影亦馳/ 無我則無影, 有我影相隨/ 有我使無影, 有術吾未知/ 人言若惡影, 處陰庶可離/ 陰亦物之影, 人言乃更癡/ 物我苟有矣, 陰影復在玆/ 無我亦無物, 陰影安所施/ 舉聲我問影, 影也無一辭/ 有如回也愚, 默識而深思/ 凡我所動作, 一一皆效爲/ 唯我頗多言, 影也不取斯/ 影也豈不云, 言乃身之危/ 顧非影效我, 我乃影爲師.(김두종 외,『동문선Ⅰ』, 민족문화추진회, 1968, 158쪽).

8) 이 시의 제목은「산중에 있으니 종일토록 찾는 이 없어 지팡이 짚고 신을 끌며 홀로 골짝 시내를 거니니 적적하여 함께 얘기할 사람 없고, 오직 그림자만이 잠시도 나는 떠나지 않으니 이것이 가상하여 시를 지어준다」.(子在山中 竟日 無相過 拖節曳履 獨徜徉乎 澗谷 寥寥 然無與語 唯影也 造次 不我違 爲可惜也 作詩以贈. - 김두종 외, 앞의 책, 158쪽)라고 되어 있다.

그림자에 의탁하고 있다는 것을 알 수 있다. 화자는 무료한 일상을 달래기 위한 단순한 행위라고 말하고 있지만, 이 시의 내면에는 그림자를 통해서 말이 만들어내는 번잡한 세상사를 풍자하고 있다. 이 시는 청기의 맑은 기운으로 세상의 기이함을 드러낸 시라고 할 수 있다.

> 산을 지나가다가 잠깐
> 물가에 앉아 귀를 씻는다.
>
> 그 아래 엎드려 물을 마시니
> 입에서 산(山)향기가 난다
> ─이성선, 「귀를 씻다」 전문9)

이 시에서 산의 향기에 몰입하기 위해 물가에 귀를 씻는 것은 청기의 기운을 받아들이기 위한 행위라고 할 수 있다. 이 시의 화자는 물가에 귀를 씻고 나니 비로소 그 물에 산 향기가 난다고 한다. 이 시에서 취하고 있는 절제된 형식미는 언어의 혼탁을 막기 위한 장치라고 할 수 있다. 이 시는 간결하고 압축된 형식미를 사용해서 군더더기 없는 청기의 아름다움을 표현하고 있다. 청기의 미학은 세속의 기운이 스며들 수 없는 절제된 아름다움이라 할 수 있다. 그야말로 맑고 투명한 기운 속에 놓여있는 상태를 말한다고 할 수 있다. 청기의 맑은 기운이 스며들기 위해서 작가는 세속의 욕망을 버리고, 비워내는 마음부터 가져야 할 것이다.

재첨재지 공벽유유(載瞻載止 空碧悠悠) 풍경을 바라보다 걸음을 멈추면 파란 창공은 아득하기만 하다.

맑은 기운이 스며있는 사람[可人如玉]은 산속에 들어가서 맑은 풍경

---
9) 이성선, 『산시(山詩)』, 시와, 2013.

을 바라보고 있지만, 그는 그 풍경에 몰입하지는 않는다. 그는 풍경을 바라보다가 머무는 순간에 파란 창공을 바라보고 있다. 그 파란 창공은 아득하고도 먼 공간이다. 이 때문에 이 시의 시구 '재첨(載瞻)'은 바라보고 있는 풍경을 멀리 두고 있다는 뜻으로 쓰인 것이고, '재지(載止)'는 그가 내딛고 있는 발을 시선이 닿는 풍경 속에 두고 있다는 뜻으로 말하고 있는 것이다. 지(止)는 발[足]의 의미이다. 그가 멈추어 서서 바라보고 있는 푸른 하늘은 아득하고 멀지만 아름다운 풍경으로 존재하고 있다. 시구 '공벽(空碧)'은 옥과 같이 푸른 하늘을 말하며, 그 하늘은 아마도 청정무구(淸淨無垢)를 드리운 상태라고 말할 수 있을 것이다. 그 푸른 하늘은 가까이 있는 것이 아니라, 멀고 아득한 '유유[悠悠]'의 상태에 있다. 이 시에서 말하는 파란 창공의 아득한 빛은 은은한 배경으로 존재한다고 할 수 있다.

이 구절은 풍경 속에 몰입하여 다가가지 않고, 그 풍경과 일정한 거리를 두고 바라보고 있는 여유로움을 말한다. 청기의 품격에서 말하는 아름다움은 풍경을 멀리서 바라보는데 있으며 그 아름다운 풍경을 바라보면서도 감정을 지나치게 노출하지 않으며 신기함으로 나아갈 때까지 기다리는 여유로움이 있어야 한다고 해석할 수 있다. 이는 일종의 풍경과 거리두기라고 할 수 있으며, 풍경과 거리를 둠으로써 그 풍경 속의 신비로움을 다시 발견할 수 있다는 것이다. 청기의 품격은 풍경을 객관적으로 바라보라는 말은 아니다. 나막신을 끌고 산 속을 거닐 듯이 여유를 가지면서 풍경과 일정한 거리를 두면서 바라보라는 말이다. 청기의 품격은 풍경을 바라보다가 하늘을 올려다 볼 수 있는 여유로움으로부터 발견할 수 있는 아름다움이라고 할 수 있다. 잠깐의 여유로움을 통해서 새로운 기운을 느끼는 때가 청기의 신비로움으로 나아가는 때이다. 맑은 기운 속의 신기함이라는 말은 풍경에 거리두기를 함으로써 다가오는 신기함이라고 할 수 있다.

> 흰 비단을 깔아놓은 듯, 바람 없이 잔잔한데,
> 맑은 경(景)에 해 비치니 희디흰 거울인 듯,
> 비 개자 언덕의 버들은 파랗게 비치고,
> 담(墻)꽃 빛은 봄이 한창 벌겋게 스며드네
> 새벽엔 지새는 달과 함께 성(城)밖으로 흘러가고,
> 밤중엔 쇠잔한 종소리 띄고 금중(禁中)에서 나오누나.
> 누가 만일 저 하늘 은하수에 오를 생각 있으면,
> 떼[槎] 타고 이리 통하면 되지나 않을까.
> ―최광유(崔匡裕), 「어구(御溝)」 전문10)

이 시는 한나라의 장건(張騫)이 뗏목을 타고 은하수에 올랐다고 하는 전설을 소재로 하면서 청기에서 말하는 신기한 기운을 형상화하고 있다. 이 시의 화자는 흰 비단을 펼쳐놓은 것과 같은 풍경과 거울과 같이 맑은 풍경을 보면서 은은한 빛을 느낀다. 비가 개인 언덕의 버들, 봄빛이 스며드는 담장의 붉은 꽃, 새벽달이 비치는 모습, 그 사이로 울리는 쇠잔한 종소리를 들으니 화자는 마치 신선이 되어 은하수에 오르는 것과 같은 신비로운 기운에 빠져들게 된다. 이렇게 풍경과 거리를 두고 바라보면 아득한 기운 속에 스며드는 아름다운 세계를 만나게 된다.

화자가 풍경과 일정한 거리를 두면 보이지 않던 세계를 만날 수 있고, 화자가 풍경에 몰입하게 되면, 스스로의 감흥에 빠져들어 그 감정을 주체하지 못할 수가 있다. 작가는 자기가 표현하려고 하는 사물과는 감응

---

10) 長鋪白練靜無風 澄景涵暉皎鏡同/ 堤柳雨餘光暎綠 墻花春半影含紅/ 曉和殘月流城外 夜帶殘鐘出禁中 人若有心上星漢 乘査未必此難通.(김두종 외, 『동문선 Ⅱ』, 민족문화추진회, 1968, 25쪽).

해야 하지만, 사물을 둘러싸고 있는 풍경과는 일정한 거리를 두면서 관망할 줄 알아야 한다. 풍경과 거리두기를 함으로써 풍경의 저 편에 있는 신비로운 세계를 만날 수 있는 것이다.

(4) 예스러움에 스민 은은한 빛

신출고이 담불가수(神出古異 淡不可收) 정신에서 예스럽고 기이한 것이 솟아나니 담담하여 다 거두지 못한다.

이 시구에서는 청기의 기운은 어떤 것인지를 설명하고 있다. 작가가 맑은 기운 속에 있으면 눈에 보이는 세계도 맑을 것이다. "정신에서 예스러움"이 있다는 말은 꼬질꼬질하고, 손때가 묻어서 반질반질한 것이라든가, 오랫동안 빛을 감추고 있다가 나타나는 묵은 때 같은 맑은 기운이라 할 수 있다. 청기의 품격은 오래된 물건에서 우러나는 고고(高古)한 빛이라고 할 수 있다. 청기의 기운은 오래된 책의 향기, 오래될수록 더 빛이 나는 보석에 스며있는 기운이다.

청기의 품격은 은은한 빛이 스며있는 예스러운 기운에서 우러나는 것이라고 할 수 있다. 이 때문에 청기는 새로움의 기운이라기보다는 깊고도 오묘한 빛에서 솟아나는 담담한 기운이라 할 수 있다. 이 시의 시구 '고이(古異)'는 예스러움에 스며 있는 신비로운 빛이라고 할 수 있다. 세월이 빚어낸 해묵은 사물의 빛은 말로 형언할 수 없을 것이다. 그래서 이어지는 시구에서 그 담담한 빛깔을 거둘 수 없다고 말하고 있는 것이다. 청기가 스며있는 작품을 쓰기 위해서는 깊고도 오묘한 빛을 간직할 수 있는 여유로움과 오랫동안 묵히는 인내가 필요하다고 말하고 있는 것이다. 오랫동안 묵혀두어서 맑고 신비로운 기운이 솟아날 때 비로소 붓을 들고 작품을 써야 청기의 품격이 스며있는 작품이 나오는 것이다. 작가는 풍경과 거리두기를 하면서 청기의 기운을 가슴에 일렁일 때까지 묵혀 두는 여유로움이 있어야 할 것이다.

청기의 품격은 맑고 신비로운 아름다움이 조화를 이룬 것이다. 그것은 어떤 색으로도, 어떤 빛으로도 형용할 수 없는 아름다움이다. 맑고 투명한 아름다움, 그리고 청정무구한 순수함은 특정한 색채를 말하는 것이 아니다. 그 아름다움은 감춘 듯 드러나고, 드러난 듯 감추는 것이라고 할 수 있다. 청기의 미학은 맑은 기운이 신비로움으로 감싸여 있을 때 드러나는 아름다움이다. 그것은 세월의 흐름 속에서 아른하게 빛을 내는 아름다움이다. 청기의 미학은 해묵은 빛깔과 같이 은은함을 간직하고 있으며 그 빛은 드러나는 듯, 드러나지 않는 신비로움이 스며있는 아름다움이다.

여월지서 여기지추(如月之曙 如氣之秋) 새벽달 같은 듯 가을 기운 같은 듯.

이 시구는 서로 짝을 이루고 있다. 새벽달의 기운은 어떤 것일까? 또한, 가을의 기운은 어떤 것일까? 청기의 품격을 말하는 마지막 시구에서 새벽달과 같이 은은한 빛이며, 가을 기운과 같이 서늘한 기운이라고 말하고 있다. "새벽달 같은" 기운은 한자어로 여명(黎明)이라고 한다. 여명이라는 말에서 여(黎)는 '–무렵'(대략 어떤 시기와 일치하는 즈음)이라는 의미를 말한다. 여명은 서서히 날이 밝아오면서 기울어가는 무렵에 있는 달의 기운을 말한다. "가을 기운 같은 것"이라는 말은 가을이 온 것이 아니고, 가을이 오지 않은 것과 같은 은근한 기운을 말한다.

이 시구에서 말하는 "새벽달 같은 가을 기운 같은"이라는 말을 염두에 둘 때, 청기에서 '청(淸)'은 단순한 맑은 기운을 말하는 것이 아니라, 맑은 기운의 근처에 다다라 있다는 것을 말한다는 것을 알 수 있다. "새벽달 같은"이라는 말은 아침이 오기 전에 비치는 은은한 새벽 기운을 말한다. 이 은은한 새벽달과 같은 시간은 달빛이 희미하게 비치고, 멀리서는 밝은 기운이 서서히 일어나고 있는 무렵이다. 이와 같이 은은한 기운을 '청(淸)'이라고 한다면, '기(奇)'는 가을과 같은 기운이라고 말하고 있다. 가을과 같은 기운은 덥지도 춥지도 않으면서도 더움과 서늘함이 공존하는 미묘한 기운을 말한다. 말 그대로 드러나는 것 같으면서도 감추어져 있고, 감추어져 있으면서도 드러나는 기운이다. 청기의 미학은 이러한 단절과 연속의 경계에 머물고 있는 아름다움이라고 말할 수 있다.

> 새벽은
> 새벽을 예감(豫感)하는 눈에게만
> 빛이 된다.
>
> 새벽은
> 홰를 치는 첫닭의 울음소리도 되고
> 느리고 맑은 외양간의 쇠방울 소리
> 어둠을 찢어 대는 참새 소리도 되고
> 교회당(敎會堂)의 종(鐘)소리
> 시동(始動)하는 액셀러레이터 소리
> 할아버지의 기침 소리도 되어
> 울려 퍼지지만
>
> 빛은 새벽을 예감(豫感)하는 눈에게만
> 화살처럼 전광(電光)처럼 달려와 박히는
> 빛이 된다. 새벽이 된다.

빛은
바다의 물결 위에 실려
일렁이며 뭍으로 밀려오고
능선(稜線)을 따라 물들며 골짜기를 채우고
용마루 위 미루나무 가지 끝에서부터
퍼져 내려와
누워 뒹구는 밤의 잔해(殘骸)들을 쓸어 내며
아침이 되고 낮이 되지만

새벽을 예감하는 눈에겐
새벽은 어둠 속에서도 빛이 되고
소리나기 이전(以前)의 생명이 되어
혼돈(混沌)의 숲을 갈라
한 줄기 길을 열고
두꺼운 암흑(暗黑)의 벽(壁)에
섬광(閃光)을 모아
빛의 구멍을 뚫는다.

그리하여
새벽을 예감하는 눈만이
빛이 된다. 새벽이 된다.

스스로 빛을 내뿜어
어둠을 몰아내는
광원(光源)이 된다.

—정한모, 「새벽1」 전문[11]

   이 시에서 말하고 있는 "새벽을 예감하는 눈에 보이는 빛"은 여명 속에 잠재해 있는 기운을 말한다. 이 시의 화자는 그 기운을 아는 눈은 <u>스스로 빛을 낼 수 있는 광원이 되고, 빛의 구멍을 뚫는다</u>고 말한다.

---

11) 정한모, 『새벽』, 일지사, 1975.

새벽의 기운은 어둠과 밝음의 중간이다. 이 시에서 말하고 있는 것처럼, 기(奇)는 어둠의 기운 속에 있는 빛을 감지할 수 있는 섬세함이라고 할 수 있다. 그렇지만 그 섬세함은 뚜렷한 실체로 존재하는 것이 아니라, 신비롭고 오묘한 기운을 머금은 채, 실체로 존재하면서도 실체로 존재하지 않는 희미한 존재일 뿐이다. 그 희미한 기운은 첫 닭의 울음소리를 통해서, 외양간의 쇠방울 소리를 타고서, 어둠을 몰아내는 참새 소리에 스며들어서, 그리고 교회당 종소리의 파문을 따라서 울려 퍼지면서 세상의 물상을 깨우고 있다. 그 신비로운 기운을 예감할 수 있을 때 새벽은 뚜렷한 빛이 되어 찾아오게 되며, 그것을 깨닫는 순간 혼돈의 시간 속에 도사리고 있는 빛과 생명의 기운을 알아차릴 수 있다고 한다. 새벽은 '청(淸)'의 알 듯 모를 듯한 기운으로부터 뚜렷한 '기(奇)'의 기운을 깨닫게 될 때, 비로소 발견할 수 있는 아름다움이다. 새벽은 청의 기운으로 존재하지만 실체가 뚜렷하지 않은 맑고 투명하며, 아득하고 은은한 빛이라고 할 수 있다.

그러면 가을의 기운은 어떤 것일까? 사계절은 '원형이정(元亨利貞)'의 순환논리에 따라 변화한다. 이는 우주의 질서이다. 그 질서는 생명의 기운이 자라고[元], 형상이 이루어지고[亨], 생명이 갈무리 되고[利], 죽음의 길[貞]로 이어지는 과정이다. 이 낱낱의 기운들이 이루어지는 과정들은 단절과 연속으로 이루어지는 것이 아니라, 두 개의 기운이 함께 존재하면서 서서히 변화한다. 가을과 같은 기운은 이 두 개의 기운이 함께 존재한다는 것이다. 형상이 이루어지는 계절인 여름이 지나고 생명을 갈무리하는 가을의 기운으로 나아가지만 그 기운은 '~과 같은'으로 존재한다. 그 기운은 가을이면서도 가을이 아닌 은은한 기운으로 존재할 뿐이다. 이 애매한 변화의 선상에서 만나는 것이 기(奇)의 기운이다.

> 띠 집은 대 숲길로 이어져 있고
> 가을 햇살 맑고도 곱게 빛나네
> 열매가 익어서 가지는 늘어지고
> 끝물인 덩굴에는 오이도 드무네
> 나는 벌은 날갯짓 그치지 않고
> 한가한 오리는 서로 기대 조네
> 참으로 몸과 마음 고요하구나
> 물러나 살자던 꿈 이루어졌네
>
> —서거정(徐居正), 「추풍(秋風)」 전문[12]

이 시는 가을의 기운이 스며들 때 일어나는 풍경을 형상화하고 있다. 가을의 기운은 열매가 익고 생명이 서서히 소멸해가는 때이다. 가을의 기운은 마음과 몸이 고요함에 놓이게 되면서 세속으로부터 물러나서 살고 싶은 기운이다. 가을은 열매가 익어서 가지가 늘어지는 계절, 그 결실의 의미와 함께 한가로운 여유로움도 함께 존재하는 때이다. 화자는 그 가을의 풍경을 완상하고, 그 풍경에 거리두기를 함으로써 그 풍경 속에 존재하는 신비로운 기운을 읽어내고 있다. 그래서 화자는 심정(心靜)의 상황에 머물고 있는 것이다. 이 시에서 화자는 마음의 고요함, 그리고 한 걸음 "물러나 살자던 꿈"을 말하고 있다.

청기의 미학은 채우는 것이 아니라 비우는 것이고, 머무는 것이 아니라 물러나는 것이다. 그것은 새로운 것이 아니라, 익어가면서 자연스럽게 나타나는 예스럽고 은은한 빛에서 발견할 수 있는 아름다움이다. 그 아름다움은 보일 듯 보일 듯이 보이지 않고, 만질 듯 만질 듯이 만져지지

---

[12] 茅齋連竹逕 秋日艶晴暉/ 果熟擎枝重 瓜寒著蔓稀/ 遊蜂飛不定 閒鴨睡相依/ 頗識身心靜 棲遲願不違.(원주용, 『조선시대 한시 읽기(상)』, 이담북스, 2010).

않지만 실제는 뚜렷하게 존재하는 것이다. 청기의 미학은 풍경의 저 편에서 아른하게 존재하는 빛과 같이 희미한 데서 오는 아름다움이라 할 수 있다. 청기의 미학은 실체는 없는 듯하지만 사실은 가장 커다란 존재로 스며있는 아름다움이다. 마치 씨앗의 싹눈에 봄의 영양분을 축적하고 있듯이, 썩은 나무의 깊은 곳에 아무리해도 썩지 않는 비취빛 고갱이가 존재하듯이 보이지 않으면서도 존재하는 아름다움이라 할 수 있다.

최명희가 자신의 문학관을 밝힌 '나의 혼, 나의 문학'에서 "썩어도 썩지 않는 나무"를 말하고 있는데, 나무 속의 썩지 않는 나무, 가벼우면서도 단단한 신비로운 기운이 청기의 품격이라고 말할 수 있다. 썩지 않는 나무는 진액을 다 걸러내고 남은 나무의 고갱이라고 한다. 그 고갱이는 돌덩이보다 단단하지만 무게는 종이보다 가볍다고 한다. 청기는 혼탁한 마음, 썩은 마음을 걷어낸 자리에 존재하는 썩지 않는 고갱이다. 맑은 기운[淸]이 모여서 참된 신비로움[奇]으로 나아갈 때 천년이 지나도 변치 않는 뛰어난 작품이 만들어지는 것이다. 청기의 품격은 맑은 정신이 작품에 스며 들어서 더 이상 혼탁할 수 없는 상태에 이른 작품에서 발견할 수 있는 아름다움이다. 청기가 스며 있는 작품은 새벽의 달과 같이 희미한 빛을 머금은 채 오래도록 남아있으며, 가을의 기운이 생명의 씨앗을 단단하게 여미듯이 단단한 기운이 스며 있다. 청기의 품격은 그 은은한 기운이 작품에 스며 들어서 변하지 않은 고갱이과 같이 빛나는 아름다움이다. 청(淸)의 기운으로 예민하게 사물을 감지하고, 기(奇)의 기운으로 신비로운 존재의 의미를 발견할 수 있을 때, 변하지 않는 아름다운 작품을 얻을 수 있을 것이다.

17. 자유분방한 곡선의 미학
―위곡(委曲)

(1) 개요

위곡(委曲)은 자세하지만 감추어져 있는 비밀스러운 의미를 함축하고 있는 품격이다. 우선 '위(委)'의 한자 사전의 뜻은 "1. 맡기다, 2. 버리다, 3. 쌓이다, 4. 자세하다, 5. 끝, 6. 굽히다, 7. 시들다, 8. 창고" 등으로 쓰이는데, 이 중에서 위곡에서 말하는 위(委)는 '4. 자세하다'라는 뜻으로 쓰인 것이다. '곡(曲)'은 상형문자로 둥근 그릇 모양을 본뜬 글자이다. '곡(曲)'의 한자 사전의 뜻은 "1. 굽다, 휨, 2. 굽히다. 휘게 함, 3. 마음이 바르지 않다, 4. 자세하다, 5. 간절하다. 정성을 다함, 6. 옳지 않다, 7. 자질구레하다, 8. 가락. 곡조, 9. 잠박. 누에치는 기구, 10. 구석, 11. 마을. 동네, 12. 부분. 조각" 등으로 쓰이는데 이 중에서 위곡에서 말하는 곡(曲)은 '1. 굽다'라는 뜻과 함께 '4. 자세하다'라는 의미로 쓰인다. 사전적 의미로 말하면, 위곡은 자세하게 보이는 것 같지만 감추어져 있는 품격을 말한다. 장자는 이러한 위곡의 의미를 쓸모 있는 것과 쓸모없는 것의 차이라고 말하면서 다음과 같이 정리하고 있다.

"위험하네, 위험해. 땅에 금 긋고 그 속에서 허둥대는 따위 짓은. 가시나무여, 가시여. 내 가는 길을 막지 말라. 내 가는 길은 구불구불 위험을 피해 가니, 발에 상처를 내지 말라. 산의 나무는 사람에게 쓸모 있어 스스로 자기를 베게 만들고, 등불은 스스로 제 몸을 태운다. 계수나무는 계피를 먹을 수 있어서 베어지고, 옻나무는 옻칠에 쓸모 있어 쪼개진다. 사람들은 모두 쓸모 있는 것의 쓸모는 알아도 쓸모없는 것의 쓸모를 모른다네."1)

눈에 보이는 유용한 가치만을 지향하고 있는 인간의 어리석음을 꾸짖는 말이기는 하지만, 이 말 속에는 보이는 아름다움에만 현혹되어 있는 미적 매몰성을 우회적으로 비판하는 말이기도 하다. 쓸모 있는 것의 쓸모는 당연하게 아는 것이지만, 쓸모없는 것의 쓸모는 잘 인식하지 못한다는 말이다. 시에서 이러한 미적 접근이 필요한 작품은 겉으로 잘 드러나지 않지만, 그 내면에 깊은 의미가 있는 작품을 말한다. 위곡은 잘 드러나지 않지만 그 속에서는 드러나지 않는 곡선의 아름다움이 스며있는 품격이다. 사공도는 위곡을 다음과 같은 시로 말하고 있다.

登彼太行 翠繞羊腸 杳藹流玉 悠悠花香
등피태항 취요양장 묘애류옥 유유화향

力之於時 聲之於羌 似往已廻 如幽匪藏
역지어시 성지어강 사왕이회 여유비장

水理漩洑 鵬風翶翔 道不自器 與之圓方
수리선복 붕풍고상 도불자기 여지원방

저 높은 태항산을 오르노니
푸른빛이 굽어진 비탈을 에워싸고 있다
아스라한 이내 속에 백옥 같은 물이 흐르고
아주 먼 곳으로부터 꽃향기가 풍겨온다

힘을 들이는 것은 때에 알맞게 하고

---

1) 殆乎殆乎,畫地而趨 迷陽迷陽, 無傷吾行. 無傷吾足. 山木自寇也. 膏火自煎也 桂可食. 故伐之. 漆可用. 故割之. 人皆知有用之用. 而莫知無用之用也.(안동림 역주, 『장자』, 현암사, 1993, 142-143쪽).

소리를 내는 것은 피리를 불듯 해야 한다
가버린 듯하더니 어느 틈에 돌아와 있고
그윽하게 있으나 숨은 것은 아니다

물결은 빙빙 돌며 위 아래로 출렁대고
회오리바람은 하늘을 빙빙 도는 듯하다
도道란 본래 일정한 틀이 없으니
그릇을 따라 둥글기도 모나기도 하다

　이 시의 1연은 위곡의 배경이 어떤 것인지를 말하고 있다. 위곡은 구절양장과 같이 굽어져 있는 길과 같이 보이지 않는 상황 속에 있는 것을 말한다. 그 배경은 푸른빛이 감도는 신비로운 곳이고, 아스라한 안개 속에 감추어져 있지만, 그 속에는 백옥과 같이 맑은 물이 흐르고 은은한 꽃향기까지 풍겨오는 곳이다. 그러나 그곳이 어떤 곳인지는 도무지 알 수가 없다. 이를테면, 시를 몇 번 읽었는데도 도무지 그 뜻을 알 수는 없지만 무엇인지 모를 의미가 스며 있는 것 같고, 보이지 않는 그 무엇이 온 몸의 감각을 자극하는 것과 같은 것이다. 2연에서는 위곡의 미적 특질을 설명하고 있다. 알지 못하는 그 무엇은 자연스럽게 다가오는 것이고, 무의식의 상황 속에 스며들어 있는 것이다. 거부하려고 하지만 어느새 다가와 있고, 숨어 있는 것 같지만 숨어있지 않는 것이다. 위곡은 보이지 않지만 보이는 것, 쓸모없는 것 같은 데도 쓸모 있는 것을 말한다. 3연은 위곡의 궁극적 속성을 말하고 있다. 위곡은 겉으로 잘 드러나지 않으면서도 그 내면에는 곡진한 힘이 굽이굽이 서려 있으며, 형식에 얽매이지 않는 자유로움이 스며있는 아름다움을 말한다. 이 때문에 위곡의 품격은 그릇에 담기는 물과 같이 모양과 형상에 따라서 자유자재로 변화하는 아름다움이라고 말할 수 있는 것이다. 위곡은 전위 예술과 같이 어떤 미적 구속으로부터 벗어난 자유로운 아름다움을 추구하는 것을 말한다.

(2) 가감(假感)과 감각의 체현

등피태항 취요양장(登彼太行 翠繞羊腸) 저 높은 태항산을 오르노니 푸른빛이 굽어진 비탈을 에워싸고 있다.

위곡의 첫 번째 부분은 보이지 않는 형상을 감각의 형상으로 드러내는 방식을 설명하고 있다. 첫 구절에서 말하고 있는 태항산은 구절양장(九折羊腸)이라는 말이 나오는 중국의 유명한 산이다. 굽이굽이 이어지는 길을 따라 태항산에 올랐지만 그곳에는 푸른빛만 감도는 신비로움으로 가득할 뿐이다. 위곡의 품격은 태항산을 오르는 구절양장과 같이 굽이굽이 숨어있는 아름다움을 말한다. 이것은 작가의 감정을 감추면서도 사물이나 사건의 실체를 드러내는 방법이다. 작품에 직접 드러나지 않는 감정은 보이지 않는 감정[假感]이라고 할 수 있는데, 가감(假感)이란 작가가 사물이나 사건을 보고 그것을 보이지 않지만 은은하게 보이도록 표현하는 방법을 말한다. 사물의 본질은 항상 그대로 존재하지만, 작가는 그것을 완전하게 표현하지는 못한다. 아무리 치밀한 묘사를 하는 작가라고 하더라도 표범의 얼룩무늬를 완전하게 표현할 수는 없는 법과 같은 것이다. 이 때문에 작가가 표현하는 모든 사물은 그 사물의 일부를 가감(假感)으로 표현할 수밖에 없는 것이다.

"무릇 눈썹을 그리는 화장품은 얼굴을 꾸미기 위한 것이지만, 눈이 시원스럽고 입언저리에 애교가 있게 하는 것은 정숙한 자태로부터 나오는 것이다. 이와 마찬가지로 문채는 말을 꾸미기 위한 것이고, 교묘하고 화려한 것은 정성으로부터 그 근본을 삼아야 한다는 것이다. 따라서 정(情)이라는 것은 문장의 날실이며, 사(辭)라는 것은 이치의 씨줄이다. 날실이 바르게 된 뒤에 씨줄이 이루어질 수 있듯이 이치가 바르게 된 뒤에야 말을 펼칠 수 있다. 이것은 문장을 세우는 근본 원천이 된다."2)

자연스러운 무늬를 표현하는 것은 작가의 감정과 정서를 가상(假像)으로 표현하는 것이다. 그러나 그것은 어디까지나 그 사물의 진실을 드러내기 위한 작가의 솔직한 감정의 표현이다. 그렇기 때문에 여기서 말하는 보이지 않는 감정의 표현이란 허무맹랑하고 황당한 것이 아니다. 외려 그 사물의 속성으로 존재하는 본래 형상을 드러내기 위한 수단이라고 할 수 있는 것이다. 작가가 사물의 일부분을 가상으로 표현하는 것은 비록 그 사물을 완벽하게 재현하지는 못하더라도 그 근저(根柢)에 자리 잡고 있는 진실을 드러내는 방법론이라고 할 수 있다. 작가의 감정은 태항산과 같은 깊은 곳에 감추어두고 그것을 하나하나 드러내면서 이야기를 전개한다. 이야기의 방식이든지, 서정의 방식이든지 위곡의 품격은 작가의 정서를 완전히 드러내지 않으면서 가감(假感)을 통해서 독자를 감동시키는 것이다. 위곡의 품격이 스며있는 작품은 굽이굽이 많은 이야기를 담고 있는 작품을 말하며, 굽이마다 서린 사연들이 곡진한 아름다움으로 스며들어 있는 작품을 말한다.

서사의 관점에 빗댄다면, 위곡은 서사 구조에서 발견할 수 있는 아름다움이라 할 수 있다. 장편 서사는 서사 전개 방식을 중첩시켜나가면서 서사의 완급을 조절하는 방식을 보여준다면, 단편 서사는 서사 속에 은

---

2) 夫鉛黛所以飾容, 而盼倩生於淑姿 ; 文采所以飾言, 而辯麗本於情性, 故情者文之經, 辭者理之緯 ; 經正而後緯成, 理定而後辭暢易. 此立文之本源也.(유협 지음, 황선열 옮김, 『문심조룡』, 신생, 2018, 362-362쪽).

유와 상징을 감추고 있다고 할 수 있다. 두 번째 구절에서 말하고 있는 '취요양장(翠繞羊腸)'은 장편 서사 방식에서 말하고 있는 완급의 방식과 단편 서사에서 말하는 은유와 상징의 미학을 동시에 말하고 있는 것이다. 시의 관점에서 말한다면, 행간에 스며있는 비유의 미학과 전체 내용에 감추어져 있는 상징의 미학을 말한다고 할 수 있다. 시어 요(繞)는 '감기다', '에워싸다'라는 뜻이 있다. 구절양장으로 굽어진 길이 비취색으로 에워싸여 있다는 말이다. 굽어진 길의 미학은 은은함과 같은 보이지 않는 그 무엇이 감싸고 있는 아름다움이다. 굽어진 길에 감추어진 은근함이 있으면서도 또한 그 끝에는 푸른빛이 감싸고 있는 형국이다. 굽어진 길을 감싸고 있는 푸른빛은 차가우면서도 은근한 빛이다.

위곡은 굽어진 길을 에워싸고 있는 신비로운 푸른빛과 같은 아름다움이 스며있는 품격이다. 위곡의 품격으로 나아가기 위해서는 작가는 감정을 적절하게 감추면서 그 감정을 하나하나 은근하게 보여주어야 한다. 위곡은 겉으로 드러내는 아름다움이 아니라, 안으로 감추면서 서서히 드러나는 아름다움이다. 무엇이 있을지 모르는 상태가 굽어진 푸른빛의 풍경이라고 할 수 있다.

> 방아깨비의 코
> 새앙쥐의 코
> 메추리의 코
> 그 작은 코 보셨읍니까?
>
> 뜸부기의 입
> 뻐꾸기의 입
> 종달이의 입
> 그 작은 입 보셨읍니까?

비가 오면 이 작은 것들도
비에 젖습니다
방아깨비의 코
뻐꾸기의 입

(표현의 엄밀성, 그러니까 표현하고자 하는 세계에 대한 인식의 엄밀성을 기술적으로 회피하고 있는 이 시가 씌어진 날은 내가 空虛로 숯치는 날.)

비오는 날, 비가 오면
내 작은 눈, 입, 코, 귀도 비에 젖습니다.
눈 위에 빗방울, 코 위에 빗방울.
—오규원, 「방아깨비의 코」 전문[3]

이 시는 사물의 속성을 드러내는 방식으로 그 사물의 일부분만을 취하고 있다. 이 시의 화자는 코와 입만으로 사물을 보고 있다. 그야말로 무엇을 말하고 있는지 구절양장과 같이 굽어있다. 화자는 하나의 이미지에만 관심을 가지고 있다. 비오는 날이면, 코와 입만 비에 젖을 턱이 없다. 온 몸이 비에 젖을 것이다. 이 시는 방아깨비의 코와 입과 같은 작은 부분의 이미지가 입, 코, 귀로 확장되면서 하나의 살아있는 이미지, 즉 날 것의 이미지를 중심으로 사물의 전체로 이미지가 확장되고 있음을 확인할 수 있다. 방아깨비, 생쥐, 메추리의 코에서 뜸부기, 뻐꾸기, 종달이의 입으로 나아가면서 그 작은 것에 스며있는 생명의 의미를 발견하고 있다.

사공도의 시에서 말하고 있는 푸른빛 속에 감추어진 것이 어떤 것인지는 모르지만, 그것을 바라보는 사람들은 온갖 상상을 하게 되고, 그 상상의 이미지를 찾아가려고 한다. 위곡은 현상을 있는 그대로 표현하

---

[3] 오규원, 『왕자가 아닌 한 아이에게』, 문학과지성사, 1990, 44쪽.

는 직선의 미학이 아니라, 에둘러 표현하는 곡선의 미학이다. 작가가 말하려고 하는 감정을 철저히 감추면서 그 감정의 느림과 빠름을 조정하는 것이다. 또한 위곡은 은근한 상징을 동반하고 있다. 무엇을 말하기 위한 것이라기보다는 무엇을 말하지 않음으로써 말함을 드러내는 것이다. 푸른빛의 은근함, 삶과 죽음의 경계를 넘어선 자리에 존재하는 아득함이야말로 위곡의 품격으로 들어가는 길이다. 시에서 말하는 생략과 부연은 이런 측면에서 위곡의 미학을 표현하는 시적 방법론이라고 말할 수 있을 것이다. 조지훈에 따르면, '생략'은 비장한 상황에서 나오는 애수의 감정을, 우아한 아름다움에 나오는 아려(雅麗)한 상황, 관조미에서 나타나는 고담(枯淡)을 표현하는데 적절하다고 하며, '부연(敷衍)'은 장엄한 시의 곤곤(滾滾)한 율조(律調), 풍유로운 시의 휘영청거리는 멋, 침중한 시의 묵직한 품격을 표현할 수 있으며, 찬탄과 고무(鼓舞), 고백과 격려의 시가 가지는 심경의 흐름은 부연으로 가능하다고 한다.[4] 위곡은 생략과 부연을 통해서 고담(古淡)을 표현하고 더불어 시의 묵직한 품격을 보여주는 미학이라고 할 수 있다.

묘애유옥 유유화향(杳靄流玉 悠悠花香) 아스라한 이내 속에 백옥 같은 물이 흐르고 아주 먼 곳으로부터 꽃향기가 풍겨온다.

이 부분은 굽이굽이 감추어진 숲길에 스며있는 아름다움을 백옥 같은 물과 먼 곳의 꽃향기라는 청각과 후각 이미지를 통해서 강조하고 있다. 앞부분에서 말하는 푸른빛이 감도는 산의 풍경은 신비로움으로 가득 차 있어서 아득하게 보인다. 그 아득한 풍경 속에는 백옥같이 맑은 물소리가 들리고 있으며, 멀고 먼 곳에서는 은근한 꽃의 향기가 풍겨 나오고

---

[4] 조지훈, 『시의 원리』, 신구문화사, 1959. 124-132쪽.

있다. 이 부분을 앞부분과 연결해서 살펴보면, 굽이굽이 산길을 따라서 태항산을 오르니 그 굽이마다 푸른빛이 감돌고 있으며, 아득하고 먼 곳으로부터 아지랑이[靄]가 피어오르고 맑은 물소리가 들리고 있다고 할 수 있다. 산이 깊은 탓인지, 아니면 아지랑이가 자욱한 탓인지, 신비로운 푸른빛만 감돌고 있으며, 멀리에서는 은은하게 꽃향기가 풍겨오고 있다. 신비로운 분위기 속에서 스치는 바람결에 아지랑이를 따라 풍겨오는 꽃향기는 더욱 아득하게 스며들고 있다.

> 녹슨 배관 타고 회색 도마뱀들 옥탑으로 올라간다 내가 담배를 물고 다 들은 레코드 뒤집는 동안 피자 가게 화덕에서 잘 익은 피자가 둥근 접시에 올라간다 옥탑 화분에 심은 야채들 오랜 가뭄에 천천히 말라 가는 동안 배고픈 도마뱀들 옥탑 난간 타고 피자 가게 환기통 따라 뜨거운 화덕으로 들어 간다 피자 반죽 속 도마뱀들 갈색으로 익어갈 때 나는 레코드에 붙은 얼룩을 닦아 낸다 어떤 얼룩은 피자 반죽에서 익어 버린 도마뱀처럼 레코드와 한 몸이 되어 아무리 닦아도 지워지지 않는다 공중에 뜬 태양이 옥탑 서쪽으로 자리 옮길 때도 배고픈 도마뱀들 녹슨 배관 타고 자꾸만 올라온다 우리 동네엔 작고 배고픈 도마뱀들이 참 많다
> ─김참, 「도마뱀」 전문5)

이 시에서 도마뱀은 시각과 후각을 동시에 담아낸 상징어이다. 옥탑방에 살고 있는 화자는 배가 고프다. 그런데 아래층의 피자 가게에서는 피자를 굽는 냄새가 진동을 하고 있다. 도마뱀과 같은 피자 가게의 연기와 향기는 끝없이 배고픈 화자를 유혹하지만, 화자는 레코드 판을 닦거나 뒤집고 있는 상황이다. 그 상황은 "공중에 뜬 태양이 옥탑 서쪽"으로 옮겨갈 때까지 이어지고 있다. 이 시는 피자 가게에서 올라오는 연기가 도마뱀으로 치환되는 과정에서 레코드판은 피자의 둥근 판과 등치되고, 결국 화자의 욕망은 레코드판의 음악을 들으려는 욕망과 배가 고픈 욕망

---

5) 김참, 『빵집을 비추는 볼록거울』, 파란, 2016, 15쪽.

이 충돌하고 있다. 이 시는 도마뱀에 감추어진 비유와 상징을 읽어내는 순간, 신비롭게도 도마뱀이 피자를 굽는 맛 좋은 향기를 담고 있다는 사실을 확인할 수 있을 것이다. 이 시는 도마뱀이라는 구절양장의 시어를 사용해서 시적 아름다움은 추구하고 있다.

이와 같이 위곡의 품격은 은은하게 다가오는 곡선의 아름다움이 스며 있는 작품을 말한다. 보이지 않는 듯하면서도 보이는 존재, 무엇인지를 말하려고 하는 것은 뚜렷하지 않은데, 그 밑바닥을 스치고 지나가는 울림이 있는 작품이다. 사공도의 시에서 말하는 아지랑이는 시각이라고 한다면, 흐르는 물소리는 청각이고, 멀리서 풍겨오는 꽃향기는 후각이다. 좋은 작품의 요건은 인간의 오감을 자극하고, 그 자극의 심연 속으로 파고드는 것이다. 이것은 묘사의 문제를 말하는 것이 아니라, 문자를 통해 전달할 수 있는 모든 것을 전달하는 것을 말한다. 압축과 생략을 강조하는 시에서 이러한 감각의 이미지를 많이 쓰고 있는데, 이것은 산문이든 운문이든 모두 해당하는 말이라 할 수 있다. 문예미학은 문자를 통해서 사물의 의미를 전달하는 것이다. 그렇기 때문에 좋은 문학 작품은 문자를 통해서 감각을 전달하고, 그 감각을 통해서 감동하고 교감하는 것이다.

어두운 곳에 머물면 모든 감각이 열리게 마련이다. 작가는 어떤 사물을 묘사할 때 어두운 곳에 자신을 놓아두고 몸의 감각을 모두 열어놓은 채 그 사물을 바라보아야 한다. 그러면 그 사물은 시각, 청각, 후각, 촉각 등 모든 감각 기관에 다가오게 되는 것이다. 조선 후기의 가객인 안민영은 「매화사(梅花詞)」에서 촛불을 밝힌 밤에 떠도는 향기를 '암향(暗香)'이 '부동(浮動)'한다, "가만이 향기"를 놓아둔다, "청향(淸香)이 잔(盞)"에 떠있다고 표현하고 있는데, 이는 매화를 곁에 두고 어두운 밤에 스며드는 감각들을 표현한 것이라고 할 수 있다. 감각이 교감하는 곳에는 동기(同氣)가 흐르고 있다. 이 동기를 통해서 서로 감응하고 있으니, 그것은 단순히 청각의 시각화와 같은 것이라고 말할 수 없는 깊은 동기일체(同氣一體)의 교감을 이루고 있는 것이다. 이 때문에 동양문예미학에서 사물과 교감하는 것을 두고 '동기감응(同氣感應)'한다고 말하고 있는 것이다. 같은 기운을 가진 것은 서로 기운으로 통하고 있다는 말이다. 같은 기운을 느끼고 있는 상황에서는 청각이 시각이 되고, 시각이 청각이 되고, 청각이 후각이 되는 문제는 그리 중요해 보이지 않는다. 그 감각의 총화가 동기감응에 흐르고 있기 때문이다. 이 구절에서 은은한 아지랑이와 흐르는 물소리, 멀리서 풍겨오는 꽃향기는 말 그대로 그 '장소'와 교감하고 있다는 말이다.

위곡의 품격을 설명하는 첫 번째 부분에서 깊은 골짜기의 구불구불한 길, 드러내지 않으면서도 드러내는 것, 그 투명한 공간에 스며있는 훈향(薰香)과 옥구슬 같이 청아한 소리, 은근한 꽃향기는 모든 감각을 동원한 글쓰기로 설명할 수 있다. 사실 굽은 길, 깊은 숲 속에는 맑은 풍경만 자리할 뿐이다. 어떤 설명도 필요하지 않는 자리에 위곡의 품격이 놓여 있는 것이다.

(3) 그윽한 비의(秘意)

역지어시 성지어강(力之於時 聲之於羌) 힘을 들이는 것은 때에 알맞게 하고 소리를 내는 것은 피리를 불듯 해야 한다.

이 부분은 계절에 맞추어 다가오는 자연스러운 일상과 중국 소수 민족인 강족이 내는 피리 소리와 같이 굴곡을 이루는 완곡을 의미한다고 한다.6) 위곡이라고 해서 지나치게 숨기고 굴곡이 너무 심하면 그 의미를 알아볼 수 없기 때문에 자연스럽게 하라는 말이다. 시적 긴장과 이완이 적절하게 조화를 이루어야 한다는 말이다. 시의 비유 방식을 밀고 당기는 것이 적절해야 그 의미를 읽어나가는 독자들도 작품의 의미를 완곡하게 파악할 수 있다는 것이다. 지나치게 난해해서 읽지 못하는 작품, 그 의미를 파악할 수 없는 작품은 좋은 작품이 아니다. 그런 점에서 비의(秘意)는 그윽함을 담고 있어야 한다는 말이지 그 의미를 파악할 수 없는 데까지 나아가야 한다는 말은 아니다. 시적 의미 전달에 있어서 완곡을 조절할 수 있기 위해서는 지나치게 곡절(曲折)만 선택해서는 안 된다. 활을 당길 때, 지나치게 힘껏 당긴다고 해서 화살이 멀리 날아가고 정확하게 목표물에 명중하는 것이 아니다. 힘센 장사가 활을 당기면 부러질 수도 있으며, 힘으로 제압한다고 해서 그 형상을 무너뜨릴 수 없다는 말과도 같다. 중용(中庸)의 도를 지키면서 굽이굽이 알맞게 문맥을 잡아가야 한다는 말이다.

　이 때문에 위곡의 품격을 말할 때에는 완곡(婉曲)의 조화로움이 매우 중요하다. 무엇을 표현하고 무엇을 표현하지 않을 것인가? 어떤 것을 드러내고 어떤 것을 감출 것인가? 작품을 쓰기 위해서 수집한 많은 자료들 중에서 어떤 것을 버리고, 어떤 것을 사용할 것인가? 이것이 좋은 작품을 쓰려는 작가의 고심이라고 할 수 있을 것이다. 자료가 많다고 좋은 작품을 쓰는 것이 아니고, 학식이 풍부하다고 반드시 좋은 작품을 쓰는 것은 아니다. 작가의 마음 속에서 자리잡고 있는 사물의 비의를 얼마나 간파하고 있는가라는 것이 가장 중요한 문제일 것이다. 감정과

---

6) 안대회, 『궁극의 시학』, 문학동네, 2013, 458쪽.

자료의 선택에 있어서 중용의 태도를 취하는 것은 한 가운데만을 의미하는 것이 아니다. 한 가운데 우뚝 서 있으면서 주변을 거느리고 있는 것이다. 우주는 삼라만상을 거느리고 있지만 그 중심에는 시간과 공간의 보이지 않는 조화로움이 놓여 있다. 뿐만 아니라 수평과 수직의 조화도 이루고 있다. 이와 같이 보이지 않는 중심이지만 분명한 중심이 있는 것을 선택하는 것이다. 위곡의 품격을 보이는 작품은 그 중심을 분명히 갖고 있는 작품을 말한다. 그 중심을 통해서 사방으로 파문을 일으키며 나아가는 상상력의 산물이 위곡의 품격이라고 할 수 있다. 이 때문에 '역지어시(力之於時)'와 '성지어강(聲之於羌)'이라는 말로써 위곡이 드러내고 있는 경계를 말하고 있는 것이다. 힘을 쓰는 것도 때가 있고, 피리 소리를 내는 것도 힘의 균제가 있어야 한다. 지나치게 힘을 쓰지 말고, 지나치게 피리를 불지 말아야 한다는 것이다. 힘의 강약을 조절할 줄 아는 능력은 작은 지렛대 하나로 물건을 들어 올릴 수 있는 형국이나 마찬가지이다. 문짝이 낡아서 망가지더라도 지도리[樞]는 그대로 있다. 하나의 중심은 흔들리지 않는다는 말이다. 이와 같이 힘의 강약을 타고 리듬을 타면 이루어지지 않는 일이 없는 법이다. 문예미학에서 힘의 강약과 소리를 조절하는 것은 언어의 상징성과 이미지, 시어 등이 조화를 이룬 것을 말한다.

구원적거(久遠謫居)의지(地)의일지(一枝)·일지(一枝)에피는현화(顯花)·특이한사월의화초·삼십륜(三十·輪)·삼십륜에전후되는양측의명경(明鏡)·맹아(萌芽)와같이희희(戲戲)하는지평을향하여금시금시낙백(落魄)하는만월·청간(淸澗)의기(氣)가운데만신창이(滿身瘡痍)의만월이의형(劓刑)당하여혼륜(渾淪)하는·적거(謫居)의지(地)를관류하는일봉가신(一封家信)·나는근근히차대(遮戴)하였더라·몽몽(濛濛)한월아(月芽)·정밀(靜謐)을개엄(蓋掩)하는대기권(大氣圈)의요원(遙遠)·거대한곤비(困憊)가운데의일년사월의공동(空洞)·반산전도(槃散

顚倒)하는성좌와성좌의천열(千裂)된사호동(死胡同)을포도(跑逃)하는거대한풍설
(風雪) · 강매(降霾) · 혈홍(血紅)으로염색된암염(岩鹽)의분쇄 · 나의뇌를피뢰침
삼아침하반과(沈下搬過)되는광채임리(光彩淋漓)한망해(亡骸) · 나는탑배(塔配)
하는독사와같이지평(地平)에식수(植樹)되어다시는기동할수없었더라 · 천량(天
亮)이올때까지

―이상, 「오감도-시제7호」 전문7)

이 시는 몇 번이나 읽어도 도대체 무슨 말인지 알 수가 없을 것이다. 한자에 해박한 사람이라고 하더라도 그 내용을 알지 못하면 횡설수설하는 낱말의 연속으로 밖에 생각할 수 없을 것이다. 이 시는 구구절절한 사연과 내막을 알지 못하면 소통 자체가 불가능한 시이다. 이 시는 독자에게 내용을 전달하려는 수준을 넘어서 시어를 해체하고 행간을 단절해서 소통을 불가능하게 하고 있는 시이다. 그러나 이 시를 작가의 생애와 그 의식의 층위를 통해서 들여다보면 가슴 아픈 사연들이 즐비하게 드러난다. 이 시는 이상의 소설「봉별기」,「날개」에 나오는 여성 편력과 사랑의 의미를 시로써 표현한 작품이다. 유배지와 같은 곳에서 병을 앓으면서 떠나간 여인을 기다리는 화자의 사연을 구절양장과 같이 감추어 두고 있다. 만신창이가 된 달과 같은 자신의 신세와 그러면서도 한 통의 편지를 기다리는 화자의 절절한 사연이 한자 하나하나를 해독해나가는 과정에서 만날 수 있다. 자신의 상황을 자연스럽게 감추고 있지만 그 속에서 아픔이 스며들어 있다. 이 시는 무엇을 말하려고 하는지 알 수는 없지만 그 알 수 없는 곳에는 보이지 않는 시적 무게가 가로 놓여 있다. 이상의 시가 위곡을 품격을 보여주는 데 손색이 없다는 말은 이러한 상징과 이미지를 통해서 보이지 않으면서도 보이는 시적 아름다움을 보여주기 때문이다.

---

7) 《조선중앙일보》, 1934. 8. 1.

계절의 시간에 따라 몸이 스스로 움직이고 기운에 따라 반향을 일으키듯이 모든 사물들도 때에 따라 닫고 열리는 과정이 있다. '역지어시(力之於時)'는 이러한 시간의 운행에 따른 글쓰기를 의미한다. 자연스럽지 못한 작품은 "예로부터 산의 절경들은 대부분 자연적으로 만들어졌기에 빼어난 것인데, 언제나 사람이 인위적으로 만들어서 망쳐 버리는구나!"[8] 라는 탄식을 하게 만드는 것이다. 『황제내경』에서는 계절에 따라 몸이 반응하는 것이 다르기 때문에 그 기운을 함부로 쓰면 상하게 된다고 말한다. 봄은 열리는 때이고, 여름은 펼치는 때이고, 가을은 갈무리하는 때이고, 겨울은 저장하고 움츠리는 때이다. 열리는 때 기운을 너무 쓰면 펼치는 때 기운이 소진될 수 있고, 펼치는 때 기운을 남용하면 갈무리할 기운이 사라지게 된다. 그렇기 때문에 저장할 알갱이가 여물지 못하는 것이다. 때에 따라 힘을 쓰라는 말은 이러한 힘의 완급을 조절하는 능력을 말한다. 작품을 쓸 때도 이러한 때에 맞추어서 써야 한다는 것이다. 드러낼 때와 감출 때, 선한 인물을 묘사할 때, 악한 인물을 묘사할 때, 풍경을 묘사할 때, 사실을 전개시켜나갈 때를 알맞게 맞추어야 한다는 것이다.

"맑은 여울 속의 탁한 물이 한 폭의 그림이 되는 것은 주렴을 사이에 두고 달을 바라보고 강 건너 꽃을 감상하는 것과 같으니, 그 요지는 멀고 가까운 원근감에 있는 것이다. 이는 또는 글을 짓는 작법이기도 하다."[9]

여기서 말하는 원근감은 완급의 의미와 상통하고 있다. 맑은 여울 속

---

[8] 自古及今, 山之勝多妙於天成, 每壞於人造.(강경범·천현경 옮김, 『취고당검소(醉古堂劍掃)』, 동문선, 2007, 333쪽).
[9] 灘濁作畵, 正如隔簾看月, 隔水看花, 意在遠近之間, 亦文章法也.(강경범·천현경 옮김, 앞의 책, 318쪽).

에도 탁한 물이 있고, 아무리 탁한 물이라도 한 줄기 맑은 물줄기가 숨겨져 있는 법이다. 그것은 자연의 이치이기도 하지만, 작품 속에는 이러한 맑은 물줄기와 탁한 물줄기가 공존하고 있어야 한다는 말과도 같다. 주렴을 사이에 두고 달을 바라보는 은근함, 강 건너 꽃을 감상하는 원근감은 안개 너머로 풍경을 바라보는 것과 유사하다. 좋은 작품은 그 외연이 화려한 것을 의미하는 것이 아니라, 그 작품의 깊은 곳에 감추어져 있는 내적 의미가 중요하다는 것이다.

위곡의 품격은 억지로 감추는 것이 아니라, 은근한 감춤이다. 그렇다고 화려하게 드러내는 것도 아니다. 드러내긴 하되, 은근하게 드러내는 것이다. 주렴 밖으로 달을 보고, 강 건너의 꽃을 바라보고 안개 낀 산속에서 물소리를 듣고, 꽃향기를 음미하는 것과 같다. 적절한 자리에서 적절한 거리를 두고 때에 맞추어서 힘을 쓰고, 적당한 힘으로 피리 소리를 내는 것과 같다.

사왕이회 여유비장(似往已廻 如幽匪藏) 가버린 듯하더니 어느 틈에 돌아와 있고 그윽하게 있으나 숨은 것은 아니다.

앞부분과 이어지는 은근함이 시각적 행동으로 나타난 것이다. 가버린 것 같지만, 돌아와 있는 것은 가는 것이 가는 것이 아니고, 금방 돌아올 것 같은 여운을 준다는 말이다. 은근의 아름다움이다. 가는 듯 하지만 가지 않는 것, 영원할 것 같지만 영원하지 않는 것은 고려 속요의 「가시리」에서 말하는 "가시는 듯 도셔오셔소"라는 말, 한용운의 시에서 "만날 때 떠날 것을 염려하는 것과 같이, 떠날 때 다시 만날 것을 믿습니다."라는 말과도 같다.

이 부분은 위곡의 품격이 지닌 속성을 의미하고 있다. 가는 듯 하지만 다시 오고 그윽하지만 숨은 것이 아니라, 은은하게 드러나는 것이다. 이것은 소리와 향기의 비의를 맛본다는 것을 말한다. 지나가는 사람을 억지로 붙드는 것이 아니라, 스스로 그 풍경에 몰입하는 과정을 말한다. 위곡은 독자가 스스로 오묘한 경지를 느끼면서 그 숨겨진 비의를 발견하는 미학이다. 작품을 쓰는 장면을 떠올려본다면, 하나의 서사가 끝나기 전에 다른 서사가 나타나 앞의 서사와 함께 중첩되면서 서서히 이야기가 감추어지는 방법과 같은 것이며, 중심인물은 숨겨둔 채 주변 인물과의 관계를 통해서 서서히 중심인물을 떠오르게 하는 방법과 같은 것이다. 시의 제목만으로 의미를 이해하지 못하다가 시를 읽어가는 과정 속에서 서서히 그 의미를 알게 되는 것과 같은 것이다. 위곡의 품격은 무엇을 말하고 있는지 모호하지만 작품을 읽어가는 동안에 무엇을 말하고 있는지를 알게 되는 것이다.

> 검은 가슴을 핥는 이에게
> 그만 빨아요. 처음에는 저도 깨끗했어요
>
> 꾹꾹, 눈물을 참으려고 해도 눈물이 나오는
> 이상한 체위를 강요하는 아저씨
>
> 소녀의 걸레는 뒤틀리면서 '아퍼' 소리를 질러야 하는데
> 거친 손은 다시 걸레의 입을 틀어막는다
> ―이기인, 「알쏭달쏭 소녀백과사전-걸레」 전문[10]

이 시는 걸레를 빠는 상황을 설명하고 있으면서도 교묘하게 성적 행위와 연결되어 있다. 1연과 2연을 읽는 동안에는 누구나 성적 유희 장면이라고 생각할 것이다. 그런데 마지막 연에 이르면 걸레를 빨고 있는

---

10) 이기인, 『알쏭달쏭 소녀백과사전』, 창비, 2005, 20쪽.

장면이라는 것을 알 수 있다. 이 시의 제목도 걸레로 되어 있으니 걸레를 빨고 있는 장면이라고 할 수 있을 것이다. 그런데 이 시는 이렇게 단순한 이해로 끝나지 않는 무엇인가가 숨겨져 있다. 걸레와 성추행을 생각해 보면 또 다른 상황이 전개된다. "소녀의 걸레"라는 말이 주는 내적 의미는 성추행과 관련이 있음을 알 수 있다. 성추행을 하는 상황 속에서 소녀의 입을 틀어막는 무지막지한 상황도 머릿속에 그려진다. 이 시는 걸레를 빠는 단순한 행위를 말하고 있지만 그 내면에는 걸레의 이중성과 함께 소녀의 성추행과 같은 행위들이 애매하게 감추어져 있다.

이와 같이 위곡의 품격은 감추는 듯 드러나고 드러나면서도 또 다른 의미로 나아가는 것을 말한다. 그야말로 구절양장과 같이 구불구불 의미가 증폭되는 것을 말한다. 이별의 상황에 놓여 있지만 그 이별의 상황을 오랫동안 붙들어둠으로써 그 상황을 이어가는 것이다. 껍질을 까면 또 같은 껍질이 이어지는 순환의 고리는 결국 자연의 이치에 따라 그 숨겨진 비의를 드러내는 방법이다. 자연의 오묘한 원리는 단순하지만, 심오한 원리가 숨겨져 있는 것과 같은 것이다. 작품이 자연스러워야 한다는 것은 지극히 단순한 듯이 보이지만, 사실은 그 숨겨진 비의를 자연스럽게 감추고 있다. 이런 작품은 오묘하기 이를 데가 없는 것이다.

달밤에 향을 사르고 고금을 세 번 연주하면 온갖 근심과 망상이 모두 사라지는 듯. 향은 무슨 냄새인가? 연기는 무슨 색인가? 창문을 통해 들어온 하얀 빛은 무엇의 그림자일까? 손가락이 내는 여운은 무슨 소리인고? 편안하고 조용하게 즐기지만 한가롭게 자신도 잊어버리는 것은 또 무슨 취미란 말인가? 상상할 수도 없는 이것은 대체 어떤 경지일까? 한번 생각해보시길![11]

---

11) 月夜焚香, 古桐三弄, 便覺萬慮都忘, 忘想盡絕, 試看香是何味? 煙是何色? 穿窓之白是何影? 指下之餘是何音? 恬然樂之而悠然忘之者是何趣? 不可思量處是何境?(강경범·천현경 옮김, 앞의 책, 409쪽).

이러한 오묘한 경지가 위곡의 품격이 스며있는 작품이라고 할 수 있을 것이다. 적요(寂寥)함에 자신을 놓아두고 근심과 망상이 사라진 상태는 말로는 표현할 수 없는 것이다. 자아를 잊어버린 망아(忘我)의 상태는 어떤 경지일까? 그 절대 경지 속에서 보이는 세계는 언어로 형상화하기 어려운 세계일 것이다. 그렇기 때문에 화가가 붓을 들기 전에 상상한 것이 진실에 가까운 그림이고, 붓을 들고 그리는 순간은 가감(假感)의 상태가 되고 마는 것이다. 문학 작품을 쓰는 작가도 자신의 생각이 떠오르는 순간이 진실된 감정의 상태이고, 그것을 언어로 형상화하는 순간 꾸며진 감정의 상태가 되는 것이다. 위곡은 그 가감의 상태를 작품 속에 은근하게 표현하면서 이를 통해서 사물의 도저처(到底處)에 숨어 있는 의미들을 하나하나 끄집어내는 것을 말한다.

(4) 자유분방한 곡선의 미학

수리선보 붕풍고상(水理漩洑 鵬風翱翔) 물결은 빙빙 돌며 위 아래로 출렁대고 회오리바람은 하늘을 빙빙 도는 듯하다.

이 부분은 위곡의 전체적인 특징을 말하고 있다. 곡선의 미학을 보이는 위곡의 특징을 잘 보여주고 있다. 위곡은 곡선의 미학이다. 돌아오는 것은 회귀이고, 그것은 직선의 통로가 아니라, 회전의 통로이고, 원환(圓環)의 길이다. 물결이 출렁이는 것이 아니라, 물결이 회전하고 있다. 그것은 위곡의 품격이 순리에 따라 돌고 도는 과정이라는 것을 보여주고 있다. 회오리바람이 하늘을 빙빙 도는 듯한 형국은 위곡에서 말하는 곡선의 미학이다. 따라서 위곡은 감춤이라기보다는 은근한 드러냄이다.

서서히 드러냄이다. 문예미학은 언어 예술이지만, 그것은 그림과 음악과 융화되는 것이다. 소리를 언어로 재현하거나 언어를 소리로 재현하는 것, 언어를 그림으로 재현하는 것, 소리를 그림으로 재현하는 것이 모두 위곡의 과정이라 할 수 있다. 감출 수 없는 아름다움은 드러내서 빛나는 것이 아니라, 내면의 깊은 곳에서 잠재해 있으면서 드러나는 것이다.

> 아브라함은 이삭을 낳고 이삭은 야곱을 낳고
> 한 토막은 변기의 극장 속으로……한 토막은 지붕 위의 날개 위에서
> 또 다른 한 토막은 내 새끼손가락에서
> 꼼지락거린다, 꼼질꼼질
> 실내악 연주가 끝나자 모두가 입을 다물었다
>
> 흩어져버린 발자국들과 함께
> 앞뒤가 토막나버린 구절들;
>
> ……피아노를 메고……
> ……향수도 없이……
> ……접시 위에 떨어진 그 여자의……
> ……꼬리를……쓰러져……
> ……더욱 독해진……
> ……불타는 안경이……
> ……폭설이었다……
> ……우산이 먹어버린……
> ……곤충에 매달려……
> ……물속으로……에서……
>
> 나머지 구절은 다 죽거나 우물에 빠지거나,
> 발가락에서 다시 꿈틀거린다
>
> 변기 속에서 두 개의 머리가 떠오른다

침대 위에서 몸통이 지그재그 기어 다니고
내 혓바닥에서 깃발을 흔들어대는 꼬리

한 토막은 절망에 두고
한 토막은 남부민동에서……또 다른
한 토막은 습관처럼……돌고, 돌아

아미타는 관세음을 낳고 관세음은 석가를 넣고
석가는……지장을 낳고……낳고

―정익진, 「도마뱀」 전문[12]

이 시도 앞의 김참 시인의 시와 같이 도마뱀을 제목으로 삼고 있다. 김참의 도마뱀이 피자집에서 피자를 굽는 연기의 모양에 빗대고 있다면, 정익진의 도마뱀은 꼬리를 자르면 또 다시 꼬리가 생기는 꼬리의 속성을 중심으로 음악적 사유를 펼쳐간 것이다. 이 시는 1연의 실내악 연주를 눈여겨 보아야 한다. 실내악 연주를 듣고 난 뒤의 생각들이 파편처럼 흩어지면서 생각이 되살아난다는 내용이다. 그러나 이 시에서 구체적으로 제시하고 있는 것은 아무 것도 없다. 세상의 모든 것은 토막이 난 것들이지만 어쩌면 그것을 이어가는 과정 속에서 모든 것이 되살아난다고 말할 수 있다. 끝없이 돌고 돌아서 이어지는 것, 낳고 또 낳으면서 이어지는 것뿐이다. 그것은 마치 도마뱀의 꼬리와도 같아서 잘라내어도 계속 살아날 뿐이다. 이 시는 장자가 말하는 유와 무의 경계가 사라진 쓸모 있는 것의 쓰임과 쓸모없는 것의 쓰임과 같은 것을 말한다고 할 수 있다.

돌지 않는 물결은 흐르는 것만 보이지만 돌고 있는 물결은 그 실체가 분명히 드러나는 것이다. 바람은 보이지 않지만, 회오리바람은 보이는

---

12) 정익진, 『스캣』, 중앙북스, 2014, 62-63쪽.

실체로 다가오는 것이다. 보이지 않는 것을 보이게 하는 것, 보이는 것을 보이지 않게 하는 것, 감추는 것을 드러내는 것. 드러난 것을 감추는 것, 작가가 표현하려고 하는 것을 은근하게 드러내는 것. 이것이 위곡의 품격이다. 위곡은 시어와 문장 속에 오묘한 의미가 담겨 있는 것을 말한다.

옛사람이 "단청(丹靑)은 말없는 시(詩)요, 시는 말이 있는 그림"이라고 했다. 나도 그림의 단청을 '말이 있는 시'처럼, 시는 '말없는 그림'처럼 만들고 싶은데, 이렇게 되면 그림과 시 모두 절묘한 경지에 도달되겠지![13]

위곡의 품격은 단청의 빛깔을 보면서 시를 읽고, 시를 읽으면서 그림을 연상하게 하는 것이다. 이것은 그림과 시의 경계를 넘어서는 것이다. 경계가 사라진다는 말이다. 아지랑이가 자욱한 태항산에서 은근하게 들리는 물소리를 감지하고, 멀리서 은근하게 풍겨오는 꽃향기를 맡으면서 서서히 그 실체를 알아가는 과정이다. 희미한 풍경 속에 감추어진 비의의 공간이 은근히 드러나는 것이다. 이 혼융의 상태에서는 분별이 없다. 아름다움이 추함이기도 하고, 추함이 아름다움이기도 한다. 직선의 미학은 권력과 폭력의 미학이고, 곡선의 미학은 생성과 유동의 미학이다. 위곡에서 말하는 이 환원의 미학은 말 그대로 곡선의 미학이다.

굽이굽이 많은 사연을 담고 있으며, 그 사연의 굽이마다 의미를 담고 있는 오묘함이다. 문자와 그림, 문자와 리듬의 경계가 없는 것이다. 가장 뛰어난 음악가는 음악을 연주하는 사람이 아니라, 그 음악을 알아주는 사람이라고 하지 않던가? 그래서 백아는 종자기가 죽자 거문고 줄을

---

13) 昔人謂, "丹靑乃無言之詩, 詩句乃有言之畵?" 余則欲丹靑似詩, 詩句無言, 方許各臻妙境.(강경범·천현경 옮김, 앞의 책, 334쪽).

끊고는 다시는 연주하지 않았다고 했다. 글을 쓰는 것은 일종의 기교이지만, 글자의 바탕에 담고 있는 안개와 같은 오묘한 말들은 기교를 넘어선 자리에 존재한다.

도불자기 여지원방(道不自器 與之圓方) 도道란 본래 일정한 틀이 없으니 그릇을 따라 둥글기도 모나기도 하다.

위곡의 품격은 곡선의 미학이기 때문에 그것은 생성의 아름다움을 추구하고, 생성한다는 것은 사물의 모든 것을 끌어안는다는 말이다. 이 부분은 작품은 그릇에 따라 만들어져야 한다는 말과도 관련이 있다. 위곡의 품격이 스며있는 작품은 안개처럼 모호하지만 그것은 모든 것을 품고 있다. 어떤 내용인지 모호하게 된 것 같지만, 궁극의 지점에서 그것의 실체가 보이는 것이다. 작품은 일정한 틀이나 규정이 있는 것이 아니다. 무한한 우주의 원주와 같이 무한광대(無限廣大)하지만, 작가가 표현하고자 하는 것은 하나의 실체일 뿐이다. 그것의 고갱이를 붙들고 표현하는 것이다. 그릇에 따라 물의 모양이 달라지듯이 작가의 기운에 따라 작품의 모양이 다르게 되어 있다. 물의 오묘한 이치와 같이 글도 오묘하기 이를 데 없는 것이다.

그것은
생각에 잠긴 사람의 아래턱과 같은 그림자다
저녁의 허공에
검은 이끼가 끼고
별이 돋아나고

벽돌이 쌓이고
그것은 오늘도 하고 내일도 할 일이다

어둠 속에서
어떻게 내 입술이 다른 입술을 찾았고
또 잃어버렸는지를
한참
생각하면

무엇인가를 찾는 이야기와 무엇인가를 잃어버리는 이야기가
같은 이야기라면
저녁에 찾은 사람과 아침에 잃어버리는 사람이
같은 사람이라면
그것은

—김행숙, 「허공의 성」 전문[14]

　허공은 생성의 공간이기도 하고, 사라짐의 공간이기도 하다. 태허와 같은 것은 그냥 무한한 허공으로 존재하기도 한다. 이 때문에 허공이라는 시선으로 세상을 바라보면, 세상의 모든 것은 "무엇인가를 찾는 이야기와 무엇인가를 잃어버리는 이야기가" 같이 존재하는 것이고, "저녁에 찾은 사람과 아침에 잃어버린 사람"이 같은 사람일 뿐이다. 세상의 모든 것은 허공이라는 거대한 성에 쌓여 있을 뿐이다. 이 때문에 오늘과 내일도 단순한 반복일 뿐이고, 변하는 것이 없는 것이다. 이러한 상황에서는 유와 무의 경계가 없으며, 끝없는 유와 무가 반복될 뿐이다. 그리고 쓸모 있음과 없음의 경계도 사라지게 된다. 모든 것이 같은 곳에 존재하는 것이라면 굳이 인식의 차원에서 구분할 필요가 없는 것이다.
　무한한 우주의 공간 속에 존재하는 수많은 보이지 않는 것을 담을 수 있고, 보이는 어떤 세계도 글로 담아낼 수 있는 것이다. 글로써 전달하지 못하는 것도 있다고 말한 '윤편(輪扁)'의 고사와 같은 경우도 있지

---

14) 김행숙, 『에코의 초상』, 문학과지성사, 2014, 96-97쪽.

만, 그 전달하지 못하는 상황을 전달할 수 있는 것도 문자의 힘이라는 사실을 깨달아야 할 것이다.

    글의 오묘함이란! 유쾌함을 말하면 사람을 춤추게 만들고, 슬픔을 말하면 울게 만들고, 으슥함을 말하면 한기를 느끼게 하고, 가련함을 말하면 애타게, 신중함을 말하면 주도면밀하게 만든다. 분노를 말하면 칼을 잡게 만들고, 격정적인 일을 말하면 붓을 내던지게 만들고, 높은 것에 대해 말하면 구름 속으로 뛰어들게 하고, 낮은 것에 대해 말하면 바위 아래에 뛰어내리게 만드는구나!15)

글의 오묘함은 물이 그릇에 담기는 것과 같이 오묘할 따름이다. 이런 작품의 오묘함이 위곡의 미학을 드러내는 것이다. 위곡은 완급의 조화를 통해서 작가가 원하는 방향으로 글을 쓰는 것이다. 급하게 끌어당기는 글쓰기 아니라, 완만하면서도 여러 가지 곡절이 담긴 글쓰기이다. 무엇을 말하려고 하는지 애매모호하지만, 그 내면의 깊은 곳에서 무엇인가를 말하고 있다. 오묘한 문장에 담긴 오묘한 의미는 마치 안개 속에서 풍겨오는 향기와 같으며, 멀리서 들려오는 물소리와 같다. 무엇인지는 알 수 없지만, 분명한 실체가 있는 것이다. 모호함과 구체적인 것은 근본에 닿으면 하나가 된다. 다음과 같은 글쓰기가 경계를 넘어선 글쓰기의 한 방편이 되지 않을까 한다.

    글을 짓는 데 뛰어난 자는 글 짓는 것을 말하는 것과 같고, 말하는 데 뛰어난 자는 말하는 것이 바로 글이 된다네.16)

---

15) 文章之妙 : 語快令人舞, 語悲令人泣, 語幽令人冷, 語憐令人惜, 語愼令人密, 語怒令人按劍, 語激令人投筆, 語高令人入雲, 語低令人下石.(강경범·천현경 옮김, 앞의 책, 318쪽).

16) 長於筆者, 文章卽如言語 : 長於舌者, 言語卽成文章.(강경범·천현경 옮김, 앞의 책, 334쪽).

글과 말, 말과 글은 경계가 없는 것이다. 뛰어난 글은 말하는 데 뛰어나고, 그 전달어법도 뛰어난 법이다. 자신의 글을 쓰고 난 뒤에 말을 하고, 말을 한 뒤에 글을 써보는 것. 본질이 무엇인가를 탐색하면서 그 본질을 드러내는 말과 글이 무엇인지를 탐색하는 것. 이것이 글쓰기의 본질이다. 위곡의 '곡(曲)'의 의미가 그릇 모양이라는 점에서 경계를 초월한 글쓰기, 자유분방한 글쓰기를 말한다.

위곡의 품격은 말 그대로 곡진한 것을 드러내는 방식이다. 그것은 감추듯 하면서도 드러나는 것이고, 드러나 있지만 온전히 다 드러나지 않는 것이다. 감춘 듯 드러나고 드러난 듯 감추어진 것이다. 그러기 위해서는 작품 속에 오묘한 문장의 의미를 감추고 있어야 한다. 난해함과 난해하지 않음의 아슬아슬한 경계 속에서 위곡의 아름다움이 있다. 의미의 층위를 따라 굽이굽이 들어갔으나, 그 도달점에는 또 다른 의미가 감추어져 있다. 이 끝없는 무위(無爲)의 위(爲), 무용(無用)의 용(用)이 위곡의 품격이라고 말할 수 있다.

18. 형상(形象)을 통한 회통(會通)
—실경(實境)

(1) 개요

실경(實境)은 글자 그대로 특정한 장소에 보이는 본질을 말한다. 본질은 바탕과 같은 것으로 거짓되거나 허구로 꾸미는 것이 아니고 들뜨고 과장된 감정을 표현하는 것도 아니다. 사물이나 장소에 보이는 그대로 본질을 사실대로 드러내는 것을 말한다. 실경의 '실(實)'은 바탕이나 본질을 말하고, '경(境)'은 땅의 경계, 경우, 형편이라는 뜻으로 쓰는 말이다. 시경(詩境)이라는 말은 시흥(詩興)을 일으키는 아름다운 경지(境地)를 뜻하는데, 여기서 실경이라는 말을 짐작할 수 있을 것이다. 실경은 사물이나 장소의 본질을 통해서 닿을 수 있는 아름다운 경지라고 할 수 있다. 이 때문에 실경에서 경(境)은 "객관적 풍경을 의미하는 경(景)과 시인의 주관적 감정을 뜻하는 정(情)을 모두 포함"하는 말이라고 한다.[1]

여기서 말하는 실경(實境)은 사실주의 미학에서 말하는 실제 있는 그대로의 사실이나 풍경을 묘사하는 것을 말하는 것이 아니라, 있는 그대로의 사실 중에서 문예미학의 범주에 들어오는 아름다운 경지를 말한다. 사물이나 풍경의 근본에 놓인 바탕을 통해서 그 사물의 아름다움을 발견하는 것을 말한다. 근대 사실주의 미학이 미와 추의 개념을 아우르는 '있는 그대로의 묘사'에서 진실을 발견하려는 데 있다면 실경은 사물

---

1) 안대회, 『궁극의 시학』, 문학동네, 2013, 480쪽.

의 근본 자리에 놓인 '참된 아름다움'을 발견하려는 데 있다. 이 때문에 실경은 미와 추의 미학적 개념으로 볼 때 아름다움을 추구하는 것을 궁극의 의미로 삼고 있다고 말할 수 있다. 사실 예술이라는 것은 작가의 시선에 들어오는 풍경의 아름다움을 발견하는 데 있는 것이지, 그 이상도 이하도 아니다. 실경은 이 아름다움의 경지에 이르는 길이라고 말할 수 있다. 사물의 근본을 꿰뚫는 작가의 시선을 통해서 참된 아름다움에 이르는 길이야말로 사물을 통한 회통의 경지라고 할 수 있을 것이다.

참된 아름다움의 끝자락에는 사물의 고갱이가 놓여 있고, 변하지 않는 아름다움이 놓여 있다. 그 변하지 않는 무엇을 발견하는 것이 시가 이르는 마지막 지점이라고 말할 수 있을 것이다. 사물을 오감으로 만나는 것이 경(境)이라고 한다면, 그 경(境)을 통해서 참된 경지에 이르는 길이 동양 눈예미학에서 말하는 예술의 의미라고 할 수 있다. 실경은 사실주의에 입각한 미학이지만 서구의 방법론과는 달리 자연과 인간 사이에 존재하는 모든 사물의 근본 형상을 통해서 참된 예술의 경지에 이르는 길이라고 할 수 있다. 사공도는 이 실경의 미학을 다음과 같은 시로 형상화하고 있다.

   取語甚直 計思匪深 忽逢幽人 如見道心
   취어심직 계사비심 홀봉유인 여견도심

   淸澗之曲 碧松之陰 一客荷樵 一客聽琴
   청간지곡 벽송지음 일객하초 일객청금

   情性所至 妙不自尋 遇之自天 泠然希音
   정성소지 묘불자심 우지자천 영연희음

아주 솔직하게 말을 구사하고

구상하고 생각함이 깊지 않다
숨어사는 사람을 문득 만나니
마치 도인의 마음을 본 듯하다

맑은 시냇물이 흐르는 골짜기
푸른 소나무 그늘이 지는 곳에서
한 사람은 나뭇짐 지고 가고
한 사람은 금쪽을 들고 있다

감정과 본성이 가는대로 따를 뿐
기묘한 것을 억지로 찾지 않는다
만나는 것을 하늘에 맡길 때
맑게 울리는 드문 소리이리라

 이 시의 전체 구조는 다음과 같다. 먼저 1연은 실경을 드러내는 근본 방법이 무엇인지를 제시하고 있다. 1연의 한자를 중심으로 살펴보면, 실경은 솔직함[直]을 통해서 깊은 곳에 이르고[深], 그 깊은 곳에는 현묘한 경지에 이른 작가[幽人]가 있고, 그것이야말로 아름다운 예술의 경지[道心]에 이르는 길이라는 것이다. 시의 극치에 이르는 것을 입신(入神)이라고 하는데, 이는 현묘(玄妙)하고 오묘(奧妙)한 경지에 이른다는 것을 말한다. 엄우는 이 경지를 향상일로(向上一路), 직절근원(直截根源), 돈문(頓門), 단도직입(單刀直入)이라는 말로 설명하기도 한다.[2] 말 그대로 돈오점수와 같은 깨달음의 경지를 이르는 말들이다. 2연은 실경에서 말하는 사물의 본질을 말하고 있다. 자연 그대로의 경지야말로 예술의 극치라는 말이다. 여기서 한자어 골짜기를 의미하는 곡(曲)과 그늘을 의미하는 음(陰)은 모두 사물의 비의를 말하고 있다. 사물의 근본 바탕은 감추어져 있는 것이다. 이렇게 감추어진 것들은 먼 곳에 있는 것이

---

2) 배규범 역주, 『역주 창랑시화(滄浪詩話)』, 도서출판 다운샘, 1997, 65쪽.

아니라, 나뭇짐을 지고 가는 나무꾼이나 거문고 소리를 듣고 있는 평범한 곳에서 발견할 수 있다. 말 그대로 자연스러운 풍경 속에 사물의 참된 부분이 있다는 것이다. 3연은 실경이 추구하는 미학을 말하고 있다. 감정이 흐르는 대로 따르게 되면 자연스러움에 이르게 되고, 현묘한 것을 찾아가면 천연(天然)의 상태를 만나게 되고, 그것이야말로 드문 소리[希音]라 할 수 있는 것이다. 마지막 구의 '드문 소리'는 실경을 통해서 얻게 되는 참된 아름다움의 경지라고 할 수 있다. 사물의 형상을 통해서 마지막으로 만나게 되는 희음(希音)이야말로 회통의 미학이라고 할 수 있다. 모든 것을 두루 모아서 통하게 하는 회통의 미학은 사물을 통해서 얻게 되는 시의 극치라고 할 수 있다.

(2) 관찰을 통한 사물의 본성 읽기

취어심직 계사비심(取語甚直 計思匪深) 아주 솔직하게 말을 구사하고 구상하고 생각함이 깊지 않다.

가장 진솔한 글은 있는 그대로 쓰는 글이다. 창작을 하기 위한 전제 조건은 솔직함이다. 여기서 솔직함이란 꾸미지 않는 것을 의미하는 말이기도 하지만, 계획하고 생각하는 것을 깊이 하지 않는다는 말이다. 그것은 생각의 가벼움이라는 말과는 다른 말이다. 마음 속 깊은 곳에서 우러나는 솔직한 표현을 말하는 것이다. 깊이 계획하고 생각하지 않았기 때문에 자칫 가볍고 생각 없는 글이 될 수 있다는 말이 아니다. 사물이나 사건에 대해서 일어나는 측은한 마음은 순간적으로 일어나는 것이다. 길거리에 죽어있는 생명을 보고 측은한 마음을 가지는 것은 솔직한 마음일 것이다. 그런데 그 생명에 두려움을 느끼거나 피해가는 것은 마음에 일정한 아상(我象)이 끼어있다는 말이다.

본래 사람의 마음은 청정(淸淨)한 채로 존재하는데 그 마음 바탕에 계획하고 생각하는 판단이 개입되면 그때부터 사물이나 사건을 보는 마음은 티끌이 일어나기 시작한다. 그렇기 때문에 여기서 말하는 '계사비심(計思匪甚)'은 처음부터 계획이나 생각이 없는 상태를 말한다고 보는 것이 옳다. 생각을 깊이 하지 않는다는 것은 즉각적 반응이라는 말로 바꾸어도 좋을 것이다. 가스통 바슐라르는 "문학은 사물에 대한 순간적 반응을 언어로 형상화한 것"이라고 하는데 이 순간의 미학은 작가가 사물이나 사건에 솔직하게 반응하는 것을 의미하는 말이기도 하다. 가장 아름다운 언어는 말하지 않고 느끼는 것이고, 느낌보다 먼저 와 닿는 그 심연의 무엇이라는 말이다. 말로 표현하기 힘든 그 무엇을 솔직하게 언어로 표현한 것이다. 그래서 가오싱젠도 창작의 기본이야말로 진실함에 있다고 말하고 있는 것이다.

> 작가에게는 진실만이 창작의 방법을 결정하고 또 글쓰기의 태도에도 영향을 미칩니다. 쓴 글이 진실하다는 것은 글을 쓴 사람의 태도가 진실하다는 의미이기도 합니다. 진실성은 문학의 가치를 결정하는 기준일 뿐 아니라 그 안에는 윤리적 의미도 내포되어 있습니다. 작가는 도덕적 교화의 사명을 지니고 있지 않지만, 작가가 작품에서 각양각색의 인물을 드러낸다는 것은 작가 자신의 벌거벗은 몸을, 은밀한 인간 내면을 드러내는 것이기도 합니다. 그래서 작품의 진실이란 작가에게는 윤리와도 같은 것입니다. 진실만이 지고무사의 윤리입니다.[3]

진실은 창작의 방법을 결정짓고 작가의 글쓰기 태도에 영향을 미친다고 말한다. 그 작가의 태도는 작가의 내면을 드러내는 것이다. 그런 점

---

3) 가오싱젠 지음, 박주은 역, 『창작에 대하여[論創作]』, 돌베개, 2013, 38쪽.

에서 작품의 진실성은 작가가 지녀야할 "지고무사(至高無事)의 윤리"인 것이다. 여기서 진실성은 솔직함이라 할 수 있다. 작가가 알고 있는 것만 말하면 되는데 알지 못하는 사실을 말하려고 하다 보니 말을 꾸미게 되고, 말을 꾸미려고 하다 보니 진실이 결여된 작품을 쓰게 되는 것이다. 이 솔직함이란 사물에 공감하는 마음이 절실해질 때 작품을 써야 한다는 말과도 같다. 작품의 가치는 그 작가가 얼마나 솔직한 마음으로 작품을 썼느냐에 관건이 달려 있다. 도덕적으로 교화하려는 마음이 있다거나, 작품에 일정한 의도가 있다면 그 작품은 이미 작가의 진실성이 결여되어 있다는 말이다. 작품에 등장하는 인물도 그 작가가 경험하거나 알고 있는 것이 외형으로 드러난 것이다. 그렇기 때문에 그 인물의 각양각색은 작가의 경험의 총체라고 말할 수 있다. 경험하지 않거나 알지 못하는 인물을 형상화할 수 없기 때문이다.

 작가가 솔직한 마음을 갖기 위해서는 세상을 보는 눈이 맑아야 한다. 세상을 보는 눈이 맑지 않으면 작품에 진실성이 묻어날 수가 없다. 외진 곳에 은둔한다고 무조건 마음이 맑아지지 않으며 세상과 결별하여 고독하게 산다고 해서 마음이 맑아진다고 단정할 수 없을 것이다. 작가가 어디에 몸을 두고 있느냐에 따라 마음의 상태가 결정되는 것이 아니라, 작가의 마음 속 깊은 곳에 자리 잡고 있는 솔직한 마음이 작품의 진실성으로 나타난다고 할 수 있다.

  그러므로 그 눈과 귀의 작용을 깊고 또 깊게 하여 사물의 숨겨진 본성을 파악할 수가 있고, 신묘(神妙)하고 또 신묘하게 근원적인 정기(精氣)를 장악할 수가 있다. 그래서 그가 만물과 사귈 때는 무(無)의 경지에 있으며 만물이 원하는 대로 베풀어 주고, 적당한 때에 자유로이 활동하면서 사물이 하나가 되기를 바란다. 큰 것, 작은 것, 가까운 것, 먼 것 등이 각기 제 나름대로 갖추어지도록 한다.[4]

문학은 무형의 존재이든지 유형의 존재이든지 문자를 통해서 그 형상을 드러내는 예술이다. 또한 다른 사람들이 알지 못하는 자신의 경험들을 언어로써 전달하는 것이다. 그러기 위해서는 사물을 있는 그대로 볼 수 있는 깊고 깊은 눈과 귀의 작용이 필요하다. 사물의 숨겨진 본질을 깨달아야 그 사물의 참된 모습을 발견할 수 있다. 이 세상의 모든 것은 신묘하지 않은 것은 하나도 존재하지 않는다. 사물에는 그야말로 '근원적인 정기(精氣)'가 감추어져 있다. 그 근원적인 정기를 장악하는 눈과 귀의 작용이 있을 때 만물이 원하는 대로 베풀어 줄 수 있다. 만물이 원하는 방향으로 하나가 되는 것은 사물의 근원과 합일한다는 말이고, 그것은 사물과 솔직하게 만난다는 말과도 같다. 순진무구한 경지에서 사물을 만날 때, 그 사물에 반응하여 일어나는 감정도 솔직할 수밖에 없을 것이다. 달을 보고 그 달이 자신의 소망을 들어줄 것이라고 생각하는 것은 그 사물의 근원을 보는 것이 아니라, 그 사물에 자신의 원력을 보태고 있기 때문에 순진한 마음의 경지에서 달을 보는 것이 아니라고 할 수 있다. 놓여진 그 자리의 상황만을 있는 그대로 바라보려는 마음이야말로 실경으로 향하는 길이라고 할 수 있다.

> 닭이 두 홰나 울었는데
> 안방 큰방은 홰즛하니 당등을 하고
> 인간들은 모두 웅성웅성 깨여 있어서들
> 오가리며 석박디를 썰고
> 생강에 파에 청각에 마눌을 다지고
>
> 시래기를 삶는 훈훈한 방안에는
> 양념 냄새가 싱싱도 하다

---

4) 故深之又深而能物焉, 神之又神而能精焉. 故其與萬物接也. 至無而供其求, 時騁而要其宿. 大小, 長短, 修遠. 各有其具.(안동림, 『장자(莊子)』, 현암사, 2013, 313쪽).

밖에는 어데서 물새가 우는데
토방에선 햇콩두부가 고요히 숨이 들어갔다
—백석, 「추야일경(秋夜一景)」 전문5)

이 시에는 작가의 마음이 개입될 여지가 없다. 그저 들리는 소리를 말하고 있을 뿐이고, 보이는 풍경을 묘사하고 있을 뿐이며, 오감으로 느껴지는 것만을 그대로 표현하고 있을 뿐이다. 그런데도 이 시를 읽는 이에게는 그 풍경을 통해서 따뜻한 서정의 세계를 만나게 된다. 시인은 순진무구한 마음의 상태로 있는 그대로의 상황을 말하고 있을 뿐인데, 이 시 속에는 시인이 말하지 않는 그 무엇이 스며들어 있다. 가을밤에 깊어가는 고독의 순간 속에서는 화자가 말하지 않고 있는 그리움이 깊숙이 스며들어 있다. 이 시는 실제는 가을밤의 풍경을 그리고 있지만 시인은 입신의 경지에서 인간의 내면에 들어 있는 그리움의 정서를 사무치게 호명하고 있는 것이다. 개인의 주관적 감정을 배제한 채 사물의 참된 풍경을 그리면 이와 같이 말하지 않는 감정들이 스물스물 살아나게 되는 것이다.

사물을 보고 솔직하게 반응한다는 것은 그 사물을 보고 계획하고 생각하는 일체의 마음을 두지 않는 것이다. 그 사물을 이렇게 형상화 하겠다, 그 사물에는 이런 마음이 들어있을 것이라고 생각하지 않는 순간적 반응을 포착하는 것이 진실의 경지에 가깝게 다가가는 것이다. 진실한 마음의 경계는 순간의 반응을 솔직하게 표현하는 데 있는 것이다.

홀봉유인 여견도심(忽逢幽人 如見道心) 숨어사는 사람을 문득 만나니 마치 도인의 마음을 본 듯하다.

---

5) 이동순 편, 『백석시전집』 창작사, 1987, 70쪽.

이 시구는 사물의 순간적 모습을 발견하고 그것을 표현하고 나면 그 속에서 진정한 의미의 사물의 본질을 파악할 수 있다는 것이다. 여기서 숨어사는 사람[幽人]은 사물의 깊은 속에 잠재해있는 고갱이를 말한다. 사물의 외형을 관찰함으로써 그 사물의 본질에 접근하는 방식이다. 진솔한 표현은 그런 의미에서 필요하다. 따라서 숨어사는 사람이란, 원래 존재하고 있는 사물의 본질과 만나는 것을 말한다. 사물의 본질을 발견하기 위해서는 사물의 외형을 정확하게 표현함으로써 그 사물의 중심을 얻을 수 있다는 것이다. 사물을 자세히 관찰하면 그 속에서 무수한 원리를 발견할 수 있고, 그 무수한 원리의 발견은 사물과 진실하게 만나려는 솔직한 마음으로부터 시작한다.

> 수레바퀴는 땅을 밟지 않는다. 수레바퀴가 구를 때 한꺼번에 땅에 닿지 않고 그 일부가 닿을 뿐이다. 전부가 동시에 닿았다고 보이는 것은 자국에 지나지 않는다. 눈은 사물을 보지 못한다. 빛이 없으면 사물이 보이지 않으므로 눈이 사물을 본다고 할 수 없다. 특정한 사물의 이름은 모든 것을 다 나타낼 수 없고 사물을 무(無)라고 할 수도 없다. 거북은 뱀보다 길다. 사물의 장단(長短)은 상대적인 것에 지나지 않는다. 곱자는 네모나게 만들지 못하고 그림쇠는 동그라미를 만들지 못한다. 개념으로서의 네모나 동그라미는 곱자나 그림쇠를 만들 수가 없다.[6]

혜시(惠施)의 역설을 즐기며 논했던 변자(辯者)들은 본질의 문제를 역설적으로 접근하고 있다. 사물을 보는 관념은 상대적이라는 말이다. 수레바퀴는 땅을 밟고 있지만, 그 전면이 땅에 닿는 것이 아니다. 이 말은 우리가 너무 쉽게 판단하고 있는 관념들도 사실 그 진실을 알고 보면 그것이 본질이 아닐 수 있다는 것이다. 본질은 상대적으로 다르며

---

6) 輪不蹍地. 目不見. 指不至. 物不絕. 龜長於蛇. 矩不方. 規不可以爲圓.(안동림, 앞의 책, 799-800쪽).

그 다름은 각자의 형상 그대로 아름다움이 있는 것이다. 그래서 사물은 없는 것 같지만 사실은 그 속에는 무궁한 진실이 존재하고 있다. 수레바퀴 전부가 땅에 닿지 않듯이 사물은 일부만으로 그 전부를 판단할 수 없다. 그 사물의 본질 속에는 말할 수 없는 것들이 무수한 실체로 존재하고 있다. 그 실체를 드러낼 수 있는 길은 관념과 판단을 배제한 자연 그대로의 형상을 바라보려는 깨달음이라 할 수 있다.

> 어디서 홰치는 소리에
>
> 무심코 창밖을 내다보니
>
> 어라, 둥근 알을 깨고
>
> 세상 궁금한 것들이
>
> 푸드덕 날개를 펴는 것 아냐?
>
> 저 햇것들 좀 봐!
>
> 홰대 위에 줄지어 앉아
>
> 힘껏 목청을 높이는,
>
> ―서영처, 「목련」 전문[7]

이 시는 그 실체가 그윽한 곳에 숨겨져 있지만 제목을 통해서 그 사물의 실체를 알 수 있다. 비유 속에 감추는 것이야 시적 기교의 문제이긴 하지만, 이 시는 개벽과 개화를 연결하고 존재의 실체가 생명의 탄생과 연결되는 무궁한 상상의 파문으로 나아가고 있다는 점에서 특이하게 읽

---

[7] 서영처 시집, 『피아노 악어』, 열림원, 2006, 47쪽.

힌다. 이 시에 제목이 없다면 이 시는 알에서 깨어난 새들이 횃대에 앉아 있는 모습을 떠올릴 것이다. 그런데 이 시의 제목을 목련이라고 말하는 순간 알에서 깨어난 새들이 목련으로 바뀌고 있다. 시의 내용은 다른 사물을 그리고 있지만 그 사물의 본질이 목련이라는 사실을 깨닫게 하는 것은 목련이라는 제목이다. 언어가 사물의 형상을 떠오르게 하기도 하고, 사물의 형상을 변화시키기도 하는 것이다. 이 시의 제목을 새라고 한다면 언어의 예술적 경지가 다르게 보일 것이다. 그런데 목련이라고 하는 순간 이 시는 시의 내용 자체가 변화하는 예술의 경지로 나아가게 되는 것이다.

특정한 사물의 모든 것은 사람들이 판단하는 관념 속에 존재하는 것이고, 그 사물의 근원에 들어가면 다른 부분이 많다는 것이다. 작가가 진실해야 한다는 것은 작가가 알고 있는 것은 사실 전혀 모르는 것일 수도 있다는 말이기도 한 것이다. 그렇기 때문에 작가는 예민한 감각으로 사물을 만나고 그 사물 속에는 또 다른 형상이 서로 회통하고 있다는 것을 깨달아야 할 것이다. 사물의 근본에 솔직하게 다가감으로써 그 사물에서 참된 의미를 발견할 수 있는 것이다. 목련의 탄생이 알에서 깨어나는 새의 탄생과 다를 것이 없으며 그 근본은 서로 통한다고 할 수 있다. 만물의 근원이 하나로 연결되어 있다는 회통의 깨달음이야말로 시경(詩境)에 이르는 길이다.

(3) 사물의 본성(本性)과 아름다움

청간지곡 벽송지음(淸澗之曲 碧松之陰) 맑은 시냇물이 흐르는 골짜기 푸른 소나무 그늘이 지는 곳에서.

이 시구는 사물의 중심에서 만나는 아름다운 풍경을 말한다. 외형을 묘사하고 있지만, 사실은 외적 형상을 통해서 그 중심을 찾아가는 것이다. 외형과 중심은 사물의 안과 밖이지만, 사실은 하나로 되어 있다. 그것은 사물의 외형을 정확히 관찰하면 사물의 본성을 알 수 있다는 말이기도 하다. 관상(觀相)이나 수상(手相)을 통해서 사람의 운명을 점치는 것은 사물의 외형을 통해서 그 사람의 전체를 읽을 수 있다는 말이기도 할 것이다. 몸속의 질병이 겉으로 드러나고, 겉으로 드러난 형상이 사실 그 속의 모습을 보여주는 것과 같은 것이다. 계절에 따라 피부가 열리고 닫히는 미묘한 상황도 사실은 몸의 내부가 피부의 움직임을 자극하기 때문에 일어나는 반응이다. 조명숙의 동화「누가 그랬지?」에서는 굴참나무 할아버지가 간지럼을 타는 것이 도토리가 병이 들었기 때문이라고 말하고 있는 장면이 있는데, 여기에서도 생명의 모든 것은 안과 바깥이 구분이 없으며, 그 안과 바깥의 구분이 없기 때문에 하나의 형상은 서로 회통하고 있다는 사실을 말하고 있는 것이다. 이것은 생명의 모든 근원이야말로 나락 한 알 속에 있다는 인식과 같은 것이며, 거꾸로 우주 자체가 나락 한 알로부터 시작한다고 말할 수 있는 것이다.[8] 거대한 우주는 나락 한 알과 같은 낱 생명으로부터 시작하면서 동시에 나락 한 알이야말로 온 우주가 한 자리에 모인 것이라고 할 수 있는 것이다. 하나의 사물 속에 감추어진 본질을 촘촘하게 살펴보면 다른 사물의 본질을 읽을 수 있게 되는 것이다.

이 시구에서 말하고 있는 맑은 시냇물이 흐르는 계곡의 푸른 소나무

---

[8] 앞에서 보셨지만 나락 한 알 속에도, 아주 작다고 하는 머리털 하나 속에도 우주의 존재가 내포되어 있다 그 말이에요.(장일순,『나락 한 알 속의 우주』, 녹색평론사, 2009. 67쪽).

그늘이 있는 곳의 중심에는 자연과 흔연하게 일치하는 정신의 공간이 놓여 있다. 사물의 외형을 깊이 관찰해보면 그 사물에서 내면을 바라볼 수 있다는 의미다. 여기에서 보여주는 묘사는 단순히 외형을 말하려고 하는 것이 아니다. 또한 자신의 내면을 감추기 위한 것도 아니다. 사실 이러한 판단까지도 배제한 채 풍경을 있는 그대로 묘사하고 있을 뿐이다. 그런데 이 부분을 읽는 사람들은 여러 가지 생각을 하게 될 것이다. 어떤 풍경이나 사물의 외형을 솔직하게 그리는 방법은 풍경의 내면과 사물의 중심을 찾아가는 방법이라고 할 수 있다.

> 문학은 현실을 그대로 옮기는 작업이 아닙니다. 문학은 현실의 껍데기를 뚫고 밑바닥까지 내려가 그 속에 있는 거짓된 모습을 벗겨내고, 일상의 이미지를 주무르며, 거대한 시야로 사태의 전말을 밝혀냅니다. 문학은 상상을 바탕으로 합니다만 문학의 정신적 여정은 허무맹랑한 잡설과 다르고, 그렇다고 진실된 느낌을 벗어난 상상도 아닙니다.[9]

가오싱젠은 문학의 현실성은 "거대한 시야로 사태의 전말"을 밝히는 것이라고 말한다. 또한 문학의 정신은 "진실된 느낌"을 벗어나서는 안 된다고 한다. 이것은 문학이 현실을 있는 그대로 옮기기는 하되 그 현실의 껍데기를 뚫고 사물의 밑바닥까지 내려가서 그 사물의 본성을 보여주는 것이라는 말이다. 문학이 허무맹랑한 잡설이 되지 않기 위해서는 진실성을 벗어나서는 안 된다는 말과도 같다. 사물의 밑바닥까지 내려가는 것은 중심을 찾아가는 것이다. 중심이 바깥이고, 바깥이 중심이라는 말은 외형을 통해서 사물이 회통하는 자리에 이른다는 말과도 같다.

---

9) 가오싱젠 지음, 앞의 책, 38쪽.

> 하늘에 구름 한 점 없다
> 저렇게 넓은 고요
> 저렇게 티끌 한 점 없는 이마
>
> 콩만 한 내 가슴에는
> 왜 이리 티끌이 많으냐
> 비바람이 치느냐
> 닦아도 닦아도 걷히지 않는 먹구름
>
> 하늘에 구름 한 점 없다
> 저렇게 맑은 미소
> 저렇게 구름 한 점 없는 허공
>
> ─최영철, 「가을」 전문10)

이 시는 가을 하늘의 풍경을 통해서 자신의 내면을 들여다보고 있다. 하늘은 청정무구를 드리우고 있는데 화자의 콩만 한 가슴에는 온갖 티끌이 많이 있다. 바깥은 안의 형상을 보여주는 바탕이 되고, 안은 바깥을 통해서 보여준다는 말은 사물의 형상을 통해서 화자의 내면을 보여준다는 말과도 같다. 시경(詩境)에 이르는 길은 티끌이 묻지 않는 순수한 마음을 지키는 것이 무엇보다 중요하다. 이 때문에 이 시의 화자는 닦고 또 닦는 행위를 통해서 자신의 내면을 다듬어가고 있는 것이다.

시인이 쓴 작품은 화자의 내면을 드러내는 것이고, 그것은 시인이 보고 있는 사물이나 사건의 중심을 드러내는 행위이기도 하다. 이 때문에 시인은 드러내고자 하는 형상의 본질을 정확하게 바라보는 것이 중요하다. 왜냐하면 시인이 표현한 풍경에서 시인의 마음을 읽을 수 있고, 시인이 바라보는 사물에 대한 인식의 차원에서 깨달음의 차원을 엿볼 수 있기 때문이다. 시구에 표현된 하나하나의 글자들과 시로 드러난 형상

---

10) 최영철 시집, 『금정산을 보냈다』, 산지니, 2014, 79쪽.

은 말 그대로 시인의 깊은 내면에 자리 잡은 마음의 밑바닥이라는 사실을 깨달아야 할 것이다.

"장찻골 다리에서 소흥이집을 찾아가자면 다리 남쪽 큰 골목을 십여 간쯤 나가다가 동쪽 실골목으로 꺾이는데, 그 실골목이 사람 서넛만 늘어서면 팔 놀리기 거북할 만큼 너비도 좁다랗거니와 길이 역시 짤막하였다. 실골목 안을 들어서면 바른 손 편은 큼직큼직한 집 뒷담이요, 왼손 편은 작은 집들 문 앞인데 맞은 바라기 서향으로 난 문 난 집은 치지 말고 작은 집이 모두 다섯 채에 안침 다섯째가 소흥이의 집이었다.

소흥이의 집은 기역자가 원채에 안방, 안방 부엌, 대청, 건넌방이 있고, 일자 아래채에 문간, 뜰아랫방, 광이 있는데, 서쪽 안방 뒤와 북쪽 대청 뒤와 동쪽 장독대 담 너머는 뺑 돌아 남의 집이요, 오직 남쪽 아래채 앞이 실골목이다. 아래채가 광 있는 쪽은 막다른 집 행랑 뒷벽과 나란하나, 문간 있는 쪽은 옆집보다 조금 앞으로 나와서 문간과 안방 부엌 모퉁이에 조그만 기역자 담이 끼었는데 그 담 위에는 좀도적 방비로 독개그릇 깨어진 것이 수북하게 앉혀 있었다."[11]

이 부분의 묘사는 문자로 표현된 것이지만 마치 그림을 보는 듯이 그 정경이 섬세하게 다가온다. 이러한 치밀한 묘사를 통한 사실성은 당대의 시대를 솔직하게 보여주고 있다. 이 부분은 문자로써 표현할 수 있는 정황을 있는 그대로 솔직하게 드러내고 있다는 점에서 맑은 시냇물이 있고, 푸른 소나무가 있는 풍경을 보여주는 것과 다르지 않아 보인다. 이런 치밀한 묘사 방법은 작가의 현장 체험이 없으면 나올 수 없을 것이다. 이 부분의 묘사 중에서 작가가 어떤 공간에 직접 들어가서 그 장소를 보고 표현하고 있다는 것을 확인할 수 있는 장면은 "팔 놀리기 거북할 만큼 너비"라는 부분이다. 인용한 부분에서 다른 풍경들은 머릿속에 떠오르는 형상을 그대로 묘사할 수 있다고 하더라도, 팔 놀리기 거북할

---

11) 홍명희, 『임꺽정 8』, 사계절, 1985, 239쪽.

만큼 한 너비는 그 장소에 직접 가서 재어 보지 않으면 알 수 없다. 작가의 현장 체험이 실골목의 형상을 사실적으로 재현할 수 있게 되는 것이다. 이 부분의 사실성은 특정 공간의 장소를 그리고 있으면서도 그 껍데기를 그리는데 머무르지 않고, 그 공간의 깊은 곳까지 스며 들어서 그리고 있다는 것을 알 수 있을 것이다.

이러한 솔직하고 진실한 묘사는 이야기에 진실성을 갖게 하는 힘으로 작용하고, 독자로 하여금 마치 실제 그 공간에서 작가와 함께 있는 것 같게 만드는 작용을 한다. 이 때문에 현실의 모습을 적확하고 솔직하게 그려내는 것이 실경에 이르는 기본 태도라고 말하고 있는 것이다.

일객하초 일객청금(一客荷樵 一客聽琴) 한 사람은 나뭇짐 지고 가고 한 사람은 금(琴)을 듣고 있다.

이 시구는 맑은 시냇물이 흐르고 푸른 소나무가 있는 풍경 속에 보이는 내면의 모습을 형상화하고 있다. 나뭇짐을 지고 있는 사람, 거문고를 연주하고 있는 사람은 외형을 통해서 발견할 수 있는 내면의 풍경이다. 풍경의 깊은 속에 감추어진 비밀의 숲을 만나는 장면이다. 그 속에 들어갔을 때 비로소 심연(深淵)에 잠들어 있는 구체적 형상을 발견할 수 있는 것이다. 이것은 작품으로 말한다면, 작품의 내면에 들어 있는 사물의 진위를 파악한다는 말이다. 나뭇짐을 지고 있는 사람과 거문고 소리를 듣고 있는 사람과 거문고를 연주하는 사람은 맑은 시냇물이 흐르고 푸른 소나무가 있는 공간에서 하나가 되어 있다. 이렇게 하나가 되는 것은 평범한 공간에서 만나는 참된 사물의 풍경이다.

나뭇짐을 지고 가는 사람이나, 거문고 소리를 듣는 사람이나 일정한 공간에서 진정한 삶의 즐거움을 느끼고 있다. 이 공간에서는 나뭇짐을 지고 가는 사람은 자신의 일을 노동으로 생각하지 않을 것이고, 산길을 걸어가다가 거문고 소리를 듣는 사람도 특정한 의미를 부여하고 있지 않을 것이다. 자연 그대로 놓여진 풍경 속에서 스스로의 경계(境界)를 놓아버리고 있다. 화자의 시선으로 들어오는 풍경만을 그리고 있을 뿐 시인의 정신을 경계에서 풀어놓고 있는 것이다.

> 전원에 진정한 즐거움이 있거늘 얽매임에서 벗어나지 못하면 끝내 바쁜 일상에 쫓기는 사람이 된다. 시를 외우고 읽는 것에 참된 멋이 있지만, 음미하지 못하면 끝내 비천한 사람이 되어 버린다. 산수자연에 진정 감상할 것들이 있지만, 진정으로 깨닫지 못한다면 결국은 마음 내키는 대로 놀러 다니는 것에 불과하게 된다. 시를 읊는 것에 참된 깨달음이 있지만 평범한 생각에서 벗어나지 못하면 결국은 상투적인 글이 될 뿐이다.12)

이 말에 따르면, 외형의 묘사에 얽매이면 진정한 즐거움을 발견할 수 없다는 것이다. 풍경이 자신의 내면에 들어와서 체화(體化)되어 나타나야 한다는 말이다. 그저 아름답다고 말할 것이 아니라, 진정 아름답다는 느낌으로 와 닿을 때 써야 한다는 말이다. 그것은 진실한 마음에서 출발하는 것이라고 말할 수 있다. 이것은 어쩌면 글을 쓰면서 잠시 미루어두는 여유로움과 같은 것이라고 할 수 있을 것이다. 풍경의 얽매임에서 벗어나야 좋은 글이 나오고, 그 풍경에 집착하지 않아야 진실한 풍경이 그려질 수 있는 것이다. 제대로 음미하지 못하면 아무리 맛좋은 음식이라도 그 맛을 알 수가 없고, 아무리 좋은 작품이라고 하더라도 그 의미를 발견할 수 없는 것과 같은 이치이다. 좋은 시는 평범함을 벗어나지 않는 것이라고 하는데, 여기서 평범함이란, 다르게 말하면 소박함이라 할 수

---

12) 田園有眞樂, 不瀟灑終爲忙人, 誦讀有眞趣, 不玩味終爲鄙夫, 山水有眞賞, 不領會終爲漫遊;吟咏有眞得, 不解脫終爲套語.(육소형(陸紹珩), 『취고당검소(醉古堂劍掃)』, 동문선, 2007, 342쪽).

있다. 소(素)는 맑음이기도 하지만, 꾸미지 않는 순수한 것을 말하는 것이기도 하다. 진실한 경계(境界)는 순수하고 질박한 마음으로부터 나온다.

흰 고무신 한 켤레
닫힌 방문 앞에 가지런하다

나른한 봄 햇살 빗방울 튀듯
신발 가장자리에 하얗게 맺혔고
풍경소리 바람결에 날아다니다
고즈넉이 신발 속 스미는 적요

낮잠 주무시는 걸까
숨소리조차 들리지 않는 방 안
간간이 뻐꾹새 울음소리
곱게 바른 창호지 문 파르르 떨 뿐

흰 고무신 한 켤레
여전히 그대로 놓여 있다

―오정환, 「흰 고무신」 전문13)

　이 시는 흰 고무신이 놓인 풍경을 묘사하고 있다. 앞의 백석의 시 「추야일경」에서 만날 수 있는 정경 묘사가 이 시에서도 잘 나타나 있다. 이 시는 봄날 닫힌 방문에 가지런하게 놓인 흰 고무신을 있는 그대로 묘사했을 뿐인데, 이 시에서 느껴지는 적요의 풍경은 평화로움으로 가득하게 다가온다. 우연의 일치일 수도 있지만 흰 고무신이 주는 그 순백의 미학은 이 시를 지배하는 정서적 소재로 충분하다. 풍경과 그 풍경에 놓여진 소재가 이 시의 아름다움을 극치의 자리에 놓이게 한다.

---

13) 오정환 시집, 『푸른 눈』, 전망, 2013, 79쪽.

상투적인 글이 되지 않고 참된 시가 되기 위해서는 무엇보다 시를 쓰는 시인의 맑은 영혼이 중요하다. 겉으로 드러난 형상과 그 중심이 부합하지 않으면 결국 가식이 들어간 시가 되기 쉽고, 풍경을 온 마음으로 느끼지 않은 상태에서 시를 쓰게 되면 거짓부렁이 시가 되기 쉽다. 사물의 본성을 찾기 위해 마음을 비우고, 그 마음의 결을 따라서 시를 쓰게 되면 진정 아름다운 시에 이르는 길을 찾게 될 것이다.

(4) 현묘(玄妙)한 회통의 소리

정성소지 묘불자심(情性所至 妙不自尋) 감정과 본성이 가는대로 따를 뿐 기묘한 것을 억지로 찾지 않는다.

이 시구부터는 다시 처음으로 돌아가고 있다. 어떤 부분을 솔직하게 표현하는 것은 그 머무르는 곳에 따라 써야 한다는 말이다. 감정은 흐름이 있고, 본성은 작가가 수양하는 데 있다. 기묘한 것은 기교를 말한다. 억지로 기교를 부리는 것은 솔직하지 못한 것이 되고, 솔직하지 못함은 흐름에 맡기는 것이 아니다. 정(情)은 발동하여 일어나는 감정의 상태를 말하고, 성(性)은 감정의 밑바닥에 흐르는 기운을 말한다. 이것은 흐름에 맡겨야 하는 것이지 억지로 기교를 부린다고 되는 것은 아니다.

기묘한 것을 억지로 찾으려고 하지 않지만, 그 기묘한 원리는 스스로 밝혀지게 되어 있다. 문학은 평범함 속에서 참된 의미를 찾는 데 있다. 외형을 진솔하게 묘사하고 관찰하다보면 그 사물의 본성을 발견할 수 있다. 깨달음의 경지는 멀리 있는 것이 아니라, 가까이에 있다. 그것은 억지로 꾸미는 기교에 있는 것이 아니라, 자연스러운 외형의 발견에 있다.

　비통한 마음으로 문장을 마치면 그것은 만족스럽다고 할 수 있으나, 문장을 살펴서 그 마음을 모으려고 한다면 그 문장은 사치스러운 체제의 글이 되고 말 것이다. 사치스러운 문장으로 표현한 체제는 비록 화려하다고는 할 수 있을지는 모르겠으나 슬프지는 않게 마련이다. 애사는 반드시 감정이 가는 곳을 쫓아서 슬픔을 한 문장으로 모아야 한다. 그러한 문장은 눈물을 자아내게 하고 그것이 애사의 귀감이 될 뿐이다.14)

　애문(哀文)은 사람의 죽음을 슬퍼하는 글이다. 외형으로 꾸미거나 기교를 부리는 글이 아니다. 애문은 겉으로 사치한 글이 아니다. 어린 나이에 천명을 다하지 못하고 죽은 영혼을 안타까워하는 글이다. 그렇기 때문이 이러한 글은 글을 쓰는 사람의 마음에 진정성이 담겨 있어야 한다. 진정성이 없으면 쓸 수 없는 글은 감정이 흐르는 곳으로 가되 그 본성을 그대로 드러내야 한다. 한 사람의 죽음을 애도하는 글은 감정이 흐르는 곳으로 쫓아서 슬픔을 한 곳에 모아야 한다. 무엇보다 애문은 마음으로부터 우러난 진실한 감정을 표현하는 데 있다. 사람의 감정이 한 곳에 모여서 나오는 눈물은 그런 점에서 감정의 밑바닥을 보여주는 것이라고 할 수 있다. 애문은 본성에서 우러난 슬픔을 담아내는 것이다. 애문과 같이 감성의 끝에 이르는 것이 순수함이라 할 수 있다.

　　내 동생은 2학년
　　구구단을 못 외워서
　　내가 2학년 교실에 끌려갔다.
　　2학년 아이들이 보는데

---

14) 隱心而結文則事愜, 觀文而屬心則體奢. 奢體爲辭, 則雖麗不哀 ; 必使情往會悲, 文來引泣, 乃其貴耳.(유협 지음, 황선열 옮김, 『문심조룡』, 신생, 2018, 152쪽).

내 동생 선생님이
"야, 니 동생
구구단 좀 외우게 해라."
나는 쥐구멍에 들어갈 듯
고개를 숙였다.
2학년 교실을 나와
동생에게
"야, 집에 가서 모르는 거 있으면 좀 물어 봐."
동생은 한숨을 푸우 쉬고
교실에 들어갔다.
집에 가니 밖에서
동생이 생글생글 웃으며
놀고 있었다.
나는 아무 말도 안 했다.
밥 먹고 자길래
이불을 덮어 주었다.
나는 구구단이 밉다.
　　　　—경북 경산 부림초등학교 6학년 주동민, 「내동생」 전문[15]

　이 시는 어떤 기교도 없으며, 억지로 표현한 것이 없는 시이다. 그야말로 아무런 꾸밈이 없는 시이다. 생활에 일어나는 일을 있는 그대로 묘사했을 뿐인데도 읽는 사람에게 잔잔한 감동을 준다. 6학년 아이이지만, 때 묻지 않는 동심이 그대로 살아있다. 일어난 일을 솔직하게 표현하고 있으며, 더도 덜도 보태고 뺀 것이 없다. 이 시를 쓴 아이의 마음에서 진실이 있어야 이런 시가 나올 수 있다. 이 시를 쓴 아이의 생활 자체가 한 편의 시가 되는 것이다. 2학년 교실에 끌려가야 하는 나의 처지와 동생의 입장을 대비하지도 않고, 그렇다고 좋은 시를 쓰겠다는 의지도 없어 보인다. 그저 자신의 경험을 솔직하게 표현하고 있을 뿐이다. 그런

---

15) 이호철, 『살아있는 글쓰기』, 보리, 1994, 31-32쪽.

데도 이 시가 우리에게 감동을 주는 것은 놀고 있는 동생에게 아무 말을 하지 않은 태도와 자는 동생의 이불을 덮어주는 행위 때문이다. 그리고 동생을 괴롭히는 구구단이 밉다고 하는 말이다. 사실 논리적으로 따져 보면 구구단이 미운 것이 아니라, 구구단을 못 외었다고 동생을 야단치는 선생님이 미울 터이지만, 그 단계까지 나아가지 않는다. 지극히 단순하게 구구단을 미워하고 있는 것이다. 구구단을 미워하는 마음에는 선생님을 미워하는 마음 자락이 스며들 여유가 없다. 너무 솔직하게 표현했기 때문이다. 솔직한 마음과 진실된 마음이 발동하는 자리에는 다른 여유가 끼여들 여지가 없는 것이다. 이 시가 우리에게 감동을 주는 까닭은 바로 이런 솔직함에 있다.

실경은 풍경만을 진실되게 그려내는 것이 아니라, 인간의 마음자락에 있는 진정한 느낌을 표현하는 것이기도 하다. 실경의 경(境)이 경(景)이라는 말과 다른 점이 여기에 있다. 문예 작품으로 표현하고자 하는 것이 풍경에 국한되어 있는 것이 아니라, 사람의 감정이 흐르고 있는 것을 표현하기도 한다. 그렇기 때문에 어떤 경지나 경계를 의미하는 '경(境)'을 쓰고 있는 것이다. 실경은 진실된 풍경, 진실된 느낌, 진실된 상황을 표현하는 것을 말한다. 실경은 사물이나 사건에 대한 경험을 통해서 오묘한 경지를 표현하는 것이고, 이를 통해서 맑고 순수한 아름다움을 창출하는 것을 말한다.

우지자천 영연희음(遇之自天 泠然希音) 만나는 것을 하늘에 맡길 때 맑게 울리는 드문 소리이리라.

사물의 외형을 있는 그대로 그리고 나면 문자로 형상화된 부분은 소리가 되고, 그림이 되어서 가슴을 울린다. 정(情)으로써 사물을 보면 그 사물의 소리를 들을 수 있을 것이다. 무형의 것이 유형의 것으로 되는 것은 사물의 형상을 정확하게 간파하고 그 사물의 본성을 자연스럽게 얻을 때 가능한 것이다. '하늘에 맡긴다'는 말은 그 형상에 집착하지 않으면서 자신의 감정을 있는 그대로 표현하는 것을 말한다. 항상 맑은 마음을 가질 수 없겠지만, 어느 순간 다가오는 측은한 마음은 놓치지 않아야 한다는 말이다. 천성(天性)이 맑은 상태에 있을 때는 어떤 상황에서도 진실한 경계를 만날 수 있을 것이다.

작가의 진실성은 생활과 유리되어서 나오지 않는다. 평소의 마음이 곧 작가의 마음이다. 동화를 쓰는 사람은 항상 동심의 태도로 사물을 보아야 하고, 시를 쓰는 사람은 맑은 시심으로 세상을 보아야 하고, 소설을 쓰는 사람은 세상에 있는 일이거나 작가가 직접, 간접으로 경험한 이야기를 솔직하게 써야 한다. 흔히, 서사는 현실의 허구적 재구성이라는 말을 한다. 그렇다고 현실을 허구적으로 만들어서 가공(架空)하는 것은 아니다. 허구라는 말 속에는 진실성을 바탕에 깔고 있다. 그것은 있을 법한 이야기이며, 작가의 경험 속에 있는 이야기라는 말이다. 어쩌면 문학 작품이나 예술 작품이라는 것은 작가의 모든 것을 발가벗겨 보여주는 것인지도 모른다. 하나의 작품에는 아무리 감추려 해도 감출 수 없는 작가의 마음이 드러나는 것이다. 그것을 얼마나 감추면서 또한 객관화하면서 표현하고 있느냐에 따라 문학의 예술성을 가늠하기도 하지만, 진정한 문예 작품은 솔직하고 담백한 멋에서 발견할 수도 있는 것이다.

    쳐라, 가혹한 매여 무지개가 보일 때까지

    나는 꼿꼿이 서서 너를 증언하리라

무수한 고통을 건너

피어나는 접시꽃 하나

—이우걸, 「팽이」 전문16)

  이 시와 같이 실경의 미학이 이르는 곳은 졸(拙)과 교(巧)의 회통 속에 있다. 이 시는 얼핏 보기에는 평범한 시인 것 같지만 이 시 속에는 뛰어난 기교의 미학이 감추어져 있다. 보이지 않는 것 같지만 보이는 졸과 교의 회통이야말로 시의 극치에 이르는 길이다. 팽이라는 사물의 본성은 서 있는 것이 아니라 누워 있는 것으로 인위의 채찍이 있어야 서는 사물이다. 그러나 이 시는 팽이라는 사물의 서있음과 누워 있음의 관념에 얽매이지 않는 생명의 근원을 발견하는 데 그 의미를 두고 있다. 이 시는 본성이 아닌 것을 본성으로 드러내고 있는데도 불구하고 그것이 마치 본성인 것처럼 생명을 부여한다. 그 생명성은 이 시의 마지막 행의 시어 '접시꽃'으로 드러나고 있다. 사물의 본성은 변하는 것이 아니지만 그것을 변하게 하는 것이 시적 예술의 경지인 것이다. 이 시는 죽은 사물에 생명의 의미를 부여하고 그 생명의 본질이 무엇인지를 찾아가고 있다. 본성을 찾아가는 미학을 추구할 것인가, 아니면 본성을 바꾸어서 새로운 미학을 발견할 것인가를 선택해서 그중의 하나를 위해 사유할 때, 그 시는 아름다운 예술의 경지에 이르게 되는 것이다. 이 시는 사물에 대한 일반적 관념의 경계를 넘어서 회통의 경지에 이르고 있다.

  실경의 경지에 이르기 위해서는 시인은 어떤 사물이든 사실이든지 그것을 보는 시선이 솔직하고 진실해야 한다는 사실을 분명히 인식해야 한다. 실경은 사물의 본성을 통해서 시적 경지에 이르는 미학이다. 그것

---

16) 이우걸 시집, 『아직도 거기 있다』, 서정시학, 2015, 30쪽.

은 사물을 정확하게 보는 데서 시작하며 그 사물과 다른 사물이 하나라는 사실을 인식하는 과정으로 나아가야 한다. 사물에 대한 회통의 시선은 시적 경계에 이르는 길이다. 그 본질을 바라보는 것은 순수한 마음으로부터 시작한다. 순수한 마음은 사물의 본성과 닿아 있으며 그 본성의 깨달음은 시적 경계의 극치에 이르는 길이다. 순수함을 통한 사물에 대한 회통이야말로 실경의 미학이라 할 수 있다.

19. 극한의 슬픔이 닿는 곳
─비개(悲慨)

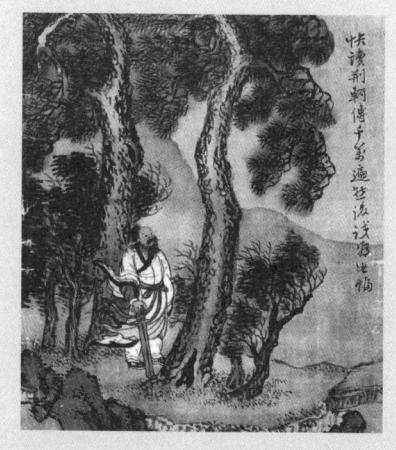

(1) 개요

비(悲)는 슬프다, 서럽다는 뜻을 가진 글자이다. 비(非)는 새의 날개를 그린 것으로 '아니다'라는 뜻을 갖고 있다. 비(悲)는 '마음이 영 아니다'라는 뜻으로 만들어졌다. 비(悲)는 마음이 좋지 않다는 뜻으로 의역해서 슬픈 감정을 표현하는 뜻으로 쓰이고 있다. 개(慨)는 슬퍼하다, 분개하다, 개탄하다, 격노하다, 탄식하다와 같은 뜻으로 쓰인다. 개(慨)는 마음 심(心)과 이미 기(旣)가 결합한 글자인데, 기(旣)는 식기에 담긴 음식을 배불리 먹고 앉아있는 사람을 그린 글자이다. 이 두 글자가 합쳐진 개(慨)는 음식을 혼자 배불리 먹어버린 모습을 보고 분개하는 모습을 표현한 것이다. 비개(悲慨)는 슬퍼하고 분개한다는 뜻으로 쓰인다. 이 낱말과 유사한 의미로 쓰이고 있는 단어는 비장(悲壯), 비탄(悲歎), 비상(悲傷), 비통(悲痛), 비분(悲憤), 비애(悲哀), 비량(悲涼), 비수(悲愁)와 같은 것이 있다. 비개라는 말은 슬프고 또 슬퍼서 분통이 터질 것 같은 마음이다. 안대회는 이 비개의 미학을 다음과 같이 정리하고 있다.

> 『시품』에서 묘사한 비개의 품격이 일반적인 의미의 비개보다 훨씬 더 강렬하여 여기에는 운명적인 비애와 절망의 감정이 드러나 있다. 개인의 불우함이나 불평, 사회나 정치 풍토에 대한 분노나 좌절을 표현하는 수준 이상의 강렬한 파토스가 있다. 비개의 품격에는 한 개인의 역량으로는 추락의 역사와 멸망의 숙명을 막아내

지 못한다는 운명적 절망감이 내재해 있다. 국가의 멸망과 같은 격변을 겪으며 사회의 질서나 개인의 인생이 뿌리째 흔들리고 영웅조차도 그 몰락을 지켜볼 수밖에 없는 무력감이 발로된다. 『시품』에서 묘사한 비개의 미학은 후대 비평에서 사용되는 비개 일반의 정서보다 묵직하고 비장미가 넘치는 정서를 표출한다. 『시품』의 비개는 서구 비극의 미학을 표현하고 있다.[1]

비개는 개인의 슬픈 감정을 넘어서는 극한의 슬픔이 닿는 곳이라고 할 수 있다. 인간의 감정이 끝닿는 곳에 이르게 되면 오욕과 칠정이 뒤섞여 어떤 감정인지를 분간할 수 없게 된다. 비개는 슬픔이 극한에 이르렀을 때 웃음이 나온다는 역설의 비장미와 같은 것이라고 할 수 있다. 극한의 슬픔은 개인의 슬픔뿐만 아니라 자신을 둘러싸고 있는 모든 내·외적 조건들이 슬픔으로만 가득 차 있는 절대적 비극의 상황에서 일어나는 것이다. 비개에서 말하는 슬픔이란 모든 것이 절연된 상황에 놓인 감정이라 할 수 있다. 슬프고 또 슬퍼서 더 이상 슬플 수도 없는 지경에 놓인 감정은 어떤 상태일까? 박지원은 "사람들은 단지 인간이 칠정(七情) 중에서 오로지 슬픔만이 울음을 유발한다고 알고 있지, 칠정이 모두 울음을 자아내는 줄은 모르고 있네. 기쁨이 극에 달하면 울음이 날 만하고, 분노가 극에 치밀면 울음이 날 만하며, 즐거움이 극에 이르면 울음이 날 만하고, 사랑이 극에 달하면 울음이 날 만하며, 미움이 극에 달하면 울음이 날 만하고, 욕심이 극에 달해도 울음이 날 만한 걸세. 막히고 억눌린 마음을 시원하게 풀어 버리는 데에는 소리를 지르는 것보다 더 빠른 방법이 없네"[2]고 말하고 있다. 사공도는 이러한 극한의 슬픔을 다음과 같은 시로써 형상화하고 있다.

---

1) 안대회, 『궁극의 시학』, 문학동네, 2013, 504쪽.
2) 박지원 지음, 김혈조 옮김, 『열하일기1』, 돌베개, 2019, 139쪽.

大風捲水 林木爲摧 意苦欲死 招憩不來
대풍권수 임목위최 의고욕사 초게불래

百歲如流 富貴冷灰 大道日喪 若爲雄才
백세여류 부귀냉회 대도일상 약위웅재

壯士拂劍 浩歌彌哀 蕭蕭落葉 滿雨蒼苔
장사불검 호가미애 소소낙엽 만우창태

큰 바람이 물결을 말아올리고
숲 속의 나무들은 꺾여버렸네
너무 괴로워 죽을 지경이건만
쉬고자 해도 쉴 수가 없다

백 년 인생은 쏜살같이 지나갔고
부귀의 욕망마저 싹 가셨다
큰 도가 나날이 무너지니
영웅의 재능인들 어찌하리오

장사는 장검을 어루만지고
목 놓아 노래 불러 슬픔만 가득 차네
우수수 나뭇잎은 떨어지는데
푸른 이끼 위로 비는 주룩주룩 내린다

이 시는 슬픔을 불러일으키는 외적 풍경을 먼저 제시하고, 그 상황 속에서 개인의 삶에 스며있는 운명을 개탄한다. 일세의 영웅이라 한들 현실의 도가 무너지고 있는 상황에서는 어쩔 수 없는 경지에 이르게 된다. 힘센 장사가 장검을 어루만진들 무슨 소용이 있을 것이랴? 그저 목 놓아 울 수밖에 없는 절박한 운명과 현실이 놓여 있을 뿐이다. 우수수 떨어지는 나뭇잎 소리에 더욱 절망에 이르고 빗소리만 처량하게 화자의 심정을 울리고 있다. 화자가 놓여진 상황도 절박하지만 바깥의 풍경도 그 슬픔을 더하고 있으니 화자가 설 자리는 과연 어디에 있다는 말인가? 이처럼 이 시는 화자의 슬픈 감정이 뼛속까지 스며들어서 극한의 슬픔으로만 가득 차 있는 형국을 드러내고 있다.

먼저 1연은 앞 두 구절의 바람[風]과 나무[木]라는 자연물에 빗대어 절망적 현실을 드러내고 있다. 이러한 현실에 놓인 화자는 괴로워서 죽을 지경이지만 세상은 죽을 수 있는 자리마저도 허여하지 않는다. 이어지는 2연의 첫 구절과 둘째 구절은 개인의 운명을 말하고 세 번째 구절과 네 번째 구절은 절망적 현실 속에서 쓰러져가는 영웅의 운명을 다루고 있다. 마지막 3연은 아무리 위대한 장사라고 해도 현실의 도가 무너지는 형국에서는 어쩔 수 없다는 것을 말하고 있다. 떨어지는 낙엽[蕭蕭落葉]과 푸른 이끼에 떨어지는 빗소리를 통해서 슬픔의 극한에 이르는 길이 얼마나 고독하고 힘든 일인지를 말하고 있다. 이 시를 읽으면 슬픈 배경과 슬픈 감정으로만 가득 차 있는 인간의 모습이 얼마나 비극적인지를 깨닫게 될 것이다.

이 시가 사공도가 쓴 것이 아니고, 위작(僞作)일 가능성이 있다고 하더라도 이 시에 나오는 화자의 심정은 사공도 말년의 삶과 너무도 흡사하다는 것을 알 수 있다. 사공도(司空圖, 837~908)는 당나라 말기의 시인으로 황소의 난 때 중조산 왕관곡으로 은거하였다. 당나라를 멸망시키고 양나라를 세운 주전충이 높은 벼슬을 주마고 불렀으나 가지 않았으며, 908년 당나라의 마지막 황제 애제(哀帝)가 살해되었다는 소식을 듣고 음식을 끊은 채 죽고 말았다. 말년의 사공도는 망국에 분개하여 지사의 삶을 살았는데, 이 시를 읽으면 사공도의 심정이 구절마다 스며들어 있는 것 같다.

초나라의 굴원은 위기에 놓인 나라를 구하지 못하고 떠나야 하는 자신의 비분강개를 「이소(離騷)」라는 작품에 담아내었다. 이 슬픔의 끝자락을 그는 "이제 막 떠오른 태양이 휘황찬란한 빛을 비추니 문득 저 아래 고향을 봅니다. 마부는 슬퍼하고 말은 그리워하며 머뭇머뭇 쳐다보며 가지 않습니다. 이제 그만 하리! 이 나라에는 알아주는 사람 없으니 고국에 무슨 미련을 두리. 훌륭한 정치를 함께 할 사람이 없으니 나는 팽함이 있는 곳으로 가리라."3)고 했다. 열아홉 번째 시의 품격으로 제시하고 있는 비개는 어쩔 수 없는 개인의 운명과 절망적 현실이 가로놓인 절체절명의 운명을 표현하는 슬픔의 미학이다.

(2) 극한의 상황과 비통한 마음

대풍권수 임목위최(大風捲水 林木爲摧) 큰 바람이 물결을 말아올리고 숲 속의 나무들은 꺾여버렸네.

비분강개(悲憤慷慨)한 마음이 시작되는 지점은 어디일까? 그것은 대상에 대해서 정서적으로 감응(感應)하면서 일어나는 마음으로부터 시작한다. 비개는 어떤 상황이나 현상을 보고 대응하고, 감응하고, 호응하면서 일어나는 정서적 반응이다. 어떤 대상을 두고 그 대상으로부터 더 이상 나아갈 수 없거나 극한의 상황에 놓이게 될 때, 마음이 격동하여 일어나는 상황이다. 슬픔이 지나치면 웃음이 나오고 웃음이 지나치면 울음이 나오는 이 극한의 상황 속에서 슬프고 분통터지는 마음이 놓여 있는 것이다. 비개는 감정의 밑바닥으로부터 솟구치는 마음이다. 일시

---

3) 亂曰 : 已矣哉 國無人莫我知兮, 又何懷乎故都？ 旣莫足與爲美政兮, 吾將從彭咸之所居.(굴원・송옥 외, 『초사』, 글항아리, 2015, 54-56쪽).

적인 반응으로 일어나는 순정한 마음이 아니라, 자신을 더 이상 갈무리
할 수 없는 상황에서 일어나는 폭발할 것 같은 마음이다. 그것은 거센
파도와도 같고, 몰아치는 바람과도 같은 마음이다. 비개는 말 그대로
슬프고 괴로워하고, 의기가 북받쳐 오르고, 탄식하는 마음을 말한다.

> 총구가 나의 머리 숲을 헤치는 순간
> 나의 양심은 혀가 되었다.
> 허공에서 헐떡거렸다 똥개가 되라면
> 기꺼이 똥개가 되어 당신의
> 똥구멍이라도 싹싹 핥아 주겠노라
> 혓바닥을 내밀었다
> 나의 싸움은 허리가 되었다 당신의
> 발밑에서 무릎을 꿇었다 나의
> 양심 나의 싸움은 迷宮이 되어
> 심연으로 떨어졌다 삽살개가 되라면
> 기꺼이 삽살개가 되어 당신의
> 손이 되어 발가락이 되어 당신의
> 손이 되어 발가락이 되어 혀가 되어
> 삽살개 삼천만 마리의 충성으로
> 쓰다듬어 주고 비벼주고 핥아 주겠노라
> 더 이상 나의 육신을 학대 말라고
> 하찮은 것이지만 육신은 나의
> 唯一의 確實性이라고 나는
> 혓바닥을 내밀었다 나는
> 무릎을 꿇었다 나는
> 손을 비볐다 나는
>
> ―김남주, 「진혼가(鎭魂歌)」 부분[4]

이 시에서 화자는 총구가 자신의 머리를 스치며 지날 때, 자신이 스스

---

4) 김남주 시선집, 『사랑의 무기』, 창작과비평사, 1989, 202-203쪽.

로 똥개가 되어 똥구멍이라도 핥을 수 있을 정도로 비참한 상황에 놓여 있다. 혹독한 고문과 치욕 속에서 자신의 존재가 더 이상 울분을 참지 못할 때 비통하고 분통터지는 상황으로 치닫게 된다. 이런 감정은 시대적 한계 상황에 부닥친 한 개인이 그 억압의 상황을 극복하지 못하게 될 때 일어난다. 죽음의 상황 속에서 삽살개 삼천 마리의 충성으로 목숨을 구걸해야 하는 비참한 자신을 발견했을 때 부끄러움과 함께 슬픈 감정이 일어나게 되는 것이다. 이러한 슬픔은 비극적 상황을 동반한 슬픔일 터이다. 비겁하게 목숨을 구걸했던 회한의 슬픔과 죽음 앞에 어쩔 수 없었던 자신에 대한 반성의 슬픔이 한꺼번에 밀려드는 슬픈 감정일 것이다. 비개는 하나의 슬픔만을 말하는 것이 아니라 응어리진 슬픔을 말한다. 비개는 복잡하게 얽힌 슬픔을 말한다. 시 「진혼가」는 부끄러움과 처절함, 고문 때문에 순응할 수밖에 없는 복잡한 슬픔의 정서가 잘 나타나 있다.

> 오오! 현해탄은, 현해탄은
> 우리들의 운명과 더불어
> 영구히 잊을 수 없는 바다다
> 청년들아!
> 그대들은 조약돌보다 가볍게
> 현해의 큰 물결을 걷어찼다
> 그러나 관문해협 저쪽
> 이른 봄바람은
> 과연 반도의 북풍보다 따사로웠는가?
> 정다운 부산 부두 위
> 대륙의 물결은
> 정녕 현해탄보다도 얕았는가?
>
> 오오! 어느 날

먼 먼 앞의 어느 날
우리들의 괴로운 역사와 더불어
그대들의 불행한 생애와 숨은 이름이
커다랗게 기억될 것은 나는 안다
1890년대의
1920년대의
1930년대의
1940년대의
19××년대의
……
모든 것이 과거로 돌아간
폐허의 거칠고 큰 비석 위
새벽 별이 그대들의 이름을 비칠 때
현해탄의 물결은
우리들이 어려서
고기떼를 쫓던 실내처럼
그대들의 일생을
아름다운 전설 가운데 속삭이리라

그러나 우리는 아직도
이 바다 높은 물결 위에 있다

—임화, 「현해탄」 부분5)

    일제강점기 나라 잃은 청년들이 일본 유학길에 오르는 마음을 그린 이 시는 비분강개한 청년들의 마음을 절절하게 그려내고 있다. 현해탄의 물결만큼이나 격동하는 마음이 있지만, 시대적 한계를 극복하지 못하는 조선 청년들의 운명이 슬프도록 아프게 다가온다. 이 시에는 화자의 격동하는 마음은 물결보다 높지만, 그 물결과 대륙의 거친 바람결에 어쩔 수 없이 고개 숙여야 하는 고뇌가 스며들어 있다.

---

5) 임화, 『현해탄』, 기민사, 1987, 218-227쪽.

비개의 첫 구절은 다음과 같은 상황을 설명하고 있다. 큰 바람이 물결을 말아 올릴 정도로 거세게 몰아치고 있으니 그 격랑의 상황은 말로 표현하기 어렵다. 말 그대로 혼돈(渾沌)의 상황이라고 할 수 있다. 거센 바람이 불어와서 숲 속의 나무들을 모조리 꺾어놓고 있다. 표표(飄飄)한 바람이 세차게 불고 있는 상황이다. 거센 바람은 세상의 모든 것을 송두리째 빼앗을 기세이다. 거대한 숲 속의 나무들이 모두 꺾일 정도이니, 그 바람의 힘은 말로 표현하기 어려울 것이다. 거센 바람이 높은 파도를 몰아오고 그것은 자신의 능력으로도 어쩔 수 없는 상황을 만들고 있다. 비개는 슬픔이 궁극에 이른 것을 말한다.

의고욕사 초게불래(意苦欲死 招憩不來) 너무 괴로워 죽을 지경이건만 쉬고자 해도 쉴 수가 없다.

마음이 괴로우면 편안하게 쉬지를 못한다. 사랑하는 마음이 충만해지면 누구나가 그 마음을 전하기 위해서 표현할 수밖에 없듯이, 슬픔도 북받치면 그 마음을 표현하고 싶은 마음이 생기게 마련이다. 억울한 일을 당하면 전전반측하면서 고민할 수밖에 없을 것이다. 분한 마음이 극도에 이르면 마음의 병이 생긴다. 화병(火病)은 바깥으로 분출하지 못하는 정서가 안으로 삭아지면서 생기는 것이다. 어떤 병보다도 치유하기 어려운 병이 마음의 병이다. 한병철은 『피로사회』에서 현대인의 질병 중에서 가장 심각하고 위험한 것이 우울이라고 진단하고 있다. 현대인은 그들이 살아가고 있는 현실이 '죽음의 무덤'과 같다고 생각하기 때문이라고 한다. 자신이 스스로 괴로움에 빠져있지만 그 괴로움을 벗어나지 못한다. 그것은 한 개인으로서는 어떻게 할 수 없는 상황에 이른 것을 말한다. 이러한 비분강개한 울분이 표현된 것이 비개의 품격이다.

여기서부터
저기까지는
아무도 없다

검은
개천 위에 달빛이 몰락하는 돌다리 위에
이 이상스럽게도 아름다운
하이얀 입김 서린 집 속엔
아무도 없다

캄캄하고
달 속을 둔주하는 은전(銀錢)에 짓눌려
뒤틀리는 사지의 낡은 꿈속은 캄캄하고

푸르게 물드는
뇌(腦) 속에서 죽어가는 나의
나로부터 길에는 아무도 없다

―김지하, 「아무도 없다」 전문[6]

    이 시는 어떤 희망도 기대할 수 없는 절망적 상황을 형상화하고 있다. 여기부터 저기까지 아무도 없을 뿐만 아니라 검은 개천 위의 몰락한 돌다리 위에 역설적으로 아름다운 집 속에서도 아무도 없다. 아무도 없는 절대 고독의 상황 속에서 캄캄한 현실만 놓여 있다. 뇌 속에서 죽어가는 자신 말고는 아무런 길도 보이지 않는다. 이 절대 고독 속에 놓인 운명은 죽음과 삶의 갈림길뿐일 것이다. 괴로움을 호소할 사람도 없으며 사방은 짓눌린 상황뿐이다. 비개는 이 절체절명의 상황 속에서 우러나는 감정이다. 촉나라의 재상 제갈공명은 이러한 절망적 상황에서 군사를 내어서 출정할 수밖에 없는 감정을 나이 어린 군주에게 출사표를 올리면서

---

[6] 김지하, 『타는 목마름으로』, 창작과비평사, 1982, 88쪽.

울분을 토로하고 있다.

　바라건대 폐하께서는 신에게 역적을 치고 나라를 되살리는 일을 맡겨 주시옵소서. 그리고 신이 만약 제대로 그 일을 해내지 못하면 그 죄를 다스리시고 선제의 영전에 알리옵소서. 만일 폐하의 덕을 흥하게 할 충언이 없으면 곽유지와 비위, 동윤을 꾸짖어 그 게으름을 밝히옵소서. 폐하 또한 착한 길을 자주 의논하시어 스스로 그 길로 드시기를 꾀하소서. 아름다운 말은 살피시어 받아들이시고 선제께서 남기신 가르치심을 마음 깊이 새겨 좇으시옵소서. 신은 받은 은혜에 감격하여 이제 먼 길을 떠나거니와, 떠남에 즈음하여 표문을 올리려 하니 눈물이 솟아 더 말할 바를 알지 못하겠습니다.[7]

　제갈공명의 「출사표」 마지막 부분은 이렇게 끝난다. "출사표를 읽고 눈물을 흘리지 않으면 충신이 아니다"라고 말할 정도로 구구절절 국가의 운명에 대한 애정이 넘치는 글이다. 이미 기울어가는 나라의 운명을 더 이상은 지탱할 수 없다는 사실을 알면서도 마지막으로 군사를 내어 혼신의 힘으로 나라를 구하려는 제갈공명의 마음에서 괴로워서 죽을 지경에 이른 화자의 슬픔을 읽을 수 있다. 사공도의 시 첫 구절에서 말하는 '의고욕사(意苦欲死)'는 마음이 괴로워서 죽고 싶을 정도에 이른 것을 말한다. 외부의 상황이 너무도 힘들어서 도저히 자신의 힘으로는 어쩔 수 없는 상황에 놓여 있을 때, 외부 상황과 자신의 죽음을 맞바꾸려는 극한의 상황에 이르게 된다. 제갈공명은 유비의 삼고초려를 받아들이고, 끝까지 나라를 지키려는 영웅이었다. 그러나 현실 앞에서는 어쩔 수 없는 운명에 놓이게 된다. 이 운명 앞에 서있는 영웅의 모습에서 극한의 슬픔을 만나게 된다. 기울어가는 촉나라를 지키려고 했던 제갈공명

---

7) 願陛下託臣以討賊興復之效 不效則治臣之罪 以告先帝之靈 若無興復之言 則責攸之, 褘, 允等之咎 以彰其慢 陛下亦宜謀 以諮諏善道 察納雅言 深追先帝遺詔 臣不勝受恩感激 今當遠離 臨表涕泣 不知所云.(제갈공명, 「출사표」, 『삼국지』 제갈량전).

의 「출사표」는 죽음 앞에 이른 화자의 울분을 잘 형상화하고 있다. 자신의 울분을 극도로 자제하면서 하고 싶은 말을 낱낱이 하고, 유비의 유언을 충실하게 받들면서 자신의 유지를 쓰고 있다. 울분이 극한에 이르게 되면 외려 마음은 더욱 차분해진다는 것을 알 수 있는 문장이다. 한문 장르 중에서 표(表)는 비개의 정서를 가장 잘 드러내는 장르라고 할 수 있다.

공융(孔融)의 「천예형표」에 이르게 되면, 생기가 있는 기운을 드날렸고, 하늘을 나는 듯한 문채를 보여주었다. 제갈공명이 후주에게 올린 「출사표」는 그 문장으로 그의 사상을 자세하게 보여주었으며, 그의 문장은 막힘이 없었다. 비록 그 내용에 있어서 공융의 작품은 화려하고, 공명의 작품은 진실하다는 차이는 있을지라도 두 개의 표는 가장 대표적인 작품이라 할 수 있다. 공장(孔璋)과 완우(阮瑀)의 장과 표는 당시에 명예를 얻었는데, 특히 공장의 표는 건실하다고 해서 그것을 표의 표준 양식이 된다고 했다. 진사왕 조식의 표는 독자적으로 여러 재능이 있는 문인들의 우두머리가 된 작품이다. 그 작품을 살펴보면 체제가 넉넉하고, 조화로운 율격, 맑은 문장, 드러나는 사상이 이 분야에서 으뜸이었다. 그의 작품은 사물에 대응하는 기교가 있었으며, 사물에 따라 수시로 변화하는 생동감이 있었고, 말고삐를 여유 있게 잡고 있었기 때문에 속도가 느리고 빠른 것을 적절하게 조절할 수 있었다.[8]

비개의 심정을 표현하기 위해서 글을 어떻게 써야 할까? 비개의 글은 리듬이 조화롭고, 문장이 맑고, 뜻이 드러나 있고, 사물에 응해서 기교로 마름질하고, 사물의 변화에 따라 생동감이 있어야 한다. 사물의 완급을 조절해서 자신의 감정을 드러낼 수 있어야 한다. 비통하다고 해서 자신의 감정을 격동하듯이 말하면, 그 전달하는 어법이 정확하지 않을

---

8) 至於文擧之薦禰衡, 氣揚采飛 ; 孔明之辭後主, 志盡文暢 ; 雖華實異旨, 並表之英也. 琳瑀章表, 有譽當時 ; 孔璋稱健, 則其標也. 陳思之表, 獨冠郡才 ; 觀其體贍而律調, 辭清而志顯, 物制巧, 隨變生趣, 執轡有餘, 故能緩急應節矣.(유협 지음, 황선열 옮김, 『문심조룡』, 신생, 2018, 269-270쪽).

수 있기 때문이다. 말로 형언할 수 없는 슬픔이라 하더라도 그것이 문장으로 나타날 때는 뜻을 자세히 보이거나 진실성이 담겨 있어야 한다. 비개의 마음이 자리잡은 사람의 심정을 어떻게 말과 글로 모두 형언할 수 있겠는가? 그 정감은 "산의 대나무를 모두 사용해도 써내려는 뜻이 끝없고, 동해의 물결을 다 쏟아내도 흐르는 정은 끝이 없다네. 근심은 구름처럼 오랫동안 모여 흩어지지 않고, 눈물은 강물처럼 쉬이 마르지 않는다네."9)와 같은 상황이다. 따라서 비개의 감정을 글로 쓸 때는 그 정황을 알려야 한다. 그것이 사물과 화자가 공명을 일으키는 글쓰기가 될 것이다. 그 장면을 회상하는 순간 눈물이 난다. 끝없이 흐르는 눈물을 막을 수 없기 때문에 가슴 속 깊이 사무치는 한숨이 된다.

비분강개한 마음의 끝자락에는 깊은 마음의 평정이 놓여 있다. 혼돈의 중심에 놓인 태풍의 눈과 같이 평화가 있는 형국이다. 회오리바람의 바깥은 세상의 모든 것을 꺾어버릴 기세이지만, 그 안에는 고요한 평정이 놓여 있다. 그 평정의 상황은 "갈 길 멈춘 구름이나 물속에도 소리개가 비상하거나 물고기가 튀어 오르는 광경이 있고, 폭풍우 속에서도 파도나 물결의 잠잠한 모습이 있다"10)는 것과 같은 형국이다. 자신의 울분을 모조리 다 드러내지 못하지만, 그 드러내지 못함이 바닥에 놓여 있을 때 비개(悲慨)의 감정을 표현할 수 있는 것이다.

두 번째 구절의 '초게불래(招憩不來)'는 거세게 몰아치는 외부의 상황은 자신이 아무리 편안하게 있으려고 하나, 편안하게 있을 수 없는 상황을 말하고 있다. 이 때문에 비개의 심정이 극한에 이르렀을 때는 극단적

---

9) 罄南山之竹, 寫意無窮;決東海之波, 流情不盡, 愁如雲而長聚, 淚若水以難乾.(강경범 · 천현경 옮김, 『취고당검소(醉古堂劍掃)』, 동문선, 2007, 139쪽).
10) 定雲止水中, 有鳶飛魚躍的景象;風光雨驟處, 有波恬浪靜的風光.(강경범 · 천현경 옮김, 앞의 책, 113쪽).

인 행동을 할 수밖에 없는 상황에 놓이게 되는 것이다. 거센 폭풍 속에서 자신이 몸을 던질 수밖에 없는 운명이기 때문에 화자의 비장한 슬픔은 극한의 상황 속에 놓일 수밖에 없게 되는 것이다.

(3) 극한의 상황과 죽음

백세여류 부귀냉회(百歲如流 富貴冷灰) 백 년 인생은 쏜살같이 지나갔고 부귀의 욕망마저 싹 가셨다.

사람의 한 평생은 돌이켜보면 화살과 같이 빨리 지나가고 만다. 그것은 비통(悲痛)한 마음을 자아내는 것이다. 인간의 부귀와 욕망이 덧없는 것임을 깨닫는 순간, 허망함을 느끼게 된다. 비개의 품격은 삶의 순간과 영원을 초월하는 것이다. 비개를 드러내는 글은 사소한 인간의 부귀와 욕망을 초월해서 삶의 깊은 곳에 응어리진 한(恨)을 풀어내는 것이다. 그래서 비개의 글은 마디마디 아픔과 고통의 숨결이 숨겨져 있다. 비개의 심정으로 바라본 풍경은 절절한 아픔이 있기 때문에 어떤 풍경을 보더라도 쓸쓸하고 고통스럽게 보일 수밖에 없다. 사물도 계절의 변화에 따라 물색이 바뀌듯이 인간의 감정도 수시로 변하기 마련이다. 삶을 허무의 관점으로 바라보면 모든 물상이 허무하게 보일 뿐이다.

이러한 정서에 빠져 있을 때는 "복사꽃 피면 지는 매화, 세상사 달관한 선비는 그 무상감을 깨닫는 것"[11]과 같이 허무할 뿐이다. 달관한 자의 모습은 인간의 부귀와 욕망을 초월해 있다. 그렇기 때문에 만발한

---

11) 草木花香, 遊人賞其眞趣;桃開梅謝, 達士悟其無常.(강경범·천현경 옮김, 앞의 책, 105쪽).

꽃을 보면, 언젠가 그 꽃도 질 것이라고 생각하면서 비통해하고, 피고 지는 것과 제 빛깔이 있는 것을 보면서도 고통스러워한다. 유협은 자연물도 때에 따라 변화를 하는데, 감정을 가진 인간이 변하지 않을 수 없다고 말하면서 이 변화의 감정을 잘 표현하는 것이야말로 비개의 글을 쓰는 바탕이 된다고 하였다. 슬픈 마음의 정서가 깊어지면 그 주변의 모든 사물들도 슬픈 대상으로 다가올 뿐이다. 이 처절한 슬픔의 장면은 다음의 상황과 비슷하다고 할 수 있을 것이다.

> 저 숲속에서 우는 새는 두견이인가 쏙독새인가, 자기가 집을 짓지도 않고, 다른 새의 둥우리에다 알을 낳고는 품어 주지도 않는다는 두견이는 한이 많아 그다지도 매정한 것일까. 제 속에 겨운 설움, 제 피에 맺힌 원한이 그렇게도 무거울진대 알은 무엇하러 낳는단 말인가. 어미가 못다 푼 한을 대물려 받는 두견이 새끼는 또 무슨 업고를 지고 났을까. 아니면 저것은 쏙독새일는지도 몰라. 눈 밝은 대낮은 다 두고 어두운 밤에만 움직이는 새, 온 산을 목쉬게 하는 젖은 울음소리 저미어드는 저 소리, 아아, 시름 많은 새들의 서러운 울음[12]

한(恨)이 마음속에 스며들어 있으면 새들의 울음마저도 자신의 한을 담아내는 것처럼 느껴지게 될 것이다. 다른 둥지에 알을 낳고 품지 않는 처절한 모성애는 어떤 여인의 한 많은 인생을 닮았다. 그녀의 운명은 쏙독새와 같이 낮에는 나오지 않고 어둠 속에서만 나오는 것인지도 모른다. 그녀의 삶은 새의 운명과도 같이 비참하고 우울하고, 처절하다. 거절할 수 없는 운명의 고비를 붙들고 살았던 사람의 죽음은 말 그대로 비통함의 극한이라 할 수 있다. 텅 비어있는 마음 상태가 비분강개의 마음이라고 할 수 있다.

---

12) 최명희, 『혼불2』, 한길사, 1996, 151쪽.

너에게 무엇을 주랴
맥(脈)이 각각(刻刻)으로 끊어지고
마지막 숨을 가쁘게 들이모는
사랑하는 너에게 무엇을 주랴

눈물도 소매를 쥐어짜도록 흘려 보았다.
한숨도 땅이 꺼지도록 쉬어 보았다.
그래도 네 숨소리는 더욱 가늘어만 가고
시방은 신음(呻吟)하는 소리도 들리지 않는다.

눈물도 한숨도 소용이 없다
 '죽음' 이란 엄숙한 사실 앞에는
경(經) 읽거나 무꾸리하는 것과 다름이 없다.
그러나 당장에 숨이 끊어지는 너를
손끝 맺고 들여다보고만 있을 수도 없는 노릇이다.
너에게 딸린 생명이 하나요 둘도 아닌 것을……

오직 한 가지 길이 남았을 뿐이다.
손가락을 깨물어 따끈한 피를
그 입 속에 방울방울 떨어뜨리자!
우리는 반드시 소생할 것을 굳게 믿는다.
마지막으로 붉은 정성을 다하여
산 제물로 우리의 몸을 너에게 바칠 뿐이다!
—심훈, 「너에게 무엇을 주랴」 전문[13]

    심훈의 시는 대부분 비분강개한 정조를 보이고 있는데 인용한 시도 죽음 앞에서 어쩌지 못하는 슬픔이 기본 정조를 이루고 있다. 한 생명이 죽어가는 모습을 지켜보면서 소매를 쥐어짜면 눈물이 흘러내릴 만큼 울어도 보았고, 땅이 꺼지도록 한숨을 쉬어보았지만 어쩔 수 없다. 이렇게 어쩔 수 없는 상황 속에서 화자는 "손가락을 깨물어 따끈한 피를/ 그

---

13) 심훈, 『그날이 오면, 그날이 오며는』, 지문사, 1982, 185-186쪽.

입 속에 방울방울 떨어뜨리자!"라고 비분강개하고 있다. 심훈은 경성제일고등보통학교에 다닐 때 3·1운동에 참여하였다가 투옥되었고, 학교에서 퇴학을 당하기도 했다. 이 시를 쓸 당시인 1927년은 심훈이 일제 치하에 놓인 우리 민족의 수난에 대해서 어느 때보다 고통스럽게 생각했을 때이다. 심훈은 1924년부터 1930년까지 동아일보와 조선일보 기자를 하면서 시와 영화를 통해서 현실을 맹렬하게 비판했다.

이 시는 중국의 지강대학을 중퇴하고 고국으로 돌아왔지만 식민지 지식인으로서 살아가야 하는 울분을 잘 드러내고 있다. 이 시에서 그는 죽음을 앞둔 한 사람의 생명을 바라보면서 안타까운 심정을 격정적으로 담아내고 있다. 한 생명의 죽음 앞에서 어쩔 수 없는 처지에 놓여 있지만 붉은 정성이 담긴 피 한 방울로 소생할 수 있기를 바라고 있다. 이 시는 1930년 3·1운동의 격정을 담은「그날이 오면」에서 보여준 비분강개한 화자의 심정이 기본 정조를 이루고 있다. 그러나 인용한 시와「그날이 오면」은 그 격정의 분위기가 다르다. 이 시는 화자의 의지대로 할 수 없는 운명 앞에서 절망한 슬픔의 감정을 누르고 있지만,「그날이 오면」에서는 기쁨의 정서를 노래하고 있지만 오지 않은 그날에 대한 슬픔이 역설적으로 드러나 있다. 사공도의 시에서 말하는 "백세여류 부귀냉회(百歲如流 富貴冷灰)"는 운명 앞에 놓인 허무함을 말하는 부분으로「그날이 오면」에 나오는 슬픔의 정서보다는 이 시에서 보여주는 운명 앞에 마주 선 슬픔의 정서에 가깝다고 할 수 있다.

대도일상 약위웅재(大道日喪 若爲雄才) 큰 도가 나날이 무너지니 영웅의 재능인들 어찌하리오.

큰 도라고 하는 것은 사람이 가는 바른 길, 혹은 사람에게 주어진 운명과 같은 삶을 말한다. 나라가 망한다거나, 개인의 비극적인 삶이 마감된다든가 하는 따위가 될 것이다. 운명 앞에서는 어쩔 수가 없는 일이다. 그 상황을 아무 일없이 받아들인다고 해도, 그 마음의 응어리는 좀체 풀리지 않을 것이다. 응김[凝]의 상태에서 풀지 못한, 풀지 못하는 한 (恨)은 비개의 품격을 드러내는 정서라고 할 수 있다. 그것은 죽음과 같은 상황에 놓일 수밖에 없는 운명이라 할 수 있다. 아무리 뛰어난 영웅이라고 해도 한 시대의 운명이나 개인의 비극적인 운명은 어쩔 수 없는 것이다. 불가항력으로 다가오는 큰 도리의 무너짐, 하루하루 그 무거운 상실감을 극복하지 못하는 상황은 어떤 사람도 극복할 수 없는 것이다. 거부할 수 없는 것이 죽음의 운명이듯이, 한 국가의 위기적 상황도 개인이 어쩔 수 없는 일이다. 이런 일에 맞닥뜨렸을 때, 영웅의 처신은 막막하기만 할 것이다. 굳이 영웅이 아니더라도 글자를 아는 선비로써, 혹은 시대의 칼날 앞에 서 있는 사람으로서 그 삶의 중압감은 견디기 힘든 고통으로 자리잡을 것이다. 큰 도리가 무너진 현실 앞에서 나약한 자신을 발견하는 순간 그 슬픔은 지극한 상황으로 내닫게 될 것이다.

>난리를 겪다 보니 머리만 희어지고
>몇 번인가 이 목숨 끊으려다 이루지 못했네.
>오늘날 참으로 어찌할 수 없고 보니
>까물거리는 이 촛불만이 푸른 하늘을 비칠 뿐이네.
>
>요망한 기운이 가려서 큰 별이 옮겨지니
>대궐은 침침하여 시간 또한 더디구나.
>이제는 조칙을 다시 받을 길 없으니
>구슬같은 천만 줄기 눈물만 쏟아지는구나.
>
>새 짐승 슬피 울고 산과 바다도 찡그리는데

무궁화 이 강산 이미 가라앉고 말았구나.
가을 등불 아래 책을 덮고 옛일을 돌이키니
인간으로서 식자인 되기가 정말로 어렵구나.

일찍이 나라를 지탱할 조그만 공도 없었고
단지 인(仁)을 이룰 뿐 충성을 못했다.
이제 겨우 윤곡처럼 죽음을 택하는데 그칠 뿐
당시의 진동처럼 나라를 위하지 못함이 부끄럽구나
　　　　　　　　　　─황현(黃玹), 「절명시(絕命詩)」 전문14)

　격동의 현실을 예의주시하던 구한말 마지막 선비 황현의 시는 큰 도리가 무너진 현실 앞에 비분강개한 정서를 넘어서 처연한 슬픔을 형상화하고 있다. 황현은 합방문서에 조인을 했다는 소식을 듣고서 가족을 불러놓고 자신이 처한 상황과 앞으로 가족들이 처신할 상황을 말한 뒤 스스로 목숨을 끊었다. 인용한 시는 그날 식구들을 돌려보내고 죽음을 앞두고 쓴 유서이다. 개인의 영화와 욕망 따위는 손끝만큼도 찾을 수 없다. 그는 윤곡처럼 죽음의 길을 선택할 수밖에 없음을 한탄하고 있다. 최익현이 붓을 놓고 대신 의병을 일으켰지만 그것도 뜻대로 되지 않아서 순국하고 말았으며 나라는 합방의 길로 가고 말았다. 이런 상황 속에서 다시 무력으로 일어나지 못하고 삶을 한탄하면서 죽는다는 것이 어쩌면 현실을 피해가는 나약한 선비의 모습이라고 생각할지 모르겠지만, 비통함의 극한 상황 속에서 인간으로써 할 수 있는 하나의 운명적 선택이라고 생각할 수도 있을 것이다. 비극적인 상황에 굴복하느니 깨끗한 죽음을 선택하겠다고 하는 것은 제갈공명의 심정과 무엇이 다르겠는가? 스

---

14) 亂離滾到白頭年 幾合捐生却未然 今日眞成無可奈 輝輝風燭照蒼天/ 妖氣掩翳帝星移 九闕沈沈晝漏遲 詔勅從今無復有 琳琅一紙淚千絲/ 鳥獸哀鳴海岳嚬 槿花世界已沈淪 秋燈掩券懷千古 難作人間識字人/ 無支廈半緣功 只是成仁不是忠 止竟僅能追尹穀 當時愧不攝陳東.(김택영(金澤榮), 『매천집(梅泉集)』(상해, 1911, 권5).

스로 목숨을 끊는 것이야 다시 생각해보아야겠지만, 그렇게 선택할 수
밖에 없는 상황이라고 한다면, 극한의 슬픔이 어떤 것인지를 깨닫게 될
것이다.

(4) 끝없이 흐르는 슬픔의 정한

장사불검 호가미애(壯士拂劍 浩歌彌哀) 장사는 장검을 어루만지고
목 놓아 노래 불러 슬픔만 가득 차네.

비개의 마음을 감추지 못하는 사람은 죽음을 선택하지 못할 경우에
울음으로 대신한다. 그것이 문장으로 표현되었을 때는 그 울분이 극도
에 이르고 있음을 알 수 있다. 장사가 칼을 들었지만, 그것이 무기력해
질 때 차오르는 울분은 울음으로 달랠 수밖에 없을 것이다. 이육사의
「광야」에서 목 놓아 부르게 하겠다는 의지에 찬 진술이나, 김지하의 「타
는 목마름으로」에서 민주주의를 향한 타는 듯한 외침과 같은 울분이 비
개의 정서라 할 수 있다. 비개의 정서는 슬프고 슬퍼서 더 이상 말을
할 수 없는 경지에 이른 것을 말한다. 아무리 말해도 그 울분은 풀리지
않는 응어리로 남아 있는 상태이다.

> 장부가 세상에 처함이여
> 그 뜻이 크도다
> 때가 영웅을 지음이여
> 영웅이 때를 지으리로다
> 천하를 응시함이여 어니 날에 업을 일울고
> 동풍이 점차 참이여 장사에 의기가 뜨겁도다
> 분개하면서 한번 감이여 반드시 목적을 이루리로다

쥐도적 같은 이등이여 어찌 즐겨 목숨을 비길고
어찌 이에 이를 줄을 알았으리오 사세가 다 그렇구나
동포 동포여 속히 대업을 이룰지어다
만세 만세여 대한독립이로다
만세 만세여 대한동포로다

―안중근, 「장부가(丈夫歌)」 전문15)

이 시는 거사를 앞둔 안중근의 비분강개한 마음을 잘 형상화하고 있다. 안중근(安重根 1879~1910)은 하얼빈 의거를 거행하기 전에 「장부가(丈夫歌)」를 지어 함께 계획을 추진한 우덕순(禹德享, 1880~1950)에게 주었으며, 우덕순도 「거의가(擧義歌)」를 지어서 화답하였다. 안중근의 「장부가」는 안중근 의사의 친필로 된 한시와 한글시가 함께 전해진다. 안중근의 「장부가」는 거사하기 사흘 전날 밤 김성백의 집에서 편지와 함께 쓴 시이다. 전하는 말에 따르면, 유동하 동지는 거사를 위한 돈을 빌리러 나가고, 방 안에는 안중근 의사 혼자 차디 찬 상 위에 앉아서 이 시를 지었다고 한다. 거사가 성공한 뒤에 일본 경찰이 다른 의도로 발표할까봐, 그는 중국에서도 조판하기 쉬운 한시를 지어 자신의 거사 동기를 미리 밝힌 것이다. 이 시에는 안중근 의사의 도도한 기상과 넘치는 기개가 스며들어 있다. 죽음을 앞둔 절절한 심정은 눈물과 함께 요요한 물결로 흐르고 있다. 이것은 마치 형가가 진시황을 죽이려고 가는 심정과 같을 것이다. 그래서 "풍환(馮驩)은 장검을 오래 두드리며 노래해도 밥상에 맛있는 생선 한 마리 없었고, 형가(荊軻)의 축(筑)은 두드리기만 해도 눈물 흐르게 하네!"16)라고 탄식하고 있는 것이다. 풍환은 밥

---

15) 丈夫處世兮其志大矣, 時造英雄兮英雄造時, 雄視天下兮何日成業, 東風漸寒兮壯士義烈, 慷慨一去兮必成目的, 鼠竊伊藤兮豈肯比命, 豈度至此事勢固然, 同胞同胞兮速成大業, 萬歲萬歲兮大韓獨立, 萬歲萬歲兮大韓同胞.(권철, 『중국조선민족문학』, 한국학술정보(주), 2006, 36-37쪽).

상에 아무리 맛좋은 음식이 있어도 그것이 부족하다고 말했던 사람이다. 장검을 두드리며 노래해도 생선 한 마리가 나오지 않는 것은 근원적인 슬픔을 말하고, 아무리 해도 채울 수 없는 인간의 욕망이 가진 슬픔을 말한다. 풍환은 근원적인 욕망이 충족되지 않은 슬픔을 말하는데, 비개의 정서도 끝없이 나아가는 근원적인 슬픔의 정서라고 할 수 있다. 진시황을 죽이기 위해 떠나는 형가는 "바람은 소소하게 불고 역수는 차가워라. 장사 한번 떠나면 다시 돌아오지 못할 것"[17]이라고 노래하고 있다. 죽이지 않으면 자신이 죽을 수밖에 없는 상황이기 때문에 다시 돌아오지 못할 운명 앞에 비장한 각오를 하고 있는 것이다. 이 비장한 각오는 슬픔의 정서와 함께 하고 있기 때문에 그 심정을 노래하는 축을 두드리기만 해도 눈물이 날 수밖에 없는 것이다. 형가의 마음이 얼마나 비장하기에 축만 두들겨도 눈물이 난다고 말할 수 있을까? 슬픈 상황에 놓였을 때는 그 사람이 남긴 모든 것이 눈물의 형상뿐이라는 사실과 같은 것이다.

소소낙엽 만우창태(蕭蕭落葉 滿雨蒼苔) 우수수 나뭇잎은 떨어지는데 푸른 이끼 위로 비는 주룩주룩 내린다.

슬픔의 극한에 이르면 아무런 말없이 서 있기만 해도 눈물이 앞을 가리게 된다. 낙엽이 떨어지는 장면만 보아도 슬픔의 그림자가 일렁이는 정서라 해도 좋을 것이다. 비애(悲哀)의 마음이 자리 잡고 있는 동안에는 아무리 맛좋은 음식이 있어도 그것이 입맛에 차오르지 않는 것이다. 마음 가득 슬픔만 있는 상황이야말로 비개의 품격이라 할 수 있다. 비개의 심정에 빠졌을 때는 "북방 연나라 시장 한 모퉁이의 술에 취한

---

16) 馮驩之鋏, 彈老無魚 ; 荊軻之筑, 擊來有淚.(육소형, 앞의 책, 71쪽).
17) 風蕭蕭兮易水寒, 壯士一去兮不復還.(사마천 지음, 김원중 옮김, 『사기열전1』, 민음사, 2007, 651쪽).

울음, 남방 초나라 막사의 비가, 갈림길에서 흘리는 이별의 눈물, 곤궁한 처지의 통곡…늘상 이런 일을 회상하다 보면 비록 천 년 후인 오늘에도 가슴 속 깊이 사무치게 되고 한숨 짓게 되는 것"[18)]과 같은 극한의 상황만 놓여 있을 뿐이다.

비개의 품격은 끊임없이 흘러내리는 눈물의 감정이다. 그 감정의 선을 가지런하게 정리하고 마음의 평정을 찾아서 그것을 표현하는 것이다. 그런 점에서 어쩌면 비개는 시의 품격이라고 말하기 보다는 자신의 슬픔을 잔잔하게 밝히는 글이라 할 수 있다. 비개의 감정에 빠져 있을 때는 자신을 둘러싸고 있는 그 무엇도 모두 슬픈 상황일 수밖에 없다는 것을 말하고 있다. 지금 현재를 생각해도 슬프고 과거를 둘러봐도 슬픈 형국이 비개의 정서라는 것이다.

> 대체 누구를 위해 어느 놈이 사지로 내몰았드냐
> 이빨 악물고 죽지 않고 돌아와
> 보따리 풀고 땀 씻을 틈도 없이
> 어머니의 나라에서 허물어진 자취에 새터를 닦으라거늘
> 묻노라 바르게 살려는 것이
> 왜 그리 너희에게 원수이드냐!
>
> 야양(夜羊) 무수한 총부리가 이마 우에서 터지고 혈진(血盡)하여 약소민족의 만세를 부르는 입에 칼자루를 박아 쓰려트려야 옳으냐
> 참혹한 영(靈)아 너의 피는 검고 썩어지지 말어라
>
> 억울하고 불쌍한 무리가 헐벗고 떠는 거리에 분통을 웨치고
> 정의가 번득거려야 한다.
> 이 땅의 젊은이들 피문은 기빨을 들고 동무들의 뒤를 부르짖으며 따라가리라
> ―김상훈, 「분한의 노래-피살학병의 영(靈)에」 전문[19)]

---

18) 燕市之醉泣, 楚帳之悲歌, 岐路之涕零, 窮途之慟哭, 每一退念及此, 雖在千載以後, 亦感慨而興嗟.(강경범·천현경 옮김, 앞의 책, 173쪽).

이 시는 제목 자체가 분한(憤恨)의 노래이다. 일제 말기에 학병으로 끌려가서 이빨을 악물고 살아서 돌아왔지만 현실은 정의를 부르짖는 사람에게 총부리를 겨누는 상황에 놓여 있다. 허물어진 나라에 새터를 만들어 가려고 했던 학병은 입에 칼자루가 박힌 채 죽어갔다. 이 시는 이렇게 죽어간 학병의 영혼에 바치는 시이다. 이러한 상황만 놓고 보더라도 이 시는 비개의 정서를 잘 드러내고 있다고 할 수 있다. 정태규의 소설 「편지」는 임진왜란 당시 동래읍성을 지키다 순절한 한 군관의 사랑을 그린 작품인데, 어린 아들과 신혼의 아내를 두고 왜적과 맞서야 하는 군관의 심정을 비개의 정서로 잘 표현하고 있다.

그저께 관속 이모(李某)가 당신의 서간을 전해주었소. 당신과 식구들 모두 무탈하다니 그런 다행이 없소. 읽은 후 곧 답장을 쓰려 했으나, 그럴 수가 없었소. 그저께 밤에 황령산 봉수대에 봉화가 올랐소. 왜구들이 큰 무리를 지어 몰려와 부산성을 공략 중이라고 하오. 왜선들이 부산포 앞바다를 까맣게 덮었고 왜구의 수는 이루 헤아릴 수가 없다 하오. 송 부사 나으리가 급히 군관과 병사를 사열하고 백성들이 동요를 막고자 동분서주하였으나 무서움에 울부짖는 아녀자들의 참상이 성중에 가득하였소. 어제는 기어코 부산진성이 함락되었다는 파발이 왔소. 그리고 오늘이라오. 이미 도적 떼들이 남문 다리를 건너 성을 둘러싸고 있소. 도적의 깃발과 창검이 숲을 이루고 기괴한 함성이 천지를 덮었소. 적이 공격을 개시하기 전 촌음을 빌려 급히 당신에게 서신을 남기오. 이 서신이 당신에게 전해지길 간절히 바라지만 기약은 하지 않으려오. 어젯밤 송 부사 나으리와 모든 군관이 한 잔 술로 맹세하였소. 대장부 한 목숨 나랏님을 위해 바치는 것도 아깝지 않다오. 내 군관의 몸으로 내 아끼는 군졸들과 함께 도적과 싸우다 죽을지언정 경상좌병사 이곽 놈처럼 도망가지는 아니할 것이오. 다만 당신의 가만가만한 눈매를 볼 수 없고, 그 속삭이는 낮은 목소리를 들을 수 없고, 그 부드러운 몸매를 다시 안을 수 없는 것이 한스러울 뿐이오. 학이를 잘 부탁하오.[20]

---

19) 김상훈, 『항쟁의 노래-김상훈 시전집』, 친구, 1989, 187쪽.
20) 정태규, 『편지』, 산지니, 2014, 17-18쪽.

왜적과 맞서서 싸우려는 군관은 죽음을 앞둔 채 처연한 심정에 놓여 있을 것이다. 싸우다가 죽을 지언정 비겁하게 도망가지 않겠다는 의지 속에는 비개의 정서가 스며들어 있다. 가슴 저 밑바닥으로 가라앉은 슬픔의 끝에는 말할 수 없는 그 무엇이 자리하고 있다. 이러한 처연한 슬픔의 정서가 비개의 품격이라고 할 수 있다. 시의 한 품격으로 제시한 비개는 슬픔의 감정이 극한에 이르는 정서를 말한다. 슬프고 또 슬픈 감정은 억누르고 또 억눌러도 차오를 뿐이다. 그 극한의 슬픔은 웃음과 울음이 동시에 놓여 있으며, 칠정이 한 곳에 모여서 감정의 희비와 곡선이 모두 하나로 엉기어 있다.

비개(悲慨)는 극한의 슬픔이 스며들어 있는 미학으로 가슴 저 밑바닥에 있는 말할 수 없는 슬픔을 말한다. 그것은 어쩔 수 없는 운명 앞에 놓인 슬픔이기도 하고, 큰 도리가 무너지면서 개인이 그 현실을 받아들일 수 없는 지경에 놓인 슬픔이기도 하다. 비개는 근원을 알 수 없는 곳으로부터 뭉텅뭉텅 엉겨서 솟구치는 슬픔이다. 까닭과 근원을 알 수 없고, 극복할 수 없는 운명 앞에서 가슴 저 밑바닥으로부터 엉겨 있는 슬픔이다. 도저(到底)한 상황 앞에서 죽음의 길만이 놓여 있을 때 슬픔은 극한에 이르게 된다. 비개는 슬픔의 극한에서 만나는 운명의 미학이라고 할 수 있다.

20. 바깥을 통해서 안을 엿보다

—형용(形容)

(1) 개요

형용(形容)은 표준국어대사전에 "1. 사물의 생긴 모양, 2. 사람의 생김새나 모습, 3. 말이나 글, 몸짓 따위로 사물이나 사람의 모양을 나타냄"으로 나온다. 한자어로서 형용(形容)은 형(形)과 용(容)을 말하는데, 형(形)은 나타내거나 드러내는 것이고, 용(容)은 모양이다. 『주역』에서는 "하늘에 있어서는 상(象:일월성신), 땅에 있어서는 형(形:산천초목)이 만물의 근원이며, 이들의 상호작용이 변화의 원천"[1]이라고 말한다. 또한 "눈에 보이는 것이든 보이지 않는 것이든 그것을 눈에 보이는 모습으로 나타내기 위해서 형상화하는 것이 필요하며, 눈에 보이지 않는 도리를 형상화한 것을 상(象)"[2]이라고 한다. 우리가 흔히 말하고 있는 형상이라는 것은 사실 하늘과 땅의 모든 만물을 의미하는데, 이 만물의 모양을 본뜨는 것을 형상화라고 한다. 시의 품격에서 말하고 있는 형용은 보이는 것과 보이지 않는 상(相)을 보이는 구체적 모양으로 본뜨는 형상화 과정에서 나타나는 시인의 정신을 말한다. 유협은 『문심조룡』 물색(物色)에서 사물의 형상을 본뜨는 과정에서 나타나는 시인의 마음에 대해서 다음과 같이 말하고 있다.

---

[1] 在天成象 在地成形 變化見矣.(노태준 역해, 『주역(周易)』, 홍신문화사, 2013, 218쪽).
[2] 聖人有以見天下之賾 而擬諸其形容, 象其物宜, 是故謂之象.(노태준, 앞의 책, 224쪽).

시인들이 사물에 감동하면 연상하는 사물의 종류는 무궁하다. 삼라만상을 감상할 즈음에 잇닿아 빠져 들어서 보고 듣는 것을 구별해서 낮게 읊조린다. 사물의 기운을 묘사하고 그 자태를 그리려고 하고 사물에 따라 순탄하고 원활하게 변화하며, 사물의 색채와 소리에 부합하도록 사물과 함께 하는 마음으로 배회한다.3)

시인이 사물에 감동하면 그 사물은 다양한 방법으로 형상화된다. 그 사물을 형상화하기 위해서 시인은 사물과 자신의 마음이 부합하도록 늘 사물과 함께 배회해야 한다고 말한다. 살갗과 몸의 이치를 말하는 주리론(腠理論)에 따르면, 피부 바깥의 모양은 몸의 내부를 말하는 것이라고 한다. 몸 안의 상태가 좋지 않으면 피부의 바깥으로 그 형상이 드러나게 된다는 것이다. 사물의 바깥 모양에는 그 사물의 내면 상태가 드러나 있듯이, 시인이 사물의 모양을 형상화했을 때는 그 사물의 형상에 시인의 정신세계가 나타나 있다고 할 수 있다. 송사(訟事)가 일어났을 때, 그 일의 진위를 판단하기 위해서 그들의 바깥 모양을 먼저 살폈다4)고 하는데, 이것은 바깥으로 드러나는 여러 가지 상황들이 그들의 마음을 들여다 볼 수 있는 방편이 되었다는 것을 말한다. 시의 품격에서 형용이 중요한 까닭은 사물을 형상화하는 데는 시인의 정신이 스며들어 있기 때문이다. 이는 동양 시학의 근원을 이루는 물아일체의 과정이라고 말할 수 있다. 사공도는 형용의 품격을 다음과 같은 시로써 설명하고 있다.

　　　絶佇靈素 少回淸眞 如覓水影 如寫陽春
　　　절저영소 소회청진 여멱수영 여사양춘

---

3) 是以詩人感物, 聯類不窮 ; 流連萬象之際, 沈吟視聽之區. 寫氣圖貌, 旣隨物以宛轉 ; 屬采附聲, 亦與心而徘徊.(유협 지음, 황선열 옮김, 『문심조룡』, 신생, 2018, 485쪽).
4) 이를테면 다음과 같이 외형을 살피는 것을 말한다. 사청(辭聽, 말을 듣는 것), 색청(色聽, 얼굴빛을 살피는 것), 기청(氣聽, 분위기를 살피는 것), 이청(耳聽, 귀를 기울이는 것), 목청(目聽, 눈빛을 살피는 것)에 송사의 내용이 드러나 있다는 것이다.

風雲變態 花草精神 海之波瀾 山之崯岣
풍운변태 화초정신 해지파란 산지인순

俱似大道 妙契同塵 離形得似 庶幾斯人
구사대도 묘계동진 이형득사 서기사인

정신을 집중하여 순수하게 구상하면
조금 뒤 새롭고 진실한 사물의 모양이 나타나리라
물에 비친 그림자를 찾아 묘사하듯
따뜻한 봄빛을 그려내듯 하라

바람과 구름의 변화무쌍함과
꽃과 풀의 정신이 담겨 있음을
바다의 용솟음치는 파도와
산의 험준하고 높은 봉우리를 그리라

모든 것이 자연의 큰 도리와 합치되고
절묘하게 사물들과 결합하고 공존한다
외형을 떠나 정신을 포착한다면
형용을 잘하는 사람에 근접하리라

사공도의 『이십사시품』은 전체 스물 네 개 시의 품격을 말하고 있는데, 전체를 네 부분으로 나누어서 첫 번째 여섯 개의 품격은 작가의 정신에서 우러나는 품격을 말하고, 두 번째 여섯 개의 품격은 작품을 쓰는 기교의 문제를 다루고 있으며, 세 번째 여섯 개의 품격은 언어 표현의 의미를 제시하고 있으며, 네 번째 여섯 개의 품격은 사물과 정신이 하나로 드러날 수 있는 방법이 무엇인지를 말하고 있다. 그 중에서 스무 번째 품격인 형용은 앞의 비개(悲慨)에서 보여준 것과 마찬가지로 사물과 정신이 회통하는 방법이 어떤 것인지를 말하고 있다.

우선 이 시의 전체 구도는 1연에서 사물을 형상화하기 위해서 필요한 전제 조건을 말하고 있으며, 2연에서는 보이는 사물에 깃들어 있는 정신과 그 사물의 보이는 실상을 형상화하는 방법을 제시하고 있으며, 3연에서는 사물의 형상화를 위해서 반드시 필요한 근원이 무엇인지를 말하고 있다. 형(形)을 통해서 상(象)을 구체적으로 보여줄 수 있으며, 그 구체적 형상화 과정에는 사물과 부합하는 정신이 깃들어 있어야 형용을 잘하는 작가가 된다고 한다. 참된 형상화의 길은 단순히 모양을 비슷하게 그려내는 형사(形似)를 넘어서 사물의 속성과 시인의 정신이 하나가 되는 신사(神寫)에 있다고 할 수 있다. 여기서 말하는 형용의 품격은 시인의 정신과 부합하는 사물의 모양이나 속성을 찾아내고, 그 사물의 모양이나 속성에 시인의 정신을 투영하여 형상화하는 것을 말한다. 말 그대로 형용은 형상에 드러난 모양과 속성이 시인의 정신과 하나가 된다는 것을 말한다. 슬픔의 극한 지점에서 만나는 감정의 회통이 앞에서 말한 비개의 품격이라고 한다면, 사물의 바깥을 통해서 사물의 안과 시인의 정신이 하나의 자리에서 만나는 것이 형용의 품격이라고 할 수 있다.

(2) 사물에 투사하는 정신의 힘

절저영소 소회청진(絶佇靈素 少回淸眞) 정신을 집중하여 순수하게 구상하면 조금 뒤 새롭고 진실한 사물의 모양이 나타나리라.

이 부분은 겉으로 보이는 사물이든 보이지 않는 사물의 속성이든 정신을 맑게 해야 그 사물의 궁극에 다가갈 수 있다는 것을 말하고 있다. 형용은 사물을 묘사하는 방법을 말한다. 형상은 눈으로도 볼 수 있는 것만을 말하는 것이 아니라, 보이지 않는 것도 있다는 말이다. 겉으로 보이는 사물은 쉽게 형상화할 수 있지만, 그 사물의 보이지 않는 속성은 쉽게 형상화할 수가 없다. 이 시의 첫 번째 구절인 '절저(絕佇)'는 오랫동안 머물러 있는 것을 말한다. 한자어 저(佇)는 우두커니 선 채로 머물러 있는 것을 말한다. 절저는 모든 것을 끊은 상태로 한 곳에 시선을 집중하거나 정신을 한 곳에 모은 상태를 말한다. 이어지는 '영소(靈素)'는 영혼(靈魂)을 맑게 가져야 한다는 것이다.

정신을 한 곳에 집중해서 궁극의 경지에 이른 것을 정령(精靈)이라고 한다. 『주역』에서는 "정기(精氣)가 응집한 것이 유형의 생물이며, 확산된 것이 영혼"[5]이라고 한다. 사물은 기운이 모여서 보이는 형상으로 드러난 것이고, 영(靈)은 그 사물이 보이지 않는 기운으로 확산되는 것이다. 영소(靈素)는 신령한 마음이 궁극에 이른 상태를 말하고 보이는 세계와 보이지 않는 세계를 동시에 들여다 볼 수 있는 상황에 이른 것을 말한다. 사물을 형상화하기 위한 정신의 끝자락에는 신비로운 영혼의 세계가 놓이게 된다는 것이다. 영혼의 눈으로 사물을 응시하는 것이 사물을 잘 형상화하기 위한 첫 번째 조건이라는 말이다. 영혼의 눈으로 사물에 정신을 집중하고 나면 그 사물의 내면에 울리는 소리를 들을 수 있을 것이다. 다음 시는 신령한 기운이 사물에 스며 들어서 그 사물의 영혼을 들여다보고 있는 작품이다.

> 한밤 중 한 시간에 한두 번쯤은 족히
> 찢어질 듯 가구가 운다, 나무가 운다
>
> 그 골짝
> 찬바람 소리

---

[5] 精氣爲物 遊魂爲變 是故知鬼神之情狀.(노태준, 앞의 책, 221쪽).

그리운 것이다

곧게 뿌리 내려 물 길어 올리던 날의
무성한 잎들과 쉼 없이 우짖던 새 떼

밤마다
그곳을 향해
달려가는 것이다

일순 뼈를 쪼갤 듯 고요를 찢으며
명치끝에 박혀 긴 신음 토하는 나무

그 골짝
잊혀진 물소리
듣고 있는 것이다

—이정환, 「가구가 운다, 나무가 운다」 전문[6]

    이 시의 화자의 상황을 곰곰 생각해보자. 화자는 한 밤중에 자다가 한 시간에 한두 번쯤 문득 가구가 우는 소리를 들을 수 있다고 한다. 화자는 한밤중에 가구의 영혼과 소통하고 있는 것이다. 화자는 가구의 정령인 나무의 울음을 듣는다. 이 시의 화자는 가구라는 죽은 사물에서 나무의 정령을 발견하고 그 나무의 정령은 화자가 자고 있는 방에까지 산골짝의 찬바람 소리를 몰고 온다. 화자에게 가구는 더 이상 가구가 아니다. 가구는 나무의 정령으로 되살아나서 뿌리를 내려 물을 길어 올리던 날을 기억해내고, 무성한 잎들을 틔우며 나무 사이를 오고가던 새 떼들의 소리를 듣는다. 가구는 밤마다 나무의 정령이 되어 신음을 토하면서 잊혀진 물소리를 듣고 있다. 화자는 가구의 본질인 나무를 꿰뚫어 보면서 화자의 맑은 영혼과 가구의 정령을 공감의 자리로 끌어들이고

---

6) 이정환 시조집, 『가구가 운다 나무가 운다』, 동학사, 2002, 12쪽.

있다. 화자의 정신이 가구의 본질에 닿으면서 죽은 사물에 생명을 불어넣는다. 생명을 가진 가구는 이제 숲 속의 나무가 된다. 비록 방 안에 놓인 가구는 나무의 생명력을 잃고 말았지만, 그 가구의 영혼이 살아나는 순간, 숲을 그리워하는 생명체로 형상화되는 것이다. 이 때문에 가구의 울음은 "명치끝에 박혀 긴 신음을 토하는 나무"의 한으로 되살아나고 있는 것이다. 시인이 맑은 영혼으로 사물의 내면을 바라보면 그 사물의 본질이 보이는 법이다.

좋은 작품은 사물의 본질을 영혼의 눈으로 바라보고 그것을 형상화하는 것이다. 보이는 세계만을 바라보면 보이지 않는 세계는 당연히 보이지 않을 것이다. 그러나 사물에 대한 형상화가 잘된 작품은 이 두 세계를 회통하는 자리에 놓여 있다. 보이는 사물은 논리의 세계 속에 있지만, 보이지 않는 세계는 논리를 넘어선 곳에 있다. 영혼의 눈으로 사물을 바라보면 사물의 속성이 다르게 보이는 것은 당연한 일일 것이다. 모든 예술은 인간의 영혼으로부터 나오는 것이다. 이 때문에 시인은 자신의 영혼을 잘 갈무리하는 일이 무엇보다 중요하다고 할 수 있다. 사물에 대한 참된 형상화를 위해서는 그 사물들을 영혼의 눈으로 볼 줄 알아야 한다. 사물의 바깥을 통해서 안으로 이르는 길은 영혼의 눈으로 사물을 바라보는 것이다. 신비로운 영혼의 눈으로 사물의 궁극에 다다를 때, 참된 형상을 발견할 수 있다는 것이다.

사공도가 말하는 시의 품격에서 형용의 첫 부분은 이와 같이 사물을 형상화하기 위한 기본태도를 말하고 있다. 안대회는 "저(佇)는 저(貯)와 같이 비축하고 집중한다는 뜻이고 영소(靈素)는 신소(神素)와 같아서 정신의 순수함을 가리킨다"[7]고 해석하고 있는데, 한자어 저(佇)에 대한

---

7) 안대회, 『궁극의 시학』, 문학동네, 2013, 528쪽.

해석이야 이견이 없지만, 영소는 영혼의 순수함과는 다르게 보아야 하지 않을까 생각한다. 그냥 맑은 정신의 세계를 말하는 것이 아니라 신비로운 영혼의 시선으로 사물을 바라보는 것을 말하는 것이다. 신비로운 영혼의 세계는 정신이 궁극에 다다르는 것을 말한다. 영혼의 눈으로 사물을 응시하면 잠시 뒤에 참된 사물의 형상이 돌아온다고 한다. 사물을 형상화하기 위해서는 먼저 자신의 정신을 맑게 하고, 그 맑은 정신이 궁극에 이를 수 있도록 해야 한다. 그만큼 형용을 위해서는 시인의 정신이 중요하다는 것을 말하고 있다. 초상화에 인물의 터럭 하나를 놓치지 않고 형상화함으로써 그 인물의 정신을 그리려고 했던 까닭은 외형에 그의 정신이 깃들어 있다고 생각했기 때문이다. 시인이 맑은 정신으로 사물에 집중하고, 그 사물의 특징을 잘 포착해서 형상화하면, 그 사물은 맑고 참된 모습으로 다가올 것이다. 이것은 신비로운 정신으로 사물을 보면 사물의 형용이 다르게 보인다는 말과도 같다.

여멱수영 여사양춘(如覓水影 如寫陽春) 물에 비친 그림자를 찾아 묘사하듯 따뜻한 봄빛을 그려내듯 하라.
  이 두 구절은 짝을 이루고 있다. 물에 비친 사물의 그림자를 찾듯이 섬세하게 관찰하고, 따뜻한 봄빛을 그려내듯이 기운을 살피라는 것이다. 한자어 멱(覓)과 사(寫)가 짝을 이루고 있는데 멱(覓)은 구하여 찾는다는 뜻이고, 사(寫)는 베낀다는 뜻이다. 사물을 형상화하는 것은 그림자를 찾듯이 치밀하게 구하고, 봄빛의 기운을 느끼듯이 정신으로 다가가라는 것이다. 어떤 사물의 본질을 찾아내고 그 사물의 기운까지 느끼게 하는 것이 형용의 방법이라는 말이다. 물에 비친 그림자는 사물의 외형에서 발견할 수 있는 것인데 그것은 사물의 본질을 드러내는 것이라 할 수 있다. 물에 비친 그림자는 사물의 바깥이지만, 그 물 바깥에 그림자를 드리우고 있는 것은 사물의 본래 모습이다. 사물을 투영하는 방식은 거울과 같이 움직이지 않는 곳에 비추는 것과 물처럼 움직이는 곳에 비추는 것은 다를 수밖에 없다. 거울은 있는 그대로를 보여주지만, 물에 비친 그림자는 물결이 일렁대거나 물에 비친 각도에 따라서 다르게 보일 수 있다. 물에 비친 그림자는 사물의 본질을 어떻게 보느냐에 따라서 그 사물의 형상화 방식이 다르게 보일 수 있다는 것이다.

유협은 사물을 잘 형상화하는 작가야말로 "유명한 장석(匠石)에게도 부끄럽지 않는 사람"[8]이라고 말하고 있다. 사물의 본질을 잘 보기 위해서는 그 사물의 외형을 자세히 보기도 해야겠지만, 사실은 그 사물의 본질을 꿰뚫어 보아야 한다는 것이다. 사물의 형상화가 잘된 작품을 쓰는 시인은 물에 비친 사물의 바깥을 통해서 그 사물의 본질을 형상화할 줄 아는 시인이어야 한다. 이 때문에 물에 비친 사물의 그림자는 물의 그림자 내지는 물 자체를 가리키는 것이라고 할 수도 있다.[9] 물에 비친 사물의 바깥만을 그리는 것이 아니라, 그 사물의 본질을 찾아서 그릴 수 있어야 한다는 것이다. 물에 비친 형상과 사물의 본래 모습을 동시에 보면서 그 사물의 정령(精靈)과 만나는 것이야말로 참된 사물의 형상화에 이르는 길이라고 할 수 있다.

물빛의 그림자는 화가의 심성으로 사물을 그려내는 것을 말하고, 따뜻한 봄빛을 그려내는 것은 그 사물의 내면에 흐르는 기운을 찾아내는 것을 말한다. 사물은 시인이 어떤 방식으로 사물을 보느냐에 따라 다르게 보일 뿐만 아니라, 그 사물의 본질에 접근하는 방식에 따라 전혀 다른

---

8) 研思之士, 無慚匠石矣.(유협 지음, 앞의 책, 417쪽).
9) 안대회, 앞의 책, 528쪽.

모습으로 나타난다. 시는 사물의 바깥을 통해서 사물의 안을 그려내는 언어예술이다. 시는 보이는 사물 속에서 보이지 않는 사물의 영혼을 발견하고 그 영혼과 자신의 영혼이 교감하는 동일성의 원리가 끊임없이 작동하고 있다.

(3) 사물의 형용과 작가의 정신

풍운변태 화초정신(風雲變態 花草精神) 바람과 구름의 변화무쌍함과 꽃과 풀의 정신이 담겨 있음을.

이 부분의 시구는 바람과 구름, 꽃과 화초는 모두 제각각의 특징이 있으니 그것을 있는 그대로 형상화하라는 뜻이다. 바람과 구름이 변화하는 것은 시인이 사물을 보는 시선의 변화라고 할 수 있다. 같은 사물이라도 하더라도 그 사물의 변화는 끝이 없을 것이다. 구름의 형상을 보고 자신이 생각하는 사물을 떠올리면 그 구름이 자신이 생각하는 사물로 변하는 것처럼 사물을 보는 관점도 시인이 사물을 어떻게 보느냐에 따라 변화무쌍하게 바뀔 수 있다. 이와 같이 사물을 형상화할 때는 시인의 정신이 담기지 않을 수 없는 것이다. 똑같은 사물을 보더라도 시인이 어떤 시선으로 그 사물을 보았느냐에 따라 다르게 보일 수밖에 없듯이, 사물을 형용하는 데도 각기 다른 시인의 정신이 담겨 있기 마련이다.

그대 아는가
나의 등판을
어깨에서 허리까지 길게 내리친
시퍼런 칼자욱을 아는가.

질주하는 전율과
전율 끝에 단말마(斷末魔)를 꿈꾸는
벼랑의 직립(直立)
그 위에 다시 벼랑이 솟는다.

그대 아는가
석탄기(石炭紀)의 종말을
그때 하늘 높이 날으던
한 마리 장수잠자리의 추락(墜落)을.

나의 자랑은 자멸(自滅)이다.
무수한 복안(複眼)들이
그 무수한 수정체(水晶體)가 한꺼번에
박살나는 맹목(盲目)의 눈보라

그대 아는가
나의 등판에 폭포처럼 쏟아지는
시퍼런 빛줄기
2억 년 묵은 이 칼자욱을 아는가.

—이형기, 「폭포」 전문[10]

폭포는 곧은 절벽(絕壁)을 무서운 기색도 없이 떨어진다.

규정(規定)할 수 없는 물결이
무엇을 향(向)하여 떨어진다는 의미(意味)도 없이
계절(季節)과 주야(晝夜)를 가리지 않고
고매(高邁)한 정신(精神)처럼 쉴사이 없이 떨어진다.

금잔화(金盞花)도 인가(人家)도 보이지 않는 밤이 되면
폭포(瀑布)는 곧은 소리를 내며 떨어진다.

곧은 소리는 곧은 소리이다.

---

[10] 이형기 시집, 『이형기 시 99선』, 선, 2003, 148-149쪽.

곧은 소리는 곧은
소리를 부른다.

번개와 같이 떨어지는 물방울은
취(醉)할 순간(瞬間)조차 마음에 주지 않고
나타(懶惰)와 안정(安定)을 뒤집어 놓은 듯이
높이도 폭(幅)도 없이
떨어진다.

—김수영, 「폭포」 전문11)

폭포라는 같은 사물을 바라보고 쓴 두 편의 시는 사물을 어떤 관점으로 바라보고 있는지를 잘 보여주고 있다. 이형기는 폭포를 거대한 우주의 순환 구조 속에 반복하고 있는 질서로 보고 있으며, 김수영은 폭포의 소리와 떨어지는 물줄기의 운동성에서 곧은 소리를 유추하고 있다. 이형기는 폭포의 물줄기를 장수잠자리의 추락에 비유하고 있으며, 등판에 내리치는 시퍼런 칼자국으로 폭포의 실체를 드러내고 있다. 김수영의 폭포는 끝없이 발언하는 곧은 소리에 빗대면서 사물의 속성을 보여주고 있다. 거침없이 아래쪽으로 쏟아지는 사물의 본질은 동일한데도 두 시인이 바라보고 있는 시선은 각기 다르다. 두 시는 그 사물의 형상화 방식도 다를 뿐만 아니라, 시인이 사물을 바라보는 정신까지도 다르다. 사물을 형상화하는 것은 시인의 정신세계를 드러내는 것이다. 시가 철학적 사유를 바탕으로 하고 있다는 것은 사물을 형용하는 시 속에는 시인의 삶과 정신이 오롯하게 스며있기 때문이다. 따라서 시인이 사물을 통해서 그 사물의 의미를 시로 승화하기 위해서 깊은 마음수양과 공부가 있어야 하는 것이다. 사물에 대한 깊은 인식이 없으면, 그 사물을 형용하는 방식도 겉치레와 허위에 빠지고 마는 것이다. 인용한 두 시에서 알

11) 김수영 시집, 『거대한 뿌리』, 민음사, 1974, 61쪽.

수 있는 것처럼, 폭포라는 같은 사물을 보는 데도 이와 같이 다르게 보일 수 있는 것이다.

이형기는 자신의 정신을 폭포와 동일시하면서 그 사물의 외형을 관찰하여 표현하고 있다면, 김수영은 자신이 듣고 있는 폭포의 소리를 사회적 관계 속에서 그 의미를 찾으려고 하고 있다. 사물의 속성을 통한 비유의 방식에서 본다면 이형기의 시는 폭포의 변화무쌍함에 중심에 두고 있으며, 김수영의 시는 사물의 속성에 감추어진 정신세계를 드러내는 데 중심을 두고 있다. 시에서 사물을 어떤 비유의 방식으로 드러났든지 간에 그 사물을 드러내는 방식에는 시인의 관점이 스며들어 있다. 이 때문에 시인은 사물을 어떻게 형상화할 것인지를 고민하지 않으면 안 되고, 그 사물을 어떻게 자신의 정신세계와 동일시할 것인지를 생각하지 않으면 안 된다. 시는 사물에 투영되는 시인의 정신이 어떤 방향으로 나아가고 있는가에 따라 그 승패가 결정될 수밖에 없다.

해지파란 산지인순(海之波瀾 山之嶙峋) 바다의 용솟음치는 파도와 산의 험준하고 높은 봉우리를 그리라.

이 부분도 서로 대구를 이루고 있다. 앞의 시구 '해지파란(海之波瀾)'은 거친 파도의 형상을 말하고, 뒤의 시구 '산지인순(山之嶙峋)'은 험악하고 높은 봉우리를 말한다. 바다와 산이 대구를 이루고 있는 이 부분은 형상화의 방법을 말하고 있는데, 그 의미가 모호해서 다양한 해석을 하게 가능하게 한다. 우선 이 부분의 시구는 두 가지 의미로 해석이 가능할 것 같다. 그 하나는 사물을 형상화할 때는 용솟음치는 파도와 험준한 봉우리와 같이 아무도 근접할 수 없는 경지에까지 도달하라는 뜻으로 해석하는 것이고, 다른 하나는 용솟음치는 파도와 험준한 산과 같이 자

신만의 세계를 가지고 사물을 보라는 말로도 해석하는 것이다. 여기서
바다의 물결과 높은 산봉우리의 형상은 시인이 바라보는 사물에 대한
인식과 시인의 고유한 개성이라고 할 수 있다. 사물의 형상화는 사물에
대한 시인의 인식과 독특한 형상화 방식이 가장 중요하다는 것이다. 눈
에 보이는 사물의 형상을 그려내거나 눈에 보이지 않는 사물을 형상화할
때 거대한 물결과 험준하고 높은 산봉우리를 형상화하는 것과 같은 인식
이 필요하다는 것이다. 보이는 사물이든 보이지 않는 사물이든 그 사물
의 내면에 스며있는 형상의 거대한 실체를 바라볼 수 있어야 한다는 것
이다.

  향로봉에 햇빛 비쳐 보라빛 안개 어리고
  아득히 보아하니 폭포가 강에 걸렸네.

  물줄기 날듯이 쏟아지니 그 길이 삼천 자
  마치 은하수가 구천으로 쏟아지는 듯.
       —이백(李白), 「망여산폭포(望廬山瀑布)」 전문12)

  대종(岱宗)의 그 모양이 어떠하던가.
  제나라 노나라가 항상 푸른데
  조화는 신수(神秀)를 모두 모았고
  북쪽 남쪽은 아침저녁 나뉜다.

  가슴을 터놓으면 층층한 구름 일고
  눈을 부릅뜨면 새들이 들어온다.
  반드시 저 맨 꼭대기에 올라
  한 번 바라보면 모든 산이 작으리.
       —두보(杜甫), 「동악을 바라보며-望嶽」 전문13)

---

12) 日照香爐生紫煙/ 遙看瀑布掛前川/ 飛流直下三千尺/ 疑是銀河落九天.(위키문헌
  (https : // ko. wikisource. org / wiki)

당나라를 대표하는 두 시인이 사물을 형용하는 방법은 사뭇 다르게 보인다. 이백이 본 여산 폭포의 형상은 자줏빛 안개 속의 몽롱한 기운이 서려 있는 분위기로 되어 있다. 그 아련한 풍경 속의 폭포는 시냇물을 걸쳐 놓을 것 같으며, 떨어지는 물줄기가 삼천척이나 되는 것 같다고 말한다. 그러면서 '혹시나[疑是]'하고 짐작하는 투로 은하수가 쏟아진다고 말하고 있다. 이백은 사물을 형용하면서 크고 웅장한 것으로 위장하고 있으며, 보이는 사물과 보이지 않는 사물의 형상에 대한 경계를 넘어서고 있다. 두보의 시에서 태산은 끝없이 푸르름의 형상으로 펼쳐져 있으며, 이 세상의 신령한 기운도 모두 그곳에 모여 있다고 한다. 이 시의 화자는 태산을 중심으로 아침과 저녁이 나누어진다고 말하고 있다. 태산이야말로 천지의 중심이라는 말이다. 그 천지의 중심에서 화자는 새의 회귀를 바라보고 있으며, 태산에 올라서 주위의 풍경이 얼마나 초라한지를 목격하려고 하고 있다. 두보의 시도 태산을 지나치게 웅장하고 거대한 것으로 보고는 있지만, 마지막 구절에 세상의 모든 것이 보잘 것 없다는 것을 확인하려고 하고 있다. 이백의 시는 사물의 형상을 처음부터 끝까지 웅장한 모습으로 바라보고 있다면, 두보의 시는 웅장함을 통해서 초라한 모습을 바라보고 있다. 이 두 가지 표현 방식은 사물의 형상화에 나타나는 시인의 개성이라고 할 수 있다.

 시는 언어를 통해서 사물의 참된 형상을 보여주는 것이다. 그런데 그것이 과장되어 있으면 그 사물의 참된 형상에 다가가기가 어려울 수 있다. 그런데도 사공도는 2연 두 번째 구절에서 사물의 형상화 방식에 있어서 용솟음치는 파도와 험준한 산의 형국을 형상화하듯이 그리라고 말

---

13) 岱宗夫如何/ 齊魯靑未了/ 造化鍾神秀/ 陰陽割昏曉/ 盪胸生曾雲/ 決眥入歸鳥/ 會當凌絕頂/ 一覽衆山小.(김달진 역해, 『당시전서』, 민음사, 1987, 375쪽).

하고 있다. 사물을 형용하는 데 있어서 작가의 개성이 스며들어가는 일은 어쩔 수 없기 때문에 그 사물의 형상이 과장될 수밖에 없다는 것을 말하고 있다. 웅장하고 험준한 것을 표현하는 방식이 각기 다르다는 것은 사물 형용 방식에 따라 시인의 개성이 다르게 나타난다는 것을 말하는 것이다. 이처럼 사물은 시인이 어떤 방식으로 사물을 형상화하느냐 따라 언제든지 그 사물의 모습은 달라질 수 있다는 것이다. 형용은 시인의 개성을 드러내는 가장 중요한 시의 품격이라고 할 수 있다.

(4) 자연의 정신과 합일하는 것

구사대도 묘계동진(俱似大道 妙契同塵) 모든 것이 자연의 큰 도리와 합치되고 절묘하게 사물들과 결합하고 공존한다.
　시인이 응시하고 있는 사물은 항상 자연의 일부로 존재하고 있다. 시인이 형용하고 있는 사물은 자연의 큰 도리와 합치되면서 그 원리 속에서 생장과 소멸을 하며, 또한 사물들과 결합하고 공존한다. 이 시에서 말하는 큰 도리[大道]는 움직일 수 없는 천지자연의 이치이고 사물의 본질이 갖고 있는 속성을 말한다. 그 큰 도리와 합치되고 결합하고 공존한다는 것은 무엇을 말하는 것일까? 이 말은 사물을 형용할 때는 자연의 이치와 논리에 맞게 하라는 말이다. 자연의 도리에 어긋나게 사물을 보고 자신이 생각하는 대로 풀어쓰는 것이 아니라, 사물의 본질과 부합하는 것을 표현하라는 것이다. 사물을 형용하는 데는 시인의 개성이 들어가야 하지만, 그 개성이 도리에 맞지 않거나 왜곡된 것이어서는 안 된다는 것이다. 이 말은 아는 것만큼 쓰고 느끼는 것만큼만 형상화하라는 것이다. 사물을 바라보는 시인의 개성과 함께 그 사물이 보여주는 자연의 속성을 정확하게 살펴서 사물을 형상화하라는 것이다. 사물의 형상화에는 시인이 바라보는 눈이 무엇보다 중요하기 때문에 사물을 보는 시인의 눈은 사물의 궁극에 닿아야 하는 것이다. 이 시구에서 말하는 큰 도리는 변치 않는 자연의 원리를 말하고, 그 변치 않는 원리의 궁극에 흐르는 것이 무엇인지를 발견하고 그것을 표현하는 것이 참된 형용의 품격이라는 것이다.

자연의 큰 도리에 따를 때 비로소 절묘하게 어울리는 화광동진의 세계와 만나게 된다. 화광동진이라는 말은 "날카로운 것은 꺾어주고 얽힌 것은 풀어주며, 빛나는 것은 부드럽게 해주고 먼지 같은 것들과 함께한다."14)는 말에서 왔다. 이 화광동진은 말 그대로 모든 원리가 하나로 모이는 지점을 말한다. 불교에서는 중생을 제도하기 위해서 빛을 숨기고 세상에 내려오는 것을 화광동진(和光同塵)이라고 말하고 있는데, 이 말은 그 사물의 본질은 보일 듯 보이지 않지만 은근하게 스며들어 있다는 것을 말하고 있다. 사물의 작은 부분이지만 그 부분 속에는 사물의 본질이 있고, 그 본질은 먼지처럼 미세해서 보이지 않지만 큰 도리와 함께 존재하고 있는 것이다. 화광동진은 사물에 스며들어 있는 작은 티끌과 같이 그 실체는 잘 보이지 않지만 바깥의 형상을 통해서 빛처럼 환하게 안의 영혼을 들여다 볼 수 있다는 것을 말한다. 큰 원리가 하나로 부합하면서 안과 바깥이 하나로 되게 만든 것이야말로 참된 형상화의 방식이라는 것이다. 사물의 외형을 그리고 나면 그 외형을 그린 것으로 끝나지 않고, 그 외형에는 사물의 안과 바깥이 서로 회통하고 있는 경지

---

14) 挫其銳, 解其紛, 和其光, 同其塵.(노자 지음, 김학주 옮김, 『노자』, 연암서가, 2013, 158쪽).

에 이르는 것을 말한다.

형용의 미학은 단순히 외형의 모사(模寫)에만 그치는 것을 말하는 것이 아니라, 사물의 외형을 통해서 그 사물의 내면을 깊숙하게 드러내는 것을 말하는 것이다. 사물의 형용에는 시인의 정신뿐만 아니라, 큰 자연의 원리와 결합하고 공존하고 있어야 한다는 것이다. 형용의 미학은 사물의 형태를 비슷하게 묘사하는 형사(形似)뿐만 아니라 그 사물의 정신을 꿰뚫는 신사(神似)까지 나아가는 것을 말한다.

이형득사 서기사인(離形得似 庶幾斯人) 외형을 떠나 정신을 포착한다면 형용을 잘하는 사람에 근접하리라.

이 구절에서 문제가 되는 부분은 '이형(離形)'이라는 시구이다. 이(離)를 밝힌다는 뜻으로 해석하면 형상을 밝혀서 사물의 본질에 이른다고 할 수 있고, 이(離)를 지나다는 뜻으로 해석하면 형상을 떠나서 사물과 유사한 것에 이른다고 할 수 있다. 밝힌다는 뜻으로 해석할 때 이(離)는 중국의 고대 신화에 나오는 이루(離婁)와 같이 밝은 눈을 가진 사람을 말한다. 사물의 형상을 밝은 눈으로 보면 사물과 유사한 형상에 이른다는 것으로, 이는 앞에서 말한 바깥의 형상은 안을 드러내는 것이라는 말과 같다. 사물의 외형을 묘사했는데 그 외형을 떠난다는 것은 무엇을 말하는가? 그것은 외형에는 이미 내면이 있으니 외형은 사실 내면을 그리기 위해 쓰인 것에 불과하다는 말이다. 형용을 잘하는 시인은 사물의 외형에 집착하는 것이 아니라, 사물의 내면을 그리려고 한다는 말이다.

형용은 시인이 그리고 있는 사물의 형상을 통해서 그 사물과 합치되는 궁극의 지점이 무엇인지를 찾아가는 것이다. 비록 시인이 밝히고 있는 사물이 개인의 사색을 통해서 드러나는 지극히 개인적인 것이라고 할지라도 그것은 시인과 동일시된 사물의 본질이라 할 수 있다. 그 사물을 형용한 시는 사물의 내면을 드러내고 있으면서 동시에 시인의 심정을 드러내는 것이기도 하다. 시를 말하는 가장 중심에 동일성과 공감, 그리고 동기감응이라는 말이 놓여 있는 까닭은 이러한 형용의 방법이 있기 때문이다. 시는 사물의 형용을 통한 시인의 정신을 표현하는 것이라고 해도 지나친 말이 아닐 것이다. 형용은 시인에게는 중요한 문제이며, 시인의 정신을 오롯하게 드러내는 품격이라고 말할 수 있다. 시인의 마음수양이 큰 우주의 원리에 따를 때 사물의 참된 형상이 보이고, 그 참된 형상을 통해서 그 시인의 정신을 엿볼 수 있는 것이다. 시를 쓰는 궁극의 목적이 시인의 정신세계를 보여주는 것이라고 말한다면, 시인은 사물을 형용할 때 자신의 정신세계를 드러내는 데 있어서 가장 필요한 사물의 속성을 발견하기 위해 노력하지 않을 수 없을 것이다. 시인은 사물의 본질이 무엇인지를 끝없이 탐구하고, 그 사물이 이르는 자연의 도리를 살펴서 사물을 그려낼 때 사물과 시인의 정신이 합일되는 참된 형용의 미학에 이르게 될 것이다.

천기가 맑으면 사람의 의지가 다스려지니, 이에 순응하면 인체의 양기가 튼튼해지므로 비록 해로운 사기가 있더라도 사람을 해치지 못합니다. 그러므로 성인들은 정신을 집중하여 천기에 순응함으로써 음양의 질서에 통달하였습니다. 만약 이를 거역하면 안으로는 구규(九竅)가 막히고, 밖으로는 기육(肌肉)이 막히고 위기(衛氣)가 흩어지니, 이를 자상(自傷)이라 하며, 이로 인해 정기(正氣)를 빼앗기게 됩니다. 인체의 양기는 하늘의 태양과 같아서, 그 정상적인 운행규율이 실조되면 수명이 꺾여 인체 생명활동을 외부로 드러나지 않게 됩니다. 하늘의 운행은 마땅히 태양으로 인해 밝게 빛나기 때문에 인체의 양기도 위로 떠오르고, 외부를 보호하는 작용을 하는 것입니다. 양기는 문에서 문지도리가 움직이는 것처럼 해야 하는데, 기거함에 절정한 절도가 없어 문란하면 신기(神氣)가 위로 떠오릅니다.[15]

---

15) 배병철 역, 『국역 황제내경』, '생기통천론(生氣通天論)', 성보사, 2000, 21쪽.

이 의미심장한 동양 의학은 안과 바깥의 형국을 이와 같이 설명하고 있다. 천기(天氣)는 단순하게 하늘의 기운만을 의미하지 않는다. 천기를 시인의 정신에 빗대보면 정신을 집중하여 천기에 순응하는 것이 무엇보다 중요하다는 것을 알게 될 것이다. 맑은 기운으로 사물을 대하면, 그 속에는 양기가 있어서 기운이 살아난다고 한다. 시인이 사물에 정신을 집중하는 것은 사물의 궁극이 무엇인지를 찾아가는 것이다. 사물의 궁극에 이르게 될 때 사물의 모든 실체가 새롭게 다가온다는 것이다. 동양의 문예미학에서 시인이 시를 쓰기 전에 정신의 수양이 무엇보다 중요하다고 말하는 것은 사물에 대한 참된 이해야말로 형용의 미학에 이르는 길이기 때문이다. 시인이 정신의 수양을 통해서 시를 쓸 때, 사물에 접근하는 방법도 달라지고 사물을 바라보는 관점도 깊어진다. 인체의 양기는 살아있는 기운을 말한다. 늘 깨어있는 정신으로 사물을 대할 때, 그 시인이 표현하는 사물들은 늘 살아있을 것이다. 형용의 관점에서 볼 때 바깥은 안을 드러내는 것이고, 안은 바깥을 통해서 그 실체를 밖으로 표현하고 있다. 형용은 사실 안과 바깥이 구분이 없다는 말이고, 안과 바깥의 구분이 없다는 것은 서로 통하는 회통의 자리에 있다는 말이다. 형용의 미학은 시인의 정신세계와 사물의 본질이 하나로 이어져 마침내 독자까지 그 감응의 자리에서 만나는 것을 말한다.

   시인의 감응이 사물과 부합하고 그것이 독자에게 이어질 때, 참된 형용의 길에 이르렀다고 말할 수 있다. 살아있는 양기가 문지도리처럼 흔들리지 않아야 한다는 것은 변하지 않는 시인의 정신세계가 이와 같아야 하는 것을 말한다. 시인은 변하지 않는 맑은 정신을 지켜나가는 것이 무엇보다 중요하다. 항상 살아있는 기운으로 사물을 보고 그 사물이 이르는 궁극의 지점에 도달하려고 해야 한다. 사물의 올바른 형상을 위해서는 안과 바깥뿐만 아니라, 시간과 공간의 경계를 넘어서야 한다. 무(無)는 시작이 없는 데[無始]에서 시작하고, 시작이 없는 데[無始]는 또다시 시작이 없는 것이 없는 데[無無始]서 시작한다. 이 끝없는 순환의 원리는 경계를 넘어선 자리에 존재한다. 아무 것도 없는 사물의 존재를 영원히 존재하게 하는 것도 시인의 정신에서 나오고, 사물의 의미를 새롭게 하는 것도 시인의 언어에서 나온다. 무에서 유를 만드는 것이 예술의 궁극이듯이, 형용을 통해서 사물뿐만 아니라, 시인의 정신까지도 하나로 회통하게 해야 할 것이다. 바깥을 통해서 안을 읽을 수 있게 하고, 안을 통해서 시인의 정신을 엿보게 될 때, 그 작품은 형용의 미학을 보여 주는 작품의 본보기로 삼을 수 있을 것이다. 형용의 미학이 궁극에 이른 것이야말로 만 갈래가 하나로 모이는 회통(會通)의 미학에 닿았다고 말할 수 있을 것이다.

21. 현실을 벗어난 영혼이 닿는 곳
―초예(超詣)

(1) 개요

초예(超詣)는 한자어 사전에도 그 뜻풀이가 없다. 이 말은 시품에서 사용한 용례 말고는 특별하게 쓰이지 않는다. 초(超)의 한자어 사전에 나오는 뜻풀이는 넘다, 빠르다, 높다 라는 뜻과 뛰어넘다, 멀어지다 라는 뜻으로 쓰인다. 초(超)는 "뜻을 나타내는 달아날 주(走)와 음을 나타내는 동시에 높이 올라가다의 뜻을 보이는 召(召)"로 이루어진 형성문자이다. 주(走)는 『설문해자』에 따르면, 빨리 달린다는 말이다. 요(夭)와 지(止)로 구성된 말이다. 요는 구부린다는 말이고, 지는 아래 터라는 뜻이다. 지(止)는 발[足]의 의미로도 쓰인다. 『석명(釋名)』에서는 "천천히 걸으면 보(步)이고, 빨리 걸어가면 추(趨)라 하며, 빨리 달려가면 주(走)라고 한다"고 말한다. 소(召)는 한자어 사전에 부르다, 어떤 결과를 가져오다라는 뜻이다. 한자어 초(超)는 "1. 뛰어넘다/ 2. 뛰다, 뛰어오르다/ 3. 뛰어나다, 빼어나다/ 4. 빠르다, 신속하다/ 5. 멀리 떨어지다/ 6. 멀다/ 7. 서글퍼하다, 근심스러워하다/ 8. 지나가다/ 9. 승진되다, 발탁되다/ 10. 넘다"라는 뜻으로 쓰인다.

예(詣)는 "뜻을 나타내는 말씀 언(言)과 음을 나타내는 늡(旨)가 합하여 이루어진 형성문자이다." 한자어 예(詣)는 "1. 이르다, 다다르다/ 2. 도달하다/ 3. 가다, 나아가다/ 4. 출두하다/ 5. 참배하다"라는 뜻으로 쓰인다. 『설문해자』에서 지(旨)는 '아름답다'는 뜻으로 쓰인다. 언(言)과 지(旨)가 합쳐진 말이다. 언(言)은 직접 말하는 것을 이르고, 어(語)는 질문에 답하는 것을 말한다. 예(詣)는 말하는 것이 아름답다는 말로 설명할 수 있다.

　이 두 가지 한자어의 뜻을 함께 살펴보면 초예(超詣)는 먼 곳에 이르러 아름다운 말로 표현하는 것이다. 먼 곳은 현실의 세계로부터 떨어진 곳으로 나아가는 상상의 세계를 말한다. 또한 문학예술로서 표현할 수 없는 도저한 경지에 이른 작품을 말하기도 한다. 현실에서는 이해할 수 없는 신비롭고 아름다운 말들로 표현한 것은 초예의 경지에서 나오는 것이라고 할 수 있다. 초예는 순수하거나 때가 묻지 않은 상태에서 토설(吐說)되는 아름다운 언어 미학을 말한다. 문학작품의 내용뿐만 아니라 언어 표현까지도 현실을 초극해 있을 때 초예의 품격에 이르렀다고 할 수 있을 것이다. 사공도는 초예의 품격을 다음과 같은 시로 형상화하고 있다.

匪神之靈 匪機之微 如將白雲 淸風與歸
비신지영 비기지미 여장백운 청풍여귀

遠引若至 臨之已非 少有道氣 終與俗違
원인약지 임지이비 소유도기 종여속위

亂山喬木 碧苔芳暉 誦之思之 其聲愈希
난산교목 벽태방휘 송지사지 기성유희

정신이 신령해서도 아니고
기미를 잘 포착해서도 아니다
흰 구름을 타고 가듯이

맑은 바람과 함께 돌아가리라

멀리 몸을 빼내 목적지에 도착했으나
막상 가까이 가보니 다르다
조금이라도 도道의 기운이 있다면
결국에는 세속과 다른 길을 간다

흩어진 산들 사이에 나무는 높이 솟고
푸른 이끼에 햇살은 반짝인다
그 풍경을 읊조리고 생각할수록
그가 토해낸 것은 드문 소리이리라

 이 시의 첫 번째 단락은 초예의 상황으로 나아가는 동기를 설명하고 있다. 초예로 나아가는 길은 신령하지도 않고 기미를 잘 알아차리지도 않는 상황이다. 그야말로 막연한 공간이고 애매한 이미지이다. 이 때문에 신선의 세계와 같은 막연한 세계를 말하고 있을 뿐이다. 신령한 기운은 정신의 세계이고, 기미는 감각의 세계이다. 정신의 세계와 감각의 세계가 희미한 상태에 있을 때 현실의 공간과 비현실의 공간의 경계를 헤아릴 수 없는 상태가 된다는 것이다. 초예는 정신과 감각이 혼미한 상황에 놓일 때 만나는 세계이다.
 두 번째 단락은 초예의 품격으로 그려낸 세계를 말하고 있다. 그 세계는 현실을 벗어난 곳에서 만나는 또 다른 현실이다. 현실과 같은데도 불구하고 현실이 아니고, 현실인 아닌 듯한데도 현실이 있는 세계이다. 현실과 비현실의 경계가 애매한 상태에서 그려진 세계는 현실이라고 생각하지만 가까이 다가가보면 현실이 아닌 것이다. 그 실체는 있으나 그려낸 본질은 다른 세계이다. 도(道)의 기운이 조금 스며 있지만 그 도의 기운은 세속과는 또 다른 세계일 뿐이다.

세 번째 단락은 초예의 품격에서 발현되는 오묘한 세계를 말하고 있
다. 드문 소리라고 말하는 것은 현실을 그리고 있지만 현실이 아니면서
그 속에는 드물게 현실이 드러난 것을 말한다. 초예는 현실을 벗어난
터무니없는 상상을 말하는 것이 아니라 현실의 경계에서 현실의 바깥을
상상하는 가능성 있는 현실의 세계를 말하는 것이다.

초예의 품격은 현실을 드러내고 있으면서도 현실의 경계를 벗어나
있는 미학이다. 피카소의 〈조선에서의 학살〉(1951)은 황해도 신천군 양
민학살 사건을 그림으로 형상화한 것이다. 그런데 그 그림은 피카소가
현장을 직접 보고 그린 그림이 아니다. 그 그림은 추상화이면서도 추상
화가 아닌 현장의 그림이다. 현실임에도 현실이 아닌 경계는 리얼리즘
과 모더니즘, 초현실주의의 미학의 경계라고 할 수 있다. 현실을 있는
그대로 드러내는 것이 리얼리즘이라면, 모더니즘은 현실의 경계 속에서
비현실을 그리는 방식이다. 초현실주의는 현실의 경계가 무너진 현실
바깥의 세계를 그린 것이다. 사공동의 시품에서 말하고 있는 시의 품격
중에서 실경(實境), 비개(悲慨), 형용(形容)은 리얼리즘의 미학에 가깝
다고 한다면, 초예(超詣), 표일(飄逸), 광달(曠達)은 현실의 경계를 벗어
나는 비현실주의 미학에 가깝다고 할 수 있다. 그 중에서 초예는 현실과
비현실의 경계를 애매하게 걸치고 있는 모더니즘의 미학이라고 할 수
있다. 초예는 보이는 현상과 보이지 않는 현상의 경계를 절묘하게 오고
가는 아름다움이라고 할 수 있다.

(2) 맑은 기운의 대자유

비신지령 비기지미(匪神之靈 匪機之微) 정신이 신령해서도 아니고

기미를 잘 포착해서도 아니다.

신령한 기운과 미세한 기미를 잘 파악하는 것이 초예가 아니라는 말이다. 발길이 닿는 그곳에 바로 초예의 기운이 있다는 말이다. 이 두 구는 서로 짝을 이루고 있다. 신(神)과 기(機), 영(靈)과 미(微)가 짝을 이루고 있다. 비(匪)는 비(非)와는 다르다. 그것은 불(不)과 불(弗)이 다른 것과 같다. 불(不)은 어기(語氣)가 가볍고 불(弗)은 무겁다. "좋은 안주가 있어도 먹지 않으면 그 좋은 맛을 모르며, 지극히 좋은 도(道)가 있어도 배우지 않으면 그 좋은 것을 모르는 법이다"[1]라고 하는데, 여기에 쓰인 불(弗)은 무거운 뜻을 지니고 있다.

이 두 구절은 초월의 동기를 밝힌 부분이다. 정신의 신령함이나 특정한 기미를 잘 알아서 은둔하는 것이 아니라, 그저 마음이 닿는 곳으로 간다는 말이다. 현실의 흐름을 민감하게 파악해서 은둔하는 것은 특정한 목적을 가진 것이다. 이미 그것은 인간의 능력이 특정한 방향으로 규정지어진다는 것을 의미한다. 자연스럽지 못한 것은 초예가 아니라, 은둔이라는 것이다. 해방 후 이광수는 혼란한 시대의 상황 속에서 1946년 9월 2일 월요일 새벽, 6촌 동생이자 승려였던 이학수(조선불교 경기교무원장)의 주선으로 봉선사로 숨었다. 그렇게 은둔하면서 자신의 친일행위를 변명하는 「꿈」(면학서포, 1947), 「나-소년편」(1947)와 「나-스무살고개」(1948. 10)를 발표했다. 김시습은 수양대군의 왕위 찬탈을 보고 스물 한 살의 나이에 방랑 생활을 하고, 월성의 금오산으로 은둔한다.[2] 이는 현실의 무위를 보고 은둔한 것이다. 이광수는 현실의 정세에

---

1) 雖有嘉肴弗食不知其旨也, 雖有至道弗學不知其善.(권오순 역해, 『예기』, '학기(學記)', 홍신문화사, 1993, 344쪽).
2) 김시습은 세조의 책사로 계유정난을 주도한 한명회의 시를 풍자한 시를 지었다. 한명회가 "靑春扶社稷/白首臥江湖"라는 시를 짓자, 김시습은 이 구절에 글자 각각 한 글자만 바꾸어서 시를 지었다. "靑春亡社稷/白首汚江湖"라고 지었다.

눈치를 본 것이고, 김시습은 세상의 흐름에 염증을 느껴서 세상을 벗어
난 곳에서 세상을 바라보았다. 이광수와 김시습의 사례를 빗대어서 은
둔과 초예의 차이 어떤 것인지를 생각해볼 필요가 있다. 이광수는 은둔
했고, 김시습은 초예를 했다.

  초예의 미학은 현실의 무게를 견디지 못하여 세상을 등진 것이 아니
라, 자신의 발길이 닿는 곳으로 향하는 것이다. 그렇다면 초예의 미학은
현실의 이익을 살피기 위한 행동이 아니며, 현실을 도피하기 위한 행동
이 아니다. 이러한 은둔은 정신의 촉각을 곤두세우고 어떤 기미를 알고
은둔하는 것이다. 여기서 정신의 '신령한 기운'을 부정하는 것은 '자연스
러운 끌림'을 강조하기 위한 것이고, '작은 기미'를 부정한 것은 '어떤
목적도 두지 않았다'는 것을 강조하기 위한 것이다. 따라서 초예의 미학
은 진정한 은일지사(隱逸志士)의 면모를 보여주는 것이라 할 수 있다.
좋은 작품을 쓰기 위한 의도라기보다는 그곳에 자연스럽게 끌리는 마음
이라고 할 수 있을 것이다. 초예는 순수한 마음, 자연스러운 마음으로
은둔하는 것을 말한다.

    궁벽진 곳에 어느 누구 올 것인가
    봄이 한창인데 술이 거나했네
    꽃빛은 두곡(杜曲)3)인가 싶고
    대 그림자는 성남(城南)4)과 비슷하구나
    휘파람 길게 부니 네 시름5) 다 없고

---

3) 당나라 때 두씨(杜氏)가 살던 곳으로 꽃이 많다.
4) 당나라 때 한유(韓愈)와 맹교(孟郊)가 성남에서 연구(聯句)를 짓는데, 첫 머리에
   대 그림자는 육(六)이 반짝이라는 구가 있다.
5) 후한의 장형(張衡)이 사수시(四愁詩)를 지었다. 그 전문은 다음과 같다. 我所思兮
   在太山 欲往從之梁父艱 側身東望涕沾翰 美人贈我金錯刀 何以報之英瓊瑤 路遠莫致
   倚逍遙 何爲懷憂心煩勞// 我所思兮在桂林 欲往從之湘水深 側身南望涕沾襟 美人贈
   我琴琅玕 何以報之雙玉盤 路遠莫致倚惆悵 何爲懷憂心煩傷// 我所思兮在漢陽 欲往

다니며 노래 부르니 즐거움6)이 잦았네
고요한 가운데 재미있으니
세상의 어느 누가 이 맘을 알쏘냐

—이인로, 「만흥(謾興)」 전문7)

이인로(李仁老, 1152~1220)는 고려 중기의 시인으로 가장 오래된 시화집인 『파한집』의 저자이다. 그는 관직에 있으면서도 현실을 벗어나려고 했으며, 오세재, 임춘 등과 함께 중국의 죽림칠현을 본받아 강좌칠현(江左七賢)으로 불려졌다. 그는 무신란을 묵인했다는 비판을 받기는 하지만, 그의 시 곳곳에서는 세상을 떠나서 은둔하려는 마음이 잘 나타나 있다.8) 이 시도 그의 이러한 시적 경향을 잘 보여주고 있다. 궁벽한 곳에서 은둔하면서 세상의 근심을 없애고 고요한 곳에서 유유자적하는 모습이 잘 나타나 있다. 마지막 구절에서 세상과 단절한 자신만의 세계에서 안주하는 모습을 보여주고 있으며, 이러한 자신의 모습에 만족하고 있는 화자의 모습이 여유롭게 보인다.

여장백운 청풍여귀(如將白雲 淸風與歸) 흰 구름을 타고 가듯이 맑은 바람과 함께 돌아가리라.

從之隴阪長 側身西望涕沾裳 美人贈我貂襜褕 何以報之明月珠 路遠莫致倚踟躕 何爲懷憂心煩紆// 我所思兮在雁門 欲往從之雪雰雰 側身北望涕沾巾 美人贈我錦繡段 何以報之青玉案 路遠莫致倚增嘆 何爲懷憂心煩惋

6) 영계기(榮啓期)는 사람된 즐거움, 사내로 태어난 즐거움, 나이가 95세나 된 즐거움이 있다고 말했다고 한다. 영계기는 녹피(鹿皮) 갖옷에 새끼 띠를 띠고 다니면서 노래를 불렀다고 한다.

7) 境僻人誰到 春深酒半酣 花光迷杜曲 竹影似城南 長嘯愁無四 行歌樂有三 靜中滋味在 豈是世人諳.(민족문화추진회, 『동문선』1권, 민족문화추진회, 1968, 390쪽).

8) 봄은 지났는데 꽃은 아직 남아 있고/하늘은 개었어도 골짜기는 어둑하구나/두견새 한낮에도 구슬피 우니/비로소 깨달았소, 내가 깊은 산에 사는 것을.(春去花猶在/天晴谷自陰/杜鵑啼白晝/始覺卜居深 —이인로, 「산거(山居)」).

이 구절은 대자유의 세계를 말하고 있다. 돌아간다는 것은 무엇을 말하는 것일까? 세상을 벗어나는 은둔과 다르다는 것은 떠나는 것이 아니라, 돌아갈 곳이 있다는 것이다. 첫 번째 구절에서 장(將)의 해석은 중요하다. 장은 흘러간다는 의미가 있다. 흰 구름이 흘러가는 것처럼 자연스럽고 자유로운 분위기가 초예의 세계이다. 그리고 맑은 기운과 함께 돌아간다는 것은 초예가 현실을 부정하거나, 어떤 기미를 통해서 잠시 은둔하려는 것과는 다르다는 것을 말하고 있다. 여기서 흰 구름과 맑은 바람의 이미지는 물론 청기(淸奇)의 기운을 말하고 있다. 희다는 것과 맑은 바람은 투명한 빛을 의미한다. 고풍스러우면서도 은은한 빛이 청기의 빛일 터이다. 맑아서 순수하다는 의미보다는 맑아서 거침이 없다는 말과도 같다. 맑은 것이 깊어지면 그만큼 깊은 기운이 스며있는 것이다. 그래서 이 구절에서 순수하고 맑은 기운과 함께 돌아가서 세상을 만나려고 하는 것이다.

작가는 자신이 거처하는 곳에서 맑은 기운을 세상에 전하는 것이다. 세상의 이치를 알고 있는 상태에서 그것을 초월하여 존재하는 무궁한 인간의 세계를 보여주는 것이다. 작가가 내면에 사유의 깊이가 있으면 작품에 대한 사유의 깊이도 깊어질 것이다. 초예의 미학은 인격 수양의 공부가 깊어서 세상에 있으면서도 세상에 없는 듯한, 그러면서도 현실을 깊이 인식하고 있는 사유의 세계를 보여주는 것이다. 문자로써 자신의 세계를 표현하지만, 궁극의 지점에서 문자를 떠나서 존재하는 것이라는 맑고 깊은 정신의 세계를 의미한다고 할 수 있다.

네 가문에서는 본래 말을 떠났는데
법당에 올라 무슨 말을 하려는가
속히 내려와 자리잡아 앉던지

그렇지 않으면 침상에 올라 잠이나 자라
―이규보, 「문상당게(問上堂偈)」 전문9)

이규보(李奎報, 1168-1241)는 시가 일상이고 일상이 시였던 삶을 살았던 시인이었다. 그의 호는 백운거사(白雲居士)였는데, 구름처럼 자유로운 삶을 살아가려는 그의 의지를 잘 나타내고 있다. 그는 문학은 작가의 정신을 드러내는 것이기 때문에 하나의 작품 속에서 작가의 의(意)와 기(氣)가 드러나 있다고 생각했다.10) 문인이었던 그는 글을 쓰는 것이 삶의 지표였고, 삶 전체를 아우르는 것이었다. 그의 삶에서 얼마나 시가 일상에 밀착해 있었는지를 잘 보여주는 시편도 있다. 이규보의 시 중에서 「시벽(詩癖)」11)은 시에 고질적인 질병에 든 자신을 비판하고 있다. 자연에 은둔하려는 '천석고황(泉石膏肓)'과 같은 고치지 못하는 질병이 있는 것처럼, 시를 쓰지 않고는 배기지 못하는 것이 문인의 질병이라고 말한다. 예술은 악마와 같은 존재라서 아무리 벗어나려고 해도 벗어날 수 없다는 것이다. 「구시마문(驅詩魔文)」에서도 시에 빠지게 되면, 다섯 가지 죄를 짓는다12)고 말한다. 문자로 표현하는 시를 부정하면서 그는

---

9) 爾家本離言 上堂欲何宣 可速下座欲 不然上床眠.(『전집』19권)
10) 강석근, 「이규보의 선시」, ≪유심≫(14호, 2003).
11) 나이 이미 칠십을 넘었고/ 지위 또한 정승에 올랐네/ 이제는 시 짓는 일 놓을 만도 하건만/ 어찌하여 그만 두지 못하는가./ 아침엔 귀뚜라미처럼 읊조려 대고/ 저녁에도 올빼미인양 노래 부르네./ 어찌할 수 없는 시마란 놈이/ 아침저녁 남몰래 따라 와서는/ 한 번 붙어 잠시도 놓아주지 않아/ 나를 이 지경에 이르게 했네./ 날이면 날마다 심간을 도려내/ 몇 편의 시를 쥐어 짜내니/ 내 몸의 기름기와 진액일랑은/ 다 빠져 살에는 남아 있질 않다오./ 뼈만 남아 괴롭게 읊조리나니/ 이 모습 정말로 우스웁구나/ 그렇다고 놀랄 만한 시를 지어서/ 천 년 뒤에 남길 만한 것도 없다네./ 손바닥을 부비며 홀로 크게 웃다가/ 웃음을 그치고는 다시 읊조려 본다/ 살고 죽는 것이 필시 시 때문일 터이니/ 이 병은 의원도 고치기 어렵도다.(年已涉縱心 位亦登台司 始可放篇豢 胡爲不能辭 朝吟類蜻蟀 暮嘯如鳶鴟 無奈有魔者 夙夜潛相隨 一着不暫捨 使我至於斯 日日剝心肝 汁出幾篇詩 滋膏與脂液 不復留膚肌 骨立苦吟哦 此狀良可嗤 亦無驚人語 足爲千載貽 撫掌自大笑 笑罷復吟之 生死必由是 此病醫難醫 -이규보, 「시벽(詩癖)」 전문).

정작 문자로 표현할 수 없는 세계, 문자로 도달할 수 없는 세계를 말하고 있다. 그는 문자로써 전달해야 하는 문학예술을 하면서도 말을 떠난 자리에 문학이 존재한다는 '불입문자론'을 내세우고 있다.

인용한 시에서처럼 문학은 말을 떠나서 존재하고, 쓸모없는 말을 하는 것은 차라리 법당에서 내려와 말을 듣는 것이 좋으며 그렇지 않으면 침상에 올라 잠이나 자는 것이 좋다고 말한다. 이 말은 무엇을 말하고 있을까? 그것은 문자에 얽매이지 않는 자유로움이다. 문학은 흰 구름이 자유롭게 모양을 바꾸고 바람을 따라 자유롭게 떠다니듯이 자유로운 정신에서 나온다는 것이다. 두 번째 구절에서 말하는 흰 구름을 타고 돌아가려고 하는 것은 대자유의 정신과 거대한 상상의 세계에서 노니는 것이 초예의 세계라는 것을 상징적으로 보여주고 있다. 관념과 인식의 눈으로 세상을 바라보면 객관적 지식의 정도가 보일 수 있지만, 관념과 인식을 벗어난 곳에서 세상을 바라보면 깊고 넓은 세계가 펼쳐질 것이다.

> 일에는 역행하는 듯 보이지만 순조로운 것도 많고 순조로운 듯 보이지만 역행하는 것도 많다. 순조롭다가 역행하게 되기도 하고 역행하다가 순조롭게 되기도 하는 것을 아는 자가 있다면 그와 더불어 조화를 말할 수 있을 것이다. 너무 길어지면 짧아지기 시작하고 너무 짧아지면 다시 길어지기 시작하는 것이 하늘의 도리이다.13)

하나의 세계에 빠지는 것을 경계하라는 말이다. 넓고 깊은 사유의 세

---

12) 이규보는 시를 쓰는 사람은 다섯 가지 죄를 짓는다고 말한다. 첫째는 '요사한 생각과 괴이한 말'이고, 둘째는 '천기를 누설하는' 것이고, 셋째는 '검소하지 못한 선택'이고, 넷째는 '상벌(賞罰) 내리는 일이 공정치 못함'이고, 다섯째는 '한 인간으로서의 품위'를 손상하는 것이라고 했다.

13) 事多似倒而順, 多似順而倒. 有知順之爲倒, 倒之爲順者, 則可與言化矣. 至長反短, 至短反長, 天之道也.(여불위 지음, 정하연 옮김, 『여씨춘추』 '사순론(似順論)' 소명출판사, 2011, 782쪽).

계에서는 순행과 역행의 구조가 동시에 보이지만, 관념과 인식의 세계에서는 하나의 세계만이 보일 뿐이다. 순행과 역행을 동시에 알게 되면, 조화의 세계를 알게 된다는 것이다. 이 조화의 세계는 자유로운 세계이다. 걸림과 막힘이 없는 세계, 흰 구름을 타고 가듯이 바람에 몸을 맡겨서 나아가는 세계이다. 하늘의 도리는 순행과 역행이 존재하고, 순조로움이 있으면 막힘이 있기 마련이다. 모든 것을 다 표현하려고 하지 말고, 하나를 통해서 전체를 볼 수 있도록 해야 한다. 말하지 않는 것이 아니라, 말을 절제하면서 표현할 수 있는 것이 초예의 미학이다.

(3) 현실 속에서 현실을 꿈꾸는 길

원인약지 임지이비(遠引若至 臨之己非) 멀리 몸을 빼내 목적지에 도착했으나 막상 가까이 가보니 다르다.

멀리 몸을 빼내는 행위[遠引若至]는 초월의 공간으로 나아가려는 화자의 욕망을 말한다. 그 초월의 공간에 도달했으나, 그곳은 화자가 꿈꾸는 공간이 아니다. 현실을 벗어나서 이룰 수 있는 공간이 없다는 말이다. 두 번째 연에서는 현실을 벗어난 자유로운 공간을 의미하는 것이 아니라, 현실 속에서 현실을 벗어난 공간을 의미한다. 신비롭게 생각하고 현실을 벗어난 곳에서 자신의 이상향의 세계를 찾으려고 하는 것은 결국 허망한 것이라는 말이다.

두 번째 연의 첫 구절은 동양 문예미학에서 말하는 자연주의는 현실에 뿌리를 두고 있다는 것을 말하고 있다. 여기서 말하는 '임지이비(臨之己非)'라는 말은 억지로 현실에서 벗어나려는 화자의 욕망은 결국 현실도 아니고, 자신의 이상향도 아닌 곳에 도달한다는 것을 의미한다. 자신이 뿌리를 두고 있는 현실을 완전히 벗어나 새로운 세계를 갈망하는 것은 진정한 초예의 자세가 아니라는 것이다. 작가가 머물러야 하는 궁극의 지점은 현실이기 때문이다. 모든 현상이 자신이 살고 있는 '그곳'을 떠나서 존재할 수 없듯이, 자유로운 초월의 세계도 결국 현실에 뿌리를 두고 있어야 한다는 것을 말하고 있다. 이런 관점으로 볼 때, 초예는 현실에서 발견하는 이상향의 세계라는 것이다. 동양에서 말하는 자연의 의미가 현실(reality)이라는 말을 포괄하고 있다는 사실을 알 수 있다.

꿈속에서 이상향의 세계에 도달했지만, 그곳은 또 다른 꿈의 연속이라는 논리이다. 몽중몽(夢中夢)의 세계, 인셉션(inception)의 세계이다. 영원한 초월은 있을 수 없는 것이고, 그 세계는 현실에 뿌리는 둔 또 다른 세계일뿐이다. 이 부분을 창작의 방법으로 생각해보면, 작가는 항상 깊은 사유를 통해서 또 다른 세계를 만들어내고, 자신의 욕망을 통해서 이상향의 세계를 만들어 가지만, 궁극의 지점에서는 현실의 문제를 떠나서 작품이 존재할 수 없다는 것이다. 현실은 끊임없이 변용(變容)의 과정 속에 있으며, 작가는 그 현실 속에서 현실의 새로운 가능태를 찾아가는 것이다. 작가의 상상력은 궁극적으로 현실의 모순이나, 억압, 규제, 통제에 대한 자기 욕망의 실현으로 나아가는 것이다. 그런 점에서 초예의 미학은 현실 속에서 또 다른 현실을 꿈꾸는 미학이라 할 수 있다. 니체도 이런 문제에 대해서 현실과 비현실, 꿈과 이상을 구분할 필요가 없다고 생각하고 있다.

 변용(變容)-어찌할 바를 모르고 괴로워하는 사람들, 복잡한 꿈을 꾸는 사람들, 이 세상을 초월한 환회에 잠긴 사람들-이것은 라파엘이 구분한 인간의 세 가지 등급이다. 우리는 세계를 더 이상 이와같이 보지 않는다-그리고 라파엘도 현재에

는 더 이상 그렇게 할 필요가 없을 것이다. 그는 새로운 변용을 육안으로 알아챌 것이다.14)

현실을 괴로워하는 사람들, 현실을 벗어나기 위해서 다른 꿈을 꾸는 사람들, 세상을 초월한 마법과 같은 환희에 잠긴 사람들의 구분은 필요가 없는 것이다. 그것은 모두 현실의 변용된 모습일 뿐이기 때문이다. 그렇다면 작가가 꿈꾸는 초월의 세계를 위해서 무작정 현실을 도피해서 은둔해서는 안 된다는 것이다. 동양의 자연관은 현실이 자연이고, 자연이 현실인 까닭에 현실에서 일상의 도를 발견해야 한다는 것이다. 평상심이 도이고, 도는 평상심에 있다는 말과도 같은 것이다. 작품의 소재를 은둔해서 발견하는 것이 아니라, 고요한 시간과 공간 속에서 발견하는 것이라는 말이다. 이런 점은 두 번째 연의 다음 구절에서 구체적으로 보여주고 있다.

소유도기 종여속위(少有道氣 終與俗違) 조금이라도 도道의 기운이 있다면 결국에는 세속과 다른 길을 간다.
여기서 소(少)의 해석이 중요한데, 이 해석의 여부에 따라서 의미가 달라진다. 소(少)를 '젊다'로 해석하는 경우와 '조금'으로 해석하는 경우는 전체의 문맥에 차이가 있다. '젊은 시절에 도의 기운이 있다'라는 해석과 '조금이라도 도의 기운이 있다'는 해석이 가능하다. 앞 구절의 문맥에 따르면, 현실을 벗어난 허무맹랑한 곳에서 이상향을 발견하려고 하지 말고, 현실의 조그마한 도의 기운만 있으면 언제든지 세속과 단절할 수 있다는 말로 해석할 수 있다.
도의 기운이 있는 곳은 시간과 장소를 떠나서 있다. 시간으로 치면

---

14) 프리드리히 니체, 이필렬·임수길 옮김, 『서광』, 청하, 1983, 23쪽.

고요한 새벽의 시간일 것이고, 공간으로는 고요함이 놓인 장소일 터이다. 몰입의 시간이 되면 도의 기운에 빠지는 시간일 터이다. 하루에 한 시간이라도 그 몰입의 시간을 가지는 것이 작품의 도에 이르는 길이다. 깨달은 자는 사물에 걸림이 없고, 걸림이 없으니 막힘이 없을 것이다. 삶과 죽음의 문제, 사물과 자아의 문제와 같은 사소한 일들에 얽매이지 않을 것이다. 조그만 창작의 기회 속에 몰입하여도 그 속에서 참된 작품을 발견할 수 있다는 말이다. 앞에서 이규보가 말한 것처럼 말을 줄이고 자신의 내면으로 침잠해 들어갈 때, 그 속에서 진정한 '불입문자'의 세계를 만나게 될 것이다. 좋은 작품은 끝없는 사색의 뜨락에서 창출되는 것이다. 평소에 도의 기운(작품 창작의 빌미)에 머물 수 있는 기회를 많이 가져야 한다. 그렇지 않으면 억지로라도 그 시간을 만들어야 한다. 어느 곳에 자신이 놓여 있더라도 통달(通達)한 자의 입장에 있으면 바깥의 일에 끌리지 않을 것이다.

 통달한 사(士)들은 생사의 갈림에 대해서도 달관하고 있다. 생사의 갈림에 대해 달관하고 있다면 이해와 존망의 문제도 그를 곤혹스럽게 할 수 없다. 그러므로 안자(晏子)는 최저(崔杼)와 맹약을 맺을 때 자신의 정의를 바꾸지 않았고 연릉(延陵)의 계자(季子)는 오나라 사람들이 왕으로 삼기를 원하였지만 하지 않았으며 순숙오(孫叔敖)는 세 번이나 영윤(令尹)이 되었지만 기뻐하지 않았고 세 번이나 영윤을 그만 두었지만 우울해 하지 않았으니 모두들 달관한 바가 있었기 때문이다. 달관한 바가 있으면 어떠한 사물도 곤혹스럽게 할 수 없는 것이다.15)

통달과 달관(達觀)의 입장에 있으면 세속의 이해와 존망에 이끌리지

---

15) 達士者, 達乎死生之分, 達乎死生之分, 則利害存亡弗能惑矣. 故晏子與崔杼盟而不變其義, 延陵季子, 吳人願以爲王而不肯, 孫叔敖三爲令尹而不喜, 三去令尹而不憂, 皆有所達也. 有所達則物弗能惑.(여불위 지음, 정하현 옮김, 『여씨춘추』 시군람(恃君覽) 소명출판사, 2011, 640-641쪽).

않는다. 인용한 부분은 작품 창작의 문제와는 다른 삶의 문제이지만, 이를 창작의 방법론에 적용해보면, 자신의 작품에 몰입하는 것 이외에는 관심을 갖지 않는 작가를 통달한 작가의 태도라는 말로 바꿀 수 있을 것 같다. 세상의 문제에 초연한 것 같으면서도 끝없이 세상과의 관계 속에 놓여 있다. 손숙오가 세 번이나 최고의 관직에 올랐지만, 기뻐하거나 우울해하지 않았다는 말은 그런 현실적인 문제에 초연했다는 것을 의미한다. 그렇다고 세상을 부정하지도 않는다. 현실에 자연스럽게 놓여 있으면서도 그 현실에 전혀 개의치 않는 것, 현실을 떠난 다른 세계를 상상하더라도 그 현실을 벗어나지 않는 것이다. 창작의 바탕은 작가가 살아가는 현실의 속에서 일어나는 상상의 세계일뿐이다. 이 때문에 초예의 미학은 현실에서 벗어난 것 같은 현실 속의 꿈이다. 신화의 세계가 아닌 현실 속의 상상의 그늘이다. 신화에서 상징을 걷어낸 자리에 존재하는 또 다른 현실의 미학이다.

(4) 기이하고도 깊은 경지

난산교목 벽태방휘(亂山喬木 碧苔芳暉) 흩어진 산들 사이에 나무는 높이 솟고 푸른 이끼에 햇살은 반짝인다.

이 부분은 신비롭고 기이한 경지를 말한다. 초예의 풍경을 이미지로 표현하고 있다. 이것은 현실적 풍경이기 보다는 신비롭고 기이한 풍경일 뿐이다. 작가는 초월적 경지를 찾아가는 것이 아니라, 초월적 경지를 상상하는 힘을 가지라는 말이다. 그 경지에 이르기 위해서 항상 작가는 기이하고 깊은 경지를 거닐어야 한다는 말일 것이다. 흩어진 산들의 정경과 높이 솟은 나무의 신비로운 풍경이 다가온다. 푸른 이끼에 비치는 햇살의 신비로운 풍경에 겹쳐지는 이미지이다. 초예의 풍경은 작가가 꿈꾸고 있는 세계의 모델을 은은하게 보여주고 있다. 작가가 꿈꾸는 초월의 세계는 이와 같이 오묘하고 신비로운 세계이다.

이러한 세계는 비현실적인 공간이고, 신비로운 공간이다. 그렇지만 작가의 의식 속에서는 구체적인 공간으로 존재하고 있다. 작품의 배경이 이러한 공간이라면, 독자들도 또한 행복한 공간 속에서 함께 머물게 될 것이다. 빽빽하게 산으로 둘러싸인 공간이 아니라, 드문드문 산이 있고, 키 큰 나무들이 우뚝우뚝 솟아있다. 푸른 이끼에 비치는 햇살의 이미지는 구체적으로 현현되는 이미지가 아니다. 오묘하고 신비로운 공간 속에 놓여진 풍경으로 존재할 뿐이다. 초월의 경지는 구체적으로 그려지는 이미지가 아니다. 그렇기 때문에 이 신비로운 풍경은 작가에 따라 다르게 변용될 가능성이 있는 것이다.

동양화에 나타나는 이상향의 풍경은 진경산수화와는 다른 풍경이다. 그저 이미지로만 존재하는 공간이다. 진경산수화가 현실의 미학에 바탕을 둔 것이라면, 이상향의 풍경은 이미지로만 존재하는 공간이다. 이 이미지의 공간은 "마치 동양의 산수화가 노자와 장자에서 비롯된 산수자연에 대한 애호 취미와 산으로 상징되는 신선세계로의 상승을 꿈꾸었던 도교적 열정이 깔려 있는 것과 같다."16)고 할 수 있다. 초예의 품격으로 작품을 쓸 때는 이러한 신비롭고 기이한 이미지를 그려내는 것이다. 이 신비로운 세계에 접근하는 방법은 다를 것이고, 각자의 이미지도 다르게 나타날 것이다.

---

16) 이성희, 『동양명화감상』, 니케, 2007, 17쪽.

모든 사물은 완성이건 파괴건 다 같이 하나이다. 다만 도에 다다른 자만이 다 같이 하나임을 깨달아, 자기의 판단을 내세우지 않고 사물을 평상시의 자연스런 상태 속에 맡겨 둔다. 평상시의 상태란 아무 쓸모가 없는 듯하면서도 오히려 크게 쓸모가 있으며, 이런 쓸모가 있는 것은 무슨 일에나 스스로의 본분(本分)을 다하고 자기의 삶을 즐길 수 있게 된다. 이렇듯 충분히 자기의 삶을 즐길 수 있으면 도에 가깝다고 한다. 모든 것을 그저 자연에 맡길 뿐, 그러면서도 그런 따위를 의식하지 않는다. 그것을 도(道)라고 한다.17)

여기서 말하는 도(道)를 작품 창작의 과정에 빗대어 보면, 현실을 바탕으로 자연스럽게 맡겨두면 스스로 다른 것을 의식하지 않는 초월의 상태에 빠진다는 것이다. 하나의 작품은 스스로 각자의 이미지를 만들어 낼 때, 진정한 작품의 길에 들어가는 것이다. 장자의 말에는 평상의 무용을 깨닫게 되면 그것은 세상과 통하는 문이 되고, 그것은 어떤 것을 얻는 것이다. 그것은 이미 자연 속에 존재하는 것을 얻는 것이다. 의식해서 얻으려고 해서 얻을 수 있는 것이 아니다. 자연스럽게 놓여진 것이다. 이것이 도라고 말한다. 창작의 원리도 평상의 생각 속에서 쓸모 있음과 없음의 경계를 지울 수 없는 애매하고 모호한 생각의 꼬투리에서 시작한다. 그러면서도 그것은 현실을 벗어나지 않는 '자연 그대로의 상태로 존재'하는 것이다.

> 당신 품에 안겼다가 떠나갑니다
> 진달래꽃 술렁술렁 배웅합니다
> 앞서 흐르는 물소리로 길을 열며
> 사람들 마을로 돌아갑니다
> 살아가면서

---

17) 凡物無成與毀, 復通爲一. 唯達者知通爲一, 爲是不用而寓諸庸. 庸也者, 用也. 用也者, 通也. 通也者, 得也. 因是已. 已而不知其然, 謂之道.(안동림 역주, 『장자』, 제물론(齊物論), 현암사, 2013, 63쪽).

늙어가면서
삶에 지치면 먼발치로 당신을 바라다보고
그래도 그리우면 당신 찾아가 품에 안겨보지요
그렇게 살다가 영, 당신을 볼 수 없게 되는 날
당신 품에 안겨 당신이 될 수 있겠지요

─함민복,「산」전문18)

이 시는 신비로운 경지를 말하고 있는 것이 아니라, 산의 풍경을 통해서 사랑하는 여인의 이미지를 끌어내고 있다. 이 시에서 화자는 산 속에서 느낀 이미지를 사랑하는 여인의 모습으로 구체화하고 있다. 이 시에는 신비로운 풍경이 자리하고 있는 것이 아니라, 산의 이미지가 사랑하는 사람과 이별과 만남, 충만한 사랑으로 변용되고 있는 것이다. 이 시의 화자는 세상을 초월한 공간(산)에서 화자가 꿈꾸는 사랑을 노래하고 있다. 이 시의 제목은 산이지만, 내용은 사랑하는 사람과의 행복한 나날을 꿈꾸고 있다. 산은 사랑하는 사람으로 변용되고, 그 변용은 이 시의 시적 상상력을 끌고 가는 힘이다. 이 시의 화자는 자신의 이미지대로 산을 해석하고 변용함으로써 산의 의미를 새롭게 만들어낸다. 산을 벗어난 곳에서 새로운 산의 이미지가 형성된다. 이처럼 작가는 자신의 그릇대로 자신의 독특한 이미지를 생성해내는 자이다.

송지사지 기성유희(誦之思之 其聲愈希) 그 풍경을 읊조리고 생각할수록 그가 토해낸 것은 드문 소리이리라.

이 부분은『노자』41장에 나오는 "크게 모가 난 물건은 모가 없는 듯이 보인다. 큰 그릇은 더디게 이룩되고, 큰 소리는 소리가 들리지 않으며, 큰 형상은 형체가 없는 듯이 보인다"19)는 말에서 찾을 수 있다.

---

18) 함민복 시집,『모든 경계에는 꽃이 핀다』, 창작과비평사, 1996, 30쪽.

말 그대로 한다면 대기만성이요, 대음희성이다. 초예의 미학은 자신이 만든 이미지를 생각하면 할수록 더 깊고 오묘한 세계를 드러내는 것이다. 진정한 작품은 각자의 그릇대로 만들어지는 것이다. 지나치게 큰 그릇은 쓸모가 없다고 생각하지만, 그 그릇을 어디에 어떻게 사용하느냐에 따라 다른 쓰임새로 쓰일 수 있는 것이다. 작가가 생각하는 것을 읊조린다는 말은 하나의 작품에 몰입하는 것을 말한다. 평소의 삶에서 자신의 작품을 끊임없이 반복해서 말할 때, 그 작품은 하나의 의미를 갖게 되는 것이다. 그 소리는 신비롭고 기이하기 때문에 '드문 소리'인 것이다.

「구잠(九箴)」에 이르기를 "군자는 어눌하려 하고, 길인(吉人)은 말이 적다. 예리한 입은 경계의 말을 만들고, 긴 혀는 시를 짓는다고 하지만 이 말을 옳지 않아서 천 리 밖에서 거부할 것이다. 반복할 수 있다 말하지 말라, 네 마리 말이 끄는 수레로도 따르기 어려울 것이다. 조용하고 침묵해야만 청정한 신(神)의 극치에 이를 것이며, 심한 것을 버리고, 화려한 것을 버려서 사물 밖에 머물러야 한다. 말이 많으면 실수가 많고 일이 많으면 해로운 것이 많다. 소리가 번잡하면 음탕하고 음이 희미하면 위대하다. …(중략)… 말을 잘 못하는 듯해야만 세상으로부터 존중을 받고, 말이 입에서 나오지 않아야만 한 시대의 으뜸을 차지한다. 그대의 혀를 놀리지 말라, 그대의 허물만 부를 것이다. 그대의 말을 쉽게 하지 말라, 매우 추할 것이다. 삼가고 조심해야만, 크고 오래갈 수 있다. …(하략)…"[20]

여기서 말[言]이 적다는 말은 풀어쓰는 말[辨]이 적다는 것이다. 자신

---

19) 大方無隅, 大器晚成, 大音希聲, 大象無形.(김학주 옮김, 『노자』, 연암서가, 2011, 238쪽).

20) 九箴云 : 君子欲訥, 吉人寡辭, 利口作戒, 長舌爲詩, 事言不善, 千里違之, 勿謂可復, 駟馬難追, 惟靜惟黙, 澄神之極, 去甚去泰, 居物之外, 多言多失, 多事多害, 聲繁則淫, 音希則大 (중략) 似不能言, 爲世所尊, 言不出口, 冠時之首, 無掉爾舌, 以速爾咎, 無易爾言, 亦孔之醜, 欽之謹之 可大可久.(하략)(김규선 옮김, 하문환 엮음, 『역대시화2-전당시화』, 소명출판사, 2013, 75쪽).

의 감정이 극에 이르게 되면 그 말을 잊어버리고 만다. 극단의 슬픔에 빠질 때 말을 할 수 없는 것처럼. '예리한 입'은 화려한 수사를 하는 말이고, '긴 혀'는 구구절절하게 늘려 쓰는 말이다. 말을 삼가고 조심하라는 것은 말을 쓰는 데 신중하게 하라는 말로도 들리지만, 궁극의 지점에 쓸 수 있는 말은 한정되어 있다는 말로도 들린다. 정태규의 「비원」이라는 작품에서 죽음을 앞둔 두 사람의 언어는 다만 몸짓으로 알 수 있을 뿐이었다. 슬픔의 극단이 언어의 끝을 알려주듯이 훌륭한 작품은 감정의 바깥에서 격동치는 상황에서 완성되는 것이다. 침묵해야만 청정한 신(神)의 극단에 이르듯이, 사물의 바깥에서 혼연(渾然)한 정신의 상황에서 지극한 작품이 나오는 것이다. 말할 수 없는 고통 속에 놓일 때, 나올 수 있는 것은 정제된 언어가 아니라, 숨 막히는 탄식이 있을 뿐이다.

산산이 부서진 이름이여!
허공중(虛空中)에 헤어진 이름이여!
불러도 주인(主人) 없는 이름이여!
부르다가 내가 죽을 이름이여!

심중(心中)에 남아 있는 말 한 마디는
끝끝내 마저 하지 못하였구나.
사랑하던 그 사람이여!
사랑하던 그 사람이여!

붉은 해는 서산(西山) 마루에 걸리었다.
사슴의 무리도 슬피 운다.
떨어져 나가 앉은 산(山) 위에서
나는 그대의 이름을 부르노라.

설운에 겹도록 부르노라.
설움에 겹도록 부르노라.
부르는 소리는 빗겨 가지만
하늘과 땅 사이가 너무 넓구나

선 채로 이 자리에 돌이 되어도
부르다가 내가 죽을 이름이여!
사랑하던 그 사람이여!
사랑하던 그 사람이여!

—김소월, 「초혼(招魂)」 전문21)

초예의 미학은 '드문 소리'를 내는 상황에 이르렀을 때 나온다. 현실에 놓여 있으면서 그 현실의 극단에서 경험하게 되는 죽음의 상황은 말로 형언할 수 없는 자리에 존재한다. 분명 현실적으로 존재했던 사람이고, 그 사람과 함께 있었는데 어느 날 갑자기 자신의 주위에서 사라지고 말았을 때, 그 슬픔을 말로 표현할 수 있겠는가? 사물을 분석하고 일정한 거리를 두고 투시(透視)하고 있으면, 그 사물과 진정한 공감이 이루어지지 않을 것이다. 그 사물의 바깥에서 그 사물의 진면목을 발견하게 될 때 그 사물의 진정한 의미를 깨달을 수 있을 것이다. 그것은 항상 곁에 있어서 소중함을 깨닫지 못하던 것을 그것을 벗어나고 난 뒤에야 소중함을 깨닫는 것과 같은 이치이다. 참된 언어는 구구절한 말에서 나오는 것이 아니고, 자연스럽게 우러나오는 드문 소리에 있다. 사물과 자신을 억지로 하나로 만든다고 해서 그 사물의 참된 의미를 발견하는 것이 아니다. 외려 그 사물의 바깥에서, 혹은 그 사물의 관계에서 벗어남으로써 그 사물의 진정한 의미를 깨닫게 될 것이다. 초예의 미학은 사물의 바깥에서 사물의 의미를 깨닫는 것이다. 벗어난다는 것은 은둔이 아니라,

---

21) 정한모 · 김용직, 『한국 현대시 요람』, 박영사, 1974, 117-118쪽.

자연스러운 곳으로 나아가는 것이다. 초예의 미학이 현실 속에서 현실을 벗어나는 것이라는 말은 그 현실(자연) 속에서 진정한 의미의 현실(자연의 도)을 깨닫는 것이다. 말이 없는 것이 진정한 말을 하는 것이라는 말은 결국 초월의 상황에 놓이게 되면 할 말이 적다는 의미로 받아들일 수 있다. 할 말이 적다는 것은 깊은 내면에 잠재해 있는 울림의 소리라는 말이다. 좋은 작품은 화려한 수사와 꾸밈이 있는 말이 아니라, 소박하면서도 군더더기가 없는 말을 사용한 작품이다. 평상의 말을 잘 사용하고, 그 말을 바탕으로 해서 회통할 수 있는 작품이 좋은 작품이다. 불립문자라는 말은 말을 하지 않고도 말을 한다는 것이 아니라, 말로써 자신의 의도를 억지로 세우지 않는 것을 의미한다. 의도하지 않는 자연스러움에서 신비로운 말이 나온다는 것이다. 초예의 미학은 말의 노예가 되지 않는 자유로운 말이 신비롭고 기이하게 펼쳐지는 것을 말한다.

22. 종횡무진(縱橫無盡)하는 상상의 세계
— 표일(飄逸)

(1) 개요

 표일(飄逸)의 한자 사전의 뜻은 "1. 뛰어난 모양, 2. 높이 날아오르는 모양, 3. 표연히 속세를 떠나 세상일에 상관하지 않는 일"이라 정의하고 있다. 한자어 표(飄)는 일정하지 않는 바람이라는 뜻이고, 일(逸)은 도망쳐서 잃어버리다라는 뜻이다. 『설문해자』에서 "일(逸)은 실(失)이라고 하는데, 이는 토끼를 쫓다가 잃은 것을 의미한다."라고 설명하고 있다. 두 한자어의 뜻을 동시에 살펴볼 때 표일은 일정하지 않은 곳으로 떠나는 것을 말한다고 할 수 있다. 표일은 마음대로 한다는 뜻의 방종(放縱)이라는 말과 자유로운 생각이 펼쳐진다는 뜻의 초예(超詣)라는 말을 동시에 지칭하고 있으면서도 이 둘과는 또 다른 뜻을 갖고 있다. 표일은 현실을 벗어난 자유로운 상상의 세계가 잇달아 일어나는 것을 말한다. 초예가 현실에 뿌리를 두고 있으면서 현실을 떠나지 않는 상상의 세계라고 한다면, 표일은 현실 너머의 무한한 상상의 세계로 끝없이 나아가는 세계라고 할 수 있다. 이런 까닭에 표일은 장자가 말하는 '소요유(逍遙遊)'와 같은 상상이 세계를 말한다고 할 수 있다. 시의 품격을 말하고 있는 엄우는 『창랑시화』에서 '표일(飄逸)'의 품격을 갖는 당나라의 두 시인을 비교하면서 다음과 같이 표일의 미학을 설명하고 있다.

태백은 한 두 가지 두보가 능히 이룰 수 없는 묘처(妙處)가 있고, 두보는 이백이 능히 지을 수 없는 한 두 가지 묘처가 있다. 두보는 능히 태백의 표일(飄逸)함을 행할 수 없고, 태백은 능히 두보의 침울(沈鬱)함을 행할 수 없다. 태백의「몽유천모음유별(夢遊天姥吟留別)」,「원리별」등은 두보가 이룰 수 없는 것이고, 두보의「북정(北征)」「병거행(兵車行)」「수노별(垂老別)」등은 태백이 이룰 수 없는 것이다. 시를 논할 때 이백과 두보를 표준으로 시를 논하는 것은 천자를 끼고서 제후를 명령한 것이다.1)

엄우는 당나라 시인 이태백의 시에서 표일의 미학을 발견할 수 있다고 말하고 있으며, 두보의 시에서는 침울의 미학을 만날 수 있다고 말하고 있다. 그가 예로 들고 있는 이태백의「몽유천모음유별(夢遊天姥吟留別)」과「원리별」은 현실의 경계를 넘어서 초현실적 사유의 세계를 보여주고 있다. 표일의 미학은 꿈속을 거닐 듯 걸어가는 무한한 상상의 세계를 말한다고 할 수 있다. 무한한 상상의 세계는 현실로서는 도달할 수 없는 세계일지는 모르지만, 현실의 인식에서 벗어난 정신세계에서는 만날 수 있는 세계일 것이다. 이태백의「몽유천모음유별(夢遊天姥吟留別)」은 꿈속에서 오나라와 월나라의 하늘을 종횡무진 넘나들고 있는 시이다. 이 상상의 세계는 거침없다. 거침없이 나아가는 상상의 세계야말로 표일의 미학에서 발견할 수 있는 아름다움이라고 말할 수 있을 것이다. 사공도는 표일의 미학을 다음과 같은 시로 형상화하고 있다.

落落欲往 矯矯不群 緱山之鶴 華頂之雲
낙락욕왕 교교불군 구산지학 화정지운

---

1) 太白有一二妙處, 子美不能道, 子美有一二妙處, 太白不能作, 子美不能爲太白之飄逸, 太白不能爲子美之沈鬱. 太白「夢遊天姥吟留別」,「遠離別」等, 子美不能道, 子美「北征」「兵車行」「垂老別」等,「太白不能作」詩論以李杜爲準, 挾天子以令諸侯也.(배규범, 역주『창랑시화』다운샘, 1997, 118쪽. 안대회, 583쪽 참조).

高人惠中 令色絪縕 御風蓬葉 泛彼無垠
고인혜중 영색인온 어풍봉엽 범피무은

如不可執 如將有聞 識者已領 期之愈分
여불가집 여장유문 식자이령 기지유분

낙락하게 멀리 떠나려 하며
도도하여 범인과 어울리지 않네
구지산(緱氏山)에는 학이 날고
태화산(太華山) 꼭대기에는 구름이 나네

고고한 사람은 마음이 평화롭고
멋진 얼굴에는 원기가 넘치네
바람에 실려 쑥대 잎을 타고서
저 아득한 곳으로 둥둥 떠가네

그를 잡을 수 없을 듯하나
그래도 그의 소식은 들려오겠지
지인들은 벌써 그 사실을 알지만
만나려 애쓸수록 더 멀어지네

이 시의 1연은 표일로 나아가는 상태를 설명하고 있는데, 말 그대로 표일은 현실을 벗어난 곳에서 고고한 상상의 나래를 펴는 것이다. 표일의 품격이 보여주는 상상의 세계는 자신만의 세계에 갇힌 상상의 공간이 아니라, 화자의 사유가 나아가는 열린 상상의 공간이다. 1연의 구지산의 학과 태화산의 구름은 자유분방한 사유로 나아가는 상상의 세계를 상징하는 소재들이다. 표일의 미학은 현실을 벗어난 곳에서부터 시작한다는 것을 보여주고 있다. 2연은 현실을 벗어난 화자의 사유가 어떤 상상의 세계로 나아가고 있는지를 보여주고 있다. 표일의 품격으로 나아가고 있는 화자의 모습은 평화로운 마음 상태이며, 그의 얼굴에는 화기가 넘치고 있으며, 그의 정신은 끝닿을 수 없는 아득한 상상의 세계로 나아가고 있다. 그의 정신은 현실을 떠나서 끝없는 상상의 세계로 나아가고 있다. 3연에서는 그 상상의 공간이 눈으로 보이는 실제 형상의 공간이 아니라 애를 쓰면 쓸수록 멀어지는 상상 속의 공간이라고 말하고 있다. 표일의 미학은 현실에서 실현되는 가능태라기보다는 상상 속에서 일어나는 재현의 가능태라고 할 수 있다. 이 무한한 상상력의 아름다움은 또 다른 시적 미학을 열어가는 근원이 되기도 한다. 이 때문에 표일의 미학은 시적 세계를 확장하는 품격이라고 말할 수 있는 것이다.

(2) 멀고 먼 환상의 공간

낙락욕왕 교교불군(落落欲往 矯矯不群) 낙락하게 멀리 떠나려 하며 도도하여 범인과 어울리지 않네.

한자어 '낙(落)'는 떨어진다는 뜻이다. 첫 부분에서 떨어진다라는 뜻을 두 번 반복하고 있는데 이는 현실과 멀리 동떨어지고 또 동떨어진다는 것을 의미한다. 낙락(落落)은 '작은 일에 얽매이지 않고 대범'하게 멀어진다는 뜻을 내포하고 있다. 이 말은 구속되지 않는 자유로운 정신세계를 말한다. 표일의 미학으로 들어가기 위해서는 현실 세계와 비현실 세계의 경계가 없이 자유로운 사유의 세계를 전제로 한다는 것을 말한다. 자유로운 사유의 세계로 나아가기 위해서는 현실에서 일어날 수 있는 상황인가 아닌가라는 논리적 잣대가 필요하지 않다. 거침없는 상상의 세계는 전제 조건이 필요 없으며, 그것이 가능한 것인가 아닌가와 같은 판단까지도 떨쳐버려야 한다. 거침없는 사유는 하나의 생각이 또 다른 생각의 꼬투리를 물고 있으며, 그 생각은 또 다른 사유의 끝을 물고 있다. 표일의 미학은 현실과 떨어진 사유의 연쇄로부터 시작한다고 말할 수 있다.

거침없는 상상의 세계로 나아가는 것은 마치 회오리바람[飄]처럼 일어나는 것이다. 회오리바람은 어느 곳에서 시작되었는지, 어디로 향해 나아갈지를 예측할 수가 없다. 기류(氣流)의 흐름에 따라 거침없이 내달릴 뿐이다. 시구 낙락욕왕(落落欲往)은 멀고 먼 곳으로 향하는 정신세계를 말한다. 그 생각이 닿는 곳은 정해지지 않는 곳이다. 그 사유는 멀고 먼 세계로 나아가고 있을 뿐이다. 표일의 미학은 끝없는 곳으로 나아가려고 일어나는 마음의 욕망 상태라고 할 수 있다. 그 사유의 세계는 현실의 논리와 잣대로 판단할 수 없는 상상의 세계이기 때문에 아무리 이해하려고 해도 이해할 수가 없을 정도로 현실 세계와 동떨어져 있다. 교(矯)는 뜻을 나타내는 화살[矢]과 음을 나타내는 교[喬, 끼우다]가 합쳐진 형성문자인데, 화살을 끼워서 바로잡는 나무를 말한다. 이 한자어가 두 번 쓰인 교교(矯矯)는 '날래고 사나운 모양'을 의미한다. 표일의 미학은 거침없이 달리는 날래고 사나운 모양을 형상화하는 것이라는 말이다. 이 세계는 현실에 기반을 둔 관점으로는 이해할 수 있는 세계가 아니다. 그야말로 현실을 초월한 관점에서만 이해할 수 있는 상상의 세계이다.

이런 상상의 세계는 시에서 아주 중요한 의미를 가진다. 시는 현실에서 그 소재를 찾지만 그 소재는 작가의 사유 속에서 또 다른 모습으로 형상화되기 때문이다. 이러한 표일의 미학은 일찍이 30년대 초현실주의 시에서 많이 나타났으며, 최근의 미래파시에서도 이러한 시적 경향을 보여주고 있다. 초현실주의 시인들이나 미래파 시인들은 현실적 상상의 세계를 넘어서는 자유분방한 사유의 세계를 바탕으로 새로운 언어의 실험성을 지향하고 있으며, 현실과 초현실의 경계를 넘나드는 거침없는 사유의 세계를 보여주고 있다.

> 호주머니를 잃어서 오늘밤은 모두 슬프다
> 광장으로 이어지는 계단은 모두 서른 두 개
> 나는 나의 아름다운 두 귀를 어디에 두었나
> 유리병 속에 갇힌 말벌의 리듬으로 입맞추던 시간들을.
> 오른 손이 왼쪽 겨드랑이를 긁는다 애정도 없이
> 계단 속에 갇힌 시체는 모두 서른 두 구
> 나는 나의 뾰족한 두 눈을 어디에 두었나
> 호수를 들어 올리던 뿔의 날들이여.
> 새엄마가 죽어서 오늘밤은 모두 슬프다
> 밤의 늙은 여왕은 부드러움을 잃고
> 호위하던 별들의 목이 떨어진다
> 검은 바지의 밤이다
> 폭언이 광장의 나무들을 흔들고
> 퉤퉤퉤 분수가 검붉은 피를 뱉어내는데
> 나는 나의 질긴 자궁을 어디에 두었나
> 광장의 시체들을 깨우며
> 새엄마를 낳던 시끄러운 밤이여.
> 꼭 맞는 호주머니를 잃어서
> 오늘밤은 모두 슬프다
>
> ―황병승, 「검은 바지의 밤」 전문2)

이 시는 슬픈 것을 전제로 한 무한한 상상의 파문을 보여준다. 그런데 이 슬픈 상황의 전제가 되는 것은 "호주머니를 잃어서 오늘밤 모두 슬프다"에서 "새엄마가 죽어서 오늘밤은 모두 슬프다"로 이어지다가 마침내 "오늘밤은 모두 슬프다"로 끝나는, 근원도 없고 끝도 없는 슬픔으로 이

---

2) 황병승 시집, 『여장남자 시코쿠』, 문학과지성사, 2012, 15쪽.

어진다. 또 다른 상황은 "나는 나의 아름다운 두 귀를 어디에 두었나"와 같은 청각 상실의 공포로부터 "나는 나의 뾰족한 두 눈을 어디에 두었나"로 이어지는 시각 상실의 공포까지 이르게 되고, 마침내 이것은 "나는 나의 질긴 자궁을 어디에 두었나"와 같은 생명의 근원에 이르는 공포까지 닿는다. 이 여섯 행을 제외한 나머지 부분은 모두 슬프고 무서운 상황으로 이어지고 있다. 이 시는 슬픈 상황을 연속적으로 보여주는 검은 밤의 풍경이다. 화자는 자신에게 "꼭 맞는 호주머니를 잃어서" 슬픈 상황에 놓여 있고, 다른 사람과 어울릴 수 없고, 떨어질 수밖에 없는 외로운 상황에 놓여 있다. 화자는 어딘가로 떨어져서 자신만의 상상 속에 매몰되면서 다른 사람들과는 어울릴 수 없는 혼자만의 세계 속에서 슬퍼하고 있다. 이 시는 슬픔과 공포의 상황이 보이지 않는다. 그저 언어로 표현된 그 자리에서 슬픈 상황이 일어나고 무서운 일이 일어나고 있을 뿐이다. 그런데 슬픈 상황이 펼쳐지는 것은 호주머니를 잃었다는 단순한 동기로부터 비롯하고 있다. 어처구니없는 상황이 전개되면서 시적 상상력이 펼쳐지고 그 사유의 세계는 거침없이 내달리고 있다. 이 시는 처음부터 현실의 논리적 상황을 용납하지 않고 있다. 현실에 얽매이지 않은 거침없는 상상의 세계만을 제시하고 있을 뿐이다. 단편적인 사유의 세계가 이어지면서 하나의 연결고리를 이루고 있으며, 그것은 다른 사람들이 근접할 수 없는 상상의 세계를 보여준다. 표일의 미학은 현실의 상황을 넘어서는 무한한 상상력을 자극하는데 있다.

구산지학 화정지운(緱山之鶴 華頂之雲) 구지산緱氏山에는 학이 날고 태화산太華山 꼭대기에는 구름이 나네.
1연의 두 번째 구절에서는 막연하고 애매한 상상의 세계를 통해서 구체적으로 재현되는 세계를 보여주고 있다. 그러나 이렇게 재현된 세계 마저도 이른바 환상의 공간이다. 현실의 화자가 상상을 통해서 재현해 내는 환상의 세계이다. 이 시의 공간적 배경이 되고 있는 구지산과 태화산은 현실을 넘어서 존재하는 환상의 공간을 상징하고 있을 뿐이다. 이 환상의 공간 속에 어울리고 있는 것이 '학'이요, '구름'이다. 예로부터 동양에서는 학을 신선과 노니는 존재로 생각했다. 구지산은 송나라의 『태평광기(太平廣記)』에서 "서왕모의 성이 구(緱)이고, 하남의 구지산은 서왕모가 수도하던 옛 지명이다"3)라는 말이 나온다. 구지산은 말 그대로 신화의 세계 속에 있는 산을 상징한다. 이 신화와 같은 공간 속에서 신선과 더불어 학이 날고 있다. 신화의 세계는 상징의 세계이고, 상상의 세계이다. 이 상상의 세계에서 재현되는 구체적 형상들은 작가가 만들어내는 또 다른 세계를 상징하는 세계이다. 이 때문에 이 시에서 말하는 학은 현실 세계의 학을 말하지 않는다. 학은 신선과 같은 환상 속의 소재이거나, 혹은 보이지 않는 세계 속을 노니는 새를 상징한다.

태화산의 '구름'도 현실에서 말하는 구름이 아니다. 태화산은 중국의 오악 중에서 서악이라고 부르는 화산을 말한다. 화산은 중국의 샨시성[陝西省] 남쪽에 있는 친링산맥[秦嶺山脈]에 있다. 이 산은 노자가 청우를 타고 함곡관을 거쳐 이곳에서 수련했다고 전해지는 곳이다. 그야말로 신령스러운 공간이다. 이 산에서 떠도는 구름은 인간 세상이면서 비인간 세상이라고 할 수 있다. 이 때문에 이 시에서 말하고 있는 구름은 현실을 넘어선 환상의 세계에서 만나는 소재라고 말할 수 있는 것이다.

이 시의 화자는 환상의 공간에서 구체적인 이미지로 형상을 그려내고 있다. 그것은 서양 신회에 나오는 기이한 형상들이기도 하고, 중국 고대

---

3) 西王母姓緱, 河南緱氏乃西王母修道之故地也.

인들이 그리고 있는 『산해경』에 나오는 기이한 형상들이기도 하다. 현실을 벗어난 곳에서 보여주는 세계는 사실은 모두 허상이지만 작가의 시선을 통해서 그려지는 그 허상은 또한 구체적 모습이기도 하다. 이러한 비형상의 형상화 작업은 작가의 상상력을 통해서 실상으로 그려진다. 강숙인의 소설 『불가사리』에서 불가사리는 전설상의 동물이지만 그녀의 소설에서는 불가사리의 모습이 작가의 상상력을 거치면서 구체적인 모습으로 형상화되고 있다.

> 마음을 다 잡으면서 연두는 불가사리를 빤히 바라보았다. 용을 닮은 새끼 불가사리의 얼굴이 볼수록 귀여웠다. 발가락이 세 개씩 달린 앞발 뒷발도 앙증맞았다. 연두는 손을 뻗어 불가사리를 쓰다듬어 주었다. 비늘 같은 털로 뒤덮인 몸이 의외로 부드러웠다. 불가사리가 뿔 같은 두 귀를 쫑긋거렸다. 귀여웠다. (…) 어느 순간 번쩍 불가사리의 모습이 떠올랐다. 불가사리 불이는 요즘 검배 보다 몸집이 더 커졌다. 뿐만 아니라 뒷다리로 버티고 서서 쿵쿵 육중한 몸을 내딛고, 앞다리를 팔처럼 흔들며 사람처럼 잘도 걸었다. 그래서 밤에 바람을 쐬러 나갈 때도 불이 양옆에 연두와 달래가 서고 뒤에서 검배가 호위하면서 같이 걸어갔다. 지난번에 검배는 시험 삼아 대장간에서 굴러다니는 작은 쇳덩이 하나를 불이에게 준 적이 있었다. 불이는 쇳덩이가 맛있는 음식이라도 되는 양 우물우물 맛있게 먹었다.[4]

인용한 부분은 불가사리 전설을 바탕으로 작가의 상상력이 더해져서 불가사리의 형상을 재현해낸 것이다. 기록에 따르면 불가사리의 형상은 "곰과 비슷하나 털은 광택이 나며 처음에는 작지만 철을 먹으면 점점 커지며, 사자의 머리에 코끼리의 코, 소의 꼬리를 가졌다"고 한다. 그런데 이 작품에서 형상화하고 있는 불가사리는 기록을 바탕으로 하고 있으면서도 그 형상은 기록과는 다르게 묘사되어 있다. 작가의 상상력으로 재현되는 불가사리는 작가가 만들어낸 또 다른 모습의 불가사리일 뿐이

---

[4] 강숙인, 『불가사리』, 푸른책들, 2010, 94-106쪽.

다. 강숙인이 형상화하고 있는 불가사리는 용을 닮은 형상에 비늘이 있으며, 뿔 같은 귀를 갖고 있으며, 발가락이 세 개다. 쇠를 먹으면서 몸집이 커진다고 한다. 보이지 않는 형상을 보이도록 하기 위해서는 작가의 상상력이 펼쳐질 수밖에 없다. 작가의 상상을 통해서 그 형상이 문자로 표현되면 그 형상은 또 다른 이미지로 재현되는 것이다. 이 새로운 형상은 작가의 자유로운 사유가 개입되어 있기 때문에 더욱 생동감 있는 모습으로 재현된다. 이 때문에 상상으로 재현된 형상은 사실 상징적 형상일 뿐이지만 그 상징적 형상은 또 다른 세계의 모습을 구체적으로 보여주는 새로운 형상이기도 한 것이다.

> 다시 남쪽으로 500리를 가면 부려산(鳧麗山)이라는 곳인데 산 위에서는 금과 옥이, 기슭에서는 잠석(箴石)이 많이 난다. 이곳의 어떤 짐승은 생김새가 여우같은데 아홉 개의 꼬리와 아홉 개의 머리에 호랑이 발톱을 하고 있다. 이름을 농질(蠪姪)이라고 하며 그 소리는 어린 아이 같은데 사람을 잡아먹는다.5)

인용한 부분은 『산해경』에서 상상 속에 존재하는 농질이라는 동물을 묘사하고 있는 부분이다. 농질의 형상은 구체적으로 알 수 없지만 여우 같은 생김새와 호랑이 발톱과 같은 특정적인 부분을 통해서 이 동물의 형상을 어렴풋이 재현할 수 있을 것이다. 그런데도 그 형상을 구체적으로 그리려고 한다면 각자 다르게 그려지는 형상이지 통일된 형상으로 그려지지는 않을 것이다. 문자로 보여주는 형상은 어렴풋하게 재현할 수 있는 형상일 뿐이다. 그야말로 이미지로 재현되는 형상일 뿐이다. 사공도의 시구처럼, 상상의 공간에서 펼쳐지는 구체적 형상물을 학이라는 말로 설명하고 있지만, 그 학은 이미 신화의 공간에 존재하는 학일

---

5) 정재서 역주, 『산해경』, 민음사, 2010, 150쪽.

뿐이다. 마찬가지로 태화산에서 떠도는 구름도 현실의 공간에서 만나는 구름이 아니라, 노자가 타고 다니던 구름의 형상을 연상하게 할 뿐이다. '불가사리'는 어떤 형상인지 알 수 없지만, 작가가 재현하는 구체적인 형상으로 그려질 때 그것이 구체적 이미지로 재현되지만 그렇다고 그것이 완전한 모습으로 재현되는 것은 아니다. 확연하게 보이지 않으면서도 그 실체는 분명히 있다. 이 어렴풋한 형상은 하나로 규정되는 닫힌 형상이 아니라 열린 형상이다.

표일의 상황에 들어가는 길은 열린 상상의 세계일 때만 가능하다. 닫힌 세계가 아닌 열린 세계, 상상으로 재현되는 상징적 형상일 뿐이다. 말로는 표현할 수 없는 애매한 상황이지만, 어렴풋이 그 형상을 표현할 수 있는 세계이다. 하나의 상상이 이어지는 자리에 걸쳐 있는 경계가 없는 애매한 형상들이 표일의 미학에서 만나게 되는 형상들이다.

(3) 환상으로 이어지는 아득한 곳

고인혜중 영색인온(高人惠中 令色絪縕) 고고한 사람은 마음이 평화롭고 멋진 얼굴에는 원기가 넘치네.
표일의 상황이 거침없이 달리는 사유의 세계라고 해도 그것은 작가의 사유 체계 속에서 놓여 있다. 현실에 얽매인 힘든 사유의 세계를 말하는 것이 아니라, 마음의 평안을 찾아서 마음 닿는 대로 나아가는 사유의 세계를 말한다. 시구 '고인(高人)'은 고고한 사람을 말하는데, 여기서 말하는 고는 고고(高高)를 의미한다. 고고는 높고도 또 높은 것을 말한다. 앞에서 말한 높고 높은 구지산과 태화산을 말하며, 고인은 그 높은 곳에 있는 어떤 사람을 말한다. 그 사람은 높은 곳에 있으면서도 마음의 안정을 찾는 사람이다. 그의 얼굴에는 세상을 초월한 듯한 원기가 넘친다. 이러한 공간에서 펼쳐지는 자유로운 사유는 환상 속의 형상으로 재현해낸다. 거침없는 사유는 죽은 형상으로 향하는 것이 아니라, 끝없이 생성하는 형상으로 재현되는 것이다. 하나의 생각이 생각을 물고 가는 자유로운 연상은 상상을 이어가는 생동하는 세계를 보여주고 있다.

이 시구에서 '혜(惠)'는 아름답다는 뜻이고, '영색(슈色)'은 사전에 "남에게 잘 보이기 위하여 아첨하는 표정이나 태도"를 말한다. 이 말은 교언영색(巧言슈色)이라는 구절에서 따왔다. 여기서는 '꾸미지 않은 아름다운 얼굴' 정도로 해석하면 좋을 것 같다. 시구 '인온(絪縕)'은 또 다른 한자어인 인온(氤氳)이라는 말과 같다. 인온(氤氳)은 "하늘 기운과 땅 기운이 서로 합하여 어리어 있는 상태"를 말한다. 높고 높은 산 속에서 있는 사람의 모습은 아름다운 얼굴로 하늘의 기운과 땅의 기운을 머금고 있다는 것이다. 이러한 상황은 신비로운 상상의 세계에서 만나는 흥미롭고 유쾌한 상태를 말한다. 상상의 세계를 쫓아가는 것은 참으로 흥미로운 일이다. 이 세계는 현실적으로 실현될 가능성이 없는 막연한 상태의 공상(空想)과는 차원이 다르며, 그것은 인식의 세계에서 만나게 되는 유쾌하고 자유로운 세계인 것이다.

    방안에 앉아 아이들이 장난감을 만지작거린다. 그러나 재미가 없다. 사탕 한 알 입안에 넣고, 베란다 창밖을 바라본다. 도로 건너편 종합병원의 응급실이 보인다. 베란다에서 응급실까지 다리가 놓인다. 응급실에 누워 있던 환자들 부스스 일어나 상처 난 부위에 칼들을 꽂으며 나에게로 달려온다. 그러나 재미가 없다. 다리를 걷어내고 이불을 편다. 꿈을 꾸려고 뒤척거린다. 잠이 오지 않는다. 다시 베란다로 가 저 멀리 해수욕장을 바라본다. 바닷물을 맛보고 싶다. 내 혀가 점점 자라나 뱀처럼 기어간다. 도로를 기어가다 차량들의 타이어에 내 혀가 짓밟힌다.

화가 난 혓바닥은 운전자들의 눈을 가린다. 후, 후 재미있다. 병실로 기어들어 환자들의 상처를 맛본다. 재미도 맛도 없다. 나도 언젠가 정신병원엘 가야겠지. 계속 자라나는 혀는 보도블록을 지나 육교를 넘어 해변으로 향하는 계단을 내려가 해수욕장의 모래를 맛본다. 수영복을 입고 있는 여자들의 젖꼭지를 맛본다. 재미있다. 재미있다.

—정익진, 「재미있다. 없다」 전문6)

이 시에는 상상을 따라가는 장난스러운 화자의 모습이 재미있게 형상화되어 있다. 이 시의 화자는 아이들의 상상을 따라가는 어른이다. 어른 화자는 베란다에서 응급실까지 다리를 놓고, 그 상상도 재미가 없어서 이번에는 이불을 펴고 잠을 청한다. 잠이 오지 않아서 해수욕장을 바라본다. 갑자기 혀가 자라고 혀는 뱀처럼 자라서 도로를 기어가고, 병실로 가기도 하고, 해수욕장의 모래를 맛보기도 한다. 혀를 따라 가는 상상의 연쇄는 재미있는 상황으로 마무리 된다. 이 상상이 실현되는 순간 어른 화자는 "재미있다, 재미있다"고 외친다. 이 시의 어른 화자는 상상의 세계를 따라가면서 모든 것을 얻은 것 같은 만족감에 빠져들고 있다. 표일의 미학은 회오리바람과 같이 일어나면서 어디로 향할지 모르지만, 그 끝없는 사유의 세계를 통해서 만나는 희열의 미학이라고 말할 수 있다. 그 희열은 표일의 미학을 알고 있는 작가만이 누릴 있는 정신적 만족감이라 할 수 있다. 표일의 자유로운 사유 방식을 염두에 둘 때 사공도의 시에서 말하는 높은 곳이라고 하는 곳은 지리적으로 높은 공간을 의미하지만 않는다. 그것은 인간의 무의식이 닿는 높은 정신적 경지라고 할 수 있다. 이 정신적 경지에 있는 사람은 현실의 공간에서는 이해하기 힘든 정신적 평온과 만족감, 그런 희열을 느끼고 있다. 이것은 '인온(絪縕)'의 모습과 같이 공간을 초월한 곳에서 만나는 자유로움이라고 말할

---

6) 정익진, 『구멍의 크기』, 천년의시작, 2003, 28쪽.

수 있다. '재미있다'는 것은 단순한 의미에서 말하는 흥미로움을 말하는 것이 아니라, 상상의 세계에서 만날 수 있는 정신적 평온함을 말하는 것이다. 아이들과 같은 천진난만한 상상을 하고는 있지만, 이 상상은 인간의 정신세계가 추구하는 또 다른 희열을 주는 만족감이다. 표일의 미학에 나타나는 몽상(夢想)의 세계는 인간의 무의식을 따라가는 흥미로운 정신세계를 말한다.

어풍봉엽 범피무은(御風蓬葉 泛彼無垠) 바람에 실려 쑥대 잎을 타고서 저 아득한 곳으로 둥둥 떠가네.

이 부분은 상상의 파문이 닿는 곳을 말한다. 인간의 상상이 닿는 곳은 끝이 없다는 것이다. 2연의 첫 번째 부분은 상상의 흥미로움을 말하고 있다면, 두 번째 부분은 상상이 끝없이 이어진다는 것을 말하고 있다. 이 부분은 끝없는 경계를 넘어서 떠가고 있는 상상의 세계를 말하는데, 이는 생각의 꼬리를 물고 이어지는 일종의 연상작용(聯想作用)이라 할 수 있다. 이러한 방법론은 초현실주의 미학에서 자동기술법(Automatism)이라고 한다. 표일의 미학은 현실을 치밀하게 묘사하고 이미지를 다르게 말하는 데페이즈망(depaysment) 기법[7]과는 달리 정신세계의 무한 질주에서 느끼는 쾌락이라고 할 수 있다. 표일의 미학은 기법상으로 이미지를 다르게 표현하는 방법을 보여주든지, 정신적으로 상상의 세계를 자유롭게 그려내는 방법을 보여주든지 간에 그 근본에는 현대시학에서

---

7) 데페이즈망(Depaysement)이란 용어는 본래 '사람을 타향에 보내는 것' 또는 '다른 생활환경에 두는 것'을 의미한다. 즉 어떤 물체를 본래 있던 곳에서 떼어내는 것을 가리키는 것이다. 이것은 그 유명한 말 '이미지의 배반'을 설명해주는 말이기도 하다. '이미지의 배반'은 벨기에의 초현실주의 화가 르네 마그리트의 대표작이자 그의 세계를 이해하는 열쇠를 제공해주는 작품이다. 이 작품에는 흔한 파이프가 그려져 있지만 그 아래에는 'Ceci n'est pas une pipe'(이것은 파이프가 아니다)라고 쓰여 있다.

말하는 초현실주의 미학과 닿아 있다고 말할 수 있다. 표일의 미학에서 보여주는 종횡무진하는 상상의 세계는 그 자체가 이미 현실의 경계를 넘어선 곳으로 나아가려고 하는 작가의 욕망이 반영된 것이라고 할 수 있다.

    바람소리에 놀라 깨어나는 겨울 한밤중 침대 머리맡에 나비 한 마리 앉아 있다 가만히 들여다보노라니 꿈꾸듯 접힌 작은 날개 가득 내가 아는 모든 꽃들의 이름 문신처럼 새겨져 있다.

    그 이름 하나하나 불러 세울 때마다 나비의 날개는 화안한 금빛으로 물들어간다 나비의 몸 속을 밝히는 건 꽃들의 영혼일까 내 안에 잠든 바람의 움직임일까 내가 바람, 이라고 말하기도 전에 나비는 어둠 속으로 날아오르고

    갑자기 폭죽을 터트린 듯 어둠이 화안해진다 황금빛 광채에 갇힌 나비떼 팔랑팔랑 떠다니는 허공으로 내 몸도, 침대도 꽃잎처럼 가볍게 떠오르는 한순간 갑작스런 암전, 아득한 현기증

    오래 전에 내가 날려보낸 나비들 어디서 잠들고 꿈꾸는 것일까 침대는 무덤처럼 나를 삼키고, 다시는 날지 못할 것이다 외치듯 세상을 흔들어대는 창밖의 바람소리. 나비떼 다녀간 어둠 끝 보이지 않는다 너무 먼 봄.

                                         ―김형술, 「나비의 침대」 전문[8]

  이 시에 나오는 나비는 현실의 공간에서 만나는 나비가 아니다. 이 시의 시간 배경은 계절이 겨울이고, 그것도 한밤중이다. 현실적으로 나비가 존재할 수 있는 시간이 아니다. 그렇다면 이 시에서 말하는 나비는 화자가 바람소리에 놀란 나머지 꿈에서 깨어난 뒤 그 꿈의 연장선상에서 떠오르는 이미지로 존재할 뿐이다. 화자의 사유 속에 떠오른 그 나비는 자신이 기억하고 있는 기억의 문신들이 새겨져 있다. 나비라는 실체에

---

[8] 김형술, 『나비의 침대』, 천년의 시작, 2002. 17쪽.

꿈속의 환영과 과거의 기억들이 이미지로 투영되어 있다. 그 환영과 기억을 떠올리는 순간 나비의 날개는 금빛으로 물들어간다. 나비를 통해서 떠오른 이미지들은 또한 나비를 통해서 그것이 환영으로 다가온다. 순간적으로 밝아졌던 나비의 이미지는 사라지고, 화자는 어두운 침대 속으로 빠져 된다. 화자는 꿈속에서 아름다운 풍경을 보았지만, 깨어나고 나서는 자신이 아득하고 어두운 현실 속에 놓여 있다는 사실을 깨닫게 된다. 이 시의 화자는 겨울 한밤중 바람소리에 놀라 잠에서 깨어났다. 꿈속에서 아직 깨어나지 못한 상황들이 꿈속의 그림자와 함께 어른거린다. 화자는 그 꿈속의 그림자를 통해서 아름다운 영혼들, 과거의 기억 속에 묻혀 있던 시간들을 떠올린다. 화자가 불을 밝히자 그 환영들은 사라지고 꿈속의 영혼들도 달아난다. 하나의 상황이 환상의 이미지를 만들어내고 그 이미지는 다시 금빛 환상으로 바뀌고, 그것은 영혼 세계와 만나게 된다.

 표일의 미학은 하나의 상상이 또 다른 상상을 불러일으키고 그 상상은 또 다른 상상의 연상으로 이어지는 것을 말한다. 표일의 미학에서 작가의 상상은 끝이 없이 연결되어 있다. 김형술의 시에서 화자가 다시 침대 속으로 빠져들면서 어둠의 상황 속으로 들어간다. 앞에서 살펴본 '초예(超詣)'의 품격이 현실을 초월하는 아슬아슬한 경계에 있다면, 표일은 그 현실의 경계마저도 벗어난 상상의 무한질주라고 할 수 있다.

  문이 열리고 아무도 없는 마루가 보인다
  아무도 없는 마루 한가운데 그가 즐겨 앉는
  의자가 안 보이고 원목의 의자에 어울리는
  책상이 안 보인다 책상 위에 놓인 양장본의
  노트가 안 보이고 언제나 뚜껑을 열어 놓은

고급 만년필이 안 보인다 머리를 긁적이며
깨알같이 써 내려가는 그의 글씨가 안 보이고
때마침 불어오는 바람에 긴 머릿결을 내맡기는
그녀가 안 보인다 햇살 고운 그녀와
아침마다 잎을 떨구는 초록의 나무가
안 보이고 묵묵히 초록나무를 키워온
환한 빛의 화분이 안 보인다 너무 환해서
웃음까지 삼켜버린 둘의 사진이 안 보이고
영영 안 보이는 그녀 가슴에 얼굴을 파묻고
우는 그의 어깨가 안 보인다 허물어져 가는
그의 얼굴과 그녀의 오랜 손길이 안 보이고
아무도 없는 마루를 저 혼자 떠도는
먼지가 안 보인다 문이 열리고
아직도 살아 숨쉬는 그의 빈방이
안 보인다

―김언, 「숨쉬는 무덤」 전문[9]

이 시에서 '안 보이는 것'은 환영이고, 보이는 것은 현실이다. '안 보이는 것'은 사실은 그의 환영 속에는 보이는 것이다. 이른바 이미지의 배반이라 할 수 있다. 이 시의 제목은 숨쉬는 무덤이다. 무덤은 죽은 자를 안치하는 곳이다. 그곳은 숨을 쉬지 않는 죽음의 공간이다. 그런데 이 시는 죽은 자를 안치하는 무덤이 숨을 쉰다고 한다. 숨 쉬지 않는 것을 숨 쉰다고 하는 것은 현실과 초현실이 뒤섞여 있는 상황이라고 할 수 있다. 화자가 문을 열고 들어갔으나, 그곳에는 아무 것도 존재하지 않는다. 그러나 그 텅 빈 곳을 바라보는 순간, 생각의 꼬리들이 물고 물어서 연상으로 이어지고 있다. 안 보이는 곳에 놓여 있던 사물들, 사람들, 그 속에서 함께 있었던 시간의 기억들이 떠오른다. 그러면 그 빈방은 이미 빈방이 아니다. 살아 숨 쉬는 빈방인 것이다.

---

[9] 김언, 『숨쉬는 무덤』, 아침달, 2018, 41쪽.

김형술의 시에서 나비를 통해서 떠올랐던 환영의 그림자들이, 김언의 시에서는 빈방의 문을 여는 순간부터 떠오르는 기억의 파편들이 이어진다. 이 생각들은 끊임없는 연상 작용을 통해서 하나하나 단편적으로 호명된다. 표일의 미학은 터무니없는 상상으로 이어지기도 하지만, 그 생각들은 끝없는 이미지들로 이어지면서 생성하는 이미지들을 만들어내고 있다.

(4) 가까운 듯 잡을 수 없는 것

여불가집 여장유문(如不可執 如將有聞) 그를 잡을 수 없을 듯하나 그래도 그의 소식은 들려오겠지.

표일의 미학은 『장자』의 '소요유'에 나오는 막고야(藐姑射) 신선 이야기와 같은 허황한 상상에서 비롯한다.10) 표일은 있는 것 같은데 없으며, 없는 것 같은데도 존재했으면 하는 세계를 상상하는 것을 말한다. 표일의 미학은 어쩌면 있을지도 모르는 세계에 대한 동경으로 거침없이 나아가는 것이다. 『장자』의 '소요유'에 나오는 막고야 이야기를 자세히 살펴보면 표일의 미학이 어떤 것인지를 알 수 있을 것이다.

견오(肩吾)가 연숙(連叔)에게 물었다. "나는 접여(接輿)에게서 이야기를 들었네만, 글쎄 그게 너무 터무니가 없고 앞으로 나아갈 줄만 알았지 돌아올 줄을 모르더군. 나는 그 이야기가 은하수처럼 계속되는 것 같아 그만 오싹해졌네. 너무도 차이가 있어 상식에 어긋나네." 연숙이 "그 이야기란 어떤 건가?" 하고 묻자, 이렇게 대답했다. "막고야 산에 신인(神人)이 살고 있지. 그 피부는 얼음이나 눈처럼 희고

---

10) 안대회, 『궁극의 시학』, 문학동네, 2013, 571쪽.

몸매는 처녀같이 부드러우며 곡식을 먹지 않고 바람과 이슬을 마시며 구름을 타고 용(龍)을 몰아 천지밖에 노닌다네. 정신이 한데 집중되면 그것으로 모든 것이 병들지 않고 곡식도 잘 익는다는거야. 이야기가 하도 허황돼서 믿어지지가 않네."[11]

견오와 연숙은 도를 터득한 사람이고, 접여는 초나라 때의 현인(賢人)이라고 한다. 접여는 벼슬을 하지 않기 위해서 미친 짓을 해서 '광접여(狂接輿)'라고 불렀다고 한다. 접여라는 인물 자체가 신비에 쌓인 인물이니 그가 하는 말도 허황된 이야기일 뿐이다. 그래서 그의 이야기는 이미 '터무니가 없고 앞으로 나아갈 줄만 알았지 돌아올 줄' 모르는 상상의 세계를 말하고 있는 것이다. 그는 실제로는 존재하지 않겠지만, 존재할 수 있는 세계를 말하고 있다. 막고야 산의 신인(神人)의 형상을 살펴보면, 인간의 판단 기준으로 생각할 수 없는 존재이다. 그 신인은 아름다운 여성을 상징하는 듯하지만, 구름을 타고 용을 몰아가는 상황을 볼 때 남성을 상징하기도 한다. 이 경계를 알 수 없는 애매한 이미지가 표일의 미학이다.

표일의 미학으로부터 나오는 상상의 세계는 인간의 판단 기준을 넘어서 존재한다. 견오는 이 이야기를 허황한 이야기라고 말하고 있지만, 견오의 말에 이어지는 연숙의 말은 인간들이 판단하고 있는 기준을 넘어서고 있다. 연숙은 장님이 빛깔의 아름다움을 볼 수 없고, 귀머거리는 음악의 황홀한 가락을 들을 수 없다고 전제하면서 인간의 지식도 그 한계가 있음을 말하고 있다. 연숙은 신인의 경지에 이르게 되면, "외계(外界)의 사물에 의해 피해를 입는 일이 없고, 홍수가 나서 하늘에 닿을

---

11) 肩吾問於連叔曰. 吾聞言於接輿, 大而無當, 往而不反. 吾驚怖其言猶河漢而無極也. 大有逕庭, 不近人情焉. 連叔曰..其言謂何哉. 曰. 藐姑射之山有神人居焉. 肌膚若氷雪, 綽約若處子. 不食五穀, 吸風飮露. 乘雲氣, 御飛龍, 而遊乎四海之外. 其神凝, 使物不疵癘 而年穀熟. 吾以是狂而不信也.(안동림 역주, 『장자』, 현암사, 2013, 37쪽).

지경이 돼도 빠지는 일이 없으며, 큰 가뭄으로 금속과 암석이 녹아 흘러 대지나 산자락이 타도 뜨거운 줄을 모르네"12)라고 말한다. 여기서 말하는 신인은 인간이 도달할 수 있는 경지에서 만나는 사람을 말하는 것이기도 하지만, 인간의 정신이 나아가는 초현실의 세계에서 만나는 사람을 말하는 것이기도 하다. 그 세계는 인간 판단의 경계를 넘어서 나아가는 종횡무진하는 세계를 말한다. 그곳에서 만나는 신인은 유쾌하고 만족스러운 상태에 있다.

시구 '여불가집(如不可執)'은 인간의 판단으로 붙잡을 수 없는 세계를 말한다. 막고야의 신인은 인간의 판단으로 존재하는 사람의 형상이 아니다. 그야말로 허황한 상상의 세계에서 존재하는 인간일 뿐이다. 그렇기 때문에 손으로 붙잡을 수 있는 대상이 아니며, 형상화할 수 있는 대상도 아닌 것이다. 너무 큰 세계는 인간의 지식을 넘어선 곳에 있다. 수천 년 동안 쌓아온 인간 지식이 닿는 곳은 분명히 한계가 있으며, 우주 너머의 세계로 나아가는 세계는 불분명한 세계일 것이다. 지식의 한계를 넘어서 존재하는 것이 표일의 정신세계이다. 존재의 여부를 떠나서 인간이 붙들 수 있는 세계가 너무도 한정되어 있다는 사실을 깨닫는 것이 중요한 것이다. 이어지는 시구 '여장유문(如將有聞)'은 그러한 신비의 세계를 듣는 것이다. 그 신비의 세계는 환청의 세계일 터이지만, 그 세계는 인간의 의식이 도달하는 또 하나의 세계이기도 하다. 어딘가로부터 들리는 아득한 소리, 이 소리의 출처는 불분명하지만 어딘가에 존재할 것만 같은 세계이다. 표일은 거침없는 상상의 세계 속에서 보일 것 같으면서도 보이지 않는 세계이다. 그렇지만 그 세계는 어딘가에 분명히 존재하고 있는 세계이다.

---

12) 안동림, 앞의 책, 38쪽.

식자이령 기지유분(識者已領 期之愈分) 지인들은 벌써 그 사실을 알지만 만나려 애쓸수록 더 멀어지네.

이 시에서 말하고 있는 것처럼, 그 상상의 세계는 어떤 곳인지 알고 있지만, 그것을 말로 설명할 수는 없다. 그 세계는 말로 설명할 수 없으며, 또한 닿을 수 없는 세계이다. 이를테면, 깨달음에 이르지 못한 사람이 대오각성(大悟覺醒)한 선사에게 무엇을 깨달았는지를 묻는다면, 그 선사는 그 사람에서 무엇을 보았으며 무엇을 깨달았는지를 설명할 수 있겠는가? 답을 한다고 해도 그 세계를 얼마나 깊이 이해할 수 있겠는가? 깨달음에 이르지 못한 사람이 말의 뜻을 이해한다고 하더라도 그 세계는 이미 그가 알고 있는 인지의 세계 속에만 이해할 수 있을 뿐이다. 이 때문에 표일의 미학은 인식의 정도에 따른 상상력의 진폭을 보인다고 말할 수 있다. 표일의 미학은 인식의 정도가 열리는데 따라 끝없는 상상의 세계가 열리는 무한한 현재진행형의 미학이며, 궁극에 닿았다고 생각하는 순간, 또 다른 세계가 열리는 무한한 사유의 세계이다. 시구 '기지유분(期之愈分)'은 자신이 알고 있는 세계와 멀어지고 있다는 것이다. 관념의 세계에서 세상을 보면 그 세계에 한정되고, 지식의 세계에서 보면 아는 것만큼 보이는 것이다. 그러나 관념과 지식의 세계를 넘어서 무한한 상상의 세계로 나아가면, 그 세계는 무한히 열린다는 말과도 같다.

> 은하수 밤길 굽이 흘러 뭇 별들 씻는데
> 은빛 나무에 흐르는 구름 물소리 흉내 내네
> 옥궁의 계수나무엔 꽃이 아직 피지 않아서
> 선녀가 그 향긋한 꽃잎 따서 향낭에 담아 차네
> 진비가 주렴 걷어 북쪽 창이 밝아오는데

창 앞에 우뚝 선 오동나무엔 작고 푸른 봉황새 한 마리
왕자교가 생황 부니 아관이 길게 울려
용을 불러 안개 밭 갈고 요초를 심네
노을처럼 분홍색 도장 끈에 연뿌리처럼 하얀 치마 입고
청구를 거닐며 난초꽃 따는 봄날
동쪽을 가리키니 희화가 능숙하게 말을 모는데
돌산 아래에는 바다와 육지가 새로 생겨나네
—이하, 「천상요(天上謠)」 전문13)

이 시는 광활한 우주 공간을 지나는 상상력이 돋보인다. 달나라를 옥궁으로 상상하고 그곳에는 계수나무가 있다고 생각한다. 달나라의 선녀는 전설에 나오는 항아(姮娥)를 말한다. 항아는 동양 신화에서 활을 잘 쏘는 예(羿)의 아내이다. 천상의 선녀인 진비(秦妃)는 진나라 목공(穆公)의 딸 농옥(弄玉)을 말한다. 농옥은 통소를 잘 부는 소사(蕭史)의 아내가 되었다가 어느 날 아침 두 사람이 봉황을 타고 떠났다는 인물이다. 왕자교는 생황을 잘 부는 악사였는데, 봉황의 울음소리를 흉내 내었다고 한다. 이 시는 전설상의 인물과 신비로운 인물을 끌어와서 상상의 진폭을 확장하고 있다. 이 시에서는 신선들이 먹는 풀 요초(瑤草)까지 소재로 끌어들이면서 무한한 하늘의 공간으로 펼쳐지는 상상의 세계를 보여주고 있다.

'박제가 되어 버린 천재'를 아시오? 나는 유쾌하오. 이런 때 연애까지가 유쾌하오.
육신이 흐느적흐느적하도록 피로했을 때만 정신이 은화(銀貨)처럼 맑소. 니코틴이 내 횟(蛔)배 앓는 뱃속으로 스미면 머릿속에 으레 백지가 준비되는 법이오.

---

13) 天河夜轉漂廻星 銀浦流雲學水聲// 玉宮桂樹花未落 仙妾採香垂佩纓// 秦妃卷簾北窓曉 窓前植桐靑鳳小// 王子吹笙鵞管長 呼龍耕煙種瑤草// 粉霞紅綬藕絲裙 靑洲步拾蘭苕春// 東指羲和能走馬 海塵新生石山下//(홍상훈 역주, 『시귀(詩鬼)의 노래』, 명문당, 2007, 84-85쪽).

그 위에다 나는 위트와 파라독스를 바둑 포석처럼 늘어놓소. 가증할 상식의 병이오.
　나는 또 여인과 생활을 설계하오. 연애기법에마저 서먹서먹해진 지성의 극치를 흘깃 좀 들여다본 일이 있는, 말하자면 일종의 정신분일자(精神奔逸者)말이오. 이런 여인의 반-그것은 온갖 것의 반이오. -만 을 영수(領受)하는 생활을 설계한다는 말이오. 그런 생활 속에 한 발만 들여놓고 흡사 두 개의 태양처럼 마주 쳐다보면서 낄낄거리는 것이오. 나는 아마 어지간히 인생의 제행(諸行)이 싱거워서 견딜 수가 없게쯤 되고 그만둔 모양이오. 굿빠이.
　굿빠이. 그대는 이따금 그대가 제일 싫어하는 음식을 탐식(貪食)하는 아이러니를 실천해 보는 것도 좋을 것 같소. 위트와 패러독스와…….
　그대 자신을 위조하는 것도 할 만한 일이오. 그대의 작품은 한 번도 본 일이 없는 기성품에 의하여 차라리 경편(輕便)하고 고매(高邁)하리라.
　19세기는 될 수 있거든 봉쇄(封鎖)하여 버리오. 도스토예프스키 정신이란 자칫하면 낭비인 것 같소. 위고를 불란서의 빵 한 조각이라고는 누가 그랬는지 지언(至言)인 듯싶소. 그러나 인생 혹은 그 모형에 있어서 디테일 때문에 속는다거나 해야 되겠소? 화(禍)를 보지 마오. 부디 그대께 고하는 것이니…….(테이프가 끊어지면 피가 나오. 생채기도 머지않아 완치될 줄 믿소. 굿빠이.)
　감정은 어떤 포즈(그 포즈의 원소(元素)만을 지적하는 것이 아닌지나 모르겠소) 그 포즈가 부동자세에까지 고도화할 때 감정은 딱 공급을 정지합네다.
　나는 내 비범한 발육을 회고하여 세상을 보는 안목을 규정하였소.
　여왕봉(女王蜂)과 미망인—세상의 하고 많은 여인이 본질적으로 이미 미망인 아닌 이가 있으리까? 아니! 여인의 전부가 그 일상에 있어서 개개 '미망인'이라는 내 논리가 뜻밖에도 여성에 대한 모독이 되오? 굿바이.
　　　　　　　　　　　　　　　　　　　　—이상 「날개」 부분14)

　인용한 구절은 현란한 수사와 언어 속에 비의가 감추어져 있다. 이 글에서 '굿빠이'라는 영어 인사법부터 심상찮게 다가온다. 굿빠이는 작별인사이다. 찬찬히 살펴보면 그 의미를 알 것 같기도 한데, 이어지는 부분을 읽으면 무엇을 말하고 있는지 뚜렷하게 다가오지 않는다. 이 글은 육체와 정신이 죽어가는 한 정신분열자의 삶을 말하고 있을 뿐이다.

---
14) 임종국 편, 『이상전집』, 문성사, 1968, 15-16쪽.

그는 천재인데도 자기의 능력을 발휘하지 못하는 박제된 인간이다. 그는 여성과 생활하지만 억지로 먹는 음식과 같이 서로가 맞지 않은 부부 관계를 유지하면서 살아가고 있다. 마치 두 개의 태양이 낄낄대면서 즐기는 것과 같다. 또한 그는 자신을 위조하면서 살아야 하는 운명에 놓여 있다. 그의 아내인 여왕벌은 많은 벌들을 거느리고 있는 존재이다. 사람과의 관계가 복잡하다는 것을 말한다. 미망인은 남편을 잃고 홀로 사는 여인이다. 결국 이 서문을 통해서 작가는 많은 남편을 거느리고 있는 여왕벌과 같은 아내이지만 일상생활은 남편이 없는 미망인으로 살아가고 있다는 것을 말하고 있는 것이다. 이런 설명이 가능한 것 같으면서도 그 의미는 철저히 감추고 있다. 애매한 언어의 나열로 그 의미를 감추고 있다.

이 글은 공간의 상상으로 나아가지 않고 자신의 생각이 이르는 곳으로 흩어지는 파편과 같이 자유로운 생각을 이어가고 있다. 파편의 흔적을 하나하나 주워서 맞추어보면, 전체 그림이 그려진다. 생각이 흘러가는 곳으로 종횡무진하고는 있지만, 상상의 세계를 말하고 있지 않기 때문에 허황하지는 않다. 그런데도 이 글은 지금까지 쓰고 있는 글의 형식과는 다르고, 단절된 문장과 문장 때문에 혼란을 가져온다. 부분을 연결하면 전체가 보이긴 하지만, 그 하나하나는 독립된 의미의 층위를 갖고 있기 때문에 애매하게 다가온다.

표일의 미학은 어디로 나아갈지 모르는 상상의 연상이라고 할 수 있다. 초예의 미학이 현실과 초현실의 경계 사이에 아슬아슬하게 놓여 있지만, 표일의 미학은 그 경계마저도 넘어선 곳으로 나아간다. 때론 허황한 생각으로 나아가기도 하지만, 그것은 구체적인 형상으로 재현되기도 한다. 또한 하나의 생각이 생각의 꼬리를 물면서 연쇄적으로 이어지기도 한다. 표일은 거침없이 나아가는 사유의 세계이다. 동양 문예미학에서 표일의 미학은 이른바 판타지 문학의 기원을 이루는 것이라고 말할 수 있다. 신화적 상상력의 원류가 표일의 미학이다. 현대시에서 말하는 초현실주의 미학도 이 표일의 미학에서 찾을 수 있다.

23. 구속을 벗어난 대자유의 세계
—광달(曠達)

(1) 개요

 광달(曠達)의 품격에서 한자어 광(曠)은 '공허하다'는 뜻으로 보는 것이 광달의 품격을 설명하는 데 적절하다. 광은 뜻을 나타내는 해[日]와 음을 나타내는 광(廣)이 합하여 이루어진 말로 밝은 빛이 넓게 비치는 형국을 말하고 있다. 공허하다는 것은 비어있다는 것을 의미하는데, 비어 있어서 허전하다는 말보다는 비어 있어서 외려 환하게 빛을 낸다는 의미로 해석해야 할 것이다. 허무해서 어두운 곳으로 피한다는 말이 아니라, 비워냄으로써 안이 더욱 환해진다는 의미를 담고 있다고 할 수 있다. 한자어 달(達)은 '통달하다(通達--)' 혹은 '현달하다(賢達--: 현명하고 사물의 이치에 통하여 있다)'는 뜻으로 해석하는 것이 타당하다. 어떤 사물을 보는 관점과 다가온 일에 대해서 막힘없이 나아가는 것을 말한다. 뜻을 나타내는 책받침(辶(=辵), 쉬엄쉬엄 가다)에 음(音)을 나타내는 달(羍, 새끼양이 수월하게 태어나는 일)로 이루어져 있다. 어떤 일에 장애(障碍)가 없이 길을 수월하게 간다는 뜻으로서 막힘이 없이 통한다는 것을 말한다.
 이 두 한자어로 볼 때, 광달의 품격은 비워냄으로써 막힘이 없이 넓고 넓은 세계로 나아가는 것을 말한다. 앞에서 살펴본 표일(飄逸)의 품격이 종횡무진(縱橫無盡)하게 나아가는 상상력의 세계를 보여주고 있다면,

광달(曠達)은 이 끝없는 상상의 세계라는 경계를 넘어서 두루 통하는 곳으로 나아가는 경지를 말한다. 광달은 인간의 의식과 무의식의 경계를 넘어서 존재하는 무궁한 세계를 의미한다. 정신의 끝자락에서 보이지 않은 세계를 보는 신(神) 내림과 같은 경지라고 하면 좋을 듯하다. 이 때문에 광달은 작품 창작론이라기 보다는 작가의 정신세계를 의미하는 것으로 이해할 수 있을 것이다. 광달은 작품을 창작하는 작가가 자신의 정신세계를 작품에 투영하면서 스스로를 망각하고 작품 속에서 주체와 인물이 하나로 회통하는 자리에 이르는 것이라고 말할 수 있다. 작가의 상상력이 나아가는 무궁한 세계라는 점에서 광달은 초현실주의에서 말하는 자동기술법과 같은 창작기법으로도 볼 수 있지만, 광달은 의식과 무의식의 경계마저도 넘어서 끝없이 나아가는 상상력의 공간이라고 말할 수 있다. 자아와 타자의 관계마저도 소멸된 절대 경지의 사유 세계라고 말할 수 있다. 사공도는 광달의 품격을 다음과 같이 시로 형상화하고 있다.

生者百歲 相去幾何 歡樂苦短 憂愁實多
생자백세 상거기하 환락고단 우수실다

何如尊酒 日往煙蘿 花覆茆簷 疏雨相過
하여존주 일왕연라 화복묘첨 소우상과

倒酒旣盡 杖藜行歌 孰不有古 南山峨峨
도주기진 장려행가 숙불유고 남산아아

인생이 길어야 기껏 백 년
죽을 날이 얼마나 남았는가
환락의 시간은 몹시도 짧고

근심과 걱정은 많기도 하다

차라리 술 한 병 들고서
날마다 안개 낀 숲으로 찾아가자
꽃이 처마를 덮은 초가에
가랑비는 부슬부슬 지나간다

술잔 기울여 다 마시고서
지팡이 짚고 걸으며 노래 부른다
"누군들 고인이 되지 않으랴
남산만이 높고도 높도다"

이 시의 1연은 삶의 유한성을 분명하게 인식해야 한다는 점을 제시하고 있다. 삶과 죽음의 경계가 있다는 것을 인식하는 것이야말로 존재를 분명하게 인식하는 전제가 된다. 마찬가지로 작가의 운명도 유한하기 때문에 작품을 통해서 무한의 경지로 나아가야 한다는 것을 말하고 있다. 2연에서는 세속적인 데에 얽매이지 않는 초연한 삶을 보여주고 있다. 작가는 늘 가까운 곳에서 사물의 본질을 찾고 사물의 현상과 소통하는 자리에 있어야 한다는 것이다. 세속을 벗어난 듯하지만 세속을 벗어나지 않으면서 그곳에서 지극한 무상의 경지를 만들어가야 한다. 3연은 변하는 것과 변하지 않는 것의 경계를 넘어서 지고지순한 경지에 도달해야 한다고 말하고 있다. 사공도는 광달의 품격을 말하는 시에서 얼핏 보기에는 세속을 벗어난 곳에서 그 품격을 발견할 수 있다고 말하는 것 같지만 그 내면에는 끊임없이 세상과 소통하는 것이야말로 참된 광달의 품격을 보여주는 정신세계라고 말하고 있다. 이 경지는 어쩌면 영원히 닿을 수 없는 경지인지도 모르지만 작가는 끊임없이 수양하면서 그 지극한 경지에 이르러야 할 것이다. 광달의 품격은 작품을 말하기 보다는 작가의 정신세계를 의미하는 품격이다.

(2) 초연함에 깃든 애환

생자백세 상거기하(生者百歲 相去幾何) 인생이 길어야 기껏 백 년 죽을 날이 얼마나 남았는가.

광달의 품격을 설명하는 첫 번째 구절에서 인생이 기껏해야 백년을 산다고 말하고 있는 것을 얼핏 살피기에는 인생의 유한함을 설명하는 듯하지만, 이어지는 두 번째 구절과 비교해서 살펴본다면, 이 구절은 자신의 삶을 되돌아보면서 삶과 죽음의 경계를 생각하고 있음을 확인할 수 있다. 첫 번째 구절은 유한한 인간의 삶을 초월한 상태에서 인생을 바라보고 있다. 기껏 백년밖에 살지 못하는 인간의 삶을 바라보면서 절망에 빠진 어투라기보다는 모든 것을 벗어나서 인생을 관망하는 무아(無我)의 상태라고 말할 수 있다. 이는 삶에 대한 탄식이라기보다는 삶과 죽음의 경계를 벗어난 곳에서 인간 존재를 바라보는 초극의 자세라고 말할 수 있다.

삶에 대해서 초연할 수 있는 자세는 유한한 존재로서의 한계성을 극복하려는 사유로부터 나온다. 삶이 유한하다는 것을 깨닫는 것은 유한한 삶을 마음껏 즐겨야 한다는 것을 의미하는 것이 아니라, 그 유한성 속에서 무한한 경계로 나아갈 수 있는 삶이 무엇인지를 생각해야 한다는 것이다. 두 번째 구절의 한자어 상(相)은 '자세히 보다', '생각하다'의 의미로 해석할 수 있다. 유한한 삶에서 무궁한 의미를 찾아가는 길이 무엇인지를 자세히 생각해보라는 것이다. 이 구절은 세상을 초연하게 바라보라는 말과 함께 어떻게 사는 것이 가장 의미있는 삶을 살아가는 길인지를 깊이 생각해보라는 말이다. 광달의 품격은 삶의 한계성을 인식하듯이, 창작의 과정에서 문자로 전달할 수 없는 한계성을 인식하고, 그것을 뛰어넘을 수 있는 방법이 무엇인지를 끝없이 고민하는 데서 우러나오는 품격이라고 할 수 있다. 광달의 품격은 삶의 한계성을 극복하기 위해서 스스로 삶을 포기하고 절망으로 나아가는 것을 말하는 것이 아니라, 한계성이 있는 존재의 의미를 넘어서 무궁한 가치를 찾아가는 것이다. 이 때문에 광달은 달관(達觀)이니, 달통(達通)이니, 회통(會通)이니 하는 말들과 같은 의미로 쓰이고 있는 것이다.

 광달의 품격은 보이는 형상에 집착하지 않으면서 그 형상을 뛰어넘는 사유의 세계를 보여주고 있으며, 자아와 타자의 경계를 뛰어넘는 것이다. 이러한 사유의 세계는 불교에서 부처를 죽여야 비로소 부처가 보인다는 역설의 미학과 같은 것이다. 존재가 시간의 한계성 속에 갇혀 있는 것은 실체의 형상만 바라보기 때문이라고 말할 수 있다. 그러나 그 형상을 뛰어넘어서 그 형상의 내면을 발견할 때, 참된 형상을 인식할 수 있는 것이다. 광달의 품격으로 나아가는 길은 시간의 한계성을 깨닫고, 그 경계를 넘어서려는 마음의 자세로부터 시작한다고 말할 수 있다. 이를 작품 창작의 과정으로 말해본다면, 지음(知音)에 이르는 과정이라고 말할 수 있다. 지음의 경지는 마음의 눈으로 세상을 보고, 사물의 형체를 뛰어넘어서 그 사물을 바라볼 수 있는 경지를 말한다. 지음은 창작자가 작품에 몰입하여 궁극에 이른 것을 말하고 문자의 한계성을 뛰어넘어 문자로 전달할 수 없는 것을 전달하는 경지에 이른 것을 말한다. 지음의 경지는 사물의 형상을 심안(心眼)으로 바라보는 경지이다.

(1) 따라서 독자의 마음이 작품의 이치를 살피는 것은 눈이 사물의 형상을 살피는 것과 같다. 눈이 밝으면 형상이 구분되지 않을 수가 없듯이, 마음이 예민하면 이치에 통달하지 않을 수가 없는 것이다.[1]

(2) 오직 깊은 식견과 심오한 감식력을 지닌 사람만이 반드시 그렇게 감탄하고 내면으로부터 기뻐하게 될 것이다. 이는 봄날 누대에 올라서 여러 사람이 기뻐하는 것과 같고, 음악과 음식이 지나가는 나그네를 붙잡는 것과 같다. 대개 난(蘭)은 나라에서 가장 향기로운 꽃인데, 옷에 지니면 아름다운 향기가 널리 퍼진다고 들었다. 작품 또한 나라에서 가장 화려한 꽃인데, 윤기 나게 감상하고 풀어내야 널리 아름답게 된다. 지음(知音)을 아는 군자들은 그 뜻을 후세에 전하게 될 것이다.[2]

인용한 두 부분에서 (1)은 작품 창작 과정에서 사물을 바라보는 작가의 시선이 어떠해야 하는지를 말하고 있으며, (2)는 지음에 이르기 위해서 사물을 어떤 감각으로 느껴야 하는지를 말하고 있다. 밝은 눈으로 형체를 보면 분간할 수 없는 사물이 없는 것처럼, 예민한 감각으로 형상의 바깥과 내면을 동시에 바라보면 막힘이 없고 걸림이 없다는 것이다. 사물의 이치에 통달하기 위해서는 시간 속에 놓인 존재의 형상을 깊이 인식하는데 있다. 좋은 작품은 사람을 머무르게 하고, 사람의 마음을 붙들고 감동하게 한다. 사물을 보는 눈이 깊은 사람은 다른 사람들이 보는 사물과 다르게 볼 수 있을 것이다. 광달의 품격은 무형의 존재와 대화를 나누고, 감정이 서로 다른 존재와 감정을 나누고, 지혜의 눈과 마음의 눈으로 사물을 보듯이 두루 회통하는 자리에 있다. 이러한 자리는 사물의 경계를 뛰어넘고 존재의 한계성을 인식하고 그 인식의 경계를

---

1) 故心之照理, 譬目之照形, 目瞭則形無不分, 心敏則理無不達.(유협 지음, 황선열 옮김, 『문심조룡』, 신생, 2018, 513쪽).
2) 夫唯深識鑒奧, 必歡然內懌, 譬春臺之熙衆人, 樂餌之止過客. 蓋聞蘭爲國香, 服媚彌芬, 書亦國華, 翫澤繹方美, 知音君子, 其垂意焉.(유협 지음, 황선열 옮김, 앞의 책, 512쪽).

넘어설 때 가능한 것이다. 사물을 보는 깊은 인식만이 깊고 넓은 사유의 세계를 보여주고 그것이야말로 광달의 품격에 이르는 길이라고 말할 수 있다. 이 말은 내면의 울림을 바라볼 때 진정한 깨달음에 이른다는 말과도 같다.

열린 공간보다도 닫힌 공간으로부터 깊은 사색이 우러나오는 것은 닫힌 공간에서 안으로 향하는 무의식의 세계가 열리기 때문일 것이다. 작가는 좋은 작품을 쓰기 위해서 외부와 단절하고 내면으로 향하는 정신적 지향이 필요하다. 끝없이 자아를 탐구하고 삶의 의미를 찾아가는 수도승의 자세와 같이 작가는 외부와 절연한 공간에서 자신만의 정신세계를 추구하는 것이 무엇보다 중요하다. 얼핏 생각하기에 작가는 수도승이어야 한다는 말로 들릴 수도 있겠지만, 무궁한 정신세계를 지향하는 작가라고 한다면 문자를 통해서 독자들과 소통하고, 작품을 통해서 새로운 삶의 의미를 발견하기 위해서라도 깊은 사유가 필요할 것이다.

인간의 삶이 백년으로 유한하다고 생각하는 인식은 삶의 길을 초연하게 받아들이는 계기가 될 것이다. 그 유한성을 깨닫는 순간, 작품을 쓰는 작가의 마음은 보다 진지해지고 깊어지는 것이 아닐까? 광달의 품격을 설명하는 첫 부분에서 삶의 유한성을 말하고 있는 것은 작가가 작품을 쓰기 전에 그의 정신세계가 어느 곳에 이르렀는가라는 사실은 그만큼 중요하다는 것을 말하는 것이다. 좋은 문학 작품은 오랫동안 구상하고 갈고 닦기도 해야 하겠지만, 그 내면에는 작가의 깊고 넓은 정신세계가 드리워져 있어야 한다. 작가가 삶의 유한성을 깨닫듯이 작품의 한계성을 깨닫게 될 때 보다 깊고 넓은 정신세계를 표상하는 광달의 품격으로 나아갈 수 있는 것이다.

환락고단 우수실다(歡樂苦短 憂愁實多) 환락의 시간은 몹시도 짧고 근심과 걱정은 많기도 하다.

　이 구절은 앞 행에 이어지는 삶의 한계성을 염두에 두고 있다. 이 부분은 두 개의 구절이 서로 대조를 이루고 있다. 앞 구절의 짧은 환락의 시간과 이어지는 구절의 근심과 걱정이 많은 것은 서로 대조되어 있다. 첫 구절의 한자어 고(苦)는 '깊이', '심히'라는 부사로 보는 것이 옳고, 두 번째 구절의 실(實)도 '참으로', '진실로'라는 부사로 해석하는 것이 옳다. 짧은 것과 많은 것은 정확하게 짝을 이루고 있는 것은 아니지만, 문맥상으로 볼 때, 대립의 의미로 생각할 수 있다. 짧은 시간이란 앞부분에서 말하고 있는 삶의 유한성을 뜻하는 것으로 이해할 수 있다. 근심과 걱정이 많다는 것은 짧은 시간 속에서 많은 욕망이 가로놓여 있다는 뜻으로 해석할 수 있다. 근심과 걱정이 많은 것이 삶의 유한성 때문이라고 생각할 수 있지만, 짧은 삶 속에서 더 많은 욕망을 가지려고 할 때 근심과 걱정이 따르는 법이다. 이 부분은 앞 행에서 말하고 있는 삶이 유한하기 때문에 나타나는 부정적 측면을 강조하고 있다. 기쁘고 즐거운 시간은 짧고 근심과 걱정이 많다는 것은 욕망을 성취할 수 있는 시간보다 욕망을 이루지 못해서 생기는 근심과 걱정이 더 많다는 것으로 이해할 수 있다.

　광달의 품격은 삶의 한계성을 깨닫고 그 현실에서 주어진 기쁨과 즐거움을 누리고 더 이상의 욕망을 갖지 않는 초월적 인식에 있다고 말할 수 있다. 삶이 유한하기 때문에 환락의 시간이 짧다는 것을 인식하듯이 인간의 내면에는 항상 욕망의 그늘이 드리워져 있기 때문에 근심과 걱정이 시간이 더 많다고 말할 수 있는 것이다. 유한한 존재의 인식을 깨닫게 될 때 비로소 환락의 시간은 짧고 근심과 걱정의 시간은 더 길다는 것을 알게 될 것이다. 이 부분은 앞에서 제시한 삶의 한계성이 어떻게 바깥으로 표출되고 있는지를 구체적으로 보여주고 있다. 인간의 삶이 기껏해야 백년뿐이기 때문에 이를 극복하기 위해서 그 현실로부터 달관할 수밖에 없는 것이다. 환락과 근심은 욕망에 집착하기 때문에 생기는 것인데, 이 욕망으로부터 벗어나는 것이 광달의 품격으로 나아가는 길이라고 할 수 있다.

> 성인은 사물에 잘 순응하기 때문에 사물을 손상하지 않고 사물 역시 성인을 손상할 수가 없는 것이다. 다만 자연에 순응하여 사물을 손상하지 않는 자라야만 비로소 세상 사람과 사귀어 손상하는 일 없이 서로 맞고 보낼 수가 있다. 산림이나 들판에서 노닐면 아름다운 경치는 우리를 매우 즐겁게 만들어 주지만 그 즐거움이 채 끝나기 전에 슬픔이 뒤따른다. 외계의 사물에 좌우되면 이렇듯 우리는 슬픔이나 즐거움을 막을 수가 없고 떠나가는 것을 멈출 수가 없다. 정말 슬픈 일이다! 생각해 보면 세상 사람은 다만 외물의 여관에 지나지 않는다.3)

주어진 삶에 순응한다는 것은 달관의 경지에 이른다는 말이다. 외물에 현혹되어 사물을 보면 그 즐거움이 끝나기도 전에 슬픔이 뒤따른다는 것을 안다. 환락의 순간은 짧다고 말하는 것은 즐거움의 유한성을 말하고 근심과 걱정이 많다는 말은 그 뒤에 따르는 슬픔이 더 많다는 것을 의미한다. 인용한 부분에서 삶의 유한성을 극복하는 길은 사물의 이치를 바르게 이해하는 데 있다는 것을 말하고 있으며, 이것이야말로 성인에 이르는 길이라고 한다. 하나의 외형에 빠지면 그 외형에 집착하게 되고, 사물의 바깥에서 사물을 바라보면 사물의 관계성 속에서 사물의

---

3) 聖人虛物不傷物. 不傷物者, 物亦不能傷也. 唯无所傷者. 爲能與人相將迎. 山林與! 皐壤與! 使我欣欣然而樂與! 樂未畢也, 哀又繼之. 哀樂之來, 吾不能禦, 其去弗能止. 悲夫, 世人直爲物逆旅耳!(안동림 역, 『장자』, 지북유(知北遊), 현암사, 2013, 558쪽).

참된 의미를 파악할 수 있게 된다. 삶에서 지극한 즐거움을 벗어나면 보다 깊은 근심과 걱정이 따른다는 사실을 깨닫게 된다. 세상살이는 지나가는 나그네에 불과하다는 사실을 깨닫는 것이야말로 보다 깊고 넓은 대자유의 사유를 하게 되는 것이다. 이러한 대자유의 사유가 바로 광달의 품격에 이르는 길인 것이다.

> 사람 사는 이치에 가깝지 않으면 온 세상이 두려운 여정이 될 것이요, 사물의 이치를 제대로 살피지 않으면 평생 헛된 환상 속을 헤매게 될 것이다.[4]

사물의 근원을 파악하는 것이야말로 도에 이르는 길이듯이, 살아가는 이치를 따르지 않으면 온 세상은 두려움으로 가득찰 것이다. 사물의 이치를 깨달아서 사물의 진정한 의미를 파악할 때 헛된 환상의 늪에서 빠져나올 수 있는 것이다. 사공도의 시 광달의 두 번째 행에서 인생의 무상감을 토로하고 있는 것은 존재의 유한성 속에서 작가는 무한한 정신세계로 나아가는 길이 무엇인지를 고민해야 광달의 품격으로 나아갈 수 있다는 것을 말하고 있다.

(3) 지인(至人)에 이르는 길

하여존주 일왕연라(何如尊酒 日往煙蘿) 차라리 술 한 병 들고서 날마다 안개 낀 숲으로 찾아가자.
이 구절에서 술동이 하나를 들고 쑥부쟁이 우거진 숲으로 들어가려는

---

[4] 不近人情, 擧世皆畏途 不察物情, 一生俱夢境.(강경범, 천현경 옮김, 『취고당검소』, 동문선, 2007, 23쪽).

것은 자기만의 세계에서 삶의 의미를 찾으려는 행동이라고 말할 수 있다. 작가가 사물의 궁극을 발견하기 위해서는 가까운 곳에서 존재의 진정성을 찾는 것이 무엇보다 중요하다고 말하고 있다. 이 시구에서 술 한 병은 세상을 잊고 취하겠다는 것을 말하고 있지 않다. 그윽한 곳에서 자신의 벗이 될 만한 것은 말없이 자기를 위안할 수 있는 술이면 만족한다는 뜻으로 보면 좋을 것 같다. 안개 낀 숲은 구차한 세속적인 것에 집착하지 않고, 홀연히 자신만의 세계에서 스스로를 돌아볼 수 있는 공간을 말한다. 이 시구에서 제시하고 있는 구체적 상황으로 미루어 볼 때, 광달의 품격은 뜬구름 잡는 이상세계를 말하는 것이 아니라, 구체적인 공간에서 삶의 궁극을 찾고, 사물의 깊은 이치를 깨닫는 과정에서 발견할 수 있는 품격이라고 할 수 있다.

두 번째 구절의 안개 낀 숲은 담쟁이 넌출[蘿]과 함께 어우러진 공간이다. 안개와 함께 담쟁이 넌출이 있는 공간으로 세상과 일정하게 단절되어 있는 곳이다. 이 공간은 세상과 완전히 단절된 공간이 아니라, 안개와 넌출이 우거져 있지만, 그곳은 세상과 은은하게 가려져 있을 뿐이다. 그곳에서 세상을 잠시 잊고 자신의 세계에 몰입하는 것이 광달의 품격으로 들어가는 작가의 모습이다. 이 시의 화자가 이르려고 하는 곳은 사물과 하나 되는 곳, 풍경과 하나가 되는 곳이다. 여기에 이르기 위해서는 세속의 공간으로부터 나날이 벗어나는 길 뿐이다. 사람과의 관계 속에서 소재를 찾으려는 것이 아니라, 어느 정도 단절된 관계 속에서 작품의 소재를 찾으려는 것이다. 이런 공간에서 만나는 한 잔의 술은 스스로를 절망에 빠뜨리게 하거나 술 잔 속에 빠져들려고 하는 퇴폐적 상황을 말하려고 하는 것이 아니다. 세속적인 것을 버리고, 세상의 어떤 부귀와 공명보다도 더 가까이에 단출한 한 잔의 술만 놓고 사는 것을 의미한다. 술은 소박한 공간에서 작가가 오롯한 정신세계에 몰입하는 것을 상징하는 소재일 뿐이다.

> 세상사 좋은 일들이라도 들고 있는 술잔만은 못하리니, 하늘에 걸려 있는 달을 일 년에 몇 번이나 보리오?5)

인용한 부분에서 알 수 있듯이 하늘에 늘 걸려 있는 달도 항상 바라볼 수 있는 것이 아니다. 늘 하늘에 있는 달도 곁에 두고 있는 술잔만 못할 때가 있는 것이다. 먼 곳에서 사물의 본질을 깨닫는 것이 아니라, 가까운 곳에서 사물의 본질이 무엇인지를 깨달을 수 있다는 것이다. 산 속에서 살면서 지인(至人)에 이르기 위해서는 세속의 속박 속에 놓여 있는 자신을 버리고, 은은한 세계에서 가까이에 놓인 소박한 한 잔의 술로서도 깊은 사유의 길에 이를 수 있다는 것이다. 여기서 술은 이 시의 해석을 각기 다르게 할 수 있다. 술은 정신을 혼미하게 하고 세상을 잊으려는 수단으로서 받아들여질 수 있다. 이는 앞부분에서 삶이 유한하고, 근심과 걱정이 많기 때문에 화자는 이 절망의 상황을 극복하기 위해서 세속의 욕망을 잊고 한 잔의 술로 자신을 위로하기 위한 것이라고 해석할 수 있다. 그러나 인간의 한계성을 깨닫고 삶의 고뇌를 알게 되었다고 그 술이 단순히 허무주의와 패배주의자의 행동을 상징하는 것이라고 생각할 수만은 없을 것 같다. 외려 술은 세속의 고뇌를 깨달으면서 새로운 세계를 지향하려는 화자의 의지를 상징하는 것이라고 생각할 수 있다. 이것은 다음 구절에 자연과 하나가 된 풍경이 놓여 있다는 사실에서 확인할 수 있다. 술은 만물의 근원으로 향하려는 깊고 넓은 인식의 수단으로서 소박한 생활 공간을 상징하는 것이라고 할 수 있다.

---

5) 萬事不如杯在手, 一年幾見月當空.(강경범, 천현경 옮김, 앞의 책, 59쪽).

덕이 지극한 사람은 자기의 분수에 맞게 편히 머무르며 끝없는 자연의 도리에 깃든 채 만물의 근원에서 유유히 노닐고 그 본성을 순일(純一)하게 하며 정기(精氣)를 보양하고 본래의 자연스런 덕과 하나가 되어 만물이 생겨나는 조화(造化)의 근원과 통하게 된다네. 대체 이런 인물은 그 천성을 온전히 지키며 또 그 정신에 빈틈이 없으니 사물이 어찌 끼어들 수가 있겠는가![6]

인용한 부분은 정신이 빈틈이 없는 경지에 있을 때 지극한 경지에 이른다는 것을 말하고 있다. 이 지극한 경지는 사물과 정신이 회통하는 자리에 있는 것이다. 순일한 본성이 자연과 하나가 되는 경지이고, 만물이 조화를 이룬 경지이다. 인간의 천성은 자연 그대로 있을 때 온전한 상태에 이른다. 이런 경지에서는 사물에 대한 관념이 끼어들 여지가 없다. 광달의 품격은 순일한 본성으로 만물과 조화를 이룬 경지로 나아가는 것을 말한다. 작품의 순도로 말한다면, 광달의 품격은 흠결이 전혀 없는 완벽한 작품을 말하며, 작가의 품성으로 말한다면, 성인의 경지에 이른 작가를 말한다고 할 수 있다. 광달의 품격에 이른 작가가 쓴 작품은 경서(經書)와 같이 변치 않은 고전으로 남을 것이다. 그만큼 광달의 품격은 작품의 미학적 측면이나 완성도 측면에서 궁극에 이른 것을 말한다고 할 수 있다.

화복묘첨 소우상과(花覆茆簷 疏雨相過) 꽃이 처마를 덮은 초가에 가랑비는 부슬부슬 지나간다.
이 시구에서 꽃이 처마를 덮고 있다고 말하니, 계절은 봄이나 여름일 터이다. 말 그대로 생성의 계절이다. 만물이 생명의 기운을 받고 일어서

---

[6] 彼將處乎不淫之度, 而藏乎无端之紀, 遊乎萬物之所終始, 壹其性, 養其氣, 合其德, 以通乎物之所造. 夫若是者, 其天守全, 其神無郤, 物奚自入焉!(안동림 역, 앞의 책, 달생(達生), 465쪽).

는 형국 속에서 또 만물의 생성을 재촉하는 가랑비까지 내린다. 꽃과 초가와 가랑비가 생명의 조화 속에 놓여 있다. 만물은 그저 아무런 의미를 두지 않고 스스로 풍경 속에 어울려 있다. 앞의 시행에서 화자가 찾아간 안개 낀 숲 속의 내면풍경이라고 말할 수 있다. 이 공간에서는 사물의 개별 존재라는 관념은 사라지고, 자연이라는 전체 풍경 속에 조화를 이룬 채로 존재할 뿐이다. 이 구절은 산 속의 상황만을 말하고 있을 뿐이지, 화자의 감정이나 사물에 대한 관념이 개입되어 있지 않다. 말 그대로 자연 속에 놓인 전체 존재의 풍경을 말하고 있을 뿐이다. 이 전체의 조화 속에서는 다른 모든 감각이나 관념들이 따로 존재할 수가 없다. 전체가 조화 속에 놓여 있으면 사물과 존재들이 회통하는 세계에 놓이게 된다. 무아의 경지는 자아를 잊는 것이 아니라, 전체의 풍경 속에 하나가 될 때 도달하는 경지이다. 그 궁극의 세계는 스스로 깊고 넓은 세계이며, 말로는 형언할 수 없는 세계라고 할 수 있다. 이 풍경 속에 놓인 화자는 더 이상 말할 대상도 없지만, 말할 대상이 있다고 하더라도 그 현상 속에서 무언의 상황만 지속될 뿐이다. 이는 말을 잊고 그저 풍경 속에 놓여 있는 상황이라고 할 수 있다. 그 풍경은 자연스러운 현상만 있고 더 이상 말이 필요 없는 공간이다. 이 때문에 광달의 품격은 말없음이 말의 궁극에 이르는 것과 같이 작가의 정신이 궁극에 이른 경지라고 말할 수 있는 것이다.

  아마도 비가 오는 날 처마 끝에 앉아서 하염없이 내리는 빗줄기를 바라본 사람이라면, 이 무아경의 상황을 만날 수 있을지도 모르겠다. 비가 오는 날 가라앉은 고요한 기운과 끝없이 떨어지고 있는 운동의 기운은 정(靜)과 동(動)의 조화 속에서 더 이상의 언어의 관념이나 존재의 의미가 개입될 여지가 없다. 비가 내리고 있는 풍경이 앞에 놓이고, 빗소리까지 은은하게 들리는 상황 속에서 감각은 자연스럽게 조화를 이루면서 풍경과 하나가 될 뿐이다. 광달의 품격은 무엇보다도 작가의 정신이 이르는 궁극의 지점이라고 말할 수 있을 것이다.

> 통발은 물고기를 잡기 위해 있으며 물고기를 잡고 나면 통발 따위는 잊혀지게 마련이다. 또 올가미는 토끼를 잡기 위해 필요하며 토끼를 잡고 나면 올가미는 잊혀지고 만다. 마찬가지로 말은 생각을 전하기 위해 있으며 생각하는 바를 알고 나면 말 따위는 잊고 만다. 나도 이렇듯 말을 잊은 사람과 만나 그 이야기를 나누어 보고 싶구나![7]

여기서 '올가미'와 '말'은 목적을 이루기 위한 수단을 말한다. 목적을 이루고 나면 수단은 잊어버리게 마련이다. 창작의 목적은 나의 생각을 다른 사람들에게 전달하기 위한 목적을 갖고 있다. 자기 위안으로서의 문학도 있을 수 있지만, 모든 예술은 자신의 생각을 다른 사람들에게 말하기 위한 목적을 갖고 있다. 모든 문예작품은 언어로 표현해서 전달한다는 형식론에서 벗어날 수 없다. 문학예술은 자신을 표현하기 위한 수단이라는 점도 분명한 사실이다. 이 때문에 문학은 소통을 근본 목적으로 하고 있으며, 언어라는 전달 수단을 매개로 하는 한 형식의 관계성을 벗어날 수가 없다. 그런데 인용한 부분에서는 말을 잊은 사람과 이야기를 나누고 싶다고 말하고 있다. 여기서 말을 잊은 사람은 말을 하지 못하는 사람이 아니라, 말의 수단과 목적을 잊은 사람을 말한다. 이 말의 뜻은 언어 형식의 관계를 넘어서 깊고 내밀한 소통을 하고 싶다는 뜻이다. 이 깊고 내밀한 소통은 작가의 정신세계가 궁극에 이른 지점에서 만나는 정신적 소통을 의미할 것이다. 표현 수단으로서의 언어와 의

---

[7] 筌者所以在魚, 得魚而忘筌. 蹄者所以在兎, 得兎而忘蹄. 言者所以在意, 得意而忘言. 吾安得夫忘言之人. 而與之言哉!(안동림 역, 앞의 책, 외물편, 669쪽).

미를 전달하기 위한 목적으로서의 언어가 아니라, 수단과 목적을 넘어선 곳에 있는 고매한 정신적 소통을 의미한다. 작가의 정신이 궁극이이르게 되면 표현하는 언어도 수단과 목적을 위한 것이 아니라, 고매한정신의 고갱이만 선명하게 보이는 것이다. 이러한 정신세계에 이른 작가는 장자가 말하는 지인(至人)의 경지에 이른 작가라고 말할 수 있다.

> 산중 생활의 즐거움을 이야기하는 자는 산림의 운치를 진정으로 깨달았다고 할 수 없다. 명리(名利)에 대해 말하기 싫어하는 사람이라고 해서 명리에 대한 생각을 완전히 잊었다고는 할 수 없다.[8]

인용한 부분에서 즐거움의 상황과 명리의 추구를 완전하게 벗어나는 대자유의 인식은 어떤 정신세계에 이른 것을 말하는 것일까? 이는 아마도 명예와 이해관계를 완전히 잊은 사람이라고 할 수 있을 것이다. 이런 사람이야말로 산중의 운치를 진정으로 깨달은 사람이고, 이 산중의 운치를 깨달은 사람이야말로 지인의 경지에 이른 사람이라고 말할 수 있다. 산중 생활의 즐거움까지도 말하지 않는 것이 산중 생활의 진정성을 깨닫는 것이고, 명리에 대해서 말하기 싫다는 이 생각까지 없어야 명리로부터 완전히 벗어났다고 할 수 있다. 산중의 운치를 깨달은 사람과 명리에 대해 말하지 않는 탈속의 경지에 있는 사람을 두고 장자는 지인(至人)의 경지에 이른 사람이라고 말하고 있다. 광달의 품격에 이른 작가는 지인의 경지에 이른 작가를 말한다. 작가는 작품을 쓰기 전에 그 정신의 영역을 사물과 혼연히 하나가 되어야 하고, 그 하나 된 풍경 속에서 일체의 세속적 관념이나 명예와 이해관계로부터 벗어나 있어야 한

---

8) 譚山林之樂者, 未必眞得山林之趣 : 厭名利之譚者, 未必盡忘名利之情.(강경범, 천현경 옮김, 앞의 책, 35쪽).

다. 작품 창작의 궁극은 작가의 정신세계를 깊고 넓게 보여주는데 있을 뿐이고, 그것을 보여주기 위해서는 작품 속에 소박하면도 순수한 작가 정신만 스며들어 있어야 한다고 말할 수 있다. 광달의 품격은 작가의 정신이 궁극에 이른 지고지순한 경지라고 말할 수 있다.

(4) 무의 미학, 혹은 동심의 세계

도주기진 장려행가(倒酒旣盡 杖藜行歌) 술잔 기울여 다 마시고서 지팡이 짚고 걸으며 노래 부른다.

이 시구에서 화자는 풍경과 더불어 무념무상의 상황에 놓여 있다가 술을 다 마시고는 그 풍경과 어울려 서서히 걸어가고 있다. 속세를 벗어난 곳에서 한 잔의 술과 더불어 자연과 어울리는 풍경은 노년의 풍경이다. 지팡이를 짚고 천천히 걸어가는 풍경은 쓸쓸함 보다는 초연함이 깃들어 있는 풍경이다. 화자가 길을 걸어가면서 읊조리는 노래는 무의식으로부터 나오는 노래일 것이고, 이 노래는 특정한 의미를 둔 노래라기 보다는 아무런 의미를 두지 않은 채 그저 웅얼웅얼하는 노래일 것이다. 풍경 속에서 세속을 잊은 초연한 마음으로부터 나오는 노래일 것이다.

이런 상황과 어울리는 고사는 춘추전국 시대의 영계기라는 현인(賢人)이 누린 삶에서 발견할 수 있다. 영계기는 공자와 같은 시대에 살았던 사람이었는데, 노래 부르는 것을 삶의 즐거움으로 삼았다고 한다.[9] 공자가 태산에 놀러 갔을 때에 영계기를 만났는데 그는 사슴가죽 옷에

---

9) 영계기에 대한 고사는 『열자(列子)』 천서편(天瑞篇)과 『공자가어(孔子家語)』 육본편(六本篇)에 나온다.

새끼 띠를 둘렀고, 거문고를 뜯으며 노래를 불렀다고 한다. 공자가 영계기에게 "선생이 즐기는 바는 무엇이요?" 하고 물었더니, 그는 다음과 같이 대답했다고 한다.

> 내가 즐기는 것이 심히 많으나 하늘이 만물을 낳음에 오직 사람이 귀한 것인데 내가 사람으로 태어났으니 첫째 즐거움이요, 남자는 높고 여자는 낮은 것인데 나는 남자인 것이 둘째 즐거움이요, 사람이 태어나 해와 달을 보지도 못하기도 하고 기저귀를 면하지 못하고 죽는데 나는 나이가 이미 90이 넘었으니 셋째 즐거움이라. 가난은 선비의 떳떳한 도이고, 죽음은 인생의 끝인 것이니 내가 무엇을 걱정하겠습니까?10)

자신의 삶에 만족하고 현실의 모든 겉치레를 벗어난 영계기의 말에서 초연한 삶의 경지를 만날 수 있다. 영계기는 비록 가난한 선비의 삶을 살았지만 삶과 죽음의 경계를 넘어서 노래 부르는 것을 삶의 즐거움으로 받아들이고 있을 뿐이다. 영계기의 고사에서 볼 때 광달의 품격에 이르려고 하는 작가는 오직 작품 창작에만 자신의 정신을 집중하는 것만이 유일한 즐거움이라고 생각할 줄 아는 작가라고 말할 수 있다. 영계기는 만물 중에서도 가장 귀한 사람으로 태어나 부귀와 공명에 얽매여 사는 것보다 자신의 삶을 찾아가는 것이 진정한 삶의 모습이라고 말하고 있다. 문학예술을 하는 작가는 그 정신의 근간을 오직 좋은 작품을 쓰기 위한 탁마의 자세와 깊고 넓은 정신세계를 보여주기 위해서 수양하는 마음만 있어야 한다. 작품 창작이 작가의 명예와 이해관계를 위한 목적과 수단이 되어서는 안 된다. 광달의 품격은 세속적 욕망에서 벗어난 정신세계에서 만날 수 있는 있는 품격이다. 좋은 작품의 요건은 방법론

---

10) 天上萬物, 唯人爲貴, 而吾得爲人, 是一樂也, 男女之別, 男尊女卑, 故以男爲貴, 吾旣得爲男矣, 是二落也. 人生有不見日月, 不免襁褓者, 吾旣已行年九十矣, 是三樂也, 貧者士之常也, 死者人之終也, 處常得終, 當何憂哉

적 교묘함이 아니라, 순수한 창작의 정신에 있다. 어떤 이념이나 방법론의 모색에 빠지지 않고, 순수한 마음으로 작품을 단련하는데 있다는 것이다. 이것이 광달의 품격에 이르는 작가의 창작 정신이다.

성인은 필연적인 일에 임할 때에도 필연으로 여기지 않으므로 마음속에 감정의 다툼이 없다. 범속한 사람들은 필연적인 일이 아닌데도 필연으로 여기고 행동함으로 마음속에 감정의 다툼이 많고 그런 다툼을 그대로 행하니까 밖에서 찾는 데가 있게 된다. 마음속의 다툼을 믿고 행동하면 파멸에 이르기 마련이다. 소인(小人)의 지식은 선물이나 편지 따위 하잘 것 없는 일에서 떠나지 못하고 정신을 천박한 일에 지치게 만들면서 그래도 도와 사물을 아울러 배워서 도와 사물이 하나가 되는 경지에 이르려 하고 있다. 이런 자는 우주 속에서 갈피를 못 잡고 유형(有形)의 사물에 마음이 어지럽힌 채 태초(太初)의 묘리(妙理)를 알지 못한다. 지인이라고 하는 자는 정신을 시작도 끝도 없는 허무의 상태로 돌아가게 하고 유형(有形)을 초월한 무하유(無何有)의 경지에 편히 잠들며 일절 형체를 남기지 않은 채 물처럼 흘러가고 지극한 청허(淸虛)를 생겨나게 한다. 슬프구나! 너희 소인들이 하는 짓은! 지식은 털끝 같은 작은 경지에 있으면서 위대한 인생(人生)의 경지를 모르고 있다니.11)

인용한 부분은 지인의 경지에 이르는 사람의 정신세계를 설명한 부분이다. 지인의 경지에 이르는 것은 수양하려는 작가가 궁극의 길에 들어서는 것이라고 말할 수 있다. 지인은 현실의 경계를 이미 넘어서 있으며, 시작도 끝도 없는 허무의 상태에 놓여 있다. 지인은 사물에 대한 관념을 초월해서 사물을 바라보고 있으며, 있음과 없음의 경계를 넘어서 지극한 청허(淸虛)의 경지에 있다. 그는 물처럼 흘러가는 지극한 경지에 노

---

11) 聖人以必不必, 故无兵. 衆人以不必必之, 故多兵. 順於兵故行有求 兵恃之則亡. 小夫之知, 不離苞苴竿牘, 敝精神乎蹇淺, 而欲兼濟道物太一形虛. 若是者, 迷惑於宇宙, 形累不知太初. 彼至人者, 歸精神乎无始. 而甘冥乎无何有之鄕. 水流乎无形, 發泄乎太淸. 悲哉乎汝爲. 知在毫毛. 而不知太寧!(안동림 역, 앞의 책, 열어구, 763-764쪽).

닐고 있다. 이 맑은 허무의 경지가 지인이 사물을 바라보는 태도이다. 이런 정신의 소유자는 그 정신이 깊고 맑아서 그의 말을 듣거나 그의 작품을 읽게 되면 맑은 기운이 온 세상에 스며들게 될 것이다. 우리 시대의 고전이라 부를 수 있는 문예 작품을 살펴보면, 현실의 무게를 벗어난 곳에 자신을 놓아두었던 작가들의 맑은 정신세계를 만날 수 있다. 이 경지는 시작과 끝이 없는 지극한 경지를 말한다. 이를 태일(太一)의 경지라고 말한다.

태일(太一)의 경지는 형체가 없는 경지에 이르는 것이다. 태일은 형체가 비어있는 것이다. 시작도 없고 끝도 없는 경지이다. 이런 경지에서 사물을 바라보면 사물을 깊이 사유하지만, 어설프게 아는 지식은 마치 자신이 알고 있는 지식이 전부인 것처럼 오만하게 생각하게 된다. 어설픈 지식은 우주의 본질에 접근하지 못하고 미혹되기 쉽다. 태일의 경지에 이르기 위해서는 사물의 궁극을 찾아가는 사유를 해야 한다. 시작도 끝도 없는 허무의 경지로 돌아가야 진정한 도의 경지에 이르게 된다. 맑은 허(虛)의 세계는 도에 이른 경지를 말한다. 허의 경지는 물처럼 흘러가서 지극한 청허(清虛)의 세계에 이르는 것이다. 인용한 부분에서는 인위적인 지(知)를 떠나 무위자연의 신지(神知)를 터득하는 것이 중요하다고 말하고 있다. 지인(至人)은 청허의 상태로 돌아가는 사람이다. 장자는 지인을 도의 본진을 떠나지 않는 사람[不離於眞 謂之至人]이라고 말한다.[12] 지인이야말로 사물의 깊은 내면에서 울리는 소리를 들을

---

12) 장자는 천하편에서 "도의 본원(本源)에서 떠나지 않는 자를 천인(天人)이라 하고 도의 정수(精髓)로부터 떠나지 않는 자를 신인(神人)이라 하며 도의 본진에서 떠나지 않는 자를 지인(至人)이라고 한다. 또 하늘은 본원으로 삼고 덕을 근본으로 삼으며 도를 문으로 삼아 만물의 변화를 살피며 이와 함께 가는 자를 성인이라 한다. 그리고 인덕을 은혜로 삼고 의(義)를 사물의 이치로 알며 예(禮)를 행동의 규범으로 삼고 음악을 화락(和樂)의 방편으로 알아서 그윽한 향기를 뿜듯이 인자(仁慈)함을 베푸는 자를 군자라 한다."고 말한다.(안동림 역주, 앞의 책, 777쪽).

수 있다고 한다. 지인에 이른 작가야말로 광달의 품격을 보여주는 작가라고 말할 수 있다.

숙불유고 남산아아(孰不有古 南山峨峨) "누군들 고인이 되지 않으랴 남산만이 높고도 높도다."

이 시구는 변하는 것과 변하지 않는 것을 대립시키고 있다. 고인이 되는 것은 인간의 유한성을 말하고, 남산이 높고 높은 것은 변하지 않는 것을 말한다. 유형의 존재를 인식하고, 변하지 않는 존재를 인식하는 것이야말로 광달의 품격에 이른 것이라고 말할 수 있다. 인간의 육체가 유형의 것이라고 한다면, 인간의 정신세계는 무형의 세계이다. 유형의 존재인 인간은 고매한 정신세계를 통해서 높고 높은 무형의 가치를 남긴다. 인간이라면 누구나 고인이 될 수밖에 없는 운명을 타고 났지만 광달의 품격을 지닌 작가는 인간의 유한성을 뛰어넘어서 무한한 가치를 창조한다. 이러한 지고지순한 가치를 추구하는 것이 광달의 품격이다. 남산은 형체를 갖고 있으면서도 무한한 것을 상징한다. 남산과 같이 불변하는 작품을 남기는 것이 작가가 지향해야 하는 궁극의 가치라고 할 수 있다. 그 길은 광달의 품격을 갖는 데 있다.

일솜씨가 교묘한 자, 애써 수고하여 아는 것이 많은 자는 걱정이 많게 마련이다. 오히려 무능한 자이면서 자연과 함께 사는 성인 같은 자는 그 무엇도 밖에서 찾지 않고 배가 불룩하도록 만족스런 마음으로 즐기며 노닌다. 마치 매여 있지 않은 배가 둥둥 바람결에 떠다니듯 무심하게 소요한다.[13]

이십사시품 중에서 호방(豪放)의 품격은 낙관적인 마음의 상태에서

---

13) 巧者勞而知者憂. 无能者无所求, 飽食而遨敖遊, 汎若不繫之舟, 虛而遨遊者也.(안동림 역, 앞의 책, 열어구, 761쪽).

나오는 품격이라고 할 수 있지만, 광달의 품격은 한 잔의 술로 세상을 초월하고, 노래로 스스로 위안을 삼으려는 허무의 인식으로부터 나온다고 할 수 있다. 인용한 부분에서 말하고 있는 무심한 사람의 모습은 얼핏 허무주의자의 모습으로 보일지도 모른다. 그러나 여기에서 보이는 허무의 세계는 아무 것에도 걸림이 없는 달관의 모습이 깔려 있다. 바깥에서 무엇을 구하려하지 않으니 욕망의 갈등이 없을 터이고, 갈등이 없으니 스스로 만족하면서 살아갈 것이다. 이 절대 허무의 세계에서 예술의 궁극이 나온다. 이것은 현실을 벗어난 곳에서 진정한 깨달음의 순간에 이르는 것이라 할 수 있다.

이 때문에 앞부분에서 화자가 술을 마시고 노래를 부르는 행위는 현실의 절망으로부터 도피하려는 행위가 아니라, 현실로부터 초연한, 혹은 순수한 인간으로 돌아가려는 모습을 보여주는 행위라고 할 수 있다. 술을 마시는 행위는 현실이 고뇌에 차있기 때문에 마시는 술이 아니라, 삶의 유한성에 대한 깨달음으로 만족해하는 행위로부터 나오는 것이다. 또한 앞부분에서 노래를 부르는 행위는 삶이 허무하기 때문에 즐기며 살아야 한다는 환락의 행위가 아니라, 유한한 삶에서 맑은 정신을 가지고 살려는 화자의 의지에서 나오는 행위라고 말할 수 있다. 만족스러운 마음으로 소요하는 사람이야말로 맑은 정신의 소유자일 것이다. 앞에서 말한 지인의 경지에서 노니는 사람이라 할 수 있다.

무엇인가 작용한다면 작용하는 것이 실재(實在)하게 되고 작용하지 않는다면 아무것도 없는 허무가 된다. 작용하는 것이 실재한다 함은 도가 사물로서 존재한다는 말이며 무위 허무(無爲虛無)하다 함은 모든 것이 허공(虛空)이라는 뜻이다. 말로 표현할 수 있고 마음에 생각할 수 있다고 하지만 이를 말로 나타내면 차츰 도에서 멀어진다. 아직 생기지 않은 것을 억제해도 생기지 않게 할 수는 없고 이미 죽은 것을 삶의 경지에 머물게 할 수도 없다. 이 죽음과 삶이란 현상은 우리의 눈앞에서 벌어지는 일이지만 그 도리는 볼 수가 없다. 무엇인가 작용한다는 것도 또 작용하지 않는다는 것도 결국은 그럴지도 모른다는 억측에 의해서이다. 내가 사물의 근원을 생각해볼 때 그것은 다함이 없고 그 종말을 찾아보면 멈춤이 없다. 이처럼 말도 다함이 없고 끝남이 없으니 말을 무(無)로 하여 초월할 때 사물의 근본적인 도리와 하나가 된다. 무엇이 작용한다느니 작용하지 않는다느니 하는 말은 말다툼의 시초이며, 이는 사물과 함께 끝나고 시작된다.14)

광달의 품격은 생사를 초월한 달관에 이른 경지에서 나오는 품격이다. 광달의 품격은 세상을 벗어난 곳에 유유자적(悠悠自適)하는 작가의 정신세계를 의미한다. 이런 작가의 모습은 말 그대로 세상의 부귀영화와 욕망으로부터 벗어나 있다. 광달의 품격은 세상을 벗어난 곳에서 세상을 보고 있는 것을 말한다. 사물의 근원은 남산과 같이 우뚝하게 존재하고 있을 뿐이고, 그것은 아무리 말로 다한다고 해도 다할 수가 없다. 다할 수가 없는 것은 말하려고 한다는 억측에 불과하다. 말하는 것을 '무(無)'로 할 때 사물의 내면을 깊이 사유할 수 있게 된다. 그런 점에서 태일(太一)에 이르는 길은 무(無)로부터 시작한다고 할 수 있다. 삶의 허무 속에서 고통을 받으면서 괴로워하는 것이 아니라, 삶의 유한성을 외려 그대로 받아들이면서 그것에 초연하려는 것이다.

광달의 품격은 자신을 현실로부터 유폐시키는 것이 아니라, 스스로가 현실로부터 초월한 것이다. 현실의 질곡을 체험하고, 현실로부터 벗어나 자연의 세계에서 삶의 의미를 찾으려는 작가들은 광달의 품격으로 나아가는 작가라고 할 수 있다. 그런 점에서 광달의 품격은 외려 동심과

---

14) 或使則實, 莫爲則虛. 有名有實, 是物之居. 无名无實, 在物之虛. 可言可意, 言而愈疏. 未生不可忌, 已死不可徂. 死生非遠也. 理不可覩. 或之使, 莫之爲, 疑之所假. 吾觀之本, 其往无窮. 吾求之末, 其來止. 无窮无止, 言之无也, 與物同理. 或使莫爲, 言之本也, 與物終始.(안동림 역, 앞의 책, 즉양(則陽) 647-648쪽).

같은 순수한 마음으로부터 우러난 작품이라 할 수 있지 않을까 한다. 광달의 품격은 인간의 상상이 나아가는 의식과 무의식의 층위를 넘어서는 자리에 있다. 어쩌면 이 경지는 모든 것을 초월한 지극한 경지라고 말할 수 있을 것이다. 이는 허무의 상태에 놓인 경지라기보다는 경계를 초월한 해탈의 경지라고 보는 것이 좋을 듯하다. 해탈의 경지는 모든 잡다한 경계가 뒤섞여 있지만 그것이 서로 조화를 이루고 있는 화엄(華嚴)의 세계라고 할 수 있다. 광달은 관념과 인식의 초월뿐만 아니라, 의식과 무의식의 경계를 넘어서 존재하는 세계, 도교에서 말하는 신선의 세계에서 만날 수 있는 품격이라고 말할 수 있다.

24. 생동(生動)하는 우주의 원리
—유동(流動)

(1) 개요

유동은 시의 품격이라기보다는 시품 전체의 서문에 해당한다.[1] 유(流)는 흐른다는 말이다. 동(動)은 움직인다는 말이다. 단순하게 설명하자면 자연스럽게 흘러서 움직인다는 것이다. 고정된 것이 아니라, 움직인다는 것이다. 이 품격은 가볍게 생각한다면 아무런 의미가 없을 수 있다. 그러나 하나하나의 시의 품격이 움직인다고 생각하는 것은 문예미학을 하나의 생명으로 인식하고 있다는 것이다. 조연현은 한국문학사를 기술하면서 문학을 역사 속에서 끊임없이 생성, 성장, 소멸하는 유동하는 존재로 인식하고 있다. 시대의 변화에 따라 일어나는 생동하는 문학사는 동양 문예미학의 관점에서 문학을 인간의 정신사 속에서 살아있는 존재로 이해하고 있는 것이라 할 수 있다. 조윤제는 한국문학사의 의미를 '은근'과 '끈기'로 인식하고 있는데, 이는 운명을 극복해가는 생성하는 존재로서 한국문학사를 이해한 것이라 할 수 있다. 동양 문예미학의 관점에서 바라본 한국문학사의 시각은 생명을 가진 존재로서의 '은

---

[1] 유동은 하나의 시품으로 보기 보다는 시품의 철학적 기반과 함께 시품의 서문에 해당한다고 보는 것이 옳다고 생각한다. 유협의 『문심조룡』의 마지막 장에서도 '서지'를 넣어서 전체 체제를 설명하고 있다. "장궈칭 교수는 주목할 만한 견해를 제기하고 있다. '유동'이 구체적 시작품의 예술적 풍격을 가리키지 않는다고 보았다."(안대회, 『궁극의 시학』, 문학동네, 2013, 617쪽)고 하는 입장에서 유동을 생각해보는 것이 타당할 것이다.

근'과 '끈기'가 있다는 말이고, 이는 생성, 성장, 그리고 소멸의 과정을 겪으면서 발전한다는 것이다. 그러나 소멸은 영원한 소멸이 아니라, 새로운 문예미학으로 이어지는 생성을 위한 소멸이라 할 수 있다.

 동양 문예미학에서 시의 품격을 시로써 표현한 사공도는 왜 하필 스물 네 개의 품격을 제시 했을까? 시품의 마지막 자리에 와서 우리는 이 물음을 해보지 않을 수 없다. 숫자 24는 숫자 3과 8의 연산에서 나온 숫자이다. 3은 고대로부터 천지인의 우주관을 상징하는 숫자이다. 3과 3의 연산으로 나오는 9라는 숫자는 우주의 진리를 설명하는 궁극의 숫자이다. 유협은『문심조룡』을 마흔 아홉 개의 장으로 갈무리 했는데, 사공도도 스물 네 개의 품격으로 시의 우주관을 반영하고 있다.[2] 스물 네 개의 품격은 천지인의 우주관과 인간이 도달할 수 있는 궁극의 숫자를 반영하여 시의 품격을 설명하고자 했다. 한 해의 절기가 스물 네 개이니, 스물 네 개의 품격은 계절의 순환을 염두에 둔 것이기도 할 것이다. 스물 네 개의 숫자에서 문예미학의 완결성이란 있을 수 없다는 관점에서 마지막은 시의 품격을 말하지 않고, 시품 전체의 운행과정을 설명하는 서문으로 채워넣은 것이다. 시품의 첫 번째 품격인 웅혼으로부터 시작한 시의 품격은 유동에 이르면 자연이 순환하는 것처럼 운행하는 것이라고 결론을 내리고 있는 것이다. 사공도는 스물 네 개의 시의 품격을 말하

---

[2] 전체 50장으로 된『문심조룡(文心雕龍)』은 우주와 자연의 원리를 기준으로 만들어진 문학이론서이다. 상고시대의 사람들은 하늘과 땅이 만들어지기 전의 가장 오래된 세계가 태극의 세계이다. 태극은 숫자 1을 상징한다. 이 태극이 만든 두 가지의 형태가 하늘과 땅을 만들었으니 그 숫자는 2이다. 하늘에는 자연의 질서를 관장하는 일월이 있으니 그 숫자가 2이다. 하늘과 땅의 운행하면서 봄, 여름, 가을, 겨울의 네 계절이 변화하는 것이니, 그 숫자는 4이다. 우주 만물의 원리는 음양의 조화에 따라 화, 금, 목, 수, 토의 오행으로 이루어지니, 그 숫자는 5이다. 오행의 질서에 따라 계절이 변하고 그 계절의 변화를 숫자로 나누었으니 1년 열 두 달이고, 그 숫자는 12이다. 1년의 운행은 해와 달의 조화에 따라 24절기로 나눌 수 있으니, 그 숫자는 24이다. 이러한 우주의 질서를 관장하는 숫자를 합치면 50이란 숫자가 나온다.(유협 지음, 황선열 옮김,『문심조룡』, 신생, 2018, 11쪽).

는 유동의 품격을 다음과 같이 시로써 형상화하고 있다.

若納水輨 如轉丸珠 夫豈可道 假體遺愚
약납수관 여전환주 부기가도 가체유우

荒荒坤軸 悠悠天樞 載要其端 載同其符
황황곤축 유유천추 재요기단 재동기부

超超神明 返返冥無 來往千載 是之謂乎
초초신명 반반명무 내왕천재 시지위호

물을 받아들이는 수차와도 같고
쟁반에 구르는 구슬과도 같다
어찌 말로 다 설명하랴마는
사물을 빌려 어리석은 이에게 전한다

거대한 지구는 지축地軸을 싸고 돌고
까마득한 우주는 천축天軸을 따라 운행한다
지축이 말하는 실마리를 잡고서
우주가 보이는 상징과 똑같이 한다

밝은 정신의 우주로 뛰어올랐다가
어두운 허무의 세계로 되돌아간다
천년의 세월 동안 오고 가나니
유동이란 이것을 일컫는 것인가

시의 품격은 하나로 정해져 있는 것이 아니라, 유동하는 것이다. 수차와 같이 돌고 도는 것이 시의 품격이니 그것이 돌면서 만들어내는 조화를 어떻게 말로 다 설명할 수 있겠는가. 우주의 오묘한 원리와도 같이 시의 품격이란 정해진 것이 없는 것이다. 말로 다 설명할 수 없는 것을 말하려고 하니 사물의 원리와 품격이라는 말로 설명했지만 이러한 규정

자체도 어리석은 일이다. 시의 원리는 지축을 싸고 돌고 우주는 천축을 따라 운행하듯이 시는 자연의 원리에 따라 유동하면서 만들어 지는 것이다. 그러니 시는 수시로 변화하게 되는 것이다. 그 변화의 원리는 똑같은 원리로 돌아가는 것 같지만 해마다 다른 기운으로 새 모습으로 나타나게 된다. 시의 원리는 우주와 자연의 원리와 같이 상징으로 존재할 뿐, 모든 것은 사물의 변화에 따라 변화해갈 뿐이다. 어떨 때는 밝은 정신으로 나타났다가 어떨 때는 소통되지 않는 언어의 감옥으로 변하기도 한다. 천년의 세월동안 변하고 발전해왔지만 그 시의 원리를 하나로 설명할 수 없듯이 우주의 원리도 설명할 수 없는 것이다.

유동의 품격이란 자연의 원리와 같이 변화무쌍한 시의 원리를 설명하고 있다. 시의 원리는 변하지 않는 하나의 축으로부터 유연한 변화를 모색하는 출렁이는 원리이다. 규정할 수 없는 원리란 곧 시의 원리가 아니겠는가. 물결의 운동과 같이 요동치면서 흘러가는 것이 시의 원리가 아니겠는가.

(2) 오묘한 우주의 원리

약납수관 여전환주(若納水輨 如轉丸珠) 물을 받아들이는 수차와도 같고 쟁반에 구르는 구슬과도 같다.

약(若)과 여(如)는 중복을 피하기 위한 단어 배열이다. 둘 다 '~와 같다'로 해석할 수 있다. '수차(水車)'와 '둥근 구슬(丸珠)'과 같은 것을 비유하고 있다. 비유의 원관념인 '그것'에 해당하는 것은 무엇일까? 앞에서 말한 시품 스물 세 개의 품격을 말한다. 그것은 우주의 근본 원리와 같이 돌고 도는 것이라고 전제하고 있다. 수차(水車)는 물의 위치 에너지를 회전 운동 에너지로 변환시키는 기계이다. 곧게 흘러내리는 물길을 받아서 낙차의 동력을 이용하여 회전운동으로 바꾸어주는 운동 원리를 설명하고 있다. 그런데도 여기서는 동력을 말하는 것이라기보다는 흐름[流]을 강조한다. 납(納)은 받아들인다는 뜻이다. 흐름을 받아들여서 순환한다는 것을 말한다. 전(轉)은 구른다는 말이다. 구슬이 가만히 있지 않고, 움직인다는 것을 강조한 말이다. 따라서 이 구절에서 수차는 가만히 멈추어 있는 것이 아니라, 끝없이 돌아가고 있는 것이다. 마찬가지로 둥근 구슬도 가만히 있는 것이 아니라, 끝없이 굴러가고 있는 것이다. 흐른다는 것은 움직인다는 것이다. 구른다는 것도 또한 끝없이 움직인다는 것이다.

이것이 유동(流動)의 미학이다. 유동의 미학은 흐르면서 운동성을 가지는 것이다. 시품의 스물 세 개의 품격은 서로 흐르면서 움직이는 미학이다. 아름다움은 고정된 것이 아니라, 움직이고 변하는 것이다. 천지의 기운은 육기(六氣, 음양陰陽, 풍우風雨, 회명晦明)에 따라 끊임없이 변하고 유동하는 것이다. 자연스럽게 흘러가는 천지의 물줄기가 가만히 있는 수차를 돌리듯이 흐르면서 운동하는 것이다. 둥근 구슬은 가만히 있는 것이 아니라, 끝없이 구르려고 하는 속성을 가지고 있는 것이다. 고정된 수차는 물이 흐르면서 돌아가고, 구슬은 누군가의 자연스러운 힘에 따라 끝없이 구르려고 한다. 이것은 자연의 이치이고, 생동하는 문예미학의 이치이기도 하다. 사공도의 이십사시품은 서로 관계를 맺으면서 끝없이 살아나는 생동하는 시의 품격이라고 할 수 있다.

비유의 대상이 되는 '그것'은 수차와도 같고, 구르는 구슬과도 같다. 물을 받아들이는 수차는 한번 받아들인 물을 흘려보내고 다른 물을 받아들인다. 끝없이 새로운 것을 받아들이고, 보내면서 생동하는 동력을 만들어낸다. 웅혼으로부터 시작한 시의 품격이 마지막 시의 품격 광달에까지 이르면 또 다시 웅혼의 품격으로 돌아간다는 뜻이다. 그러나 다시 되돌아간 웅혼의 품격은 처음 만났던 웅혼의 품격이 아니다. 새롭게 받아들여지는 웅혼의 품격이다. 처음 만났던 웅혼의 품격을 가지려고 해도 이미 시품의 전체 품격 속에서 다시 웅혼을 바라보게 되고, 그렇게 웅혼은 다른 시선으로 보이는 것이다. 그것은 마치 나무에 피는 꽃이 늘 같은 해에 같은 자리에 꽃을 피우는 것 같지만, 그것은 해마다 다른 꽃이라는 사실과 같으며, 같은 물줄기를 이루고 흐르는 물인 것 같지만, 사실 한 번 지나간 물은 다시 그 물일 수 없다는 말과도 같다.

  구슬이 닿는 면도 물이 흐르는 이치와 같다. 구슬이 구르면서 동일한 지면에 닿을 수 있는 확률은 전체 구슬의 겉면으로 볼 때 극히 미미하다. 같은 지면을 그대로 돌아간다고 해도 구슬과 지면이 같은 위치에서 닿을 수 있는 일은 없다. 구슬의 지면이 같은 곳에 닿는다고 해도 이미 그 지면은 다르기 때문이다. 구슬이 구르는 이치는 자연의 이치를 설명하기 위한 것이다. 흐르는 물길을 받아들여서 돌아가는 수차도 구슬과 마찬가지로 같은 자리에 같은 물을 받아들일 수가 없는 법이다. 인간이 살아가는 원리도 이와 같으며, 우주의 원리도 모두 이와 같은 것이다. 인간의 정신에서 발현되는 문예미학도 이와 같아서 흐르는 물길을 받아들이는 수차와 같이 끝없이 새롭게 생성하고 성장하고 소멸하고, 또 생성하는 것이다.

  밤과 낮이 한 번씩 교대하는 것은 둥근 순환의 원리이다. 해가 28숙(宿)의 별자리를 거쳐 운행하면서 처음 지나는 진(軫) 별자리와 끝에 지나는 각(角) 별자리가 서로 인접해 있는 것은 둥근 순환의 원리이다. 정기(精氣)가 네 계절에 걸쳐서 운행되면서 음양 정기가 하나가 올라가면 다른 하나는 내려오며 서로 짝을 이루는 것은 둥근 순환의 원리이다. 사물이 움직여 싹이 트고, 싹이 터 생명이 태어나고, 태어나 자라고, 자라나 커지고 성숙해졌다가, 성숙해진 뒤 쇠락하기 시작하고, 쇠락한 끝에 죽어 버리고 죽어서 묻히는 것은 둥근 순환의 원리이다. 구름의 기운이 서쪽으로 가는 것이 면면히 이어져 겨울이나 여름이나 끊임없고 물과 샘이 동쪽으로 흘러 밤낮으로 쉬지 않으며, 위에서 고갈되거나 아래에서 가득 차는 법도 없고, 지류가 모여들어 큰 바다를 이루듯이 작은 것이 큰 것이 되거나 바다의 물이 구름으로 변하듯이 역으로 무거운 것이 가벼운 것으로 되는 것은 둥근 순환의 원리이다.3)

동양 문예미학은 고정된 것에 대립하여 변하거나 발전하는 것이 아니라, 자연스러운 흐름에 따라 생성하고 변하고 소멸하는 과정에 있다. 이것은 우주가 둥근 순환의 고리에 따라 변하고 소멸하는 것과 같은 것이다. 스물 네 개의 품격을 설명하는 마지막 자리에 유동을 말하고 있는 것은 시의 품격도 자연의 이치에 따라 순환한다는 것을 말하기 위한 것이고, 유동의 원리를 설명하기 위해서 수차와 구슬에 비유한 것도 둥근 순환의 원리를 말하기 위한 것이다. 복잡하고 미묘한 원리를 설명하기 위해서는 간단하고 직설적인 직유의 방법을 쓰는 것이 옳을 것이다. 첫 번 째 구절의 직유법은 유동의 원리를 설명하는데 있어서 가장 적절한 방법이라 할 수 있다. 그런데 이렇게 말해놓고도 지극한 우주의 원리를 설명하는데는 모자람이 있다고 말한다. 다음 구절을 보자.

부기가도 가체유우(夫豈可道 假體遺愚) 어찌 말로 다 설명하랴마는 사물을 빌려 어리석은 이에게 전한다.

---

3) 日夜一周, 圜道也. 月(→日)躔二十八宿, 軫與角屬, 圜道也. 精行四時, 一上一下, 各與遇, 圜道也. 物動則萌, 萌而生, 生而長, 長而大, 大而成, 成乃衰, 衰乃殺, 殺乃藏, 圜道也. 雲氣西行, 云云然冬夏不輟 ; 水泉東流, 日夜不休 ; 上不竭, 下不滿, 小爲大, 重爲輕, 圜道也.(여불위 지음, 정하연 옮김, 『여씨춘추(呂氏春秋)』, 소명출판사, 2011, 98-99쪽).

우주의 원리는 말로 설명할 수 없다. 작가가 작품으로 자신의 말을 다 형언할 수 없을 때, 그것을 사물에 빗대어 표현한다. 사물은 작가의 말을 전달하는 도구일 뿐이지, 그 어떤 것도 될 수가 없다. 작가가 찾아서 표현하려고 하는 것도 결국에는 자신의 말을 설명하기 위해서 사물을 빌려온 것일 뿐이다. 문예미학이라고 하는 모든 것도 사물을 빌려서 문자로 표현한 것일 뿐이다. 이 때문에 말로 다할 수 없는 것을 말하려고 하니 그것이 어리석을 뿐이다. 우주의 원리와 문예미학의 원리를 다 설명할 수 없는데도 불구하고, 수차와 둥근 구슬에 빗대어서 표현할 수밖에 없는 것도 일종의 한계라고 할 수 있다. 지극한 도리는 말로 설명할 수 있는 것이 아니다. "도를 도라고 말하면 이미 도가 아니다"라는 평범한 진리를 또 말로 설명해야 하는 곤혹스러움을 말하고 있다. 여기서 '어리석은 자'[愚者]에게 남기려고 하는 것은 말로 할 수 없지만 말해야 하는 것을 말하고 있다.

동양 문예미학에서 말하는 시의 품격은 하나의 원리에 정통하다고 해서 지극한 경지에 이르는 것이 아니라, 전체의 품격이 수차와 같이, 그리고 둥근 구슬과 같이 서로 구르고 순환하면서 이루어지는 것이다. 마치 사물의 존재가 하나하나 개체로 이루어져 있지만, 이들이 조화를 이루기 위해서는 서로 어울려 엉기어 있는 것과 같다. 유동은 부분과 전체가 서로 조화와 상생을 이루고, 이들이 서로 어울려 만들어내는 흐름의 미학을 강조한 것이라 할 수 있다. 자연의 원리가 전체 속의 부분들이 서로 유기적이고, 유동적 관계를 가지면서 서로 돌아가듯이 문예미학의 원리도 하나의 고정된 품격으로 존재하는 것이 아니라, 스물 세 개의 품격이 서로 통하면서 만나게 될 때 자연스러운 우주의 원리에 따른 문예미학이 될 수 있는 것이다. 이것은 동양 문예미학이 서로 엉기어서 존재하는 회통의 원리에 놓여 있다는 것을 말하고 있는 것이다.

기교는 언어 표현의 방법으로 제시할 수 있는 방법이지만, 기술과 숙련은 초감각의 상태에서 이루어지는 것이다. 우주의 원리는 인위적인 기교의 방법이 아니고, 그저 무심의 상태 속에서 자연스럽게 만들어지는 숙련의 과정이라 할 수 있다. 겉으로 멋을 부리고 화려하게 꾸미는 것이 기교의 원리라고 한다면, 내면으로 쌓이고 단련되어서 자연스럽게 나타나는 것은 기술의 원리이다. 사공도가 보는 문예미학의 본질은 여러 개의 품격이 자연스럽게 회통하면서 하나로 엉기어 있을 때, 가장 아름다운 궁극의 미학이 나타난다고 보는 것이다. 산골짜기에서 이루어진 물길이 바위를 깎아서 물길을 내고, 큰 돌과 잔돌로 만들어 그 물길을 따라 흐르게 한다. 그 과정에서 폭포를 만들고, 기암괴석을 다듬어 낸다. 이것은 하루 이틀의 시간으로 만들어낸 것이 아니다. 오랜 시간 무심(無心)의 상태로 흐르면서 만들어냈을 뿐이다. 겉으로 기교를 부리기 위해서 깎아내고 길을 만든 것이 아니고, 인위의 기교가 개입되지 않고, 자연의 흐름에 따라 이루어진 것이다. 이러한 무위의 상태에서 만들어 낸 것을 어찌 말로 설명할 수 있겠는가? 진정한 작품은 무위와 무심의 상황에서 펼쳐진다. 이 때문에 말로 형언할 수 없고, 그것을 말로 표현하려고 하다 보니 어쩔 수 없이 수차와 구슬이라는 사물을 끌어왔을 뿐이라는 것이다.

(3) 지도리[道樞]의 원리

황황곤축 유유천추(荒荒坤軸 悠悠天樞) 거대한 지구는 지축(地軸)을

싸고 돌고 까마득한 우주는 천축天軸을 따라 운행한다.

거대한 땅의 축과 까마득한 하늘의 지도리는 변하지 않는 것이다. 아무리 거대하고 까마득하더라도 변하지 않는 원리가 있다는 것이다. 우주는 순환하는 원리 속에 놓여서 그 도리를 말로 다 설명할 수 없지만, 아무리 멀고 먼 우주의 이야기라고 하더라도 그것의 중심은 있기 마련이며, 그 중심에 따라서 운행하기 마련이다. 황(荒)은 '거칠다'. '넓다'라는 뜻이다. 넓고도 넓은 땅의 축이 있고, 아득하고 아득한 하늘에도 지도리가 있다. 모든 것은 변하지 않는 원리가 있다는 것이다. 그 변하지 않는 중심은 땅에서 변하지 않는 원리이고, 하늘에서 변하지 않는 원리이다. 땅은 만물이 성장하는 곳이고, 하늘은 만물을 품고 있는 곳이다. 하늘은 계절의 변화에 따라 운행하고, 땅은 그 계절의 변화에 따라 만물의 형태를 변화하게 한다. 이것은 지극히 자연스러운 우주의 원리이다. 천지의 기운이 놓여 있는 육기는 하나가 일어나면 하나는 소멸하고 하나가 소멸하면 또 다른 하나가 일어나게 마련이다. 이것은 천지의 운행을 말하는 것이고, 이 천지의 운행에 따라 변하는 것이다. 그런데도 변하지 않은 원리는 천지의 기운을 이루면서 변하지 않는 육기의 축과 지도리는 존재하는 것이다.

변하지 않는 원리는 문예미학에는 일정한 품격이 있다는 것을 말한다. 그것이 스물 세 개의 품격으로 규정할 수 있는 것이든, 규정할 수 없는 것이든, 문예미학이 지닌 변하지 않는 품격이 있다는 것이다. 품(品)이라는 한자말은 세 개의 입[口]이 모여서 만들어내는 규격의 체제를 말한다. 세 개의 입이란 객관적이고 변하지 않는 것을 말한다. 격(格)은 자리를 말한다. 나무가 하나하나 서있는 형국이다. 변하지 않는 자리를 말한다. 품격은 어떤 것에도 변하지 않는 것이다. 그 변하지 않는 원리 속에 문예미학이 존재하고, 그 문예미학은 변하지 않는 축 속에서 인간의 관점으로 끊임없이 변하고 있는 것이다. 지구의 중심축이 있기 때문에 일정한 궤도를 따라 돌 수 있는 것이고, 하늘도 변하지 않는 중심이 있기 때문에 순환하는 것이다. 세상 만물이 태어나고 성장하고 또 소멸해가는 것은 하나의 중심이 있기 때문에 변하지 않고 모습을 바꿀 수 있는 것이다. 문예미학도 튼튼한 하나의 원리를 붙들고 그 원리를 지키면서 새로운 품격을 만들어내는 것이다. 스물 세 개의 품격이 수차와 구슬의 원리와 같이 서로 순환하지만, 같은 모습으로 순환하는 것이 아니다. 또 다른 품격이 나올 수 있고, 새로운 품격이 만들어지기도 한다. 품격은 변하지 않지만 품격의 방법은 늘 새로운 것이다. 사공도가 제시한 스물 세 개의 품격이 변하지 않는 것이 아니라, 늘 새로운 품격으로 나타날 수 있다는 것이다.

재요기단 재동기부(載要其端 載同其符) 지축이 말하는 실마리를 잡고서 우주가 보이는 상징과 똑같이 한다.

'재(載)'가 서로 짝을 이루고 있고, '기단(其端)'과 '기부(其符)'가 서로 짝을 이루고 있다. 하나의 끝자락을 붙들어서 그 조짐을 안다는 것이다. 음이 있으면 양이 있기 마련이고, 양이 있으면 음이 있기 마련이다. 끝이 있으면 그 끝에 부합하는 조짐이 있다는 말이다. 전체 속에서 우주의 원리를 알 수 있지만, 하나의 실마리를 정확히 알고 있으면 우주의 조짐을 알 수 있다는 것이다. 변치 않는 원리를 알고 있으면 세상의 원리 중에서 변치 않는 것이 있다는 사실을 깨달을 수 있다는 말이다. 땅의 원리를 통해서 우주의 원리를 말할 수 있다는 것이다. 지축은 하나의 끝을 말한다. 극과 극은 서로 통하고 이어지는 법이다. 땅에 있는 여러 사물들의 원리를 알고 나면 자연스럽게 먼 우주의 원리를 알 수 있는 법이다.
  문자로 표현할 수 있는 궁극의 지점에는 우주의 원리가 있다는 것이다. 문자는 땅에 있는 여러 사물들을 통해서 작가의 정신을 형상화하는 작업이다. 그 형상화 작업은 결국 우주의 원리와 닿아 있다는 것이다. 문예작품이 하나의 품격을 가지기 위해서는 궁극의 지점에 있어서는 우주의 원리와 닿아 있다는 논리이다. 사물 속에서 변하지 않는 끝을 통해서 우주의 원리를 발견하는 것이다. 여기서 말하는 '단(端)'은 인간의 감정, 사단과 같은 근본에 놓여 있는 무의식의 기가 일어나는 상태를 말한다. 본성은 무의식에서 발현되는 인간의 마음이다. 측은지심의 끝[端]에서 인(仁)이 있고, 수오지심의 끝에 의(義)가 있고, 사양지심의 끝에 예(禮)가 있고, 시비지심의 끝에 지(智)가 놓여 있는 것과 같다. 여기서 본성은 천성(天性)을 말한다. 천성은 변하지 않는 지도리이다. 천성은 자연의 모습이고, 우주의 원리에 따라 움직이는 것이다. 본성의 끝에서 발현되는 인간의 성정은 가장 순수한 상태의 변하지 않는 인간의 모습이다. 사물을 통해서 작품을 형상화하는 작가도 사물의 본성을 정확하게 볼 수 있는 눈이 있어야 하고, 사물의 고갱이를 붙들고 그 사물을 형상화해야 한다. 그래야 사물의 궁극에 닿을 수 있고, 그때라야 비로소 자연의 원리, 우주의 원리를 말할 수 있게 된다. 변하지 않는 원리의 끝자락, 혹은 실마리를 붙들고 표현하면, 그것은 곧 우주의 원리를 표현하는 것이 된다.
  우리가 만나는 수많은 좋은 작품 속에는 지극한 자연의 원리가 담겨 있고, 인간의 생각이 엉기고 엉긴 채, 우주의 원리를 담아내고 있다. 좋은 작품치고 평범한 생각 속에서 거대한 우주의 거울이 담겨 있지 않는 것이 있는가? 평범한 삶 속에서 무엇을 발견하려고 하는 것도 떳떳한 도리[常道]가 아니었던가? 문예미학은 변하는 사물을 통해서 변하지 않는 원리를 발견하는 것이다. 소멸해가는 사물을 통해서 변하지 않는 사물의 원리를 발견하는 것이다. 웅혼이든 광달이든 문예미학이 도달하려고 하는 궁극의 지점은 사물에서 변하지 않는 부분과 변하는 부분을 발견하는 것이다. 이 사물의 끝자락을 붙들고 끝없이 사유하는 것이 문예미학의 본질이다.

(4) 어둠 속의 찬란한 빛

초초신명 반반명무(超超神明 返返冥無) 밝은 정신의 우주로 뛰어올랐다가 어두운 허무의 세계로 되돌아간다.

첫 번 째 구절의 신명(神明)은 '밝은 정신'으로 해석하기 보다는 신명이 나면 모든 것을 초월하고 또 초월한다고 해석하는 것이 옳을 듯하다. 그 초월하는 것과 어두운 무명의 세계는 서로 상응관계에 놓여 있다. 신명이 나서 작품을 쓸 때는 세상의 어떤 공간을 초월해 있지만, 작품을 쓸 수 없어서 어두운 곳으로 떨어졌을 때는 끝없는 허무의 세계에서 방황하게 된다. 우주의 원리도 부침이 있고, 자연의 원리도 생성과 소멸이 있는 것처럼 신명의 세계와 명부(冥府)의 세계는 끝없이 순환하는 과정에 있다. 이 때문에 문예미학의 원리는 우주의 원리와 같이 생성과 소멸이 동시에 이루어진다고 할 수 있다.

명(明)과 회(晦)는 이분법으로 나누어져 있는 것이 아니라, 어둠 속에 밝음이 있고, 밝음 속에 어둠이 있다는 말이다. 이 구절도 또한 자연의 원리로 설명하고 있다. 신명(神明)과 회맹(晦盲)은 인간의 정신 속에 있는 두 개의 상황이다. 신명이 나면 세상은 밝은 것이고, 회맹의 상태이면 세상은 어두울 뿐이다. 초월하고 또 초월하는 신명나는 정신세계도 인간의 정신세계이고, 거꾸로 떨어지는 무명(無冥)의 세계도 인간의 정신세계이다. 때론 작품의 길이 막혀서 허무의 세계 속에 거닐 수도 있고, 때론 신명이 나서 정신없이 작품을 쓸 때가 있을 것이다. 문예작품도 하나의 생성하는 존재라고 생각한다면, 그 길도 자연스럽게 형성되는 길일 것이다. 어둠 속에서도 항상 빛이 존재하고, 빛 속에서도 항상 어둠이 존재한다고 생각해야 할 것이다. 명과 회는 서로 순환의 고리로 이어져 있는 것이다. 이러한 원리를 깨치는 길은 어디에 있는가? 19세기 문장가인 홍길주는 문장의 이치를 깨닫는 것은 책 속에 그 길이 있다고 설명한다.

    문체는 본디 하나일 뿐이다. 그런데 한 사람 한 사람을 다 배우고 말 한마디 한마디를 다 본받고자 한다면, 이는 바람이 하나의 기운이라는 것을 알지 못하고 풀과 나무, 절벽과 계곡, 산과 못으로 변할 때마다 그 모든 소리를 얻고자 하는 것과 마찬가지다. 그러니 비록 죽을 때까지 필묵 사이에서 힘쓴다 하더라도 반드시 성취하는 바가 없을 것임을 알 수 있다. 다만 책을 읽어 내 마음을 보존하고 도를 구하여 내 뜻을 높이며, 용기를 길러 내 기상을 배양하고 이치를 밝혀 내 말을 엮으며, 또 육경의 법칙에 근본을 두고 제자의 방식을 참고한다면, 그 지향하는 바가 넓고도 끝이 없을 것이다. 이를 입으로 또 붓으로 자유자재로 풀어낸다면, 온갖 변화 그 무엇에도 맞추지 않음이 없을 것이다. 그러니 한 사람 한 사람을 다 배우고 말 한마디 한마디를 다 본받을 필요가 뭐 있겠는가![4]

---

4) 文之體, 固一也. 今我欲人人而學之, 言言而傚之, 是猶不知風之一氣, 而從草木崖谷山澤之變, 欲盡得其聲也. 雖終身役役於觚墨之中, 必知其無所就也. 讀書以存吾心, 求道以尙吾志, 養勇以配吾氣, 明理以纘吾言, 本之以六經之則, 參之以諸子之方, 則隨其所指, 浩乎其不窮. 出之於口筆, 以從之放之, 萬變無適而不中, 又奚必人人而學之, 言言而傚之哉!(홍길주 문집, 박무영·이은영 외, 『현수갑고(상)』, '원문(原文)' 태학사, 2006, 101쪽).

문체의 본질은 하나일 뿐이다. 그것은 우주의 원리와도 같다. 음과 양은 각기 나누어진 것 같지만 순환하는 고리 속에서 볼 때는 하나의 원리 속에 놓여 있다. 다름이 아니라, 같음 속에 놓여있는 다름일 뿐이다. 하나가 둘이 아니라, 하나 속의 둘이라는 말이다. 상생과 조화 속에 놓인 다름일 뿐이다. 밝음과 어둠은 둘이 아니라, 하나 속에 존재하는 또 다른 하나일 뿐이다. 이 원리를 깨달아야 문체의 길에 이를 수 있다는 말이다. 문예미학의 본질도 하나일 뿐이다. 도를 얻어서 뜻을 높이고, 용기를 내서 기상을 기르고, 이치를 통해서 말을 풀어 쓰고, 육경의 근본을 깨닫는다면, 그 지향하는 곳이 넓고도 넓을 것이다. 문체의 근원은 자연의 원리, 우주의 원리와 닿아 있다. 그렇기 때문에 하나에 이르면 그 하나를 통해서 전체를 알 수 있다는 말이다. 밝음과 어둠의 상황 속에서 연연하지 말고, 전체의 조화 속에서 밝음과 어둠을 조망할 수 있어야 할 것이다. 어둠 속에서 찬연한 빛을 발견하고, 찬연한 빛 속에서 어둠을 발견할 수 있어야 할 것이다. 밝은 세상에서 어둠이 무엇인지를 궁구하고, 어둠 속에서 진정한 밝음이 무엇인지를 발견하라는 것이다. 미명(微明) 속에서 밝음과 어둠이 공존하고 있음을 알고, 그곳에서 생명의 근원이 있음을 인식해야 할 것이다. 문장의 이치는 우주의 원리를 탐색하는 데 있다. 문예미학의 품격은 우주의 근원 속에서 발견할 수 있는 것이다.

내왕천재 시지위호(來往千載 是之謂乎) 천년의 세월 동안 오고 가나니 유동이란 이것을 일컫는 것인가.

이 구절은 문예미학의 위대한 힘을 말한다. 문자는 천년의 세월을 오고 간다. 인간의 수명은 한계가 있지만 작품은 끝없이 유동하면서 독자들에게 새롭게 읽힌다. 유한한 존재의 인간이 성취할 수 있는 가장 위대한 업적이 무한한 문예작품의 생성이다. 현대의 기계문명이 문자를 영상으로 재현하려고 하지만, 인간이 가장 손쉽게 가까이에서 언제든지 표현할 수 있는 것은 문자보다 더 유용한 것은 없을 것이다. 문자는 천년 전의 사물과 만나게 하고, 천 년 전의 정신과 만나게 한다. 오랜 역사를 거슬러서 인간은 끝없이 소통한다. 그것은 문자의 힘이다. 문자를 통해서 과거의 영혼과 만나고 미래의 우리들과 만날 수 있다. 문예미학은 닫혀 있는 것이 아니라, 열려 있고, 갇혀 있는 것이 아니라, 흐르고 있기 때문이다. 천년의 세월 동안 오고 간다는 것은 소통한다는 말이다. 이 소통은 멈추어 있을 때 일어나는 것이 아니라, 움직일 때 일어나는 것이다. 유동(流動)이라는 말의 본질은 여기에 있다. 천년의 세월동안 기억으로 남기 위해서 작품을 쓰는 것이 아니라, 존재가 그 자리에 있었다는 기록을 남김으로써 다가올 존재들에게 새로운 변화를 꾀할 수 있는 자리를 마련해주는 것이다.

『역경』의 '계사(繫辭)'에서 "천하를 움직이는 것이 문사(文辭) 안에 있다."고 말하는 것이나, 유협의 『문심조룡』에서 "고요함에 머무르면 생각이 서로 엉기게 되고, 마음은 천년의 세월과 서로 만나게 된다."고 하는 것은 문자의 위대함을 말하는 것이다. 문자는 천하를 움직이고, 천년의 세월과 만날 수 있기 때문에 무엇보다 그 궁극의 의미가 무엇인지를 바라볼 수 있는 눈이 있어야 하는 것이다. 진정한 문예미학은 특정 품격에 고정되는 것이 아니라, 전체의 품격 속에서 하나의 품격을 이해하고, 그 하나의 품격은 전체의 품격 속에서 자리[格]를 잡아야 하는 것이다. '시지위호(是之謂乎)'라는 말은 유동이 천년의 세월동안 끊임없이 변하고 또 변한다는 것을 말한다. 서구 문예미학이 이성과 감정의 대립 속에서 하나의 사조가 형성되고, 그 미학이 객관적인 미학으로 자리 잡았다면, 동양 문예미학은 과거를 통해서 생성된 현재의 미학은 또 다른 미학과 유동하면서 새로운 미학을 만들어 내는 창조적 생성의 미학으로 나타났다고 할 수 있다.

청대의 문학자 섭섭(葉燮)은 "무릇 사물이 생겨나 아름다운 것은 하늘에 근본하기 때문이다. 하늘에 근본하면 스스로 아름다움을 지닌다."[5]고 말한다. 미는 현실 속에 이미 존재하고 있으며, 그것은 천성적으로 타고 나는 것이다. 미적 범주는 대립이 아니라, 둥근 순환의 고리 속에서 끝없이 유동하고 있다는 것이다. 아름다움의 본질이 자연에 있다고 말하는 관점은 자칫 현실주의 시각으로 볼 때 현실의 반영이라는 유물론적 미학으로 왜곡될 수는 있지만, 동양 문예미학에서 말하는 자연의 미학은 근본의 문제를 표명하고 있다는 점을 깨달아야 할 것이다. 천년의 세월동안 변하고 또 변하면서 새로운 미학을 생성해내는 것이야말로 미학의 본질이라 할 수 있다. 따라서 유동의 본질은 어둠과 빛의 아름다운 공존을 통해서 끝없이 새로운 미학을 생성하는데 있다고 할 수 있다. 변하는 것은 통하는 것이고, 통하는 것은 변하는 것이다. 변증법적 발전이 아니라, 상호 소통을 통해서 새로운 것을 생성해내는 힘이 미학의 본질이다. 유동의 품격이 지닌 오묘한 이치는 우주와 자연의 평범한 이치에서 나오는 것이다.

---

[5] 凡物之生而美者, 美本乎天者也, 本乎天者有之美也.(채의(蔡儀) 주편, 강경호 역, 『문예미학』, 동문선, 1989, 27쪽).

신생인문총서 5
시와 품격

지은이 · 황선열
펴낸이 · 원양희
펴낸곳 · 도서출판 신생

등록 · 제325-2003-00011호
주소 · 48932 부산광역시 중구 대청로 135번길 5(401호)
　　　 w441@chol.com　　www.sinsaeng.org
전화 · 051-466-2006
팩스 · 051-441-4445

제1판 제1쇄 · 2023년 11월 20일

공급처 · 도서출판 전망

값 32,000원
ISBN 978-89-90944-82-5

*저자와의 협의에 의해 인지를 생략합니다.
*이 책 내용의 전부 또는 일부를 재사용하시려면 저작권자와 도서출판 전망 양측의
　동의를 받아야 합니다.
*이 책은 경남문화예술진흥원의 지역문화예술육성지원사업을 보조받아 발간되었습
　니다.